AF287201

# MEIN ABENTEUERLICHES HERZ (I)

*Heimo Schwilk mit Ernst Jünger, Wilflingen 1988*

HEIMO SCHWILK

# MEIN ABENTEUERLICHES HERZ (I)

Aus den Tagebüchern 1983–1999

LANDT
MANUSCRIPTUM

*Vorwort*

Wer Tagebuch schreibt, nimmt sich in die Pflicht. Regelmäßiges Niederschreiben von Erlebtem, Gehörtem und Gedachtem schult die Welt- und Selbstwahrnehmung. Der Tagebuchschreiber erlaubt sich eine Auszeit, um im Getümmel des Tages Abstand zu gewinnen. Natürlich sollte man nicht darauf setzen, in dieser Zeit des Hineinhörens in sich selbst Objektives zu Papier zu bringen. Auch der reflektierende und meditierende Mensch bleibt im Gehäuse seines Selbst. Er kann es allerdings durch Lektüre, Gespräche, Fremdwahrnehmungen durchlässiger machen, Fenster und Türen öffnen zu den Welten der anderen.

Im Gegensatz zur Autobiografie kann das Tagebuch eine größere Authentizität beanspruchen. Die Autobiografie, meist am Ende eines Lebens verfasst, deutet das Erlebte rückblickend, macht Zusammenhänge sichtbar. Das Tagebuch ist bescheidener, meist auch ehrlicher, weil es diesen Anspruch des rückwärts gewandten Propheten nicht erhebt – zumindest nicht für eine gesamte Vita, die sich retrospektiv so schön (ein)ordnen, für die Selbstdeutung gefügig machen lässt. Der Tagebuchschreiber unterdrückt keine Fakten, notiert meist auch Unangenehmes, das ihn selbst nicht immer im besten Licht erscheinen lässt, hat den Mut zur Schwäche. Um sich auf die Spur zu kommen, ein intensives Zwiegespräch mit sich selbst zu führen. Auch im Tagebuch steckt viel »Dichtung und Wahrheit« – aber es ist bescheidener, will nicht der große Wurf, sondern Schlüssellochblick sein in die verborgenen Kammern des Selbst.

Reflexiven Diaristen wie Ernst Jünger oder André Gide stellte sich die Frage, wie private Sphäre und Autorschaft von einander abzugrenzen seien. Jünger konstatiert in seinem Vorwort zu den *Strahlungen*, das sei eine Geschmacksfrage. Soll, darf ich über meine Sexualität, meine Beziehungskrisen, meine Träume, meine Krankheiten schreiben? Ist das privat – oder menschlich-allzumenschlich, also zur *conditio humana* gehörend? Erläutern sich persönliche Beweggründe (und Abgründe) sowie öffentlich

Gedachtes, Veröffentlichtes und Reflektiertes gegenseitig? Gewinnt der Leser eines fremden Tagebuchs vielleicht einen echteren, umfassenderen Blick auf die Persönlichkeit, wenn er deren Leben von Tag zu Tag verfolgt? Und damit auch auf die Zeit und ihre Wirkkräfte, in der dieses Leben sich entfaltet?

Manuskripte, schreibt Jünger, seien meist stärker als der gedruckte Text. Denn in den ursprünglichen Aufzeichnungen nimmt der Autor deutlich weniger Rücksicht auf die Öffentlichkeit. Für den Druck muss, besonders in finsteren Zeiten, retuschiert, ja zensiert werden. Das gibt auch einen Hinweis auf die Erwartung, die sich mit der Form des Tagebuchs überhaupt verbindet: Nicht in den Teilen, im Ganzen liegt die eigentliche Kraft! So sollte man den Weg eines Einzelnen nicht als Wegweiser, sondern als Landkarte nehmen, in die auch Irrwege und Umwege eingezeichnet sind. Ein Diarium erhebt nicht den Anspruch vorbildlich zu sein, sondern exemplarisch.

Der Titel des vorliegenden Bandes signalisiert die Nähe zu Ernst Jünger, über den ich viel publiziert habe, darunter eine Biografie. Das »abenteuerliche Herz« erfasst das Leben als Geheimnis, ob bei Tag oder Nacht. Seit Jugendjahren bin ich ein starker Träumer, und die plastische Schilderung meiner Träume findet sich auch in diesen Tagebüchern wieder. Aber es sind – wie auch bei Jünger – Schilderungen, keine Deutungen. Sie sind Ausdruck des Unbewussten, einer ergänzenden Gegen-Welt, die weder mit Jungschen noch mit freudianischen Kategorien ganz zu verstehen ist. Im Schlaf tauchen wir in eine Welt ein, die mit den Maßstäben des Alltagsverstandes nicht zu deuten ist. Es ist eine Welt des Möglichen, nicht des Realen. Wir begegnen uns selbst in vielfacher Brechung, erschrecken oder fühlen tiefstes Einverständnis, weil wir nicht an Maßstäben gemessen werden, die nicht die unseren sind.

Das erste Drittel dieser Aufzeichnungen ist vor allem ein Logbuch meiner Annäherung an Ernst Jünger. Ich teile und teilte nicht alle seine Konklusionen, nehme also seine einzigartige Vita nicht als Wegweiser, sondern als faszinierende Topografie.

6

Ich empfand das Glück, als Jüngers Biograf einen Blick hinter die Kulissen seines Lebens und Schreibens werfen zu können. Aber es bleibt der Abstand eines anderen Existenzgefühls, des viel später Geborenen, der aus den biografischen Dokumenten ein Leben zu rekonstruieren versucht, das niemals in einer einzigen Deutung aufgeht. Dankbar habe ich Jüngers veröffentlichte Tagebücher und Original-Kladden genutzt, um mit Empathie eine Annäherung zu wagen, die immer den Keim der Verfehlung, des Scheiterns in sich trägt. Das ist das Schicksal jedes Biografen, sofern er nicht den Porträtierten einfach zur Strecke bringen will. Das Mißtrauen Jüngers gegenüber dem Typus des Biografen war durchaus berechtigt.

Als Publizist muss man sich irgendwann aus einem Kontext lösen, der die eigene Selbstwerdung befördert, aber in gewisser Weise auch begrenzt hat. Also wandte ich mich als Journalist neuen Stoffen zu, inspiriert von dem, was ich durch die Lektüre von Ernst Jünger erfahren hatte. Ich wurde – als Feuilletonredakteur! – Kriegsreporter, berichtete über den Golfkrieg, Kuwait und den Irak, die Konflikte auf dem Balkan nach dem Zusammenbruch der Sowjetunion. Als ehemaliger Fallschirmjägeroffizier hatte das Kriegerische nichts Abschreckendes für mich. Im Gegenteil: Im militärischen Konflikt kulminieren ja die politisch-gesellschaftlichen Konfliktlinien. Der Pazifist, der den Krieg ein für allemal abschaffen möchte, begreift nicht, dass er zu den anthropologischen Grundtatsachen des Lebens zählt. Das brachte mir von Anfang an das Kopfschütteln der Kollegen ein, zumal ich mich weigerte, das Phänomen Krieg ausschließlich moralisch zu bewerten.

Drei Themen beherrschen – über die Beschäftigung mit Ernst Jünger hinaus – meine vorliegenden Aufzeichnungen: die Wiedervereinigung und ihre Folgen, die Begegnungen mit Schriftstellern aus Ost und West, meine Reise- und Frontberichte. Besonders nachwirkend bis heute die zweiwöchige Kunst-Expedition 1995 mit dem Freund Ulrich Schacht durch die Arktis. Manche der Einträge habe ich durch das ergänzt, was ich in den

Zeitungen, ob Interview oder Reportage, sehr viel ausführlicher veröffentlichte. Es sei an dieser Stelle bekräftigt, dass ich um der Aufrichtigkeit und Authentizität willen bei der Auswahl und Bearbeitung meiner Tagebücher keine retrospektive Klugheit oder Besserwisserei walten ließ, nichts geschönt habe.

Der Leser wird anhand meiner Gespräche mit Ernst Jünger, Günter Grass, Walter Kempowski, Erich Loest, Günter de Bruyn, Reiner Kunze, Johannes Mario Simmel, Ulrich Schacht, Botho Strauß, Martin Walser oder Andrzej Sczypiorski viel Persönliches erfahren, das über die literarische Bedeutung dieser Gestalten hinausreicht. Es sind ungeschminkte Porträts, freimütigen, bisweilen konfrontativen Dialogen entsprungen, die zugleich Hinweise enthalten auf das Selbstverständnis des Interviewers. Die umstrittene Rolle des Journalisten, vor allem im Zusammenhang der damals vieldiskutierten Publikation des Bandes *Die selbstbewusste Nation*, wird in diesen Aufzeichnungen keineswegs ausgespart, vielmehr ausführlich beschrieben, oft aus der Perspektive des Scheiterns. Das Spannungsverhältnis von *actio et contemplatio*, von Politik und Autorschaft gehört zum Schmerzhaftesten, was ich in den politisch aufgeheizten Jahren seit der »Wende« erfahren musste. Der Zustand der Medien war schon damals prekär, und die eigene Haltung, die abweichende Meinung ständig von Ausgrenzung und Sanktion bedroht.

Darunter hatte auch die Familie zu leiden – eigentlich eine der Kraftquellen. Bisweilen lesen sich die Eintragungen wie »Szenen einer Ehe«, die der Tagebuchautor keineswegs unterschlagen sollte, um dem moralischen Gewissen gerecht zu werden, das ja gerade dieses Genre so vehement einfordert. André Gide beschreibt sein Tagebuch in diesem Sinne als Überlebensmittel, an das er sich »klammerte«, um sich in seinen Krisen »wieder zu fangen«. Vielleicht ist die ungeschminkte Veröffentlichung auch Wiedergutmachung für all jene, die meine Selbstsuche begleiteten, aber sich und ihre Anliegen dabei nicht angemessen berücksichtigt fanden. In meinem Tagebuch, diesem Logbuch der eigenen Widersprüche, kommen auch sie, vor allem meine Töchter, zu Wort. LIEBE wird in diesem Buch meist groß geschrieben.

Dies ist aber auch ein Kompendium der Freundschaft. Mein Bemühen als Redakteur, vor allem jüngere Autoren zu fördern, brachte mir diesseits und jenseits der Mauer viele Freunde ein. Uwe Wolff, Ulrich Schacht, Wolfgang Winkel, aber auch Undine Gruenter, Gerd Holzheimer, Jürgen K. Hultenreich, Klaus Modick, Martin Mosebach, Hanns-Josef Ortheil, Lutz Rathenow, Rüdiger Safranski, Rolf Schilling und Gerald Zschorsch gehörten dazu. Und all die Jahre Thomas Kielinger, mein erster Chefredakteur beim *Rheinischen Merkur/Christ und Welt* in Bonn, dann Pate meiner Tochter Laura und bis heute Freund und Mentor. Die Freude über die deutsche Einheit haben wir alle geteilt. Ein tiefgegründetes, positives Verhältnis zum eigenen Land, zu seiner Kultur und Tradition ist bis heute eine starke Klammer.

Im Grunde handelt es sich bei diesem Tagebuch-Projekt um eine kleine Gegengeschichte der Bundesrepublik. Es zeigt die Abweichungen zum Mainstream, den Preis, den man dafür zu bezahlen hatte – vor allem aber die unbändige Lust auf das Eigene, das man sich auch durch äußere Widerstände nicht abhandeln ließ. Das ist das eigentlich Tröstliche bei der Durchsicht der Aufzeichnungen, ganz im Sinne von Goethes Lob der eigenen Art: »So mußt du sein, dir kannst du nicht entfliehen/So sagten schon Sibyllen, so Propheten;/Und keine Zeit und keine Macht zerstückelt/Geprägte Form, die lebend sich entwickelt.«

Für alle, die meine Wege kreuzten.
Im Guten wie im Bösen

*Sich nach den Dingen oder die*
*Dinge nach sich richten – ist eins*
*(Novalis)*

*Bernhausen, 3. Februar 1983*
Es schneit zum ersten Mal in diesem allzu warmen Winter. Der
Boden ist nicht kalt genug, die Flocken setzen sanft auf und
zerschmelzen. In der Wohnung ist es still. Gedanken über das
Schreiben. Vielleicht habe ich zu viel Scham, um mich so mitzuteilen, wie es der Stil dieser Jahre fordert. Aber man kann dem
Leben, dem Erlebten durch Schreiben Form geben. Schreiben ist
immer auch Benennen, Bannen, in Besitz nehmen: mit der eigenen Vergangenheit auch sich selbst.

*Campagnano, 1. März 1983*
Ganz munter traf Dagny in Campagnano ein. Wir fuhren nach
Montagnola. Das Tessiner Dorf ist in einer traurigen Auflösung
begriffen, Kommerzdenken ruiniert das über Jahrhunderte gewachsene Ambiente. Totaler Ausverkauf der Hanggrundstücke.
Im Tal das graue Band der Nord-Süd-Autobahn. Der Winkel, in
dem die Casa Camuzzi noch vor sich hinträumen darf, präsentiert sich als Restidylle. Eine unansehnliche, aber anhängliche
Katze begleitete uns durch den Terrassen-Garten und zurück
zum Portal. Ein paar Pastell-Skizzen für die Ausstellung, Grün
in verschiedenen Abschattungen, Ocker, Rot, etwas Gelb ein-
gesprenkelt. Der Genius loci ist zubetoniert, er teilt sich nicht
mehr mit. Skizze vom Kloster Sant'Abbondio mit seiner schönen Zypressenallee. Standen lange am Grab von Hermann
Hesse. Auf dem Granitstein Devotionalien, bunte Armbänder,
Muscheln, Steine. Las eben noch den kleinen Essay *Glück*, eine
Mischung aus Nietzsche und Dschuang Dsi – dekadenter Amor
fati und östliche Weisheit. Das Glück liegt jenseits der Zeit –
im Augenblick. Am Abend üppiges Menü im »Torre«: Scaloppe

al limone, Pasta, Wein, als Dessert Meringhe al caramello. Gespräch über Männerchauvinismus, den Dagny als Wahlitalienerin hautnah erlebt, und den Reiz des Reisens. Nach Mitternacht bei Vollmond und mildem Nachtwind Spaziergang durch »unser« Dorf. Campagnano hat seine Ursprünglichkeit bewahrt. In tiefen Zügen die würzige Luft genossen – wenn es so still auch in uns sein könnte.

*Campagnano, 2. März 1983*

Ein frühlingshaft milder Tag. Schleierwolken über spiegelglattem See; ein Hauch von Wind streicht über die Zypressen. Kalt geduscht, erfrischende Ouvertüre für einen schönen Tag. Lektüre: Ernst Jüngers Reisebericht *Aus der Goldenen Muschel*. Gespräch über die Konjunktion als literarisches Mittel, ihre rhythmisierende Funktion. Gerade bei Jünger ist ihre Effizienz beispielhaft zu studieren. Dabei ist jedoch die Gefahr unübersehbar, dass das so Gegliederte ins Manieristische abrutscht (so – überhaupt – auch – indessen – wie – und – obwohl – während – inwiefern – ob – zugleich). Besonders in den *Marmorklippen* ausgeprägt.

*Campagnano, 17. März 1983*

»Dort ist das Objekt und hier der Mensch mit seinem Auge, das liebend erkennt.« (Ernst Jünger im *Sarazenenturm*)

*Campagnano, 22. März 1983*

Lebhafte Träume. Draußen rüttelt der Sturm an den Läden, peitscht der Regen. Ein Tief schnürt den Lago Maggiore ein. Zwischen den Traumsequenzen Minuten von bodenloser Einsamkeit. Zur Beruhigung nächtliche Lektüre: Schopenhauers *Aphorismen zur Lebensweisheit*. Heiterkeit sei »die bare Münze des Glücks«, heißt es da. Sicher – aber sie ist ein Geschenk, man kann sie nicht erwerben. Einleuchtend auch die Passage über das »metaphysische Bedürfnis« des Menschen. Allerdings lehnt Schopenhauer einen persönlichen Gott ab.

*Campagnano, 24. März 1983*

»We are such stuff as dreams are made on, and our little life is rounded with a sleep« (Shakespeare). Ja, die Träume der vergangenen Nacht – Stunden eines dramatischen Klimasturzes – waren eine Kette von lauter kleinen Leben, mit ihrer eigenen Logik, mit wechselnden Figuren und Staffagen. So viele mögliche Entwürfe: Es war eine Lust zu träumen. »Als Träumer ist jeder genial« (Ernst Jünger). Ich wanderte durch verlassene Fabrikhallen, durch die ein überreich geschmückter Leichenwagen lautlos auf Gummirädern rollte. Die Tote im Sarg, umrahmt von weiß-gelben Blumengirlanden, war mir bekannt, ihr Tod schien mir selbstverständlich. Dann wieder Ekel-Träume mit ihren verdreckten Klosetts, feuchten Fliesen und schmutzstarrenden Wannen: Etwas zwang mich, diese ekelhaften Orte barfuß zu durchqueren. Eine Art Zirkuswagen, aus buntem Holz, ganz angefüllt mit Kinderspielzeug. Mir schien dabei die Rolle des Clowns zugefallen zu sein, als Tollpatsch stürzte ich Schränke um, zertrat Spielzeug und stolperte über Truhen und ähnliches Mobiliar. Absturztraum. Das Flugzeug bäumte sich noch einmal auf, um in einer gewaltigen Wolke über der Stadt pulverisiert zu werden.

*Campagnano, 30. März 1983*

Ostern. Ein Tag wie jeder andere – am Fest der Feste bleiben wir im Kern unberührt. Gott ist in unseren Herzen tatsächlich tot. Die gebetsmühlenhafte Praktizierung des Kultus ohne innere Anteilnahme ist ein zutiefst nihilistischer Akt.

*Campagnano, 9. April 1983*

Fühle mich elend. Ein langer Tag ist unproduktiv verstrichen. Baudelaire: »Um von allem gesund zu werden, von Elend, von Krankheit und von Melancholie, gibt es nur eins: le gout du travail«. Die Morgenstunden, der graue Dämmer – da drängt die Sorge heran, dass die Zeit folgenlos verstreicht. »Es saß, aß, las« (Arno Schmidt).

*Bernhausen, 19. April 1983*
Zurück aus Italien. Der Frühling ist da. Doch die Vogelstimmen dringen nicht durch, wenn es auf der Straße hämmert, Sägen kreischen, Motoren heulen und Radios jaulen.

*Bernhausen, 27. April 1983*
Gedanken über meine Neigung zum Alleinsein: Isolation ist der Nährboden der Schrulligkeit. Das gesellige Element ist ein Korrektiv, eine Art Spiegel, durch den wir in den toten Winkel unseres Selbst hineinspähen können.

*Bernhausen, 28. April 1983*
Träume. Altbauzimmer mit Blick über die Dächer. Plötzlich entdecke ich eine gewaltige Echse, die mit rudernden Bewegungen das Haus überfliegt. Ich habe einen Augen-Zeugen, aber dieses Bild passt nicht in sein Koordinatensystem, er nimmt es nicht zur Kenntnis. Beweis für die kompositorische Kraft des Menschen und seiner Wahrnehmung. Gegen Morgen in Rehauges Bett gewechselt, die Traumsequenzen beschleunigen sich. Gespräch mit einer kultivierten älteren Dame über Literatur und die Preise für Bücher. Gegen elf Uhr aufgestanden, ein freundlicher Tag.

Spaziergang zu den Obstwiesen. Vogelzwitschern, erste Blumen. Am Bach weisen ins Gestrüpp verfilzte Stoff- und Papierfetzen auf den früheren Wasserstand hin. Zivilisationsmüll. Sehnsucht nach einer unzerstörten Welt. Aber warum? Hat das Glück des Menschen etwas mit dem Zustand der Natur zu tun? Man räumte mit dieser Prämisse dem Menschen ungeheure Macht ein, er ist ja der Zerstörer. Doch wenn es eine Transzendenz gibt, dann müssten Sinn und Glück auch in einer Trümmerwelt, auf der Müllkippe und in geplünderten Landschaften möglich sein.

Die Manie, von mir Geschaffenes, ob Text oder Bild, immer wieder in die Hand zu nehmen. In diesen Anstrengungen objektiviert sich das Ich, gewinnt das eigene Wesen Kontur, das sonst von Selbstzweifeln ganz ausgelöscht ist. Ist dies nicht der eigentliche Antrieb alles künstlerischen Bemühens: die Selbsterschaffung? Wer darin nur Eitelkeit sehen will, verkennt die Not des Menschen, sich unablässig selbst vergewissern zu müssen.

*Bernhausen, 29. April 1983*
Zum wiederholten Mal von Jünger geträumt. Hatte ihm als Gastgeschenk eine Hose mitgebracht, die von seiner rührigen Frau sofort zurechtgestutzt wurde.

*Bernhausen, 30. April 1983*
Ein letzter schöner Apriltag. Traum: Krieg. Als Schütze im Graben am Wiesenrand. Angst. Dabei der Gedanke: Das werde ich nicht durchstehen, und: Die müssen sich verständigen. Beim Tiefflugangriff eines gegnerischen Kampfflugzeugs geht die blühende Wiese in Flammen auf. Unser MG-Schütze lehnt mit zerschmettertem Kopf an der Grabenwand. Dann fährt ein LKW mit waffenschwenkenden und winkenden Soldaten an uns vorbei. Alle meine Träume sind Prüfungen, die kaum je zu bestehen sind.

*Bernhausen, 4. Mai 1983*
Im Traum starb EJ. (Lunge? Herz?). Wartete auf eine Meldung im Rundfunk und bedauerte es, ihn nun doch nicht mehr persönlich kennengelernt zu haben.

*Bernhausen, 6. Mai 1983*
Viel Sonne. Seltsame, beunruhigende Träume: Ich wartete auf meinen Tod – warum? Und wollte nicht sterben, noch nicht.

*Bernhausen, 13. Mai 1983*
Walter Benjamin: »Die Aura einer Erscheinung erfahren, heißt sie mit dem Vermögen belehnen, den Blick aufzuschlagen.«

*Campagnano, 22. Mai 1983*
Campagnano im Regen. In Maccagno tritt der See über seine Ufer. Boote schwimmen auf Autohöhe, inmitten riesiger Knüppelholzgeflechte. Lichtbündel brechen durch die aufgetürmten

17

Wolken und illuminieren die grünsilberne Seefläche, die zum Meer geworden ist. Die Träume in diesem Haus sind besonders ertragreich, ausnahmslos skurril. Annäherungsversuch einer alternden Professorin (»Straf- und Völkerrecht«); das Ganze spielt sich in einem überdimensionalen Gully ab. Fauler Geruch, Schmutzschlieren; die Tonne öffnet sich nach hinten zu zwei kleinen Räumen. Dorthin werde ich wortreich gelotst. Dann bin ich als »Fahrer« engagiert; im Treppenhaus begegnet mir die »Herrin«, sie ist blond, schwanger und sehr schön. Ich küsse sie – keusch und leidenschaftslos – auf die Wange.

*Campagnano, 23. Mai 1983*

Rehauge träumte diesmal von mir. Ich soll – in blauem Anzug und mit riesigem Schlapphut – ein asoziales Geschöpf durch eine fingierte Zeugenaussage aus der U-Haft geholt haben. Dann saßen wir beide nackt am Frühstückstisch. Sie machtbewusst zum Mädchen: »Du wirst ihn nicht mehr sehen!« Der See liegt ruhig und metallisch grün. Es hat aufgehört zu regnen, die Vögel beginnen zaghaft zu pfeifen. Wir atmen die klare Luft.

*Bernhausen, 26. Mai 1983*

Rückfahrt im Regen. Träume in fremden Betten sind immer denkwürdig. Flucht-Traum: Mit einer französischen Uniform über den Arm gerate ich in eine Gruppe Neonazis, alle in SS-Uniform und offensichtlich zu einem Treffen unterwegs. Dann gerate ich in einen Hinterhalt, französische Polizei eröffnet das Feuer. Ich befürchte, in diesem Zusammenhang aufgegriffen zu werden und setze mich über eine Wiese ab.

*Bernhausen, 30. Mai 1983*

Lektüre: Jean-Paul Sartres *Das Sein und das Nichts*. Absolute Freiheit des Menschen bedeutet, dass wir absolut, d. h. »eigentlich«, unserem Wesen gemäß leben – das Leben als »Entwurf«, den wir selbst wählen und verantworten. Der Ursprung der existentiellen Angst des Menschen liegt somit in der unablässigen Verantwort-

18

lichkeit für die Wahl eines Lebensentwurfes, den ich stellvertretend vollziehe. Sartres »Angst« ist bei Camus die »Revolte«; beides sind Voraussetzungen menschlicher Solidarität.

*Bernhausen, 1. Juni 1983*
Angsttraum. Ein schwarzer Hund verbeißt sich in meinen Arm. Sein Herrchen, ein stattlicher Herr, weist ihn vor die Tür. Im Abgang blickt er mich noch einmal tückisch an.

*Bernhausen, 3. Juni 1983*
Todestraum. Mama ist gestorben. Dies wurde mir in einem hellen Büro von einem Beamten eröffnet. Mein erster Gedanke: So hat unsere Großmutter Elsa Mama doch überlebt! Und: Was wird Papa dazu sagen? Erstaunlich: Vor dieser Eröffnung wurde mir von diesem aalglatten Burschen bereits eine Datei erläutert, die alle Selbstmörder der Stadt erfasst. Die Statistik wurde mit bürokratischer Logik (versorgungstechnische Details) begründet. Die Träume scheinen tatsächlich eine ganz andere Temporalität und Logik als unsere Alltagsrealität zu haben. Vielleicht gelingt es mir, meine eigenen Träume auf diese Traumstrukturen hin zu entschlüsseln. Würde aber durch solch eine Anstrengung die Aura des Traumes am Ende zerstört?

*Bernhausen, 23. Juni 1983*
Rückblick auf die Hochzeit am 18. Juni. Trotz meiner Nüchternheit in solch zeremoniellen Fragen – ich fühle mich nun doch verantwortlicher für Rehauge. Zärtliches Empfinden. Die Tage am Lago: organisierte Hektik. Das Wetter zwei Tage lang makellos. Viel Sonne, warmer Wind; am dritten Tag dann heftige Regenfälle. Beim Gottesdienst in der Kirche San Martino fast das ganze Dorf anwesend. Nach dem Ringtausch spontaner Applaus. Michaels Auftritt am Freitag peinlich. Er schenkte uns eine große Grafik von Dalì, fiel aber durch dummes Gerede und Angeberei auf. Das konnte aber die Freude nicht trüben: Originelle Geschenke, wohlgelaunte Gäste, darunter Marlis und Roberto

aus Milano. Es wurde gefilmt und fotografiert. Leider auch familiäre Auseinandersetzungen, wie oft bei solchen Familienfesten. Mama in typischer, selbstherrlicher Aktion. Bei der Trauung habe ich nichts empfunden. Außer der Befriedigung darüber, dass alles reibungslos ablief. Immerhin eine deutsche Hochzeit am italienischen Ort. Nur die Musik hat mich tief berührt.

Jetzt hat uns der Alltag wieder. Das wird bis Ende Juli eine arbeitsame Zeit. Danach wollen wir auf unsere Kreta-Reise gehen. Gestern Nacht bis ein Uhr über dem Jünger-Beitrag gesessen; kann das Ergebnis aber erst beurteilen, wenn ich den Text gedruckt sehe. Dann ist es allerdings für Korrekturen zu spät.

*Bernhausen, 5. Juli 1983*

Schwül. Sitze auf dem Balkon und erwarte Gäste. Wie sich dabei der Habitus strafft: Ist das Eitelkeit – oder schon Lebensangst? Nicht der eigenen Form zu entsprechen, die man sich geschaffen hat. Heute die Wohnung in Ordnung gebracht, mit Blumen geschmückt. Danach gehe ich immer durch die Räume und erfreue mich an ihrer Geordnetheit. Dieses Domizil ist mein Schneckenhaus, das mich vor der Welt schützt. Wohnungen sind Selbstinszenierungen, wie in einem goldenen Käfig wandere ich darin auf und ab.

Briefe von diversen Redaktionen, die um Beiträge fürs Feuilleton bitten. Ermutigend – aber wie ist all das zu schaffen: das Jünger-Projekt, das Kinderbuch, die Dissertation. Stehe zwar frühmorgens auf, verschwende aber noch immer viel zu viel Zeit auf Nebensächliches.

*Bernhausen, 6. Juli 1983*

Papas Geburtstag. Geschenk überbracht; zurückhaltende Reaktion, wohl in Rücksicht auf die Gäste. Er ist in solchen Dingen sehr unfrei. Froh, wieder zuhause zu sein. Ich könnte auf alle Kommunikation verzichten, nur in Büchern leben, mich auf das Schreiben von Briefen beschränken. Im Gespräch allerdings finden wir – gleichsam maieutisch – zu Gedanken, die uns allein gar nicht gekommen wären.

20

*Bernhausen, 25. November 1983*

Es häufen sich Träume, in denen ich mir selbst begegne. Viel Erotisches, aber auch Abenteuerliches. Es gehört zu mir; deshalb auch der Sprung aus dem Flugzeug: Selbsterfahrung, aber auch Selbsterhöhung. Letzteres schwingt immer mit. Arbeit an einer großen Rezension für die *Stuttgarter Zeitung* zu Ernst Jüngers Werkausgabe bei Klett-Cotta. Wie üblich unter Zeitdruck, ohne ihn geht es nicht. Längst auch in Verzug mit der Dissertation, die ständig den aktuellen Arbeiten weichen muss.

*Bernhausen, 13. Dezember 1983*

Neue Pläne: ein Buch über Maulbronn, den Faustturm etc. Am Sonntag mit Christian Schleuss bei Otto Heuschele, dem schwäbischen Dichter in Waiblingen. Quittengelbes Häuschen mit überwuchertem Garten, der steil den Hang hinab fällt. In allen Zimmern Regale, in denen sich die Bücher stapeln, auch auf dem Boden Berge von Büchern und Zeitschriften. Der Mann lebt die Literatur. Wir wurden außerordentlich freundlich empfangen; des Dichters zierliche Frau mit thüringischem Akzent, sehr reizend. Sie kredenzte Kaffee und Weihnachtsgebäck. Er: silbernes, dichtes Haar, in einem Strahlenkranz um die hohe Stirn. Auf den ersten Blick ein Gerhard-Hauptmann-Kopf. Nicht so wuchtig, sozusagen die Miniatur-Ausgabe Hauptmanns, schmäler, bescheidener, eben schwäbisch. Seine Physiognomie auch sparsam im Ausdruck, zurückhaltendes Auftreten. Lange über Jünger geredet, der ihn schon immer fasziniert zu haben scheint – wenn auch mit einem leichten Grusel, das war zu spüren. Zu wenig über Heuschele selbst, sein dichterisches und essayistisches Werk; das erkannten wir erst, nachdem wir das Haus wieder verlassen hatten.

*Bernhausen, 5. Januar 1984*

Brief von Jüngers einstigem Sekretär Armin Mohler, der meine Besprechung von Jüngers Gesamtausgabe kommentierte. Er kam sofort auf den Punkt: »Sie werden erraten, wo ich anderer Meinung bin. Ich finde es nicht richtig, dass J. aus der Zeit seit 1945 auch das letzte Zufallsaufsätzchen mitdruckt, während er die nationalrevolutionäre Publizistik der Frühzeit ganz weglässt. Diese Aufsätze aus Standarte, Arminius usw. habe ich 1942 als Student in der Preussischen Staatsbibliothek von Hand abgeschrieben (damals gabs Fotokopie noch nicht) – und sie haben mein Leben verändert. In GESAMMELTE WERKE gehören sie nicht, in SÄMTLICHE WERKE jedoch schon. Barbarisch auch, wie die Totale Mobilmachung zerstückelt wurde. Dieser Text ist doch ein Teil der deutschen Geschichte. Anlässlich der Paulskirchen-Turbulenzen schlug ich J. vor, mich eine Ausgabe der nationalrevolutionären Publizistik, in sehr kleiner Auflage und zu hohem Preis, machen zu lassen, damit der Tätigkeit der Vorzeiger von aus dem Zusammenhang gerissenen Zitaten das Handwerk gelegt werde. Er wollte nicht. Sei's drum...«

Im PS schrieb Mohler, auf meine Dissertation sei er gespannt. Ihn, siehe oben, interessiere vor allem der Jünger zwischen 1929 und 1938: »In diesem Zeitraum fiel stilistische Meisterschaft mit einer besonderen Konstellation des deutschen Geistes zusammen. Natürlich ist das, was J. nach 1945 schrieb, immer noch besser als das Meiste, was sonst in deutscher Sprache seither gedruckt wurde – aber es ist kein ›Jahrhundertbuch‹ wie ›Der Arbeiter‹ mehr darunter. So ist es übrigens auch bei Benn und Heidegger.«

*Bernhausen, 23. Januar 1984*
Am Samstag die große Jünger-Besprechung in der *Stuttgarter Zeitung*. Leider wurde ein wichtiger Abschnitt weggekürzt. Für Christel eine Chagall-Lithografie gekauft: *Michal rettet David*. Blautöne, weiß-silbern konturiert. Das Wochenende verbummelt. Draußen unwirtlich, viel nasser Schnee. Seltsames Wetter, aber ich nehme es vor lauter Arbeit kaum mehr wahr. Nächste Woche schreibe ich für C. die »Geburtstagsgeschichte«; das wird mich ein, zwei Tage kosten.

*Bernhausen, 6. Februar 1984*
Heute Text über den Maler Paul Otto Haug für die Einladung zur Ausstellung in Esslingen verfasst. Ich unterzeichne mit Herbert Schwilk; Papa hat ihn persönlich gekannt, ja war in gewisser Weise als Künstler-Kollege und Nachbar mit ihm befreundet. Haug wurde von Ernst Fuchs in seinen Memoiren als große Begabung gerühmt. Der Surrealist, den man der »Wiener Schule des phantastischen Realismus« zuordnet, hatte ihn persönlich in der Kunstakademie in Wien getroffen. Auszug aus der Einladung: »Haugs meist großflächige, düstere Figurenporträts erinnern in ihrer starken Expressivität, im schockartigen Einsatz der durch die schwarzkonturige Einrahmung explosiv gesteigerten reinen Farben (rot, blau, grün) und in dem die dargestellten Figuren überlagernden Fluidum von stiller Verzweiflung und ekstatischer Isoliertheit an die düsterglühenden Gemälde des Fauvisten Georges Rouault. Auch die in sorgfältiger Technik gearbeiteten Grafiken fügen sich in Sujet und formaler Gestaltung – auch hier dominiert das Konturhafte und Kontrastive – in den das ganze künstlerische Werk beherrschenden exaltierten Ausdruckszwang ein.«

*Bernhausen, 9. Februar 1984*
Die Gedichte für das Merkur-Forum-Literatur abgeschickt. Meine Dissertation ruht; es gibt Wichtigeres, und ich habe eine riesige Lust zu schreiben. Arbeit am Kinderbuchmanuskript.

*Bernhausen, 22. Februar 1984*
Gestern auf der Fahrt ins Theater: Ein Hase am Straßenrand, aufrecht sitzend, geduldig, wie ein Straßenpassant, der das Ende der Autokolonne abwartete, um mit zwei, drei Sätzen die Straße zu überqueren. Der Anblick des Tieres inmitten der Technik hatte etwas Berührendes, ja Beglückendes.

*Bernhausen, 24. Februar 1984*
Unerhört plastisch vom Atomkrieg geträumt. Von einer Höhe aus sah ich in einer leuchtenden Schneelandschaft die Atompilze

aufsteigen. Musste mich abwenden, um nicht geblendet zu werden. Flucht in die Berge mit einem Mercedes, den wir kurzschlossen. Mein Begleiter ist Helmut Kohl, ich steuere den Wagen. Wir erreichen eine Kommandozentrale; dort legt K. eine Uniform an. Alles rennt, offenbar befürchtet die militärische Führung einen Atomschlag gegen die Führungszentrale. Wir beeilen uns, in den Luftschutzkeller zu kommen.

*Bernhausen, 3. März 1984*

Gestern im Theater: *Woyzeck*. Nachts von Woyzeck als Hochstapler geträumt, der seine mysteriösen Dialogsätze abgeschrieben hat. Dass er das Geheimnis der »Figuren, Linien, Kreise« zu ergründen sucht, erscheint im Traum als authentisch.

*Bernhausen, 5. März 1984*

Traum: Besuch im Weißen Haus. Gespräch mit der Kennedy-Witwe über die Chancen von Hart und Mondale. Plötzlich Schüsse. Sie: »My god – please not again!« Sie verschwindet durch eine Geheimtür. Polizeisirenen, ich öffne eine Eisentür. Zwei maskierte Gestalten stürmen in den Raum und treten einem männlichen Gast in den Unterleib. Verhalte mich ruhig; die Maskierten prüfen meine Papiere und unterhalten sich dabei mit einem Kind. Weitere Gestalten drängen durch die Tür herzu.

*Campagnano, 1. Mai 1984*

Ein mächtiges Wolkenfeld spannt sich über den See, festgekeilt zwischen den Bergen. Dann und wann tirillieren ein paar singfreudige Vögel, wenn der Himmel kurz aufklart und die Tropfen dünner fallen. Arbeit an einer Rezension über Ernst Jüngers *Autor und Autorschaft*. Müssen wir eine Ethik des nuklearen Zeitalters entwickeln? Die drohende Vernichtung der Menschheit als Prämisse der Solidarität: Ähnliches haben Sartre und Camus vor Jahren konstruiert. Sie sind folgenlos geblieben. Und Jünger? Er registriert das Notwendige und schickt sich drein. Der Arbeiter ist der neue Sohn der Erde, ein Titan. Er gestaltet die Welt durch

Technik – und zu dieser gehört die Destruktion. Den Atomkrieg hat EJ längst gedacht. Er ist kein Betriebsunfall der menschlichen Ordnung, sondern tellurische Eruption.

*Campagnano, 22. Mai 1984*

Guter Beitrag von Armin Mohler über den Nominalismus. Der Nominalist kennt nur das einzelne Ding, Begriffe sind (in der Terminologie mittelalterlicher Scholastik) »flatus vocis«, Windeier. Den allgemeinen Bestimmungen kommt kein wirkliches Sein zu: »Menschlicher Geist lässt sich mit der Wirklichkeit nie in Deckung bringen.« Das Partikuläre ist auch vorrangiges Thema von Jüngers Tagebüchern: EJ, der geborene Nominalist? Und das metaphysische Bedürfnis? Im »stereoskopischen Blick« kommt beides zur Deckung.

Es regnete die ganze Nacht ohne Unterlass. Spaziergang zum Felsen, vorbei an verkohlten Bäumen, die ein Waldbrand zurückgelassen hat. Die Baumstämme wie Theaterrequisiten, schwarz gelackt, dazwischen sprießt leuchtend grüner Farn. Regenrinnsale gurgeln über ausgetretene Steinplatten. Wir rutschen über den tiefen Waldboden, mit uns unterwegs ist ein Salamander, der mit langsamen, schwerfälligen Bewegungen übers nasse Moos kriecht. Wolken hängen düster über dem sonst so heiteren Cannobio, wie Schleier in das Sattgrün der Bergrücken geflochten.

*Campagnano, 23. Mai 1984*

Stark geträumt. Weitere Begegnung mit EJ; dabei plagte mich ein schlechtes Gewissen wegen eines Einbruchs, den ich bei ihm verübt hatte. Das Haus – vor allem erinnere ich ein breites Bett – stand zum Verkauf. EJ machte eine Bemerkung über den Preis, ich: »Sollte ein Ernst Jünger sich von mir übers Ohr hauen lassen?« Gelächter, dann Umarmung und ein Kuss. Der alte Kerl hatte einen weichen, jugendlichen, fast zu üppigen Mund. Danach von Mama und Papa geträumt. Letzterer erbittert, mit seltsam veränderter Stimme.

Mit Christian Dauerlauf nach San Rocco, von dort zur Kirche San Martino. Wir gingen um das Pfarrhaus herum, in dem es rumorte. Am Weg Magnolienblüten in herrlicher Fülle. Vom Campanile, der wieder zugänglich ist, Blick über die Pfarrhausgärten und die Kirche. Fast zu schön, wie das gelb getünchte Gemäuer in einer leuchtenden Fassung von frischen Blättern am Hang träumte. Es ist sehr viel freundlicher geworden, Bienen summen, Echsen huschen über die Granitwege. Doch noch immer kräftiger Wind, tiefe Wolken. Wir trinken Kaffee auf der Terrasse, dazu Dvorak, *Sinfonie aus der Neuen Welt*. Gang über die Weinbergterrasse, Stille, Dämmer, Vogelzwitschern. Die Feder kratzt, leise tickt die Uhr: Meine Rezension ist abgeschlossen.

*Campagnano, 24. Mai 1984*

Schwüle Träume. Ein Mädchen mit braunlockigem Haar, milchweißem Busen. Bewegte sich schamlos auf der Straße. Arbeit am Kinderbuchmanuskript. Am Morgen strahlendes Wetter, gegen Mittag leider schon Eintrübung. Fuhr mit Christian nach Minusio, um das Grab Stefan Georges zu sehen. Hatten einige Mühe, das Domizil des Dichters zu finden. Nach Kletterakrobatik gelang es mir, das Haus zu fotografieren; es ist eine mittelgroße, rotbraun patinierte Villa in einem Park mit alten Bäumen, der von einem breiten Weg durchschnitten ist. Gespräch mit Professor Mondada, der George noch persönlich gekannt haben will. Er wies uns auch den Weg. Dann weiter nach Locarno und Ascona. In einem Schreibwarengeschäft entdeckte ich in der *FAZ* meinen ganzseitigen Kykladen-Reisebericht als Aufmacher des Reiseteils. Große Freude.

Der Lago wieder frei bis zum Horizont; Stresa ganz nah. Fahrt in den Süden. Wir tranken Bier in einem Albergo am kleinen, hübschen Lago d'Orta, leider plärrte der Fernseher. Vorfreude auf die Träume, die Lektüre, den Schlaf.

*Campagnano, 26. Mai 1984*

In einer Diskothek in Luino beobachtete ich eine junge Italienerin mit langem dunklem Haar. Sie hatte ein schmales Gesicht, dem ein spöttisch zuckender Mund einen degoutierten Ausdruck verlieh. Nachdem sie meine Blicke bemerkt hatte, genoss sie diese Aufmerksamkeit und begann, sich an dem Spiel zu beteiligen. Gegen zwei Uhr zurück in Campagnano; im Bett bis vier Uhr gelesen. Immer noch Wolken, jedoch sehr viel hellere. Gegen Morgen tröpfelt es, und schon sind einige Segelboote hinter Luino auf dem silberhellen Wasser.

*Campagnano, 27. Mai 1984*

Es schüttet wieder, die ganze Nacht hindurch. Zudem ist es kalt geworden; man mag nicht vor die Tür treten. Wir erwägen, schon morgen nach Hause zu fahren. Gönnten uns ein ausgiebiges Abendessen im Ristorante. Gespräche über EJ, Nietzsche und das Reisen – bis nach Mitternacht. Die Lichter von Luino blinkten durch einen Schleier von Wolken. Wieder zuhause, freuten wir uns an den schwarzen Zypressen, die leise vor den Lichtern am See zitterten, wie aus der Erde gewachsene Riesenfinger.

Träume: Flucht. Zuflucht bei einer älteren Dame, die uns durch ein Labyrinth von Zimmern führte. Das Telefon die einzige Verbindung zur Außenwelt. Irgendwie erinnerte mich das Atmosphärische an das Kloster in Blaubeuren. Ein Vogel pickte auf der Terrasse unsere Brotkrumen auf; Regenwasser prasselte, der Garten am Ersaufen. Noch kälterer Wind, wir heizten. Lektüre und Arbeit. Gerne würde ich bleiben, aber von Tag zu Tag werden wir schwermütiger.

*Campagnano, 29. Mai 1984*

Heute überraschte mich ein Brief von Rehauge. Liebevolle Worte, auf ihre stille, sanfte Art. Sie fragt behutsam, wann ich nach Hause komme. Der Briefträger hatte das durchnässte Schreiben unter die Haustür geschoben. Wieder hat es die ganze Nacht geregnet. Jetzt spannt sich eine dichte Wolkendecke über den See.

Es ist immer noch kühl, aber der Regen hat aufgehört. Ausflug an den Luganer See, nach Montagnola. Traurig die Autobahn im Tal, das »kinetische Prinzip« bricht in die Stille ein. Wieder im Park der Casa Camuzzi. Lugano verliert, wenn man von Lago Maggiore kommt, wo die Landschaft noch weitgehend intakt ist. Gesichtslose Schweizer Betonarchitektur; die prachtvolle Natur ringsum ist zur Kulisse degradiert. Zurück in Luino, kehren wir in die Pizzeria am Bahnhof ein, trinken Bier, lesen die Zeitung. Am Abend ist Stresa sehr nah, farbige Lichtpunkte sind zu erkennen, die Leuchtreklame der Hotels an der Promenade. Dann ziehen Wolken auf und wischen das Farbgeglitzer weg.

*Campagnano, 31. Mai 1984*

Erstmals sehr früh aus dem Bett. In die Schweiz, um die Rezension abzuschicken. Danach Fahrt über Germignaga nach Laveno, Prachtpanorama der Küste; sehr schön der in den See vorgeschobene Bergkegel von Portovaltravaglia. Mit der Autofähre nach Intra, auf die üppigere Westseite des Lago Maggiore. Über Omegna an den Lago d'Orta. Wir erklimmen den Sacro Monte, wo Nietzsche sich mit Lou Andreas-Salomé ein Stelldichein gab. Von dort aus Postkartenblick auf die Klosterinsel San Giulio. Auf der Piazza von Orta trinken wir Kaffee. Die Luft ist erfüllt von den schrecklichen Geräuschen eines italienischen Rasenmähers, der fauchend und stinkend seine Bahnen zieht. Spaziergang durch die stillen Gassen; wir begegnen einer Gruppe hübscher Schülerinnen, die uns sogleich in Aufregung versetzen. Brot, Käse, Wurst und eine Flasche Bier. Mehr bedarf's nicht, wenn sich ein makelloser Himmel über dich spannt und die Mauern freundlich in der Sonne blinken.

Mit dem Ruderboot setzen wir nach San Giulio über. Das Wasser ist recht kalt, und wenn die Sonne hinter Wolken verschwindet wird es sogleich empfindlich kühl. Christian hat eine unorthodoxe Art, mit den Rudern umzugehen: Wenn er durchzieht, sprühen feine Wassertropfen über das Boot hinweg. Wir umrunden die Klosterinsel, passieren dabei die ockergelbe Villa eines deutschen Suppenkönigs. An der Stelle, wo eine steilabfallende

28

Gasse ins Wasser mündet, ziehen wir unser Boot an Land und vertäuen es. Gang um die Insel herum, alles ist still. Das Kloster wird renoviert und ist deshalb geschlossen. In einer Bar vor dem Klosterportal trinken wir einen Cappuccino als Stärkung für die Rückreise. Fahrt nach Vaccagio, das hoch über dem Orta-See thront. Eine hübsche Barockkirche mit freundlichem Vorplatz lädt zur Rast ein. Im nahen Friedhof arbeitet ein fröhlich singender Steinmetz an einer Grabinschrift. Die Vögel zwitschern, unten läuft das Licht über den See, es ist still und schön. Wir sitzen mit nackten Füßen im frischen Gras, von ferne weht ein Glockenschlag herüber. Der Wind ist kühler geworden, über den Bergen westlich von Orta ballen sich die Wolken.

*Campagnano, 3. Juni 1984*

Es regnet wieder. Hanns und Christian sind bereits abgefahren. Gestern noch mit dem Boot zu den Inseln; Hanns als Cicerone. Ausflug nach Baveno, hübscher Ort mit Kirchplatz und gewaltigem Campanile, daneben die Basilika mit Rotunde. Rückfahrt entlang der Westküste, vorbei an Villen und Parks, kurz vor Maccagno Sonnenbad und Lektüre von Henry de Montherlants Tagebüchern. Reflexionstagebücher mit dandyistischer Raffinesse. Mehr als in den Romanen tritt hier seine humane Substanz hervor. Abends Einweihung des restaurierten Kirchleins San Stefano in Campagnano. Buntes Treiben auf dem Vorplatz, zahlreiche Kinder. Wie die Jahre vergehen! Vor zwei Jahrzehnten war ich der kleine Junge, der da so verträumt am Kirchenportal steht mit großen Kinderaugen.

Letzte Nacht hat Christian eine schmale Dunkle aufgegabelt, ein Früchtchen ganz besonderer Art. Hängende Augenlider über einem blassen Gesicht, begleitet von einem nuschelnden Kerlchen, beide aus Milano. Das Vögelchen entpuppte sich als Alkoholikerin mit Drogenerfahrung und Sinn für Kurioses. Auf langen schwarzen Spinnenbeinen stolzierte sie durch den Raum, in konzentrischen Kreisen um Christian herum, der sich auch nicht lange bitten ließ.

*Bernhausen, 28. Juni 1984*

Der Bechtle-Verlag zeigt Interesse an einer Jünger-Biografie; das Lektorat in München fordert ein Exposé an. Arbeite an Rezensionen zum Stuttgarter Theater-Sommer und recherchiere für den Aufsatz über Paul Otto Haug. Lektüre: Thomas Manns Tagebücher der Jahre 1918 bis 1938.

*Bernhausen, 17. Juli 1984*

Brief von Hubert Arbogast, Cheflektor von Klett-Cotta. Er kennt und schätzt mich wegen meiner Besprechungen von Jüngers Büchern in der *Stuttgarter Zeitung* und der Wiener *Presse*. Schock: Er hätte mich ein Buch über Ernst Jünger schreiben lassen zum 90. Geburtstag am 29. März 1985! Aber ich sei ein halbes Jahr zu spät mit meinem Vorschlag. Man habe sich bereits mit Martin Meyer von der *Neuen Zürcher Zeitung* geeinigt. Arbogast: »Schade. Nach den Rezensionen, die ich von Ihnen gelesen habe, hätte ich mir vorstellen können, dass Sie aus dem Projekt etwas Originelles gemacht hätten.« Das sitzt. Nicht auszudenken, dass der Bechtle Verlag jetzt auch noch abspringt! Alles tragisch, aber auch folgerichtig, denn ich habe einfach zu lange gewartet, war zu unschlüssig. Ich darf mich nicht beklagen.

Auch Jünger gibt sich distanziert. Will wohl Klett nicht vorgreifen, mich ohne Absprache nicht zu sich einladen. Dann wird es auch mit den Fotos nichts, die ich in der Oberförsterei gern gemacht hätte. Außer ich ziehe das Ganze vollkommen anders auf. Typisch für mich: Aus der Niederlage doch noch einen Sieg machen, auch wenn die Enttäuschung tief sitzt. Habe diesen Brief noch nicht verdaut, alles wühlt im Kopf herum. Die Wiener *Presse* brachte meine Jünger-Besprechung; fällt nun aber auch nicht mehr ins Gewicht. Die *Esslinger Zeitung* veröffentlicht meinen Reisebericht über Kreta, mit leider etwas unscharfen Fotos. Sonst gut redigiert.

*Bernhausen, 1. August 1984*

Anne Frank notiert in ihrem Tagebuch, sie schreibe, »um alles zum Ausdruck zu bringen, was in mir lebt. Mit dem Schreiben löst sich alles, mein Kummer schwindet, der Mut lebt wieder auf… Im Schreiben kann ich alles klären, meine Gedanken, meine Ideale, meine Phantasien«.

Peter Handke in *Das Gewicht der Welt*: »Das Grün eines Feldes so stark, dass es sogleich mein Grün wurde: Die grüne Landschaft fing vor meinen Auge erst zu grünen an.« Ein poetischer Solipsismus, der diesen Autor vor allem auszeichnet. Handke schreibt seine Bücher eigentlich nur für sich selbst. Der Leser bleibt vor der Tür, die geradezu vor seiner Nase zugeschlagen wird.

Traum: Ernst Jünger zu Besuch in Stuttgart; offensichtlich war ich bestimmt, ihn vorzustellen. Wollte den Leuten erklären, was für ein bedeutender Autor er ist. Dann mit J. in unsere Wohnung; durch ein Loch in der Decke konnte man in das obere Apartment schauen. Traumsprung: Ehrung für EJ an der Universität Tübingen. Hatte dabei das Gefühl, man wolle den alten Mann verspotten. Das Akademische ist ihm fremd, ja unerträglich.

*Bernhausen, 4. August 1984*

Da es mit der Monografie nichts wird, hat Klett-Cotta mich als Herausgeber einer kleinen Festschrift zu Jüngers 90. Geburtstag verpflichtet. Am Telefon sagte Hubert Arbogast: »Da müssen Sie aber nach Wilflingen reisen und Ernst Jünger persönlich kennenlernen.« Müssen! Ein schöneres Geschenk hätte mir der Verlag nicht machen können. Prompt kam heute eine Buchsendung vom Verlag. Arbogast lässt mir als Anregung Exemplare früherer Jünger-Festschriften schicken. Benötige ich jedoch nicht, da ich einen ganz anderen Ansatz habe. Das Büchlein soll eine Art biografische Skizze werden im Stil der *Marbacher Magazine*, bestehend aus Fotos und längeren Zitaten. Michael Klett wird ein persönliches Vorwort beisteuern. Das Nachwort, eine essayistische Einführung in Leben und Werk Jüngers, werde ich selbst verfassen. Schönes Projekt, zumal auch der zu Ehrende sein Plazet gegeben hat und mich empfangen will. Also guten Mutes. Ob Bechtle mitzieht, hoffe ich. Denn die beiden Projekte beißen sich nicht.

Lektüre: Kafkas Tagebücher. Danach Musil, Kierkegaard, Bloy, Léautaud, Frisch und Handke. Eine Tagebuch-Bibliothek geplant. Solche Lektüre führt tief in die Seelen der Verfasser hinein, illumiert das Werk, letztlich auch die eigene Existenz. Schönes Wort von Kafka (19.10.1917): »Man muss nicht in die Hände spucken, ehe man sie faltet.« Fast lutherisch. Demut und Dank statt Wille und Werkgerechtigkeit.

*Bernhausen, 7. August 1984*
Arthur Schnitzler: »Nichts beweisen als die Vielfältigkeit der Welt.« Schnitzler hat eine fundamentale Gemeinsamkeit mit Jünger: Er lehnte es ab, sich selbst zu kommentieren.

Traum: Androhung einer furchtbaren Strafe. Ausreißen beider Hände. Abends bei Papa, der von einer seiner Auslandsreisen zurückkam. Sprachen über China, Russland und zuletzt über Dagny, die sich in Italien durchlaviert.

*Bernhausen, 11. August 1984*
Lektüre von Paul Léautauds Tagebüchern. Im März 1904 notierte er: »Seit einem Jahr ist es an der Zeit, dass ich mit aller Leidenschaft ich werde ... « Das erinnert mich an mein Maulbronner Tagebuch, das ich vernichtet habe. Es war ein Dokument verfehlter Selbstfindung, zu selbstkritisch, ja selbstquälerisch, zu sentimental vielleicht. Aber aufrichtig.

Das Telefon reißt mich aus einem bizarren Traum. Eine elektronische Taschenuhr zauberte Figuren aus ihrem Gehäuse hervor, als ich einen Knopf drückte. Sie bewegten sich zierlich im Kreise, obwohl sie keinerlei Verbindung mit der Uhr hatten und auch an keinen Fäden aufgehängt waren.

*Bernhausen, 13. August 1984*
Ein fremder, nicht durchschauter Mensch: Noch bewahrt er sein Geheimnis. Der Alltag scheint es uns rasch zu enthüllen; aber wir wissen bei der ersten Begegnung oft mehr über das Wesen dieses Menschen als nach Jahren des täglichen Umgangs.

32

*Bernhausen, 14. August 1984*
Brennende Haare eines Negers. Ich hatte sie angezündet, um ein besonders spektakuläres Foto schießen zu können. Als ich den Apparat in Anschlag brachte, erloschen sie. Der Mann interessierte mich sogleich nicht mehr. Noch im Traum regte sich das schlechte Gewissen über die Grausamkeit des Beobachters. Fühlte mich an das berüchtigte Wort von Oscar Wilde erinnert, dass es nicht die Aufgabe des Künstlers sei, dem Sterbenden die Hand zu reichen; vielmehr solle er die Verfärbung der Lippen und das Zucken der Gesichtsmuskeln notieren.

*Bernhausen, 23. August 1984*
Träumte von einem Pferdekopf, der in einem Topf vor sich hin kochte. Er schlug die Augen auf und begann zu sprechen. Bat darum, den Schallplattenspieler für ihn zu bedienen. Während unseres Gesprächs stiegen Suppendünste aus dem Topf auf. Erstmals die Gewissheit, dass man im Traum riechen kann.

*Campagnano, 27. August 1984*
Zum Pizzaessen nach Luino. Danach ein Bad im See. Das Wasser schäumte nach einem gewittrigen Wolkenbruch an die Felsen. Das Auto auf einem kiesigen Uferstreifen abgestellt, dann über Stock und Stein und durch das Gebüsch an den Strand. Über Stresa stand der Himmel in Flammen. Nackt kletterte ich über Felsblöcke und Geröll, tauchte ins kühle, abendgraue Wasser. Über dem Sonnenband segelten schneeweiße Wolken in schnellem Flug. Cannero auf der gegenüberliegenden Seeseite war von einem mächtigen Wolkengetürm eingehüllt, erste Lichter blitzten an den Promenaden. Eine Handbreit über dem Wasser drehte ich mich toll wie ein Kreisel und lachte. Die Welt war schön wie selten.

*Camapagnano, 8. September 1984*
Entsetzlicher Traum. Das Gefühl, von einer teuflischen Hand gewürgt zu werden. Es gelingt mir nicht, aufzuwachen. Dann

33

eine Insel, auf die wir uns vor einem Sturm retten wollen. Etwas drückt mich unter Wasser, verzweifeltes Aufbäumen, Dagegenanschreien – das Ganze wie die »Idee« des Ertrinkens, in der furchtbaren Zwanghaftigkeit des Traums. Nach dem Aufwachen das Entsetzen weggeblasen wie ein böser Spuk.

*Bernhausen, 13. September 1984*
Vorgestern bei Hubert Arbogast. Langes Gespräch über die Festschrift, deren Konzeption ihm einleuchtet. Kritische Fragen zu Jüngers Art, Tagebuch zu schreiben. Arbogast hält es für »stilisiert«, stellt die Authentizität in Frage. Das müsste man philologisch nachweisen. Konnte seine Fragen nur etwas gewunden beantworten. Noch fehlt mir der Einblick in die Originaldokumente und Bearbeitungsstufen. Gerade was meine Dissertation betrifft, komme ich um Quellenarbeit nicht herum. Arbogast legte den Finger in die Wunde. Ist auch bestens über mein Bechtle-Projekt informiert, hält es aber offensichtlich nicht für ein Konkurrenzunternehmen. Der Werbeleiter des Verlags, ein farbloser Mensch, ließ sich von Arbogast in den Hintergrund drängen, nickte immer nur. Bezeichnenderweise ist mir sein Name entfallen.

Gestern erste Einsicht in den Foto-Bestand in Marbach. Merkwürdiges Gefühl, diese aus dem Krieg geretteten, verblassten Bilder in Händen zu halten. Komme mir wie ein Voyeur vor, der eine Tür öffnet, die eigentlich verschlossen sein müsste.

*Wilflingen, 25. September 1984*
Mit gemischten Gefühlen nach Wilflingen abgereist und mit eindeutigen zurückgekehrt. Ernst Jünger, ein erstaunlicher Mensch. Keinesfalls unterkühlt, wie es immer heißt. Alles lief wie in einem schönen Traum, geradezu schnörkellos, als sei ich nicht zum ersten Mal da – oder habe *ich* mich verändert? Anreise von Esslingen über Tübingen, Reutlingen und quer über die Schwäbische Alb, hinunter ins Donautal bis zur Abzweigung vor Riedlingen. Dann durch eine sanft gewellte, weite Hügellandschaft mit Wiesen und

34

Wäldern. Rückfahrt heute, einen Tag später, gegen 11 Uhr; so lange dauerte das Sichten des Fotomaterials in Jüngers Archiv, das mir viel Vergnügen bereitete. Die Masse der Bilder stammt aus dem Ersten Weltkrieg, aber es gibt auch zahlreiche Familienfotos, Dokumente der vielen Reisen und unzählige Porträts. Alles ungeordnet in Kuverts, die sich in Schubladen stapeln.

Um 18 Uhr zum Abendessen in den »Löwen«, einen Steinwurf von der Oberförsterei entfernt. Jünger kündigte per Telefon mit preußisch knappem Kommandoton unser Kommen an. Es gab Rehbraten, Spätzle, dazu Heilbronner Stiftsberg und zum Abschluss Zwetschgenschnaps. Der Wirt geleitete uns ehrerbietig zu einem Tisch am Fenster, der immer für den Wilflinger Ehrenbürger reserviert ist. Keinerlei Befangenheit, gelöste Stimmung. Die Gespräche drehten sich vor allem um Frankreich, meine Lektüre – Balzac, Maupassant, Gide, Camus, Sartre – und um François Mitterrand, der sich beim ersten Zusammentreffen mit EJ als Leser von dessen Büchern vorgestellt habe. Jünger erwähnte die Erinnerungsfeier in Verdun, zu der er als Veteran geladen war. Wir erörterten die deutsche Zerrissenheit in Politik und Geschichte – im Gegensatz zum französischen Selbstbewusstsein, das bis heute anhält. Zu Frankreich hat EJ, das war auch jetzt zu spüren, seit seiner ersten Reise als Schüler an die Somme ein inniges Verhältnis.

Auch die Rolle Armin Mohlers wurde gestreift. Der Mann habe ihm viel Ärger eingebracht und als Sekretär seine Papierkörbe durchwühlt. Aber, fügte Jünger sogleich milde an, Mohler sei ein kluger Kopf, allerdings unfähig, den inneren Zusammenhang seines, also Jüngers, Werk zu sehen. Er habe sich ein Bild zurecht gelegt, das ganz auf die nationalrevolutionäre Zeit nach dem Ersten Weltkrieg fixiert sei. Was man an den Universitäten über ihn, Jünger, denke? Aber eigentlich sei ihm das egal, er schreibe ja nicht für Professoren. Die *FAZ* wurde von ihm gelobt; er habe immer einen guten Draht zu Joachim Fest gehabt, allerdings nicht zum »Scharfrichter« Marcel Reich-Ranicki, der habe »ein Problem« mit ihm. Das Rezensionswesen bezeichnete er als »Unwesen«, er habe nichts damit zu tun, brauche keine »Zensuren«.

Goethe lerne er durch seine Frau Liselotte noch besser kennen; sie sei eine große Kennerin der Klassik und habe sogar eine Goethe-Ausgabe herausgegeben. EJ erklärte, wie lange er täglich über seinen Tagebüchern sitze und dass er dabei sei, den Kriminalroman *Eine gefährliche Begegnung* abzuschließen – ein Projekt, welches Jahrzehnte geruht habe. Er schreibe im Übrigen nach dem Lustprinzip, es gebe für ihn »kein tägliches Pflichtpensum«. Am Schreibtisch »mit der Stechuhr« zu sitzen wie Thomas Mann sei ihm zu pedantisch. Meckerndes Lachen. Zwischen dem Schreiben gehe er spazieren, verfasse Briefe oder präpariere Käfer.

Jünger hat sich offenbar vor unserem Gespräch bei Frau Jünger erkundigt, was ich so treibe. Besonders meine Reisen interessieren ihn, bei der Nennung von Marokko merkt er auf, Nordafrika ist sein großes Thema. Als ich im »Studio« die Fotos und Dokumente sichte, kommt er immer wieder ins Zimmer, pfeifend und mit einem Scherz auf den Lippen, kichernd, also wolle er den Eindruck widerlegen, ein spröder Zeitgenosse zu sein. Dann verabschiedet er sich: Er müsse noch ein wenig in *Vehses Hofgeschichten* lesen, seiner Leib- und Magenlektüre. Besonders die Skandale interessieren ihn – überhaupt ein Faible von EJ, der sich ja oft selbst skandalisiert sieht.

Frau Jünger, aus Heilbronn stammend, eine kräftige, etwas gebückte Matrone, hat bei aller Gebildetheit etwas Überwaches, auch im Umgang mit ihrem Mann, den sie gern korrigiert. Im Politischen ist sie äußerst konservativ. Jünger verlässt bei ihren Ausführungen oft das Zimmer, irgendeine dringende Tätigkeit vorschützend. Das Politische ist ihm fremd. Immer wieder wies sie ihren Mann darauf hin, dass ich »Maulbronner Seminarist« gewesen sei, eine Eigenschaft, die mich in ihren Augen offenbar besonders qualifiziert. Sie fragte mich, warum Hermann Hesse die berühmte Klosterschule so fluchtartig verlassen habe. Da habe er doch eine große Chance verpasst. Ich antwortete, Hesses Werdegang bis hin zum Nobelpreisträger habe auch ohne Maulbronn recht gut funktioniert. Dem schloss sich ein kurzer Exkurs der beiden über die völlige Überschätzung des Nobelpreises an, der nach rein opportunistischen Maßstäben vergeben werde. Er, Jünger, wisse gar nicht, ob er ihn annehmen würde. Als ich bemerkte, auch Hesse habe sich keineswegs gefreut, sondern gesagt, man schmeiße ihn, den alten Mann, jetzt mit Preisen tot, er habe sich durch den Nobelpreis geradezu »gesteinigt« gefühlt. Großes Gelächter.

Ein schöner, erfüllter Tag. Fühlte mich zuhause, fast wie ein Sohn angenommen. Um 20 Uhr ins »Biedermeierzimmer«, wo der Fernseher steht. EJ sieht gern Tier-Sendungen und Reiseberichte; die Krimi-Serie *Columbo* lässt er sich nicht entgehen. Wahrscheinlich amüsiert ihn die lakonische Gewitztheit des Kommissars im zerknitterten Trenchcoat. Um 20 Uhr, zur Tagesschau, schaltete Jünger den »Televisor« ein, wie er das Fernsehgerät nennt, und sagte, nun wolle er mal sehen, »welche Scheußlichkeiten heute wieder auf der Welt« passiert seien. Noch vor dem Wetterbericht stand er abrupt auf und verließ den Raum, als habe er genug von der Welt. Kurz darauf kam er wieder herein, brummte vor sich hin, verließ den Raum, kehrte aber wenig später zurück, telefonierte und machte dabei scherzhafte Bemerkungen. Jünger genießt die Gegenwart des Besuchers, erfreut sich an der Geselligkeit.

*Wilflingen, 1. Oktober 1984*
Zweiter Besuch in der Oberförsterei. Dokumente aus dem Archiv ausgewählt und zur Reproduktion nach Riedlingen gebracht. Dazwischen Plaudereien mit Frau Jünger über *Die Zwille*, in der EJ seine Kindheitsnöte ausbreitet. Ich solle aber nicht alles zum Nennwert nehmen, es sei ja ein Roman, sagte sie. Als befürchte sie, ich könnte das Autobiografische in der Literatur überbewerten. Allerdings eine Klippe für jeden Biografen. Hausrundgang, fotografierte die Räume und den Garten mit seinen akkuraten Rabatten und Beeten, die von Efeu überwachsene Laube. Jünger posierte für ein Porträt am Schreibtisch und beim Schreiben von Widmungen (eine alte Ausgabe der *Stahlgewitter*; den 9. Band der Werkausgabe mit den Erzählungen, von *Sturm* über die *Mar-*

*morklippen* bis zu den *Gläsernen Bienen*; das neueste Bändchen von Cottas Bibliothek der Moderne: *Aus der Goldenen Muschel*). Die Widmung in letzterem, einem von Jüngers schönsten Reisetagebüchern, lautet: »Heimo Schwilk nach seinem arbeitsreichen Tag in Wilflingen, 1.10.1984«.

Übernachtete im »Löwen«. Am frühen Morgen den alten Wilflinger Kirchturm bestiegen. Er steht unweit des Friedhofs, ein Storchennest auf dem Dach. Reste schöner gotischer Fensterverzierungen; die Glocken fehlen. Von dort Blick über das Dorf zur Kirche St. Nepomuk und zum Stauffenberg'schen Schloss, beide noch im Nebel. Dann zum Friedhof. Gleich in der ersten Reihe beim Eingang die Gräber von Ernstel und Gretha, sorgsam gehegt und mit einem bunten Blumenflor bedeckt. Ein heller, heiterer Ort. Von den Wiesen aus Fotos vom Schloss und von der Dorfsilhouette. Vergaß, auch Frau Jünger zu porträtieren, mit der ich zwei Tage lang gut zusammengearbeitet habe. Bedauerte dies in einem Brief.

*Bernhausen, 3. Oktober 1984*

Im Traum Gespräch mit Jünger über die Einsamkeit. Er hält sie für unbedingt notwendig, um echte Kunst schaffen zu können.

*Bernhausen, 10. Oktober 1984*

Telefonat mit Hede Schirmer, Jüngers Vertraute und Lektorin bei Klett-Cotta. Wir tauschten uns über die Wirkung von EJ in Frankreich und über die Eigenart der Tagebücher aus, deren Entstehung sie begleitet. Werde Frau Schirmer morgen in Stuttgart treffen. Lektüre: *Afrikanische Spiele*. Die Erzählung verarbeitet Jüngers Schulängste und seine Flucht in die Fremdenlegion. Fühle mich an meine eigene Jugendzeit erinnert, die beklemmenden Morgenstunden, die kleinen Fluchten als Tramper. Wunderbar, wie es EJ gelingt, Glanz über die Welt zu breiten, Sehnsucht nach dem ganz Anderen zu wecken! Es gibt eine tiefe innere Verbindung, die mich zu diesem Mann geführt hat. Ohne dieses Gemeinsame wäre eine biografische Annäherung kaum möglich.

*Bernhausen, 11. Oktober 1984*
Gespräche mit Hede Schirmer und Hubert Arbogast. Arbogast belehrte mich über das frühromantische Erbe Jüngers. Der Begriff »die Schleife« stamme von Friedrich Schlegel, ebenso das »Unendliche« und das »Ungesonderte«. Nächster Fototermin in Wilflingen geplant. Er soll während meiner Reserveübung in Mengen stattfinden.

*Mengen, 17. Oktober 1984*
Vom Truppenübungsplatz in Mengen, wo ich einige Fallschirmabsprünge absolvierte, mit dem Kübelwagen ins nahe Wilflingen. Nachdem ich geklingelt hatte, meinte ich den Schatten von EJ am Fenster seines Arbeitszimmers gesehen zu haben. Dauerte recht lange, bis Frau Jünger öffnete. Ihr Mann sei unpässlich meinte sie. Aber ich möge schon einmal hereinkommen. Ich hatte eine Schachtel mit Fotos dabei, die ich zurückbringen wollte. Frau Jünger führte mich ins Biedermeierzimmer, wo ich auf den Hausherrn wartete. Es dauerte ungewöhnlich lange, dann erschien EJ im Türrahmen und begrüßte mich. Dass ich den Kampfanzug eines Fallschirmjägers mit weinrotem Barett trug, übersah er geflissentlich. Zur Bundeswehr hat Jünger ein distantes Verhältnis, auch wenn Generäle regelmäßig ihre Aufwartung bei ihm machen und immer mal wieder ein Musikzug vor der Oberförsterei aufzieht. Ich hatte den Eindruck, meine *imitatio jüngeri* ging ihm zu weit: Der Biograf als Hauptmann – wie Jünger während des Zweiten Weltkriegs in Paris – mit französischem Fallschirmsprungabzeichen und Fahrer, der im Kübelwagen vor dem Haus auf seinen Chef wartet.

Als Frau Jünger sagte, mein Fahrer könne doch zum Kaffee heraufkommen, brummte Jünger zustimmend. Unteroffizier Eberhard bekam eine Tasse Kaffee gereicht und musterte den Autor des legendären Kriegsbuches *In Stahlgewittern* unverhohlen. Schon auf der Fahrt hatte er sich als Jünger-Leser bekannt. Als Frau Jünger ihm einen Band der *Stahlgewitter* schenken wollte, sagte Jünger überraschend »Du neigst zu Übertreibungen« und zog sich an seinen Schreibtisch zurück. Er müsse jetzt arbeiten. Frau Jünger ließ sich wortlos abkanzeln, übergab uns aber auf dem Gang vor der Bibliothek das Buch mit dem augenzwinkernden Hinweis, von Mal zu Mal müsse sie eben ein wenig Subversion praktizieren. Leider blieb der Band unsigniert.

*Bernhausen, 5. November 1984*
In den Tagen nach der Übung viel geträumt; dabei vermischte sich Vergangenes und Gegenwärtiges, sodass ich beim Aufwachen sekundenlang unsicher war, in welcher Situation ich mich befand. Darunter auch Träume über EJ. Bereits während des Träumens Zweifel, »ob ihm das Gespräch etwas gegeben« hat. Das Erlebnis mit meinem Fahrer bzw. der kühle Empfang hatte mich offenbar stark verunsichert.

*Bernhausen, 11. November 1984*
Trüber, aber milder Novembertag. Bis in die Morgenstunden bei Udo Mühling gefeiert. Dissonante Gesellschaft, zu viel Raki. Zuletzt Streitereien, Sekt, Suppe. Udo schenkte mir eine seiner Batikarbeiten: rote Zypresse vor einem Palazzo. Geschlafen bis gegen ein Uhr.

*Bernhausen, 20. November 1984*
Heute Nachmittag in der wunderbaren Villa von Thomas Scheuffelen, der die Arbeitsstelle für Dichterhäuser in Marbach leitet. Ein junges Mädchen aus der Nachbarschaft, dunkel und hübsch, fixierte mich auffällig. Nachher erzählte man mir, dass es beim Weggehen gefragt habe, wer denn »der schöne Mann« gewesen sei.

*Wilflingen, 5. Dezember 1984*
Vorerst letzter Arbeitsbesuch bei den Jüngers. Präzisierung von Bildunterschriften der Festschrift, Datierung der Fotos. Christian Schleuss war so freundlich, mich, den Mann ohne Führerschein, nach Wilflingen zu chauffieren. Er wurde entlohnt durch

40

ein Gespräch mit dem Meister, einen fast vierstündigen Aufenthalt in der Oberförsterei. Unterhielt mich mit Frau Jünger über historische Objektivität, im Besonderen über die nicht immer angemessene Rezeption von Jüngers Kriegsbüchern. Heute war sie ausgeglichen, freundlich und gesprächig. Keine Angespanntheit wie sonst, kein Wille zu belehren. Nach dem Kaffee stellte sich Christian beim Hausherrn vor. EJ gab mir vorher noch Auskunft über ein Dokument, bevor er sich dem neuen Gast zuwandte. Unterhielt sich dann sehr ausgiebig mit Christian über dessen Heimatstadt Lübeck. Erzählte eine Reihe von Witzen, oft eingeleitet durch ein kräftiges »Verflucht!«. Sehr leutselig und aufgeschlossen.

Weniger erfreut allerdings erschien er über unseren Versuch, ihm Fragen zum Dritten Reich zu stellen. Die Frage nach Schuld und Mitschuld der Armee an den Verbrechen des Nationalsozialismus wollte er nicht gelten lassen. In diesem Zusammenhang erwähnte ich Alfred Anderschs Roman *Die Kirschen der Freiheit*, in dem die Fahnenflucht thematisiert wird. Jünger schätzt den Erzähler Andersch, Andersch verteidigt EJ; beide sind befreundet. Das sei für ihn nicht möglich gewesen, meinte Jünger, wohin hätte er fliehen sollen? Das Gespräch behagte ihm nicht, das war zu spüren. Was legitimierte uns, schien er sich zu fragen, ihn mit der Schuldfrage zu konfrontieren? Moralismus der Spätgeborenen verabscheut er.

Abrupter Themenwechsel: Das Fernsehen umwerbe ihn seit längerem, sich als »Zeuge des Jahrhunderts« befragen zu lassen. Ein Franzose namens Julien Hervier sei als Interviewer im Gespräch. Hervier habe ein Buch über die französische Variante der Existenzphilosophie geschrieben, den Einfluss von Heidegger auf Sartre. Streiften auch kurz meinen Verkehrsunfall. »Hat Sie's gedreht?« Seltsam, wie kommt EJ darauf, habe ihm doch keine Einzelheiten erzählt! Dann gibt er – auf eine Bemerkung von Christian zu Furtwängler hin – eine Anekdote zum Besten. Wobei er selbst am lautesten über seine Pointe lacht. Ein gewinnendes, jungenhaftes Lachen.

41

Anschließend Signierstunde für Christian, der eine Menge Bücher mitgebracht hatte. Währenddessen führte Liselotte Jünger mich durchs Stauffenberg'sche Schloss. Der Baron ist außer Haus. Schieße von dort einige Fotos von der Oberförsterei. Dann Aufnahmen von den antiken Sanduhren in Jüngers Arbeitszimmer. Auf dem Flur zeigte Frau Jünger mir einige Käferkästen, vor allem die mit den »Buprestiden«, den grünblau schimmernden Prachtkäfern. Freundlicher Abschied. Wir spazierten noch durch den kleinen Ort bis hinauf zum Familiengrab. Abschließend ein verspätetes Mittagsmahl im »Löwen«: Suppe, Saitenwürstchen, Kartoffelsalat. Rückfahrt gegen 17 Uhr.

*Bernhausen, 9. Januar 1985*

Hubert Arbogast über mein Nachwort zur Festschrift: »zu akademisch«. Anfang und Schlusszeilen will ich bis Freitag abändern. Lektüre: Dostojewski, Baudelaire, Rimbaud.

*Bernhausen, 23. Januar 1985*

Jünger-Manuskript abgeschlossen. Nun Arbeit am Layout; endgültige Zuordnung der Fotos und Dokumente. Den Essay beendet. Was noch fehlt, ist ein Abschnitt über Jüngers Verhältnis zum Tod.

*Bernhausen, 28. Januar 1985*

Heute sind die Korrekturfahnen eingetroffen. Recht zufrieden mit dem Ergebnis. War eine schwere Geburt – mit sehr kurzer Schwangerschaft. Am Wochenende bei Thomas Scheuffelen in Esslingen; Nachfeier des Abschlusses der Arbeiten am Hölderlin-Turm in Tübingen, den er als Museum neu eingerichtet hat. Traf interessante Leute, dankenswerterweise mit Niveau. Gab einiges über Ernst Jünger zum Besten, Smalltalk, Causerien. Auch Rehauge hat sich – es waren eine Menge jüngerer Leute da – amüsiert. Zuhause noch Wein und Gespräche über die Zukunft, die uns nicht mehr erschreckt.

Einweihung des Hölderlin-Turms. Pressetermin und Festakt. Wie immer, wenn sich zu viele Menschen zusammendrängen, keine innere Anteilnahme. Trotz Gedicht-Rezitation und Kammermusik. Morgen stiller Gang durch das Museum, allein. Ich vereinbarte Beiträge für die *Esslinger Zeitung* und den *Rheinischen Merkur*. Traum: Mit Michael in einem Boot unterwegs. Es handelte sich offenbar um einen Abschnitt der Einzelkämpferausbildung. Das Boot schlug um, wir kamen in Zeitnot. Man musste das Ziel in einer bestimmten Spanne erreichen. Schwimmen, Tauchen – es schien so, als erreichte ich schon das erste erwartete Resultat nicht. Dann entpuppte sich das Ganze als kalkulierter Test, um meine Durchhaltefähigkeit zu überprüfen.

*Bernhausen, 31. Januar 1985*
Strahlender Wintermorgen, trüber Nachmittag. Stille; nur das ferne Brummen eines Flugzeugs. Lektüre: Hölderlin; Vorbereitung für den *EZ-Beitrag*. Für Rehauge Gedichte aus meiner Maulbronner Zeit zusammengestellt; dazu eine poetische Liebeserklärung: Sie hat's verdient. Gestern zwei Stunden beim Verlag in Stuttgart. Umbruch, Schrifttype etc. besprochen. Neuerwerbungen: ein Satz englischer Beistelltische und eine neoklassizistische Alabastersäule. Anruf von Dagny aus Pavia mit guten Wünschen für meine Gesundheit; will ihr bald einen Brief schreiben.

*Bernhausen, 6. Februar 1985*
Christels 27. Geburtstag. Überreichte ihr meine Maulbronner Gedichte und dazu das Widmungsgedicht *Die Immergleiche*:

*Die Immergleiche*
Ruh' und Liebe in den dunklen Augen
aus den Händen spricht die Zärtlichkeit

An meiner Seite
in sanfter Gegenwart
lebst du die Jahre

In schönem Wechsel von Lachen und Ernst
ist sie die Immergleiche
Die Jahre lebt sie
in sanfter Gegenwart
an meiner Seite

*Bernhausen, 7. Februar 1985*
Dagnys Geburtstag. Besuch von Papa. Lektüre: Hugo Friedrich: *Die Struktur der modernen Lyrik*; dann Karl Heinz Bohrers *Ästhetik des Schreckens*. Große Lust, eine kleine Skizze zu schreiben über die Geburt einer Liebe in der U-Bahn. Heute Abend werde ich ein Lichtlein für Dagny anzünden und ein wenig in den Erinnerungen spazieren gehen.

*Bernhausen, 11. Februar 1985*
Sehr kalt. Am Freitag im Volkstheater und Sonntag Monteverdi-Oper *Orfeo* im Alten Schauspielhaus. Lyrische Gesangspartien und gute Leistung des Stuttgarter Kammerchors. Anschließend zum Essen ins China-Restaurant und danach Kaffee zuhause. Sprach mit Udo und Helen über unsere Marokko-Reise im April. Mit dem Auto? Eisenbahn? Bus? Oder einen Jeep mieten? Wir wollen auch ins 3000 Meter hohe Atlasgebirge hinauf. Lektüre: *Siebzig verweht*. Dort interessierten mich besonders die Passagen über Marrakesch und Agadir. Verspüre beim Lesen eine wachsende Vorfreude auf diese tour de force durch Frankreich, Spanien, Marokko. 6000 Kilometer in drei Wochen. Lese auch die Geschichten von *Tausendundeiner Nacht*.

*Bernhausen, 13. Februar 1985*
Ein strahlender Tag. Beginne mit der Arbeit an meiner Dissertation zu Jüngers Tagebüchern. Will jetzt die Sekundärliteratur überfliegen, methodische Modelle überprüfen, meine eigene Konzeption entwickeln. 1. Abschnitt: Der Flaneur.

*Bernhausen, 22. Februar 1985*
Gespräch mit Arbogast über das Projekt einer großen Bildbiografie. Er möchte mich bald wiedersehen, ist sehr zufrieden mit der Festschrift zu Jüngers Neunzigstem. Jetzt gefällt ihm auch der Essay, der das Bildbändchen beschließt; allerdings soll der vorgeschlagene Titel nun doch entfallen. Michael Klett hat offenbar interveniert. Das neue Buch von EJ ist da. Bringt nichts wirklich Neues, sondern nur Umdrehung der Spirale, die langsam eng wird. Aufguss alter Themen in neuer Variation.

*Bernhausen, 17. März 1985*
Träume. Mit Mama – wie lange ist es her, dass ich von ihr geträumt habe? – im Unimog unterwegs. Ich bin in Uniform. Wir fahren einen steilen Abhang entlang, das Fahrzeug wird schneller, wir schleudern und kippen den Abhang hinab. Kein Schmerz, ich bin unverletzt und eile über den Exerzierplatz einer Kaserne, berichte vom Unfall. In größter Angst um Mama. Dann taucht sie plötzlich völlig unversehrt auf und ich umarme sie. Offenbar bin ich als Reservist unterwegs, allerdings ohne Bundeswehrführerschein. Bestimmt muss ich die Kosten für den Unfall tragen. So ein Unimog kostet 100 000 Mark. Gedanke: »Was wird Papa dazu sagen?«
Rezension des Reisebandes *Aus der goldenen Muschel* für die *Esslinger Zeitung*, Jubiläumsartikel über EJ in der *Presse*. Kommendes Wochenende Reise nach Wilflingen. Der Tag der Tage rückt näher und damit auch unsere Reise nach Marokko. Vorbereitung auf das Tübinger Jünger-Seminar, die Geburtstagsfeier in Wilflingen, den Festakt im Neuen Schloss. Lektüre: *Eumeswil*, Jüngers posthistorischer Roman.

*Bernhausen, 23. März 1985*
Christian findet meine Besprechung von Jüngers Kriminalroman *Eine gefährliche Begegnung* in der *Stuttgarter Zeitung* »glänzend«. Heute Morgen kam die Einladung zum Festakt im Neuen Schloss. Mit Rehauge kommenden Freitag zu Jüngers. Am Wochenende Beitrag für *EZ Besuch in Wilflingen* beenden.

45

*Bernhausen, 26. März 1985*
Überraschender Anruf von Wolfgang Ignée. Er zeigte sich überaus angetan von meiner Besprechung der *Gefährlichen Begegnung*.
Sie sei klug, spritzig, elegant und wert, im Samstagfeuilleton der
*Stuttgarter Zeitung* zu Jüngers 90. Geburtstag publiziert zu werden. Morgen will Reitze von der *Welt* wegen des Hölderlin-Artikels anrufen. Vielleicht auch Wild von der *Schwäbischen Zeitung*.
Donnerstag kommt die Festschrift heraus. Finanziell gut gepolstert nach Marokko.

*Bernhausen, 12. Mai 1985*
Omas Geburtstag; Tränen, Freude, Fröhlichkeit. Trug ein launiges Gedicht vor, das ihre Marotten ironisiert. Dagny als Überraschungsgast, was O. zum Weinen brachte. D. ist recht fidel, trotz
gesundheitlicher Schwächen. Will uns bald besuchen kommen.
»Zu wissen, was nottut und sich von Störendem fernhalten: Das
ist Lebenskunst« (Otto Heuschele).

*Bernhausen, 15. Mai 1985*
Besuch von Christian, Udo, Mama und Dagny. Wein, Haschisch,
Turbulenzen: kippende Tische, Wein auf Teppich etc. Unterhaltung über Marokko. Gegen ein Uhr nachts nach Wolfschlugen,
weil der Weinvorrat zur Neige ging. Udo verdrückte sich zuerst
unter den Küchentisch, in seine Djellabah vergraben, danach in
den Garten, wo er im Gras einschlief. Während einer Diskussion
mit Dagny goss ich ihr Wasser über den Kopf, um die Erregung
zu dämpfen. Wieder Wein, Sekt. Am nächsten Morgen fürchterliches Erwachen. Frühstück mit Dagny, Mama und Christian. Udo
länger schon nach Hause.

*Bernhausen, 11. Juli 1985*
Frühstück auf dem Balkon. Arbeit an der Dissertation. Zum
Schwimmen ins Fildorado. Dort in der Cafeteria Lektüre von
*Siebzig verweht*. Mit Jürgen zum Laufen nach Plattenhardt; habe

46

konditionell enorm zugelegt. Alle zwei Tage diese Strecke, rund 5000 Meter, in 25 Minuten laufen. Frugales Abendessen: Leber mit Tomatensalat, Wasser.

*Bernhausen, 15. Juli 1985*

Bei Hede Schirmer im Verlag. Gespräch über die Bildbiografie, Preis, Auflage, Veröffentlichungstermin. Geplant: Herbst 1987. In die Bibliothek nach Stuttgart. Studium der Tagebuch-Literatur, um kommende Woche die Gliederung der Dissertation abschließen zu können. Die vierwöchige Ägypten-Reise rückt näher. Nebenbei Arbeit am Kinderbuch, Buchbesprechungen, Vorbereitung der Serie *Dichter in Baden-Württemberg*. Könnte mir vorstellen, eine Zeitlang am Orta-See zu arbeiten. Das Haus dort wegen des hohen Preises allerdings wieder in die Ferne gerückt. Wollen wegen der Finanzierung auch nicht katzbuckeln.

*Bernhausen, 16. Juli 1985*

Elias Canetti: »Es ist kaum zu glauben, wie der geschriebene Satz den Menschen beruhigt und bändigt.« Und: »Im Tagebuch spricht man zu sich selbst. Wer das nicht kann, wer eine Zuhörerschaft vor sich sieht, sei es auch eine späte, sei es eine nach seinem Tode, der fälscht.«

*Bernhausen, 17. Juli 1985*

Will mich in Diskussionen bemühen, das Eifernde, Missionarische abzulegen, das zumeist um einen wahren Kern zentriert ist, sich aber aus noch anderen, unerfreulichen Quellen speist. Aber wie schafft man es, sich nicht provozieren zu lassen? Wie nicht verletzt werden durch Anspielungen auf die wunden Punkte? Zuerst: diese Punkte ausmerzen. Sodann: Gelassenheit üben, dann aus-üben. Unter Alkohol niemals heikle Themen berühren, keine unverrückbaren Standpunkte einnehmen. Mehr Toleranz auch gegenüber Ignoranten. Das alles führt hin zur Frage der Aufrichtigkeit – gegenüber sich selbst und den anderen.

*Bernhausen, 8. September 1985*

»In allem, was ein Mensch tut, ist er ganz enthalten. Genauer: In allem, was er tut, ist ein Moment des Menschen enthalten; aber in jedem seiner Momente steckt der ganze Mensch.« (Charles F. Ramuz)

Ich würde das, im Sinne von Ernst Jünger, so ausdrücken: Das wahre Eigentum ist die eigene Art. Wir tragen sie unbeschädigt durch alle Verluste und Katastrophen hindurch.

*Bernhausen, 9. September 1985*

Lese Jüngers *Kaukasische Aufzeichnungen* aus dem Zweiten Weltkrieg, die ich als stark reportagehaft empfinde. Dazwischen Stimmungsbilder und Reflexionen über die Entzauberung der Welt, wie sie schon, allerdings eher affirmativ, im *Arbeiter* beschrieben ist. In diesem Fall geht es um den bolschewistischen Lebensstil, der ein unfassbares Gleichmaß schafft. Gedanke: Dass gerade ich vom Jünger'schen Opus so stark angezogen werde, ja sogar zu Jüngers Biografen werden soll: Fügung oder Zufall? Zumindest gibt es verborgene, aber auch ganz offene Affinitäten, die uns einander zuordnen: Das Fremdsein in der Welt, der physiognomische Blick, das metaphysische Bedürfnis, die Lust an extremen Lagen, die Neugier auf den Tod.

*Bernhausen, 1. Oktober 1985*

Traumreiche Nacht. Wieder in dieser Stadt, die atmosphärisch an Esslingen erinnert, jedoch auch südostasiatisches Gepräge trägt. Fischer mit Bergen von silbernen Fischen, die sie aus einem reich geschmückten Brunnen schöpften. Ich prägte mir eine Gasse ein, die zu diesem Platz führt. Alles schien vertraut.

*Bernhausen, 3. Oktober 1985*

Am Flughafen, wo ich den Chef der Reise-Redaktion der *FAZ*, Theodor Geus, erwartete. Beim Landeanflug raste der Jet in das Flughafengebäude – ich hatte das vorausgeahnt. Erster Gedanke: Wer wird nun meinen Beitrag bringen? Eilte dann ins Gebäude,

48

an die Stelle, wo das Flugzeug die Mauer durchbrochen hatte, sondierte Papierfetzen, ob sich daraus journalistisches Kapital schlagen ließe. Darunter Kinderzeichnungen, die wohl kurz vor dem Aufschlag entstanden waren. Das Ganze sehr wirklichkeitsnah, wie alle meine Absturzträume.

*Bernhausen, 6. Oktober 1985*
Mit Rehauge im Flugzeug unterwegs nach England. Ohne Zweifel ein Militärflugzeug, denn wir hatten beide Uniform an. Das Flugzeug landete an einem herrlichen Flecken dicht an der Küste. Saftig grüne Wiesen. Zuvor hatte der Pilot die Maschine über die am Hang gestaffelten Häuser hinweg und sogar durch schmale Straßen gesteuert. Von Anfang an Absturzängste, zumal die Kanalüberquerung als äußerst turbulent angekündigt worden war. Rehauge machte eine gute Figur als Soldat.

*Bernhausen, 10. Oktober 1985*
Martin Walser in *Brandung* über die Ehe: »Wenn die Rollen einmal sitzen, wird jeder Streit zum Kitt.«

*Bernhausen, 14. Oktober 1985*
Lag diese Nacht zusammengerollt ganz dicht bei Rehauge und träumte – nichts. Vielleicht ist das vegetative Behagen der Traumwelt gar nicht so günstig, wie man immer meinen möchte.

*Bernhausen, 15. Oktober 1985*
Klett-Cotta übersandte mir den Vertrag zur Bildbiografie mit annehmbaren Konditionen und verbunden mit einem Vorschuss über 6500 Mark. Thomas Scheuffelen, der früher als Lektor gearbeitet hat (er betreute u. a. Peter Härtling), begutachtete den Vertrag und fand ihn fair und sehr günstig für mich. Ich brachte das auch in meinem Brief an Hubert Arbogast zum Ausdruck, den ich heute zusammen mit dem unterzeichneten Vertrag abschickte.

*Bernhausen, 24. Oktober 1985*

Gestern große Geschäftigkeit in kleinen Dingen, Bücherkauf, Fotokopieren etc. Fürs Kolloquium am Donnerstag Lektüre von Friedrich Schlegels *Studiums-Aufsatz*: Goethe-Brief zum Thema archaisches Griechenland. Abends dann ein wenig Geburtstag vorgefeiert, mit Sekt und Misstönen. Rehauge entschied sich, allein im Wohnzimmer zu schlafen. Träumte Seltsames im verwaisten Bett. Gegen Morgen in einem Haus, das ein Killer unsicher machte. Ein junger Mann, der es betrat, wurde offenbar gewürgt, sein gellender, in ein Röcheln übergehender Schrei erwies sich beim Aufwachen aber als der rasselnde Wecker, den R. mit ins Wohnzimmer genommen hatte. Im Traum war ich meiner Beobachterrolle bewusst und erwartete offenbar auch den Anschlag. Doch setzte ich auf einen Schäferhund, von dem der Täter nichts wissen konnte. Das Drama nahm eine überraschende Wendung, als der Mörder den Hund einfach am Halsband mit sich fortzog – das war das letzte eindringliche Bild, bevor mir bewusst wurde, dass ich mich im Bett befand.

Heute, an meinem Geburtstag, reise ich nach München zur Gracian-Preisverleihung an Gerd-Klaus Kaltenbrunner mit anschließendem Festessen im Palais Montgelas. Hoffe auf interessante und nützliche Begegnungen, soweit dies in einem so konservativen, fast reaktionären Kreis möglich ist. Wenn er etwas mehr Geist hätte, könnte M. sich dort wohlfühlen.

*Bernhausen, 3. November 1985*

Anruf von Frau Schirmer, die von Michael Kletts begeistertem Engagement für das Buch-Projekt berichtete.

*Bernhausen, 14. November 1985*

Karte von Armin Mohler, der mich zum Abendessen nach München einlädt. Erwarte vom ehemaligen Sekretarius viel Aufschlussreiches über EJ.

50

*Bernhausen, 18. November 1985*
Vier Stunden lang bei Hede Schirmer; Arbogast stieß zufällig
zu uns und plauderte bzw. causierte in altbekannter Manier. Ein
paar Lektüretipps. Bin gut vorbereitet für die Reise nach Wilflingen am kommenden Mittwoch. EJ muss mir allerhand signieren.

*Wilflingen, 21. November 1985*
Am Buß- und Bettag, der dieses Jahr auf den Todestag von Gretha Jünger fällt, nach Wilflingen. Auf der Albhochfläche hinter
Honau Nieselregen, der die Straße glatt machte und die Frontscheibe vereiste. Vorsichtiges Hinabtasten in die Donauebene
und Riedlingen zu. Dort waren die Straßen nur noch nass und es
ging zügig voran. Passierte das Dörfchen Altheim, das Jünger im
Tagebuch erwähnt, weil er sich dorthin einmal bei einer Wanderung verlaufen hat. Frau Jünger berichtete, dass er sich zeitweilig
in den umliegenden Wäldern verirre. Wilflingen trübe; aber unter
der kaltfeuchten Glocke leuchteten die blauen Fensterläden des
Schlosses und das Ocker der Oberförsterei besonders intensiv.
Freundliche Begrüßung durch Liselotte Jünger, die sich sichtbar
über den Blumenstrauß freute. Im Biedermeierzimmer blätterte
ich in einem Band mit Jugenderinnerungen von Persönlichkeiten
aus Politik und Kultur, den mir Frau Jünger in die Hand drückte, um die Zeit zu überbrücken, die sie zum Kaffeekochen be-
nötigte. Dann Gespräch über das Lesen in heutigen Zeiten und
die problematische Dominanz der Medien, über alte und neue
Pädagogik, das Reisen rund um die Welt als Erholung von der
deutschen Enge. Dazwischen die eigentliche Arbeit: das Aufspü-
ren von Adressen, um weiteres Fotomaterial zu erschließen. Ein
Kännchen guten, starken Kaffees und Stollen, an dem ich in all
den Stunden nur wie ein Mäuschen knabberte.
Gegen 13 Uhr tut sich was im Haus, und plötzlich steht der
Hausherr in der Tür, bestens gelaunt und zurück von der »Krie-
gerehrung« im Dorf und einem Umtrunk im Gasthof, von wo
er einen Bierdeckel mitbringt, auf dem das Vaterunser für einen
Werbespruch herhalten muss. Während Jünger das erheiternd fin-

det, schüttelt seine Frau missbilligend den Kopf; sie scheint die Moralistin in diesem Haus zu sein. Wir wechseln ein paar Worte, Jünger holt Fotos von seinem renovierten Geburtshaus in Heidelberg aus dem Arbeitszimmer, vom Mitterrand-Besuch und von diversen familiären Treffen. Dazu ein altes Album mit Bildern des Vaters und Großvaters in Hannover, bestens erhalten. Die Sichtung der Bestände wird viel Zeit in Anspruch nehmen; aber ich freue mich darauf genauso wie auf die Reisen nach Frankreich etc.

Immer wieder bringt Jünger etwas bei, unser Gespräch dadurch auflockernd, sehr beweglich. Durch die Tür hört man ihn auf seiner alten Schreibmaschine tippen (»Ich mache jetzt Korrespondenz«), doch allzu lange hält er es nicht aus, tritt wieder ins Zimmer, meist unter einem Vorwand. Um 16 Uhr dann setzt er sich zu uns. Wir führen das Gespräch über seine Tagebücher fort, und er zeigt mir bereitwillig ein paar Ordner, in die er seine Tagebuchblätter einheftet, zusammen mit Erinnerungsmaterialien wie getrockneten Pflanzen, Tickets, Billets und dergleichen. Die Kernaussagen des Tagebuchs scheinen von Anfang an da zu sein, verdanken sich nicht einer späteren Bearbeitung. Objektbeschreibung und Reflexion sind also zumindest in Rudimenten bereits in den Urnotizen enthalten. Der Prozess der Überarbeitung ist dann meist nur noch eine stilistische Revision; allerdings können Assoziationen und ausschmückende Details hinzutreten. Frau Jünger will das Material zu einigen von mir ausgewählte Tagebuchpassagen heraussuchen, damit ich den Entstehungsprozess lückenlos rekonstruieren kann.

EJ erzählte dann von seinem heutigen Waldgang. Dabei habe er die Lichter von Langenenslingen durch den Nebel schimmern sehen, ein starkes Gefühl des Heimatlichen habe ihn ergriffen. Daran schloss sich der Gedanke, dass die Erinnerung auch eine materielle Dimension habe, in den Atomen (»at-home«) zuhause sei. Mich erinnerte das an Marcel Prousts Methode, sich über sinnlich-materielle Erfahrungen zurück in seine Kindheit zu tasten. Jünger wollte mir anhand dieses aktuellen Beispiels zeigen, wie Reflexion bei ihm entsteht und auf welche Weise sie sich dann

52

im Tagebuch niederschlägt. Das Reflexive tritt also nicht hinzu als Ergebnis einer späteren Bearbeitung, sondern ist mit der Anschauung der Sache unlösbar verbunden.

Schließlich berichtete er von seinen früheren Sekretären, wobei sich Heinz Ludwig Arnold, der heutige Herausgeber der Editionsreihe *Text und Kritik*, mit einem besonders dramatischen Selbstmordversuch in sein Gedächtnis eingeprägt hat. Über die Umstände dieses doch zweifellos tragischen Vorfalls berichtete Jünger in einem Ton höchster Belustigung, wobei er sich immer wieder selbst durch ein schallendes Gelächter unterbrach – bis ihn seine Frau ermahnte, jetzt nähere er sich »Goncourt'scher« Enthüllungs- und Sensationsmanier.

Ich überreichte ihm meinen Aufsatz über den Maler Paul Otto Haug, den er interessiert durchblätterte, vor allem den Bildteil. Dabei kommentierte er Haugs düsteres Selbstporträt mit den Worten: »Der hat ja Mut, der Kerl!«. Haugs Federzeichnungen brachte er mit Käthe Kollwitz in Verbindung und hat damit vielleicht gar nicht so Unrecht. Lobte auch meine selbst aufgenommenen Fotos im Wilflingen-Beitrag. Der Tag war für beide Seiten sehr angenehm, und ich reiste (die Tasche voller signierter Bücher) zufrieden über die rabenschwarze Alb zurück nach Esslingen – mit Jüngers Abschiedswort im Ohr: »Kommet se guat hoim«, ein Extra-Schwäbisch des Hannoveraners für den schwäbischen Gast.

*Bad Godesberg, 22. November 1985*
Den ganzen Nachmittag Korrespondenz. Aus Pavia ein Brief, in dem Dagny mitteilt, dass sie aus Gründen der »Torschlusspanik« wieder mit Filippo zusammen sei. Seltsame Worte einer Frau, die noch nicht einmal 25 Jahre alt ist und mitten in der Ausbildung steckt. Als gäbe es nicht die Möglichkeit überraschender Begegnungen, egal wo. Offenbar lieber den schmutzigen Spatz in der Hand als die weiße Taube auf dem Dach! Das ist eigentlich der Wahlspruch des Spießers, der das Nächstbeste ergreift, weil er für das Beste kein Format hat. Dabei ist Dag-

53

ny hübsch und klug und sollte ihre Ansprüche höher richten, menschlich wie intellektuell.

*München, 23. November 1985*

Heute in der Liebigstraße in München zu Gast bei Armin Mohler, den ich aus Neugier, aber auch wegen möglicher Jünger-Materialien besuchte. Er ist als ehemaliger Sekretär Ernst Jüngers wie kaum ein anderer mit dessen Existenz als Privatmann und Autor vertraut. Trotz nasser Straße und unbeständig-kaltem Wetter erreichte ich München schon nach zwei Stunden Fahrt. Fragte mich durch zur Liebigstraße, die unweit der Isar ganz ruhig gelegen ist. Die Mohlers bewohnen eine geräumige Stadtwohnung im dritten Stock eines großen Gebäudes aus den Zwanzigerjahren. Die Wohnung hat durch die bis an die Decken reichenden und in Zweierreihen gefüllten Regale Archivcharakter und strahlt wenig Behaglichkeit aus. Mohler ist sehr an Kunstgeschichte interessiert und besitzt zahllose Reproduktionen, die er in dicken Mappen verwahrt. Wechselten anfänglich ein paar höfliche Worte über die Anfahrt, das Wetter etc. und kamen dann schnell zu seiner – inzwischen verkauften – Jünger-Sammlung. Dabei senkte Mohler die Stimme, das Thema schien ihm peinlich. Darüber hatte er mich allerdings bereits in einem Brief informiert. Edith Mohler zeigte sich erfreut über den Strauß Anemonen, den ich ihr überreichte. Zugleich ist sie sehr energisch im Umgang mit dem Hausherrn, den sie beim Essen immer wieder ermahnte, über dem Reden nicht das Eigentliche zu vergessen. Überhaupt scheint der Spruch, den Mohler einem seiner Bücher voransetzte, wohlberechtigt: »Meiner Frau Edith, der ich es verdanke, dass ich in all den Jahren nicht grämlich geworden bin.«

Plauderten lange über Mohlers Jahre (1948–1953) bei Ernst und Gretha Jünger in Wilflingen. Dabei korrigierte Frau Mohler häufig die apodiktischen Meinungen ihres Mannes. So vor allem das vernichtende Urteil über Hans Speidel, Jüngers Vorgesetzten in Paris, den Mohler als »Frühstücker« und »Karrierist« bezeichnete. So habe Adenauer Speidel gefragt: »Und wohin gehen Sie morgens zum Frühstück, Herr Speidel?«. Zum Abendessen gab es eine sehr gute, pfeffrige Gemüsesuppe mit Weißbrot, dann eine käseüberbackene Roulade nebst Reis und gedünstetem Blumenkohl. Dazu gemischten Salat und zum Dessert Vanillepudding mit Kiwischeiben und Sahnehäubchen. Zum Abschluss Kaffee und Schnaps. Als Tischwein wurde ein trockener Frankenwein gereicht. Über der Betrachtung von Mohlers Fotoalben verloren wir uns im Dickicht der Jünger-Kreise; ich sah und hörte viel Neues und Anekdotisches, auch eine Menge eher Intrigantes. Gut, dass Frau Mohler anwesend war und als Advokatin der von ihrem Mann in absentia in Grund und Boden Gedonnerten das Bild mit vielen Schattierungen versah.

Austausch auch über Jüngers Tagebücher, wobei Mohler das von mir angesprochene Zeit-Problem als nicht sehr ergiebig ansah. Hätte mit ihm gern über mögliche Retuschen gesprochen, aber darüber wollte er erstaunlicherweise nicht sprechen. Dabei war er es, der Jünger das Frisieren seiner Werke nach 1945 vorgeworfen hatte! Offenbar haben sich die beiden darauf geeinigt, nicht weiter Öl ins Feuer zu gießen. Rund zwanzig schöne und bislang unbekannte Fotos durfte ich mitnehmen, darunter eines, das Ernst Jünger mit Werner Heisenberg und Martin Heidegger zeigt. Dieses Foto, in München aufgenommen, werde ich in jedem Fall in meine entstehende Bildbiografie aufnehmen. Blätterte dann noch das Wilflinger Gästebuch durch, um mich dann selbst ins Münchner einzutragen. Allerdings auf der falschen, nämlich linken Seite. Dies sei bislang nur einem Gast passiert, meinte Mohler: Ernst Jünger!

Gegen ein Uhr verabschiedete ich mich, um mit meiner Bemerkung, jetzt direkt nach Esslingen zurückzufahren, Besorgnis auszulösen. Armin Mohler fürchtete weniger um meine Gesundheit als um seine »Schätze«, die er mir anvertraut hatte. Edith Mohler, das war zu spüren, hatte Sorge um den jungen Mann, der trotz des Weinkonsums über die Autobahn nach Hause fahren wollte. Mit den beiden großformatigen Bänden des *Brief-Journals*, die

Mohler ohne das Wissen seines Meisters kopiert hatte, den Fotos und einer Tasche voller mit Widmungen versehener Bücher bepackt, verließ ich das gastliche Haus. In scharfer Fahrt über die Schwäbische Alb nach Bernhausen, wo ich gegen drei Uhr nachts eintraf. Bevor ich zu Bett ging las ich noch, was Armin Mohler in sein Buch *Tendenzwende für Fortgeschrittene* als Widmung hineingeschrieben hatte: »Für Heimo Schwilk. Zur Erinnerung an den Abend vom 23.11.1985 mit vielen Ernst-Jünger-Fotos und vielen boshaften Geschichten.«

*Bernhausen, 26. November 1985*

Träumte von einem Anschlag auf die Wasserversorgung in Deutschland. Die Terroristen drohten, sie hätten Atombomben platziert, die sie bei Nichterfüllung ihrer Forderungen zünden wollten. Das gesamte unterirdische Wasserreservoir würde gegebenenfalls verstrahlt. Nahm nach dem Aufstehen ein Bad und sitze nun duftend im Büchermeer, neben mir pfeift die Heizung. Gestern im *Briefjournal* geblättert, das doch ein anderes Bild vom EJ der Dreißigerjahre gibt; vor allem, was sein Verhältnis zum Militärischen betrifft. So antwortete er auf einen Briefschreiber der Hitlerjugend, die ihn offensichtlich als ihren Meister reklamieren wollte: Er sei an der Rüstung »auf seine Art« beteiligt.

*Bernhausen, 28. November 1985*

Die Nacht über hat es geschneit. Jetzt weht ein leichter Wind und treibt die Flöckchen vor sich her. Durch den Fensterspalt zieht die frische, kaltfeuchte Luft. Blätterte eben im Bildband über schwäbische Dichter. Darin auch Hermann Hesses bekannter Spruch: »Von meinem dreizehnten Jahr an war mir das eine klar, dass ich entweder ein Dichter oder gar nichts werden wollte.« Sein Vater, der ihn in die Maulbronner Kaderschmiede für Pfarrer gezwungen hatte, befürchtete, aus seinem aufmüpfigen Sohn könnte am Ende gar nichts werden.

*2. Dezember 1985*

Im Fernsehen ein spannender Film über eine Amazonasfahrt. Woher rührt die Sehnsucht nach Wäldern und Wassern, nach anderen, fremden Horizonten, nach einem anderen Rhythmus, anderen Tönen, was zieht mich hinaus – und warum bleibe ich hier, wie festgenagelt? Es gibt das Sirren der Zikaden in den Regenwäldern, es verspricht eine wildere Lebendigkeit – wir aber wählen das Summen im E-Werk, das unsere Metropolen am Laufen hält. Hinter der Bekleidung der weißen Eindringlinge vermuten die Eingeborenen das Kranke, Böse, das sich maskiert, den Blicken entzieht. Als die Missionare in ihren Kutten im Urwalddorf ankamen, mussten sie diese ausziehen, um nicht als Dämonen angegriffen zu werden. Unter diesem Aspekt der Selbstverbergung könnte man auch den *Prozess der Zivilisation* (Norbert Elias) neu deuten.

In Amazonien kommt das Leben aus dem Wasser, der Mensch ist ein Schlangenfisch, die Menschheit unterwegs im »Schlangenfischkanu«. Der Wasserfall als Mittelpunkt der Welt: ein konträres Sinnbild, das den räumlichen Charakter all unserer Kosmologien verdeutlicht. Wir denken in Räumen: Scheibe, Kugel, All – und sind vielleicht nur Mikroben, die einen Tropfen des Universums bewohnen, dessen Häutchen eine Grenze, einen imaginären Horizont bezeichnet im ewigen Fluss des Werdens und Vergehens. Unser teilender Blick setzt Grenzen, macht das uns Umgebende fassbar, deutbar. Sinnstiftung durch Wissenschaft & Mythos ist Überlebenshilfe – wie überhaupt Geschichte, Glaube, Tradition, Ethik, Kunst Krücken der Welterfassung sind, die uns an Land spülen und humpeln lassen.


*13. Dezember 1985*

Schlief eng an den Leib von Rehauge gepresst, mit höhlenhaftem Behagen. Ließ mich durch die Träume treiben, dicht unter der dünnen Haut des Tagesbewusstseins, in ständiger Gespanntheit, durch sie hindurchzustoßen. Warum behalten die meisten Menschen ihre Träume für sich? Jedes noch so lächerliche Detail des Sozialen wird für wert befunden, ausführlich diskutiert zu werden. Aber was uns im Innersten bewegt, unsere Argonauten-Fahrten durch fremde Kontinente: Davon wollen wir nichts verlauten lassen. Auch hier gilt die Regel, dass sich der Spießer vor allem vor dem Unbekannten fürchtet – besonders verwirrend, dass er es sogar in sich selbst beherbergt! Besser, man schweigt diesen Tatbestand tot. Wir leben wie ein Blinder in höchst wunderbaren Schreckenswelten.

*Bernhausen, 16. Dezember 1985*
In Wolfschlugen Dagnys Nase betrachtet: Sie hat ein Höckerchen kurz über der Nasenwurzel. Papa würde sagen, das sei ein Merkmal der Verwandtschaft mit der weiblichen Linie von Friedrich Schiller in Marbach. Er hatte in seiner Jugend unseren Familienstammbaum erstellt und die Linie zur Gastwirt-Familie Kodweiß, aus der Schillers Mutter Elisabetha stammt, nachgezeichnet. Dagny würde ihre Nase gern begradigen lassen; dabei hat sie doch ein hübsches Profil. Das Gesicht ist » der Spiegel der Seele«, wie Platon sagt, und wer wollte an seiner Seele herumdoktern?
Traum. Schlachtete eine sprechende Ente, der Küchentisch voller Blut. Danach speiste ein zwergenhaftes Mädchen an dem Tisch, den ich für sie reinigte. Kafka: »Der Traum enthüllt die Wirklichkeit, hinter der die Vorstellung zurückbleibt. Das ist das Schreckliche des Lebens – das Erschütternde der Kunst.«

*Esslingen-Rüdern, 22. Dezember 1985*
Strahlender Sonntag, unser Wohnzimmer lichtgebadet. Spät auf nach einem anstrengenden Tag bei Armin Mohler in München. Wir sprachen ausgiebig über Jüngers Verhältnis zum Nationalsozialismus. Mohler las mir aus einem Essay von Maurice Martin du Gard vor, der EJ mit dem Faschismus als Kulturphänomen in Verbindung brachte. Das ist auch seine eigene Position, der EJ immer wieder widersprochen hat. Aktuell ist Mohler mal wieder – in der Freisler-Brief-Sache – polemisch aktiv ge-

worden und hat eine harte Zurückweisung aus Wilflingen hinnehmen müssen, die ihm trotz aller hervorgekehrten Distanz zu schaffen macht. Mich zählt er zu den »unpolitischen jungen Männern«, die mit der Zwischenkriegszeit wenig anzufangen wüssten. Mohler besteht auf »seinem Jünger«, der wenig zu tun habe mit dem »freundlichen alten Herrn«, mit dem nun viele ihren Frieden machten. Mohler legt Ernst Jüngers Werk auf die Positionen der Zwanzigerjahre fest. Erklärte ihm meinen eigenen Zugang, der ganz ästhetisch-metaphysisch und psychologisch-emotional ist, ein Lebensgefühl, das sich von EJ angesprochen fühlt.

*Esslingen, 6. Januar 1986*

»Man stelle sich eine Anzahl von Menschen vor, in Ketten geschlagen, die alle zum Tode verurteilt sind, von denen alle Tage einige vor den Augen der anderen erdrosselt werden; die übrigbleiben erkennen ihre eigene Lage in der ihrer Schicksalsgenossen, sie betrachten einander mit Schmerz und ohne Hoffnung, wartend, bis die Reihe an ihnen ist. Das ist ein Gleichnis vom Zustand der Menschen.« (Pascal, *Pensées*). Ja, das ist die Lage – aber der Mensch richtet sich in ihr ein und ist so mit sich und seinen Tagesplänen beschäftigt, dass er das eigene Ende vergisst. Nur so kann die Gesellschaft überleben. Sonst müsste sie in Depression versinken oder sich einer wenig erbaulichen Metaphysik des Trostes ergeben.

Das Alltägliche als Fremdes zu präsentieren: Wo kann man diese – im Kern – poetische Technik erlernen? Bei den Romantikern natürlich, bei den Surrealisten wie Max Ernst, den französischen Symbolisten, bei Bataille und Walter Benjamin.

*Esslingen, 9. Januar 1986*

Verfasste gestern Nacht, kurz vor Mitternacht, ein Gedicht, das sich schon länger ankündigte. Ein Versuch, das Mütterliche, wie ich es als Kind erlebte, ins Wort zu retten:

*Mutter*
Ein Schatten der
das Bett verdunkelt
Ein Lächeln das
aus Wangen funkelt

Aus Dunkelheit
die Sorge fällt
ein leiser Ton
der mich umhält

Das Kosen weiß
schon vom Vergehn
ein Traum von bei dir
sein und nie gesehn

*Esslingen, 10. Januar 1986*

»Und dann lässt sich eines nie wieder gutmachen: versäumt zu haben, seinen Eltern fortzulaufen. Aus achtundvierzig Stunden Preisgegebenheit in diesen Jahren schießt wie in einer Lauge der Kristall des Lebensglücks zusammen.« (Walter Benjamin). Meine »Flucht« vollzog sich in den Bahnen bürgerlicher Wohlanständigkeit: Ich desertierte in die Klosterschule Maulbronn.

*Esslingen, 14. Januar 1986*

»Wie traurig es ist, geheiratet zu werden.« (Jaroslav Seifert). Dass ich es tat, war eine Niederlage; deshalb auch mein Abscheu vor dem Ehebett, vor der »gemeinsamen Wohnung«. Die Lächerlichkeit von Hochzeitsbildern. Damit ist nichts gegen Rehauge gesagt, das ist eine andere Sache.

*Esslingen, 17. Januar 1986*

»Immer wieder auf die paar Momente am Tag hinlenken, wo die schmerzhaft sprachlose, stammelnde Welt spruchreif wird.« (Peter Handke im *Gewicht der Welt*)

60

*Esslingen, 22. Januar 1986*

Das Gemeinsame so unterschiedlicher Figuren wie Lawrence, Malraux, Hemingway, Exupéry, Jünger: Romantik der Aktion. Handeln, um im Handeln sich selbst zu erfahren.

*Esslingen, 23. Januar 1986*

Was weiß man denn voneinander. Täglich kreuzen sich unsere Wege; wir reiben uns damit auf, die Spur zu halten. Was weiß ich von Rehauge? In welcher Welt lebt sie? Was geht in ihr vor, wenn sie morgens das Haus verlässt oder wenn sie abends ins Zimmer tritt und mich am Schreibtisch sitzen sieht? Vielleicht ist unser Zusammensein ein großes Missverständnis. Ich suche die Unabhängigkeit, sie die Sicherheit. Sind wir wahrhaftig nur des Nachts, wenn wir uns aus Weltangst wie kranke Tiere aneinanderpressen? Max Frisch: »Das ungeheure Paradoxon, dass man sich ohne Sprache näherkommt.« Die Wahrheit liegt in der Geste. Erst wenn wir schweigen, ergreifen uns der Augenblick und seine Wahrheit. Wahre Liebe ist sprachlos. Sie schaut an. Und schweigt.

*Esslingen, 28. Januar 1986*

TV-Nachricht vom Absturz des Spaceshuttles. Am tiefblauen Himmel explodierten die Treibstofftanks in herrlich weißen Wolkenformationen. Wie Kometenschweife trudelten Raketenteile in alle Richtungen. Dann schwenkte die Kamera vom Himmel zu den fassungslosen Gesichtern der Familienangehörigen, die den Start beobachteten. Ein Tod in Bruchteilen von Sekunden, ein Verglühen und Ausgelöschtwerden – es kann nicht das Letzte sein. Der Tod hat eine Bedeutung, wenngleich sich sein Sinn entzieht. Walter Benjamin: »Soviel Bedeutung, soviel Todesverfallenheit, weil am tiefsten der Tod die zackige Demarkationslinie zwischen Physis und Bedeutung eingräbt.« Lese auf die Nachricht hin noch einmal Ernst Jüngers Essay *Philemon und Baucis. Der Tod in der technischen und der mythischen Welt.* Der banale Tod unserer Zeit, der sich im Sterben erschöpft, als Vorgang in den Vorhöfen. Die Würde des Todes liegt aber in der Art und Weise, wie er das Leben adelt.

*Esslingen, 9. Januar 1986*

Zur obligatorischen Frage bei der Betrachtung meiner Bücherregale: »Und das haben Sie alles gelesen, Herr Schwilk?« könnte ich in Abwandlung von Anatole France antworten: »Nicht ein Zehntel. Oder speisen Sie vielleicht täglich von Ihrem Meissner?«

*Esslingen, 31. Januar 1986*

Traum. Sehr verwickelte Geschichte: Verfolgungen, Schüsse, Erotik. Zu Beginn händigte man mir eine Pistole aus, eine Art Maschinenpistole mit teleskopartigem Lauf und einem überlangen Magazin, das ich in meinen Gürtel steckte. Die Pistole in einen Schenkelhalfter. Ich hatte Khaki-Kleidung an wie man sie auf Reisen in tropische Länder trägt. Ich befand mich mit einem blonden Mädchen auf der Flucht. Sprachen auf dem Marktplatz zwei Uniformierte an, auf deren Mützen arabische Buchstaben aufgeprägt waren. Sie verstanden uns nicht und gingen achselzuckend weiter. Die Verfolger quittierten unsere Not mit einem bösartigen Lächeln und zückten ihre Waffen. Dann erreichten wir ein Gebäude, in dem wir uns sicher wähnten. Dennoch kam es in einem der Zimmer zu einer gefährlichen Situation, als einer der beiden auf mich anlegte. Ich erwartete seltsam unbeteiligt den Schuss, aber die Pistole hatte eine Hemmung. Ich versuchte nun meinerseits zu schießen, aber auch meine Pistole versagte. Beim Aufwachen des Gefühl, gut geträumt zu haben.

Gegen zehn Uhr Anruf von Thomas Kielinger, der mir eine Redakteursstelle beim *Rheinischen Merkur* anbot, was mich einigermaßen verwirrte. Was wird aus meiner Dissertation, meinem Buchprojekt? Was wird Rehauge dazu sagen? Ist das die Herausforderung, auf die ich so lange gewartet habe? Abwarten und nichts forcieren – das war immer meine Devise. Dennoch Grübeleien, Zweifel, Skepsis. Will erst einmal meine *Marokkanischen Notizen* zu Ende tippen. Dann Korrespondenz mit EJ.

62

*Wilflingen, 12. März 1986*

Grauer, nasskalter Tag. Träumte viel Skurriles hier in meinem Zimmer im Löwen. Verbrachte zwei lange, arbeitsreiche Tage im Hause Jünger. Liselotte freundlich wie immer; sie berichtete vom Besuch Rolf Hochhuths und auch von einer neuen Version des Filbinger-Sturzes. Filbinger habe Hochhuth früh mit dem Anwalt gedroht und Schadenersatz für den »Rufmord« gefordert. Dann über Israel und den Religionseifer der Orthodoxen. EJ umkreiste den papierübersäten Tisch und zeigte mir ein Notenblatt, das ihm zum 91. Geburtstag dediziert worden ist. Doch weit und breit kein Instrument in diesem Haus.

Die Sumatra-Reise steht bevor: Jünger arbeitet eifrig an *Autor und Autorschaft* und dem Tagebuch *Siebzig verweht*. Er brachte während des Gesprächs ein Nietzsche-Zitat an, das ihm wohl als Lebensmotto dient: »Reue ist Fahnenflucht vor der eigenen Vergangenheit« – oder so ähnlich. Er gab wieder einiges Knitze von sich, so sagte er, dass er in seinen auf Französisch geschriebenen Briefen im Zweifelsfalle den Akzent nur andeute, senkrecht, damit sich der Empfänger die richtige Position aussuchen könne. »Sich ja keine Blöße geben«, das ist sein eigentliches Motto. Jünger stellte mit Verwunderung fest, dass wir beide dasselbe Jackett trugen. Er pries die oberschwäbischen Gasthäuser, so den Gasthof »Rebstock« in Mengen, wo man ausgezeichnete mittelmeerische Küche vorgesetzt bekomme. Dann kamen wir über seine Herkunft zu sprechen. »Clamor« laute der Vorname seines Großvaters, »Pietät« sei ein Beerdigungsinstitut in Hannover gewesen, erzählte Jünger. In der Kindheitsgeschichte *Die Zwille* habe er die eigene Herkunft verschlüsselt. Sprachen auch über die altdeutsche Schrift, die mir beim Entziffern Mühe macht; deshalb konnte ich auch viele der handschriftlichen Briefe nur schwer lesen. Zahlreiche frühe Briefe (1916–1925) liegen in der Nachlass-Mappe aus Leisnig, die nach dem Tod des Bruders Hans nach Wilflingen kam. Die Determann-Familie (weibliche Linie der Jüngers) habe »das zweite Gesicht« gehabt, erzählte Jünger. Gegen zwei Uhr fuhren die beiden zu einem Geburtstag in der

Schweiz ab. Jünger setzte sich einfach in den Wagen, ohne seiner Frau die Tür zu öffnen, die ungeschickt am Türgriff hantierte und dabei im nassen Schnee stak.

Schaltete um acht Uhr den Fernseher im Biedermeierzimmer ein, um das Fußballspiel zwischen Deutschland und Brasilien zu sehen, während ich die Foto-Alben durchblätterte. Rundgang durch Zimmer und Gänge; Notizen zu Büchern, Bildern, Mobiliar etc. Die Haushälterin brachte Kaffee und köstlichen Apfelkuchen. Anruf vom Neffen Gert Deventer aus München, der erstaunt war, dass nicht Ernst Jünger, sondern ich den Hörer abnahm. Gegen 22 Uhr zurück in den Löwen; dort bis ein Uhr Lektüre von Gerhard Hellers Aufzeichnungen *In einem besetzten Land*, Reminiszenzen an seine Okkupationszeit in Paris. Genoss es sehr, allein in diesem wunderbaren Haus zu sein, in enger Fühlung zu Jüngers Büchern und Erinnerungsstücken.

Am Vormittag erneuter Durchgang durch das Fotomaterial; gegen zwei Uhr zum Mittagessen in den Löwen: Jägerschnitzel mit Pommes Frites, Salat. Mittagsschläfchen auf dem Zimmer. Gegen 15 Uhr zurück in die Oberförsterei, wo ich bis 19 Uhr arbeitete. Dann Abendessen mit den Jüngers. Es gab Leberknödel-Gemüse-Suppe, Schweinebraten und Kartoffelsalat. Dazu Bier. Gespräch über das Kochen. Erzählte, dass ich gern italienisch, Christel schlesisch koche. Rühmte Rehauges Kochkünste, die sie von ihrer Mutter gelernt hat, die aus Oppeln stammt. Dann erzählte Jünger von seiner Nilreise, sprach überhaupt viel über Nordafrika, das er oft bereist hat. Dabei kamen wir auch auf Gaddafi zu sprechen: »Ein interessanter Typ«, bemerkte er. Ihm gefällt, dass er keinem Lager zuzuordnen ist. Über die Deutschen und ihre Geschichte. EJ hat eine Neigung zur kontrafaktischen Geschichtsdeutung: Es hätte auch ganz anders kommen können. Das ist seine Art, mit den Katastrophen umzugehen. Immer wieder tauchte er während meiner Arbeit im Studio auf, unruhig, von Fenster zu Fenster wandernd. Als befürchte er, ich könne auf eigene Gedanken kommen. Unablässig erzählt er Anekdoten – um seine Sicht der Geschichte durch Geschichten zu untermauern. Ein Biograf im Haus ist eine Bedrohung, ein konkurrierender Deutungsanspruch. Dann verschwindet er in sein Arbeitszimmer, um unerwartet wieder aufzutauchen.

Dass sein früherer Sekretär Heinz Ludwig Arnold ein Doppelheft in *Text und Kritik* über ihn plant, beunruhigt ihn. Auch hier gilt: Wie legitimiert dieser Mann seine Deutungsmacht? Abschätziges auch über die »Edelratte Sombart«. Dann über Autoren, die Schulden machten: Balzac, Beaumarchais etc. Nach den Preisverleihungen seien die Gläubiger vor dem Haus Schlange gestanden. Gelächter. Allein mit Frau Jünger. Wir unterhielten uns über Jüngers »Vater-Komplex«, der keiner sei. Ich gab Freuds Traumdeutungsmodell zu bedenken, das besagt, dass Träume Wunscherfüllungen seien. Brachte Belege aus den Tagebüchern vor: Der Über-Vater, der von Jünger im Traum umarmt wird. Sie legte Wert darauf, dass *alle* Jünger-Söhne vom Vater zutiefst beeindruckt worden seien. Das gerade stützt meine These, wie sehr EJ um die Liebe seines Vaters gebuhlt hat.

Über Johannes Willms vom *ZDF*: »Ein glänzender Kopf!« Na ja, eher ein windig-wendiger Opportunist, der sich zur Oberförsterei mit seiner Frankophilie Zugang verschafft hat. Abschätziges über den Autor Heinrich Bücheler: »Ein Langweiler«. Jünger gibt während der Acht-Uhr-Nachrichten laufend Kommentare ab, meist belustigt. Bleibt vor dem Fernsehgerät sitzen, weil danach eine Sendung über den Halleyschen Kometen kommt. Darin tritt Madame Teissier, die Astrologin, auf; wobei Jünger vor allem deren lange Beine auffielen: »Die zeigt reichlich Knie«. Ich arbeitete noch eine Stunde im Studio. Angesichts meines zu kurz geratenen Betts im Löwen gab Frau Jünger mir eine Wolldecke mit. Am Nachbartisch eine Chorgruppe, die fröhlich sang: »Oh du mein Heimatland«. Dazu Trollinger mit Ochsenmaulsalat.

*Esslingen, 16. März 1987*

Golo Mann über Stil: »Stil verfälscht das gegenständliche Erkennen nicht, er vertieft, verdeutlicht, fördert es, er ist eins mit ihm … Wer seine Sache nicht gut sagen kann, der hat nichts Gutes zu sagen.«

65

*Esslingen, 25. März 1986*

»Ich sehe die Zeit kommen, wo Gott keine Freude mehr an ihr (der Menschheit) hat und er abermals alles zusammenschlagen muss zu einer verjüngten Schöpfung. Ich bin gewiss, es ist alles danach angelegt und es steht in der fernen Zukunft schon Zeit und Stunde fest, wann die Verjüngungsepoche eintritt.« (Goethe zu Eckermann, 1828).

*Hamburg, 27. März 1986*

Bei Alfred Toepfer in Hamburg, der mich auf ein kurzes Gespräch empfing. Ist etwas schwerhörig, aber noch ordentlich auf dem (Ballin-)Damm mit seinen 92 Jahren; er reist jedes Jahr in die USA. Die Idee zu Jüngers Friedensschrift gehe auf ihn zurück; er habe EJ 1942/43 dafür gewonnen. Das widerspricht Jüngers Tagebuch-Notiz, dass er bereits 1941 eine Vorstellung von diesem regimekritischen Pamphlet gehabt habe. Man habe in einem Pariser Park unter einem ausgesucht einsamen Baum »konspiriert«, erzählte Toepfer. Jünger habe das »Anti-Hitlerische« in *Der Friede* dann allerdings stärker zum Ausdruck gebracht als vereinbart. Herbst 1943 habe Jünger ihm das Manuskript vorgelegt. Es sei von ihm umgehend zur Hanseatischen Verlagsanstalt nach Hamburg geschickt worden. Toepfer hoffte auf die Protektion durch die Wehrmacht, bei der Jünger als Offizier und Autor einen guten Namen gehabt habe. Über Hans Speidel, Jüngers Vorgesetzten in Paris, habe Rommel davon erfahren. Ungeklärt, so Toepfer, bleibt, ob diese Mitwisserschaft zu Rommels erzwungenem Selbstmord geführt habe. General Speidel ist auch in Toepfers Darstellung eine umstrittene Figur. Was hat er preisgegeben, um sich selbst nach dem Scheitern des Umsturzes zu retten? Eine Abschrift der Friedensschrift habe Jünger einem »Vertrauensmann« in der Schweiz zukommen lassen, der das Büchlein im Februar 1945 drucken ließ und damit das Leben des Autors riskierte. Genaueres darüber finde sich in Speidels Festschrift.

Tucholskys Formel über sein Judentum gilt inzwischen auch für die Deutschen: »Ich bin stolz darauf, Jude zu sein. Wenn ich nicht stolz darauf bin, bin ich auch Jude. Da bin ich schon lieber gleich stolz.«

*Esslingen, 31. März 1986*
Zurück aus Wilflingen. Bei der Geburtstagsfeier Jüngers engste Freunde und Weggefährten: Albert Hofmann, Albert Weideli, Hans Speidel, Professor Hans Georg Amsel, Gert Deventer mit Gattin Gisela, Sohn Alexander, Landrat Wilfried Steuer, der mich nach Mitternacht zu seinem Schafstall mitnahm. Unter den Gästen auch Liselotte Jüngers Archiv-Freundin Inge Dahm, die sich mit ihrem »Sekretärsamt« wichtigmachte und von kuriosen Briefen an den Meister zu berichten wusste. Mit Jüngers Enkel Martin unterhielt ich mich lange über Schlangen; er ist studierter Biologe. In diesem vertrauten Kreis EJ gutgelaunt, lachend und scherzend. Ich hatte ihm das *Geburtstagsbuch für Christian Wagner* mitgebracht. Man reichte Lachssalat, Spanferkel, erdigen Wein von der Hofkellerei, aber auch fruchtigen Côtes du Rhône. Ich trank zu viel und hätte eigentlich nicht mehr Auto fahren dürfen. Schneetreiben, glatte Straßen auf der Alb. Als ich einzunicken drohte, fuhr ich rechts ran und döste. Ankunft in Bernhausen gegen zwei Uhr.

*Montpellier, 8. April 1986*
In Paris auf dem Dach des »Raphael« in memoriam Ernst Jünger, der hier sein Burgunderglas in den Bombenhimmel hob. Lange auf die blühenden Bäume in der Tiefe gestarrt. Dann zu Banine, die so schnell nicht mit mir gerechnet habe, wie sie zur Begrüßung sagte, sich dann aber aufgeschlossen zeigte. Eine schmale Dame mit großen, ganz dunklen Augen unter schlohweißem Haar. Vermute, dass sich unter den gezügelten Bewegungen ein Vulkan verbirgt. Sie legte mir Fotos vor, die ich aber alle bereits kannte. Dann plauderten wir über Jüngers Werk: Sie ist dabei, den Schmerz-Essay zu übersetzen. Meinte, dass Jünger nun auch von Linken gelesen würde. Sie liebe dieses Werk, weil es so »optimistisch« und »metaphysisch« sei. Stimmte ihr zu, ergänzte aber,

67

dass Jüngers »neue Theologie« eines Schlusssteines bedürfe, etwas Konstruiertes habe. Jünger kenne weder das Absolute noch den persönlichen Gott. Sprachen auch über Nietzsche, den sie nicht mag. Setzte dem Nietzsches Aphorismen entgegen, seine – selbst erlittene – Erkenntnis des Menschlich-Allzumenschlichen, die feinnervige Psychologie. Sie wollte wissen, was mich mit Jünger verbinde? Meine Antwort gefiel ihr: Jüngers Seinsgläubigkeit, sein Sinn für das Wunderbare unserer Existenz. Verabschiedete mich gegen elf Uhr. Spazierte dann die Rue Lauriston hinunter, an deren Ende eine hagere Straßenhure auf Freier wartete. Zurück ins Hotel, ein wenig in Holthusens Benn-Buch gelesen und eingeschlafen.

*Basel, 17. April 1986*
Besuch bei Albert Hofmann in den Bergen über Basel. Er holte mich am Gasthof »Kreuz« ab. Fuhren durch ein kleines Tal auf windungsreicher Straße hoch zur »Rittimatte«, einer in den Hochwald eingeschlossenen Bergwiese, die bis über die schweizerisch-französische Grenze hinaus zu Hofmanns Anwesen gehört. Stille. Ein großes, mit Waschbeton verunziertes Landhaus auf einer leichten Anhöhe; von der Terrasse fällt die Wiese stark ab bis zum Waldrand, wo Rehe äsen. Es gab Kaffee und Kuchen. Physiognomisch kein Typ, den man mit Rauschgift verbindet. Freundliches Allerweltsgesicht. Dabei ist er der Entdecker des LSD! Wir plauderten uns in einer tour d'horizon durch die »Weltpolitik«, streiften auch die obskure Rolle Gaddafis in Libyen. Im Arbeitszimmer legte Hofmann mir dann Fotos vor, die ich allerdings schon zu einem Großteil kannte. Langes Gespräch über LSD und dessen Auswirkung auf das Bewusstsein. Darüber hat Hofmann, der LSD bei Sandoz als Therapeutikum gegen Depressionen entwickelte, eine Reihe von sehr persönlichen Beiträgen geschrieben. Erörterten den Zusammenhang von Geist und Materie, ein Thema, das auch Hofmanns Korrespondenz mit Ernst Jünger nach den Zweiten Weltkrieg bestimmte. Diese Wechselbeziehung, so Hofmann, müsse die Grundlage für eine

68

neue Spiritualität werden. Schenkte mir eine diesbezügliche Aufsatzsammlung, die er zu seinem achtzigsten Geburtstag zusammengestellt hat. Dann wechselte er in die Küche und kochte uns Omeletts, kredenzte Wein und Mokka. Ich verließ das gastliche Haus ohne große Foto-Ausbeute, aber voller guter Gedanken über Hofmanns Forschungen, die ihn in aller Welt bekannt, aber auch umstritten gemacht haben. Sein 1979 darüber bei Klett-Cotta erschienenes Buch nannte er bezeichnenderweise *LSD – mein Sorgenkind*.

*Bad Godesberg, 7. Juni 1986*
Ausklang einer Tagung über christliche Literatur auf Schloss Reichenberg im Odenwald. Tatjana Goritschewa, eine exilierte Russin, sprach leidenschaftlich von einer Literatur des Untergrunds, von einer existentiellen Literatur ohne die Chance einer Veröffentlichung, die abgeschrieben von Hand zu Hand geht und in Zirkeln heimlich diskutiert wird. Eine leise Skepsis war heraus zu hören gegenüber unserer Kultur, die das Wort nicht mehr ernst und das Buch nur noch als Ware wahrnimmt. Ihre Worte tönten noch in meinen Ohren, als ich die fetten Verlagskataloge mit ihren Tausenden von Buchtiteln für den Herbst durchging: Wie viel Unnötiges wird doch gedruckt und verbreitet in diesem Land!

*Bad Godesberg, 9. Juni 1986*
Redaktion von Beiträgen für die laufende Ausgabe des *Rheinischen Merkur*. Von nebenan drangen seltsame Töne an mein Ohr: Unser neu installierter Computer trällert in digitaler Präzision die *Toccata und Fuge* von Bach. Zuhause Arbeit am Jünger-Buch: Lektüre von Briefen aus der Zeit nach dem Ersten Weltkrieg. Ein mühsames Geschäft, die spinnwebfeine Schrift des »Kriegers« zu entziffern, die schon den künftigen Literaten ahnen lässt. Darunter auch berührende Liebesbriefe an seine spätere Frau Gretha.

Brief an Martin Walser, den ich bald in seinem Domizil am Bodensee besuchen will. Fragte bei Walter Gröner an, ob er für uns über seine Erfahrungen als »Stadtschreiber« in Baden-Baden berichten will. Sein schönes Gedichtbändchen *Ein rasend hinge-hauchtes Herbsteslicht* (eben bei Suhrkamp erschienen) liegt auf meinem Tisch.

*Bad Godesberg, 14. Juni 1986*
Warum erinnere ich mich plötzlich meiner Träume nicht mehr? Es scheint, als habe das intensive äußere Leben die traumdunk-le, unbewusste Seite meiner Existenz zurückgedrängt. Gespräch mit Liselotte Jünger, die erneut meine Dissertation anmahnte. Nächstes Wochenende werde ich in Wilflingen sein, um Briefe und Fotos einzusehen.

Das Elend des christlichen Schriftstellers. Er muss von etwas reden, wovon man nicht reden kann. Die ursprüngliche religiöse Erfahrung hat mit dem Schweigen zu tun, mit dem Wort wird sie zweideutig.

*Bad Godesberg, 16. Juni 1986*
Wir träumen das Glück und versäumen es am Tag. Warum liebe ich Rehauge so sehr, wenn sie abwesend ist? Ist Liebe nur das Bild, das ich mir von ihr mache? Wie schön, dass es Menschen gibt, die liebend an mich denken, ein Kapital, das im Geheimen wirkt. Bin sehr müde und flackere wie die Kerzen auf dem Tisch, in die der warme Wind greift. Er weht durch die geöffneten Ter-rassentüren herein.

*Bad Godesberg, 20. Juni 1986*
Übers Wochenende in Wilflingen und Esslingen. Ernst Jünger führte mir präparierte Käfer und eine zusammengerollte trocke-ne Schlange vor, die er in einer Apotheke auf Sumatra gekauft hat. Saßen im Garten bei Erdbeeren mit Sahne. Gespräch über die Katzen, besonders über seine stolze Siamesin, Privates. Da-bei taute er langsam auf und wollte mich in den Löwen zum Abendessen einladen, was ich wegen des Gartenfestes bei Tho-mas Scheuffelen ausschlagen musste. Blätterte in Briefen, die ich,

von Armin Mohler überlassen, in Form der beiden *Brief-Journale* längst zu Hause liegen habe. Weiß nicht, ob es hilfreich ist, dies den Jüngers zu offenbaren. Frau Jünger legte mir zahlreiche Fotos von der Sumatra-Reise vor, alle in guter Qualität. Gegen siebzehn Uhr Rückfahrt; wir verabschiedeten uns sehr herzlich auf der Treppe vor der Oberförsterei.

Dann direkt in die Braun'sche Villa in Esslingen. Dort summte das Volk schon im Park. Darunter die üblichen Gesellschaftsbienchen und Wichtigtuer. Der terrassenförmig angelegte Garten über der Altstadt und ihren steilen Dächern allerdings zauberhaft. Hier wären eigentlich produktive Gespräche möglich. Verabschiedete mich bald, um dem Smalltalk zu entkommen.

In der Redaktion die Idee, ein Jünger-Interview mit einem Grass-Gespräch zu kombinieren. Am Telefon ließ sich EJ aber nicht dazu erweichen. Bot mir stattdessen Auszüge aus *Autor und Autorschaft* zum Abdruck im *Rheinischen Merkur* an. Am Abend dann Absage von Frau Schirmer, die er dazu angespitzt hatte. Schon ist der erste Konflikt des Journalisten mit dem Jünger-Verehrer da. Gestern Abendessen bei Thomas Kielinger, der mit diesem Spagat schon länger vertraut ist.

*Bad Godesberg, 26. Juni 1986*
Lese Hesse; seine Sentimentalität trieb mir fast Tränen in die Augen. Alles so schwäbisch-traulich, viel Liebesschmerz. Erinnerte mich an meine Maulbronner Melancholien. Brief von Otto Heuschele aus Waiblingen; auch das ein Ruf aus einer für mich untergegangenen Welt.

*Bad Godesberg, 30. Juni 1986*
In der Redaktion Kampf mit den neuen Computern. Gespräch mit unserem »Pater«, der mir Komplimente machte. Ich sei ein ehrgeiziger, gebildeter Kollege. Für mich sei der *RM* nur ein Sprungbrett. Wenn diese Menschen wüssten, wie es in mir aussieht! Ich bin gar nicht der, den sich die anderen ausdenken. Noch immer fühle ich den scheuen, träumenden Maulbronner

71

Seminaristen in mir. Warum ist Menschlichkeit so schwer zu leben? Warum all die täglichen Verstellungskünste? Geliebtwerdenwollen ist eine Last, bei vielen ein Laster.

*Bad Godesberg, 9. Juli 1986*

Wieder eine blaue Nacht. Gartenfest bei W. Fühlte mich unter all den Menschen einsam und verließ das Haus bald. Am vergangenen Wochenende ein paar Stunden in Wilflingen. Arbeitete im Studio und verfasste ein Gedicht auf die blaue Vase im »Biedermeier-Zimmer«:

> *Frage an eine blaue Vase*
> Die Fenster
> sind in dir
> die Bäume
> und das Licht –
>
> Ahnst du
> dass mit deiner
> Rundung zugleich
> die ganze Welt zerbricht?

*Nartum, 24. August 1986*

Drei Tage quasi inkognito bei Walter Kempowski in Nartum. Nahm zusammen mit Rehauge am 22. »Literatur-Seminar« teil. Kostete 350 Mark und war in der *Zeit* annociert. Für alles war im rundumverglasten Landhaus gesorgt: Pausentee, Kaffee, Zitronenbrause. Bei der Vorstellungsrunde machte ich mich so klein, dass ich unter all den Teilnehmern gar nicht auffiel. Natürlich würde ich über dieses Ereignis schreiben, das hatte ich mir vorgenommen. Der schmale Herr war mir gleich sympathisch, sein Buch *Tadellöser & Wolff* sowieso. Am Vormittag erzählte Kempowski nur von sich selbst, aus dem täglichen Schriftstellerleben. Mahnte seine Schüler als ehemaliger Dorfschullehrer immer pünktlich zu sein. Denn er komme nie zu spät! Pünktlichkeit sei

72

nun einmal die Höflichkeit der Könige. Und hier in Nartum sei er der Herrscher aller Reußen.

Abends die Dichterlesungen. Peter Härtling hatte abgesagt, dafür sprang Dieter Wellershoff ein. Dann durfte man sich in Gruppen aufspalten: Lyrik-Kurs, Kalligrafie-Kurs, Kempowski-Lektüre-Kurs, Theater-Kurs. Im Kempowski-Kurs erfuhr man aus dem Mund des Meisters viel über die Entstehungsbedingungen von Literatur. Wenn man die acht Jahre Zuchthaus Bautzen abzieht, was bleibt als Schreibanlass: Schmerz, Schuldgefühle, Eitelkeit? Ist er ein »Chronist des Bürgertums?« Ein Verlag habe ihm das eingebrockt, antwortete er auf die wenig originelle Frage eines Seminarteilnehmers. Hinter der Familien-Saga stehe ganz allein er, Walter Kempowski, auf der Suche nach der verlorenen Zeit, das Land der Kindheit mit dem Zettelkasten suchend. Diese schöne Formulierung fiel mir ein, als ich ihn so selbstverliebt reden hörte. Vorne saß der Hausherr mit übergeschlagenen Beinen auf der Stuhlkante, mit weißen Socken und wippte mit seiner Fliegenklatsche. Hinter ihm an der Wand Instrumente des musikalischen Haushalts: Klarinette, Flöte, Geige. Vorne kauerten hingerissen die Teilnehmer.

Die Distanz zu sich selbst, die Kempowski in seinen Büchern nicht ertragen kann, die hat er jetzt *gegenüber* seinen Büchern. Ein innerer Strukturzusammenhang wird demonstriert, die Leitmotivik, die das Collagen- und Zitatengebirge umschlingt, Vor- und Querverweise, Anakoluth und Ellipse, psychisch besetzte Vokabeln, die Verdrängtes ausplaudern. Wenn am Buchanfang ein Ofen explodiert, dann heißt das, dass bald Bomben explodieren werden. »Schöne Aussicht«: Schon der Titel sei doppeldeutig, das ziele auf die bürgerliche Selbsttäuschung etc. Virtuos setzt Kempowski sein Werkmosaik zusammen, stiftet Sinn, bringt Ordnung in sein Leben. Alles folgerichtig: Vom Gefängnisbericht (*Im Block*) über die Befragungsbücher (*Haben Sie Hitler gesehen?*) zurück in die Kindheit der Eltern, dorthin, wo man sie endlich liebevoll beschreiben kann. Vormittags durften wir die Tonbandstimme der Mutter hören und anschließend sehen, was der Autor daraus gemacht hat. Dichten, dozierte Kempowski, heißt zusammenfügen, verknüpfen und auslassen, um fürs Assoziieren Platz zu lassen.

Zum Schluss an den Wein. Bis tief in die Nacht leuchtete unterm azurnen Heidehimmel die literarische Zwergschule, hell erleuchtet, wie zu einem verspäteten Elternabend. Wir mussten zurück, die anderen durften bleiben. »Wie isses nun bloß möglich«, sagte Rehauge. »Ich glaub', wir fahren ab.«

Hatte eben die Idee, meinen *RM*-Bericht als Parodie auf Kempowskis Roman *Tadellöser & Wolff* zu schreiben. Titel: »Ein Kapitel für sich«. Er beginnt so:

»Morgens hatten wir noch in der Bonner Wohnung gehockt und Kaffee getrunken (reichte das für die lange Fahrt?). Helle Wolken vor dem angedunkelten Himmel. Und unsere Erwartung, wie die explodierte. Zu Mittag sollte schon in Nartum gegessen werden. Die vorbereitende Lektüre hatten wir uns geschenkt, die würde man nicht mehr schaffen. Wunderbar, wie sich das Werk in all den Jahren entwickelt hatte. Den gelben Ordner nahm man mit, aus dem konnte man ab und zu zitieren. Schön würde es werden in der Heide, herrlich. Wir sollten sehn: zauberhaft. Uns reizte die *schöne Aussicht* – wonnig. Wir brauchten uns gar nicht mehr anzuheizen, das war auch was wert.

Als wir aus dem Auto stiegen, sahen wir schon von weitem das breit hingelagerte Haus, die Bäume mit rostroten Beeren behangen und das silberne Firmenschild am Entrée: »Tadellöser & Wolff«. Wir waren selbstverständlich willkommen bei Kempowskis. Der Flügel stand noch drinnen (wie im Roman), wir hatten also nichts verpasst. Träge gurrten ein paar Gäste, sie waren schon dran. Sie schraubten die Sätze, schlitterten bereits im Small Talk. Wir hielten uns da raus. »Lauter Fans«, sagte Rehauge, »wie isses nun bloß möglich...« Ob nicht noch ein paar Kritische aufzutreiben gewesen wären, flüsterte sie.

Ein schmaler Herr schob sich in den Raum, er sah versonnen zur Glaskuppel hinauf. Da oben kam Licht aus einem Rubbelglasfenster. Dieser Mann war Kempowski, der hatte das Haus gebaut.

Sehr geräumig, allerdings etwas abgelegen, wie wir gleich bemerkt hatten. Die Klinkerböden ganz in Rot. Neben der Eichentür eine in Sträflingskleidung gesteckte Schaufensterpuppe (»Man kann nur das beschreiben, was einen verletzt hat«). Rechts der offne Schrank mit den Originalmanuskripten in grünem Leder, Tagebücher, Schulmeister-Materialien. Rehauge reckte sich vor dem Breitwandspiegel (»Sieht sie nicht aus wie eine Gräfin?«). Das Haus sei tadellöser. Ob ich das nicht auch fände? »Ja«. »Na, denn sei froh.« Für sämtliche Zimmer waren Kempowski-Bücher bereitgestellt worden. In der Wohnhalle hielten Schiffsschrauben die Leuchtschalen. Im Atrium floss das Licht durch Alabaster.

Im Innenhof sprang das Wasser wie ein Quell aus einem steinernen Löwenkopf: fabelhaft. Die Fenster in der Halle gingen leider alle gar nicht auf: Panoramascheiben. Über die gescheckten Kühe hinweg konnte man sogar den kleinen Turm der Kirche ausmachen, mit dem so kräftigen Geläut. Es war ein schöner Blick über die satten Weiden bis zu diesem Turm. »Oh du mein Federkiel, wie isses schön«, sagte Rehauge, »nein, wie isses schön«, und drückte meine feuchte Journalistenhand.

Ja, so einfach kommt man in die Literatur hinein: Man braucht nur ein Buch aufzuschlagen (*Tadellöser & Wolff* zum Beispiel) oder durch eine Tür zu gehen. Den Rest besorgt der Autor & Hausherr selbst. (…)«

*Frankfurt, 6. Oktober 1986*
Am dritten Messetag hatte ich – unterwegs von einem Händeschütteln in Halle 5.0 zu einem Lächeln in 5.1 – auf der Rolltreppe ein Gefühl der Elevation, einer leichten, schwindelnden Erhebung, die sogleich erlosch, als das Förderband mich wieder auf festen Boden anlandete. Was ich als kleine, aber eindringliche Erschütterung mit ins sichere Gehäuse unseres Messestandes nahm, war der Eindruck, dass die Bilder uns auszulöschen, dass sich die Dinge dafür zu rächen beginnen, dass wir sie nur noch als Objekte wahrnehmen. Vom erhöhten Standort der Rolltreppe aus ordnete sich das brodelnde Hallengewimmel zum Muster ei-

nes digitalen Schaltbildes, in das Menschenströme hineinflossen, geführt und gebändigt durch Neon-Lichtschnüre und Spotlight-Mauern.

Die Visualisierung aller Lebensbereiche macht auch vor dem Buchmarkt nicht Halt. Die 38. Frankfurter Buchmesse ist ein Schau-Platz des Buches. Von Jahr zu Jahr mehr bedient sich dieses merkantile Großereignis der Literatur zunehmend der Hilfe optischer Mittel, um auf seine Objekte, die Bücher, aufmerksam zu machen. Man versucht, die fernsehgewohnten Menschen mit den Mitteln der Tele-Technik an die Stände zu locken, wo Poster, Fotos Schautafeln und Transparente längst zur Grundausstattung gehören. Das bewegte Bild als Werbeträger ist auf dem Vormarsch, mit Video-Spots über Länder, Menschen, Abenteuer. Die Science-Fiction-Verlage bedienen sich dieses Blickfangs genauso routiniert wie die Sachbuch-Produzenten. Gemeinsam setzt man auf den Wiedererkennungswert des Mediums Film.

Dazu passt auch, dass die Computerbücher den Disketten eindeutig den Rang abzulaufen beginnen, der Computer so zur Vermehrung der Bücher beiträgt. Denn die relativ preiswert gewordenen Computer-Heimgeräte verlangen nach kundiger Anleitung zur Programmierung, zu Computergrafik und Computerspiel. Und aus den USA schwappt die Audio-Welle herüber, in Autokabine und Jogger-Einsamkeit: jetzt nicht mehr nur als Musikberieselung, sondern als gesprochenes Wort, das den Businessman am Steuer oder den Schüler auf dem Schulhof über den Walkman als konventionelles Hörspiel, klassisches Sprachereignis oder Konsalik-Sprechblase erreicht.

Das gesprochene Wort wurde aber erst dort zum Messe-Ereignis, wo es lebendig und nicht über die akustische Konserve seine Hörer erreichte, in Halle 7, in der sich die opulente Indienschau (»Indien – Wandel in Tradition«) als Schwerpunktthema der diesjährigen Messe präsentierte und indische Autoren aus ihren Werken lasen. Dürfen wir von Indien ein Korrektiv für unsere westliche Zivilisation erhoffen? Das zyklische, ganz und gar unhistorische Weltbild des Buddhismus – ließe sich das versöhnen mit dem linear-dynamischen des Abendlandes? Die Ergebnisse der modernen Physik zeigen, dass auch unsere Wissenschaft auf dem Weg zu einem organizistischen Weltbild ist, zu der Vorstellung geschlossener (kybernetischer) Kreisläufe, die seit Jahrtausenden zu den meditativen Erkenntnissen der östlichen Kulturen gehört. Indien hat als Atommacht die moderne Physik selbstverständlich aufgenommen und in seine Kultur integriert. Werden in den kommenden Jahrzehnten nicht mehr Aussteiger, sondern metaphysikhungrige Forscher Indien als das Land ihrer Sehnsucht aufsuchen? »Wiedergeburt« und »kosmische Übereinstimmung« – Modevokabeln aller unter dem Titel »New Age« subsumierten spirituellen und meditativen Strömungen – dominierten die Schautafeln, Referate, Lesungen, die Gespräche und Poeme, die auf diesem Areal zu sehen und zu hören waren.

Die indische Illusion, die affektive Annäherung war perfekt, als zur Verkündung des »Rabindranath Tagore-Literaturpreises« indische Musik erklang und zart den Nacken einer indischen Schönheit umspielte, die, in ein buntes Gewand gehüllt, vor mir am Podium saß. Goethes Sakontala, gestaltgewordener mythischer Eros, wie er sich in Frauenfiguren und geschmückten Bräuten auf den Stellwänden darstellte. Es gibt tatsächlich eine indische Frauenbewegung und Frauenliteratur! Gavita Sinha, die in Halle 7 aus ihrem Werk vortrug, erntete großen Beifall. Doch wollen die indischen Frauen weniger die eigene Unabhängigkeit erkämpfen oder gar die indische Gesellschaft nach feministischen Vorstellungen umwandeln als das Potential weiblicher Leistungskraft für den Staat erschließen. Noch immer versteht sich Indien als Entwicklungsland.

*Esslingen, 21. Oktober 1986*
Gestern den ganzen Tag bei EJ Fotos ausgewählt, lange Gespräche mit dem »Stierlein«, das Familien-Interna ausplauderte. Über Ernst Jüngers Vater, der öfter »mal neben rausging«, von

seinem Talent des Erzählens, das sein ältester Sohn offenbar geerbt hat. Tauschte mit dem Alten bei Rehbraten im Löwen Lektüreerfahrungen aus. Dabei regte er mich an, Walter Scotts Romane zu lesen, für ihn ein englischer Proust. Er schätze auch Süskinds *Parfüm*. Gab mir ein signiertes Exemplar von *Autor und Autorschaft* für Gerd Holzheimer mit. Dazu biografisches Material, Briefe & Fotos & Dokumente etc., die er unsortiert in einen Umschlag packte. Das beweist sein großes Vertrauen; ich empfinde das als Verpflichtung, sorgfältig damit umzugehen. Dass es den Biografen auch unter Druck setzt, ist mir bewusst.

Bei einer Flasche Strümpfelbacher erhitzten wir uns im Löwen ein bisschen und es wurde anekdotisch: Jünger erzählte von seinen Erfahrungen mit den Berbern von Taroudant und den Begegnungen mit Homosexuellen am Strand von Agadir. Meine Geschichte vom Schwarzfärber Sindibad, mit dem ich in seiner Färberhöhle in Marrakesch eine Flasche Wein geleert hatte und der dabei kopfüber in ein Fass gestürzt war, gefiel ihm besonders. Erzählte ihm von den Haschischgenüssen in den Hinterhöfen der Souks und von der koketten Latifah, die mich über eine Wendeltreppe auf eine Terrasse mit Blick über die Dachlandschaft der Stadt geführt hatte. Als sie sich an mich drängte, rief der Muezzin. Nach dieser anekdotenreichen Stunde stolperten wir mit vom Sturmwind gebauschten Rockschößen durch Pfützen zurück in die Oberförsterei.

*Esslingen, 29. Oktober 1986*
Besonderer Genuss, wenn man sich beim Genießen zuschaut. Aus demselben Grund wollen wir das Schöne ungern allein erleben, denn wir erleben die Freuden doppelt im Spiegel des anderen. Dachte dabei an die Stunde mit den Freunden auf der Fürstengrablege am Rotenberg, mit doppeltem Blick auf das geschäftige Neckartal und die Weinberge bis zu den Schurwaldhöhen. »Das wahre Glück ist grundlos; es kommt wie eine Welle, die uns überrascht« (Ernst Jünger, *Annäherungen*).

78

*Esslingen, 30. Oktober 1986*
Es gibt nach dem Erwachen Minuten tiefer Lebensangst, die sich nur scheinbar auf tagesaktuelle Ereignisse bezieht. Es ist eine besondere Disposition, eine Art Ausgesetztheit, die uns nach dem Aufwachen überfällt, eine Geburt, ein Ins-Leben-Geworfen-Werden, das uns aus der Geborgenheit des Traums stößt. Man steigt ja ins Bett, um heimzukehren.

Traum. Mit EJ in einem Schlafsaal; beide lesend im Bett. Er schlurfte zu mir herüber, um nach einem Wort zu fragen, das sein Kreuzworträtsel auflöste: »Nostradamus«. Das Erstaunliche dabei war, dass er das gesuchte Wort als »Nostradame« oder so ähnlich formulierte. Jetzt lese ich im Lexikon, dass der Astrologe und Visionär Nostradamus eigentlich »Michel de Nostradame« hieß. Ein Hinweis? Zumindest sind wir im Traum klüger als am Tage.

*Bad Godesberg, 11. November 1986*
Brief des Meisters, der auch eine Kopie der Dankesrede enthält, die er bei der Entgegennahme des »Premio Mediterraneo« hielt; mit der Ankündigung, mir bald seine Gedanken zur Gruenter-Lektüre mitzuteilen. Hatte ihm eine Erzählung von Undine Gruenter zugesandt, die er im Flugzeug nach Palermo las. Schrieb mir, dass er das Gefühl gehabt habe, nicht den Text einer Frau, sondern eines Autors gelesen zu haben. Vorfreude auf das Wiedersehen.

Heute eine gute und eine schlechte Nachricht: Der Verlag teilte mir mit, man werde Lizenzen meiner Bildbiografie nach Frankreich, Italien und Spanien verkaufen; die schlechte: Ich müsse das Manuskript bereits Mitte Januar abliefern – was einen fürchterlichen Jahreswechsel und viele weiße Nächte bedeutet.

*Esslingen, 29. Dezember 1986*
Eindringlicher Brief von Lukas Hammerstein. Mein alter Gedanke als Seminarist im Kloster Blaubeuren, dass Kunst und Schmerz eins sind, das beschwor nun auch er: »Die treibende Kraft ist man letztlich selbst, weil die Reibung und das Leid faszinierend sind.«

Wie wachsen einem die Freunde zu – Zu-Fall? Ich muss mich ihrer dankbar erweisen, wie so vielen Menschen in meinem Leben, die eine geheime, heilsame Bahn um mich ziehen. Aber man darf nicht zu viel wissen wollen: »Partielle Blindheit gehört zum Plan.«

*Bad Godesberg, 17. Januar 1987*
Beim Lesen der Zeitungen verstärkte sich der Verdacht, dass unsere vielgepriesene Postmoderne nur eine besonders einfallslose Form des Historismus ist, ein weiteres Rückzugsgefecht des anarchischen Geistes vor seiner Domestizierung im normativen System der »Informationsgesellschaft«. Eine ältere Dame aus Bonn verkaufte mir den Band *Die Unvergessenen*, den EJ 1929 herausgab. Ein rares Stück, leider mit Wasserschaden. Weil ich mich für Jünger interessiere, meinte die Verkäuferin, könnte ich mich vielleicht auch für das Fliegerass Ernst Udet erwärmen. Sie schenke mir seine Erinnerungen als Dreingabe.

In einem dunklen Hauseingang in Bonn gegen die Schneeflocken ansingende Asylanten. Die »Stadtstreicher« dagegen hatten sich bei diesen Minusgraden am Münstereingang mit aufgelegtem Hut platziert. Ihr Ausharren belohnte ich mit einer besonders kräftigen Spende. Es ist, als bezahle man dabei die Freiheit, die man sich selbst nicht zu nehmen traut. Man bekommt übrigens, wenn der Betrag üppig ausfällt, immer originelle, oft witzige Dankesworte zu hören. Die Spende hatte nichts mit Mitleid zu tun, eher mit Neid: Dass man zum Ausstieg als braver Bürger nicht den rechten Mut aufbringt.

Es ist unendlich schwierig, eine Seite Prosa zu schreiben, die wahrhaftig ist. Wahrhaftig in dem Sinne, dass es so und nicht anders gesagt werden muss. »Ein Werk ist nur dann gut, wenn wir ahnen, dass es Ausdruck eines Verlangens ist, nicht die Geschichte von etwas, das stattgefunden hat.« (Jorge Luis Borges)

*Esslingen, 8. Februar 1987*
Arbeit am Manuskript der Bildbiografie. Sah die Korrespondenz Ernst Jüngers mit seinem Bruder Friedrich Georg ein. Da

fällt mancher Brosamen vom reichlich gedeckten Tisch, so das folgende Zitat, das fast als Motto über meinen eigenen Freundschaftsbeziehungen stehen könnte: »... was mir aber vor allem wichtig ist, das ist die Erkenntnis des Dämons im Menschen, und jeder meiner näheren Bekannten besitzt eine tiefe Stelle, die ich unbedingt respektiere und die überhaupt die Voraussetzung der Bekanntschaft ist. Die Heterogenität meiner Neigungen bringt mich oft in Verlegenheit.« (Brief an Friedrich Georg Jünger, 11.11.1934)

*Esslingen, 22. Februar 1987*
Lektüre eines Reiseberichts über die Malediven. Schauder erfasste mich, als der Autor von der zielstrebig betriebenen Zerstörung der Inseln berichtete, ihrer touristischen Erschließung, ja Einebnung. Palmen werden gefällt, Rollbahnen angelegt, Korallenbänke zu Baummaterial verarbeitet. Eines Tages wird es nicht einmal mehr möglich sein, in Gedanken an ferne Paradiese Glück zu empfinden. Dieser unerbittliche Sog des Verlusts, der uns überall erfasst. Man müsste einmal mit einem der grünen Fundamentalisten ins Gespräch kommen, wenngleich diese Spezies sehr unappetitlich daherkommt, das rote Unterfutter immer durchleuchtet. Ein ganz neuer Begriff des Politischen muss her.

Friedrich Georg Jünger berichtet in seinen Erinnerungen *Spiegel der Jahre* von einer Berliner Figur, Tibur, der die eigentümliche Gewohnheit besaß, sich mit einer Feile Schmerz zuzufügen. Dachte dabei an meine eigene Wollust, die Verkrustungen einer Wunde mit dem Messer abzulösen. Daran erinnert sich ein Esslinger Schulfreund noch heute: Der Junge, auf der Rückbank des Busses sitzend und mit dem Taschenmesser in einer Wunde am Bein wühlend. Schmerz, den man sich selbst zufügt, ist edel: De Sades Phantasien dagegen sind bösartig; sie gehören der Masse.

Was ist es, das mich mit Rehauge verbindet? Ihre Weiblichkeit? Die Ruhe, die sie mir gibt? Letzteres sicher auch – aber vor allem das Muschelhafte, das Eingeschlossensein in ihre Eigenart. Das Stolze ihres Wesens. Gerne betrachte ich Fotos, die sie als

Kind zeigen, weil da ihr Wesen ganz nackt erscheint. Der dunkle, verschleierte Blick, die gleichsam östliche Melancholie. Dabei liebt sie die Wonnen der Gewöhnlichkeit, das unaufgeregt dahinplätschernde Gespräch, begleitet mit sinnlichem Genuss. Und sie zeigt eine seltene Geringschätzung des Todes, was auf eine instinktive Gesundheit schließen lässt. Dabei ist sie realistisch, sehr nüchtern und ohne jeden Idealismus. Für sie zählt nur das Nächstliegende, Konkrete. Würde sie gern einmal beobachten, wenn sie von meiner Anwesenheit nichts weiß, nur ihr Gesicht, die Bewegungen der Hände. Nicht sie reden hören, das sind Rollenspiele, sondern die Motionen des Behagens aufnehmen, die ihr Wesen abbilden. »Anmut ist Unwissenheit über sich selbst.« (Friedrich Georg Jünger)

*Bad Godesberg, 6. März 1987*
Warum hat man so wenig Zeit für seine Freunde? Uwe freute sich am Telefon darüber, meine Stimme zu hören. Desgleichen ich. Nicht einmal Zeit, gegenseitig die Bücher zu lesen.

*Bad Godesberg, im Kaffeehaus, 7. März 1987*
Zeitungslektüre. Am Nebentisch Geplauder zweier rheinischer Damen, von denen eine richtig zu causieren versteht. Ein strahlender Tag. Ohne diese Tage könnte ich mir mein Leben nicht mehr vorstellen, dessen Alltagsschleim zäh an mir klebt. Alle spielen das Spiel, auch in den Redaktionskonferenzen, und fühlen sich ertappt, wenn man sie als Menschen befragt. Die meisten Gespräche erschöpfen sich im Austausch leerer Münzen. Deshalb auch die Ungeduld beim Anhören des anderen, dessen Phrase man schnell mit einer eigenen zuvorkommen möchte.

Rezensierte Marguerite Duras' Erzählung *Liebe*. Sann darüber nach, was ich selbst damit verbinde. Neige dazu, mich eines Menschen zu versichern, der das Leben ganz natürlich, ohne Selbstreflexion, meistert. Eine Sicherheit, die mir, dem existentiell Unsicheren, Kraft gibt. Beim Schreiben überwältigten mich Zärtlichkeitsgefühle für Rehauge. Nachts Tränen beim Gedanken an ihren möglichen Tod. Sah mich schluchzend an ihrem Sarg. Traum: In einer engen Kammer im Handgemenge mit zwei Frauen, die mich erstechen wollten. Bekam ein Messer zu fassen und stieß es einer der beiden in die Kehle. Sie stürzte mit einem entsetzlichen Schrei zu Boden. Die andere stach noch entfesselter auf mich ein, während die Sterbende mich umklammerte. Schreiend erwacht. Hatte auch gleich Angst, beim Einschlafen wieder in diesen Alptraum zurückzukehren.

Hebbel: »... als ob sich die Seele im Traum eines veränderten Maßes und Gewichtes bediente, wonach sie die Bedeutung der Dinge, die in und außer ihr vorgehen, bestimmt... so wirkt sie nach einer anderen Methode.«

»Ich glaube, eine Weltordnung, die der Mensch begriffe, würde ihm unerträglicher sein als diese, die er nicht begreift. Das Geheimnis ist seine eigentliche Lebensquelle.«

*Bad Godesberg, 16. März 1987*
Beendete die Lektüre von Walsers Roman *Dorle und Wolf.* Jetzt, nachdem ich einen persönlichen Zugang gefunden habe, las ich das Buch doch mit einigem Gewinn. Was da – auf vielen Ebenen – verhandelt wird, ist die deutsche Krankheit: Die Unbedingtheit, der Wille zum großen Gefühl, zum zwanghaften Idealismus. Dazu das obligatorische Mitläufertum, das jene fragwürdige Unbedingtheit aus sich hervorbringt, nämlich die Pflichterfüllung um jeden Preis – auch den der Menschlichkeit. Pseudo-Entschiedenheit, die immer nur zu einem flachen Sowohl-als-Auch reicht. Der Ost-West-Konflikt kommt beiden Seiten zugute: Man kann sich als Primus im je eigenen Lager in Szene setzen. Der eine schwenkt die Präambel des Grundgesetzes, der andere pocht auf die sozialistische Solidarität.

Träumte einen absurden Traum: Besichtigung einer Gedenkstätte, die an die Untaten der Deutschen erinnerte, auch an den Judenmord. Dass in dem (innen hohlen) Bau Menschen waren, zeigte eine Metallklappe, die sich im Rhythmus des Atmens öffnete und schloss. Legte ein Atemgerät an und bestieg das Monument. Die Situation war so bizarr, dass ich beim Erwachen noch völlig erschüttert war.

*Bonn, 28. Mai 1987*

Lesung einer chinesischen Autorin im Restaurant »Hong Kong« in Bonn-Beuel. Ihr Roman erzählt von ihrer Zeit als Studentin in Shanghai während der Kulturrevolution, einer unerfüllten Liebe. Sie begann verhalten und steigerte sich dann in ein herzergreifendes Klagen, das zuletzt in regelrechtes Schluchzen überging. Am Ende bedeckte sie ihr Gesicht mit beiden Händen. Nach ein paar Minuten durfte man ihr »Fragen stellen«. Unter anderem wurde sie in China wegen »geistiger Verschmutzung« angeklagt.

*Bad Godesberg, 6. Juni 1987*

Was ich liebe: Fernes Hundegebell, Vogelzwitschern, der Wind in den Kronen, die Bläue, wenn der Himmel aufreißt. Wenn sich die Unterseiten der Blätter silbern nach oben wenden. Wenn eine brummende Fliege schließlich doch den Ausweg durch die Terrassentür findet.

*Bad Godesberg, 6. Juli 1987*

Die Klagenfurter Tage sind vorbei; ich habe sie in einem langen Artikel im *Rheinischen Merkur* aufbewahrt. Neue Bekanntschaften: Mit den Autoren Manfred Seiler, Joseph von Westphalen, Werner Fritsch. Sie wollen für den *RM* schreiben. Westphalen musste ich dabei um »Subversion« bitten: Er will einen Artikel über »Europa« schreiben. Er steht – weltanschaulich – im anderen Lager, gefällt mir aber wegen seines ätzenden Humors und seiner Respektlosigkeit.

*Campagnano,16. Juli 1987*

Stark geträumt. Auch vom Fliegen. Die Tage mit den Scrittores am Lago sind vorbei. Ausflüge nach Orta und Cannero, viel Geistreiches und noch mehr Nonsens. Rehauge die ordnende weibliche Kraft, unser Fels in der Brandung. Spannungen wurden

84

sichtbar zwischen dem, was einer schreibt, denkt und tut. Armer Stefan, der unter einer desolaten Beziehung leidet. Ganz anders Walter: Er nimmt sich, was ihm zusteht. Schwamm mit Stefan zu den Castelli und zurück nach Maccagno, jeweils eine halbe Stunde. Lange Nächte, Wein, Lieder, Sterne. Besuch von B., die mit Jazz-Gesang aufwartete. Nach dem Festgelage machte Hesse-Imitator Reinhard den Bajazzo. Gelächter-Salven. Rehauge mit Überblick. *Meine* Perpetua.

Warum der Liberale eine so unbeliebte Figur ist. Der Sozialist hasst ihn, weil es dem liberalistischen Individualismus so mühelos gelingt, mit seinen materiellen Erfolgen die Ideologie brüderlicher Umverteilung zu widerlegen. Den Besitzkonservativen ist er verdächtig, weil der von ihm propagierte Hedonismus das gleichmacherische Ressentiment befördert. Und dem Wertkonservativen erscheint der Relativismus des liberalen Freigeists als Zerstörer traditioneller Sittlichkeit und gewachsener Autorität. Dem Revolutionär schließlich ist der Liberale nur Agent eines Nivellements, in dessen Freiräume er nichts, aber auch gar nichts zu pflanzen weiß. Allen gemeinsam ist so die Verachtung für eine Lebenshaltung, die den Wert zur Zahl und die Freiheit zur Freizügigkeit schrumpfen lässt.

*Bad Godesberg, 24. Juli 1987*
Langes Telefonat mit Gerd Holzheimer, der sich an unserer *RM*-Serie »Junge Autoren« beteiligen will. Bin gespannt, wie Undine Gruenter auf meinen Brief antwortet. Die sicheren Kandidaten sind: Uwe Wolff, Walter Gröner, Gerd Holzheimer, Wolfgang Winkel, Lutz Rathenow, Manfred Seiler, Alexander Cordes.

*Bad Godesberg, 25. Juli 1987*
Brief von Ernst Jünger, der mich beunruhigte. Schrieb, das Erscheinen meines »Werkes« im Frühjahr 1988 »trägt nicht zu meiner Stimmung bei«. Er schätze meine Arbeit, halte aber »den Zeitpunkt für verfrüht«. Deshalb habe er den Plan des Verlages von Anfang an sehr skeptisch gesehen. Anders als sei-

85

ne Frau habe er sich mit dem Projekt nicht beschäftigt. Das ist nun eine sehr eigenwillige Einschätzung, denn EJ hatte sich dem Projekt von Anfang an überaus aufgeschlossen gegenüber gezeigt und mir ständig neue Dokumente zugesandt. Im Grunde geht es um die Veröffentlichung eines eigenen Buches im Frühjahr 1988, der keine Konkurrenz erwachsen soll. Deshalb wird der Einwand grundsätzlich formuliert: »Die Edition wird meinen Freunden im Grunde wenig Neues bieten, da sie mich kennen, und meinen Gegnern neue Munition liefern. Außerdem ist sie hinsichtlich der Vita wie des Gedankengebäudes nicht abgeschlossen – das haben jetzt wieder die Gespräche mit den italienischen Germanisten in Neapel gezeigt. Im Frühjahr gedenke ich einen neuen Text vorzulegen. Publikationen ad personam, dazu mit Bildern, können von meiner Arbeit nur ablenken.« Es sei ihm, schreibt Jünger versöhnlich, daran gelegen, dass ich meine Arbeit fortsetze, um sie zu einem möglichst späten Zeitpunkt herauszubringen. Ein »posthumer« sei optimal. Das ist starker Tobak, denn damit ist dieses Buch abhängig von der Lebensdauer des Uralten! Ich aber denke, dass mein Opus schon zu Lebzeiten nützlich wäre. Ich setze auf Liselotte Jünger, die ähnlich denkt.

*Bad Godesberg, 1. August 1987*
Lektüre: Guillaume Apollinaires *Die elftausend Ruten*, ein äußerst schweinisches, aber genußvolles Buch. Die »moderne« Liebe: das Immer-und-Überall, der Automatismus, die Grausamkeit, die heitere Ergebenheit der Opfer. Unbedingt notwendig, ein Brevier über »das Böse« anzulegen; einmal der Blick geschärft, fallen einem die Leckerbissen zu. Schrieb gestern meinen lange geplanten Essay »Eros vernichtet die Maschinenwelt«, einen, für das katholische Blatt, riskanten Balanceakt zwischen Pornografie und Jugendschutz. Im Schlußsatz poche ich auf das seismografische Gespür der Literatur, jeder Kunst: »Demokratie und Freiheit vertragen keine statischen Zustände. In einer sich entwickelnden Gesellschaft verändern sich auch die moralischen Haltegriffe, die

86

man in ihr anbringt. Die Halteschlaufe des ›Jugendschutzes‹ darf nicht zur Schlinge werden, in der sich unsere Literatur verfängt.«

*Berlin, 13. September 1987*
In West-Berlin. Mauergang, Brandenburger Tor, Reichstag, Schwangere Auster. Alles bei blauem Himmel und mit geweitetem Herz. Nach Kreuzberg zu Fuß. Abendessen in einem türkischen Restaurant. Rathenow-Lektüre. Dann mit der Hochbahn zum Zoo. Über den Grenzübergang Friedrichstraße zum Metropol. Rief nach dem Einchecken ein Taxi. Knatternd traf es vor dem Hotel ein. Der Blick des Fahrers schien mir ein bisschen mit Spott unterlegt zu sein, als ich mein Ziel nannte: »Gabelsbergerstrasse«. – »So? Dort wohnt ein sehr aktiver Schriftsteller.« Der Wartburg sang mit hohem Ton die Friedrichstraße hinunter. Ein Taxifahrer, der auch die literarische Topografie seiner Stadt beherrscht? Übergangslos, als hätte er einen höheren Gang eingelegt, lenkte der junge Mann das Gespräch auf die Politik: Honecker-Besuch in Bonn, Flaggen-Zeremonie, die »Ewiggestrigen«, die den Staatsratsvorsitzenden ausbuhten in Wiebelskirchen. Was so harmlos begann, entwickelte sich gleichsam zum Verhör. Noch ein paar Sätze zur Präambel des Grundgesetzes, dann waren wir am Ziel.

Lutz Rathenow gilt als Wanderer zwischen den Welten, der virtuos auf der Klaviatur der Ost-West-Spannung spielt. Der Autor gibt sich die Mühe, befreundeten Schreibkollegen die Tür zum verlegerischen Wunderland Bundesrepublik einen Spalt weit zu öffnen. In der Gabelsbergerstraße 3, im 4. Stock des Gründerzeithauses mit seinen hohen Decken, wohnt es sich nicht schlecht. Rathenow hat extra für den West-Gast zwei Autoren eingeladen. Mir gegenüber sitzt Detlef Opitz, in dessen Schublade drei Romane liegen. Er hat aber wenig Lust, sie einem DDR-Verlag anzubieten. Einen Text von ihm hätten sie in *Sinn und Form* verstümmelt, jetzt schreibe er nur noch in Zeitschriften, die im Verborgenen blühen. Opitz liebt die scharfen, rotzigen Töne, seine Sprache der poetischen Denunziation ist eine provokative Absage an die »Nischenexistenz«, die Räume des Begehrens und der subjektiven Ansprüche werden weit hinausverlegt. Zu weit für die Zensoren, die ihm auf den Fersen sind und alle Publikationsmöglichkeiten beschneiden. Das Angebot, im *Rheinischen Merkur* zu schreiben, kontert der anarchische Geist mit dem Verdacht, dass auch wir im Westen seine Provokationen nicht ertragen könnten.

Die Reise Erich Honeckers in die Bundesrepublik ist bei diesen Gesprächen ein Randthema. Die Gräben zwischen den Herrschenden und den Künstleraußenseitern sind tief, es trennen nicht nur weltanschauliche, sondern vor allem biologische Grenzen, die fast unüberwindbar erscheinen. Der Staatsratsvorsitzende ist Kriegs- und Aufbaugeneration, verantwortlich für einen Machtapparat, der die Schreib-, Reise- und Wohnbedingungen der Jungen behindert. Das Feindbild ist klar und durch noch so diplomatische Manöver und Zugeständnisse der Politiker nicht zu erschüttern.

Im Grunde, das würden die anarchischen Autoren vom Prenzlauer Berg wohl auch gar nicht dementieren, fühlt der durchschnittliche DDR-Bürger ähnlich. Bei einer Kundgebung auf der Karl-Marx-Allee zwischen Brandenburger Tor und Alexanderplatz marschieren die Menschen in einem Strom blutroter Fahnen, auf den erste Blick eine bedrohlich-zähe Masse, die sich beim Näherkommen auflöst zu einer gelangweilten Flaniergemeinschaft. Vorne, wo sich die Redner in einer pompösen Kundgebungsrhetorik ergehen, machen die Teilnehmer Front, hin zu den Puppen, die an den Fäden ihrer Parteiräson zappeln. Gruppen und Grüppchen, viele mit Kindern, Betriebsgemeinschaften drängen sich um die aufgepflanzten Fahnen und tauschen Privates aus. Ein Schwatzen und Tuscheln, das leise und beharrlich die offiziellen Friedensappelle durchdringt, die niemand interessieren, weil jeder längst seinen Frieden mit der Welt gemacht hat – einen Frieden aus Frust und Resignation.

Aus den Lautsprechern tönen Trompetenstöße plattester Leerformeln, Dankesworte für Erich Honecker, der seine Mission in

88

Bonn mustergültig absolviert habe und sich nicht verwirren ließ von der Kohl'schen Forderung nach Einhaltung der Menschenrechte. Während blechern das Menschenrecht auf Arbeit deklamiert wird, bilden sich Menschentrauben um die Würstchenstände. Den Sieg des Sozialismus dokumentiert man hier mit dem Biss in die pralle Bockwurst, mit realexistierendem Appetit.

Es fällt schwer, dieser Stadt mit einfachem Staunen, mit der Gelassenheit des Flaneurs zu begegnen. Es ist ein Sich-Belauern der Menschen, und die von märkischen Kohlewinden zerfressenen Mauern starren einen an, als wollten sie ihren Platz angewiesen bekommen, einen Platz, den die Geschichte ihnen verweigert. Der Übergangsplatz Berlin zermürbt die eindeutigen Stand-Punkte, zwei Standflächen stoßen aneinander, und die Hoffnungen gürten sich mit einem Wall aus Draht und Stein. Diese Stadt stellt ihre Ansprüche an den Menschen, und der hat sie abzuschütteln wie einen lästigen Gast.

An keinem anderen Ort in der Welt fragen die Besucher so viel wie hier in Ostberlin, und nirgendwo gleichen die Antworten so sehr einem Riegel, den der Gefragte vor seinen kleinen Winkel der Geschichte schiebt. Das beklemmende Gefühl, das die Gespräche zwischen dem Deutschen aus dem Westen und dem aus dem Osten grundiert, ist Scham. Der eine schämt sich darüber, dass sein Interesse für den anderen nur aus Neugier, Voyeurismus besteht, der andere dafür, dass seine Fragen immer nur auf den konkreten Nutzen zielen, den der West-Gast bringen könnte. Der aus dem Westen schämt sich, dass sich der aus dem Osten schämt für die Unzulänglichkeit, die der Gast im Restaurant, beim Einkauf, an der Grenze zu ertragen hat. Beide schämen sich über ihre gemeinsame Geschichte, die ihnen an jeder Ecke dieser Stadt entgegenblickt.

So zum Beispiel über den Anblick der Sperranlage im Bezirk Prenzlauer Berg, Oderbergstraße. Der Osten schiebt sich hier ganz ungeniert in den Westsektor hinein. Drüben ragt eine Aussichtsplattform, unter ihr laufen Hundeführer Patrouille. Zurufe sind möglich, nur wenige Meter trennen Ost- und Westteil der Stadt.

Wäre dieses Monsterbauwerk in Rom oder Madrid aufgetürmt worden, fiele es nicht schwer, sich an dieser Stelle einen verbalen »Grenzverkehr« vorzustellen, eine südländische Heiterkeit, die die Trennung überspielt. Wir aber starren uns an, in sprachloser Arroganz. Die da drüben, der größere, erfolgreichere, selbstbewusstere Teil von oben herab, wir da unten als Objekte einer hochmütigen Neugierde, die wie durch ein Gitter in einen überfüllten Gefängnistrakt zu spähen versucht. Am Vortag bin ich selbst noch auf einem dieser Podeste gestanden, jetzt spüre ich hier unten das Fragwürdige solcher Vorrichtungen, die ein ganzes Land zum Panoptikum machen. Wir starren uns wechselseitig an und schauen doch nur in den blinden Spiegel deutscher Möglichkeiten.

Der Schriftsteller und Fotograf Thomas Günther – Jahrgang 1952 – hat schon ein Buch im Westen veröffentlicht, und zur Buchmesse erscheint das zweite. Er bewohnt mit seiner Frau und einem Kind eine große Altbauwohnung unweit des Alexanderplatzes. Zweimal die Woche arbeitet er als Hilfsgärtner auf dem Friedhof, der bis an das Haus heranreicht. In einer Oase der Ruhe, deren erdige Düfte durch die großen Fenster in die Räume hereinziehen. Aus dem Baumwipfelteppich ragt grau und spitz der Fernsehturm und erinnert daran, dass wir uns hier im Zentrum der DDR-Regierungsmacht befinden und nicht etwa irgendwo in ländlicher Idylle zwischen Ettersburg und Tiefurt.

Günther, der Rimbaud übersetzt hat, ist ein Lyriker der neuen Generation. Der Exodus zahlreicher Künstler und Autoren nach Biermanns Ausweisung 1976 hat keine Resignation, aber sicher einen Rückzug aus der Politik, aus dem gesellschaftlichen Engagement bewirkt. Mit der Entdeckung des eigenen Ich ging die Entdeckung außergesellschaftlicher Wirklichkeit einher. Wo sich bei Lutz Rathenow noch die reale DDR in parabelhafter Spiegelung erhalten hat, löst sie sich bei anderen Autoren auf in Sprachstückwerk, das die Sprache des Staates unterwandert. Geschildert wird die Realität des Alltags, der aus der Unterdrückungsdialektik von staatlichem Machtanspruch und gefordertem »produktiven« Einspruch des Künstlers herausgefallen ist.

90

»Einer zu sein, der von sich selbst abweicht oder mit seinen Überzeugungen nichts erreicht« – das Desaster politischen Agierens im versteinerten Raum sozialistischer Gesellschaft treibt auch Thomas Günther um. So führen die meisten poetischen Wege hinaus aus den Minenfeldern gesellschaftlichen Engagements in das Experimentierfeld anarchischer Sprachfreiräume: zu Sprachkonkretisten wie Wittgenstein, Derrida oder Heißenbüttel. Den Experimentierräumen der Sprache entspricht der Lebens- oder Existenzfreiraum, den sich die jungen Autoren erobert haben.

Doch noch immer behindert ein Wust administrativer Auflagen das Schreiben in der DDR. So fordert das Finanzamt die Offenlegung der Einkünfte; wer nicht nachweisen kann, dass er ein Jahreseinkommen von mindestens 6000 Mark hat, läuft Gefahr, zum »Asozialen« abgestempelt zu werden. Weil alles Gedruckte einer offiziellen Genehmigung bedarf, muss der nicht Angepasste auf die Publikation verzichten, die ihm einen Verdienst einbringt. Wer also Unbotmäßiges verfasst, wird nicht gedruckt. Wer nicht gedruckt wird, verdient nichts. Wer nichts verdient, ist asozial. Weil es jedoch im sozialistischen Staat eine »Pflicht zur Arbeit« gibt, ist der unbotmäßige Autor gezwungen, seine künstlerische Arbeit einzustellen.

Hier in Ost-Berlin, im »Westen des Ostens« (Lutz Rathenow), artikuliert sich die Stimmung am schärfsten. Man sollte jedoch nicht nur die Autoren selbst, sondern auch die gleichsam exterritorialen Räume der Kirche aufsuchen, Konzerte, Arbeitskreise von Friedens- und Öko-Gruppen: Was sich hier trifft, ist außen vor, gibt sich in Habitus, Jargon und Aktivität als staatskritisch zu erkennen. Untergrund-Zeitschriften, auf miserables Papier gedruckt, aber schon im Titel (*Grenzfall, Fernmelder, Umweltblätter*) Konfrontation signalisierend, fegen mögliche Erwartungen der Honecker-Reise gegenüber vom Tisch. Man argwöhnt, dass beide Seiten sich von einer großinszenierten Medienshow politischen Gewinn versprechen, rügt die servilen Versuche im Westen, Honecker zum menschenfreundlichen Staatsmann emporzustilisieren. »Milliardenkredit« oder »Reiseerleichterungen« interessieren wenig oder gar nicht, wenn man, auf staatliche Listen gesetzt, keinerlei Vorteil davon hat.

In einem Gebäude neben der barocken Sophienkirche in Ost-Berlins »Mitte«, das der evangelischen Gemeinde gehört, mischen sich Außenseitergruppen bunt durcheinander: Punker und martialisch gekleidete Rocker-Typen, sanfte, langmähnige Friedensjünger in Baumwollkutten, hübsche junge Frauen mit gestylter Frisur und in engen Lederhosen, andere im Schmuddel-Look. Eine subversive Gemütlichkeit, eine Nachrichtenbörse des Untergrunds, ein Freiraum, den man im Bunde mit der verunsicherten Kirche denen »da oben« abgetrotzt hat.

Die Sophienkirche ist bis auf den letzten Platz gefüllt. Auf handgeschriebenen Plakaten ist der Auftritt von Stephan Krawczyk unter der harmlosen Überschrift »Werkstatt der offenen Arbeit« angekündigt. Der Liedermacher ist republikweit bekannt. Angefangen hatte er vor Jahren mit einem Repertoire an Brecht-Liedern, dann engagierte er sich im »Friedensdienst« und ist als pointierter Kritiker des DDR-Staates inzwischen auch den Kirchenoberen zum Problem geworden. Krawczyk, untersetzt, mit kurz geschorenem Haar und dunklen Augen, besitzt eine auffällige Ähnlichkeit mit seinem Vorbild Bert Brecht. Die Stimme aber hat keine Schneidigkeit, sie ist dunkel-sonor, von behäbiger Freundlichkeit.

Weniger freundlich sind gleich zu Beginn des Konzerts Krawczyks Vorwürfe an die Kirche, die seit März des Jahres seine Auftritte in kirchlichen Räumen einzuschränken versucht: »Feigheit und fehlende Konfliktbereitschaft« wirft er den Zuständigen vor. Dass er selbst diese Konfliktbereitschaft besitzt, beweist der Liedermacher mit seinem Lied *Der Staatsfeind*. Mit einer jetzt schneidenden Stimme singt Krawczyk von der »DDR-Sprache, die uns an die Leine legt«, und verhöhnt den Zweckoptimismus der Parteitagsdelegierten. Unter dem Apsisbogen der Kirche, dessen Schlussstein sinnigerweise von einer schneeweißen Friedenstaube geschmückt ist, intoniert er eine Hymne des Widerstands (*Mein Programm heißt Widerstehn*) – ein Brecht-Epigone, der in Gestik und Stimmfülle zum Biermann-Konkurrenten aufläuft.

Ich sitze ganz vorne, dicht unter den Lautsprechern. Hinter mir haben graue Männer nach dem Öffnen der Türen rasch die Kirchenbänke gefüllt, um das Publikum zu verdrängen. Das sitzt nun oben auf der Galerie und applaudiert. Unten schreiben die Grauen mit. »Treibt's nicht zu weit, ansonsten kommt die Sicherheit«, höhnt Stephan Krawczyk, selbstbewusst aufgepflanzt vor dem Altar zwischen riesigen Lautsprecher-Boxen. Singt den Song von der Bombe, die er schon ticken hört – in einem Wahllokal der Republik. Dem zurückgekehrten Staatsratsvorsitzenden höhnt in Liedern entgegen, was sich lange aufgestaut hat: »Was lange gärt, wird endlich Wut.« Bei der Verlesung seines *Offenen Briefes an Honi*, in dem unter anderem ein Verbot der Verherrlichung des Wehrdienstes, die Abschaffung der Mauer und des Schießbefehls gefordert wird, steigert sich der Beifall des jungen Publikums zum Orkan. Und geht schließlich in Gelächterstürme über, die mehr als alle wohlkalkulierte und raffiniert-subversive Polit-Lyrik aufdecken, was die jüngere Generation ihrem Staat und ihrer Regierung für Gefühle entgegenbringt: Verachtung.

Abends mit Lutz Rathenow zur »Möwe« in der Maternstraße. Fenster glühen gelb über bröckelnden Gesimsen, in Müll- und Bauschuttbergen suchen Betrunkene ihren Weg durch eine Landschaft des Verfalls. Die kleine Villa ist unter eine stählerne Hochbahn gedrückt, Lüster schimmern durch halbverhängte Fenster, Gläser klirren und Barmusik sickert auf die schlechtbeleuchtete Straße. Im »Künstler-Club« trifft sich die Ostberliner Kultur-Schickeria. Wir werden abgewiesen; dem Autor, der mir Einblick gewähren will in den verschwiegenen Vergnügungsplatz einer angepassten Kulturelite, die es in diesem Staat eigentlich nicht geben dürfte, droht man mit der »Meldung beim Schriftstellerverband«. Man fürchtet das lose Mundwerk alkoholisierter Künstler und in westlichem Chic gekleideter Wichtigtuer, die das Bild des verantwortungsbewussten »Kulturschaffenden« trüben könnten. Erneut Scham über die Prozeduren, mit der man Menschen trennt – ein zuverlässiges deutsch-deutsches Gefühl.

*Bad Godesberg, 8. Oktober 1987*

Das war die Woche der Literatur, der redaktionellen Vorbereitung der Buchmesse, die Woche der Verlage, der »jungen Autoren«, die ich für eine Lesung in Frankfurt gewinnen konnte. Die letzten Beiträge für das Literatur-Extra trafen ein: wie jedes Jahr ein Wettlauf mit der Zeit, zwischen der Produktionszeit der Verlage, der Lese- und Schreibzeit der besprechenden Autoren, der Bearbeitungszeit in der Redaktion. Das geht bis in den Vorabend des Druckes hinein und zeichnet die Falten unter den Augen der Layouter und Redakteure etwas schärfer ein. In den Pausen Oasen der Lektüre: Ernest Hemingways *Der Garten Eden*; das Buch führte mich zwischen Telefonanrufen und Kollegendrohgebärden in die Schülerzeit zurück, in die fernen Paradiese auftrumpfender Gefühle. »Vergesst die Ideale eurer Jugend nicht!« Schiller wusste, warum er das so apodiktisch formulierte. Lektüre ist in den besten Momenten immer auch die Wiederkehr gelebten Lebens, Raub an der Zeit, durch deren immer engere Schleusen wir im Alltag hindurchgepresst werden.

In die Arbeit an meinem Hemingway-Beitrag platzte die freudige Nachricht, dass Eleonore und Uwe Wolff ein drittes Teufelchen in ihrer Solschener Runde vermelden können. Um 12 Uhr 56 wurde mein Patensohn geboren: Jaakob Elias, 4030 Gramm schwer, 55 Zentimeter lang mit einem kräftigen Kopf, des schreibenden Vaters würdig, den die Kunde von der Vaterschaft bezeichnenderweise in Bargfeld erreichte, im Arbeitszimmer seines geistigen Vaters Arno Schmidt.

Morgens gegen fünf Uhr ist die Arbeit am Extra vollbracht, draußen pfeifen ein paar Bonner Vögelchen. Erschöpft und zufrieden ins Bett auf der Elliger Höhe, von wo aus schon ein Lichtstreif über dem Rhein heraufzitterte. Schlief bis in den späten Nachmittag. In meinen Träumen füllte das Literatur-Extra einen prallen Aktenkoffer, am Eingang zur Buchmesse aber steht: »We-

94

gen Überfüllung vorübergehend geschlossen.« Am Abend las ich in Rüdiger Safranskis Schopenhauer-Biografie, die mir Mut gibt für das eigene Buchprojekt.

*Bad Godesberg, 13. Oktober 1987*

Zurück von der Frankfurter Buchmesse. Sie stand für mich ganz im Zeichen unserer »jungen Autoren«. Ich verkündete im *RM*-Feuilleton die Aufbruchsstimmung der jungen deutschen Literatur – und fand große Resonanz. Wenn es tatsächlich ein mit »postmodern« zu umschreibendes neues Lebensgefühl gibt, so zeigte es sich in der Toleranz des Zuhörens, in der Bereitwilligkeit zum Gespräch, im Abschied von den »Lagertheorien« der ideologieverseuchten Vergangenheit. Die Autorenlesungen von Gerd Holzheimer, Manfred Seiler, Uwe Wolff, Lukas Hammerstein und Gerald Zschorsch wirkten zwar vordergründig wie das Selbstgespräch einer neuen Schriftsteller-Generation, provozierten aber Neugierde und lockte weitere junge Autoren an den Messestand der Zeitung – zu Gesprächen ohne Scheinwerfer-Gewichtigkeit und Sekt-Gespreiztheit wie ein paar Gänge weiter im Juste Milieu einer ach so *Welt*-läufigen Tageszeitung. Dort wurden »Prominente« in einem Umsatz-Akzelerando in den Kojen-Dunst von Redakteurseitelkeit hinein- und wieder hinausgeschoben.

Eine ganz andere Prominentenhatz betrieb *die tageszeitung*; sie holte 28 Schriftsteller (»schrifties«) in ihre Berliner Redaktionsräume und ließ sie drei Tage lang den Ticker abschreiben. Die Ergebnisse waren teils witzig, teils larmoyant, im Ganzen aber so konfus, wie die bunte Mischung der beteiligten Autoren. Johannes Mario Simmel durfte von Frankfurt aus – per Telefax – den Jahresbericht von Amnesty International bedichten, ein intellektueller Lift-up, den er dem überraschend über ihn hereingebrochenen Dichterruhm (»Doch mit den Clowns kamen die Tränen«) verdankt. Dass der Aufstieg des bislang als Unterhaltungsschriftsteller geschmähten Simmel mit dem Absturz des Tarn-Genies Wallraff in die Unbedeutsamkeit des Text-Best(s)

95

ellers zusammenfällt, signalisiert mehr als alle gelehrte Reflexion, was sich in der Bundesrepublik verändert hat.

Ob dies auch etwas mit dem Rückzug der DDR-Verlage von der Frankfurter Buchmesse zu tun hat? Während ein Gorbatschow-Buch Millionen-Lizenzen einbrachte, schrumpfte sich das ostdeutsche Buchwesen ins (von einem in Bedrängnis geratenen Regime bewusst betriebene) Abseits. Dazu passte, dass sich die 33-jährige DDR-Autorin Gabriele Eckart in den Westen absetzte. Absetz- und Aufbruchsstimmung allerorten: Das postmoderne Spiel erreichte in Frankfurt einen vorläufigen Höhepunkt.

Die intellektuellen Gewinner der Publicity-Show von Frankfurt aber waren dieses Jahr die Autoren Rüdiger Safranski und Hanns-Josef Ortheil, deren Bücher zu den meistbesprochenen Titeln der Buch-Beilagen geworden sind. Im Gespräch, besonders mit Safranski, das Gefühl, dass wir aus dem gleichen Holz geschnitzt sind. Beide Autoren erfüllen zwei Grundbedürfnisse der Zeitgeist-Erwartung: Safranski bietet mit seiner glänzend erzählten Schopenhauer-Biografie nicht nur eine Rückschau auf die »wilden Jahre« der großen Philosophie in Deutschland, sein Buch ist zugleich ein Appell an die umtriebigen Macher, das »Staunen« neu zu erlernen und auf das »Sein« zu lauschen. Ortheil zieht mit dem Roman *Schwerenöter* die lange erwartete Bilanz unserer Republik, schrieb die »große Epopöe unseres Landes«.

*Bad Godesberg, 24. Oktober 1987*
Träume. Schlangen, denen ich in einem Haus, das von Wasser durchflossen war, nachstellte. Ich war mit einem Netz unterwegs, um ein Tier zu erbeuten. In einem Kellerraum – ich schaute durch eine Luke von oben in das feuchte Gemäuer hinab – erhob sich plötzlich ein Riesenexemplar und wiegte den Kopf, richtete sich zu furchterregender Größe auf. Ich ergriff eine Stange und begann nach ihm zu schlagen, verlor die Balance und stürzte in die Tiefe. Da wachte ich auf, wollte aufwachen, weil es ernst wurde. Das Bewusstsein muss sehr stark sein, damit die Rettung glückt. Im Traum sind wir vergeistigter, weil der empirische Stoff

96

zurücktritt gegenüber der reinen Handlung, der Struktur des Vorgangs. Dann Traum von einem Gang über den Jahrmarkt. Eine Bude mit Huren, die von einem Zuhälter marktschreierisch angepriesen wurden. Er verwies mich auf sein Prachtstück, eine kapitale Blondine, für die er 100 Mark forderte. Es gab aber auch Kindfrauen, die sich, auf schmalen Liegen ausgestreckt, den Freiern anboten.

Was Ernst Jünger mit Walter Benjamin verbindet: das Denken vom Ende her. Beide sind sie Allegoriker, die in der Welt des Gesthaften der Formkraft auf der Spur sind. Benjamin träumt von einem unentfremdeten, natürlichen Menschenwesen, Jünger – gefährlicher – von der künftigen Realisation einer neuen, technikaffinen Menschengestalt. Wo sind die neuen Revolutionäre, denen es nicht in erster Linie um die Nation, sondern um die substantielle Veränderung geht, die unsere Welt neu schaffen wollen? Die »révolution sans phrase« bereitet sich in den Laboratorien vor, während der Debattierclub in Rom vor dem Experiment mit dem Humanum warnt. Doch alles denkbar Fürchterliche wird sich verwirklichen, nach Maßgabe einer Teleologie des menschlichen Geistes: Denn *er* ist die Essenz der Materie! Absurd: Eine von der Wissenschaft und Produktivität berauschte Welt hat Gott aus den Augen verloren – und könnte ihn gerade dort finden, wo er, menschgeworden, mit Händen greifbar ist, im rasenden Konsum, in den vom Menschen geschaffenen Dingen, die sämtlich Ausdruck der Lebensmacht sind. Man sollte wieder Spinoza lesen.

*Bad Godesberg, 3. November 1987*
Heute Anruf von Hede Schirmer, die Michael Kletts großes Engagement für das Jünger-Manuskript übermittelte. Hatte meinen Auftritt in der Redaktionskonferenz; es stellte sich der neue CSU-Generalsekretär Erwin Huber vor; der Mann verkörpert die Schizophrenie des christlichen Politikers, der es nie schafft, ernst zu machen. Hans Maier, der als Kirchenmann ebenfalls in der Runde saß, strahlte wie ein Honigkuchenpferd, weil ihm der Chefredakteur attestierte, dass er hübsche Glösschen schreibt.

97

Nach meiner Philippika beide blass und verunsichert. Die Kollegen bestürzt, aber mit klammheimlicher Freude: Der Kaiser ist nackt. Entschuldigte mich später bei Thomas Kielinger, der abwiegelte.

*Bad Godesberg, 6. November 1987*
Traf gestern Undine Gruenter bei der Verleihung eines Förderpreises in Düsseldorf. Enttäuscht. Exzentrische Person mit hysterischer Lache. Zum Abschied ein prüfender Blick. Das war's.

*Bad Godesberg, 15. November 1987*
Telefonierte mit Gerd Holzheimer, der mich einlud, mit ihm nächstes Jahr am Marathonlauf in New York teilzunehmen. Im Theater: *Die Räuber* in einer handwerklich schlampigen Aufführung, aber dieses Mal nicht durch die üblichen SS-Analogien vermurkst, sondern durch zu viel Ironie. Zuhause eine Flasche Trollinger. Brief an Liselotte Jünger wegen einiger Dokumente für die Bildbiografie. Das Buch sei jetzt von Klett-Cotta für den nächsten Sommer angekündigt und müsse unbedingt vollendet werden.

*Bad Godesberg, 12. Dezember 1987*
Im Freibad. Finger, die sich im pulsierenden Strom des Abflussschachtes bewegen. Dann rutscht die Hand ein Stück weit in das Becken, ein abgerissener Stumpf, der sogleich gurgelnd zurückgesaugt wird. Außer mir scheint keiner das Entsetzliche zu bemerken. Ein mächtiger, eisenbewehrter Hahn stolziert am Beckenrand entlang, sein Rückengefieder ist aus Stahl, messerscharf gezackt. »Der ist für die Sauberhaltung des Schachts zuständig«, denke ich, »zerkleinert das, was dort hineintreibt. Eben muss ihm ein Schwimmer zum Opfer gefallen sein.« Diese Traumlogik beeindruckte mich noch, als ich längst erwacht war.

Zusammenstoß mit einem Kollegen. Wer sich mit einer Ratte handgemein macht, erhält Bisse an der richtigen Stelle. Wir wollen das Rechte tun und scheitern, weil wir die falschen Mittel ergreifen. Der lachende Dritte ist der, der bei seinem Tun immer nur an den eigenen Nutzen denkt. Die böse Alte, der durch keinen Winkelzug zu entkommen ist, weil sie immer gradlinig das Böse tut. Am blutigsten sind Tribunale, wo Ganoven über Rechtschaffene zu Gericht sitzen.

*Bad Godesberg, 13. Dezember 1987*
Las einen dieser wohlfeilen Beiträge über die Technik, die den Menschen angeblich in eine Maschine, ja einen Roboter zu verwandeln drohe. Es ist ein großer Unsinn um diese Rede vom »Maschinenmenschen«. Der Mensch hat zu jeder Zeit und an jedem Ort Zugang zu einer Wirklichkeit, die nur ihm gehört. Er steht immer im elementaren Raum. So schnell, wie man einen Eingeborenen hinters Steuer eines modernen Wagens bringt, so schnell kehrt der zivilisierte Mensch ins Natürliche zurück: des Nachts in der Umarmung, im Rausch, im Hass, im Schmerz, im Gebet. Wir sind die Welt, Automat *und* Seele.

Die Bedrohung liegt nicht *im* Menschen, sondern in der Art, wie er sich in der Moderne organisiert. Eilte die Rolltreppe hinab, im Laufschritt auf das Bahngleis zu, auf dem eben der Zug einlief. Als ich die vorderste Wagentür erreichte, Aug' in Aug' mit dem Führer des Zuges, setzte dieser sein Fahrzeug ungerührt in Bewegung. Sein gleichgültiger Blick ging durch mich hindurch: Modell eines zivilisatorischen Zustandes, in dem der (Fahr)Plan über den Menschen triumphiert. Mit der gleichen Kaltblütigkeit klinkt der Pilot seine Bomben aus.

*Bad Godesberg, 19. Dezember 1987*
Letzte Nacht. Die Tür öffnet sich, M. erscheint. Ich hatte eine Pistole in der Hand. Schieße mitten hinein ins Gesicht. M. sinkt nach hinten aufs Sofa. Ich lade durch und drücke ein zweites Mal ab – alles sehr bewusst, ohne Emotion. Kein Schuss löst sich, drücke noch und noch. Geräusche im Treppenhaus, Stimme: »Da ist Blut!« Gedanke: Du hast dein Leben zerstört, das gibt

mindestens 15 Jahre. Dann: Du könntest Bücher schreiben. Heiterkeit. Dieser Traum behagte mir so, dass ich nach dem Aufwachen mit mir zufrieden war.

Seltsam, dass das Moralische im Traum so wenig in Erscheinung tritt. Was sich ereignet, ist die Bewährung in einem ganz unmoralischen Sinn: das Bestehen von Situationen, die, je nachdem, erschreckend oder beglückend das eigene Wesen enthüllen. Ernst Jünger: »Das Schreckenskabinett. Der Träumer tritt in ihm selbst verborgene Reiche der inneren Ungeheuer ein. Dort schlummern Taten, die er nie begehen wird und deren er dennoch fähig ist. Daher das Erschrecken vor dem verhüllten Spiegel, wenn der Vorhang sich bewegt.«

Lektüre: *Zweimal Halley*. Dazu französischen Wein. Melancholie. Ungeheure Stille im Raum. Gedanke an Rehauge und die Kraft, die sie mir gibt – weil es sie gibt. Abendessen in der Pizzeria mit Ellen; plauderten über die Redaktion und die Grabenkämpfe. Schön, dass es Menschen gibt. Man muss den Hass besiegen – sich selbst besiegen.

*Bad Godesberg, 14. Januar 1988*
»Chef« ist vorletzte Nacht gestorben. Er war herzkrank. Bedauerte, ihn nicht noch einmal gestreichelt zu haben. Hatte seltsamerweise auch ein schlechtes Gefühl, als ich vorgestern Nacht an ihm vorbei in meine Wohnung ging. Das Jünger-Manuskript ist jetzt in Stuttgart, Brief nach Wilflingen.

*Bad Godesberg, 16. Januar 1988*
Provozierender Brief von Liselotte Jünger, der ein paar Hinweise auf Fotos enthielt, die unbedingt in den Band müssten. Und: Ich solle meine Freunde und die Behörden nicht »molestieren«. Dieses Mal erhält sie die passende Antwort. Professor Ott, mein Vermieter, hat einen neuen Hund: »Amigo«, auch ein Rottweiler, ein kleines Kerlchen, das in einem Jahr ein Riesenhund sein wird.

*Bad Godesberg, 26. Januar 1988*

Traum. Ein totes Mädchen. Man scheint mich zu verdächtigen, meine Jacke ist verschwunden, mein Geldbeutel, mein Schal. Indizien, die gegen mich sprechen. Ein Kindersarg wird geborgen und geöffnet. Darin finden die Experten ein Tongefäß in Kinderkopfform, in dem der verwesende Corpus eines Kleinkindes eingeschlossen liegt. Er wird vor meinen Augen seziert, zerschnitten, zerkleinert. Wende mich mit Ekelgefühl ab.

*Bad Godesberg, 11. Februar 1988*

Reise nach Berlin zu Professor Bernd Sösemann, der eine Art zweite »Entnazifizierung« betreibt. In der *WDR*-Sendung *Schreiben unterm Hakenkreuz* anlässlich der Affäre Werner Höfer hatte der Berliner Historiker ein Plädoyer für die differenzierte Aufarbeitung der Publizistik im Dritten Reich (und nach 1945) gehalten. Luise Rinser, die zu der Live-Fernsehsendung eingeladen war, leugnete als selbsternannte »Antifaschistin« sehr emotional, irgendwelche »Führergedichte« und Blut-und-Boden-Gedichte nach 1933 verfasst zu haben. Ich nahm Sösemanns Sendung zum Anlass, darüber einen großen Artikel im *Rheinischen Merkur* zu schreiben.

Viele regimekritische Zeitungen hatten nach der Machtergreifung der Nationalsozialisten zwischen vorsichtiger Opposition und partieller Zustimmung zu lavieren versucht – ohne sich immer bewusst zu sein, dass solches Taktieren von Goebbels genau einkalkuliert war und dem Regime nach außen den Anstrich von Liberalität geben sollte. In einem Brief des Redakteurs der *Frankfurter Zeitung*, Oskar Stark, ist die Fragwürdigkeit dieser taktischen Anpassung offen ausgesprochen: »Natürlich haben wir alle gelogen, um mit unseren Zeitungen und mit unserem eigenen kleinen Leben möglichst überwintern zu können.« Stark selbstkritisch: Diese Haltung habe auf dem Fehlschluss beruht, in der Diktatur nach den eigenen Maßstäben weiterschreiben zu können. Aber all die Jahre habe man »nach außen für das verbrecherische System gewirkt« und es dadurch legitimiert. Man müsse von Anfang an widerstehen – nicht erst wenn es zu spät sei.

Solch eine schonungslose Selbstanalyse hätte man gern auch von einer Schriftstellerin zu lesen bekommen, die unermüdlich und mit der denkbar größten Selbstgerechtigkeit ihr bisschen Nonkonformismus im Dritten Reich öffentlichkeitswirksam ausbreitet. Kein Wort über ihre damalige Anpassung in ihrer Autobiografie *Den Wolf umarmen* (1981), kein Wort der Erklärung zum Gedicht *Junge Generation*, eine hohltönende Apotheose auf den »Führer«, wie man sie schlimmer auch nicht von bekannten NS-Barden kennt. Seit 40 Jahren verschweigt Luise Rinser ein wesentliches Stück ihrer Vergangenheit, stilisiert und verbiegt die eigene Biografie zur antifaschistischen Edelschnulze. Dabei wäre es viel aufschlussreicher, zu erfahren, warum ein sensibler, begabter, idealistisch veranlagter junger Mensch in die Nähe einer totalitären Bewegung geraten konnte.

Liest man Rinsers Erinnerungen genau, so gibt die Autorin, unfreiwillig, die seelischen Beweggründe preis: »Ich bin furchtbar ehrgeizig, aber ehrgeizig ist nicht das richtige Wort dafür, ich möchte etwas Großes leisten, meine Kraft auswirken … herrschen können«. Zugleich verrät sie ihr tief verwurzeltes, libidinös besetztes Bedürfnis nach »Erniedrigung«, nach Unterordnung des eigenen »Hochmuts« unter das »Führertum« eines anderen. Wie sehr der Nationalsozialismus die Regressionslust des politik- und zivilisationsmüden Bürgers und die Emotionen der Jugend für seine Ziele zu nutzen verstand, das hätte die »Antifaschistin« Luise Rinser an ihrem eigenen Werdegang exemplarisch studieren können! Dass die Nichtbewältigung solch eigener Verstrickung gefährlich sein kann, zeigte sich später in der peinlichen Bewunderung der reifen Frau für den nordkoreanischen Diktator Kim Il Sung, der für den Tod von Tausenden politischer Gefangener verantwortlich ist. Luise Rinser – noch immer »des großen Führers gezeichnet Verschworene«?

Bernd Sösemann hatte mir auch Material über den früheren SS-Kriegsberichterstatter und in der Bundesrepublik bis heute höchst erfolgreichen Drehbuchautor Herbert Reinecker (*Der Kommissar*) zukommen lassen. Nach 1945 gelang ihm der geradezu erschreckende Wiederaufstieg als Journalist und Regisseur. Wie schafft man es, erst einen NS-Propagandafilm (*Junge Adler*) und dann *den* Film über den deutschen Widerstand (*Canaris*) zu drehen? Vielleicht ist brennender Ehrgeiz der gemeinsame Nenner dieser so verschiedenen Karrieren, ein Ehrgeiz ohne echte Moral, aber mit viel überschießendem Moralismus, der ja bekanntlich vielfältig einsetzbar ist. Auch heute.

*Bad Godesberg, 12. Februar 1988*
Stephan Krawczyk in die Bundesrepublik abgeschoben. Fahrt ins Aufnahmelager nach Bethel. Ekel vor der Rolle, die ich dort als Reporter zu spielen hatte. Der blasse, erschöpfte Mann, ohne jeden Brecht-Nimbus, völlig niedergeschlagen. Die Androhung, ihn zehn Jahre ins Gefängnis zu sperren, hatte ihm das Rückgrat gebrochen. Reiste zusammen mit seiner Frau Freya Klier aus. Enttäuscht über den Verlust des – allzu heroischen – Bildes, das ich mir von Stephan gemacht hatte.

*Bad Godesberg, 9. März 1988*
Schrieb an einer Theaterkritik der *Winterschlacht*; als ich sie abgeschlossen hatte, erreichte mich ein Brief von EJ, dazu eine Postkarte von Liselotte Jünger. Beigefügt ein Aufsatz von Wojciech Kunicki, Jüngers polnischer Übersetzer, der über die Bemühung von Johannes Becher um EJ im Jahr 1943 schrieb. Becher forderte eine »Totale Mobilmachung des Geistes« (»Sagen Sie sich, Ernst Jünger, los vom Abenteuerlichen Herzen durch die Tat!«). Als Quelle gut zu gebrauchen für meine Einführung in die Bildbiografie.

Nachmittags im »Redüttchen«; Hanns war zu einer Juristentagung an den Rhein gekommen. Über was unterhält man sich mit einem krebskranken Mann? Seine Krankheit hakte er schnell ab, wollte souverän erscheinen: alles im Griff. Plauderten während des typisch rheinischen Gerichts »Himmel und Erde« über die Arbeit, Karriere und – Autos. Er fuhr in einem neuen Mercedes-Cabrio vor, um Normalität zu demonstrieren. Rührend, wie er sich an seine Aktentasche klammerte.

*Bad Godesberg, den 31. März 1988*
Gestern Besuch von Lothar Schöne. Netter, kauziger Kerl, eine Idee zu harmlos. Zuerst in der Wohnung auf der Elliger Höhe, Bücher, Ernst Jünger, Anekdoten. Dann in die Pizzeria und gut gespeist. Gegen 23 Uhr das »Du«. Natürlich will er sein neues Buch bei Klett-Cotta unterbringen. Erzählte von meinem Maulbronn-Projekt, wobei er mir riet, mich von Hermann Hesse abzunabeln. Mein Roman dürfe auf keinen Fall ein »Anti-Hesse« werden. Danach in eine Bar, Gespräch über Klagenfurt, Uwe Wolff und Uwe Wittstock, viel Anekdotisches. Plaudereien bis um 6 Uhr morgens: Freiheit und Determination, Hemingway, Camus, Isaac Singer. Drei-Stunden-Schlaf, dann ausgiebiges Frühstück im »Insel Café«. Zuletzt sondierendes Gespräch, wie sein Manuskript an Hubert Arbogast zu bringen sei.

*Bad Godesberg, 6. April 1988*
Lektüre: Lothar Schönes Erzählungen, die mich, je öfter ich sie las, beeindruckten. Besonders die Geschichte von »Leflet«, der sich mit einem einzigen Blick an eine Frau verliert. Erinnerte mich stark an das Gedicht *A une Passante* von Baudelaire. Teilte Lothar meine Wertschätzung seiner Arbeiten mit, was ihn sichtlich erfreute. Er bestürmte mich, eine Publikation bei Klett-Cotta für ihn zu bewerkstelligen, was ich einzufädeln versprach.

*Bad Godesberg, 15. April 1988*
Brief von Ernst Jünger, der sich für meine Geburtstagswünsche bedankte. Berichtete, dass er sich mit seiner Frau nach Überlingen an den Bodensee »geflüchtet« habe, um dem Rummel zu entgehen. Für den Vorabend des 92. Geburtstages habe sich »Wehrminister Wörner mit einem Ständchen der Bundeswehr angesagt«, doch der gepackte Wagen habe schon bereit gestanden. Für die Gratulanten habe er 350 Dankeskarten drucken lassen. Die für mich zentrale Aussage des Briefes bestand in Jüngers Hinweis, dass das Erscheinen der Bildbiografie »noch eine gute Weile Zeit« habe. Jünger fällt offenbar immer neu etwas

ein, was unbedingt in den Band aufgenommen werden müsste. Dem Brief legte er seine Korrespondenz über »den ominösen Freislerbrief« bei.

*Bad Godesberg, 17. April 1988*
Auf der Terrasse. Das ungeheure Glück, hier oben Wohnrecht zu haben. Vogelzwitschern, Wind in den Bäumen; über der Villa eine plastisch von der Sonne bestrahlte Wolke, die sich aufplusterte wie eine Henne. Der Frühling ist meine Jahreszeit. Aber auch der September, der dekadenteste Monat, der scharfe Profile in alle Dinge meißelt. Spaziergang durch Muffendorf; um den Backsteinbau der Kirche herum, die leider verschlossen war. Zur Friedhofskapelle, um Grabsteine und ihre Inschriften zu inspizieren. Frisch aufgeschüttete Gräber mit frisch gepflanzten Blumen, von Bienen umschwärmt.

Lektüre von Schelers Betrachtungen über das »Ressentiment«. Man könnte das weiterspinnen: Der vornehme Mensch vergleicht sich nicht. Er ist sich seines Ortes in der Welt gewiss.
Auf der Terrasse Champagner und Lachs. Es wird kühler. Heute flogen Ernst und Liselotte Jünger auf die Seychellen.

*Campagnano, 14. Mai 1988*
Mit Dagny nach Italien. Sie plapperte auf der Fahrt ohne Unterlass, ein Großreinemachen der Vergangenheit. Sie fühlt sich von Papa missverstanden, der all ihr Handeln auf Michael bezieht. M. bleibt der negative Fluchtpunkt der Familie. Eine Heillosigkeit, die erschreckt. Wie kann man ein solches Leben unter der Guillotine der Erinnerung überhaupt ertragen? Ankunft in Pavia gegen 18 Uhr; dort Francesco. Die beiden bewohnen eine helle, freundliche Wohnung in einem Haus, das hart an ein Weizenfeld stößt. Hübscher Blick aus dem Wohnzimmer ins Grüne und auf die blauen Berge von Oltreppo. Zwei Katzen und ein Hund, der auf »Vacanza« ist. Einkäufe in der Stadt. Kehrte mit Armani-Jackett zurück. Zum Abendessen kochte Dagny Schnitzel in Sahnesauce, dazu gab es Salat, Wurst, Brot, Wein. Gespräch über den

Kommunismus, weil Francesco für die KPI tätig ist. Mein Bestreben, das allzu Gemütliche der parlamentarischen Existenz dieser Partei in Frage zu stellen.

Weiterfahrt an den Lago Maggiore. In die Schweiz, um Thomas Kielinger ein Manuskript über Martin Heidegger zuzusenden. Zurück in Luino; am Hafen, Lektüre und Notizen als Vorbereitung auf die Arbeit am Jünger-Buch. Die Zeit hier erscheint mir allerdings sehr knapp bemessen.

*Campagnano, 16. Mai 1988*

Die ganze Nacht Regen. Im Traum kündigte sich eine Sturmflut an. Flüchtete mich mit drei Kindern auf einen Turm. Am Tag dann überraschend warm. Gut neun Stunden am Vorwort gearbeitet – doch nur drei Seiten, mit denen ich einigermaßen zufrieden bin, geschafft. Kann froh sein, wenn ich mit drei Kapiteln nach Hause komme. In Stuttgart dürfte Anfang Juni Panik ausbrechen. Telefonat mit Rehauge, die fröhlich klang.

*Bad Godesberg, den 19. Mai 1988*

Ernst Jünger schrieb mir nach seiner Rückkehr von den Seychellen: Angesichts der vielen Dokumente, die ihn aus Frankreich erreichten, sei es sinnvoll, »dass man mit dem Erscheinen Ihres Opus, nach dem ich auch schon von Lesern gefragt werde, noch einige Jahre hätte warten sollen«. Ernst Jünger will meine biografische Arbeit mit seinem Leben synchronisieren – durchaus verständlich, aber weltfremd. Der Biograf hat seine eigene Agenda.

*Campagnano, 19. Mai 1988*

Gestern plumpste ein Vögelchen gegen die Terrassentür und piepste erbärmlich. Ich setzte es auf meine Hand, streichelte es vorsichtig. Das Geschrei wurde leiser und verstummte; bis der Ruf der Mutter erscholl, die uns von der Zeder in Hanns' Garten aus beobachtete. Da setzte bei dem kleinen Geschöpf die Erinnerung an die Mutter wieder ein und es begann erneut zu klagen.

Schließlich nahm es alle Kraft zusammen und flatterte auf die Kastanie am Haus. Von dort erschollen noch eine ganze Weile seine Rufe.

Abends in die Pizzeria. Fußball: Großes Spiel von Leverkusen, auf dessen Sieg gegen Barcelona keiner setzen wollte. Rasante Aufholjagd mit tollen Toren und ein spannendes Elfmeter-Finish, bei dem den Spielern von Barcelona die Nerven versagten. Schlusseinstellung: Umarmung von Erich Ribbeck mit seinem Spieler Cha, die beide weinten. Männergefühle, Glück, Erregung, Stolz in ein schönes Bild eingeschmolzen, das mir noch heute vor Augen steht. All das Krämerhafte, das dem modernen Fußball anhaftet, war wie weggewischt. Eine archaische Szene. Daneben weinten die Geschlagenen, eine Ergänzung des Triumphs durch den Schmerz.

In den Bars von Varese. Anrüchige Mädchen. Eines erzählte mir seine Lebensgeschichte: Ehe, Kinder, Scheidung, Alkohol. Trotz des Scheiterns zehrt sie noch immer vom Bonus der Ehrbarkeit. Demonstration, wie wenig selbst der gefallene Mensch sich von den Normen der Gesellschaft lösen kann. Wir haben ein »soziales Gewissen«, das unsere Gefühle kommandiert und auf einer mittleren Temperatur hält. Eine Art moralischer Thermostat; er ist auf das Laue in uns geeicht.

Spät nach Hause; auf der Fahrt von Varese durch die Berge nach Maccagno fuhr ich mit geöffnetem Verdeck und atmete die kühle Nachtluft. Zuhause war der Strom ausgefallen. Träumte mich in völliger Dunkelheit in den Schlaf, bis mich gegen zehn Uhr ein brüllender Handwerker weckte: »Signore, Signore!« Er besah sich den Stromzähler und setzte alles wieder in Gang. Heute beendete ich das zweite Kapitel der biografischen Einführung: »Der Krieg eines Einzelnen«. Der Anarch mitten im Gemetzel des Grabenkriegs; EJ lebte auch hier, im militärischen Kollektiv, weitgehend nach seinen eigenen Gesetzen. Als todesmutiger Soldat imponierte er seinen Vorgesetzten – und missachtete sie zugleich.

*Esslingen, 30. Mai 1988*

Fürchterlicher Traum. Mit Rehauge in einem von Büschen bestandenen, steinigen Gelände unterwegs. Setzte mich an den Wegesrand zwischen zwei Steinblöcke und erblickte eine große Schlange. Schlug nach ihr mit einer scharfkantigen Leiste; auf diese Weise tötete bzw. paralysierte ich eine Reihe weiterer Schlangen, die auf mich eindrangen. Ich musste die Tiere schließlich hinter dem Kopf packen, weil zum Schlagen kein Raum mehr blieb, so schnell tauchten sie auf. Befürchtete, jeden Augenblick gebissen zu werden. Das schreckliche Finale bildete eine Bettszene: Zwischen meinen Schenkeln richtete sich ein pechschwarzes Tier auf und wiegte sich über meiner Brust. Schlafend im Schlaf – ein besonders bösartiges Traumphänomen, weil man von einer Täuschung in die nächste geführt wird. Auch hier rettete mich ein blitzschneller Griff. Ich meine mich zu erinnern, dass ich diese Schlange mit einem scharfen Gegenstand in Stücke schnitt. Rehauge, die sich vor jedem kriechenden Getier ekelt, zeigte sich seltsam unaufgeregt. Vielleicht schien mir das nur so, weil ich unablässig mit der Abwehr der Tiere beschäftigt war.

Traum. Auf einer Anhöhe über dem Fluss. Unten liegen Boote, vertäut an den Hafenkais. Plötzlich rasen schwere Motorboote heran. Die Menge, die das Hafenbecken säumt, jubelt und klatscht – da kippt eines der Boote zur Seite, und die Insassen stürzen kopfüber in die aufgewühlten Fluten. Ein zweites, drittes Boot schlägt um, weitere jagen heran. Ungerührt gleiten sie über die Menschenleiber hinweg. Das Wasser färbt sich rot. Ich möchte helfen, hinabeilen. Ein schreiender Junge wird aus dem kochenden Hafenbecken geborgen. Sein Oberkörper ist nicht, wie ich befürchte, von den Schiffsschrauben zerfetzt, sondern nur von zahllosen blutigen Striemen bedeckt. Inzwischen heult ein führerloses Boot durch den Hafen und zerschmettert mit schwerem Bug die kieloben treibenden Wracks. In unglaublicher Raserei faucht das Motorboot gegen die Kaimauern, um sich schließlich über ein Rasenstück zu meinem Standort hochzuwühlen. Kurz davor bäumt es sich auf und fällt zurück ins Wasser. Dann erblicke ich einen Jungen, der in großen Sätzen den Hang heraufstürmt, auf mich zu. Ganz ohne Vorwarnung schlägt er mir mit der flachen Hand ins Gesicht. In diesem Augenblick weiß ich, dass das Massaker da unten nur für mich inszeniert worden ist. Stünde ich nicht hier oben, müssten die Menschen nicht leiden.

*Bad Godesberg, den 16. Juni 1988*
Anruf von Ingrun, Uwes Lieblingsschülerin. Gespräch über Maulbronn, das sie zu faszinieren scheint. Sehr anhänglich seit unserer Begegnung in Solschen. Dagny berichtete von der Krankheit unserer »Oma Elsa«. Nach dem Tod ihrer Freundin will sie nun auch sterben, verweigert das Essen. Sie habe Angst vor dem Tod in Einsamkeit. Wir wissen nicht, wie stark wir selbst auf unserem letzten Gang sein werden. Die Baumkronen vor meinem Fenster blickten mich wie Totenschädel an.

*Klagenfurt, 29. Juni 1988*
Zum 12. Ingeborg-Bachmann-Wettbewerb. Im Flugzeug nach Klagenfurt Bekanntschaft mit einer braunäugigen Schönheit aus São Paulo, die mit ihrem Mann, einem österreichischen Unternehmer, vom Wörther See nach Brasilien übergesiedelt ist. Hatte sie bereits in der Wartehalle des Frankfurter Flughafens beobachtet; sie beschäftigte sich dort sehr rührend mit ihren beiden Kindern. Dann geschah das Erstaunliche: Sie hatte den Platz neben mir gebucht! Schlief während des Flugs ein; sie weckte mich, als die Stewardess mit den Snacks erschien. Plauderei, die sie routiniert in Gang setzte. Sie lud mich ein, mit ihr zusammen im Wagen zum Hotel zu fahren. Setzte mich am »Moser« ab und drückte mir fest die Hand: »Ich rufe Sie an – wie heißen Sie denn?«

*Klagenfurt, 1. Juli 1988*
Hier in Klagenfurt triumphiert das Regie-Theater der Plauder-Profis über erstaunlich sanftmütige Hauptdarsteller. Die 22 Autoren ordnen sich emotionslos dem Juroren-Spiel unter, als Retorten-Babys der Poesie nehmen sie harscheste Kritik kontrolliert,

überschäumendes Lob kokett lächelnd entgegen. Und haben doch mit dieser Emotionslosigkeit genau die labyrinthische Ungewissheit des Bewertungsmechanismus begriffen: Lob gilt nur so lange als preisverdächtig, bis der nächste Auftritt juridischer Schauspielkunst den großen Eindruck von vorher wegwischt wie einen Trug. Dass sich dennoch keiner betrogen fühlt, muss man dieser Stimmung des »Anything goes« zurechnen. Wie bei den Olympischen Spielen gilt auch hier am Wörther See: Hauptsache dabei sein.

Auch das Publikum spielt mit. Peinliche Formulierungshemmungen der Juroren und wabernde Allgemeinplätze, wie sie der Zwang zur Sofortkritik provoziert, quittieren die im *ORF-Theater* zusammengedrängten Zuschauer mit Heiterkeitsausbrüchen. Besonders der Österreicher Herbert Zeman, der sich gerne von seinen Vorrednern das Wort aus dem Mund nehmen lässt, produziert Serienware an Null-Sätzen wie »Der Schluss der Geschichte hat eine Präzision der Offenheit erreicht« oder »Dieser Text hat eine sehr interessante Diskussion ausgelöst«, als sei er Klagenfurts Über-Moderator. Mit *Spiegel*-Redakteur Hellmuth Karasek liefert sich Zeman des Öfteren ein geografisch ausuferndes Rede-Duell (»Sie sind schon wieder in Hawaii, Herr Karasek«), dessen Anlässe dem Publikum meist verborgen bleiben. Pausbäckig und spitzmäulig schießt Karasek seine kritischen Giftpfeile ab und schafft es, das Spiel immer wieder in die gewünschte Richtung zu treiben. Peter Demetz präsentiert sich dieses Mal weniger als hochgebildeter Germanist aus Übersee und als Letzter aus Ranickis Reich denn als humoriger Sprach-Kasuist und als Karaseks sanftes Gegenstück. Helga Schubert aus der DDR berlinert ungeniert über den Juroren-Tisch hinweg und klopft die Texte auf Bilder-Logik ab. Keinen guten Faden an fast allen Texten lässt der tiefschürfende Jörg Drews. Auf ihn als spitzfindigen, misanthropischen Kritiker könnte das Wort von Ernst Jünger gemünzt sein: »Es scheint Leute zu geben, die Bücher lesen, bloß um sich zu ärgern.«

Meine schöne Brasilianerin erkannte sofort, dass hier im *ORF-Studio* Literatur nur gespielt wird und lud mich zu einer Spritz-

Tour in die Karawanken ein. Als wir mit ihrem Mercedes die Ausfallstraße erreicht hatten, flog in einer Rechtskurve ein Vorderrad weg und rollte ins Kornfeld. Das Hotel in den Bergen erreichten wir nach dieser Havarie dennoch – nachdem der prüfende Blick des Mechanikers drei gelockerte Schrauben entdeckt hatte. Wer immer dafür verantwortlich war – das blieb ein Geheimnis, welches in so kurzer Zeit kriminalistisch nicht aufzulösen war. Denn ein Krimi-Autor ist in der Klagenfurter Autoren-Riege nicht zu finden, wobei sich die Tätigkeitsbeschreibungen der Autoren wie aus der postmodernen Wundertüte gepurzelt lesen: Pilzkundler, Semiotiker, Pferdeausbilderin, Gärtner, Jazzer, Liedermacher, Orientalistin, Anthropologe, Informatiker, Busfahrer. Günter Franzen versuchte sich am Erotik-Genre und erlitt trotz seines fetzigen Tonfalls Schiffbruch: »Ganz einfach und genital: ein Mann und eine Frau und ein Frühling und eine Liebe, basta.«

Klagenfurt und die Liebe: Es gab sie, in der Literatur und im Leben, es gab sie in Andeutungen und es gab sie handfest, rothaarig, braunlockig und flachsblond, literarisch verpackt in pornografischem Wortwitz, als voyeuristisch-verklemmte Lehrer-Schüler-Beziehung, als pathetische deutsch-deutsche Mesalliance und als revolutionsromantische Kreuzbergschnulze, mit der Michael Wildenhain den Ernst-Willner-Preis gewann. Der Sieger-Text aber ist ein ordentliches Stück Literatur, aus Erfahrungen solide gefügt wie das Gehäuse einer Kamera von ZEISS; die Autorin heißt Angela Krauß und kommt aus Leipzig. Die streng komponierte Darstellung einer Jugend in den Fünfzigerjahren, in der die Vereisungen der DDR-Gesellschaft sehr einfühlsam und historisch detailgenau am Beispiel einer Funktionärskarriere nachgezeichnet sind, fand ungeteilten Juroren-Beifall. Ich überzeugte den Aufbau Verlag, dem *Rheinischen Merkur* den Text zum Vorabdruck zu überlassen.

*Bad Godesberg, 23. Juli 1988*
Die Wochen vergehen, der Sommer entschwindet. Ich habe gelebt und doch nicht gelebt. All die verwirrenden Erfahrungen

und Begegnungen, so viel Liebe, Zuwendung, die mir zuströmten. Dann wieder Einsamkeit, Versagensängste, das BUCH. Aus dem Vorwort wird ein Nachwort, aus einem zürnenden Arbogast ein sorgenvoller; Hede Schirmer entpuppt sich als »Mütterlein«. Bei Uwe in Solschen, um mich inspirieren zu lassen, viel Leerlauf, Trollinger, die liebestolle Ingrun, lärmende Kinder, die anhängliche Annemarie Stoltenberg. Anrufe, Lockungen. In der Redaktion Routine; Ellen, die glückselig schaut. Hede Schirmer heute am Telefon: Ein wunderbares Buch! Heinz Edelmann, der Artdirektor von Klett-Cotta, habe ganze Arbeit geleistet. Ja, aber er konnte nur gestalten, was ich ihm geliefert habe. Der Band geradezu klassisch, perfekt proportioniert, nobles Schwarzweiß.

Fürchterlicher Traum, aus dem ich mit einem Schrei erwachte: Ein körperlich völlig zerrütteter Mann mit gelben, eingefallenen Wangen wankt auf mich zu. Ein Wesen, vom nahen Tod gezeichnet. Ich liege in einem großen Bett am Rande einer blühenden Wiese. Uns trennt ein morscher Zaun. Ich winke der Gestalt zu und stelle neben mir ein Kissen auf, auf das ich klopfe. Mitleid überströmt mich. Das Wesen geht fast in die Knie, verhakt sich in rostigen Drähten. Ich stütze den Moribunden und hebe ihn über den Zaun hinweg, führe ihn zum Bett. Plötzlich richtet er sich jäh auf, seine Augen weit aufgerissen, das graue Gesicht eine Gorgonenmaske: »Hier bekommst du die Spritze!« heult er und erhebt den Knochenarm. Ich reiße schützend die Arme hoch, erwache. Den Abend zuvor hatte Papa angerufen und berichtet, dass der krebskranke Hanns mit schweren Schmerzen in Italien darniederliege.

In den letzten Tagen trat der Tod in vielerlei Gestalt an mich heran. Zuerst die Angst, dass E. sterben könnte, dann die Nachricht von H. In Solschen läutete wieder einmal das Totenglöcklein: Uwe klagt über Krebsängste. Dagny berichtete von einer Alten, die sie im Heim sterben sah. Dann mein schrecklicher Traum; zuvor hatte ich vor meiner Terrassentür einen verwesten Vogelkopf entdeckt.

112

*Bad Godesberg, 23. Juli 1988*

Brief von Ernst Jünger. Kraftvoll auf gelbes Papier getippt und mit Korrekturen, die der Verfasser mit einem schwarzen Füller ausgeführt hat. Jünger verlangt, dass ich die Biografie auf keinen Fall abschließe, es seien noch zahlreiche Dokumente einzuarbeiten. Er sandte mir die Kopie seines Geburtstagsbriefes an den Übersetzer Henri Plard. Darin auch Notizen zum Thema Hinrichtung eines Deserteurs in Paris, die Jünger als Offizier der Wachttruppe 1941 zu kommandieren hatte. Das, schreibt er, »sähe ich gern via Heimo Schwilk zu weiterer Kenntnis gebracht«. Der Brief wirklich aufschlussreich. EJ äußert anfänglich Bedenken gegenüber einer »Societé des Amis«, die Plard ins Leben rufen möchte. Das gebe nur Ärger und brächte die sehr gegensätzlichen Mitglieder gegeneinander auf. Dann ging Jünger auf die Frage von Eva Marcu ein, ob er denn nicht gegen die Polemiken vorgehen wolle, die sich mit der Erschießungsszene in Paris verbinden. Mit dem Begriff »Neugier«, schreibt Jünger, den er in diesem Zusammenhang im Tagebuch verwendet habe, würden seine Kritiker offenbar ganz Gegensätzliches verbinden: Für den Journalisten sei Neugier etwas anderes als für ihn, der Beruf des Journalisten bringe es mit sich, dass er alltägliche Neugier zu befriedigen habe. »Wenn ich dagegen von einer höheren Form der Neugier spreche, meine ich das im Sinne Léon Bloys, der, auf dem Sterbebett gefragt, was er empfinde, antwortete: ›une immense curiosité‹«. Es sei eine Untugend, »aus einem Werk von einigen tausend Seiten zwei, drei ärgerliche Sätze auszusuchen, mit denen sie den Autor ›festnageln‹«. Das könne auch mal ein »Ausrutscher« sein – oder etwas, »das man besser für sich behalten hätte«.

Im Zusammenhang mit den *Strahlungen* geht Jünger auch auf die umstrittene Szene auf dem Hoteldach in Paris ein: »Zu meinen Erfahrungen zählt das Glas Sekt auf dem Raphael als einsamer Gruß an den Tod, während die Bomber darüber hinwegflogen. Da habe ich den Leser überschätzt. Trotzdem halte ich es für wichtig, dass diese Episode, ebenso wie jene auf dem Schießplatz zu Robinson, zur Kenntnis gebracht wurde. Das ist meine

Aufgabe. Das Missbehagen, auf das ich dabei stoße, entspricht zwei verschiedenen Perspektiven auf die Transzendenz. Das muss man ernst nehmen.«

*Bad Godesberg, 14. August 1988*

Den großen Aufsatz über Hubert Fichtes *Geschichte der Empfindsamkeit* in Zusammenarbeit mit Uwe abgeschlossen. Wir wissen beide, dass diese Reportage den jungen Herausgeber Torsten Teichert das Amt kosten könnte. Er hat aus dem Nähkästchen geplaudert und dabei Uwes Interesse für das Thema des schwulen Autors missverstanden. Es ist eine äußerst gelungene Reportage geworden, die nicht allein von den O-Tönen des Herausgebers lebt, sondern vor allem auch vom Verstehenwollen von Fichtes Werk.

Fichte habe gleich bei der ersten Begegnung nach der sexuellen Orientierung des künftigen Herausgebers gefragt, wie Teichert uns ganz offen erzählte. Denn Fichte entwarf seine auf zwanzig Bände angelegte Edition *Die Geschichte der Empfindsamkeit* noch zu Lebzeiten als Phänomenologie der spezifischen Weltaneignung des Homosexuellen. Es ging dem Autor also darum, dass sich der Doktorand Torsten Teichert seinem Werk mit Empathie nähert; er konnte nicht ahnen, schrieben wir mit zugegebenermaßen boshafter Zuspitzung, » dass er beliebiges Objekt eines Philologeneifers geworden war«.

Was ist dem jungen Herausgeber wirklich vorzuwerfen? Vor allem, dass er, wie er uns gegenüber einräumte, selbst zum Mitspieler eines durchschaubaren Verwertungs- und Vermarktungsspiels wurde, das von Hubert Fichte, seiner Mitarbeiterin Leonore Mau und dem S. Fischer Verlag inszeniert wurde. Der Verlag wollte, ja musste, nachdem man den Nachlass von Arno Schmidt an den Schweizer Haffmanns Verlag hatte abgeben müssen, ein vergleichbares Renommierobjekt finden. Dieses Verlagsinteresse und die pekuniären Erwartungen des Autors, so Teichert, steigerten sich zur »gigantomanischen Erwartungshaltung«. Alle seien sich einig gewesen, so zu tun, »als wäre dies die supergroße Geschichte«. Niemand habe eigentlich damit gerechnet, dass Fichtes Hausverlag das Gesamtwerk kaufen würde.

Im Gespräch, das wir auf Band aufnahmen, redete sich der Herausgeber um Kopf und Kragen: »Wir waren völlig von den Socken. Der Fischer Verlag hat allen Ernstes den Plan, so wie er hier ist, blank eingekauft, ohne einen Band gelesen zu haben; mit zwanzigtausend Mark Vorschuss pro Band für Leonore Mau«. Weil die Fotografin mit Hubert Fichte nicht verheiratet war, habe man mit der höchsten Erbschaftssteuer rechnen müssen. Ein Grund mehr, so Teichert, die Summe möglichst hoch anzusetzen. Uns gegenüber bezweifelte Torsten Teichert, dass dieser profitliche Schnellschuss dem Werk genutzt hat: »Ich meine, der literarische Markt erträgt jeden Mist – aber tun wir dem Fichte einen Gefallen?«

Es ist anzunehmen, dass der Verlag solche Töne nicht hinnehmen wird, zumal der junge Herausgeber auf seine Kritik noch draufsattelte: »Aber das ist ja bei Fischer bekannt, dass das nicht so ein Verlag ist. Die kaufen alles.« Dabei überzeugt der jüngst herausgekommene Band *Der kleine Hauptbahnhof oder Lob des Strichs* durchaus. Im Gegensatz zu den vorausgegangenen Bänden *Hotel Garni* und *Homosexualität und Literatur* konnte Fichte den Roman noch zu Lebzeiten vollenden. In ihm kann der Leser den wahren Hubert Fichte kennenlernen. Der Autor gestaltet hier einen Teil seiner Autobiografie, den Beginn seiner literarischen Tätigkeit und vor allen Dingen den Zwiespalt des Homosexuellen im Umgang mit der bürgerlichen Welt. Doch weist der Roman über die persönlichen Probleme des Autors Fichte weit hinaus. Er ist auch eine kritische Auseinandersetzung mit der Pseudoliberalität der Intellektuellen und der Geschwätzigkeit des Kulturbetriebes.

Uwe griff für unseren Text vollmundig in die Tasten: Der Roman sei »in der sprachlichen Erhellung homosexueller Empfindungen und in der Schilderung der Riten der Inversion das kühnste deutschsprachige Dokument dieser Art«. Fichte habe keineswegs mit der Zustimmung der vermeintlichen Größen der

Literaturkritik gerechnet: »Marcel Reich-Ranicki und Walter Jens würden diesen Text nicht loben.« Beide Kritiker lernte Fichte auf einer Tagung der Gruppe 47 kennen und schilderte sie als eitle Gecken, das Ritual der Lesung als Teil einer »Hinrichtungstradition der Deutschen«. Obszön sei nicht der Homosexuelle, verwerflich seien nicht die nächtlichen Ausschweifungen, sondern die Praktiken einzelner Autoren, mit denen sie sich verkauften. In Wahrheit, das wolle der Roman *Der kleine Hauptbahnhof* zeigen, teile der Homosexuelle alle Sehnsüchte nach Geborgenheit, erfülltem Leben, ja nach Familie, mit den vermeintlich Normalen. Das Buch ziele darauf, »das Äußerste mit Wörtern noch zu erreichen und alles der Wahrheit gemäß zu berichten«.

Zum Abschluss unseres Gespräches gingen wir über den Friedhof des Hamburger Elbvorortes Nienstedten, um die Grabstätte Hubert Fichtes aufzusuchen. Der Fichte-Herausgeber hatte Mühe, das Grab des Mannes zu finden, dessen Werk er Jahre seines Lebens gewidmet hat. Nach vielen Umwegen überraschte uns der schlichte schwarze Stein mit dem in griechischer Schrift eingemeißelten Empedokles-Zitat: »Einst schon bin ich ein Knabe, bin ich auch ein Mädchen gewesen, Busch und Vogel und Fisch, der warm aus den Wassern emporschnellt…«

*Bad Godesberg, 16. August 1988*
Erhielt heute einen Brief von Volker Hage, der sich für meinen Sonderdruck zum Ingeborg-Bachmann-Preis bedankt. Er habe, schreibt er, unsere Gespräche in Klagenfurt in angenehmer Erinnerung. Es freue ihn, »wie beherzt« ich »der Klagenfurter Schau zu Leibe gerückt« sei; Hage spielt damit auf meine ironisch-sarkastischen Bemerkungen über die Autoren und Juroren an, zu letzteren er ja selbst gehörte. Er würde sich über ein weiteres »Plauderstündchen« freuen. Ein angenehmer Mensch.

*Bad Godesberg, 22. August 1988*
Torsten Teichert scheint sehr unter Druck zu sein. Er schrieb an die Chefredaktion und forderte sie auf, im *Rheinischen Mer-*

*kur* einen umfangreichen Leserbrief zu veröffentlichen. Darin bestreitet er, mit uns überhaupt ein Gespräch geführt zu haben. Nun war es einfach ein »Arbeitsbesuch«, bei dem Uwe und ich uns über seine Arbeit als Herausgeber der Fichte-Edition »informieren« wollten, um Hintergrundwissen für eine Besprechung zu erhalten. Weder sei *Die Geschichte der Empfindsamkeit* nur aus finanziellen Gründen gestartet worden, noch sei er als Mitherausgeber von ihrer literarischen Qualität nicht überzeugt. Teichert formuliert fast wie ein ertappter Politiker: »Nichts davon ist wahr. All dies sind bösartige Unterstellungen, die der Artikel unter Verwendung falscher, teilweise aus dem Zusammenhang gerissener Zitate und mutwilliger Fehlinterpretationen lanciert.« Wolf Schön hielt mir den Brief ein wenig hämisch unter die Nase; Thomas Kielinger wird ihn, nach meiner Intervention, voraussichtlich nicht bringen. Die Behauptung Teicherts, es habe sich gar nicht um ein Interview, sondern geradezu um einen familiären Besuch »in einer vertrauensvollen Atmosphäre« in seiner Hamburger Wohnung gehandelt, im Beisein seiner Frau und seinem Kind, ist allzu abwegig. Zum Glück liegen uns die Tonbänder vor, auf dem alles Gesagte dokumentiert ist. Nichts wurde erfunden, nichts ist geschönt. Torsten Teichert dürfte den Brief auf Druck des S. Fischer Verlages geschrieben haben. Das ist verständlich, aber unredlich.

*Bad Godesberg, 28. August 1988*
Nun ist auch eine Stellungnahme des S. Fischer Verlages eingetroffen. Gerichtet dieses Mal an die Leserbrief-Redaktion. Der Verlag habe nicht aus Profitinteresse gehandelt, heißt es da. An der Fichte-Edition sei nichts zu verdienen, man veröffentliche *Die Geschichte der Empfindsamkeit* ausschließlich aus Qualitätsgründen: weil der Verlag »Fichte für einen großen Autor« halte. Nichts anderes hatten wir geschrieben. Das pekuniäre Interesse hatte nämlich nicht der Verlag, der wolle unbedingt ein Renommierprojekt, sondern der Autor und seine Mitarbeiterin Leonore Mau. Man habe, heißt es in der Darlegung des Verlagsleiters

Conradi weiter, die Texte keineswegs »unbesehen eingekauft«, sondern alle vorher gelesen. Auch habe Hubert Fichte den Editionsplan vor seinem Tod mit den Lektoren besprochen. Es war zu erwarten, dass der S. Fischer Verlag unseren Beitrag nicht auf sich beruhen lassen würde. Dazu waren die Aussagen von Torsten Teichert zu krass. Bin mir allerdings mit Uwe einig, dass wir mit diesem Beitrag hart die Grenze des Totschlag-Journalismus gestreift haben – auch wenn es uns der Gesprächspartner allzu leicht machte.

*Bad Godesberg, 4. September 1988*
Besuch von Ingrun, mit der ich lange über mein Maulbronn-Projekt sprach. Las ihr auch Gedichte und Briefe vor, besonders den von Nancy Forsythe, in dem sie sich als mein »Waldkind« bezeichnete. Das Gedicht *Schwäne* galt auch ihr, der amerikanischen Jüdin, mit der ich in den letzten Wochen meiner Blaubeurer Schulzeit eine innige Beziehung hatte. In der Redaktion Arbeit an der Literatur-Seite, Briefe, Telefonate. Sprach auch mit Helmuth Kiesel, der mich in einem Interview zu Jünger befragen will. Soll ihm eine Begegnung mit EJ vermitteln.

Telefonierte mit Torsten Teichert, der weiter unsere Glaubwürdigkeit, was den Beitrag über Hubert Fichte betrifft, zu untergraben sucht. Wieder behauptete er, die von uns publizierten Zitate seien verfälscht. Mir platzte der Kragen, und ich verwies auf die Tonbänder, mit denen ich im Streitfall alles belegen könne. Da lenkte er ein. Er weiss, dass er sich verplaudert hat und ist noch immer um Schadensbegrenzung bemüht.

*Esslingen, 9. September 1988*
Wieder einmal bei Rehauge. Der Bücherkoffer, den ich immer nach Rüdern mitgeschleppt hatte, um auch an den Wochenenden im Manuskript weiter zu kommen, durfte ich dieses Mal am Rhein lassen. Das Werk ist vollbracht, und in Stuttgart rattern die Druckmaschinen. Nutzte die Gelegenheit, ohne Termindruck über den Marktplatz meiner Heimatstadt zu schlendern.

Ein Schulfreund hat sich in einer der dort ansässigen Kneipen als Barkeeper verdingt. Im neueröffneten Kellerlokal »Eisbär« steht Fred hinter dem Tresen, schlank und gutgelaunt, die Entwöhnung vom Trollinger scheint ihm gut bekommen zu sein. Schwierig, nicht nur wegen des lauten Ortes, wieder miteinander ins Gespräch zu kommen, die Wege haben sich getrennt.

Die Zeit im städtischen Georgii-Gymnasium scheint mir im Rückblick wenig erinnerungswürdig. Im Alter von fünfzehn Jahren hatte ich beschlossen, »ins Kloster zu gehen«: Ich meldete mich für das Seminar in Maulbronn. Hesse hielt es dort bekanntlich nur ein halbes Jahr aus. Sein Roman *Unterm Rad* wurde als Internatsgeschichte berühmt, weil Hesse die Schule als repressive Eliteanstalt beschrieb, in der eine »schwarze Pädagogik« geherrscht habe. Das war natürlich übertrieben, denn der junge Hesse war ganz gern dort und las den Mitschülern seine ersten Gedichte vor. Aber er wollte Dichter, nicht Pfarrer werden. Da war er, aus seiner Sicht, fehl am Platze. Eduard Mörike gelang es bekanntlich, beides miteinander zu verbinden. Heute ist *Unterm Rad* schon deshalb hoffnungslos veraltet, weil es in Maulbronn seit Jahren so liberal zugeht, dass die Schüler sich in Hesses Erzählung nicht wiedererkennen können. Dazu hat die Aufnahme von Mädchen (eine wahre Revolution für dieses 500 Jahre lang eisern auf Männer abonnierte Institut!) die Atmosphäre von Knabenfreundschaft und Männerbündelei grundlegend verändert.

Leider habe ich mein Maulbronn-Tagebuch 1970 in einem Anfall von Weltschmerz weggeschmissen. Ich könnte es nun nun als ideale Quelle nutzen. Seit längerem trage ich mich mit dem Gedanken, eine Art »Anti-Hesse« zu schreiben, hundert Jahre nach *Unterm Rad*: eine Schülergeschichte unter veränderten Vorzeichen. Schmerzte früher, zu Zeiten von Hölderlin, Mörike, Uhland, Waiblinger und Hesse, das eiserne pädagogische Korsett, ein Bildungsprogramm, das sich gegen die neuen Tendenzen der Zeit – Freiheit, Gleichheit, Brüderlichkeit – abschottete, so drohen heute die Klippen der Gleichgültigkeit, eine Pädagogik, die den Schüler so wenig ernst nimmt, dass sie ihn einfach sich selbst überlässt.

Vorerst begnüge ich mich aber mit einem Essay über die eigene Schulzeit in Maulbronn und Blaubeuren, der kommende Woche abzuliefern ist. Der Historiker Otto Borst, selbst ehemaliger Seminarist, will ein Buch über die Geschichte der württembergischen Klosterseminare herausgeben. Mein Beitrag könnte so gewissermaßen das Exposé zum Roman werden.

*Bad Godesberg, 14. September 1988*

Fliege kommenden Montag nach Bagdad, um eine Reportage über das sogenannte »Kulturfestival« in Babylon zu schreiben. Nach der Rückkehr Literatur-Extra, Vorbereitung auf die Buchmesse. Hede Schirmer am Telefon über die Bildbiografie: »Sie sollten jetzt genießen, was Sie geleistet haben.« Morgen will Thomas Kielinger entscheiden, ob er mich zum Chef der Literatur-Redaktion macht. In Luise Rinsers eben erschienenem Tagebuch *Wachsender Mond* wird auf Seite 230 mein Beitrag über ihre Führer-Gedichte erwähnt. Sie zählt mich zu den »unerprobten Leutchen«, die nicht berechtigt seien, über den »Antifaschismus« einer L.R. zu urteilen. Dachte mir doch, dass da etwas ins Haus steht. Die Attacke war zu vernichtend.

*Bad Godesberg, 2. Oktober 1988*

Die Reise in den Irak heute zu einem großen Beitrag verarbeitet, der am 7. Oktober als Aufmacher der Kultur erscheinen soll. Mit Uwe Wolff den ganzen Tag in meiner Wohnung auf der Elliger Höhe, um dem Ganzen Form zu geben. Vor das Spektakel in Babylon hatte der Reisegott eine Panne gesetzt. Schon der Abflug der in den Farben Allahs – weißgrün – lackierten Maschine der »Iraqi Airways« verzögerte sich um sieben Stunden. Und kurz nach dem Start arbeitete sich das Flugzeug wieder durch die Wolkendecke hinab und kehrte nach Frankfurt zurück. Mitreisende rutschten auf ihren Sitzen hin und her und mutmaßten, es könne ein Attentäter an Bord sein. Oder war ein Triebwerk ausgefallen? Wir ha-

120

ben es nie erfahren. Dafür wurden die Passagiere im Frankfurter »Plaza« einquartiert, wo wir bis zum erneuten Abflug einen Tag ausharren mussten. Wieder Verzögerungen auf dem Rollfeld. Gespenstisch, den Mechanikern, die auf langen Leitern an den aufgeklappten Triebwerken hantierten, vor dem Start zuzusehen. Das verlangte den Passagieren viel orientalische Gelassenheit ab.

Die war auch in Bagdad gefordert. Denn vor das Kulturfestival im Wüstensand hatte die irakische Organisation eine Propagandaschau am »Denkmal des unbekannten Soldaten« gesetzt. Von Ferne sah es wie ein futuristisches Fußballstadion aus, eine helle Betonschüssel, auf spitz auslaufenden, gezackten Füßen in die Ebene gebohrt. Uniformierte Ordner wiesen die aus aller Welt angereisten Journalisten ein. Sie wurden aus den Bagdader Luxushotels herbeigekarrt. »Für unser Land und unseren Führer Saddam Hussein!« skandierten fahnenschwenkende Kinder, die von fetten Einpeitschern zum Jubeln angestachelt wurden. Unmöglich, auch nur einen Augenblick zu vergessen, dass das »Zweite Internationale Babylon-Festival« eine sorgfältig inszenierte Propagandaveranstaltung des irakischen Regimes war. Während der Irak, als der vermeintliche Sieger des Golfkrieges, den Kriegsgegner Iran in Genf mit demütigenden Forderungen attackierte, sollte in Babylon Weltoffenheit demonstriert werden.

Bis heute ist Babylonien nicht nur die Wiege der Kultur (was Saddam Husseins Regime geschickt vermarktet), sondern auch ein Sinnbild für Größenwahn und Tyrannis. Der Turmbau zu Babel und die Deportation Tausender Juden (597 v. Chr.) begründeten eine Tradition der Hybris, die mit Atomtechnik, Gaskrieg und rassistischer Unterdrückung auch am Ende des zwanzigsten Jahrhunderts noch weiterlebt. Mit dem durch den erfolgreichen Golfkrieg moralisch gestärkten Irak und einem hochgerüsteten Staat Israel bleiben die geschichtlichen Konflikte und konträren Deutungsmuster der Vergangenheit aktuell. So ist die theatralische Geschichtsklitterung, die ich in diesen Tagen erlebte, auch nur zu verstehen aus diesem Deutungskonflikt, der auch das Überleben eines illegitimen Regimes garantieren soll.

Nur mit einem Lendenschurz bekleidete »babylonische« Krieger bildeten ein leuchtendes Spalier bis zum wiederaufgebauten, mit blauglasierten Ziegeln verkleideten Ischtartor (das Original steht auf der Museumsinsel in Berlin). Bewegungslos starrten die Fackelträger über den Zug der Gäste hinweg, die sich zur Eröffnung des Festivals über die rekonstruierte Prozessionsstraße bewegten. Einen Hauch von Authentizität verlieh dieser Geschichtsverkitschung allenfalls die Tatsache, dass diese wohlgebauten jungen Männer unlängst noch an der irakisch-iranischen Front Dienst taten im Krieg mit Persien, dem Erbfeind seit Jahrtausenden. Als Ort der verkappten Siegesfeier war bewusst das Ischtartor gewählt worden, durch das auch König Nebukadnezar seine siegreichen Kämpfer und deren versklavte Opfer in die Metropole zurückgeführt hatte.

Dem historisch geschulten Blick erwies sich Husseins Versuch, seine eigenen militärischen Erfolge in eine babylonische Tradition einzugliedern und damit zu legitimieren, als Propagandaschwindel. Denn der Irak als muslimischer Staat und Teil der erst im siebten Jahrhundert nach Christus auftretenden arabischen Kultur hat mit Babylon so viel zu tun wie die Bundesrepublik mit der altgermanischen Stadt Haithabu an Schleswig-Holsteins Ostseeküste. Saddam Husseins Gaskrieger mit den Schwertkämpfern des Alten Reiches zu vergleichen, ist so unsinnig wie der Versuch, die motorisierten Infanteristen der Bundeswehr mit den germanischen Saustechern aus dem Teutoburger Wald gleichzusetzen.

Natürlich hatte der Schwindel im musealen Gemäuer seinen optischen Reiz. Flackernde Feuerschalen tauchten die in Hollywood'scher Pappmaché-Manier neu aufgebauten Mauern längs der Prozessionsstraße in mystischen Dämmer. Wo immer sich ein Mäuerchen in die Szenerie hineinschob, war es von Kriegern besetzt, deren aufgepflanzten Speere lange Schatten über den Bitumenboden warfen. Bagdads Honoratioren und Funktionäre hatten längst unter den Mauern von Nebukadnezars Südlichem Palast Platz genommen, als, von wuchtigen und über Lautsprecher verstärkten Trommelschlägen und Fanfarenstößen begleitet, ein historischer Kostümzug die Prozessionsstraße betrat. In Arabisch und Englisch, von Musik unterlegt und mit viel Pathos erläuterte ein Sprecher die dargestellten Epochen und Herrscher. Mit ausgebreiteten Armen, den Blick dem sternenübersäten Nachthimmel zugewandt, führte ein zerzauster, in Purpur und Goldgewänder gehüllter Waldschrat den Aufmarsch des babylonischen Hofstaats an, den eine grollende Stimme aus dem Off als »Hammurrraaabi!« vorstellte. Die Veranstalter boten alles auf, was die Requisitenkammern in Bagdad hergaben: in blütenweiße Gewänder gehüllte »Jungfrauen«, Fahnen- und Standartenträger, Lyraspielerinnen, Fanfaren- und Hornbläser, Schildträger und martialische Ledernacken. Sie alle marschierten hinauf zur Ehrentribüne, um den »Saddam of this age« zu ehren. Neben dem in eine Phantasieuniform gekleideten »Führer« saß der füllige Informationsminister im grünen Kampfanzug. Im vergangenen Jahr hatte man in Bagdad noch über einen möglichen Durchbruch der Iraner nach Basra gezittert, nun aber beschwor Latif Nassif Jassim die große Vergangenheit des Landes und vermeldete den versammelten Journalisten trotzig: »Babylon wird kein zweites mal in Flammen untergehen!«

In einem gewaltigen Feuerwerk fand das Eröffnungsfest seinen Abschluss. Als der Widerschein der sprühenden Feuerrosen über die restaurierten Mauern huschte, flüsterte ein englischer Berichterstatter, der sich schon am Vorabend recht freimütig über den Gaskrieg und das Kurdenproblem geäußert hatte, auf der Pressetribüne: »Mene, Mene, Tekel, Upharsin...« Den Informationsminister sah man dann mit Gefolge beim üppigen Büfett unter dem Ischtartor, als wolle er Heines berühmte Ballade vom prassenden Nebukadnezar-Sohn Belsazar in diesem babylonischen Kostümfest aufleben lassen: »Es klirrten die Becher, es jauchzten die Knecht./So klang es dem störrigen Könige recht./Des Königs Wangen leuchten Glut;/Im Wein erwuchs ihm kecker Mut.«

Der listige Saddam Hussein dürfte die Botschaft des Gedichtes auf seine Weise verstanden haben. Wo Lord Byron (*Belsazars Gesicht*) noch den Sieg des Perserkönigs Kyros über die Babylonier bejubelte, könnte der sozialistische Nebukadnezar vielleicht endgültig über die Großmachtträume der heutigen Perser triumphiert haben. Das erbeutete Kriegsgerät, das das irakische Militär den staunenden Festival-Besuchern auf einem acht Hektar großen Gelände im Norden Bagdads vorführte, ließ die Niederlage ahnen, die das iranische Regime im Kampf um den Schatt-el-Arab erlitten hat. 1300 Panzer, 3200 schwere und 8580 leichte Kanonen, 5550 Kalaschnikows und MGs, 1480 Lkws und 275 Brückenpanzer fielen den vorrückenden irakischen Truppen in die Hände. Es gibt Gerüchte, dass Saddam Hussein diese Kriegsbeute an den Libanon, zur Unterstützung des Kampfes gegen Israel verkaufen möchte – eine Provokation auch für Syrien, den Bundesgenossen des Iran. Der nächste Konflikt scheint programmiert. Auch hier eine fatale Traditionslinie, die an die wiederholten Vernichtungsfeldzüge der Babylonier gegen das Volk Israel anknüpft.

Dass das Fundament von Saddam Husseins Regime blutige Gewalt ist, die skrupellos eingesetzt wird, wenn es dem »Führer« notwendig erscheint, versuchte das Kulturfestival vergessen zu machen. Den Gastgebern war offensichtlich an einer propagandistischen Verwertbarkeit von Namen und Ländern gelegen. Vierzig Auftritte von Künstlern aus allen Erdteilen in nur elf Tagen verzeichnete das Programm. Zum ersten Mal konnte das Bagdader Publikum eine englische Rockgruppe live erleben – eine erstaunliche Geste des ansonsten westlicher Kultur gegenüber so prüden Regimes. Das eher traditionelle Publikum im Halbrund des wiederaufgebauten Babylon-Theaters goutierte die in der Mehrzahl konventionellen folkloristischen Darbietungen ägyptischer, bulgarischer, tunesischer, marokkanischer, chinesischer, norwegischer, türkischer und irakischer Tanz- oder Gesangsgruppen mit kräftigem Beifall. Für die englische Rockgruppe rührte sich fast keine Hand.

Aus der Bundesrepublik reisten das »Cherubini-Quartett« und ein Bielefelder Harfenist nach Bagdad. Die sonst so erbebewusste DDR hatte keinen Mut zum deutschen Volkslied und versteckte sich mit dem Gesangsduo »Peter & Paul« hinter internationalen

Hits, was den spitzzüngigen englischen Kollegen zu der Bemerkung veranlasste: »Die Ostdeutschen sind wohl im Auftrag der US-Botschaft hierhergekommen!« Der Auftritt des Leningrader Balletts, das mit einem Antikriegsstück und einem italienischen Mantel-und-Degen-Capriccio angereist war, hätte fast einen Skandal provoziert. Die russischen Tänzer und Tänzerinnen vollführten in ihrem glänzend choreografierten Stück derartig obszöne Bewegungen, dass die in weiße Burnusse gehüllten männlichen Zuschauer bedenklich ihren Kopf wiegten. Ausgerechnet die Sowjets hatten den Mut zur moralischen Demonstration und führten in einem Land, das sich gerade anschickt, seinen Sieg über den Erzfeind Iran zu feiern, eine kopulierende Soldateska vor, um die verrohende Wirkung des Krieges aufzuzeigen.

Die bigotte irakische Oberschicht übersah, dass der gewollte Rückgriff des Regimes auf den altbabylonischen Mythos gerade hier seine Zweischneidigkeit offenbarte. Denn schon im ältesten Literaturmonument der Menschheit, dem sumerisch-akkadischen Gilgamesch-Epos, nimmt der Held und Krieger Enkidu freudig Anteil an den religiösen Fruchtbarkeitsriten. Siebenmal will die potenteste aller Figuren der Weltliteratur es mit einer babylonischen Tempelhure getrieben haben. So offenbarte die Prüderie der arabischen Zuschauer erneut die Brüchigkeit des von Saddam Hussein konstruierten Mythos einer einzigen Geschichte des Zweistromlandes. Der islamische Deckel passt nun einmal nicht auf den sumerischen Topf.

*Bad Godesberg, 11. Oktober 1988*
Zurück von der Frankfurter Buchmesse, die ich so schnell nicht vergessen werde. Weil dort mein Jünger-Buch präsentiert wurde, an dem ich die letzten Jahre so intensiv, aber auch nervenaufreibend gearbeitet hatte. Ein seltsames Gefühl, an dieser Messe nicht nur als Berichterstatter, sondern auch als Autor teilzunehmen. Am Stand von Klett-Cotta, wo die Bildbiografie das große Ereignis war, hatte man ein Dutzend Exemplare ausgestellt – aber schon nach zwei Messetagen waren zehn davon »geklaut«, wie

man mir bedauernd, aber nicht ohne Stolz berichtete. Michael Klett hatte zur Präsentation auch Marcel Reich-Ranicki eingeladen, der mich in seiner forschen Direktheit fragte: »Warum haben Sie sich denn diesen schrecklichen alten Mann ausgesucht, Sie sind doch ein junger, hoffnungsfroher Mensch?« Statt ihm zu antworten, fragte ich ihn, was er denn von Jünger gelesen habe? Er habe nach der Lektüre der Erzählung *Gläserne Bienen* aufgehört, meinte er trocken. Zu langweilig, zu abstrakt, er könne EJ nichts abgewinnen. Da sei ihm aber eine Menge entgangen, antwortete ich. Mein Buch, das zahlreiche Jünger-Texte enthalte, sei eine gute Gelegenheit, sein Urteil zu revidieren. Nein, nein, das werde er nicht! Er habe die Besprechung der Bildbiografie für die *FAZ* schon bei seinem Freund Ueding in Auftrag gegeben. Das sei doch akzeptabel, oder? Er musterte mich intensiv, und ich hatte das Gefühl, nicht ohne Sympathie. Wir waren bei unserem kleinen Disput von der Klett-Mannschaft und einigen Besuchern umringt, die alle schmunzelten. Reich-Ranicki ist ein Magnet, egal, um welches Buch es gerade geht.

Das gilt auch für die Buchmesse. Der Schein siegt, wie immer, über das Sein. Woran erkennt man den Buchmessengast? An der prallgefüllten Plastiktüte, am gelangweilten Blick, an den unauffällig rollenden Kaubewegungen. Zu seiner geräuschlosen Abfütterung hatten sich die erfahrenen Messeveranstalter und Verlage eine gewaltige Konsummaschine ausgedacht. Sie funktionierte so gut, dass die Frage nach dem Sinn solch einer Großveranstaltung des gedruckten Buchstabens gar nicht zum Problem wurde. »Ein Grabstein für diese Zeit könnte die Inschrift tragen: Jeder wollte das Beste – für sich«: Mit seinem Memento auf die geplünderte Schöpfung erinnerte der Friedenspreisträger Siegfried Lenz in der Frankfurter Paulskirche daran, dass wir, um den äußeren Frieden zu bewahren, zuerst einmal den inneren Krieg zu führen hätten gegen »die Selbstsucht mit ihren rücksichtslosen Interessen«.

Die Buchmesse ist, das zeigte sich auch dieses Mal, ein Spiegelbild unserer Gesellschaft und der in ihr waltenden Bedürfnisse und Interessen. Hypertrophe Selbstdarstellung und kulinarische Parti-

126

zipation an allem und jedem, Hunger nach Exklusivität und faktische Mittelmäßigkeit bestimmten das Bild. Das Erscheinungsbild des Buches ist ihr in erstaunlicher Weise komplementär. Dürftige Inhalte präsentierten sich in glanzvoller Aufmachung, Altes oder Altbekanntes im modisch aktualisierten Gewand. So versucht der Schneekluth-Verlag, das Gilgamesch-Epos als »Fantasy«-Story zu verkaufen. Solche Bücher werden nicht zum Lesen gekauft, sondern als Schaustücke, mit denen man imponieren kann. Zur kulinarischen Optik kommt der Schnickschnack der »Mini-Bücher«, die, zum leichten und schnellen Leseverzehr bestimmt, zum Taschenbuch neuesten Typs geworden sind. Die von Hans Magnus Enzensberger attackierte »neue Mittelmäßigkeit« hält Hof, nistet sich ein mit Ratgeber-Reihen und Lebenshilfe-Literatur, deren Vulgärpsychologie und Waschküchenphilosophie nur noch von den Heilsgewissheiten der Öko-Köche und Müsli-Propheten überboten wird.

Was verbirgt sich hinter all dem Sammeln, Sichten, Neuedieren – ein Endzeitgefühl? Auch hier sind die noch im letzten Jahr grassierenden Weltuntergangsängste einem kulinarischen »Hier und Jetzt!« gewichen, als gelte es, vor dem Ende des Jahrtausends die Ernte aller Literaturen und der Erkenntnisse über sie einzufahren. Mit einem Paukenschlag brachte Harenberg ein fünfbändiges *Lexikon der Weltliteratur* heraus, der Literatur-Brockhaus bot drei Bände Weltliteratur, und Kindler präsentierte sein bewährtes Literaturlexikon in überarbeiteter Form. Das ambitionierteste Unternehmen startete der Bertelsmann Verlag. Der Germanist Walther Killy gibt ein Literaturlexikon in 15 Bänden heraus, das auf 7800 Seiten 40 000 Stichwörter zu 8000 Autoren und 2000 Sachbegriffe umfassen wird.

Auch wenn es im Osten gärt, präsentierte sich die DDR selbstbewusst als Literaturland. Die DDR-Verlage stellten in Frankfurt 4000 Bücher vor, und es wurde mit Genugtuung registriert, dass künftig im westdeutschen Verzeichnis lieferbarer Bücher auch knapp 6000 Titel von DDR-Verlagen aufgeführt sein werden. Erfolgreiche deutsch-deutsche Zusammenarbeit darf man auch konstatieren für den Reprint der ersten zehn Jahrgänge der Zeitschrift *Sinn und Form*, der bei Greno hergestellt wird. Allerdings gehen nur 1000 der 6000 Exemplare in die DDR. Über 10 000 Seiten eines hochspannenden Kulturmagazins erwarten den Leser, der sich in die Anfänge der DDR-Literatur und in die gelegentlichen stalinistischen Ausschweifungen mancher Autoren zurücklesen kann.

Apropos Ausschweifungen: Die beliebtesten Ausflüge führten die professionellen Büchermenschen wie jedes Jahr dorthin, wo man von den Büchern am wenigsten zu sehen bekommt: in die Festhallen der Luxushotels, in die Frankfurter Foyers und Cafés. Auf Empfängen, Cocktailpartys und auf als Buchpräsentationen kostümierten Büfettdefilees trafen sich Kritiker, Verleger, Lektoren, Autoren – ja, auch Autoren soll man gesehen haben. Man plauderte, der Kritiker mit dem Autor, den er eben noch verrissen hat, der Autor mit dem Verleger, den er eben wegen ein bisschen mehr Honorar hat sitzenlassen.

Feindbilder gibt es nicht mehr im literarischen Dienstleistungshochbetrieb, der das Amüsement ausspuckt wie ein gut gefütterter einarmiger Bandit. Lagen sich bei Unselds berühmtem Kritikerabend die Schreiber verschiedenster Blätter weinselig in den Armen, so zogen auf Konsaliks beliebter Fressparty so gegensätzliche Herren wie Walter Kempowski und Joseph von Westphalen am Hausherrn vorbei. Ich habe den Vorteil, beiden etwas abzugewinnen, und so standen wir – der etwas schüchterne Hausherr in der Mitte – am Büfett und versuchten erfolgreich den Brückenschlag von der niederen zur hohen Literatur. Versöhnlich nach so viel kulinarischer Extravaganz der Gang entlang der kleinen Verlagsstände, die sich eng aneinanderdrücken, um im scharfen Wind der Konkurrenz bestehen zu können. Die paar Bücher, die in jenen Kojen liegen – vielleicht haben sie in all ihrer Unaufdringlichkeit das bewahrt, um was uns der Hochglanz des allzu Perfekten zu betrügen beginnt: die Aura des unwiederholbaren Versuchs, der kreativen Anstrengung.

128

*Bad Godesberg, 15. Oktober 1988*

Hanns ist tot. Er starb am 6. Oktober, um vier Uhr nachmittags. Ich hatte ihn einige Tage vorher noch im Esslinger Krankenhaus besucht. Sein Äußeres entsprach ziemlich genau dem, was ich im Traum am 25. Juli gesehen hatte. Er sah mich lange zum Abschied an, drückte mir die Hand und winkte mir mit übergroßen Augen hinterher. Zur Beerdigung auf dem Friedhof St. Bernhardt traf ich, mit dem Wagen aus Bonn anreisend, etwas zu spät ein und konnte nur noch in die Grube schauen. E. hatte ein schiefes Grinsen im Gesicht. Sie wollte eigentlich gar nicht zur Beerdigung ihres längst verlassenen Ehemanns kommen. Abends schenkte sie mir, dem Patensohn, die wertvolle Uhr des Verstorbenen. Kam mir vor wie ein Freier der Penelope.

*Bad Godesberg, 30. Oktober 1988*

Ein kalter, klarer Spätherbsttag. Bis gegen 14 Uhr im Bett. Viele Träume; neben mir das Atmen einer anderen. Ein neuer Lebens-Raum, der sich in meinen hineinzuschieben beginnt. Schon eine kurze Wegstrecke, die gemeinsam zurückgelegt wird, schafft eine Wirklichkeit, vor der man sich kaum mehr verschließen kann. Eigentlich wollte ich nach der Rückkehr von der Buchmesse, erschöpft wie ich war, gar nicht mehr abends weggehen. Aber ein Kollege hatte mich zu einem Bier in der »Bachschänke« überredet. Die typisch rheinische Kneipe war gegen 21 Uhr überfüllt, doch wir fanden ein Plätzchen an einem Stehtisch, von dem aus sich gut beobachten ließ, wer den Godesberger In-Place betrat. Gegen 22 Uhr war es dann Astrid, die sich mit einer Freundin in den Raum tastete. Lutz winkte den beiden zu und lotste sie an unseren Tisch. Die hübsche, unerschrocken wirkende Frau wandte sich mir sofort zu und erzählte ausführlich ihre Lebensgeschichte, Familie, Kinder, Trennung, die noch ganz frisch zu sein schien. Nichts deutete auf irgendetwas hin. Berichtete von meinen Erlebnissen auf der Buchmesse, meinem Pendeln zwischen Esslingen und Bonn. Dann, zu vorgerückter Stunde, nahm ich, berührt von ihrer starken Präsenz, den hungrigen Augen, ihre

Hand. Sie sagte nur: »Nicht hier« und zog mich aus der Schänke, wo man sie gut kannte. Wir fuhren nach Köln und tanzten. Von dort auf die Elliger Höhe, wo sie bis zum frühen Morgen blieb. Dann musste sie zurück zu ihren Kindern.

Wie fern mir Rehauge ist, wie alles zu versinken droht, die langen Jahre gelebten Lebens. Fluchtreflex: Sich einfach wieder einspinnen in die Produktion, die Korrespondenz, das Lesen. Aber das ist nur die kleine Lösung. Alles drängt auf eine Entscheidung hin, zumal Rehauge es sich eingerichtet hat in der Distanz, die sie nicht zu stören scheint. Ein Wegzug von Stuttgart kommt ihr nicht in den Sinn, alles soll so bleiben wie es ist. Eine ihrer Stärken: die Dinge aussitzen, an sich vorbeiziehen lassen. Gestern Blitz-Besuch von Astrid, der in mein Grübeln hineinplatzte. Mühsames Reden über die Ehe, die Probleme der Trennung, das Sachliche eines Neuanfangs, der sich zwischen Euphorie und Selbstvorwürfen bewegt. Seelische Müdigkeit, Ruhebedürfnis, Unlust.

*Bad Godesberg, 1. November 1988*
Da legt man alles offen, Bindungsängste, Ehrgeiz, die ungetrübten Gefühle für die andere – und sie wartet während der ganzen Eröffnung nur auf das Stichwort, mit dem sich umstandslos auf das eigene Interesse zurücklenken lässt. Diese Hartnäckigkeit der Liebenden, diese scharfblickende Blindheit!

*Bad Godesberg, 17. November 1988*
Turbulenter Traum in den Morgenstunden. Begleitete eine Gruppe von Guerilleros im Mittleren Osten, wohl Afghanistan. Plötzlich Beschuss von einem hochfliegenden Flugzeug. Dann Augenzeuge, wie ein Hinterhalt gelegt wird. Noch beim Aufwachen Vorfreude auf die Aktion. Wurde aber von A. geweckt, die sich über mich beugte. Sie rief mich im Laufe des Tages mehrmals an, eine Art Umklammerung, die mich hilflos macht.

Dann auch ein Anruf von E. aus Esslingen, ein neues Spiel bahnt sich an. Die Kreise überlagern sich. Der Hase in der Falle. Muss mich erneut in den einsamen Wolf verwandeln. Gute Besprechungen der Bildbiografie in den Stuttgarter Blättern. Lektüre: die Sartre-Biografie von Annie Cohen-Solal; ich hatte die Autorin in Frankfurt getroffen. Musste wegen einer Grippe Alfred Cordes absagen, an dessen Preisverleihung ich gern als Laudator teilgenommen hätte.

*Bad Godesberg, 19. November 1988*
Briefe von Hans Blumenberg sowie von Ernst und Liselotte Jünger. Großes Lob von letzteren: Sie haben das Opus angenommen. Dabei hatte ich in der Entstehungszeit zähe, bis in die Nacht dauernde Gespräche mit Liselotte Jünger über Dokumente, die sie nicht in den Band aufgenommen sehen wollte. So einen Brief Jüngers an Hugo Fischer, in dem er 1930 schrieb, seine »Aufgabe ist die Zerstörung«. Ich plädierte von Anfang an dafür, keine Retuschen zu machen, alles auf den Tisch zu legen, zumal EJ ja nach 1933 alle Avancen des Regimes abgelehnt hatte. Eine Verteidigungshaltung sei der Redlichkeit des Buches abträglich; wir sollten allein die Dokumente und Texte sprechen lassen. Nun schrieb Frau Jünger mir: »Ihr opus magnum ist seit einigen Tagen in unseren Händen. Jeder von uns hat es bedächtig angeschaut; ich jedenfalls habe Seite um Seite umgeblättert, hie und da ein wenig, zuweilen auch mehr gelesen. Es macht sich prächtig, die Fotos für Einband und Frontispiz sind hervorragend gewählt, und die Materialfülle, nachdem man nun alles geordnet beieinander sieht, ist überwältigend – und für den, der sich weniger mit Zeitgeschichte befasst, auch der Ansatz zu einem Kompendium. Es wird wirklich ein Jahrhundert besichtigt.«

Liselotte Jünger gratulierte mir »zu dem großen Wurf«. Sie überblicke jetzt besser, welch immense Arbeit zur Materialbeschaffung ich in den Band gesteckt hätte, »und das neben einer vollen und noch ungewohnten beruflichen Leistung. Respekt!« Sie hoffe, dass das Buch auch für meine Laufbahn als Journalist nützlich sei. Das war natürlich ein kleiner Wink, dass Wilflingen hierzu eine entscheidende Hilfestellung geleistet habe. Mich freut besonders, dass sie unsere letztlich doch entspannte Beziehung betonte: »Ich hoffe ferner, dass unsere freundschaftliche Verbindung auch nach dem Abschluss der Arbeit anhalten und man sich immer wieder zu einem der Gespräche treffen wird, an die ich mich gern erinnere, wenn sie auch manches Ihrer ohnehin karg bemessenen Stündchen gekostet haben.«

Ernst Jünger schloss sich im Postskriptum dem Urteil seiner Frau an. Er habe über das Buch nur Gutes gehört, auch von »Herrn Schirrmacher, dem neuen Chef der Literatur-Abteilung der *FAZ*«. Der habe in Wilflingen eben seinen »Antritts-Besuch abgestattet«. Das zeigt Jüngers Selbstbewusstsein: Der *FAZ*-Mitherausgeber reist extra nach Wilflingen, um sich EJ vorzustellen! Als wolle er das ein wenig relativieren, fügte er noch eine Bemerkung zu seiner Umstrittenheit an: »Gewiss werden Sie nicht durchweg Beifall finden – das braucht Sie nicht zu bekümmern: Es gilt nicht Ihrem Opus, sondern dessen Gegenstand.«

Auch Hans Blumenberg lobt den Band. Ich hätte »in Wort und Bild das Grundmuster der Jünger-Welt« erfasst, schrieb er mir. Der sechs Seiten lange Brief bestand aber zum Großteil aus Ergänzungen, nicht immer einleuchtenden Korrekturen und Hinweisen auf Druckfehler, die er in der ihm eigenen ironischen Diktion vortrug. Ich solle sie, meinte er, unbedingt bei der nächsten Auflage berücksichtigen, was ich ihm zusicherte. Blumenberg ist ein heimlicher Bewunderer von EJ, dessen metaphernreiche Sprache und Mut zur eigenen Symbolik ihm gefällt.

Anruf von Klaus Modick, der berichtete, dass er das Buch bereits ausführlich besprochen habe und Volker Hage seinen Beitrag in der *Zeit* groß aufmachen werde. Besuch von Astrid, die meinen labilen Zustand weiter gefährdete. Sie brachte eine Flasche Rotwein mit, von dem ich nur nippte. Anrufe von Rehauge, die ein schlechtes Gewissen hat, weil sie den Weg nach Bonn scheut.

*Bad Godesberg, 20. November 1988*
Träume. Das Telefon holte mich aus einer besonders eindrücklichen Sequenz: Als Fallschirmjäger vor dem Einsatz. Liege auf einem Feldbett; alle tragen bereits die Sprungausrüstung. Über

132

mir am Himmel heransegelnde Kameraden, die hinter den Bäumen verschwinden. Langsam erkenne ich, dass sich quer durch eine Waldschneise Stromkabel ziehen und sich eine gewaltige Autobahnbrücke über den Wald spannt. Wie kommst Du darüber hinweg, frage ich mich. Während dieses Gedankens schiebt sich ein anderer Traum in die Szene: Liebesspiel mit einer älteren Frau in einem obskuren Haus. Gerade als ich Lust zu spüren beginne, schaltet sich das Bewusstsein ein – und ich erwache. Es scheint eine Hemmung zu geben, im Traum sexuelle Lust zu empfinden. Schmerz und Lust sind offenbar nicht zu ertragen; das Bewusstsein löst beim Träumer unmittelbar den Aufwachimpuls aus. Ist der Traum vielleicht doch ein Kunst-Produkt unseres Bewusstseins, das sich gewissermaßen einen »Wunsch-Film« vorführt, den abzuschalten jederzeit möglich ist?

Besuch von Astrid, die Kuchen mitbrachte. Erzählte ihr von Blaubeuren, Lotte und der ersten Liebe. Sie ziemlich boshaft von ihrer endgültigen Trennung, die unmittelbar bevorsteht. Kleine Medea.

*Bad Godesberg, 27. November 1988*
Meinen Aufsatz zur *Wiederkehr des Bösen* beendet. Mit seiner Studie *Über das verfehlte Böse im deutschen Bewusstsein* hatte Karl Heinz Bohrer den Beginn einer spannenden Auseinandersetzung um die Legitimität und Ästhetik einer bösen Literatur eingeleitet. Bohrers These lautet: Der deutsche Idealismus mit seiner Verabsolutierung der Idee des »Guten« habe eine Ästhetik des Bösen, wie sie innerhalb der romantischen Kultur gleichsam unbewusst begann, als Literatur und als Theorie ausgeschlossen. Während sich in Frankreich, so Bohrer, eine »Schule des Bösen« etablieren konnte, »das Böse als Modus künstlerischer Phantasie« den poetologischen Diskurs der letzten fünfzig Jahre bestimmte, habe der »Eintritt des real Bösen, des Nationalsozialismus«, das »imaginativ Böse« in Deutschland erst recht tabuisiert.

Dass Bohrer mit diesem originellen Befund gleich auch die Demontage der Autoren Böll und Grass betrieb, die seit 1945 in der Bundesrepublik den »guten Ton« angeben, nahmen die Exponenten des intellektuellen Juste Milieu kopfschüttelnd zur Kenntnis. Bohrers Vorwurf der »säkularisierten Erbauung« setzte Johano Strasser seinen in der Linkszeitschrift *L'80* publizierten Aufsatz *Über eine neue Lust an der Raserei* entgegen. Darin warnte er vor den »dunklen« Schriftstellern, die Bohrer am Schluß seines Essays herbeiwünscht. In einer an Georg Lukács angelehnten Argumentation denunzierte Strasser die ästhetische Revolte einiger jüngerer Autoren als »Ästhetisierung des Politischen« und konstruierte mit der Hemdsärmeligkeit des Moralisten eine antidemokratische Traditionslinie, die angeblich von Nietzsche über Ernst Jünger, Carl Schmitt und Gottfried Benn bis zu den literarischen Dandys der Gegenwart reicht.

Bohrer unterscheidet eine nur rhetorische Inszenierung des Bösen von Kunstwerken, die der reine Ausdruck eines »bösen Bewusstseins« sind. Zu dieser rhetorischen Inszenierung gehören für ihn Texte, die vor der Apokalypse warnen, ob nun per Atomschlag oder Umweltkatastrophe – oder vor dem Rückfall in die »braune Barbarei«. Natürlich hat der verantwortliche Künstler in Deutschland dieses politisch Böse unbedingt zu verhindern bzw. dazu beizutragen, dass ein Bewusstsein dafür geschaffen wird – so würde der Linke Johano Strasser argumentieren. Es hat sich aber inzwischen im deutschsprachigen Raum eine jüngere Generation von Autoren zu Wort gemeldet, die sich von den selbstauferlegten Tabus der Wiedergutmacher nicht mehr beeindrucken lässt. Diese neue Literatur der zwischen 1948 und 1960 Geborenen wendet sich entschieden von den Betroffenheits- und Bewältigungsmustern ab, die ihnen die etablierten Autoren gelenkig vorgeturnt haben. Die Stärke dieser Autoren ist ihre Verunsicherung, ihre scharfsichtig machende Unbehaustheit zwischen Popkultur und entleerter Tradition, zwischen Hedonismus und Apokalypse.

Als Belege, die Bohrers These ergänzen, analysierte ich in meinem Beitrag die Texte und Bücher von Rainald Goetz (*Irre*), Elfriede Jelinek (*Die Klavierspielerin*), Manfred Maurer (*Thrill*), Michael Kleeberg (*Der saubere Tod*), Manfred Seiler (*Die Gottes-*

*anbeterin*), Wolfgang Winkel (*Adolf H.*) und Gerald Zschorsch (*Sturmtruppen*). Besonders Wolfgang Winkel setzt einen kühnen Neuanfang. Denn paradoxerweise ist die Empathie für den Verbrecher in diesem Land nie so weit gediehen, dass sie historische Monstrositäten wie Hitler oder Stalin in ihr sozialkritisches Entlastungskalkül einbezogen hätte. Wolfgang Winkel beschreibt den Knaben »Adolf H.« als verträumten Sadisten und ist dafür von der Presse abgestraft worden. Denn mit den Augen des Verworfensten dieses Jahrhunderts in die Welt hinauszublicken, das ist ein Tabubruch, mit dem ein Autor in der Bundesrepublik immer noch die Indizierung riskiert.

*Bad Godesberg, 14. Dezember 1988*
Am Wochenende mit Uwe Wolff in Wilflingen. Ein aufgeräumter EJ, der mir erneut erklärte, wie einverstanden er mit meinem Buch sei. Uwe mit großen Augen, ungewohnt zurückhaltend. Ließ sich eine Reihe von Büchern signieren; auch meine Bildbiografie. Plauderten über Reich-Ranicki, den ich in Frankfurt ja gerade leibhaftig erlebt hatte. Dass RR *Die gläsernen Bienen* gelesen habe, quittierte Jünger mit einem »immerhin«. EJ ist gewohnt, dass die Leute eine Meinung über ihn haben, ohne seine Bücher zu kennen. Er arbeite derzeit an dem Essay *Die Schere*, eine Art metaphysisches Testament, die Abrundung des *Arbeiters*. Verwies ihn auf den Philosophen Sloterdijk, der den Jünger-Essay *Die totale Mobilmachung* fortgeschrieben habe und in seinem Buch *Eurotaoismus* von einer »planetarischen Mobilmachung« spreche, die in einem ungesteuerten Wachstumsfetischismus alle Ressourcen an die Konsumfront zu bringen versuche. Brachte ihm das *Chaos-Computer-Buch* mit, damit er sich über neue Tendenzen der Internetwelt informieren kann.

*Bad Godesberg, 4. Januar 1989*
Im Traum mit dem Auto unterwegs. Plötzlich taucht auf einer Hügelkuppe ein VW-Bus auf, rast auf mich zu – schon befürchte ich eine Kollision, da hebt das Fahrzeug ab, fliegt über mich

hinweg, kracht auf die Straße, prallt auf ein Haus am Straßenrand. Explosion, Flammen. Ich zögere, zum Unglücksort zu gehen, hinter der Frontscheibe habe ich für eine Sekunde die entsetzten Gesichter der Insassen wahrgenommen. Der Wagen hat ein Loch in die Kellerwand gerissen, aus der Tiefe weht ein Geruch von verbranntem Fleisch und Benzin empor. Ich fahre im Lift hinab. Eine große Halle, an der Stirn des Raumes blinkt Leuchtreklame in Form einer Mickey Mouse. Das Ganze macht den Eindruck eines riesigen Glücksautomaten; dann und wann ist ein Klingeln und Rattern zu hören, als würden Geldmünzen ausgeschüttet. Weiter über eine Treppe hinab zu der Stelle, wo sich der Bus in den Boden gebohrt hat. Dem Wagen wurde die gesamte linke Seite aufgerissen; die Insassen bereits mit Bandagen versehen, sehr hübsche Mädchen. Sie hocken mit entspanntem Lächeln auf ihren Sitzen. Man winkt mich heran, ich versinke in den Polstern.

*Bad Godesberg, 10. Januar 1989*
Todmüde. Nächte, in denen ich mich im Bett wälze, wirre Träume. Für eine Woche vom Arzt krankgeschrieben, um Grippe und Allergie auszukurieren. Nachwehen der Reise nach Esslingen. An Weihnachten Auseinandersetzung mit Papa, die sehr tief ging. Geradezu eine Revolte. Längst Überwundenes ist neu aufgebrochen. Leider war, wie meist bei solchen Zuspitzungen, Alkohol im Spiel. Nach solchen Disputen immer niedergeschlagen, da uns ja viel mehr vereint als trennt. Das Buch, auf das ich so lange hingearbeitet hatte, bereits Vergangenheit, auch wenn die Kritiken in allen großen Blättern äußerst positiv sind. Auch die lange Besprechung von Gert Ueding in der *FAZ*.

*Bad Godesberg, 18. Januar 1989*
Die Dinge renken sich ein und fahren sich fest. Mama rät mir von einem Kind ab, Astrid hofft, Rehauge schweigt, Ingrun spekuliert, Christa ist enttäuscht, Elke fädelt ein, Ellen wartet. Spüre, dass fast alles nichts mit mir zu tun hat – außer Astrids Zunei-

gung, die wächst und wächst. Die Dinge ordnen sich von selbst, weil die Menschen für sich entscheiden, ob sie zum Zug kommen. Langes Gespräch mit Dagny über Rehauge, die sie liebt – wenig Hoffnung. Ich hatte Rehauge den roten Teppich ausgebreitet, ihr hier in Bonn eine Anstellung als Lehrerin besorgt; aber sie bewegt sich nicht, klammert sich an die vertrauten Verhältnisse in Stuttgart. Den Sprung ins Neue will sie nicht wagen – ich aber musste es. So schiebt sich in dieses lähmende Patt Astrids Vitalität, die weiß, was sie will. Das reißt mich aus meinen eigenen Lähmungen.

*Bad Godesberg, 21. Januar 1989*
Tod der Liebe. Wie sich ein von mir beatmetes, beseeltes Geschöpf jäh in etwas Gleichgültiges, ganz und gar Totes verwandelt.

*Bad Godesberg, 23. Januar 1989*
Einladung des Suhrkamp Verlages, als Referent am »5. Literaturseminar für Buchhändlerinnen und Buchhändler« in Asperg bei Stuttgart teilzunehmen. Ich wurde mit einem Vortrag über Rainald Goetz aufs Tagungsprogramm gesetzt. Es referieren zudem Raimund Fellinger über Thomas Bernhard und Rainer Moritz über Hermann Lenz. Suhrkamp-Autor Bodo Kirchhoff gestaltet einen Leseabend, Joachim Unseld spricht *Über den Umgang mit jüngeren Autoren.*

*Bad Godesberg, 29. Januar 1989*
Las die halbe Nacht *Heftige Stille*, Notizen die mir Axel Matthes zusandte. Fragmente und Aphorismen, die meinem eigenen Denkstil entgegenkommen. Die Lektüre inspirierte mich zu einem Essay, der das Anything Goes des aktuellen Zeitgeistes aufspießt. Gedanken zur Ehe: Eine Gefängniszelle, die wir freiwillig betreten. Mit ihrer Möblierung verstreichen die Jahre. Zuletzt sind wir heimisch geworden und wollen nicht ins Freie zurück.

*Bad Godesberg, 1. März 1989*

Gestern bei Astrid, die von ihrem Mann unter Druck gesetzt wird. Spätabends Anruf von Rehauge, die meine Stimme hören wollte. Ingrun bittet um schulische Unterstützung. Papa wurde zum Fabrikdirektor in Bombay ernannt – ob er sich das in seiner Jugend hätte träumen lassen? Michael will mir die Bismarck-Medaille verschaffen – im Gegenzug hofft er auf einen lukrativen Job.

Traum: Kinder sprangen von einer hohen Felswand herab in einen Stausee. Ich fürchtete um ihr Leben, aber sie tauchten elegant ins Wasser und glitten anschließend unversehrt über eine feuchte, abfallende Wiese.

*Leipzig, 18. März 1989*

Buchmesse. Die Menschen hier sind aggressiver geworden. Der Dornröschenschlaf geht zu Ende. Das Schimpfen mit angezogener Handbremse gehört der Vergangenheit an. Hier werden die Dinge beim Namen genannt, der »Welthandelsplatz« wirkte wie ein Lautsprecher, ein Resonanzboden, der die unzufriedene Stimmung in den Westen hinüberträgt. Einige wenige Mutige demonstrierten in der Innenstadt für Ausreiseerleichterungen: »Wir haben keine Angst vor euch!« – »Stasi raus!«. Die Zeitungen voller revanchistischer Drohungen gegen die »BRD«. Im Presseclub erklärten mir zwei soignierte Herren aus der DDR-Verlagswelt, die Schüsse an der Mauer seien leider unumgänglich und – bitteschön – würde nicht auch an der amerikanischen Grenze geschossen? Dass dort die Menschen herein und nicht heraus wollen, wollten die beiden nicht gelten lassen.

Treffen mit Lutz Rathenow, Rainer Schedlinski, Rolf Schilling, Gert Neumann. Sie übergaben mir Texte zur Veröffentlichung, ein Hauch von Subversion lag über unserer Zusammenkunft in einem kleinen Leipziger Café. Beim Besuch der Nikolaikirche las ich auf einer der weißlackierten Kirchenbänke ein Wort Martin Niemöllers: »Wir haben uns nicht zu fragen, wieviel wir uns zutrauen, sondern wir werden gefragt, ob wir Gottes Wort zutrauen, daß es Gottes Wort ist und tut, was es sagt.«

Wie immer – und dieses Jahr besonders – soll die Leipziger Buchmesse zur strahlenden Selbstdarstellung des Landes und vor allem zum überzeugenden Beweis der Kooperation mit den westdeutschen und ausländischen Verlagen und Autoren werden. Offenbar stehen die Signale angesichts von Perestroika und Glasnost auf Durchfahrt für von oben gesteuerte Vielfalt und Experiment. Eine zu Anfang des Jahres überraschend erteilte »Änderung des Verfahrens zur Erteilung einer Druckgenehmigung« befreit die Lektoren der DDR-Verlage von der Last, sämtliche für den Druck vorgesehene Manuskripte der Zensurbehörde einreichen zu müssen.

Die Liste der Titel, die im milden Klima dieser Neuerung in den nächsten Monaten zur Buchreife aufblühen sollen, ist lang: Gert Neumanns *Schuld der Worte* (1979 schon bei S. Fischer veröffentlicht!), eine Anthologie von Texten von Volker Braun bei Reclam, der bald eine neunbändige Werkausgabe im Mitteldeutschen Verlag folgen soll. Mehr als zwanzig Jahre nach seinem Erscheinen im Westen wird Fritz Rudolf Fries' Roman *Der Weg nach Ooobliadooh* gedruckt, dreißig Jahre zu spät Uwe Johnsons großartiges Buch *Mutmaßungen über Jakob*. Sarah Kirsch, die sich längst von der DDR losgesagt hat und seit Jahren in der Bundesrepublik lebt, wird mit neuen Gedichten (Aufbau) vorgestellt. Von Jurek Becker soll *Bronsteins Kinder* erscheinen. Volk und Welt versucht es mit dem elitären Arno Schmidt, bei Reclam kann der DDR-Leser sich zum ersten Mal mit den Schriften von Max Weber auseinandersetzen. Und Nietzsche, dem der Altstalinist Wolfgang Harich im letzten Jahr in *Sinn und Form* in bösartigster Weise den Prozess gemacht hat, soll jetzt wenigstens beim Akademie Verlag als Denker vorgestellt werden.

Beliebtes Thema waren die Darstellung deutscher Untaten zur Zeit des Dritten Reiches, meist aus der (Kinder)Perspektive der Opfer – Polen, Juden, Russen, Tschechen – oder verklärende Darstellungen der Geschichte und des Alltages befreundeter Nationen. Bücher, die von der DDR selbst handeln, sind von schulbuchhafter, oft gähnender Langeweile. Die Themen reichen vom

»Braunkohletagebau« bis zur großvolumigen Darstellung der Pionierorganisation Ernst Thälmann mit dem sporenklirrenden Titel *Seid bereit!*. Am Sammelstand des – westdeutschen – Börsenvereins waren auch einige wenige Kinderbücher ausgestellt; es dominierten phantastisch-märchenhafte Sujets.

Im Wolfgang Hitzeroth Verlag ist ein Buch herausgekommen, das hier, in den Räumen der Leipziger Buchmesse, eigentlich gar nicht ausliegen dürfte, weil sein Autor Messeverbot erteilt bekommen hat. Lutz Rathenow, dessen Bücher bislang nur im Westen herausgekommen sind, hat es wieder nicht geschafft, in der Verlagslandschaft der DDR heimisch zu werden. Lutz, der aus seinen Kämpfen mit den Zensurbehörden keinen Hehl macht, ein wahrer Meister des Lavierens zwischen Ost und West (und eine von West-Journalisten gern nachgefragte Informationsbörse), erzählte mir, dass der Mitteldeutsche Verlag ihm eine Woche vor Messebeginn kurzfristig abgesagt habe. »Der Verlag«, schrieb man ihm erstaunlich offen, »sieht sich im Moment nicht in der Lage, den Gedichtband *Zärtlich kreist die Faust* zu publizieren und die Zusammenarbeit mit Ihnen fortzuführen«. Das betreffe freilich nicht die künstlerische Qualität der Gedichte, es handle sich »um eine politische Entscheidung«. Erstaunliche Offenheit! Man habe sie wegen Rathenows »Aktivitäten in westlichen Medien« getroffen. Bei diesen nicht näher genannten Aktivitäten handelt es sich um einen längeren, von mir im Feuilleton des *Rheinischen Merkur* abgedruckten Beitrag (*Einschalten heißt abschalten*, RM Nr. 6 vom 10.2.1989) Lutz Rathenows, der dann vom *Sender Freies Berlin* übernommen wurde.

Bei der »internationalen Pressekonferenz« fragte ich Jürgen Gruner, den Vorsteher des Leipziger Börsenvereins, nach den wahren Gründen für die verhinderte Drucklegung des Buches, bekam aber keine Antwort. Am Stand des Mitteldeutschen Verlages erhielt ich dann die verblüffend offenherzige Auskunft, der unbotmäßige Autor habe sich »unanständig« verhalten. Bei einem späteren Gesprächstermin milderte Verlagsleiter Eberhard Günther die Position des Verlages ab: Durch die Publikation sei das »Vertrauen gestört« worden. Im Übrigen habe man den Beitrag Rathenows für die im *Rheinischen Merkur* erscheinende Serie mit dem Titel *Junge Autoren stellen sich vor* (*Verdächtig ist, wer nichts tut*, RM Nr. 16 vom 15.4.1988), worin Lutz recht offen über die Zensurbedingungen in der DDR schreibt, als »Interpretationshilfe« seiner Texte zu lesen gelernt. Man stehe dem Buch jetzt natürlich anders gegenüber.

Lutz Rathenow, für den die Luft in der DDR offenbar dünner wird, schien bei der Niederschrift seines Kinderbuches *Floh Dickbauch* hellsichtig geahnt zu haben, was auf ihn als literarischer Störenfried einmal zukommen wird: »Heutzutage gibt es keinen Flohzirkus mehr, hol's der Teufel, keinen einzigen.« Floh im dicken Pelz der Mächtigen der DDR zu bleiben ist nach dem Weggang von Biermann und anderen nicht leichter, aber billiger geworden. Heute richten die DDR-Verlage großzügig Flohzirkusse ein, in deren Manegen liberal beleumundete Lektoren als offiziöse Dompteure agieren. Für den Aufbau Verlag hat diese knifflige Aufgabe Gerhard Wolf übernommen. Die schon im letzten Jahr angekündigte Buchreihe *Außer der Reihe* hatte mit Büchern von Rainer Schedlinski, Jan Faktor, Reinhard Jirgl und Stefan Döring in Leipzig nun ein vielversprechendes Debüt. Vor einem enthusiastischen Publikum lasen die jungen Autoren im unterirdischen Gewölbe des Jugendzentrums »Moritzbastei« aus ihren sprachsensiblen Texten, deren Wortwitz geschickt die Aggressionen kaschiert, mit denen sich diese Autoren-Generation von den verordneten Problemthemen der sozialistischen Gesellschaft emanzipiert. Elmar Faber, Chef des Aufbau Verlages, gab sich liberal und wollte auf Nachfrage keinen Grund sehen, diese Reihe nicht fortzuführen. Verräterisch allerdings seine Wortwahl bei der Umschreibung der geradezu mäzenatischen Generosität seines Hauses: »Wir werden dann im Einzelfall prüfen, wer ein Buch *bekommt*.«

Faber hat die Klippen der drohenden Perestroika anscheinend besser umschifft als sein Chef Klaus Höpcke, der sich mit der Unterzeichnung der Resolution des PEN-Zentrums der DDR zugunsten des tschechoslowakischen Dissidenten Václav Havel offenbar zu weit aus dem Fenster gelehnt hatte. »Aus gesundheitlichen Gründen« konnte er seine Festansprache zur Eröffnung der Buchmesse nicht selbst halten; man sah den ansonsten recht rührigen und auffällig kommunikativen Stellvertreter des Kulturministers während der ganzen Buchmesse nicht einmal im internationalen Presseclub.

Stars der Leipziger Buchmesse waren trotz Christa Wolf, Hans Magnus Enzensberger, Heiner Müller und Urs Widmer zwei ganz gegensätzliche Figuren: Der Historiker und *Wallenstein*-Biograf Golo Mann und *Troika*-Autor Markus Wolf. Beide hatten ihre Auftritte an herausragenden Schauplätzen der Stadt. Golo Mann plauderte über die Entstehungsgeschichte seiner farbig, geradezu romanbiografisch erzählten Biografie im Kleinen Saal des Gewandhauses, Ex-DDR-Geheimdienstchef Markus Wolf las aus seinem Erinnerungsbuch in der Alten Börse.

Ich hatte mich für den Auftritt von Markus Wolf entschieden, dem man die Erleichterung, nach Jahrzehnten der Anonymität sich plötzlich frei und im Scheinwerferlicht öffentlicher Aufmerksamkeit bewegen zu können, am stets lächelnden Gesicht ansah. Er las – der schwäbische Dialekt war nicht zu überhören – zentrale Passagen aus der von ihm niedergelegten Lebensgeschichte seines Bruders, des bekannten DDR-Regisseurs Konrad Wolf. Es ist die Geschichte einer Dreierfreundschaft über die Katastrophen des Jahrhunderts hinweg, leise und eindrücklich erzählt von einem Mann, der diese Geschichte als Handelnder selbst einmal mitbestimmt hat. Es drängte sich der Eindruck auf, als wollte Markus Wolf mit diesem Buch, das zugleich im Aufbau Verlag und bei Claasen herauskam, seine eigene Verstrickungen mit der lichteren Zukunft versöhnen, die sich auch für sein Land abzuzeichnen beginnt.

Zu dieser Zukunft wollte Wolf sich, als ich ihm den Band nach der Veranstaltung zum Signieren hinlegte, nicht äußern. Er erkannte aber an der Frage den Landsmann und wollte wissen, woher ich denn käme. Als ich die ehemaligen Freie Reichsstadt

142

Esslingen nannte, antwortete er lachend, er sei in Hechingen geboren – also fast in Pfullendorf, auch einer früheren Reichsstadt. Dann schrieb er ins Buch: »Für Heimo Schwilk – von Schwabe zu Schwabe, Leipzig 1989, Markus Wolf«.

*Elba, 24. Mai 1989*

Von Marciano zu Fuß nach S. Martino. Wunderbare Stille. Gelbe Blumenpolster, bemooste Steine, Flechten. Das Meer in Dunst gehüllt, durch den das Licht diffundiert. Das Grau der Felsen vor golden leuchtendem Grün. Letzte Nacht mit Rehauge; sie weinte, weil ich kein Kind zeugen wollte. Man redet so viel, aber dann spricht der Körper die Wahrheit aus. Dass es so traurig zu Ende geht: auf einer aufblühenden Insel.

*Bad Godesberg, 31. Mai 1989*

Vortrag (*Mittelmaß und Kulinarik – Wenn der Zeitgeist Amok läuft*) beim General-Kapitel des Tempelherren-Ordens in Ansbach. Großer Beifall der alten satten Herren, die ich doch mitattackiert hatte. Üppiges Abendessen im Grünen Saal der Orangerie im Hofgarten. War mit Astrid im offenen Cabrio nach Franken gerast – und fast zu spät gekommen. Nach der Rückkehr Telefonat mit Rehauge, die nun doch nach Bonn kommen will. Sagte ihr, dass ich nach diesem zähen Hin und Her das Zutrauen verloren hätte – und meine Zuneigung gleich mit. Uwe: »Das wird noch viel Tränen geben.«

*Berlin, 3. Juni 1989*

Am Grab Heinrich v. Kleists. Es war feucht und kühl unter den Bäumen und Büschen; drunten schimmerte der Wannsee. Bei so einer Stimmung muss sich der Dichter erschossen haben. Wettlesen im Literarischen Colloquium um den Berliner Literaturpreis. Torsten Becker zitierte aus einem »wiedervereinigten Gedicht«, danach Günter Herburger. Rühmkorf gab mir zwei Gedichte zur Veröffentlichung. Gespräch über Gottfried Benn, den er neben Heine am meisten schätzt. Er verglich die *Statischen Gedichte* mit

143

den *Marmorklippen*. Benn habe es entsetzlich gefunden, dass die Nazis nur drittklassige Autoren privilegiert hätten. Dagegen: Marinetti und der Faschismus. Rühmkorf konnte sich wegen eines Bandscheibenvorfalls nur mühsam bewegen und folgte den Lesungen auf einer »Einmannliege«. Die Situation passte gut zu seinen herbstlichen *Selbst-Gedichten*, mit denen er Stationen seines Lebens Revue passieren ließ. Eigenzitate, Reihungen von Ortsnamen: Aufjauchzen der Juroren über so viel postmodernen Collagen-Mut. Der mit 50 000 Mark dotierte Preis ging aber an Volker Braun.

*Klagenfurt, 16. Juni 1989*

Zum dritten Mal am Wörthersee. Die Wettbewerbsbeiträge für den Ingeborg-Bachmann-Preis suhlten sich fast ausnahmslos in einer Seelen-, Nabel- und Genitalschau. Wenig vom Erotik-Genre überzeugt zeigte sich Juror Werner Liersch aus Ost-Berlin, der mit sympathischer Standfestigkeit für »Inhalte« plädierte. Dabei ahnte er nicht, dass seine Frau mir, dem jungen Berichterstatter, unverhohlen schöne Augen machte und mich sogar im Hotel aufsuchen wollte, während ihr Mann auf der Bühne saß. Jenseits solch persönlicher Arabesken bezog dieser Wettbewerb seine Faszination vor allem aus dem offen ausgetragenen Freund-Feind-Verhältnis der Kritiker und Autoren, aus dem verbalen Schlachtfest, das die Opferlämmer unter geistreichen Florettstichen oder kalauernden Keulenschlägen lustvoll verröcheln ließ. Denn der Literaturbetrieb wollte sich genüßlich das Brustbein aufmeißeln lassen, sich am Pulsschlag des eigenen Herzens weiden. Für eine Woche lag Sevilla am Wört(h)ersee: Blut sollte fließen unter den Karawanken.

Hatte Hellmuth Karasek vor drei Jahren, bevor er den Klagenfurter Musikdampfer betrat, noch verbale Rettungsringe an die Autoren verteilt, so wurde nun seine Vorliebe für den gezielten Ruderschlag sichtbar, mit dem er die sich an das Holz des Lesetischs anklammernden Autoren zu erledigen pflegt. Der Nachfolger von Marcel Reich-Ranicki hatte sofort erkannt, dass dieses

144

Medienspektakel die seltene Chance einer spielerischen Allianz von Aufklärung *und* Unterhaltung bietet. Und können die öffentlich hingerichteten Autoren gegen dieses Tribunal sein, sie, die zehnmal soviel Honorar als üblich mit nach Hause bringen und deren noch so schwachsinniger Text via Bildschirm zum Ereignis wird? Den Preis gewann dann Wolfgang Hilbig, der mit seinem Beitrag einfach näher an der Realität war als seine Klagenfurter Konkurrenten. Hilbig lebt seit drei Jahren in Nürnberg, ohne seine sächsische Heimat aus den Augen verloren zu haben. In seinem Romanauszug *Eine Übertragung* malt er mit einem ironisch unterfangenen O-Mensch-Pathos ein Schauergemälde apokalyptischer Verwüstung, die der sozialistische Raubbau in seinem Land angerichtet hat. Dem zivilisationsmüden Waldgänger Hilbig ist die DDR zum »Acheron«, zum Höllenschlund geworden.

*Esslingen, 7. Juli 1989*
Zum Abendessen in die »Neckarhalde«. Maultaschen geschmelzt, Flädlesuppe, Trollinger. Seltsam, dass mich viele für einen »Sonnyboy« halten – nur wegen der Lachfalten. Morgen zu Martin Walser an den Bodensee. Vorbereitung auf meine eigene Lesereise mit dem Jünger-Buch. In der DDR stellen immer mehr Menschen, meist junge Familien, Ausreiseanträge. Viele versuchen über Urlaubsländer wie Ungarn in den Westen zu gelangen. Was ich den Freunden in Delitzsch bereits 1981 vorausgesagt hatte, nun steht es bevor: die allmähliche Selbstauflösung der DDR. Was sie dort jetzt empfinden mögen – oder planen sie bereits etwas?

*Bad Godesberg, 29. Juli 1989*
Mein Essay über *Mittelmaß und Kulinarik* gestern im Blatt. Die Kollegen etwas irritiert über die sarkastische Tonlage, die auch die Konservativen als Mitmacher geißelt. Das sei ja alles recht brillant formuliert, meinte der Kollege aus der Wirtschaft, aber doch zu schöngeistig-verspielt. Die Realität sei nun einmal profan, und das Akzeptieren von Fakten und Zwängen nicht per se

Opportunismus. Thomas Kielinger beendete die Diskussion mit dem Bekenntnis: »Dieser Text des Kollegen Schwilk schmückt unser Blatt, und andere wären froh, wenn sie solch einen intellektuell unabhängigen Autor in ihren Reihen hätten.«

Im Grunde war es eine Philippika gegen die totale Beliebigkeit, wie sie uns aus jedem Knopfloch entgegengrinst. Mein Parforceritt durch das aktuelle Zeitgeistgelände – von Blumenberg über Habermas und Sloterdijk bis zum Zen-Guru Keiji Nishitani – mündet in die Erkenntnis, dass die Schlussfolgerung aus dem Anything Goes der Postmoderne der blanke Hedonismus ist. Ich schrieb, auch aus eigener Anschauung: »Wüst und leer – nein post und modern kommt ihm das nun alles vor, irgendwie zu spät, um noch für ihn von Bedeutung zu sein, irgendwie zu modisch, weil so schrecklich unverbindlich. Ein Postmoderner ist er, das weiß er jetzt, nachdem ihn der allgemeine Ekel über den aufgehäuften Denkschutt ergriffen hat. Das triumphierende ›Anything Goes‹ der Moderne wird ihm so zum nichtsnutzigen Schlachtruf ödester Postmoderne. All diese Systeme, Theorien, Aphorismen und Lyrismen des Denkens kommunizieren nun durchaus in jener entscheidungskorrumpierenden Weise im Kopf unserer beklagenswerten Versuchsperson, wie sie Jürgen Habermas in seiner *Theorie des kommunikativen Handelns* dem Bürger ans demokratisch verfasste Herz gelegt hat. Von all dem Gehörten und Gelesenen paralysiert, zieht sich der Phänotyp unserer Tage gleichsam ins Prokrustesbett des Genusses und Selbstgenusses zurück. Adorno und Horkheimers zentrale Aussage ihres epochemachenden Buches *Die Dialektik der Aufklärung*, dass nämlich die ›Unterwerfung alles Natürlichen unter das selbstherrliche Subjekt zuletzt gerade in der Herrschaft des blind Objektiven, Natürlichen gipfelt‹, gerinnt in unserem Beispiel zum Sinnbild des vom Ennui Gelähmten, der sich in seinem Denkbett nur noch rührt, um das Allernatürlichste, also das Triebhafteste zu tun.«

Destruiert wurden von mir auch CDU-Platitüden wie »Wertegemeinschaft« (die von den Apparaten und einem alles beherrschenden Konsumdenken unterlaufen wird) und natürlich der längst sinnentleerte Zentralbegriff der Demokratie: »Das Wort ›Freiheit‹ klingt heute verdächtig nach ›Freizeit‹. Freiheit als ›Selbstbestimmung‹ im Sinne einer Entfaltung dessen, was im Menschen wesenhaft angelegt ist, begnügt sich immer mehr mit der hedonistischen Schwundstufe der ›Selbstverwirklichung‹, wie sie unser oben geschilderter bettlägriger Zeitgenosse verkörpert. Die schönste Verdinglichung dieser Art von pervertierter Freiheit ist der Freizeitpark; er stellt den Besucher für eine geraume Zeit frei von allen subjekthaften Entscheidungen. Als Idealtypus des Freizeitstaates erscheint somit der Bürger, der mündig zwischen den Knöpfen seines Fernsehgeräts zu wählen weiß. Insofern ist der verkabelte Mensch sein Prototyp.«

Meine Medienschelte – ein *RM*-Kollege fragte zurecht, ob meine Satire nicht vielleicht eine Menge an Selbstkritik enthalte – mündete schließlich, nachdem ich den Zusammenhang von Erfolg und Scham, Wirtschaftswunder und Vergangenheitsbewältigung aufgezeigt hatte, in die Warnung vor der Umwelt-Apokalypse: »Die Parole der Neuzeit lautet: Der Mensch lenkt, und es läuft alles wie er denkt. Ihr stolzes Ergebnis sind Industrie, Massenwachstum, Geschwindigkeit. Erst jetzt wird aber erst richtig deutlich, dass die Parole ganz anders lauten müsste: Der Mensch denkt und lenkt, aber die Materie macht, was sie will. Mit dem Auto erfindet er den Stau, mit dem Flugzeug den Absturz, mit der Kühltechnik das Ozonloch, mit der U-Musik den Ohrwurm. Aus den Konserven der letzteren kommt dann auch der zynischste Vorschlag, wie dieser katastrophale Zusammenhang am besten zu verdrängen ist: ›*Don't worry, be happy...* ‹ In dieser zur Erkennungsmelodie des postmodernen Lebensgefühls gekürten musikalischen Harmlosigkeit kommen Mittelmaß und Kulinarik schließlich zur Deckung. Der Ausstieg aus der Nachdenklichkeit feiert sich als Einstieg ins Glück.«

*Campagnano, 15. August 1989*
Lektüre deutscher Zeitungen in Luino. Die Bundesdeutschen schwelgen im Konsumismus, in einem Wohlstand ohne jede his-

torische Parallele. Dennoch das Gejammer der Zukurzgekommenen. Welche Energie immer wieder aufgebracht wird, nur um nachzuweisen, wie übel es um die Welt bestellt ist! Das zeigt, dass die Hauptkrankheit des modernen Menschen sein Defätismus ist. Selbsthass und Weltangst als Schwundstufen des Sündenbewusstseins.

*Bad Godesberg, 31. September 1989*
Die Debatte über die Chancen einer möglichen Wiedervereinigung läuft an. Theo Sommer in der *Zeit*: »Wer heute das Gerippe der deutschen Einheit aus dem Schrank holt, kann alle anderen nur in Angst und Schrecken versetzen.« Vor allem die Schriftsteller wiegeln ab. Arno Surminski im Glacéhandschuhstil eines Genfer Diplomaten: »Jetzt, da im Osten die hartgefrorene Erde aufbricht, diese Frage zu thematisieren, gar noch die östlichen Grenzen ins Spiel zu bringen, käme mir vor wie lautes Hurrageschrei auf einer Beerdigung.«

Ein quälendes Bild: Die Deutschen, gefangen in den Gesinnungshahnenkämpfen von vorgestern, sich gegenseitig ihre Anbiederungen und Versäumnisse vorrechnend und im Begriff, die überraschend aufkeimende Weltsympathie für ihr Nationalproblem zu verspielen. Denn nichts weist darauf hin, dass die Deutschen als Volk und Nation aus der Pflicht der Verantwortung entlassen, für immer aus der Geschichte ausgestiegen sind! Die Zusammenführung der beiden deutschen Staaten bleibt ein Fluchtpunkt deutscher Staatsräson. Die Alternative: andauernde Zerrissenheit und pathologische Selbstverleugnung. Hölderlin im *Gesang eines Deutschen*: »Oft zürnt ich weinend, daß du immer blöde die eigne Seele leugnest.«

Mein *Plädoyer für eine deutsche Friedensmacht*, am 29. September als Aufmacher des *RM*-Feuilletons abgedruckt, macht Rumor. Heute rief mich Frank Schirrmacher an, voll des Lobes über meinen »Mut«, die Wiedervereinigung unter ökologischen Zeichen zu thematisieren. Er wolle in der *FAZ* auf meinen Appell antworten und mich auf der Buchmesse in Frankfurt treffen. Nicht

148

alle Schriftsteller und Intellektuelle sind also so defätistisch wie Surminski (der seine Vorbehalte ausgerechnet in einer von mir erhobenen Umfrage im *Rheinischen Merkur* äußerte!) oder *Zeit*-Chef Theo Sommer, was die deutsche Einheit betrifft. Rolf Hochhuth konstatiert: »Die deutsche Uhr zeigt Einheit an« – und nicht nur Martin Walser will sich mit der Teilung nicht abfinden, auch Botho Strauß hat ja vor gar nicht so langer Zeit gefragt: »Soviel Geschichte, um so zu enden?«

Was aber ernteten Walser und Strauß? Hohn! Das intellektuelle Juste Milieu gab und gibt sich alarmiert. Der Begriff »Nation«, als Mobilisierungsgröße geboren zu Zeiten der französischen Revolution, ist in Deutschland seit 1933 für alle Zeiten vom NS-Ungeist kontaminiert. Das Gedenken an die Untaten der Väter erlöst jedoch nicht für alle Zeiten von den Zumutungen der Geschichte, die aus diesen Verbrechen hervorgegangen ist! Die ostdeutschen Autoren, die der DDR-Ungeist in die Bundesrepublik herübergespült hat, befassen sich durchaus mit der deutschen Frage. Günter Kunert, Reiner Kunze, Erich Loest, Jürgen Fuchs, Ulrich Schacht, Hans Noll, Peter Schneider, Hans Joachim Schädlich, Katja Lange-Müller, Wolfgang Hegewald, Monika Maron, Wolfgang Hilbig – sie alle ignorieren die Mauer des Vergessens und der wohlstandsgepolsterten Ignoranz, die hierzulande das nationale Thema verstellt. In seinem Buch *Der Mauerspringer* bringt Peter Schneider das nationale Dilemma auf den Punkt: »In dreißig Jahren hat die deutsche Frage Speck angesetzt. Man kann nicht behaupten, dass sich die Deutschen westlich der Elbe sonderlich damit quälen. Sie geben sich nur noch an Feiertagen erschreckt. In Deutschland, scheint es, heilt die Zeit die Wunden nicht, sie tötet das Schmerzempfinden.«

In der Literatur zumindest ist die unglückselige Teilung aufgehoben, im hegelianischen Sinne aufbewahrt – und überwunden? Dort gibt es Reiche des Erdachten, die als Erdachtes das Gemachte beschämen und so – über das Wort – zur Verwirklichung drängen. Wie wäre das, schriebe einer (Botho Strauß? Volker Braun?) den *Hyperion* unserer Zeit, Hölderlins Klage um die gefallene sittliche Größe Deutschlands variierend? Herder, Schiller, Hölderlin: ein neudeutscher Idealismus, unsere Ego-Hypertrophien zu besänftigen, Großmut zu befördern und Opferbereitschaft, ein weltläufiges Savoir vivre mit sozialem Gewissen *und* substantieller Freiheit. Ein Geniestreich der Imagination wäre es doch, die nationale Frage mit der sozialen, demokratischen, ökonomischen und ökologischen zu verbinden! Der eiserne Vorhang, sofern er überhaupt noch existiert, hält nämlich keinen sauren Regen, keine Schwefeldämpfe und keine verstrahlten Wolken zurück, genauso wenig wie ein ausgreifender, weltbürgerlicher Geist Halt machen müsste an Elbe oder Rhein.

Auf Schirrmachers Lob werden bald Verrisse folgen, gerade aus dem eigenen Lager, das jahrzehntelang seinen Frieden mit dem Status quo gemacht hatte, um ja nicht als »national« zu gelten. Aber das berührt mich nicht. Die »Wunde Deutschland« (Martin Walser) kann sich nur schließen, wenn die Deutschen sich von diesem verordneten Nationalmasochismus nicht mehr kirre machen lassen. Das Volk ist am Zug, nicht die selbsternannten Kassandras.

*Bad Godesberg, 7. Oktober 1989*
Aufgewacht gegen 14 Uhr; Zeitungslektüre im Bett. Veranstaltungen mit »Friedensgebeten« in Leipzig wachsen sich zu Demonstrationen aus – wann schlägt die SED mit Macht zurück? Mit der Post kommen Satzproben zur Jünger-Festschrift *Das Echo der Bilder*. Gut, dass ich den Band von Anfang an als deutsch-deutsche Anthologie geplant hatte. Die politische Entwicklung wirkt jetzt wie die passende Begleitmelodie. In seinem Roman *Eumeswil* sagte Ernst Jünger bereits 1977 die »Schleifung« der Mauer voraus.

*Bad Godesberg, 15. Oktober 1989*
Undine Gruenter sandte mir einen phantasievoll-ironischen Text über die Frankfurter Buchmesse. Eigentlich die Suche einer in Paris lebenden Schriftstellerin nach der blauen Blume –

nein, nach dem »Pavillon bleu« der französischen Verlage. Um schließlich am Stand des *Rheinischen Merkur* zu landen, wo sie in die Riege der lesenden »jungen Autoren« aufgenommen wurde, die alle Gruenters neues Buch vor sich liegen hatten: Ulrich Schacht, Klaus Modick, Thomas Günther. Ulrich wirkte auf sie »cäsarisch«, Klaus wird als »langhaarig« und »mit weicherem Blick« beschrieben, Thomas als »smart« – allerdings mit Lederjacke und »Jeans-Kostüm« wie ein »gewiefter DDR-Spion«.

Die realen Lesungen waren dann viel unspektakulärer, aber höchst erfolgreich, was Publikum und Wirkung betrifft. Ulrich traf den Ton genau, als er aus seinen *Brandenburgischen Konzerten* las, beklemmende Erinnerung an seine eigene Haftzeit im berüchtigten Gefängnis Brandenburg, wo er wegen einiger Gedichte vier Jahre Haft abzubüßen hatte. Als die Hallenlautsprecher die sensationelle Nachricht verbreiteten, dass Erich Honecker zurücktreten werde, empfanden das viele wie den historischen Kommentar zu Schachts Auftritt. Dafür ergingen sich die nach Frankfurt entsandten DDR-Kulturfunktionäre in windelweichen Erklärungen über den »großen Dialog«, den man nun dringend benötige. Eine weitere Koinzidenz: Fünfzig Jahre nach dem gewaltsamen Tod ihres Mannes Nikolai Bucharin, der als Gegenspieler Stalins 1938 ermordet worden war, legte Anna Larina-Bucharina ihre Memoiren vor, Zeugnis eines bewunderungswürdigen Erinnerungsvermögens und einer selbstlosen Treue, die all jene beschämen muss, die sich heute so eilfertig den Konjunkturen der Geschichte anpassen.

Genauso wunderbar ist das Überleben der Wahrheit, »unter der erstickenden Decke von Tausenden von leeren Worten«, wie Friedenspreisträger Václav Havel formulierte. Er setzte dagegen Begriffe wie »Freiheit« oder »Solidarität«, die, scheinbar zur abgegriffenen Münze heruntergekommen, plötzlich für Menschen und Völker neuen Glanz entfalten. Wir Messebesucher konnten die irritierende Erfahrung machen, dass tote Buchstaben draußen in der Welt, in der DDR, in Polen und Ungarn, aufwachen zur politischen Tat.

*Berlin, 5. November 1989*

Gespräch mit Lutz Rathenow über die Massendemonstrationen in Ost-Berlin, zuletzt rund eine Million Menschen auf dem Alexanderplatz. Es traten Redner von Bürgerrechtsgruppen, der Kirche, Künstler und Schriftsteller auf – allerdings auch Ex-Geheimdienstchef Markus Wolf. Der sprach davon, dass die DDR-Regierung bis zum 7. Oktober in einer »Scheinwelt« gelebt habe. Das sei bitter für ihn als Kommunist gewesen. Man dürfe die Rückkehr der »alten Zeit« nie wieder zulassen. Pfeifkonzert. Man glaubte dem lässig mit der Hand in der Manteltasche auf dem Podium stehenden Wendehals nicht, der einmal Chef der Staatssicherheit war. Wolf sprach von der »Erneuerung« der SED, nicht von ihrem Abtreten. Man habe ja lange um »Lösungen« und »Reformen« gekämpft. Pfeifkonzert und »Aufhören!«-Rufe, als Wolf von »couragierten Menschen« und »kompetenten Köpfen« sprach, die in der SED um neue Konzepte gerungen hätten. Niemand will dem Hardliner von gestern glauben. Er wende sich dagegen, sagte er mit einem gewissen melodramatischen Tremolo, dass nun verdiente Stasi-Mitarbeiter zu »Prügelknaben der Nation« gemacht würden. Trotz des Pfeifkonzerts las der schlanke Herr mit den graumelierten Haaren unbeirrt von seinem Spickzettel ab: leere Worte, denen kaum einer mehr glauben will. Beifall bekam er nur, wenn er zur Bestrafung der »Verantwortlichen« aufrief, die im Oktober Demonstranten hatten verhaften lassen. Sein blutleerer Aufruf »Nutzen wir die einmalige Chance, Demokratie und Sozialismus zu verbinden!« und die Berufung auf Gorbatschow, auf Glasnost und Perestroika gingen im Pfeifkonzert unter.

Lutz kritisierte, dass die Leute, die den Sozialismus am Ende sehen, auf dem Alexanderplatz so gut wie nicht zu Wort kamen, man auch keine konkreten Vorstellungen habe, wie es weitergehen soll. Am gefährlichsten sei das Zögern, den gesamten Machtapparat in Frage zu stellen. So müsse man die »Kampfgruppen« in den Betrieben radikal abbauen, die Staatssicherheit auflösen etc. Auch bei den Schriftstellern vermisst er Entschiedenheit, sie seien jahrelang abgetaucht gewesen und hätten sich von der Bevölkerung entfremdet. »Bei einigen ist natürlich die Wende oder der Wendelack so dünn, dass die alte Haltung noch darunter hervorlugt.« Man müsse jetzt ausgebürgerte oder ausgereiste Autoren wie Wolf Biermann, Jürgen Fuchs, Erich Loest, Reiner Kunze, Monika Maron und Ulrich Schacht einreisen lassen. Ohne sie könne es keinen echten Dialog geben. Das habe der Auftritt besonders von Christa Wolf gezeigt, die unbedingt die DDR retten wolle. Nicht sie, sondern Leute aus der »Friedens- und Ökologiebewegung«, die nur im Westen veröffentlichen konnten, müssten nun gehört werden: Gert Neumann, Uwe Kolbe, Monika Maron. Es sei bezeichnend, dass sie in die Auftritte auf dem Alexanderplatz nicht einbezogen worden seien. Auch er habe keine Einladung bekommen.

Lutz Rathenows Kritik am Schriftstellerverband der DDR deckt sich mit meinen eigenen Beobachtungen. Das hatten auch die Leipziger Buchmesse und vor allem der Umgang der Verlage mit den jüngeren Autoren gezeigt. Dort wartet man ab, macht kleine Zugeständnisse, wagt aber nicht den Schritt ins Freie. Alles was von dort komme, so Lutz Rathenow, wirke müde und pflichtbewusst. Gerade von hier, von Ost-Berlin aus, wo sich schon immer die intellektuelle Elite der DDR versammelt habe, müsse nun endlich ein echtes Aufbruchssignal kommen. Denn der Zutritt zur Stadt Leipzig sei für Westkorrespondenten wieder gesperrt, und unabhängige Berichte aus Dresden oder Plauen gebe es noch immer nicht. Leider sei das Beharrungsvermögen, das Pochen auf sozialistische Erneuerung hier in Ost-Berlin deutlich hörbarer als in anderen Städten der DDR, wo die Leute wegen konkreter Forderungen, was die Versorgung mit Waren und Freiheitsrechte betrifft, auf die Straße gingen. Die Frage nach der »Legitimität des Monopolanspruchs der Regierung« würde in Leipzig und Plauen viel radikaler gestellt.

Was die Wieder- oder »Neuvereinigung« der beiden deutschen Staaten betrifft, will Lutz Rathenow bei den Bürgerrechtlern einen gewissen Minderwertigkeitskomplex erkennen. Auf keinen

Fall wolle man, bevor sich die DDR durch Reformen in Form gebracht hat, eine Konföderation oder gar die Einheit. Das Thema der Vereinigung würde freilich, anders als in den Eliten, in breiteren Bevölkerungsschichten zunehmend diskutiert; es finde jedoch – noch – keinen Widerhall in den Medien. Zudem sei die gestrige Massendemonstration ganz auf die DDR fixiert gewesen; außer einem einzigen ungarischen Redner habe man auf dem Alexanderplatz keine andere osteuropäische Stimme gehört. Der deutsch-deutsche Weg sei wieder einmal ein Sonderweg, denn man wolle sich partout nicht in die osteuropäische Oppositionsbewegung einreihen. Das würde, sagte Lutz durchaus vergnügt voraus, »alles noch sehr verrückt und sehr verzwickt werden«.

*Bad Godesberg, 14. November 1989*
Das Wochenende brachte einen historischen wie persönlichen Einschnitt: die Wiederannäherung der beiden Deutschländer und meine Entscheidung zur Trennung von Rehauge. Die Maueröffnung überraschte mich nicht; ich habe seit langem damit gerechnet. Demgegenüber unterliegt das Ende einer Liebe, der Verlust eines Menschen keinem Kalkül. So viel Euphorie und zugleich so große Bitterkeit. »Vieles, was uns im Innersten bewegte, geht unter bei diesem Übergang«, schrieb Ernst Jünger 1945. Erst jetzt begreife ich diesen Schmerz der Veränderung.

Letzte Nacht eine ganze Kette von Träumen. Ich begegnete mir dabei selbst als dreijährigem Kind, das ich penibel auf Ähnlichkeiten überprüfte. Aufschlussreich auch eine Szene, in der eine Person Piranhas, sehr kleine Exemplare, in einen Teich warf, sich anschließend hineinstürzte und vor meinen Augen zerfleischt wurde. Bevor das blutige Gesicht untertauchte entfuhr seinem aufgerissenen Mund etwas schwarz Geringeltes, ähnlich einer gespaltenen Zunge.

*Bad Godesberg, 26. November 1989*
Anruf von Gerd Holzheimer, der seine Fahnen zur Festschrift korrigiert hat; er berichtet Aufschlussreiches aus der DDR, wo

er an verschiedenen Demonstrationen teilgenommen hat. Die Menschen agierten dort völlig angstfrei und, nach seiner Einschätzung, sei der Staat am Ende. Einige seiner Bekanntschaften hätten sich bereits für einen Besuch in München angekündigt.

*Bad Godesberg, 1. Dezember 1989*
Rolf Schilling ein paar Tage zu Besuch. Nahm ihn mit in die Redaktionskonferenz, wo er sich zur politischen Lage und zu seiner Existenz als »Dichter« äußerte. Beharrte auf einer »solitären« Position, die sich in jedem System zu bewähren habe. Abendessen im Hotel »Residence«; Rolf unterhielt sich angeregt mit Thomas Kielinger, auch über Jünger. Anschließend bei der Abschiedsparty für den CDU-Bundestagsabgeordneten Dieter Weirich, der als Intendant zur *Deutschen Welle* wechselt. Dann fuhren wir recht spät zu dritt zu meiner Wohnung auf der Elliger Höhe. Es schien mir, als habe sich Rolf Schilling wohlgefühlt in einer ihm völlig fremden Welt. Er ist der Outsider, der Exot aus dem Osten, dem man den ironischen, bisweilen sarkastischen Blick verzeiht.

*Bad Godesberg, 2. Dezember 1989*
Gestern Auftritt von Rainer Schedlinski in Bonn, zu dem ich Rolf Schilling mitnahm. Nach der Lesung, die Rolf mit gerunzelter Stirn verfolgte, angeregte Debatte über die Bewahrung der Identität des DDR-Autors im neuen Umfeld. Es war Schedlinski anzumerken, dass er seine Rolle noch nicht gefunden hat, ja das Alte zu verherrlichen beginnt. Für Rolf ändert sich wenig; er kann jetzt reisen, aber muss sich nicht anpassen, weil er keinerlei Interesse am Literaturbetrieb hat.

Nach Köln, um den Dom anzuschauen, von dem Rolf Schilling sich sehr beeindruckt zeigte. Abends im Theater ein Stück von Pirandello. Gab Rolf das *Brief-Journal* von EJ zu lesen, in dem er die halbe Nacht schmökerte. Unterhielten uns über die Schwierigkeit, eine Biografie zu schreiben ohne die nötige Distanz zu verlieren. Telefonierte mit Liselotte Jünger, um eine Begegnung von Rolf mit EJ zu arrangieren. Die Jüngers sind derzeit beim Neffen Gert

Deventer in München. In Köln machte Hajo Steinert auf meine Bitte ein Interview mit Rolf Schilling für den *Deutschlandfunk*.

Mit dem Wagen nach München, wo Umberto Eco die deutsche Übersetzung seines neuen Romans *Das Foucaultsche Pendel* im Deutschen Museum vorstellte. Ich war dort, um eine Reportage für den *Rheinischen Merkur* zu schreiben. Für Rolf nur eine Zwischenetappe, wenngleich ihn die Begegnung mit dem Weltautor Eco sichtlich beeindruckte. Das Hauptereignis in München ist für ihn jedoch das Zusammenkommen mit EJ; Uwe Lammla, Freund, Dichter und Verleger, nahm ihn nach der Veranstaltung mit sich nach Hause; morgen wollen beide im Haus der Deventers mit Jünger zusammentreffen.

*Berlin, 21./22. Dezember 1989*

In Berlin, um eine Reportage über das Treiben an der Mauer zu schreiben. Gleich mitten im Getümmel. Am Martin-Gropius-Bau unweit des berühmten Checkpoint Charlie hat ein Trupp Langhaariger ein Stück der graffitibesprühten Mauer als Claim mit Flatterband abgesteckt. Die »Chaoten«, wie sie sich selbst nennen, wollen ein Stück ihrer West-Berliner Identität retten, die jetzt so überraschend unter den Hammer der Geschichte gekommen ist. Links und rechts des besetzten Mauerabschnitts hämmern die »Mauerspechte«, um Stücke aus dem Beton herauszubrechen, feilschen Kinder und professionelle Souvenirjäger mit den Touristen aus aller Welt.

Unglaubliches ist im Gange: Mit Hilfe eines ratternden Betonmischers sanieren die Status-Quo-Ritter von der bärtigen Gestalt Europas am meisten gefährdetes Architekturdenkmal! Einem Abbruch-Fan, der selbst den Hammer schwingt, hat es über dieses unerwartete Treiben den Atem verschlagen. Von den Betonwerkern immer wieder aus dem Aufbaubezirk gedrängt, zerrt der Eindringling mit vor Erregung blassem Gesicht an den rotweißen Flatterbändern, tritt Plastikeimer um oder macht sich am Betonmischer zu schaffen. Plötzlich liegt er, über und über bespritzt, im Schlamm. Die Mauerflaneure grinsen, einige schimpfen: »Keine

Gewalt!« Auch das ihm schnell in die Hand gedrückte »Zehn-Punkte-Programm« der Mauersanierer kann den nationalhysterischen Zorn des Mannes kaum bremsen. Analog zu Kohl proklamieren die selbsternannten Chaoten einen Stufenplan zur Erhaltung West-Berlins, das nach ihrer Vorstellung als anarchischer Archipel weiter in seinem geschichtsfernen Mauerwinkel dahindämmern soll.

Solcherart Chuzpe passt nicht in den derzeitigen Gefühlshaushalt der Berliner. »Die spinnen wohl«, raunzt ein Passant neben mir und greift sich an den Kopf. Ausländische Touristen erklimmen die Aussichtsplattform und knipsen das teutonische Gerangel von oben herab. Der Spaziergang entlang der Mauer wird zur Demonstration, was auf die DDR an gesamtdeutschem Ideenreichtum zukommen wird. Erst einmal in Form vielfältiger Abrissbirnen, die mit Lust das einst so gefürchtete Bauwerk traktieren. Tag und Nacht schallt das helle Tack-Tack der mit Hammer und Meißel bewaffneten Mauerspechte als Triumphton kapitalistischer Verwertungslogik die Grenze entlang. Kurz vor der Jahreswende wird das Mahnmal einer zweigeteilten Welt plötzlich zum Weihnachtsbasar. Amerikaner, Franzosen, Engländer, Kanadier und Japaner decken sich mit den bunten Mauersplittern ein, die sie meist nicht selbst von den Betonplatten losklopfen können. Denn der Gussbeton lässt sich nur sehr behutsam von den Nahtstellen der Platten her aufmeißeln, zumeist spritzt die begehrte Oberfläche in winzigen Partikeln ab, wenn sich die Souvernierjäger selbst an die Arbeit machen. Markstückgroße Bruchstücke kosten immerhin schon zwei Mark, für ein handtellergroßes Andenken berappe ich einen Zwanziger. Mit noch größeren Stücken ist man rasch bei 100 Mark.

Weiter in die Stadt hinein wird die Ware noch teurer, vor den Luxushotels und auf dem Kudamm verlangen geschäftstüchtige Knirpse das Mehrfache. Dabei sind solche Geschäfte eigentlich gar nicht erlaubt, denn die Berliner Mauer steht auf dem Boden der DDR, auch die Mauerspechte operieren vom Territorium Ost-Berlins aus. In der Vergangenheit wurde so mancher Mauerstürmer, der die Grenze vom Westen aus als Zeichen des Protests zu erklimmen versuchte, von DDR-Grenzern überrascht, die aus schmalen Ausfalltüren heraus den »Provokateur« zu fassen versuchten.

Es muss Scham sein, die den Eigentümer des zum Kunstwerk avancierten Todeswalls davor zurückhält, sich selbst am Profit zu beteiligen. Beim Häftlingsverkauf war die DDR allerdings weniger zimperlich, um an die überlebensnotwendigen Westdevisen heranzukommen. Bald wird dieses traurige Bauwerk in seiner ganzen Länge abgenagt sein, auch wenn an manchen Stellen bereits neue Graffiti aufgemalt werden. Den neuen Mauerkrümeln wird jedoch das Qualitätsmerkmal der Zeitgenossenschaft fehlen, weil sie nun einmal nach dem 9. November entstanden sind.

Am Brandenburger Tor, dort, wo die Mauer zur Panzersperre wird, bewegen sich zwei dunkle Gestalten im Schatten der Mauer, die von Osten aus hell angestrahlt ist. »Wir wollen mal rübergucken – gibt's denn hier keinen Aussichtssturm?« Was vor wenigen Wochen noch als »Grenzverletzung« verfolgt worden wäre, ist nun zum touristischen Geplänkel geworden. Oben sind die Schattenrisse von zwei DDR-Grenzern zu erkennen, die in ihrem Mauerwinkel lungern. Den Turm hätten die im Westen eben abgebaut, sächselt es auf die beiden herab. Ob man bald durchs Tor spazieren könne, will man im gleichen Tonfall wissen. Die Fragesteller geben sich als Leipziger zu erkennen und möchten sich ihr Land mal von außen beschauen. »Da sind wir nicht kompetent – aber es liegt was in der Luft«, schallt es gutmütig von der Mauer herab. Es liegt zweifellos noch einiges Überraschende in der berühmten Berliner Luft, das spürt jeder, der in der früheren Frontstadt des Kalten Krieges unterwegs ist.

*Bad Godesberg, 1. Januar 1990*

Ein Jahr der Freuden und des Schmerzes geht zu Ende. Aufbrüche, Belohnungen, Abschiede bestimmen die Erinnerung. Verraten habe ich mich nicht – aber auch nicht geläutert. Schwer gemacht wie immer. Auch in der Liebe. In Stuttgart geht das Buch

158

in Druck, das manches bündelt, was in mir zusammengehört, das sich aber erst auf den zweiten Blickt fügt.

*Bad Godesberg, 12. Januar 1990*
Es war an der Zeit, auch einmal über jene zu schreiben, über die der Fall der Mauer gekommen ist wie ein Scherbengericht. Denn in einem Augenblick, da sich Osteuropa von seinen kommunistischen Unterdrückungssystemen emanzipiert, sind die Intellektuellen in beiden Teilen Deutschlands sprachlos und verwirrt. In meinem heute im *Rheinischen Merkur* publizierten Essay *Das trockene Brot der Utopie* habe ich diesen Zusammenbruch des linken Illusionismus mit einem ironischen, in manchen Passagen auch sarkastischen Unterton beschrieben. »Da steht er, der deutsche Intellektuelle, mit leicht angewidertem Blick und spöttisch gekräuselter Oberlippe und ahnt, dass diese lachenden und weinenden Menschen soeben die Mauern seiner eigenen Begriffe und Ängstlichkeiten zu stürmen begonnen haben. Nicht die West-Berliner Kaufhäuser, wie Revolutionsästhet Heiner Müller mit antiquiertem Gewaltpathos forderte, sondern die Ruinen des utopischen Denkens, das über dem trockenen Brot der Zukunftsträumerei so lange die Süße der Gegenwart verschmähte.«
»Massenbewegungen stürzen Mauern ein und bringen zementierte Verhältnisse zum Tanzen – doch die Alt-Revolutionäre im Westen haben Angst. Angst vor der Veränderung, der sie jahrzehntelang gebetsmühlenhaft das Wort geredet, die sie als billige Münze der Gesinnungsethik inflationär in Umlauf gebracht haben. Die erschreckenden Wahrheiten, wie sie etwa jetzt über Ceauşescus Rumänien an den Tag kommen, hatten den Nachteil ›platt‹ zu sein – viel schöner ließ sich unter Ästheten über die Verfallsformen des Spätkapitalismus, über die strukturelle Repressivität der westlichen Demokratie und die Inhumanität einer Marktwirtschaft schwadronieren, die jetzt so überraschend zur Hoffnungsvokabel für Osteuropa geworden ist. Auch deshalb ist der Aufruf ›Für unser Land‹, den zwei Dutzend Schriftsteller, Filmemacher, Regisseure und Rocksänger unterschrieben haben,

um dem ›Ausverkauf‹ einen Riegel der Entrüstung vorzuschieben, so fatal und rückwärtsgewandt. Diese Haltung zehrt noch immer von der vermeintlichen Überlegenheit des Sozialismus über den Kapitalismus, der ohne die ›sozialistische Alternative‹ nicht in Schach gehalten werden könne. Die Unterschrift des Honecker-Nachfolgers Krenz, der eine chinesische Lösung ins Spiel brachte, entlarvt aber, wie viel opportunistisches Kalkül sich hinter diesem DDR-Patriotismus verbirgt.«

Ich zitierte Monika Maron, die einräumte, in einem ritualisierten »Antifaschismus« sozialisiert worden zu sein, der von sich behauptet, auf der Siegerseite der Geschichte zu stehen. Maron hat dieser Lebenslüge ein für allemal abgeschworen. In ihrer bewegenden *Rede über Deutschland* sagt sie sich endgültig los von jeder Art Utopieversprechen, wie es von linksemanzipatorischer Weltanschauung seit jeher gepflegt wird. »Wo immer ich höre, dass einer weiß, was der anderen Menschen Glück ist; wo immer ich lese, dass jemand im Namen einer Idee über Millionen Menschen verfügt, und sei es nur in Gedanken; wo immer ich sehe, dass einer alten Ideologie frische Schminke aufgelegt wird, um ihren Tod zu maskieren, packt mich das Entsetzen. Und eine jahrzehntelange Wut.«

»Doch schon sind bewährte Maskenbildner wieder am Werk, um der Fratze des realexistierenden Sozialismus neue Schminke aufzulegen. Der Ost-Berliner Alexanderplatz wurde zur Volière der Kultur-Wendehälse; eine verräterische Momentaufnahme zeigt Stefan Heym vor seinem rhetorisch glänzend inszenierten Auftritt, der in der Frischluft-Metaphorik gipfelte, die Revolution habe das Fenster zur Freiheit aufgestoßen. Mit gekrümmtem Rückgrat sitzt der Schriftsteller auf einer Treppenstufe, als Uhu einer überlebten sozialistischen Wunschwelt, um der Menge den ›aufrechten Gang‹ zu lehren. Dabei hatte er, der vor zehn Jahren mit dem DDR-System wegen einer lukrativen Westpublikation zusammengestoßen war, über die Hintertreppe der Westreise regelmäßig Luft (und Devisen) geschöpft. Vielleicht ist es müßig, von Künstlern jene Ausnahmegesinnung einzuklagen, die Gestalten wie Havel, Dinescu, Solschenizyn oder Sacharow auszeichnen. Die Moral der meisten ›Kulturschaffenden‹ geht in ihren Werken auf, deren produktivste Triebkräfte Eitelkeit und Selbstbespiegelung sind. Beispiele dafür, dass Schriftsteller bisweilen große Gesinnungslumpen und politische Dilettanten sind, gibt es in der Geschichte zuhauf.«

*Bad Godesberg, im Februar 1990*
Astrid entdeckte in der Zeitung ein Inserat, in dem ein Gründerzeithaus zur Miete angeboten wird. Nur einen Steinwurf vom Rhein entfernt. Sie hat es auch schon besichtigt. Hohe Stuckdecken und Parkett, ein weiträumiger Garten hinterm Haus. Im Keller befindet sich sogar ein kleines Schwimmbad. Timo und Lina restlos begeistert, sie beginnen schon, die auf drei Stockwerke verteilten Zimmer aufzuteilen. Die Eigentümer, die für eine SPD-Stiftung für einige Jahre nach Lateinamerika wechseln, haben offenbar eine folkloristische Sammelleidenschaft. Die Wände voll mit Holzschnitzereien aus Asien und Afrika, alle Böden von exotischen Teppichen und Läufern bedeckt. Das Ganze wirkt dadurch, trotz der großzügigen Architektur, etwas höhlenhaft.

*Bad Godesberg, 14. Februar 1990*
Freunde gratulierten zum Umzug ins neue Haus. Leider zog ich mir dabei eine »Lumbago«, einen Hexenschuss zu. Er ereilte mich zum Glück erst, als das letzte Buch meiner Hand entglitten und seinen Platz in der neuen Bibliothek gefunden hatte. So ein Hexenschuss ist ja wie ein Schuss, der nach hinten losgeht: Termine platzen, Reisen müssen storniert werden – und das in einer Zeit, in der jede Begegnung mit den höheren Weihen geschichtlicher Einmaligkeit aufgeladen zu sein scheint. Ich musste befreundete Autoren, mit denen ich Gespräche über die sich rasant verändernde politische Lage vereinbart hatte, rechtzeitig von meiner Misere wissen lassen. Heikel dabei: Die dritte Absage dieser geplanten DDR-Rundreise könnte in Ost-Berlin, Leipzig oder Dresden den fatalen Eindruck erwecken, die einmal so um-

worbene DDR-Literaturszene sei nun, nach Öffnung der Grenzen, für unsereins uninteressant geworden. Dankbarkeit zählt ja bekanntlich nicht zu den Kardinaltugenden eines Journalisten, dem die Vergesslichkeit das Handwerk erleichtert.

Erleichterung deshalb über einen Brief von Uwe Saeger, der bedauert, zur vereinbarten Zeit selbst in den Westen zu reisen. Go west! Ist offenbar nicht nur der Schlachtruf wohlstandsversessener DDR-Jugend, auch zahlreiche Autoren nutzen derzeit die Auftrittsmöglichkeiten im Westen. »Kurz ist der Schmerz, und ewig jung ist die Freude«, lässt Schiller seine *Jungfrau von Orleans* sagen – das kommt mir wie der aktuelle Kommentar zur Gefühlslage der DDR-Bürger (und Schriftsteller) vor. Oder auch wie ein tröstliches Wort für mich, dessen kurzer Rückenschmerz von künftiger Wohnfreude reichlich kompensiert werden dürfte.

*Berlin, 25. Februar 1990*

Bei einem Schriftsteller-Treffen, das 40 Autoren aus Ost und West in Berlin zusammenführte. Dafür hat das Veranstalter-Trio Hans Christoph Buch, Uwe Kolbe und Hans Joachim Schädlich einen der schönsten Kulturtreffpunkte der Stadt gewählt, das »Literarische Kolloquium« hoch über dem Wannsee. Uwe Kolbe und Hans Christoph Buch für die Bundesrepublik, Helga Königsdorf für die DDR gaben zum Auftakt den moralischen Ton an. Mit ihren Attacken auf die westdeutsche Linke und ihrer nachdrücklichen Forderung, endlich Hitler mit Stalin, den Faschismus mit dem Stalinismus zu vergleichen, rannten Kolbe und Buch Türen ein, die Kollegen wie Monika Maron und Rolf Schneider längst durchschritten haben. Wie lange vor ihnen übrigens die vielgeschmähten Theoretiker des Totalitarismus, Andreas Hillgruber und Ernst Nolte.

Eigentlich hat man nichts Neues in Berlin gehört. Wie denn auch, handelt es sich doch bei den Disputanten um Angehörige eines Berufsstandes, dessen Einmischung in die Politik von der Geschichte eben des Dilettantismus überführt wurde. Der einstige DDR-Autor Wolfgang Hegewald spöttelte denn auch über die Inkompetenz seiner Kollegen, die sich den Kopf über Wahlrecht, gesamtdeutsche Verfassung und Marktwirtschaft zerbrachen: »Es kommt mir so vor, als säßen hier Sinologen, die über Differentialgleichungen diskutieren.« Das hinderte Michael Schneider aber nicht, dem Osten eine Ausverkaufs- und Ausbeutungswelle vorauszusagen: »In der Frankfurter City herrscht seit Wochen Goldgräberstimmung.« Dass die DDR an ihren Widersprüchen zugrundeging und weite Teile ihrer Industrie auf einem freien Markt nicht überlebensfähig sind, wurde erst gar nicht thematisiert. Es gelang Schneider, aus seinen Kollegen jene Ressentiments herauszukitzeln, die unter Intellektuellen seit dem Mauerfall die Debatten dominieren.

Zu den Angstvisionen gehörte natürlich auch die Grass'sche Warnung vor der unheilschwangeren Mentalität der Deutschen und ihren Großmachtträumen, die durch die Einheit wieder geweckt werden könnten. Die Vereinigung von Bundesrepublik und DDR ergäbe eine »kritische Masse«, die Europa bedrohe, gaben Hermann Peter Piwitt und Klaus Schlesinger zu bedenken. Immerhin warnte Johano Strasser vor einem pathologischen »Selbsthaß« der Deutschen, weil er in ihm die Umkehrung des früheren deutschen Größenwahns und die Perpetuierung eines »deutschen Sonderwegs« erkennen wollte. Der Romancier und Vordenker der SPD riet, ganz der Enkel Willy Brandts, »die Einheit zu gestalten, um der Rechten die Luft rauszunehmen«.
Wieder einmal war es Monika Maron, die die Lebenslügen der Intellektuellen aufspießte. Dem in Frankreich lebenden »Weltbürger« Lothar Baier erschien das viel zu »germanozentristisch«; deshalb versuchte er Monika Maron als Kleinbürgerin zu demaskieren, was zu einem heftigen Schlagabtausch führte. Das wiederum rief die DDR-Feministin Gabi Kachold auf den Plan, die so viel Männeraggressivität, gemeint war Lothar Baier, typisch teutonisch und sehr chauvinistisch fand. Nachdem Baier sich von Lutz Rathenow und Jürgen Fuchs über den tadellosen Lebenslauf Monika Marons hatte belehren lassen müssen und sogar so etwas wie eine Entschuldigung durch die zusammengepressten

Lippen gemurmelt hatte, wagte die Angegriffene ein provokantes Fazit. Es brachte das Elend der moralisch zerrütteten deutsch-deutschen Poeterey auf den sarkastischen Punkt: »Ich habe mehr Angst vor Grass und Piwitt als vor Höpcke und Kant.«

Sanft war die Revolution, sanft verabschiedete sich auch die gestürzte Klasse aus ihrer mitverschuldeten Unheilsgeschichte. Helga Königsdorf, die wie Christa Wolf erst vor kurzem ihre SED-Mitgliedschaft aufgekündigt hat, übte sich in so zerknirschter Selbstkritik, dass sie von ihrem Leipziger Kollegen Heinz Czechowski rüde zurechtgewiesen wurde. Sie solle lieber ein Jahr schweigen, sächselte er über den Tisch, »als solchen Unsinn zu verzapfen«. Sie habe ihren Austritt aus der SED mit einer Selbsthilfegruppe bewältigt, lamentierte die Schriftstellerin. Ulrich Schacht wollte in all diesen wohlfeilen Bewältigungsversuchen ehemaliger Täter, Mitläufer und Sympathisanten nur die immergleichen Entlastungsstrategien am Werk sehen, wie sie schon einmal von Hannah Arendt für die Zeit nach dem Zusammenbruch des Nationalsozialismus konstatiert worden seien.

Gekommen war auch Günter Zehm, der wenige Wochen zuvor als stellvertretender Chefredakteur und Leiter des Feuilletons aus der *Welt*-Redaktion herausgedrängt worden war. Ausgerechnet mitten in der Wende, die er wie wenige andere Journalisten herbeigeschrieben hatte! Das hinderte ihn aber nicht daran, den versammelten Schriftstellern anhand eines »Fünf-Punkte-Plans« Nachhilfe in Gesinnung und Poetologie zu geben. Der »unliterarischen Kategorie des Gejammers abzuschwören«, keinesfalls »den Utopien hinterherzulaufen«, sondern »das Volk als Erfahrung zu begreifen« und sich, das der empfindlichste Vorwurf des Literaturkritikers an die Autoren, »eines eigenen Sprachspiels statt des der Soziologen« zu bedienen – das waren seine Ratschläge, die eher widerwillig zur Kenntnis genommen wurden. Das dürfte Zehm aber kaum gestört haben, denn er war ja als Privatmann nach Berlin gereist, um einen Bankrott zu besichtigen.

164

*Bad Godesberg, 15. März 1990*
Vorträge über EJ (und meine Bildbiografie) in München und Freiburg. Die Tour wird mich durch zehn Städte führen. Gestern Auftritt im Düsseldorfer Palais Wittgenstein. Kundiges Publikum, viel Applaus. Danach mit Astrid und ihrer Mutter Ellen zu einem Weinchen in die Kö-Passage. Nach jedem Vortrag bleibt ein unbestimmtes Gefühl der Unzulänglichkeit zurück – als hätte man nicht ausgeschöpft, was es zum Thema zu sagen gibt. Die Stimmung war zweifellos am exzellentesten in der Buchhandlung Lehmkuhl in Schwabing, wo Gerd Holzheimer und Axel Matthes im Publikum saßen. In Freiburg steckte mir Gotthard de Beauclair seine neuesten Gedichte zu. Anschließend spazierte ich etwas erhitzt über den nächtlichen Münsterplatz. Stuttgart enttäuschend. Mama begleitete mich, Rehauge unerreichbar. Papa schenkte mir ein Pastellbild mit Mettinger Motiv, er schien niedergeschlagen. Habe den starken Wunsch, mich endlich ins Eigene zu befreien. Aber wie schwer es ist, die Bürden der Vergangenheit abzuwerfen! Mein Sammelband *Zurück zu Deutschland* mit *RM*-Beiträgen bei Bouvier in Satz; er soll Mitte April erscheinen.

Besuch von Michael und dem kleinen Ferdinand. Seltsames Paar, nie sah ich die kleinste Zärtlichkeit zwischen Vater und Sohn. Dagegen die überströmenden Gefühle von Astrid und Lina, die mich herzen und küssen. Michael muss sehr einsam sein. Bisweilen denke ich, er will sich an mir aufrichten. Familiäre Stallwärme, vielleicht die einzige ihm mögliche Nähe. So gesehen erscheint meine Zurückhaltung unversöhnlich. Aber ich kann die frühen Verletzungen nicht vergessen. Auch nicht die künftigen. Meine Härte ist versteinerte Liebe zum MENSCHEN.

Nächtlicher Anruf von Gerd Bergfleth, der heute das *Echo der Bilder* vom Verlag erhalten hat. Zeigte sich zufrieden, auch über die Aufmachung seines eigenen philosophischen Essays, lobte meine Fragmente und Aphorismen. Will unbedingt Ernst Jünger einmal persönlich kennenlernen. Dass er Autor der Festschrift zum Fünfundneunzigsten ist, rechnet er sich zur Ehre an. Längere Plauderei über die Vorgänge in der DDR, die Einheit und die Nation. Wie ich beklagte er die jahrzehntelangen Verleumdungskampagnen gegen diejenigen, die an der deutschen Einheit festhielten. Er kündigte an, sich an der Bonner Podiumsdiskussion zu beteiligen. Lektüre: Gert Heidenreichs großartiger Roman *Belial*, den ich besprechen will.

*Im Zug nach Lübeck, 19. März 1990*
Beim Blick aus dem Speisewagenfenster der Gedanke, dass man sich unbewusst gegen das Gefühl des Schönen wehrt. Zu sehr ist der moderne Mensch von der Allgegenwärtigkeit des Elends, der Simultaneität des Komfortablen mit dem Schrecklichen infiziert, als dass er sich ganz dem Genuss des schönen Augenblicks hingeben könnte. Man ist doch sehr vom Zeitgeist infiziert; es fällt schwer, die Zeitgenossenschaft abzuschütteln. Konnte gestern leider meinen Beitrag über das Böse nicht abschließen; dafür langes Telefongespräch mit Klaus Modick, der sämtliche Neuerscheinungen von und über Jünger für die *Zeit* rezensiert hat; auch das *Echo der Bilder*, zu dem er selbst einen Beitrag beigesteuert hat (*Die Geschichte einer Narbe*).

Im Fernsehen verfolgte ich den gesamten Abend die Nachrichten aus der DDR. Die erste »freie« Wahl. Großer Sieg des schwarzen Riesen, Enttäuschung bei den Weltfremden von Rot bis Grün. Das Rennen machte Kohls Statthalter Lothar de Maizière. Konnte ein Triumphgefühl nicht unterdrücken über das Schauspiel, wie die Wirklichkeit die Ideologie überspielte. Es ist immer die Verachtung der Realität und der in ihr wirkenden Kräfte, die mir diese anämischen Linksutopisten so unappetitlich macht. All die Engelhardts, die um ihre Feindbilder bangen. Sie hatten lange vor 1989 Deutschland aufgegeben – und mich wegen meiner Reisen in die DDR belächelt. Als führe ich in die Mongolei. Am Morgen Abschied von Astrid und Lina; Lina klammerte sich an mich. Der Liebe würdig erweisen.

166

*Im Zug nach Bonn, 20. März 1990*
Gestern Spaziergang mit Martin Thoemmes durch Lübeck und in den Dom. Dort beeindruckte mich vor allem ein dreiteiliger Wandaltar, ein Triptychon, das Szenen aus der Heiligenlegende des Antonius zeigt. Mehrere geschwänzte Teufel treten auf, und zuletzt liegt der Gemarterte tot und leichenblass auf der Bahre. Ähnlich bleich mag ich selbst ausgesehen haben, als mich während meines Vortrages in der überfüllten Buchhandlung Weiland eine, wie ich es nannte, »kleine Schwäche« überkam; ich musste mich für einige Minuten zurückziehen. Dem Vorgang war eine Verstörung vorausgegangen, eine Art Beklemmung, denn das Publikum war mir zu sehr auf den Leib gerückt, hatte seine Stühle bis ans Podium geschoben. Schon nach Minuten riefen die Zuhörer von hinten »Lauter! Lauter!«. Zuerst wurde mir heiß, Schweiß trat auf meine Stirn. Dann schwindelte mir, das Licht wurde plötzlich gleißend hell, ich hörte mich von sehr fern sprechen. Es war mir, als wollte mein gesamtes Ich, Körper und Geist, sich der Situation entziehen, aus dem Engpass hinaus. Die bekannte Absentia, die mich immer dann überkommt, wenn Menschen mir unangenehm sind oder zu dicht an mich heranrücken, verdichtete sich zur punktuellen Selbstauslöschung.

Martins Vater, Vorsitzender der Thomas-Mann-Gesellschaft und Arzt, führte mich ins Freie, die Geschäftsführerin der Buchhandlung besorgte Schnaps. Danach lebte ich schnell auf; mein Puls erhöhte sich. Vortrag und Lesung gingen jetzt routiniert über die Bühne. Einige Honoratioren lächelten, und der Applaus galt auch der physischen Ausdauerleistung. Anschließend signierte ich einige Exemplare der Bildbiografie und von *Das Echo der Bilder*; die Festschrift war rechtzeitig von Klett-Cotta für die Lesung bereitgestellt worden. Danach speisten wir bei einem Italiener auf Einladung von Weiland; ich hielt mich, voll genesen, an den Chianti. Plauderte mit Leonhard Fischer, Jünger-Adept und Lübecker Lokalgröße. Dann in Martins Wohnung; er wohnt in einem sehr schönen Jugendstilhaus. Dort Wein, Sekt, Plaudereien bis gegen vier; ein Taxi brachte mich zum Hotel.

*Solschen, 21. März 1990*

Nach einem halben Jahr wieder in Solschen; die Kinder haben sich den Eindruck bewahrt, dass Heimo zu jedem Unfug bereit ist. Mein Patensohn Jaakob ist ein freundliches Kind, das mich schon nach wenigen Minuten »annahm«. Magie der Ursprünglichkeit. Gespräche mit Uwe über Schule, Schüler, Schwund des theologischen Sinns. Das Haus eine einzige Puppenstube; Ellie sehr dominant, Uwe ein bisschen verstockt. Er neigt zum Alles oder Nichts. Zumindest rhetorisch.

*Im Zug nach Bonn, 28. März 1990*

Beim Einsteigen in den Zug auf dem Stuttgarter Bahnhof Zusammenstoß mit einem jener Typen, die den Fuß in die Tür setzen wie der Einbrecher sein Brecheisen. Menschliche Brechmittel, die einem die eigene Gattung vergällen. Der Kerl mit dem Eberkopf wuchtete seinen Metallkoffer in die Wagentür, um mir den Weg abzuschneiden. Dann polterte er grobianisch die Abteile entlang. Konnte mich nicht halten zu fragen: »Sind Sie eine Dampfwalze?« Er: »Ja«. Schluckte meinen Nachsatz herunter: »Außen Gusseisen, innen hohl.«

Lesungen in Hannover, Stade, Bremen und Aachen liegen hinter mir. In Bremen (»Café Ambiente«) nur rund 30 Zuhörer, desgleichen in Stade. An der Aachener Uni nach der Lesung Diskussion, an der sich auch Mitglieder eines »Bundes der Antifaschisten« beteiligten. Hier der Saal gut gefüllt. Sie hatten auf den Bänken Flugblätter ausgelegt, auf denen sie EJ als »Wegbereiter des Nationalsozialismus« attackierten. Beim Schlagabtausch merkte man, dass sie viel über Jünger gelesen hatten, aber nichts von ihm.

Die Renovierung des Hauses geht zügig voran. Astrid ist die Meisterin, sie beherrscht das Handwerk, kann Teppiche verlegen, Vorhänge schneidern, ist mit der Elektrik vertraut. Lina entwickelt eine kindliche Leidenschaft für mich und weicht nicht von meiner Seite. Der Seelenschmerz wegen der Trennung von Rehauge zinst nun für die neue Familie. Schmerz und Freude unauflösbar ineinander verschlungen. Aber immer Angst vor den »Wonnen der Gewöhnlichkeit«, die den seelischen Ausnahmezustand beenden könnten. Bin eben nicht für das Laue geschaffen.

*Im Zug nach Stuttgart, 30. März 1990*
Gestern Ernst Jüngers 95. Geburtstag. In Riedlingen, in die Buchhandlung am Markt, kamen rund 300 Zuhörer zur Lesung; eine Zahl, die ich in keiner Großstadt erreicht habe. Auch der junge Bildhauer Gerold Jäggle – er schuf 1988 eine Jünger-Büste – saß im Publikum. Nach der Veranstaltung gingen wir auf einen Wein in die örtliche Pizzeria. Von dort an die Donau, wo Gerold sein Atelier hat. In einer aufgelassenen Tankstelle arbeitet er an einem kommunalen Auftragswerk: »Himmelsgaffer«. Weil hinter dem Auftrag die Sparkasse steht und diese vom Künstler einen symbolischen Bezug einfordert, modellierte er einer seiner Figuren ein stilisiertes Sparbuch in die geöffnete Einkaufstasche. Kunst geht halt zum Brot. Im Atelier dann sehr schöne antike Torsi, die vor eine ornamental bearbeitete Wandtafel gehängt sind.

*Bad Godesberg, 1. April 1990*
In der *FAZ* Besprechung der *Zeitsprünge* und der Festschrift. Peter Glotz schoss sich auf Bergfleth ein, dem er das Etikett des »Antiaufklärers« anhängte. Sprach von Beliebigkeit der Zusammenstellung, davon, dass ich als Herausgeber der Festschrift Jüngers Ambivalenz nicht berücksichtigt hätte. Dabei hat Ludwig Harig in der *Süddeutschen* genau andersherum argumentiert: Sein eigenes, kritisches Jüngerbild sei durch die Echo-Anthologie korrigiert worden. Glotz ist eben Salon-Sozialist, der sich mit dem »bösen Jünger« nur schmückt. Dafür lobt er Heinz Ludwig Arnold und die Gehässigkeiten von Heißenbüttel. Das alles ausgerechnet in der *FAZ*. Dagegen Frank Schirrmacher in seinem Gedenkartikel zum Fünfdundneunzigsten sehr positiv über die »Mineur«-Arbeit des Jünger-Forschers.

Familiärer Geburtstagskreis in der Godesberger »Redoute«. EJ frisch, locker, gesprächig. Etwas heiser, was sich aber verlor im

Laufe des Abends, nach reichlich Genuss von Wein und Cognac. Zum Menü viele Anekdoten; Sohn Alexander soll sich eine »Mätresse« halten. »Bei den Jüngers muss man mit allem rechnen«, so Liselotte, die fröhlich und entspannt wirkte. Sie erzählte auch vom González-Besuch. Sie habe dem spanischen Ministerpräsidenten vor der Oberförsterei ein Glas selbstgemachter Marmelade in die Hand gedrückt. Felipe González sei ein großer Blumen-Kenner. Ich überreichte dem Jubilar das *Echo der Bilder* und eine Radierung von Papa. Er blätterte im Buch und kündigte die nächtliche Lektüre an, lobte Wolfgang Winkels *Deutschland*-Gedicht. Dann sprach er von Schirrmachers Artikel, in dem ich freundlich erwähnt würde. Den Beitrag selbst habe er aber nicht verstanden. Gegen 22 Uhr Aufbruch, von EJ initiiert, der sich perfekt auf die Ökonomie der Kräfte versteht.

*Bad Godesberg, 11. April 1990*

»Jünger verweht« – es ist überstanden! Lesereise, Literatur-Extra, Geburtstags-Parcours. Ostern steht vor der Tür. Am 2. April im Stuttgarter Schloss, wo EJ von Ministerpräsident Späth geehrt wurde; unter den rund 250 Gästen der sechsundneunzig Jahre alte Alfred Toepfer, Nato-Generalsekretär Manfred Wörner und die 85-jährige Banine. Auch Frank Schirrmacher, Martin Meyer und Johannes Willms waren dabei. Martin Meyer brachte dem Jubilar als Geburtstagsgabe seine eben erschienene große Werkbiografie mit. Etwas kraftlose Ansprache von Lothar Späth, spannungslose Replik von EJ, der eigentlich nur aufzählte, was er seit seinem Neunzigsten erlebt hat: Die Wiederkunft des Halleyschen Kometen auf Sumatra, die Käferjagd auf den Seychellen, die Reisen ans Mittelmeer und nach Mauritius, die Preise, die er eingeheimst hat. Zuletzt streifte er, der das Politische ansonsten kaum berührt, die Wende, »die wir so lange ersehnt haben«. Sie erfülle ihn mit »Freude, Rührung und Hoffnung«. Der Fall der Berliner Mauer eröffne die Chance zu einer neuen Begegnung zwischen Ost und West, deren Dimension noch nicht abzuschätzen sei. Hier hätte ich mir etwas mehr Deutlichkeit gewünscht,

170

denn das wäre die Gelegenheit gewesen, sich als Augur zu bewähren.

Die Festrede von Michael Klett war deutlich prononcierter. Er sprach als Verleger und wies nicht ohne Stolz darauf hin, dass sich EJ mit der bei Klett-Cotta erscheinenden zweiten Gesamtausgabe in die Reihe derer – Klopstock, Wieland, Goethe – einreihe, denen zu Lebzeiten diese Ehre zuteil wurde. Im Zentrum von Jüngers Werk stehe das monumentale Diarium, das Klett als »Tagebuchwerk des Jahrhunderts« bezeichnete. Wie Hebbel und Gide habe Jünger es in den Rang der großen literarischen Gattung erhoben. Dann nahm die Ansprache Fahrt auf, und Klett erwies sich als enthusiastischer, ja liebender Verleger, den Sprache und Bilder, das im Werk evozierte »Wunderbare« tief berührt. EJ sei eine einmalige Erscheinung in der deutschen Literatur: »Er lässt sich nicht einordnen, ist vollkommen frei gegenüber den Parolen seiner Zeit, er schließt nicht die Augen vor dem Entsetzlichen, sondern er schaut hin, er beheult nicht den Niedergang, sondern er konstatiert ihn, der Schrecken ist nicht widrig, sondern schön, das Leben ist nicht schön, sondern gefährlich.«

Saß während der Feier neben Hede Schirmer, bepackt mit einem Stapel von Festschriften; ich war mit Thomas Kielinger aus Bonn angereist. Schöne Stunden im Hause Michael Kletts in Stuttgart; die prächtige Jugendstilvilla liegt direkt am Weinberg im Westen der Stadt. Jünger raunte mir bei der Begrüßung zu, dass er den »Verriss« der Festschrift in der *FAZ* nicht goutiert habe. Bin gespannt, was er, nach der eigenen Lektüre, zu den Texten sagen wird. Dass in dem Band junge Autoren aus Ost *und* West zusammenkommen, dürfte ihm eigentlich gefallen. Auch wenn er viele der Namen gar nicht kennt.

*Bad Godesberg, 29. April 1990*
Zweiter Besuch des thüringischen Dichters Rolf Schilling. Er hat auch eine Reihe von Gedichten (*Hyperborea*) zur Festschrift beigetragen, ist ein großer Verehrer von EJ. Den 33. Geburtstag von Astrid feierten wir heute im Kreis der Familie. Ich schenk-

te ihr ein kleines Biedermeier-Sideboard, das ich mit Lina und Timo mit einer Vase und 33 Rosen dekorierte und als Blickfang in der Diele platzierte. Das Nussbaumholz sehr schön gemasert, mit sich nach unten verjüngenden Beinen. Große Freude bei der Beschenkten, große Ebbe in meiner Kasse.

Mit RS nach Köln zum Dom; wir bestiegen den Turm, was recht anstrengend war. Rolf schenkte Astrid sein Tagebuch des letzten Aufenthaltes im November. Rolf Schilling ist eine wahrhaft solitäre, unzeitgemäße Existenz. Allerdings, was seine Dichtungen betrifft, sehr rückwärts gewandt. Die Beschwörung des Mythos haben Stefan George und Gottfried Benn produktiver mit der Gegenwart verknüpft, das gelingt Schilling nicht. Offenbar ist das auch nicht sein Anliegen. Die Gegenwart, in der er lebt, wird negiert, allenfalls essayistisch oder im Tagebuch in ziemlich polemischer Manier gestreift. Seinen Besuch bei EJ, den er durch meine Hilfe in München traf, schilderte er in bewegten Worten und mit großer Dankbarkeit. Niemals habe er eine intensivere Begegnung gehabt. Im Gespräch neigt er wie EJ zu Selbstzitaten und zur Wiederholung bereits zum Besten gegebener Anekdoten. Gestern nach dem Abendessen ein wahres Feuerwerk an Witzen, woran sich auch Timo und Lina beteiligten.

RS begleitete mich in die Redaktion, wo er Zeitungen las, in Büchern blätterte und telefonierte. Ein gewisser Unwille ist zu spüren, sich der Technik zu bedienen; so benutzt er ungern den Fahrstuhl oder die Kaffeemaschine. Das Licht löscht er, indem er den Stecker zieht. Alles in allem ein umgänglicher Zeitgenosse, der einen daran erinnert, was man auch sein könnte. Ein Anarch, der »sein Sach auf sich« gestellt hat.

Mit Rolf und Astrid bei Heiner Geißlers Buchpräsentation (*Zugluft*) in Bonn. Lothar Späth hielt die Laudatio. Geißler antwortete mit einer gewaltigen Zitatenflut. Das Buch enthält originelle Gedanken, aber auch allzu Saloppes (vor allem was das Theologische betrifft). Dabei auch Jürgen Busche, der gelegentlich für unser Blatt schreibt, gewichtig und mit feuerrotem Kopf. Er teilte mir wortreich mit, dass die Gerüchte, er fühle sich als

172

»Berater« von Bundespräsident Richard von Weizsäcker nicht mehr wohl, jeder Grundlage entbehrten. Ich hatte davon allerdings gar nichts gehört. B. wirkte bei all diesen Beteuerungen recht missvergnügt. Solipsist.

*Bad Godesberg, 2. Mai 1990*

Milde, allzu milde Tage, die keinen Arbeitseifer aufkommen lassen. Mit den Kindern im Garten, wo wir eine Hängematte installierten. Anruf von Astrids Mutter; sie lud uns ins Theater ein. Ellen sehr freundlich; dennoch immer wieder Gedanken an Rehauge, ein leichter, ziehender Schmerz. Die Ehe, dieses Versprechen auf Treue – jenseits des sakralen Rituals – hat doch eine bindende Kraft.

Träume. Liege lesend im Bett. Die Tür öffnete sich und herein tritt ein Polizist. »Sie haben rein gar nichts bemerkt?« Er führt mich auf den Gang hinaus und deutet auf eine Tür: »Hier wurde sie getötet.« Vor mir, auf einem Tischchen der abgetrennte Kopf einer Frau mit langem braunem Haar. Der Kopf ist mit dem blutigen Hals auf eine Art Tortenplatte gesetzt. Als ich ihn anschaue, öffnet er mechanisch die Augen, wie eine Puppe.

Mit den Kindern in den Händen eines Geiselnehmers, der uns mit einer Pistole in Schach hält. In einem günstigen Moment entreiße ich ihm die Waffe und drücke ab. Kein Schuss ertönt; stattdessen feuert der völlig gleichgültig Gebliebene mit einer zweiten Pistole auf mich, die er aus der Tasche zieht – verfehlt mich aber. Dann helfe ich ihm, sein Magazin zu munitionieren. Die Patronen wie spitze Nadeln auslaufend. Es bildet sich eine gewisse Kumpanei mit dem Bösen heraus. Verliere dabei aber nie ganz das Gefühl, am Ende mit den Kindern doch das Opfer dieses Mannes zu werden.

*Bamberg, 3. Mai 1990*

Am Freitag nach Bamberg; ich nehme dort einen Lehrauftrag für »Literaturvermittlung« wahr. Zuerst in den Dom. Dann ins Seminar, wo ich 15 junge Frauen und drei Studenten vorfand.

173

Dozierte an den Papieren entlang, die ich vorbereitet hatte. Bekanntschaft mit Professor Wulf Segebrecht, der auch als Literaturkritiker für die *FAZ* tätig ist. Er lud mich für das letzte Wochenende in seine Wohnung ein. Stadtrundgang mit herrlichem Blick auf den Dom und den Fluss. Weiterfahrt zu Michael nach Heroldsbach; dort die alten Geschichten über seine Ex-Frau Regine. Will jetzt unbedingt ganz schnell »das große Geld machen«. Ansonsten Rechtsstreit mit dem Hausherrn, Zänkereien mit seiner neuen Lebensgefährtin, die er schamlos ausnutzt wie alle seine Frauen zuvor. Der Kleine niedlich, ruhig, mit dem Temperament seiner Mutter. Protziges, mehrgängiges Menü mit Champagner etc.

*Bad Godesberg, 7. Mai 1990*
Anrufe in die DDR wegen diverser Beiträge für den *RM*. Gestern die Nachricht, dass man mich in die Jury des Ernst-Meister-Preises der Stadt Hagen gewählt hat. Der Bürgermeister selbst hätte mich vorgeschlagen. Dann Besuch eines Signore Romano, der hier in Bonn Korrespondent des Blattes *Il Giornale* ist. Ein kluger, gut Deutsch parlierender Italiener, der auch bestens Englisch und Französisch spricht. Wir plauderten über Ernst Jünger, mein Buch. Schenkte ihm das *Echo*. Wir saßen im Garten, wo uns wieder das Blaukehlchen heimsuchte, mit surrenden Flügelschlägen wie ein Kolibri; es tunkte seinen Schnabel in die Sahne. Dann über die Wiedervereinigung und Kanzler Kohl, das »Haus der Geschichte«.

In der Redaktion Brief an Otto Heuschele, der morgen seinen 90. Geburtstag feiern wird; will ihn am Sonntag besuchen. Lina krank im Bett mit geröteten Bäckchen, was ihr ein liebliches Aussehen gab. Sehr zärtlich. Kaufte ihr ein Eis für den wunden Hals. Astrid las ihr zum Einschlafen vor. Timo auffallend sanft, sehr behutsam mit seiner Schwester. Gedanken an Dagny, die mir Rätsel aufgibt. Starrsinn oder Hilflosigkeit? Vielleicht beides. Wie soll man ihr helfen, ohne Abwehr und Trotz herauszufordern?

*Bad Godesberg, 10. Mai 1990*
Hermann Lübbe wurde in Bonn mit dem Ernst-Robert-Curtius-Preis für Essayistik ausgezeichnet; die Preisverleihung fand in der Aula der Universität statt. Lothar Späth hielt die Laudatio. Lübbe erschien mir wie ein eitler Spruchbeutel, der die Religion für eine Kontingenzbewältigungsmaschine hält. Viel Banales über Europa. Ein trüber Tag. Sehr müde, erschöpft.

*Bad Godesberg, 18. Mai 1990*
Zurück aus Bamberg. Frühstück mit Astrid, die träumte, ich hätte sie verlassen. Schluchzte und klammerte sich an mich. Im Bamberger Seminar hatte ich zwei Stunden lang über die Praxis des Rezensierens referiert. Ein Fräulein Kiedaisch, wie ich in Stuttgart geboren, machte durch kluge Bemerkungen auf sich aufmerksam. Eine hochgewachsene, nicht unhübsche Person. Mit ihr und einem ernsthaften jungen Mann, offenbar ein praktizierender Christ, in einen Biergarten. Schöner Blick über die vieltürmige Stadt; heftiger, kühler Wind, den wir mit Schnaps (»Knöchla«) bekämpften. Gespräch über Privates, aber auch über die natürliche (und christlich vermittelte) Sittlichkeit. Frau Kiedaisch liest de Sade, derzeit *Justine*; die »Tugend« des französischen Moralisten sei nichts anderes als verkappter Wille zur Macht, bemerkte sie. Nur vordergründig poche de Sade auf das Maß im Menschen selbst. Angenehme Person, die im Klett Verlag (bei Lektor Weck) hospitiert hat und die journalistische Laufbahn anstrebt. Bin gespannt auf ihre Seminararbeit. Fast erfroren zurück zum Wagen. Ich brachte Frau K. nach Hause, das Rad ließ sie an der Universität zurück. Gegen 21.30 Uhr zurück im Hotel; ein Wort hätte den Bann gebrochen. Lektüre: Martin R. Dean: *Außer mir. Ein Journal* und Rüdiger Görners Studie über das Tagebuch.

*Bad Godesberg, 24. Mai 1990*
Gestern im Godesberger Theater: Botho-Strauß-Miniaturen. Exzellente Schauspielerleistungen. Verzweiflungsvolle Beziehungs-

banalitäten, eine Medea, deren Rasen dem Ehemann gerade mal ein überlegenes Grinsen abnötigt. Mit dem Mythos ist es wie mit Jesus: Er darf uns nie wirklich begegnen. Danach mit Astrid und ihrer Mutter ins Redüttchen.

Mamas Liaison ist aufgeflogen. Es kam, wie es immer kommt: Die Betrogene setzte sich mit dem Gehörnten in Verbindung. Papa rast. Die ganze Misere der Mesalliance nach oben geschwemmt. Endlose Telefonate. Schluchzen hier, heisere Erbitterung dort. Dabei hat das Ganze, wie alles Tragische, auch seine erheiternde Seite. In die Wut des Betrogenen mischt sich die tobende Schadenfreude, dass sich die eigene Lebensprojektion auf die späten Tage so glänzend bestätigt hat. Mama in ihrer zerknirschten Wut auf ihre Chance lauernd, doch noch einen Teil der »Ehre« zu retten. Papas Wut ist ein Wüten gegen die eigene Unfähigkeit, einen Schlusspunkt zu setzen. Die Zwangsmoral, die zentnerschwer auf den aufrechten Schultern liegt. Ich wie immer dazwischen, besänftigend, nach Lösungen suchend, wo es doch nur eine Lösung gibt: die Loslösung.

Am Montag langes Gespräch mit Andrzej Szczypiorski. Machte daraus ein Interview für den *RM* und die *Deutsche Welle*. Der polnische Schriftsteller (*Die schöne Frau Seidenman*) sehr angetan von unserem »frischen Wortwechsel«; er betonte mehrfach, dass er einen gleichaltrigen Sohn habe. Setzt große Hoffnungen in den deutsch-polnischen Dialog. Sein christliches Menschenbild verbiete es ihm, in den Deutschen nur Täter zu sehen: »In jedem Mensch steckt ein Engel und ein Teufel.« Als junger Autor habe er die Welt durch das Schreiben ein bisschen besser machen wollen. Diese naive Haltung habe er, auch durch historische Erfahrungen, aufgeben müssen. Heute beschreibe er die Menschen nicht mehr wie sie sein sollen, sondern wie sie sind. Er habe sich nach dem Krieg Gott als »Idee« vorgestellt, habe kein personales Gottesbild gehabt. Man könne aber ohne einen persönlichen Gott nicht angemessen über Metaphysik sprechen. »Ein Leben, eine Welt ohne persönlichen Gott ist absurd, ist sinnlos.« Sein »Polentum«, das ebenfalls sehr wichtig für ihn sei, sei undenkbar ohne den katholischen Glauben. Er räumte auch ein, dass viele Polen als Kommunisten oder Antisemiten trotz ihres Polentums, also dieser engen Verbindung zwischen Patriotismus und Katholizismus, ihren Glauben verraten hätten. Es bedürfe im Übrigen keines Gottesbeweises, um zu glauben, die Liebe, die Liebe zu Gott und den Menschen genüge. »Ohne Liebe kann man Gott nicht erreichen.«

Er sehe dem neuen, befreiten Polen mit großer Freude und noch größeren Erwartungen entgegen, spüre aber, dass mit dieser neuen Freiheit auch Gefahren verbunden sind. Die Gefahr vor allem, sich an das Materielle zu verlieren. Die totalitäre Herausforderung sei zwar vorbei, die Herausforderung der Freiheit aber stehe jedem einzelnen noch bevor. Denn nicht jeder Mensch wisse, was er mit der Freiheit anfangen soll. Das sei eine ganz neue Erfahrung für die Völker Mittel- und Osteuropas.

Immer wenn wir auf die Beziehung Polens zu Deutschland zu sprechen kamen, blühte Szczypiorski auf. Die Wiedervereinigung ängstigt ihn nicht. Im Gegenteil. Die deutsche Einheit wäre die beste Lösung für Polen. Denn dann stünde nicht mehr ein totalitärer Staat an der Westgrenze, sondern ein demokratischer. »Wenn wir an die polnische Demokratie glauben – warum sollen wir dann nicht an die deutsche Demokratie glauben? Sie bedeutet für Polen keine Bedrohung. Das vereinte Deutschland wird sich kraftvoll in Europa integrieren. Und vor allem: Der einzige Weg Polens in den Westen führt über Deutschland.«

*Bad Godesberg, 12. Juni 1990*
Traum. Reise mit unbekanntem Ziel. Pause an einer Autobahnraststätte. Am Kiosk wurde mir als Wegzehrung Tiefgefrorenes gereicht. Ein viereckig gepresstes rosarotes Baby, das als Leckerbissen gerühmt wurde. Das ziegelgroße Päckchen, in dem ein Kinderkopf mit geschlossenen Augen schlummerte, war mit einem weißen Aufkleber versehen, der die Herkunft bezeichnete: Den Haag. Die Verkäuferin erklärte mir, dies sei Importware aus Fernost, wahrscheinlich Indien. Daran knüpften sich Überlegungen, wie das Ganze zuzubereiten sei. Am nächsten Tag erklärte

mir Astrid, dass Den Haag tatsächlich ein berüchtigter Ort für Kinderhandel sei, was mich frappierte. Wieder ein Traum, der dem Träumer Informationen zuspielt, die er im Wachbewusstsein gar nicht besitzt.

*Bad Godesberg, 18. Juni 1990*

Christa Wolfs Erzählung *Was bleibt* macht großen Rumor. Die Kritiker – Ulrich Greiner, Frank Schirrmacher, Hajo Steinert, Volker Hage – unentschieden, ob es sich um ein mutiges oder eher opportunistisches Buch handelt, um einen nachgeholten Akt des Widerstandes, der jetzt, nach dem Zusammenbruch der DDR, nichts mehr kostet. Volker Hage, den ich sonst als empathischen Kritiker schätze, versuchte dem Kollegen von der *Zeit*, Ulrich Greiner, Christa Wolfs jahrzehntelangen Anpassungsopportunismus auszureden, der ja darin gipfelte, dass sie im November letzten Jahres den Aufruf *Für unser Land* mitunterschrieb. Hage behauptete, der »weltberühmten« Schriftstellerin sei zu keinem Zeitpunkt etwas vorzuwerfen gewesen, ihr Werk spiegle wie kaum ein anderes nur die moderne »Schwierigkeit, ich zu sagen«. Man müsse auch diese »wunderbare, kunstvolle Prosa« als pures Sprachereignis nehmen. Man könne Christa Wolf doch nicht vorwerfen, noch immer »gläubige Sozialistin« zu sein, »das Ängstliche und Tastende« ihrer Haltung und ihres Stils.

Ich hielt in einer großen Besprechung dagegen, verwahrte mich gegen diese Umtopfung eines zutiefst parteilichen Werkes in die Abteilung »Weltliteratur«, unter Aberkennung jener gesellschaftspolitischen Relevanz, die uns einzureden Kritiker und Germanisten vor der Wende nicht müde wurden. Christa Wolfs jüngstes Buch sei keine Bestätigung ihrer bisherigen Haltung als DDR-Ikone, sondern der längst fällige Abschied davon. »Bleiben Sie doch in Ihrer Heimat, bleiben Sie bei uns!« hatte sie ihre Landsleute auf dem Alexanderplatz ermahnt – sie, die schon unmittelbar nach dem Mauerbau in ihrem Buch *Der geteilte Himmel* sogenannte »Republikflüchtlinge« als willensschwache Genüsslinge heruntergemacht hatte. Dass es immer nur halbe Wahrheiten und damit ganze Lügen waren, die sie in ihren Büchern verbreitete, ist mittelbar auch eine Botschaft ihrer Bekenntnisschrift, die das gesamte Werk von Christa Wolf gleichsam zur moralischen Implosion bringt.

Wie eine Musterschülerin hat die zeitweilige ZK-Kandidatin »ihrem Land« jahrelang die Stange gehalten, die wunden Punkte eines von Anfang an illegitimen Staates in »Errungenschaften« umgefälscht, zuerst Aufbauarbeit (*Moskauer Novelle*, 1961), dann pflichtgemäß antifaschistische Vergangenheitsbewältigung betrieben (*Kindheitsmuster*, 1976), um schließlich der Ausbürgerung von Wolf Biermann mit *Kein Ort. Nirgends* 1979 einen Trauertext nachzusenden, der die Widersprüche der sozialistischen Gesellschaft geschickt und unverbindlich hinter romantischen Kulissen verschwinden ließ. Kein Wort jedoch über die Zerschlagung des Arbeiteraufstandes vom 17. Juni 1953 und über die Säuberungen nach Chruschtschows Entstalinierungsappell auf dem XX. Parteitag der KPdSU von 1956, nichts Kritisches über den Mauerbau vom 13. August 1961 sowie die Niederwalzung des »Prager Frühlings« im August 1968. Kein öffentlicher Einspruch gegen die Zerschlagung des Ungarn-Aufstands, den Afghanistan-Krieg der verbündeten Sowjets, gegen das Massaker von Peking. Stattdessen immer wieder Kampagnen für die DDR-Verfassung, die im Gegensatz zu den »manipulierten Untertanen« der Bundesrepublik ihre Bürger für immer von der »Unterdrückung des Menschen durch den Menschen« befreie.

Mühelos hatte sich Christa Wolf in den achtziger Jahren westöstlicher Modethemen wie Nachrüstung, Atomangst und Umweltzerstörung bemächtigt. Ihre Warnschrift *Kassandra* (1983) verband geschickt die Warnung vor der »instrumentellen Vernunft« der Männer mit dem Lobpreis weiblicher Ganzheitlichkeit, Rationalismuskritik mit feministischer Ideologie. Da kam der DDR-Kassandra die Katastrophe von Tschernobyl gerade recht, die sie sofort zum *Störfall* (1987) umarbeitete – was der Chronistin des Schreckens mit mehr als 400 000 verkauften (West)Exemplaren reichlich honoriert wurde. Wieder kein Wort über die tickende Öko-Bombe im eigenen Land, die moralische Umweltverschmutzung durch Stasi-Machenschaften, nichts Erhellendes über das Patriarchat der DDR-Gerontokraten. Weil sie, in ihren eigenen Kindheitsmustern gefangen, die Bewunderung für die antifaschistische Gründergeneration nie ablegen konnte, sich mit dieser bis zur Ergebenheit solidarisch fühlte, hat Christa Wolf systematisch an der Realität der DDR vorbei geschrieben. Und weil sie so oft schwieg, bricht es jetzt so beredt aus ihr heraus, wird ihre Erzählung gleichsam zum Urteilsspruch für eine ganze Generation: »Wir, angstvoll doch auch, dazu noch ungläubig, traten immer gegen uns selber an, denn es log und katzbuckelte und geiferte und verleumdete aus uns heraus und es gierte nach Unterwerfung.«

Christa Wolfs Erzählung protokolliert, was bleibt: Scham. Berichtet wird die Observierung einer Observation, die Selbstbeobachtung einer Beobachteten, es werden die seelischen Verheerungen sichtbar gemacht, die – eine weit zurückliegende – Stasi-Überwachung in der Erzählerin auslöste. Seite für Seite folgen wir der Selbstdemontage eines künstlerischen Egos, das seine lebenslange Kollaboration mit der Diktatur einräumt. Der Leser wird Zeuge des Erkenntnisschocks einer Autorin, die weder die Scham über das Versäumte noch ihre Angst vor der Zukunft verschweigt. Natürlich hätte man sich solch ein Enthüllungsbuch über die Praktiken der Stasi früher gewünscht, als Geste der Verweigerung einer prominenten Schriftstellerin. Doch zu sehr war Christa Wolf Teil dieser sich antifaschistisch und humanistisch dünkenden Solidargemeinschaft DDR, als dass sie sich von den sie tragenden Lebenslügen hätte befreien können. Nun hat Christa Wolf, immerhin, mit diesem Buch Abschied genommen von den Bequemlichkeiten eines Weltbildes, dessen Anhänger derzeit vom Leben so bitter bestraft werden.

*Bad Godesberg, 24. Juni 1990*
Gestern das Haus mit einer Party eingeweiht. Auch Gerd Holzheimer und Rolf Schilling waren extra angereist. Dabei auch

Thomas Kielinger, Günter Engelhardt, Günter Zehm, Klaus Modick, Wolfgang Winkel, Uwe Wolff, Gerald Zschorsch. Dispute, Gelächter, Verbrüderungen. In der Morgendämmerung spazierte der harte Kern noch am Ufer des nahen Rheins entlang, aus dem Wagner-Nebel stieg. Über den schwebenden Nebelbänken die schwarze Wand des Siebengebirges. Nach kurzem Schlaf Frühstück im Garten, dann Fahrt zum Drachenfels auf der anderen Seite des Stroms. Phantastischer Blick über das Rheintal bis zur Silhouette von Köln, aus der die spitze Nadel des Doms stach. Am frühen Morgen noch das grau wabernde heidnische Nebelland, am Nachmittag dann das mächtig in den Himmel gebaute Kreuz.

Abends überredete Uwe unseren Ost-Dichter Schilling, aus seinen Gedichten zu lesen. An der Lesung entzündete sich eine hitzige Debatte, fast ein Schlagabtausch zwischen Uwe und dem Safranski-Freund Ulrich Wanner. Uli warf Schilling die Antiquiertheit seiner Sprache und Thematik vor. Unsere Gegenwart, das sei das größte Manko seiner Dichtung, sei gar nicht präsent. Das habe Gottfried Benn, der dem Mythos sprachschöpferisch neu Geltung verschafft habe, besser gemacht. Schilling – er hat auch Werke von Baudelaire, Blake, Coleridge, Mallarmé, Racine, Shelley, Swinburne, Verlaine, Villon, Yeats und vielen anderen, auch von russischen Dichtern, übersetzt – fühlte sich isoliert, fast wie in der DDR, klagte er. Er setzte ein sphinxhaftes Gesicht auf und bestand auf der klassischen Form, die das Aktuelle und Modernistische gewissermaßen links liegen lasse. Ein klassischer Dichter entspreche nicht irgendeinem Kanon, sondern er setze ihn. Vor allem sei der Mythos nichts Gestriges, sondern durch alle Zeiten hindurch wirksam – auch im Gedicht. Etwas hölzern am Tisch sitzend, angespannt, argumentierte er durchaus nobel; Uli Wanner dagegen wie immer fuchtelnd und überengagiert. Polemisch, aber nicht ganz daneben, nannte er Rolf Schilling einen Arno Breker der Literatur. Ich selbst nahm mich als Gastgeber zurück, der zwar eine Haltung, aber aus Höflichkeit kein Urteil zu sprechen hat.

*Bad Godesberg, 8. Juli 1990*

Die »magische Nacht von Rom«. Immer wieder sendet das Fernsehen den verwandelten Strafstoß von Andreas Brehme kurz vor Spielschluss. Deutschland ist zum dritten Mal Fußball-Weltmeister – und das im Glücksjahr der Wiedervereinigung! Bundestrainer Beckenbauer erlegt sich keinerlei Zurückhaltung auf, schwärmt von seinen Spielern, die ihn immer wieder enttäuscht und zuletzt mit ihrem Siegeswillen widerlegt haben. Ihn, den Seriensieger, den Künstler unter den Balltretern. Wir stießen mit Sekt an, unsere Hochstimmung hat auch mit diesem magischen Jahr zu tun, in dem manches zu Ende ging, das aber auch einen Anfang setzte, der mich fast schwindeln macht. Während wir uns umarmten, krachten draußen die Böller.

*Bad Godesberg, 14. Juli 1990*

Anstrengende Tage liegen hinter mir. Klagenfurt, das Bonner Sommerfest, ein Gespräch mit Johannes M. Simmel in München. Der Ingeborg-Bachmann-Wettbewerb bot dieses Mal unterhaltsamen Realismus, keine sexualpathologische »Körperprosa« (Peter Demetz), sondern weltläufige Großstadtszenen und feingewirkte Trauerarbeit. Den DDR-Kritikern war die Erleichterung anzumerken, literarische Texte nicht mehr nur unter dem Gesichtspunkt emanzipatorischer Fortschrittlichkeit beurteilen zu müssen. Befreit vom Planerfüllungsanspruch, den Glanz der DDR-Literatur zu mehren, fanden Helga Schubert und Werner Liersch diesmal sogar ein wenig Gefallen an den sprachinnovativen Texten aus dem Westen.

Lesefreude sollte das Geschriebene machen, besser noch »bösartig«, »zynisch« oder »anarchisch« sein, wie die Juroren jubelten. Schön, dass die junge deutsche Literatur, wie von mir länger schon konstatiert, aus dem Raum moralistischer Überanpassung an die lähmende Nachkriegsfriedfertigkeit hinausstrebt in die kälteren Zonen autonomer Wahrnehmung. Die Autorin mit der magersten Werkbibliografie gewann denn auch die fetteste Wettbewerbsprämie (21 000 Mark für den Hauptpreis): Birgit Vanderbeke mit ihrer Erzählung *Die Muschelesserin*. Eine Geschichte, die gerade recht kommt für die Leser im bald wiedervereinten Deutschland. Gesamtdeutsch ist nämlich darin auch die Briefmarkensammlung eines gemütlichen Familientyrannen, dessen Spießigkeit der des TV-Ekels Alfred nicht ganz unähnlich ist. Mit der Metaphorik zuckender Muschelberge, zu der die deutsche Vergangenheit zu assoziieren nicht schwerfällt, unterwandert die Autorin mit ihrer an Thomas Bernhard geschulten virtuosen Redesuada das schäbige Idyll auf grausige Weise. Die Eichenschrankwand, der Sonntagsausflug, die Urlaubsreise werden zu Sinnbildern einer autoritären deutsch-deutschen Sozialisation.

Das Treffen mit Johannes Mario Simmel in einer Suite des Münchener Hotels »Vierjahreszeiten« bleibt unvergesslich. So lebendig, so kurzweilig, so schön kontrovers. Ein alles in allem sympathischer Mann. Freilich auch ein hundertprozentiger Linksideologe, der nur Faction-Romane schreiben kann. Mit ihnen kann er seine perfekt im Windkanal des Zeitgeistes vermessenen Polit-Meinungen literarisch aufmöbeln. Irgendwie ein Getriebener, spricht auch schnell und fahrig, manchmal fast unverständlich. Er war allerdings rührend um eine angenehme Gesprächsatmosphäre bemüht, ließ sogar Champagner für mich auffahren. Er selbst trinkt, als früherer Alkoholiker, nur Wasser. Ich erkundete anfänglich seine Meinung zur Lage in der DDR, bekam aber nur Allgemeinplätze zu hören. Wie Günter Grass erwartet Simmel von einem größeren Deutschland nur das Schlechteste. Im Gegenzug bezeichnete er meine Position als die der Bundesregierung – für ihn ein maximal negatives Urteil.

Verdutzte ihn mit der These, dass sein Umwelt-Thriller *Im Frühling singt zum letztenmal die Lerche* trotz des aufklärerischen Pathos wenig originell sei, sondern sich routiniert in den gängigen Unheilszusammenhang einordne. Meine etwas freundlichere Sicht auf die Welt nahm er eher erleichtert zur Kenntnis, jede Form des Optimismus scheint ein Geschenk für ihn zu sein. Ich hatte das Gefühl: Dieser Autor glaubt tief im Inneren gar nicht an das, was er schreibt! Denn eigentlich will er ja eine heile, intakte

Welt. Es ist diese trivialliterarische Mischung aus schwärzestem Pessimismus und einem lichten, durchaus aufrichtig empfundenen Mitgefühl für die Opfer des ganz und gar garstigen Weltbetriebs. Damit konnte er in dreißig Jahren weltweit rund 65 Millionen Bücher verkaufen.

Simmels Buch zieht eine vernichtende Bilanz bundesdeutscher Umweltversäumnisse. Deshalb ist er auch schon mit Umweltminister Klaus Töpfer aneinander geraten, der ihm vorwarf, er zerstöre mit seinem Buch das prekäre Gleichgewicht zwischen Geist und Macht. Doch für den Schweizer Bestseller-Autor sind sämtliche Umweltkonferenzen reine Augenwischerei, perfide Täuschungsmanöver industriehöriger Politiker. Überdies hat Simmel eine Obsession für die Nazi-Verbrechen; auch sein neuer Roman lebt von den deutschen Untaten in Vergangenheit und Gegenwart. Der geschichtstraumatische Zusammenhang ist ihm wichtig: Vom Genozid zum Ökozid ist es nur ein Schritt.

Gestützt auf das Spiegel-Archiv lässt Simmel in seinem »Dokumentar-Roman«, wie er sein Buch selbst nennt, sämtliche Umweltskandale und -skandälchen der letzte Jahrzehnte Revue passieren, eine enorme Fleißarbeit, doch literarisch unergiebig. Die hölzernen Dialoge der Protagonisten sind umbrochene Zeitungsmeldungen und situativ aufbereitetes Sachbuchwissen. Im Grunde wird die Geschichte des Imhausen-Skandals nacherzählt, mit simmelüblichen Abschweifungen ins Amouröse und Ausflügen zu allen Öko-Katastrophenschauplätzen der Welt. Simmel steht, wie schon in seinem letzten Werk über die Gefahren der Gentechnologie (*Doch mit den Clowns kamen die Tränen*), auf den Schultern der (meist alternativen) Wissenschaft und des investigativen Journalismus.

Das Katastrophen-Brevier ist eindrucksvoll: Treibhauseffekt, Vernichtung des Regenwalds, Ozonloch, verseuchtes Grundwasser, Verklappung von Dünnsäure in den Meeren, Kohlendioxid-Emission, Atomunfälle und Atommüllentsorgung. Wenn es allerdings um Schuldzuweisungen geht, ist meist blindes Ressentiment am Werk, Hass auf die Profitmacher und Mitmacher, getrieben von einem grotesk einseitigen, linksemanzipatorischen Weltbild, das nur Schwarz und Weiß kennt. Wer wie Simmel den Weltuntergang auf das Jahr 2030 verlegt, für den müssen Töpfers langfristige Umweltpläne natürlich als Makulatur erscheinen. Den Besitzer eines Zweitwagens und Drittkühlschranks schon zum vorsätzlichen Umwelt-Killer zu machen ist ungerecht und fördert das, was er zu verhindern sucht: die Flucht in die Verweigerung und ins totale Konsum-Vergessen.

Bei solcherart Argumentation nahm unser Gespräch Fahrt auf. Simmel beugte sich nach vorn, seine Erregung wuchs sichtbar. Machten sich die EU, fragte ich, die Deutsche Kreditanstalt für Wiederaufbau und die Weltbank schuldig, wenn sie, um der Bevölkerungsexplosion Einhalt zu gebieten, Industrialisierungsprogramme in der Dritten Welt realisieren? Weil sie nicht alle ökologischen Folgen mitbedacht haben vor Jahrzehnten? Und was ist mit Johannes Mario Simmel selbst, der als Bestseller-Autor Millionen Bücher auf den Markt wirft und damit Teil des kapitalistischen Prinzips von Angebot und Nachfrage ist? Sein Verlag mache doch Werbung mit seinem aktuellen Buch, preise gegenüber dem Buchhandel die »Rendite«, die sich mit seinen marktkonformen Titeln erreichen lasse.

Simmel riss der Geduldsfaden. Dieses Gespräch gehöre nicht zu den angenehmsten, die er geführt habe, schimpfte er. »Wir haben angefangen mit Politik und waren glänzend uneins. Aber jetzt werden Sie persönlich. Ich habe nicht gewusst, dass mir dies bevorsteht. Ich habe gedacht, sie machen einfach ein Porträt von mir.« Er habe kein Buch schreiben wollen, das »elitäre Leute« lesen, »auf Bütten gedruckt und sehr teuer«. Sein Verlag, sagte er trotzig, solle ruhig weiter viel Reklame machen, denn es sei notwendig, dass das Buch gelesen werde! Ein Buch, hakte ich nach, für das viele Bäume fallen mussten und das eine halbe Million Mal in Folie eingeschweißt wird, die mit Hilfe von FCKW gefertigt ist? Sie sind hartnäckig, sagte er, und lachte laut auf. Früher hätte er selbst Champagner getrunken, dann wäre ich nicht so heil davon gekommen! Ob ich wenigstens den Prolog goutieren könne, den er seinem Buch vorangestellt habe? Ja, natürlich, das könne ich, sagte ich versöhnlich, und er las vor. Es ist eine Hommage an seine 1985 an Krebs gestorbene Frau Lulu, die frühere Tänzerin und Lektorin seiner Bücher: »Der Mensch sollte sich auf der Erde leichtfüßig bewegen und möglichst wenig Spuren hinterlassen.«

*Santa Eulària, 27. Juli 1990*
Mit Astrid, Timo und Lina im Haus von Ellen auf Ibiza. Heute dreht sich alles ums Wasser. Schwimmbad-Reinigung. Die Sonne stechend. Die Kinder schreiben einen Aufsatz über unseren Ausflug zum Vedra-Felsen, einem Felskegel an der Südostspitze der Insel. Mit dem Wagen über einen ausgefahrenen Weg zum hochgelegenen Plateau, wo wir Picknick machten. Was ich mir als Junge am Lago Maggiore immer erträumte, den direkten Kontakt mit den Eidechsen, das gelang Timo. Die grünbraunen Echsen holten sich Brotkrümel und Tomatenstücke von seinem Finger und kletterten ohne Scheu in unsere Taschen. Die Sonne leider zu früh von einer Wolkenwand verschluckt, was unsere heitere Stimmung aber nicht schmälerte.

Nach der Rückkehr TV-Nachrichten. In Deutschland Streit um den Zeitpunkt der Vereinigung. Der Prozess geht zwar, begleitet vom Gezänk der Getriebenen, die sich als Macher wähnen, voran. Aber noch sind einige Modalitäten offen. Derweil gärt es in der DDR; im letzten steht der Mensch der Veränderung skeptisch gegenüber, so sehr er sie in Zeiten der historischen Windstille herbeisehnt. Die Imagination ist unser Kapital – aber auch die Quelle aller Ängste und des Kleinmuts.

Mit Astrid Gespräch über ihre Mutter, unter deren Kühle sie seit ihrer Kindheit leidet. Sogar in ihrer Abwesenheit fühlt sie sich von ihr dominiert. Das ganze Haus atme ihre Präsenz. Bei solchen Unterredungen spüre ich, wie wenig ich im letzten von Menschen abhängig bin.

186

*Röcken, 25. August 1990*

Zur Nietzsche-Feier nach Röcken. Um des 90. Todestages des am 25. August 1900 in Weimar gestorbenen und in der DDR verpönten Philosophen zu gedenken, reiste sogar ein West-Professor an. Der stellte sich den Journalisten als Freund des Kirchenhassers Karlheinz Deschner vor. Er durfte den Gedenkvortrag sprechen, für den der Hausherr – er heißt Kant! – extra das Kirchenportal öffnen ließ. Die Gunst der Stunde machte es möglich: eine Andacht für Friedrich Nietzsche im Gemäuer einer christlichen Kirche! War dieses Ereignis nur Ausgeburt eines anarchischen Wende-Sommers, in dem die aberwitzigsten Ideen zur Blüte kommen – oder Auftakt für die Heimholung eines Denkers, wie sie Romano Guardini schon vor zwanzig Jahre versucht hatte?

Hinter vorgehaltener Hand ließ Professor Schmidt mich wissen, dass er seine Gedenkrede, dem Ort angemessen, »diplomatisch« entschärft habe – es sei ja schon schlimm genug, dass der kleine Nietzsche durch den Tod des Vaters, der hier in Röcken als Pastor wirkte, in den Abgrund des Unglaubens gestürzt worden sei... Dann lieferte er, vor dem Altar stehend, einen wenig eloquenten Aktualisierungsversuch, referierte über Nietzsches Abkehr vom Christentum und dessen Gott-ist-tot-Metaphysik, um dem Philosophen am Ende eine »persönliche Form der Naturreligiosität bzw. Naturfrömmigkeit« zu attestieren. Eine »grüne« Heimholung des Analytikers der Macht also, die mit Beifall bedacht wurde, gerade hier im Örtchen Röcken, wo bisweilen die Chemiedünste der Leunawerke vorüberziehen.

Rundgang. Fremd und kalt ragt die Grabplatte aus poliertem schwarzem Marmor zwischen mannshohem Gebüsch hervor, trotzig gegen die zierliche Kirche gelehnt. Dorthin, wo Friedrich Nietzsche am 15. Oktober 1844 als Pfarrerssohn geboren wurde, kehrte er nach seinem Tod fast ein Jahrhundert später wieder zurück. Wie auch seine Jünger und Verehrer, denen die Wende nun die öffentliche Bekundung ihrer Gefolgschaft erlaubt. Denn das Werk Nietzsches hält vieles bereit, was die DDR-Mächtigen als Gesinnung des Klassenfeinds verdächtigten: radikale Subjektivität, Psychologie, Spieltrieb, Artistik. Rolf Schilling, der Dichter und Nietzsche-Kenner, gab diese Freude in seinem Vortrag kund – und erwähnte ganz nebenbei, dass man sich schon immer am 25. August hier getroffen habe.

Die Schriften des philosophischen Umstürzlers, ohne deren grundlegenden Einfluss das Werk von so herausragenden Geistern wie Ernst Bloch, Martin Heidegger, Ernst Jünger, Robert Musil, Thomas Mann und Gottfried Benn nicht zu denken ist, durften in der DDR nicht gedruckt werden. Das Nietzsche-Archiv in Weimar sekretierte den Nachlass vor allzu neugierigen Studenten, gab Handschriften und Dokumente nur frei, wenn die erwartete ideologische Lesart garantiert schien; was nicht immer gelang, wenn man an die Editoren Colli und Montinari denkt. Das Etikett, das der Marxist Georg Lukács dem Autor von *Also sprach Zarathustra* anhängte, ist heute noch Lehrbuchmeinung: »Geschworener Feind der Arbeiterklasse, Hauptzerstörer der Vernunft, Wegbereiter des Nationalsozialismus«.

Rolf Schilling und sein Kreis können über die plötzliche Aufmerksamkeit nur lächeln. Nietzsche gehörte schon immer zu ihrem geistigen Fundus, er musste nicht erst durch glückliche politische Umstände »entdeckt« werden. Gemeinsam umrundeten wir die Kirche, setzten uns unter die Bäume im Garten. Rolf war mir ein kundiger Führer, der auch im Geburtshaus kleinste Details mit der Gestalt des Philosophen zu verknüpfen wusste.

*Berlin, 3. Oktober 1990*

Mit Astrid in Berlin, um bei der Vereinigungsfeier dabei zu sein. Auf diesen Tag haben wir lange hingelebt, nun ist er da! Allerdings steht unsere Freude in einem seltsamen Gegensatz zu der Nüchternheit der Organisatoren. Zu Lande, zu Wasser und zu Luft strömten Gäste zu Tausenden in die Spreestadt, um dem schwarzrotgoldenen Treiben beiwohnen zu können. Doch vor die Einheit hat der deutsche Michel die Bürokratie gesetzt, und so mussten die berichtenden Journalisten erst einmal durch die Schleuse eines Akkreditierungsbüros, das die Regierung in der

Kongresshalle einrichtete. Dort verpatzte der deutsche Amtsschimmel einigen angereisten ausländischen Berichterstattern die Party.

Punkt 21 Uhr packte Abteilungsleiter XY nämlich die Papiere zusammen und ließ seine Mitarbeiter die Monitore löschen. Flehen, Beschimpfungen, Ratlosigkeit: Bevor das Fernsehen Beethovens Hymne der Freude über den Äther sandte und Lothar de Maizière im Schauspielhaus Unter den Linden das Ende der DDR »eine Stunde großer Freude« und »einen Abschied ohne Tränen« nannte, setzte sich das hässliche Deutschland noch einmal peinlich in Szene. Doch die meisten Nationalklischees hat die »sanfte Revolution« längst widerlegt; sie dokumentierte vor aller Welt, dass sich der Deutsche vom Duckmäuser zum weltoffenen, friedfertigen Zeitgenossen gewandelt hat. Wer sich wie wir in der Nacht vom 2. auf den 3. Oktober über die Berliner Chausseen treiben ließ, erblickte tatsächlich eine Nation, die sehr geschäftig mit sich und ihren kleinen Genüssen beschäftigt war.

Auch gestern zeigte sich wieder: Die Achtundvierziger hatten eine glückliche Hand mit der Wahl der Nationalfarben, der Kombination von Schwarz, Rot und Gold zur deutschen Trikolore, die niemanden schreckt in ihrem biedermeierlichen Dreiklang. Sie lässt sich als Stirnband nutzen, aufs T-Shirt aufdrucken oder als Schminke auftragen. Berlin zeigte sich in den Stunden vor dem Vollzug der Einheit als Farbenkessel, als »melting pot« freundlicher Gesinnung und gedämpfter Euphorie, als schwarzrotgoldenes Volksfest mit bunten Luftballon-Bären, die glitzernd in den klaren Oktoberhimmel stiegen, und mit Blumenverkäuferinnen, die Rosen in den Deutschlandfarben unters Volk warfen.

Längs der Karl-Liebknecht-Straße, auf schwarzem Samt ausgebreitet, leuchten militärische Rangabzeichen, der Sowjetstern mit Hammer und Sichel, stilisierte Fallschirme: nutzloses Blech, das zum Sinnbild geworden ist für den Untergang eines Imperiums. Auf vierzehn Bühnen rockt und jazzt es auf die Flaneure herab, der Berliner Dom ist von violetten und grünen Scheinwerfern illuminiert, als hätte sich das Marx-Engels-Forum über

Nacht zur Disneyworld gewandelt – auch eine Möglichkeit, mit Geschichte fertig zu werden.

Unbeeindruckt von den Knallfröschen, die die polierten Nüstern seines Rosses umzischen, reitet Friedrich der Große Richtung Westen, ein Fels in der Menschenflut, rechtzeitig in den Erbewind gedreht von den einstigen DDR-Mächtigen, die sich mit Preußens blutiger Geschichte schmückten, um der Ödnis des proletarischen Internationalismus zu entkommen. Preußens Gloria: auferstanden, um eine letzte Nacht durch die Ruinen eines Staatsgebildes zu reiten, das mit den preußischen Traditionen nichts gemein hat als den Stechschritt, mit dem es vierzig Jahre lang die deutsche Nachkriegsgeschichte zertrampelte.

Die alternative Szene brachte ihren Protest gegen das neuvereinte Land auf ihre Weise zum Ausdruck. Gegen Mitternacht, als sich eine unübersehbare Menge über den Boulevard Unter den Linden auf das Brandenburger Tor und den »Platz der Republik« vor dem Reichstag zubewegte (dort sollte das Aufziehen der Bundesflagge die deutsche Zäsur markieren), stellten sich rund tausend Menschen dem Sog des geschichtlichen Augenblicks entgegen und zogen mit schrillem Pfeifkonzert und unter Trommelklang in die entgegengesetzte Richtung. »Deutschland halt's Maul!« oder »Kapitalisten aller Länder vereinigt Euch!« konnte man auf Transparenten lesen. Ein Maskenzug der Übelgelaunten, ein Protestmarsch von Leuten, die plötzlich einer Republik nachtrauern, für die sie – ob Ost oder West – früher nur Spott und Häme übriggehabt hatten.

Ulrich Schacht trafen wir wie vereinbart vor dem früheren Ministerium für Kultur der DDR. Herbert Schirmer, der letzte Kulturminister, hatte zur »Beerdigung« seines Instituts an den Molkenmarkt eingeladen, eine große Abschiedsparty für »Kulturschaffende« und Journalisten. Als Ende der Veranstaltung war die exakte Uhrzeit annonciert: »23.59«. Gleich am Eingang stimmte eine Puppe mit aufgeschlitztem Bauch auf das Gruselkabinett einstiger kultureller Gängelung ein, mit dem diese Institution die

Künstler des Landes jahrzehntelang in Dienst zu nehmen versucht hatte.

Höhepunkt des angestrengt-heiteren Treibens, bei dem sich mürrische mit entspannten Gesichtern mischten, bildete die Auktion von Kunstgegenständen, die einmal die Amtsstuben schmückten. Ob grässliche Ölschinken mit FDJ-Motiven, abgeblätterte Marx- und Ulbrichtbüsten, NVA-Skulpturen und Ministersessel: Wie schon der Staat selbst, verabschiedete sich auch dieses Instrument der Repression in einer Orgie der Selbstauflösung. Dass Grafiken von DDR-Berühmtheiten wie den Künstlern Wolfgang Mattheuer, Willi Sitte und Bernhard Heisig zu Spottpreisen unter die Leute gebracht wurden, tröstete manchen Gast über das Ende seiner Träume hinweg. Ulrich erstand eine Grafik von Mattheuer, ich kaufte eine Radierung von Dieter Goltzsche (*Tierpark*) und die Darstellung eines gewichtigen Mannes von dem Staatskünstler Willi Sitte. Herbert Schirmer, irgendwie erlöst von seinem Amt, scherzte mit Ulrich, den er wohl als den klassischen Wendegewinner einschätzte.

Als um Null Uhr die deutsche Flagge vor dem Reichstag zu den Klängen der Nationalhymne den zwanzig Meter hohen Mast emporstieg, leuchtete ein heller und runder Mond über der Stadt, die in gewohnter Gelassenheit auch den Vereinigungssturm über sich hatte hinweggehen lassen. Die Menschen, die eng aneinander gedrängt beobachteten, wie ein gigantisches Feuerwerk sich in den silbernen Himmel verpuffte, zeigten wenig Regung, höchstens ein bisschen Bewegung über die Tatsache, dass sie Zeugen dieses Jahrhundertereignisses sein durften. Diese Normalität ist das wahre Geschenk Deutschlands an die Welt.

Kohl, Weizsäcker und Genscher, die ein paar Meter vor uns inmitten der Politiker-Phalanx auf der Freitreppe das Schauspiel beobachteten, war die Ergriffenheit an den Mienen abzulesen. Sie wissen, wie einmalig der Augenblick war, an dem der Kanzler »den Mantel der Geschichte« ergriff – und dass die Stunden der Bewährung erst noch kommen. Mit Astrid ins Hotel an der früheren Mauer unweit vom Checkpoint Charlie. Die »Nacht der

Deutschen« war auch unsere Nacht, eine Nacht der Erschöpfung, der Freude und der Liebe.

*Frankfurt, 8. Oktober 1990*

»Begegnung ausgeschlossen!« hätte über den Hallen der Frankfurter Buchmesse stehen müssen. Denn selbst auf den Kommunikationswegen glitten die Menschen »via mobile« aneinander vorbei. Sollte Konsalik Simmel grüßen, nur weil beide ein Buch über den Regenwald geschrieben haben? Kempowski grüßte alle so herablassend, dass jede zweite Begegnung gemieden wurde. Fürsorglich grüßte *Spiegel*-Kritiker Willi Winkler seinen *Tempo*-Kollegen Hubert Winkels nicht mehr, weil der plötzlich in einer konservativen Wochenzeitung publiziert und wiederum ihn nicht grüßen darf. Dabei hatte der Nichtgegrüßte einfach nicht lange genug nach links geschaut und so diese Kette der Missverständnisse durch pure Unaufmerksamkeit provoziert. Ob ein Begrüßungsgeld hier Abhilfe schüfe? Am *Welt*-Stand wiederum wurde so viel gegrüßt, dass für die Begegnung einfach keine Zeit blieb.

Irgendwie ist dieses Jahr (fast) jeder genervt. Gerald Zschorsch beklagte sich, dass sein Verlag, Klett-Cotta, seine Bücher aus Stuttgart nicht nach Frankfurt mitgenommen hat. Was er jetzt hier solle? Offenbar hat die äußerst schwäbische Geschäftsführung darauf spekuliert, dass der am Main ansässige Lyriker einen Sack voll eigener Autorenexemplare an den Stand mitbringen würde. Um die Sprachlosigkeit zu vertiefen, goss der Lektor Sekt auf die offenen Wunden. Die hochgerühmte Brigitte Kronauer wiederum verweigerte sich allen Auftritten, die Klett-Cotta für sie arrangiert hatte. Ihre Bücher lagen weithin sichtbar als Buch-Parade an der Verlagskoje. Dafür strahlte Bodo Kirchhoff beim Suhrkamp Verlag wie ein Honigkuchenpferd; sein Roman *Infanta* ist das Buch der Saison.

An demselben Ort und doch durch Welten getrennt: Günter Grass und Seine Heiligkeit, der Dalai Lama. Während der Deutsche die Nation zum »toten Holz« erklärte, störte der Gottkönig die deutsch-chinesische Entspannung mit einer in Buchform gebrachten Forderung, China solle endlich sein Land, Tibet, in die Unabhängigkeit entlassen. Ganz anders Grass. Die Deutschen erhalten unter dem Beifall der ganzen Welt die eigene Souveränität zurück – und Deutschlands berühmtester Romancier und unverbesserlicher Weltenretter verschwindet durch die Tapetentür des Ozonlochs: »Während die Mauer löchrig wurde und viele Menschen, um Jahrzehnte gealtert, sich wiedersehen, wuchs – ohne Schlagzeilen zu machen – unser aller Ozonloch, dieser gänzlich humorlose Spielverderber.« In seltsamer Verkehrung der sittlichen Möglichkeiten von Literatur sprach Grass davon, dass es »Aufgabe des Schriftstellers« sei, »das eigene Nest zu beschmutzen«.

Es blieb dem Übersetzer Karl Dedecius, dem diesjährigen Friedenspreisträger des Deutschen Buchhandels, vorbehalten, in seiner Dankesrede den »erzieherisch-moralisch-politischen« Rang der Dichtung einzuklagen. Man müsse die Nation wie Wilhelm von Humboldt als Chance, nicht als Gefahr begreifen, denn erst im Bewusstsein der eigenen Identität könne man den anderen, die anderen Nationen anders sein lassen. Schade, dass die klügsten Worte immer von außen kommen. Der deutsche Schriftsteller ist kleingeistig, gehemmt, moralistisch und provinziell.

*Bad Godesberg, 11. November 1990*
Entschluss, möglichst bald als Kriegsberichterstatter nach Nahost zu reisen. Möglichst schon Weihnachten oder Neujahr. Der Streit um das von Saddam Hussein besetzte Kuwait spitzt sich täglich zu. Im Konfliktfall könnte ich als Reporter auf der Seite der Amerikaner an die Front kommen. Ein Frontwechsel wäre freilich reizvoll, aber wird kaum möglich sein, auch wenn ich 1988 von der irakischen Regierung zur Siegesfeier über den Erzrivalen Iran nach Bagdad eingeladen war. Ob diese Kontakte auch im Kriegsfall funktionieren?

*Bad Godesberg, 14. November 1990*
Gestern Abend Gespräch mit Thomas Kielinger über mein Vorhaben, das er unbedingt unterstützt. Er will mit dem Oberkom-

mandierenden der US-Streitkräfte in Deutschland sprechen; ich könnte dann mit einer der US-Divisionen im Dezember oder Januar nach Saudi-Arabien mitfliegen. Dann noch über eine Gehaltserhöhung, die er ebenfalls befürwortet. Ein Chefredakteur nach Maß. Da nützt es mir, dass ich den Bogen nie überspannt habe in den vergangenen Jahren. Dennoch dürfte solch eine Konstellation wohl nie wiederkehren.

*Bad Godesberg, im Januar 1991*
Zur Buchpräsentation nach Rolandseck. Der Verleger Theo Rommerskirchen, ein großer Kunstfreund, hat die Buchreihe *Signatur* ins Leben gerufen, die das Doppeltalent von Autoren und Künstlern sichtbar machen möchte. Bislang ist ein halbes Dutzend dieser Bild-Text-Bände erschienen, die man in einem Acryl-Rahmen wie ein Kunstobjekt an die Wand hängen kann. Oder ins Bücherregal stellt. Die malenden Schriftsteller oder dichtenden Maler dürfen 28 Doppelseiten selbst gestalten; Auflage jeweils 990 Exemplare, die alle signiert sind. Bislang erschienen Bücher von Arik Brauer über Ernst Fuchs bis Wolfgang Hildesheimer. Die Nummer 14 ist nun Günter Grass gewidmet.

Verleger Rommerskirchen hat mich zur Buchvorstellung ins Verlagshaus eingeladen. Bei einer Zelebrität wie Günter Grass ist natürlich das Fernsehen da und will eine kleine Podiumsdiskussion übertragen, an der ich teilnehme. Wir sitzen uns recht eng auf Stühlen gegenüber, dicht unter den starken Scheinwerferlampen. Grass schwitzt. Aber nicht nur wegen der Hitze, sondern vor allem wegen des Themas, das ich recht bald, nachdem das Buch und seine Eigenart vorgestellt ist, anschlage: die deutsche Einheit. Grass beharrt auf seiner Warnung, das wiedervereinte, größer gewordene Deutschland könne das zerbrechliche Europa in Gefahr bringen. Ich eröffne meine Attacke mit der Frage, ob er, der so vehement für das Recht der Polen streite, ihr Schicksal in die eigene Hand zu nehmen, um sich endgültig aus der Vormundschaft der Russen zu befreien, im Ernst dem demokratischen Deutschland die nationale Souveränität absprechen wolle? Gar mit dem Hin-

194

weis auf Auschwitz, das sich wiederholen könnte, falls die »kritische Masse« des vereinten Landes die Hegemonie in Europa beanspruche? Das sei doch aberwitzig und bei dem aktuellen politischen Personal – Kohl, Weizsäcker, Genscher – völlig absurd. Und auch in Zukunft sorge die Einbindung der Bundesrepublik in die EU und die Nato für ein friedliches Nebeneinander.

Ihm komme vor, als sei ich die Stimme Helmut Kohls, giftete Grass und sprach mir ab, als junger, geschichtsunerfahrener Mensch überhaupt etwas zu solch einem heiklen Thema sagen zu dürfen. Es war Grass anzumerken, dass er sich mit seiner Haltung isoliert fühlte. Das Publikum klatschte zu auffällig, als ich redete. Deshalb gerierte er sich zehn Minuten lang als Präzeptor Germaniae und warf das Gewicht seines Ruhms in die Waagschale. Es plumpste aber wirkungslos auf die kleine Holzbühne und isolierte ihn noch mehr. Als die Scheinwerfer und das rote Lämpchen der Kamera erloschen, schaute er sich irritiert um. Theo Rommerskirchen lächelte und meinte, das sei doch eine lebendige Diskussion gewesen; ihm jedenfalls habe der Schlagabtausch gefallen.

Danach standen wir noch ein Stündchen am Büfett. Ich bemerkte, dass Günter Grass eine Art Doppelspiel (nicht nur in seinem grafisch schön gestalteten Band) liebt: Neben der Bühne ist er verständnisvoll, hört zu, lässt sich etwas sagen. Kaum aber blinkt das rote Lämpchen, wird er zum unerbittlichen Rechthaber. Genauso formulierte ich es auch – was ihm sogar gefiel. »Finden Sie?« sagte er und lachte. »Ja, manchmal bin ich etwas zu bissig.« Aber er habe eben eine Menge erlebt und sei allem Nationalen gegenüber ablehnend eingestellt. Er brauche ja wohl nicht zu erklären, warum.

Dann bat er den Verleger, ihm ein Taxi nach Bonn zu rufen. Theo Rommerskirchen blickte mich listig an und sagte: »Fahren Sie nicht auch in diese Richtung, Herr Schwilk? Sie nehmen Herrn Grass doch in Ihrem Wagen mit.« Selbstverständlich, antwortete ich, das sei mir eine Ehre. Grass willigte sofort ein und folgte mir zum Wagen, den ich auf einem kleinen Parkplatz am Rhein abgestellt hatte. Kaum saßen wir im Auto, zündete er sich eine Zigarre an und paffte die halbe Stunde Fahrt vor sich hin. Bald kamen wir auch auf Ernst Jünger zu sprechen, dessen Leben er »hochinteressant«, aber auch »abgründig« fand. Der habe doch mit den Nazis paktiert? Ich erzählte Jüngers Lebensgeschichte en détail nach, und schon waren wir da. Grass bestand darauf, dass ich ihm einige Lektürehinweise gebe, und so saßen wir noch eine zeitlang im kalten Wagen vor dem Hotel. Es gebe einen guten Grund für seine Neugier, sagte er plötzlich. Er habe vor, irgendwann eine Bilanz des Jahrhunderts zu schreiben. Und da dürfe Jünger nicht fehlen. Den Zigarrenstummel, den er in meinen Aschenbecher drückte, gab ich dann an Ulrich Schacht weiter, der selbst Zigarren raucht und das skurrile Objekt begeistert in seine persönliche Asservatenkammer aufnahm.

*Bad Godesberg, 14. Januar 1991*
Meine Anrufe und unzähligen Faxe beim saudi-arabischen Konsulat laufen seit Wochen ins Leere. Deutsche Journalisten gelten als hyperkritisch, moralistisch und parteiisch. Meine Erfahrungen mit arabischen Behörden zahlten sich jedoch aus. Das persönliche Gespräch mit dem saudischen Botschafter verfehlte seine Wirkung nicht. Der dringend geäußerte Wunsch, meinen Landsleuten unvoreingenommen über die Lage zu berichten, wurde ernst genommen. Ein Händedruck besiegelte die Sache. Morgen soll das Visum ausgestellt werden.

*Kairo, 18. Januar 1991*
Nach Wochen der Spannung hat sich der Knoten gelöst. Krieg am Golf. Die Luftangriffe der Alliierten begannen allerdings einen Tag zu früh. Der Flug von Frankfurt nach Riad wurde wegen der Luftkämpfe gestrichen. Versuch, über Kairo und Jeddah nach Dhahran zu gelangen. Tage des Wartens münden in die Aktion. Doch das Unternehmen, die Front über den Landweg zu erreichen, ist äußerst schwierig, und die Zeit läuft davon. Im Flugzeug der Egypt Air ein freundlicher Stewart, der mir seine Hilfe anbot und mich zum Hotel brachte. Er zog auch Erkundigungen über

196

mögliche Routen nach Jeddah ein. Ich war der einzige Fluggast, alle anderen Passagiere hatten ihre Flüge gecancelt. Man servierte mir ein üppiges Menü, dazu freigiebig Champagner. Zeitweilig saßen sämtliche Stewardessen um mich herum, den seltsamen Reisenden in Augenschein nehmend. Für sie ist der Flug eine Zwangsverpflichtung. Da ist es erleichternd, sich ablenken zu können. Dass die Maschine im umkämpften Luftraum abgeschossen werden könnte, diese Angst steht im Raum, wird aber nur hinter vorgehaltener Hand thematisiert.

*Kairo, 19. Januar 1991*

Auf der Bank in Kairo, um Riyal für die Reise zu tauschen. Die Mienen der Angestellten hellen sich auf, als ich sie nach der Lage im Irak frage: Weitere 11 Scud-Raketen Saddam Husseins hätten Tel Aviv erreicht. Die Lage ist prekär. Wann schlagen die Israelis zurück? Es gibt hier eine gewisse Verachtung für Saddam Hussein, aber auch viel Hass auf Israel. Man freut sich, dass die als unbesiegbar geltende israelische Armee von Tag zu Tag mehr bloßgestellt wird, begreift aber nicht deren rein taktische Zurückhaltung. Das ist mit den USA abgesprochen, um den Konflikt nicht eskalieren zu lassen. Mildes Wetter, unruhiger Schlaf. Jetzt beginnt die Arbeit des Reporters. Der einzige Weg führt über Suez nach Jeddah. Auch im Hotel offene Freude über Saddam Husseins Scud-Abschüsse, Israel müsse vollkommen zerstört werden. An der Bar werde ich unverhohlen gefragt, was ich von Hitler halte. Ein Taxifahrer bleckt die Zähne: »Hitler good!« Der Antisemitismus ist hier salonfähig, jede Rakete kitzelt ihn weiter hervor. Allgemeines Erstaunen, weil ich vorhabe, auf eigene Faust an die Front zu fahren. Warum kämpfen die Deutschen nicht, werde ich gefragt. Insgeheim Bewunderung für die amerikanischen Tomahawk. Das geht hier wie auf einem orientalischen Basar durcheinander, die Menschen sind leicht erregbar, in alle Richtungen.

Am Busbahnhof ein Ägypter mit kanadischem Pass. Er berichtet mir von seiner Flucht aus Kuwait. Die Familie sei schon im September mit einer kanadischen Maschine nach Kairo ausgeflogen. Mohamed Elarishy ist am 5. Januar aus geschäftlichen Gründen nach Kuwait City zurückgekehrt. Als Ingenieur arbeitet er dort mit deutschen Kollegen zusammen. Aufgrund von Mitterands Friedensvorstoß habe er beschlossen, trotz des Ultimatums, abzuwarten. Als der Luftkrieg begann, verließ er Kuwait im Bus; seine Reise geht von Kuwait City über Bagdad nach Akaba und Nuebia. Mohamed Elarishy hält Saddam Hussein für ein Opfer seines »Egozentrismus«. Er habe keinen »touch für Politik«. Die Demontage von Betrieben in Kuwait City in den ersten Wochen der irakischen Besetzung deutet für ihn auf eine befristete Okkupation des Emirats hin.

Aus Nuebia trifft ein Bus mit ägyptischen Fremdarbeitern ein. Sie sind aus Jordanien, dem Irak und Saudi-Arabien geflüchtet. Müde, verquollene Gesichter, weinende Kinder. Alle klammern sich an ihre Habseligkeiten, lautes Kindergeschrei. Die ägyptische Polizei brutal.

*Akaba, 20. Januar 1991*
Ankunft in Nuebia nach sechs Stunden Fahrt im Bus. Ein wenig Abwechslung durch ein Gespräch mit einem ehemaligen Diplomaten in Japan, einem Palästinenser. Er ist unterwegs nach Amman. Belehrte mich über die zahlreichen UN-Sanktionen gegen Israel, die nie durch militärische Gewalt erzwungen worden seien. Neben mir auch ein Sprachstudent, der in Kairo studiert. Er nickt zustimmend. Israel ist das rote Tuch, der Stachel im Fleisch.

*BBC* meldet die Dislozierung von Patriot-Abwehrraketen nach Israel. Bagdad erneut heftig von den Amerikanern bombardiert. Das Wetter ist schlecht für Attacken auf Kuwait und die dort stationierten irakischen Truppen. Mit dem Schiff nach Akaba. Bei strahlender Sonne Ankunft am Roten Meer. Auf dem Schiff auch drei *Spiegel*-Reporter, darunter Erich Wiedemann, die keine Visa für Saudi-Arabien haben und mich ungläubig anstarren. Sie müssen sich mit dem jordanischen Amman begnügen. Ich nehme vor der Weiterreise nach Riad ein Zimmer für eine Nacht im »Holiday Inn«; bin der einzige Gast. Von dort Telefonat mit Astrid und Thomas Kielinger. Beide sind froh, dass die Reise bislang gut ging. Die Journalistengruppe nimmt ein Sammeltaxi nach Amman. Der Portier meint, ich solle doch mitfahren, die saudi-arabische Grenze sei seit dem Bombenkrieg für Ausländer geschlossen.

Mit dem Taxi an die Grenze. Ich werde gewarnt, nach Riad weiterzureisen, weil auch dort Scuds eingeschlagen seien. Die jordanischen Posten glauben, dass Saddam Hussein doch mehr Power hat, als der Westen glaubt. Aber großer Realismus, was die Zerstrittenheit des arabischen Lagers betrifft. Größte Verwunderung, dass ich nicht umkehre. Am saudischen Checkpoint stoppt mich ein Pfiff vom Wachturm. Ich werde in eine Baracke geführt; dort befragt mich ein saudischer Grenzsoldat in blitzsauberem, braun-beige geflecktem Kampfanzug, verlangt meinen Pass. Er zieht ein schmutziges Stück Papier aus der Tasche und versucht meinen Namen zu notieren. Dann winkt man mich weiter; nach 300 Metern der letzte Grenzposten. Man begrüßt mich mit Handschlag, reicht Tee im Henkelglas. So oft, dass meine Zunge pelzig wird. Ich darf mich auf einen Stuhl vor das Wachhäuschen setzen.

Die weißgetünchte Grenzstation in Haql über dem Golf von Akaba gleißt im harten Licht der Wintersonne, vom Meer her weht ein durchdringender, kalter Wind. Über den Schlagbaum hinweg geht der Blick zum Meer hinunter. Dort leuchtet ein weißer Dampfer, wie auf den blauen Karton eines Postkartenmeeres geklebt, ein tödliches Idyll; palästinensische Kommandos sollen nachts Treibminen ausgesetzt haben, die Wasserstraße ist gesperrt. Man drückt mir ein kleines Radiogerät in die Hand; ich höre *BBC* und die *Deutsche Welle*. Ein Korrespondent berichtet von den letzten Raketenangriffen auf Riad und Dhahran. Die meisten explodieren vor dem Einschlag, getroffen von US-Patriots. Aber ihre Trümmer richten in den Außenquartieren der Stadt großen Schaden an. Im Radio Nachrichten aus aller Welt: In Moskau große Demonstrationen unter dem Motto »Weniger Freiheit und mehr Elend«. Boris Becker und Steffi Graf gewinnen ihre Tennisspiele. Durch das Fenster starre ich auf das graue Telefon, von dem die erlösende Antwort aus Riad kommen muss, dass ich weiterreisen darf.

Im Büro lässt Oberleutnant Abdul Al-Issa den gewürzten Kaffee der Beduinen reichen, dazu eine Schale mit zuckersüßen Datteln. Für ihn ist der Journalist aus Deutschland eine willkommene Abwechslung. Über dem schweren Palisanderschreibtisch hängen Fotos von König Fahd und von der Kaaba in Mekka. Der König nennt sich seit Mitte der Achtzigerjahre »Wächter der heiligen Stätten«. Der Offizier ist bedrückt. Die Lösung des Problems ist für ihn einfach: »Einen vergifteten Dolch für Saddam Hussein und seine Al-Takritis!«, sagt der junge Mann mit rasiermesserscharfem Haifischlächeln. Die Gegenfrage enthüllt andere Bedürfnisse: Der Deutsche soll dem Autoliebhaber das beste Mercedesmodell empfehlen. Doch es ist unmöglich, in Detailkenntnis und vergleichender Überschau einen luxusverwöhnten Golfaraber zu übertreffen, den der märchenhafte Reichtum seines Landes in die Lage versetzt, immer nur das Beste zu wählen.

Um 13.22 Uhr ist es geschafft: Ein in eine blütenweiße Djellabah gehüllter Posten öffnet den Schlagbaum. Auch für die sichere Weiterreise hat Oberleutnant Al-Issa gesorgt. Mit lässiger Handbewegung stoppt er einen Bus, der Gastarbeiter aus Saudi-Arabien evakuiert hat, um jetzt leer nach Riad zurückzukehren. Der türkische Busfahrer Mehmed bekommt einen in blumiger Sprache verfassten Passagierschein in die Hand gedrückt, wird angewiesen, mich unbehelligt die 1500 Kilometer lange Strecke in die Hauptstadt zu bringen. An den militärischen Checkpoints, die uns alle 30 Kilometer stoppen, hält der schweigsame Fahrer das Dokument in die geöffnete Tür und sagt die Zauberformel: »Ein Aleman nach Riad.« – »Danke, Gute Fahrt!« lautet die stereotype Antwort.

*Riad, 22. Januar 1991*

In Riad! Exakt vier Tage dauerte der Luft-Wasser-Land-Trip von Bonn nach Riad – wer hätte das gedacht in der Nacht, als das Bombardement begann! Die letzte Nacht habe ich auf dem Sitz des Busses geschlafen, verpflegt wurde ich in Restaurants und Cafés, die am Wege lagen. Mit Suppe, Reis, Hammelfleisch, Kebab, Brotfladen, Salat, Tee. Während des Essens lief andauernd der Fernseher; in den Nebenräumen alte Männer hinter Wasserpfeifen, auf Teppichen und Kissen hockend. Als wir uns nach 24 Stunden Fahrt Riad näherten, fluteten uns auf der Gegenspur Autokolonnen mit fliehenden Saudis entgegen. Eine irakische Scud war in die Stadt eingeschlagen und hatte mehrere Häuser zum Einsturz gebracht, wie BBC meldete. Auf der Straße drängten sich Tank- und Militärlaster, mit Kisten und Koffern bepackte Geländewagen, Flüchtlinge, die am Rand der Autobahn haltmachten fürs Gebet. Mein türkischer Fahrer setzt mich am Busbahnhof ab. Herzlicher Abschied. Er wünschte mir viel Glück. Ein schweigsamer Mann, der wenig Regung zeigt. Sicher wunderte er sich, wie man freiwillig hierher kommen kann.

Der MG-Schütze auf der gegenüberliegenden Straßenseite bringt seine Waffe langsam in Stellung, als der Wagen vor dem marmorbelegten Treppenaufgang des Hotels anhält. Ein Pakistani mit Privat-Taxi hat mich vom Busbahnhof hierher gefahren. Am Eingang nehmen drei Soldaten in sandfarbenen Tarnanzügen Haltung an, das Gepäck des Ankommenden fest im Blick. Das »Hyatt Regency Hotel« in Riad ist das saudiarabische Gegenstück zum Bagdader »Rashid«, hier wie dort werden die Gäste von anfliegenden Raketen bedroht.

Mit spitzen Fingern tastet der amerikanische Soldat meinen Rucksack nach Sprengmitteln ab. Sein saudischer Waffenbruder, ein Beduinenkrieger, hält die Maschinenpistole in Anschlag. Die Angst vor Terroranschlägen ist groß, seitdem saudische Piloten Bombeneinsätze gegen den Irak fliegen. Der Wunsch des GI, ich möge mich hier wohlfühlen, ist ehrlich gemeint. Die Kollegen im Hotel, in der Mehrzahl Briten, Amerikaner und Franzosen, sind noch vor Kriegsbeginn bequem mit Zivilflugzeugen nach Riad gekommen. Die meisten sind enttäuscht über den dünnen Informationsfluss, der aus dem Medienstab der alliierten Streitkräfte zu ihnen dringt. Ein Franzose, der Vietnam und Beirut erlebt hat, kann es nicht fassen: »So etwas habe ich noch nie durchmachen müssen, restriktiver geht es nicht. Kaum einer kommt an die Front. Die Engländer lassen einen gerade mal – und meist nur die eigenen Landsleute – zu den Piloten auf den Militärflughafen. Das ist es dann.« Dafür wird eifrig kopiert, was ans schwarze Brett des Pressezentrums kommt, vorgekaute und zensierte Berichte. Aber selbst das muss unter Aufsicht geschehen. Die Amerikaner und Briten werden massiv bevorzugt. Es ist ihr Krieg.

Über den Frust der Kriegskorrespondenten tröstet das variationsreiche Angebot der Restaurants im Haus hinweg: Von Hammelfleisch über argentinisches Rindersteak bis Schwarzwälderkirschtorte bieten die Saudis die ganze internationale Palette. Nur der Swimmingpool ist geschlossen. Es ist Winter, an der Wasserknappheit kann es nicht liegen. Zuviel Lockerheit in der West-Enklave will man verhindern. Seitdem Scud-Raketen in die Stadt kommen, ist die Stimmung spürbar umgeschlagen. Die Angst der Bevölkerung vor den tonnenschweren Flugkörpern ist Stoff für die Medien, die bislang zu Spekulationen über die Verluste der Iraker und Saddams Strategie gezwungen waren. Nur 300 Meter vom »Hyatt« entfernt hat das Mittelstück einer Scud einen Krater in die Straße gerissen. Der erste Raketenangriff auf saudiarabisches Territorium, der bei Tag erfolgte und Menschen Schaden zufügte.

Dem französischen Reporter fiel das Nachrichtenereignis gewissermaßen vor die Füße: Die Detonation riss ihn morgens aus den Kissen, Fensterglas splitterte. Das Schreckensszenario spielte sich vor dem Hotel »Novotel« ab, unweit der Straße, die den Militärflughafen mit der City verbindet. Auch dort sind einige Journalisten untergebracht. Welcher Einrichtung der Treffer galt, ist ungewiss. Die amerikanischen und saudischen Militärs berichteten, die Scud sei schlicht eine terroristische Attacke auf die Bevölkerung und ohne jede militärische Bedeutung. Im Übrigen sei sie von einer Patriot-Abwehrrakete getroffen und in viele Teile zersprengt worden. Bedenklich stimmt allerdings, dass die Einschlagstelle, wie schon in Tel-Aviv, so dicht beim Verteidigungsministerium liegt.

»Ich habe ein großes Herz«, hatte der kleine Pakistani auf der kurzen Fahrt zum Hotel gesagt. Er zeigte sich, ganz anders als der Busfahrer, gesprächig. »Saddam Hussein ist bald am Ende. Er und sein grausames Volk sind einfach nur irre.« Dann, nach einer kurzen Pause: »Denken Sie, es wird lange dauern?« Die Selbstsicherheit der Menschen hier kippt schnell um, wenn man sie reden, ihre eigenen Ängste formulieren lässt. Die Pakistani, Türken, Jordanier und Ägypter, die als Gastarbeiter hier leben, wissen nicht so recht, welche Rolle das Land in diesem seltsamen Krieg der Worte und Raketen spielen wird. Viele verlassen eilig die Stadt, in der sie sich eine neue, meist einträgliche Existenz geschaffen haben. Seit Saddam Husseins langer Arm das Herz Saudi-Arabiens erreicht, lassen sie sich mit Sonderbussen und Chartermaschinen in ihre Heimatländer zurückbringen. Abends wirken die Straßen wie ausgestorben. Die Restaurants sind leer und schließen früh. Nur wenige Autos sind unterwegs, meist Taxis und Militärjeeps.

Riad hält den Atem an und wartet – auf was? »Die Raketenangriffe Saddam Husseins sind Verzweiflungstaten eines Mannes, der am Ende ist«, tönen die Zeitungen, die weniger die Stimmung der Bevölkerung als die der Regierung wiedergeben. Das Fernsehen sendet patriotische Filme. Sie sollen den verunsicherten Menschen die Schlagkraft der Armee und die Erfolgsgeschichte ihres modernen Landes vor Augen führen. Prinz Fahd ibn Salman, Regierungschef der östlichen Provinzen, mischt sich wie einst Harun Al Raschid unters Volk und verbreitet Siegesstimmung: »Der Sieg ist nahe, und wir werden bald die Auferstehung Kuwaits feiern.« So blumig steht es in der aktuellen Ausgabe der *Arab News*.

Obwohl in der Stadt keine Panik herrscht, trifft die Bevölkerung Vorsorge für einen möglichen Gasangriff, verklebt Fenster und Türen und hält Gasmasken bereit. Viele sitzen auf gepackten Koffern. Eine Flüchtlingswelle ergießt sich seit drei Tagen vor allem in südwestlicher Richtung auf die Hafenstadt Jeddah zu, aber auch hinauf in den Norden. Man fährt zu Verwandten oder zum eigenen Feriendomizil. Hauptsache heraus aus der Großstadt.

Mich hält es ebenfalls nicht im Hotel, das immer nur dieselben Storys bietet, voller Gerüchte ist, die Nachrichten ersetzen. Ich stecke mein Reisetagebuch und die Kamera in die Tasche und ziehe los. In zwei Stunden muss ich zurück sein, denn dann beginnt die tägliche Pressekonferenz. Die »bombing campaigne« wird Tag für Tag anhand von Lagekarten erläutert. *CNN* strahlt diese »briefings« mit ihren eingespielten Ritualen von Frage und Antwort live in alle Welt aus.

Das Verteidigungsministerium, das ich passiere, liegt auf der anderen Seite der Straße, ein schneeweißer Gebäudetrakt. Ich mache zur Erinnerung Fotos, die auch das »Hyatt« zeigen. Plötzlich eilen zwei Wachtposten herbei und ziehen mich ins Ministerium hinein. Ich werde in ein Büro geführt und von einem Sicherheitsoffizier einer Art Verhör unterzogen. Ob ich nicht wisse, dass Fotografieren von militärischen Gebäuden streng verboten ist? Mein Reisepass mit dem irakischen Visum schafft gefährliche Zusammenhänge. Dann nimmt man mir die Kamera ab und gibt den Film zur Entwicklung irgendwo im Haus. Natürlich habe ich auf der Fahrt nach Riad Helikopter und Militärkolonnen fotografiert, aber auch harmlose Landschaften. Man reicht Tee, wie schon viele Male vorher in vielen anderen Büros. Derweil kümmern sich Spezialisten um meinen Film, um ihn, im besten Falle, zu vernichten. Ich muss ein Statement unterschreiben, dass ich »military installations« nicht fotografieren darf.

Aus dem Verhör wird ein freundliches Gespräch. Deutsche haben im Orient einen guten Ruf, wenngleich aus nicht immer angenehmen Gründen. »Wann ist der Krieg vorbei? Was denken Sie, Sie sind schließlich Journalist?« Der Captain mit dem dunklen Backenbart und dem rostroten Barrett winkt einen Soldaten herbei. Der füllt das zierliche Glas zum vierten Mal. »Wir sind ein friedliebendes Volk und auf den Krieg nicht vorbereitet. Saddam Hussein schürt Hass auf unseren Reichtum, das gefällt den Massen in Ägypten, Jordanien, Iran und Irak. Doch wenn Sie Wasser in Ihrem Garten fänden – würden Sie es sich von Ihrem Nachbarn wegnehmen lassen?«

204

Die Teegläser klirren, wenn die schweren Transportmaschinen vom nahen Flughafen im Tiefflug über das Ministerium hinwegdröhnen. Unerwartet ist auch Selbstkritisches zu hören: »Dieser Krieg ist eine große Lehre. Er ist die Strafe Gottes für unser Volk, das seine Prinzipien verraten hat! Milliarden Dollar für Saddam Hussein und seine Kriegsmaschine in den letzten zehn Jahren: Wir haben uns den Mut abkaufen lassen, aus Angst vor den Mullahs. Dafür müssen wir jetzt bezahlen.« Es sei zu befürchten, dass Saddam Hussein irgendwelche »Geheimwaffen« einsetzen könnte. So geht es immer weiter, in dieser seltsamen Mischung aus Selbstbewusstsein und Verunsicherung. Drei Stunden später habe ich eine Pressekonferenz im Hotel versäumt, aber dafür tief ins Herz eines Menschen geschaut, der bald für sein Land kämpfen wird.

Als der Muezzin vom Minarett ruft, schlüpft der Offizier aus seinen Militärstiefeln und eilt zum Gebet. Ein junger, schüchtern wirkender Unteroffizier führt mich aus dem leer hallenden Gebäude hinaus. Im Foyer des »Hyatt« nippt der französische Reporter-Veteran an einem schön dekorierten Fruchtsaftgetränk, das bedenklich nach Whisky duftet. »Eine Scud vor der Haustür! So ein Glück hat man nur einmal. Ich bin jetzt seit August da. Aber der Krieg hat ja erst angefangen. Fahren Sie nach Dhahran, dort gibt es mehr zu sehen.«

*Riad, 23. Januar 1991*
Nächtlicher Raketen-Alarm. Vom Dach meines Hotels aus kann ich die aufsteigenden Patriots beobachten. Leider kein Burgunder griffbereit. Eine gewaltige Explosion erschüttert den Nachthimmel, und am Horizont steigt eine Rauchwolke auf. Schnappe Gasmaske, Notizblock und Kamera und fahre im Wagen des TV-Teams von *Antenne 2* quer durch die Stadt zur Einschlagstelle. Es sollen vier Scuds niedergegangen sein, sämtlich von Patriots getroffen. Fabian Briand, Kameramann des Fernsehteams, fordert mich auf, den Krater auf dem Gelände einer Fahrschule zu fotografieren. Wir sind schneller vor Ort als saudisches Militär

und Polizei, die unmittelbar nach ihrem Eintreffen das Gelände absperren. Journalisten sind durchaus erwünscht, denn die saudische Regierung will Saddam Husseins Raketenterror aller Welt vor Augen führen.

Es gelingt mir, kleinere russgeschwärzte Trümmer einzustecken, die über dem Hof der Fahrschule verstreut liegen. Die Außenhaut einer Scud (die Rakete ist im Originalzustand 11 Meter lang) ist vom Himmel gestürzt und hat beim Aufprall das Dach der angrenzenden Häuser abgedeckt. Ein Teil des massiven Sprengkopfes liegt in dem einen Meter tiefen Loch, das im Asphalt klafft, auf dem normalerweise Fahrschüler üben. Die Organisatoren haben an alles gedacht: Scheinwerfer leuchten die Trümmerstätte aus, Experten beugen sich geschäftig über die zerfetzten Metallteile und dokumentieren vor laufenden Kameras Geistesgegenwart, Soldaten im Kampfanzug demonstrieren Präsenz und Sicherheit.

Und die Reporter? Schnell einen dramatischen »stand up« vor dem Scud-Wrack abgedreht, ein paar Fragen an den begleitenden Presseoffizier oder den Einsatzleiter gestellt, Informationen auf Band gesprochen, dann Erinnerungsfotos geblitzt. Bilder sind es vor allem, was zählt in diesem Medienkrieg, zerbombte Häuser, zerfetzte Raketenteile, Lichtspuren der Geschosse, Waffen, Geräte, Menschen im Einsatz, verstört oder betend, angstvoll oder heroisch. Denn nur solche Action-Motive bringen den Agenturen, Zeitungen und Sendern Geld und jene Einschaltquoten, auf die der Auftraggeber spekuliert.

Auch ich dachte an meine Reportagen und vor allem an das Buch, das ich nach meiner Rückkehr schreiben würde. Der Kriegsreporter täuscht sich gewöhnlich nicht über die Motive seiner Arbeit. Das Mitleid für die Opfer ist nur eines von vielen, oft widerstreitenden Gefühlen. Er riskiert sein Leben, um über eine Schlacht zu berichten, über die Stimmung der Soldaten und das Leiden der Zivilisten. Oft war er selbst Soldat, geht bei seinen gefährlichen Exkursionen auf die Suche nach sich selbst. Die wenigsten jedoch gestehen sich das ein, verstecken sich hinter einem

206

allgemeinen Aufklärungsbedürfnis, der Empathie für die Opfer. Moralismus ist immer der gangbarste Weg.

*Riad, 24. Januar 1991*

Im Fernsehen schildert ein *CNN*-Moderator seine Eindrücke vom Bombenkrieg wie ein Computerspiel: »Two plains killed – what a performance!« Nüchtern kommentiert er die Abschüsse als »double-kill«. Lachend sagt ein Pilot in die Kamera: »It was great, I saw my rockets hit a ammunition factory. It was incredible, seeing the smoke coming out.« Das ist jener »video war«, von dem immer die Rede ist. Der Zuschauer sitzt wie der Pilot vor seinem Monitor und drückt Knöpfe. Die Treffer werden als niedliche Sprengwölkchen gezeigt. Das ist allerdings keine amerikanische Spezialität mehr, sondern das vorherrschende Gesicht der automatisierten Kriegsführung.

*Dhahran, 26. Januar 1991*

Heute Abend Live-Telefonbericht für das *heute journal*. Die Fragen stellte Peter Voß. Das *ZDF* ist durch meine erste Reportage im *Rheinischen Merkur* auf mich aufmerksam geworden. Ich berichtete Voß über die Stimmung in Riad, die Scud-Angriffe. Die Nachrichtensendung blendete eine Karte von Saudi-Arabien und ein Foto des Berichterstatters ein. Das *ZDF* hat keinen Reporter vor Ort. Der Beitrag kurz, aber exklusiv. Weitere Sendungen sollen folgen, kündigte Peter Voß an. Er schien froh, etwas Authentisches bieten zu können. Kurz nach der Sendung Gespräch mit Thomas Kielinger, der als Chefredakteur hocherfreut war. Wunderbare Werbung für sein Blatt. Er stand von Anfang an hinter meiner Mission, auch gegen den Widerstand in der Redaktion.

Dramatischer Zwischenfall auf dem Militärgelände: Ein *ABC*-Reporter filmte, wie sich aus der Waffe eines saudischen Soldaten ein Schuss löste. Der Saudi wollte den Film, die beiden prügelten sich, die dazukommenden GIs gingen in Anschlag. Der Saudi schoss und wurde verletzt. Alle Beteiligten zu strengstem

Stillschweigen angehalten. Man befürchtet eine Gefährdung der amerikanisch-saudischen Beziehungen.

Nachts Gespräch mit Astrid, die ein bisschen weinte. Es ist alles zu viel für sie, die Schwangerschaft, mein Reportereinsatz am Golf, das Alleinsein mit den Kindern. Und vor allem die Ungewissheit, ob und wann ich zurückkehre; sie kennt meinen Hunger nach Grenzerfahrung. Zudem sei ich ihr gegenüber viel zu förmlich, klagte sie. Es war ein langer, ereignisreicher Tag – aber es fällt mir halt schwer, Gefühle zu zeigen. Zumindest am Telefon. Ich nehme mir vor, einiges wiedergutzumachen nach der Rückkehr.

*Dhahran, 27. Januar 1991*

Mit dem Zug nach Dhahran. Machte dabei die Bekanntschaft mit Talib Al-Hamdan. Er ist Exil-Kuwaiti und 35 Jahre alt. Er war 1988 nach Bonn gekommen, um sich bei Chefarzt Gerhard Ott, meinem damaligen Vermieter, an der Hüfte operieren zu lassen. Eigentlich unmöglich, dieses Treffen, mitten in der Wüste! Der gemütvolle, gänzlich unkriegerische Mensch hatte erst im Oktober und nach beschwerlicher Flucht das rettende Saudi-Arabien erreicht. Außer seinem Pass musste er seinen ganzen Besitz zurücklassen. Mit Schaudern erinnert er sich daran, dass nicht wenige Kuwaitis bei ihrem Versuch, das Land noch vor Ausbruch des Krieges zu verlassen, von irakischen Soldaten ermordet wurden. In Damamm leitet er jetzt das exilkuwaitische »Sozialamt«, das seinen Landsleuten eine monatliche Unterhaltszahlung zuteilt.

Von ihm erfuhr ich, wie vergleichsweise üppig die exilierte Bevölkerung in Saudi-Arabien lebt. Es hat in der Geschichte wohl kaum besser versorgte Flüchtlinge gegeben als die rund 400 000 Kuwaitis, die pro Kopf rund 2000 Mark Unterhalt im Monat erhalten. Talib berichtete von seinen eigenen Erfahrungen mit den irakischen Besatzern, von der Willkür marodierender Soldaten, die morgens durch Fenster in Privatwohnungen kletterten, Autos beschlagnahmten, Banken und Kaufhäuser verwüsteten, Frauen vergewaltigten. Er will mich mit Freunden zusammenbringen, die über Satellitentelefone Kontakt zum kuwaitischen Widerstand halten.

208

Am Strand von Damamm, der reichen Ölstadt an Saudi-Arabiens Golfküste, hocken einige kuwaitische Großfamilien und nehmen ihr Mittagsmahl ein. Etwas abseits, auf einen Felsblock gekauert und in das festliche Weiß seiner Djellabah gehüllt, sitzt eine reglose Gestalt. Riad Al-Dousari lässt die Kurbel seiner Angel surren und winkt uns herbei. Das braune, scharfgeschnittene Profil, das die beduinische Herkunft verrät, wirkt kriegerisch unter der rotkarierten Getra, dem Kopftuch des Golfarabers. Was Riad sagt, klingt kompromisslos und ungeschminkt: »Die Saudis sind geflohen, wie meine Landsleute in den Tagen nach der Invasion. Lassen Sie sich nicht blenden: Kuwait ist Saddam Hussein fast ohne Gegenwehr in die Hände gefallen.«

Der 32-Jährige ist verbittert, weil die kuwaitische Exilregierung einen Aufnahmestopp für Kriegsfreiwillige verordnet hat. »Um das kostbare Blut unseres Volkes zu schonen, hätte man sich viel früher wehren müssen. Das ganze System ist marode und korrupt.« Riad Al-Dousari, der bis zur Invasion in Kuwait City als Manager gearbeitet hat, kommt schnell zu seinem eigentlichen Thema. Die erregte Stimme zeigt die Wut, die das lange Warten und die Hilflosigkeit in ihm aufgestaut hat: »Wenn wir zurückkommen, werden wir die Straßen Kuwaits von den Palästinensern leerfegen. Und dann für Demokratie sorgen im Land!« In Kuwait City hat sich, angelockt von der Oase des Wohlstands und einer für die Region unüblichen Toleranz, die größte Palästinenserkolonie herausgebildet: 450 000 hochqualifizierte Menschen arbeiten dort als Ärzte, Anwälte, Ingenieure, Beamte und Journalisten. Ein Volk ohne Heimat ist in dem reichen Golfemirat zu Anerkennung und Wohlstand gelangt. Ajatollah Khomeinis theokratische Revolution und der iranisch-irakische Krieg haben jedoch über Nacht den Keim des Unfriedens ins Land gebracht.

Saddam Husseins Gespür für Konfliktlagen, die sich für die eigenen Ziele nutzbar machen lassen, hat sich auch in diesem Fall fatal ausgewirkt. Indem er, der in seinem Land demonstrierende Palästinenser brutal niederkartätschen ließ, die Befreiung Palästinas mit der Besetzung Kuwaits in Verbindung brachte, vergiftete er das Verhältnis zwischen beiden Völkern. Die Gäste plünderten zusammen mit den als »Befreiern« gefeierten Irakern Läden und Banken und drängten die früheren Chefs aus ihren Positionen. Riad wettert: »Sie führen sich jetzt als Herren in unserem Land auf. Aber sie sind Abfall, in sich zerstritten und heimtückisch!« Aus dem stillen Angler ist ein finsterer Agitator geworden, die anderen Kuwaitis schauen zu uns herüber. Man müsse diesem Volk, das endlich die Überlegenheit anderer Rassen anzuerkennen habe, die Fortpflanzung verbieten. Jeder, der sich lange genug mit Arabern über Israel oder die Palästinenser unterhalten hat, weiß, dass solch erschreckende Vorstellungen nichts Seltenes sind. In Tel Aviv tanzten Araber auf den Dächern, als die todbringenden Raketen einschlugen, und ein jordanischer Journalist zeigte sich mir gegenüber enttäuscht, dass die Scuds kein Gas enthielten.

Gleichzeitig macht sich Riad Al-Dousari in aller Unschuld für die Demokratie stark, die er den Restaurationsversuchen der »feudalen Clique« entgegensetzen möchte. »Die korrupten Regierungsleute organisieren sich schon. Sie haben das Geld und bereiten sich auf die Rückkehr in ihre Ämter vor.« Riad ist überzeugt, dass es einen Neuanfang geben wird. Er erwarte durchgreifende politische und soziale Veränderungen, die Exil und Krieg bringen würden. Zum ersten Mal erfahre sich eine Überflussgesellschaft als Solidargemeinschaft, die sich eines übermächtigen Feindes zu erwehren hat. Tatsächlich ist die Leidensgeschichte der Kuwaitis von *Amnesty International* einer entsetzten Weltgemeinschaft zur Kenntnis gebracht worden. Die Berichte von Plünderungen, Erschießungsaktionen, Folterungen und Vergewaltigungen haben viel dazu beigetragen, jene Stimmung zu schaffen, die letztlich zu den Uno-Resolutionen führte und damit zum Krieg gegen den Besatzer Irak.

Dennoch hat sich einiges verändert, was das feudale Regime der Sabahs nicht ignorieren kann, falls die Rückkehr gelingt. Vor allem die Rolle der kuwaitischen Frauen dürfte sich nach diesem Krieg entscheidend ändern. Dabei hatten sie schon immer mehr

Rechte als in jedem anderen muslimischen Staat. »Es ist, als hätte ein Erdbeben stattgefunden«, sagt Kamela Al-Ayad, eine 36-jährige Lehrerin. »Als die Krise begann, gingen zuerst die Frauen in Kuwait auf die Straße, mit ihren Kindern.« Sie seien auch die ersten Opfer gewesen. Das Exil habe den kuwaitischen Mädchen und Frauen eine Lehrstunde in sozialer Realität gebracht: Früher beschäftigten die an französische Couture und erlesene Parfums gewohnten Luxusgeschöpfe 150 000 philippinische, ägyptische und indische Dienstmädchen. Und heute brächten sie sich in den Exilländern das Kochen, Nähen und Windelwickeln selbst bei. Ob Premierminister Sheik Al-Abdullah Al-Sabah den kuwaitischen Frauen nach einer erfolgreichen Rückeroberung Kuwaits allerdings das Wahlrecht zugestehen wird, ist höchst fraglich.

Angekommen in Dhahran, suche ich den Kontakt zu dem im Hotel »International« untergebrachten »Kuwait Office«. Über Fragen, wie sich das Land nach der Vertreibung der irakischen Besatzer neu organisieren wird, möchte man nicht diskutieren. Saquiar Al-Boniga, der Leiter des Informationsbüros, will vor allem über die militärischen Aspekte des Konflikts und die schwierige Lage der Flüchtlinge informieren. Für ihn ist, anders als für Riad Al-Dousari, das beste Neue immer nur das gute Alte. So wiegelt er alle Fragen nach möglichen Reformen freundlich, aber bestimmt ab.

Die Wände des Büros sind mit Fotos behängt, die Folterszenen zeigen, und der amerikanische Verbindungsmann im Zimmer nebenan verteilt Poster mit Durchhalteparolen (»Free Kuwait, now!«) und patriotischen Slogans (»Kuwait, God and Jaber«). Immer mal wieder organisiert das Büro Fahrten zum Flughafen mit ausgesuchten Journalisten. Die dürfen dann mit den kuwaitischen Piloten sprechen oder den Start der Maschinen verfolgen. Bis vor kurzem sei auch der Blick in ein Ausbildungslager für Kriegsfreiwillige gestattet gewesen, die in militärischen Crashkursen auf ihren Einsatz vorbereitet werden. Die Armee des Emirats umfasst 20 000 hochmotivierte Soldaten, die beim Sturm auf Kuwait ganz vorne mit dabei sein wollen.

Der Widerstand in Kuwait ist umstritten. Hatte man anfangs die Rolle der Untergrundkämpfer gefeiert, so sieht man ihre Anschläge jetzt eher mit Sorge. Denn die Bevölkerung bekommt die Rache der Iraker zu spüren, wenn wieder einSoldat aus dem Hinterhalt erschossen oder ein Militärfahrzeug in die Luft gesprengt worden ist. Jetzt, so kurz vor dem alliierten Sturm auf die Festung Kuwait, sollen sich die Guerilleros verbergen und auf ihre Stunde warten. Am D-Day, meint auch Saquiar Al-Boniga, könnten sie dann hinter den Linien wertvolle Subversion leisten.

Diese Untergrund-Armee mache weniger Saddam Hussein als der kuwaitischen Exil-Regierung Angst, sagt Riad Al-Dousari höhnisch: »Auch der Widerstand wird sich am Ende nicht mit der Befreiung des Landes zufriedengeben!« Die Opfer, die diese mutigen Männer im Untergrund gebracht hätten, müssten sich in einer radikal neuen Ordnung niederschlagen. Das zentrale Anliegen des Eiferers, der sich als der Sprecher seiner Generation versteht, ist die Eliminierung oder zumindest Austreibung der Palästinenser aus dem befreiten Kuwait. Sie hätten mit dem Feind kollaboriert und dürften dafür nicht auch noch belohnt werden. Wie das Staatswesen seiner Heimat ohne die Hunderttausende Palästinenser zu betreiben ist, diese Frage stellt sich Riad Al-Doursari nicht. Und den Gedanken, dass Kuwaits neue Demokratie, so sie zustande kommt, ohne Toleranz nicht lebensfähig sein würde, wischt er ebenfalls zur Seite. Seine Vorstellungswelt ist ganz vom elementaren Gefühl der Rache beherrscht.

*Dhahran, 28. Januar 1991*

Das Fünf-Sterne-Hotel »International« in Dhahran hat einen ausgezeichneten Ruf. Saudische Staatsgäste machten hier regelmäßig Station auf ihrer Reise in die Emirate. Der deutsche Manager Gunther K. Bähr zählt die Namen der prominenten Gäste auf: Bush senior, Mitglieder der königlichen Familie, die Gandhi. Derzeit sind hier Hunderte Journalisten aus aller Welt untergebracht. Trotzdem ist das »International« kein orientalischer Märchenpalast. Im Gegenteil: Mit seiner blauweißen Fassade gleicht es eher einer olympischen Schwimmhalle. Besondere Attraktion ist denn auch ein großzügiger Swimmingpool. Innen schaffen polierte Granitböden, schwarze Marmorsäulen und sandfarbene Travertinbalustraden eine Atmosphäre kühler Eleganz.

Der Manager fühlt sich nicht als Kriegsgewinnler. Man zahle erhebliche Risikoaufschläge für das Personal. Inder, Pakistani, Jordanier, Ägypter und Sudanesen arbeiten als Kellner, Köche und sonstiges Personal im Hotel. Wie überall im Land halten sie die Infrastruktur am Laufen. Sie sind aber nicht alle freiwillig hiergeblieben. Durch die Raketenangriffe ist auch Dhahran, wo alliierte Truppen ihren Einsatz im Irak erwarten, ein gefährlicher Ort. Wenn man die Angestellten dazu befragt, antworten sie gar nicht oder nur hinter vorgehaltener Hand. »Man hält uns als Sklaven«, beklagt sich ein Pakistani, dessen Familie ihn dringend gebeten hat, nach Hause zu kommen. Viele Saudis haben sich in die sicheren Landesteile abgesetzt und ihre Angestellten zurückgelassen; das hat das gegenseitige Vertrauen beschädigt.

Die Amerikaner haben ihre Vietnam-Lektion gelernt. Das Informationssystem, das sie in Riad und Dahran installiert haben, ist ausgeklügelt. Erik Willenbrock ist »Commander« des »Joint Information Bureau«, kurz JIB genannt. Es ist im Ballsaal des Hotels untergebracht, eingesponnen in ein Netz von Computer-Terminals, Fernseh-, Kopier- und Faxgeräten, die das Pressezentrum im dritten Stock des Hotels als Kommandozentrale eines Videokrieges erscheinen lassen. Unter den funkelnden Lüstern eilen die in Tarnanzüge gekleideten Presseoffiziere geschäftig hin und her, als gelte es, Entscheidungen von höchster militärischer Wichtigkeit zu treffen.

Wer zu Erik Willenbrock kommt, um sich Informationen über den Luftkrieg zu holen, bekommt zuerst einmal ein vierseitiges Reglement in die Hand gedrückt. Nach der Lektüre weiß er, dass er nichts wissen wird als das, was die Welt ohnehin schon weiß – via US-Verteidigungsministerium. Denn die Kontakte zu der multinationalen Truppe werden streng kontrolliert und über den sogenannten Media Pool gesteuert. Die Gruppen von fünf bis

213

acht Mann, die zu den Bodentruppen in die Wüstengebiete zwischen Al Jubail und Al Haditnah aufbrechen, haben Wochen des Wartens hinter sich. Meist sind es Amerikaner; denn der »Pool«, das Rekrutierungsbüro für die begehrten Frontausflüge, wird von US-Journalisten der ersten Stunde mitgesteuert. Sie achten eifersüchtig auf ihr Monopol.

Die Vorteile, vor Ort zu fotografieren, zu filmen oder zu berichten, schlagen für die Glücklichen aber kaum zu Buche. Denn das JIB macht das Material allen Sendern und Medien zugänglich – für harte Dollars. Aus dem »Pool« bedienen sie somit alle, was die Berichterstattung – aus der Perspektive der Medienkontrolleure – so problemlos und stromlinienförmig macht. Commander Willenbrock hält den unzufriedenen Reportern die höheren Ziele des Unternehmens »Wüstensturm« entgegen. »Wer die amerikanische Politik kritisiert«, meint der schmächtige Offizier, dessen Vorfahren aus Deutschland kommen, »der sollte bedenken, dass immer wir Amerikaner es sind, die für den Westen die Kastanien aus dem Feuer holen«.

Aber die Kritik kommt nicht nur von den Deutschen, die seit Kriegsausbruch in den USA eine so schlechte Presse haben wie seit langem nicht mehr. Sie kommt auch und besonders scharf von US-Korrespondenten. Wer eine gute Geschichte von der Frontlinie mitbringt, muss sie nicht selten so lange liegen lassen, bis das Pentagon die Fakten freigegeben hat – ein Alptraum für jeden echten Journalisten. Zudem sind alle Berichte oder Bilder, die über den Pool die Medien erreichen, über die Zensur gegangen. Der Kriegsgegner soll keinen Nutzen aus den dort geschilderten Vorgängen ziehen können. Man weiß, dass Saddam Hussein in seinem Bunker aufmerksam verfolgt, was die Medien berichten.

Kriegsstimmung kommt auf bei denen, die ihren Namen in den Listen am schwarzen Brett des JIB finden. Doch wenn der Augenblick da ist, werden nicht wenige unsicher, ob sie wirklich an die vorderste Front fahren sollen. Wahib Ghorab von den *Arab News* zauderte, als man ihn nach seiner Blutgruppe fragte. Er habe sich plötzlich sehr schwach gefühlt, sagt er. Seine Frau habe geweint und ihn gebeten, da zu bleiben. Aber die Aussicht, der erste arabische Frontberichter zu sein, ließ ihn die aufkeimende Angst unterdrücken – trotz möglicher Gas- und Artillerieattacken durch die gefährlich nahegerückten Iraker.

Ganz anders Kasim Cendemir, Korrespondent der türkischen Nachrichtenagentur *Foreign News Desk*. Der sympathische junge Mann möchte unbedingt an die Front, wie er mir immer wieder versichert, aber kommt bislang nicht zum Zug. So liefert er seit Wochen eher harmlose Hintergrundstories nach Ankara. Sein Notizblock ist eine wahre Gerüchteküche, doch der Türke ist realistisch und gibt sich wenig Chancen, einmal vorne mit dabei zu sein: »Türken und Deutsche sind Zaungäste dieses Krieges. Wer nicht schießt, hat auch kein Recht auf Information.«

Wer sich in Saudi-Arabien als Deutscher, als »Almani« zu erkennen gibt, wird stets besonders zuvorkommend behandelt. Die Deutschen gelten als ehrlich, tüchtig und araberfreundlich. In der englischsprachigen Presse und hier im Hotel sieht das ganz anders aus. »Haben die Deutschen Truppen am Golf?« kontert Commander Willenbrock meine Frage nach den Gründen für die faktische Nichtrepräsentanz deutscher Journalisten in den »Media reporting teams«. Doch muss man nicht unbedingt an die vermeintlichen Einsatzorte mitfahren, um eine Witterung vom Krieg zu bekommen. Täglich gibt es Raketenalarm; und hier in Dhahran, das nur 250 Kilometer von der irakischen Grenze entfernt liegt, ist die Vorwarnzeit für die Scuds knapp: nur zwei bis drei Minuten im günstigsten Fall. Der Alarm löst nicht nur Schrecken, sondern vor allem hektische Betriebsamkeit aus: Die Agentur-Reporter eilen ans Telefon, die Fotografen und Kameraleute stürzen ans Fenster oder hinaus zum Swimmingpool, um von ihren Zelten und Plattformen aus das Raketenfeuerwerk festzuhalten.

Wenn die Entwarnung kommt, ein durchdringender, langsam abschwellender Heulton, und die orangefarbenen Kometenschweife aufsteigender Patriots, der dumpfe Knall explodierender Scuds ausgeblieben sind, macht sich Enttäuschung breit. Was zählt im Krieg der Einschaltquoten sind eben jene spektakulären

Bilder der Zerstörung, die mit Millionenaufwand seit dem 17. Januar via Satellit in alle Erdteile übertragen werden. Schon kurz nach den Attacken füllt sich der Ballsaal erneut mit gelangweilten Reportern. Willenbrocks Männer dagegen müssen in den Keller, wenn es oben Raketentrümmer regnet. Die Soldaten sitzen entspannt auf den weichen Orientteppichen, die Gasmaske griffbereit. Das Hotel-Management lässt kostenlose Snacks reichen, man spielt Karten oder hört Kurzwelle. Die Türen sind mit Plastikvorhängen gegen Gas gesichert, davor postiert bewaffnete GIs.

Die meisten sind hier, weil es die militärische Hausordnung vorschreibt. Dass Scuds wirklich durchkommen, glaubt keiner. Die Patriot-Batterien rund um den Militärflughafen geben Sicherheit. Welches Vertrauen die Hotelgäste in die Abwehrraketen setzen, zeigt eine seltsame Skulptur in der Hotelhalle. »Scud-City«, wie die Soldaten Dhahran mit angelsächsischem Galgenhumor nennen, hat sein erstes Kriegerdenkmal: eine im Ziel explodierte Patriot. Die eineinhalb Meter große, rotleuchtende, innen rußgeschwärze Metallröhre ist an der Spitze bizarr ausgefranst. Eine mit weißer Farbe aufgepinselte Inschrift sagt dem Betrachter, dass es sich hier um einen Kultgegenstand handelt: »We love you all«.

Im Keller braucht man sich um das Scud-Patriot-Lotterie-Spiel nicht zu bekümmern. Der Raum ist heiß und stickig, auf den Teppichen hockt das Hotelpersonal mit blassen, angespannten Gesichtern. Dem diensttuenden Sergeanten, der früher in Deutschland stationiert war, rinnt der Schweiß über die Stirn und tropft vom Helmriemen. »Glauben Sie mir, eine Fahrt von München nach Hamburg auf der deutschen Autobahn kostet mich mehr Nerven als dieser Raketenkrieg.« Die Pakistani zu seinen Füßen lachen gequält. Sie waren noch nie in Deutschland.

*Dhahran, 30. Januar 1991*
Der Bodenkrieg ist da. Aber überraschenderweise geht er von Saddam Hussein aus. Bevor die Amerikaner angreifen, will er der Welt zeigen, wer das Heft in der Hand hält. Die Iraker stießen heute über die Grenze Saudi-Arabiens vor und nahmen die ver-

lassene Ölstadt Khafji im Handstreich. *CNN* berichtet, dass die US-Luftwaffe zusammen mit den Saudis die Stadt bombardiert habe und ihre Rückeroberung vorbereite. Das ist meine Chance. Wenn ich mich in den Mietwagen setze, kann ich in wenigen Stunden am 400 Kilometer entfernten Schauplatz der Kämpfe sein. Von Fabian Briand weiß ich, dass Mitglieder der TV-Mannschaft vor einigen Tagen schon im verlassenen Khafji Position bezogen haben, in Reichweite der irakischen Artillerie. Dort, wo eine intakte Infrastruktur, Kaufhäuser und Ölverarbeitungsanlagen zurückgelassen wurden, so erzählten sie mir, dürfte ein irakischer Angriff nur eine Frage der Zeit sein. Ihre journalistische Nase hat Recht behalten.

Auf gegen 10 Uhr. Duschen, dann mit dem Mietwagen in die Stadt zur Bank. Weil diese geschlossen hat, Weiterfahrt auf der schnurgeraden Autobahn Richtung Khafji. Auf den ersten hundert Kilometern nur ein militärischer Checkpoint. Die Schnellstraße, die Dhahran und das größere Damamm mit Kuwait City verbindet, führt am Meer entlang. Hundert Kilometer vor Khafji, in Safaniya, zeigt der Krieg sein terroristisches Gesicht: Schwarze Ölzungen lecken an die Strände. Die Straßenkontrollen sind schnell passiert. Links und rechts der Straße haben sich Panzer und Artilleriegeschütze in den Sand gegraben; wie Insektenfühler tasten sich Funkantennen in den bleiernen Himmel. Fünfzig Kilometer vor der Grenzstadt massieren sich Panzerkolonnen und schweres Erdarbeitsgerät: Die alliierten Truppen bereiten sich auf die Bodenoffensive vor. Saudische Soldaten knien im Kampfanzug am Straßenrand und beten. Zerschmetterte Autowracks säumen die Piste; auf Sandhügeln grasen schwarze Kamele, archaische Relikte einer anderen Zeit. Kolonnen von Militärfahrzeugen rollen an ihnen vorbei nach Norden. Am Himmel das Dröhnen von Rotoren. Totale Mobilmachung.

Amerikanische Soldaten kaufen im Hinterland der Front ein oder telefonieren. Sie meiden die wenigen Reporter, die auf eigene Faust in die verbotene Zone eindringen. Keiner äußert eine Meinung zu der von Präsident Bush proklamierten »neuen Weltordnung«. Sie scheuen sogar das Wort »Krieg«, das seit Wochen die Köpfe beherrscht. Es sind Profis der Zerstörung, ohne jeden Sinn für die Romantik der Gefahr. Wie kaum eine Soldatengeneration zuvor vertrauen sie ihren Führern, ohne enthusiastisch zu sein. Sie funktionieren wie die Geräte, die sie bedienen. Dabei sind sie freundlich und verbindlich, zu Scherzen aufgelegt und ohne Nervosität. Die Unwägbarkeit des Szenarios, das chemische und bakteriologische Waffen bereithält, scheint sie nicht zu beunruhigen. Haben sie eine Vorstellung, was sie erwartet, wenn Raketenköpfe und Granaten sich in einem Hitzeinferno durch die Armierungen ihrer Panzer schweißen? Und was es bedeutet, wenn Splitterbomben den Boden mit scharfkantigen Metallstücken umpflügen oder der Druck explodierender Benzinbomben die Lunge zerreißt?

An der letzten Tankstelle vor dem Frontabschnitt decken sich US-Marines mit Socken, Decken, Bunsenbrennern, Lebensmitteln und Zeitungen ein. An den Telefonhäuschen lange Schlangen wartender Soldaten. Hyänenhaft streichen zwei Journalisten um die Männer, die in Gedanken bei ihren Familien sind, wortkarg Fragen abwehren, für die sie jetzt keinen Sinn haben. Ich kaufe eine grobe Wolldecke, zwei Flaschen Wasser und Schokolade; heute werde ich mein Dhahraner Hotel nicht mehr erreichen. Am Checkpoint von Ras Al-Masheb, 40 Kilometer vor der Ölstadt Khafji, in der seit zwei Tagen gekämpft wird, endet die Reise; gleich mehrere Geländewagen mit Journalisten wenden und fahren nach Dhahran zurück. Auch die Reporter von *Le Figaro* und *La Libération* mit Wüstenhut, Allradantrieb und Wassertank wollen den Weg durch den Sand, um das Militärlager herum, nicht riskieren. Dort patrouillieren US-Soldaten mit Panzerwagen, und auf Sandhügeln recken Raketenstellungen ihre spitzen Gefechtsköpfe in den Himmel.

Auch ich werde kurz vor der Grenze zu Kuwait gestoppt und zum Umkehren gezwungen. Längst befinde ich mich in der für Journalisten verbotenen Zone. Trotz aller Ausreden lässt man mich nicht durch. Meine Akkreditierung habe ich im Hotel zurückgelassen, bin ohne jede Identität. Umfahre die Sperre, was mir trotz des tiefen, nassen Sands gelingt. Mehrfach droht der Toyota stecken zu bleiben; ich rase mit Vollgas durch die Wüstenlandschaft, vorbei an mit Netzen getarnten US-Raketenstellungen. Die Soldaten schauen dem seltsamen Fahrzeug mit großen Augen, aber ohne jede Regung nach. Nach weiteren 20 Kilometern ist die Fahrt endgültig zu Ende. Jetzt gibt es kein Zurück mehr.

Ich stelle den Wagen neben der Straße ab, die auf einem Damm durch den versumpften Wüstensand führt. Im Winter ist Regenzeit. Die Dämmerung senkt sich herab, rechts blinken die Lichter der Ölraffinerien von Khafji. Auf dem Rücksitz ausgestreckt mache ich Notizen und blättere in einem Buch. Ich will die Dunkelheit abwarten, um in ihrem Schutz den Stadtrand zu erreichen. Bislang habe ich für mein Blatt – und zweimal schon für das *heute journal* – über die militärische Lage, die Zensur und die Raketenangriffe berichtet. Denn der Krieg findet für uns im Saale statt, vor den Fernsehgeräten im Ballsaal des »International«, und es erscheint uns paradox, dass wir Reporter dem Schauplatz so nahe sind, ihm aber letztlich so fern bleiben wie die Fernsehzuschauer zu Hause.

Den klinisch sauberen, computergestützten »video war« muss man nicht als zynisches Täuschungsmanöver empfinden, um unzufrieden zu sein über die Rolle, die man selbst dabei spielt. Allerdings ist man hier nicht nur unbeteiligter Zuschauer auf dem Sofa, wenn die Scuds aus dem Irak anfliegen. *CNN* meldet die Angriffe auf Dhahran gewissermaßen als Hausmitteilung vom Flachdach des Hotels aus, wo die Fernsehleute aus aller Welt ihre Kabinen aufgebaut haben. Von hier werden sie rund um den Erdball gefunkt. Wie schnell einen der Schwindel der Echtzeitübertragung erfassen kann, bemerkte ich an der Illusion der Nichtbeteiligung, in die mich *CNN* versetzte – obwohl doch auch ich Teil des Ziels war, auf welches das Sprengstoffpaket zuflog.

Die näher rückende Bodenoffensive verschärft die Kontrollmechanismen. Seit dem 17. Januar ist das gesamte Aufmarschgebiet zur irakisch-kuwaitischen Grenze in einer Tiefe von gut

100 Kilometern für Zivilisten gesperrt. Die akkreditierten Journalisten dürfen das nördliche Grenzgebiet nur in Begleitung von Presseoffizieren und in sogenannten ausgewählten »combat teams« betreten. Das Eindringen in die unmittelbare Kampfzone, wie ich es versuche, dürfte jenseits des Vorstellungsvermögens der Kontrolleure vom amerikanischen Informationsbüro liegen, die mir jeden Tag freundlich nichtssagende Informationen zuschieben.

*Khafji, 31. Januar 1991*
Aufbruch gegen 20 Uhr. Am Gürtel die Gasmaske, in der Gasmaskentasche eine Flasche Wasser, Schokolade, die Landkarte. Um die Schultern eine Wolldecke. Aber noch bläst ein warmer Wind. Schmatzend saugt der feuchte Sand an den Schuhen. Der Horizont schimmert in fahlem Gelb, wie von einem fernen Wetterleuchten illuminiert. Dazwischen blinken silberne Wasserflächen unter einem vollen Mond. In der Ferne Geschützdonner. Obwohl Khafji von saudischen Einheiten und der Nationalgarde, von Panzertruppen der Quatari und US-Marines eingekesselt ist, haben die Alliierten die Stadt offenbar noch nicht unter Kontrolle. In dieser Vollmondnacht scheint die Schlacht geschlagen, doch noch immer dringt das helle Klopfen von Maschinengewehren in die Wüste hinaus, wird um einige Häuser gekämpft.

Für Angst habe ich keine Zeit; dafür im Niemandsland viel Raum zum Nachdenken über die Taktik eines Diktators, der die Weltmacht USA herausfordert. Der kurze und heftige Kampf um die militärisch bedeutungslose Stadt an der Südgrenze Kuwaits muss den letzten Zweifler davon überzeugen, dass es sich bei diesem Krieg nicht nur um eine militärische Auseinandersetzung handelt. Ein in Bedrängnis geratener Saddam Hussein macht sich terroristisch Luft und opfert kaltblütig einen Teil seiner Soldaten für ein psychologisches Manöver. Was dem eher rationalen Westen als Niederlage erscheint, wird den Moslems zum Triumph: »Was für eine Moral! Welche ungebrochene Kampfkraft!« rufen die Hunderttausende von Demonstranten in Jordanien, Sudan,

220

Jemen, Pakistan. Nach zwei Wochen schwersten Bombardements nehmen die irakischen Angreifer die Grenzstadt Khafji im Handstreich und halten sie fast zwei Tage lang, trotz der erdrückenden Luftüberlegenheit des Gegners. Da zählen die gewaltigen Opfer am Ende wenig.

Der Gang über das nächtliche Schlachtfeld hat viele Risiken. Wer sich ungesehen wähnt, erliegt einer gefährlichen Täuschung. Jede moderne Armee verfügt heute über Infrarot-Nachtsichtgeräte, die die Nacht zum Tag machen. Doch für mich ist der Sumpf der größte Feind. Wenige Kilometer vor Khafji breitet sich eine Seenplatte aus, dort ist zu Fuß kein Durchkommen. So schwenke ich nach Norden, wieder der Straße zu, die ich zehn Kilometer im Südwesten verlassen habe. Die Füße versinken bis zu den Waden im Morast, und das Tackern der Maschinengewehre ist jetzt sehr nah. Panzergeräusche schwellen auf und ab. Der größte Punkt der Gefahr ist erreicht, wenn ich mich den Außenbezirken der Stadt nähere. Dort gerate ich in die Reichweite der Heckenschützen. Die modernen Präzisionswaffen haben die Hemmschwelle des Tötens herabgesetzt. Wer ein Ziel aufnimmt, setzt ungern die Waffe wieder ab, ohne abgedrückt zu haben. Viele Kriegsreporter sind so das Opfer gelangweilter Soldaten geworden.

Aus der Stadt preschen Ambulanzen des Roten Halbmonds heran. Ich ducke mich hinter der Dammböschung, um nicht entdeckt zu werden. Im Osten flackert der Himmel unter den Schlägen der B-52-Bomber, die Iraker antworten mit Artilleriefeuer und Luftabwehrgeschützen. Khafjis flache Silhouette ist von einem feinen, rosaroten Lichtstreif überstrahlt, darüber ballen sich ölig-schwarze Wolken. Brandgeruch liegt deutlich spürbar in der Luft. Welche Partei nimmt sich meiner an? Wer spürt mich auf? Ein riskantes Spiel mit unsicherem Ausgang. Mein Ziel ist es, um ein Jünger-Wort zu gebrauchen, »in die Situation einzutreten«, Teil des Geschehens zu sein. Wer versteckt sich hinter den Automaten des Gefechtsfeldes? Den Krieg als Gefangener zu erleben, auf welcher Seite auch immer, könnte Einsichten eröffnen.

Der Eingang der Stadt bietet ein Bild der Verwüstung. Ausgeglühte Panzerwagen, von TOW-Raketen und Cobra-Hubschraubern in Brand geschossen, rauchen auf der verwüsteten Hauptstraße. Kamelkadaver mit aufgeblähten Bäuchen säumen die Schneise der Vernichtung, die das Gefecht in die Stadt gerissen hat. Verkohlte Leiber sind in das Gestänge der Sitze hineingeschmort oder hängen wie schwarze Puppen aus aufgesprengten Wagenschlägen. Die Iraker haben im Hagel der Bomben und der Hubschrauberattacken ihre verwundeten Kameraden zurückgelassen. In eine blaue Decke gewickelt schwimmt ein Toter in seinem Blut, die Arme in einer dramatischen Geste des Leidens und Schmerzes über den Kopf verschränkt. Die Fassaden der Häuser sind von Einschüssen zernarbt, und aus der Kraterlandschaft der Straße ragen umgeknickte Lampen und zerschellte Munitionsteile.

Als mich der Lichtstrahl erfasst, höre ich den hellen Knall eines Schusses. Dicht vor mir blitzt Mündungsfeuer auf. Zwei Gestalten rennen auf mich zu, brüllen arabische Befehle, die ich nicht verstehe, und reißen mich zu Boden. Eine Hand zerrt an meiner Gürteltasche, die in der Dunkelheit wie ein Pistolenhalfter aussieht. »Almani!«, Almani!« rufe ich, aber der Soldat fährt sich mit einer heftigen Handbewegung über den Mund: »Schweig!« Man zerrt mich in den Jeep; die Hände des Soldaten, der neben mir sitzt, zittern, es riecht nach Schweiß und Angst. Das Gewehr, das er mir in die Seite stößt, kenne ich: Es ist ein deutsches G3. Der Jeep schlingert über Bodenwellen. Bleib ruhig, mein Freund, denke ich, und nimm bitte den Finger vom Abzug.

Ohne Licht auf der Straße, heraus aus der Stadt. Keiner spricht, bis der Jeep nach langen Minuten vor einer Straßensperre zum Halten kommt. Man zerrt mich aus dem Wagen und stößt mich an den Kühler. Gurgelnd vor Aufregung gibt der Fahrer Anweisungen, die ich nicht verstehe. Die Hände auf die Haube gestützt, die Beine mit Fußtritten auseinandergerätscht, schaue ich über die Straße in die mondhelle Wüste hinaus. Noch immer zielen Gewehre auf mich, doch ein inneres, befreiendes Lachen steigt hoch, Dankbarkeit schwimmt in Wellen über mich weg. Es ist alles gut, es ist gut, dass ich hier bin, es ist gut.

»Was wollen Sie hier draußen«, fragt mich der saudische Offizier, der mich verhört. Der Mann ist eher erstaunt als wütend. Ich hätte Glück gehabt, denn seine Leute schössen jetzt sofort. »Seitdem die irakische Panzertruppe eine Übergabe vortäuschte und auf uns feuerte, trauen wir denen nicht mehr.« Der Captain, der seinen Helm lässig am Gürtel baumeln lässt, weiß nicht so recht, was er mit dem Grenzläufer anfangen soll. Aber er hat eine Überraschung parat: »Wir haben achtzig Kriegsgefangene hier.« Er weist auf ein helles Zelt. Hier draußen in der Wüste scheinen die Regeln der Informationslenkung und Zensur außer Kraft gesetzt. Der Offizier öffnet die Zeltplane. In seiner Handbewegung liegt der Stolz des Siegers. Leises Murmeln sickert nach außen, Männer mit Bärten und tiefen Augen, gefesselt und auf dem Boden hockend, starren ins Licht der Taschenlampe. Der dünne Schein modelliert in die Gesichtszüge der Gefangenen eine Leidensgebärde, die an Uraltes rührt – fast eine mythische Situation. Zum ersten Mal zeigt der Krieg ein menschliches Gesicht.

Der Lagerkommandant lässt die Plane zurückfallen und schiebt mich zum Jeep zurück. Er sagt mit einem Anflug von Sarkasmus: »Das ist Krieg, kein *CNN*-Programm!« – »Sie sind sehr unvorsichtig. Hier können Sie nicht bleiben. Ich lasse Sie nach Ras Al-Mishab bringen.« Die beiden Soldaten eskortieren mich zurück in den Wagen, nun deutlich freundlicher, aber immer noch wortkarg. Offenbar sprechen sie kein Wort Englisch. Wir passieren meinen in der Wüste abgestellten Wagen, aber meine Begleiter wollen nicht halten. Sie haben den Auftrag, mich ins Camp zu bringen. Als wir im Militärstützpunkt Ras Al-Mishab ankommen, dämmert es und es ist kalt geworden. Kolonnen staubgepuderter Panzerwagen und Militärlaster rollen uns aus dem Lagertor entgegen, nordwärts. Über dem Barackendorf kreist ein Helikopter mit klopfendem Rotorenschlag und peitscht Sand über die Piste.

*Dhahran, 1. Februar 1991*

Im Militärcamp leben US-Marines und saudische Elitetruppen zusammen. Der Kampf um Khafji, die erste Landschlacht des Golfkrieges, hat sie zusammengeschweißt. Ich bemerke schnell, dass der einzelne Soldat wenig von dem weiß, was sich in der Ölstadt abspielt. Die US-Marines, die aus ihren mit Sandsäcken bewehrten Unterständen heraus das Lager sichern, sind froh, hier und nicht an der Front zu sein. Die blutjungen Saudis nehmen mich neugierig auf, lassen mich in der Wachstube schlafen und geben mir zu essen, obwohl der Kontakt mit Journalisten eigentlich verboten ist.

US-Marine Erik Larson, muskelbepackt und blauäugig, schlendert immer wieder von seinem Unterstand zum Wachhaus der saudischen Waffenbrüder hinüber, um sich in einem gestenreichen Kauderwelsch verständlich zu machen. Der Berufssoldat möchte ein paar Brocken Arabisch aufschnappen. Als ich mich, wie die Männer auf den Boden gehockt, im Kreis der Wachsoldaten über die kupferne Reisschale beuge, um mit der Hand Essbällchen zu formen, schüttelt der Elitekrieger seinen kahlgeschorenen Kopf. Die Essgewohnheiten der Araber sind das einzige, was die Amerikaner verabscheuen. Erik Larson freut sich für Deutschland: Er hat die Wiedervereinigung im US-Fernsehen verfolgt. Es stört ihn nicht, dass sich die Deutschen heraushalten aus diesem Krieg. »Wir wollen nach Hause, so schnell wie möglich«, gibt er offen zu. Dabei ist er erst seit Dezember hier draußen.

»Kein Bier, keine Frauen – der nächste Krieg sollte in Deutschland stattfinden!« Bob Heizer, dessen Vater aus Deutschland stammt und der die Wiedervereinigung ebenfalls im Fernsehen verfolgt hat, findet seinen Witz gut und preist das deutsche Bier, für das es sich zu kämpfen lohne. »Sie sind schon ein bisschen merkwürdig«, sagt er grinsend und deutet mit seiner Waffe zu den am Schlagbaum stehenden Saudis hinüber. »Aber ich mag sie.« Man tauscht Feldmützen und Messer, beschenkt sich gegenseitig mit Konserven und Schokolade. Den Jubel über den Sieg von Khafji, den die Saudis an den Tag legen, teilen die nüchternen

Profis nicht. Sie sind hier nicht zuhause. John Moss, ein Schwarzer, der lange in Ludwigsburg bei Stuttgart stationiert war, murmelt etwas von »verrückter Religion«. »Doch vor allem«, sagt er laut und deutet auf eine Ambulanz, die mit heulendem Motor im Lagerinneren verschwindet, »gibt es keinen Grund, getötet zu werden«.

Noch immer steht mein Mietwagen am Damm, der durch die Wüste nach Khafji führt. Ich versuche Militärfahrzeuge anzuhalten, die mich dort absetzen sollen. Die Soldaten schauen mich fassungslos an und schütteln den Kopf. Ein Reporter, der in die Kampfzone eindringen will? Und der vorgibt, nur seinen Wagen herausholen zu wollen? Wie ist der überhaupt in die verbotene Zone hineingeraten? Schließlich hält ein Jeep. Der Mann, der neben dem Fahrer sitzt, ist der saudische Captain, der mich in der Nacht verhört hat. Er will es nicht glauben, dass ich offenbar erneut versuche, nach Khafji zu gelangen, trotz aller Warnungen. Ich erkläre ihm die Sache mit dem Toyota, und er willigt ein, mich dorthin zu bringen. Ich sehe ihm an, dass er die Geschichte für eine Finte hält. Aber dann stehen wir vor meinem Wagen, und er lässt mich erleichtert nach Ras Al-Mishab zurückfahren. »Ich will Sie hier nie wiedersehen!« sagt er zum Abschied und lächelt.

Ich fuhr unverzüglich auf die wie immer leere Autobahn. So erreichte ich nach 24 Stunden wieder Dhahran, um rechtzeitig fürs *heute journal* einen Telefonbericht durchzugeben. Was hatte ich wirklich gesehen, und was durfte ich überhaupt preisgeben, ohne gegen die Zensurbestimmungen zu verstoßen? Ich berichtete ZDF-Moderator Sigmund Gottlieb über die Vorbereitungen der US-Truppen zur Bodenoffensive, die Massierung von Panzern, Geschützen und schwerem Erdarbeitsgerät, vermied aber genaue Lokalisierungen. Ich erzählte von den ersten irakischen Kriegsgefangenen, die vor mir wohl noch kein Reporter zu Gesicht bekommen hat. Natürlich wusste ich, dass ich mit solchen Aktionen meine Akkreditierung aufs Spiel setze, vielleicht sogar das Land verlassen muss. Denn die Kontrolleure in Dhahran müssen sich fragen: Wie kommt dieser Mann bis nach Khafji?

225

*Dhahran, 3. Februar 1991*

Den Mietwagen zurückgebracht. Er ist verdreckt und sieht nicht aus, als sei er nur über befestigte Straßen gefahren. Aber keine Nachfragen, man will es nicht so genau wissen. Wissen ist immer auch Mitwissen. Heute erst gegen 11 Uhr aufgestanden, Frühstück und Zeitungslektüre. Gestern Nacht wieder Raketenalarm. Telefonierte mit Astrid wegen des *ZDF*, das Informationen zu meiner Person erfragt hatte. Sie verfolgt natürlich die Sendungen und kann sich der aufgeregten Anrufe von Freunden und Bekannten kaum erwehren. Viele fragen, warum ihr Mann ausgerechnet während ihrer Schwangerschaft am Golf ist. Sonst scheint alles in Ordnung zu sein. Die Mädchen wollen wissen, wann Papas »Urlaub« zu Ende sei.

Abschied von Kasim, der nach Ankara zurückfährt. Ein netter, zuverlässiger Kerl. Er beneidet mich um meine Story; aber ich hatte ihn nicht einweihen wollen. Man muss solche Grenzüberschreitungen allein machen. Er wäre wohl auch nicht mit an die Front gefahren. Auf dem Hotelzimmer Lektüre der aktuellen Zeitungen; blättere auch in den *Arab News*, die Details zu den Kämpfen in Khafji bringen. Im TV wird berichtet, bei dem Gefecht seien 15 saudische Soldaten getötet worden. Ein österreichischer Reporter erzählt mir beim Abendessen, er sei in Bagdad gewesen und habe vom »Rashid« aus über den Luftkrieg berichtet. Jetzt will er zu den Fremdenlegionären in den Nordwesten. Unter ihnen sollen auch Deutsche sein, einige von der Stasi. Eine schöne Räuberpistole. Ob ich ihn begleiten wolle? Ich müsse erst einmal abwarten, was mein TV-Bericht für Folgen hat, weiche ich aus. Vielleicht nehme man mir meine ID-Karte ab, weil ich gegen sämtliche Regeln verstoßen habe. Ein neues Vorhaben, vermute ich, würde in Bonn Unruhe auslösen, auch bei Astrid.

Abends in einem Thai-Lokal Suppe, Shrimps, Ente, Bier. Entwerfe das Konzept für meine Reportage über Khafji, die bislang wichtigste meines Lebens. Schrieb Astrid einen langen Brief. Ich versicherte sie meiner Liebe und auch, dass das Schlimmste nun hinter uns liege. Bald sei ich wieder zurück in Bad Godesberg.

Was mir am Telefon nicht gelingt, die Wärme des Ausdrucks, das fließt aus meinem Stift. Ich hoffe, sie spürt das.

*Dhahran, 5. Februar 1991*
Arbeit an der Reportage. Faxte sie gegen Mittag nach Bonn. Thomas Kielinger rief wegen einiger kleiner Korrekturen selbst an. Er scheint sehr zufrieden zu sein – trotz mancher bushkritischer Anmerkungen. Anruf von Talib, der ins »International« kommen will. Begleitet mich bei Einkäufen in der Stadt. Im China-Restaurant Ente in scharfer Sauce, dazu »Saudi Champagne«, der sich als banaler Apfelsaft entpuppte. Im Hotel Abschied von Talib. Er will mir nach Deutschland schreiben, wenn er wieder in Kuweit ist. Vielleicht sogar nach Bonn kommen. Er wirkte sehr zuversichtlich.

In den letzten Tagen seltsame Träume. Papa und Michael bewohnten zusammen das Haus in Italien. Dann ein spektakulärer Flugzeugabsturz am Bonner Münsterplatz. In der ausgebrannten Kirche Flugzeugtrümmer; darunter lag der von den Flammen geschwärzte Pilot, dem die Füße fehlten. Er lebte noch. Immer wieder Gedanken an die Familie; nehme oft die Fotos in die Hand, die mir Astrid vor meiner Abreise ins Gepäck geschmuggelt hat. Freue mich sehr auf das Wiedersehen. Unsere Zukunft liegt im Dunklen, aber das ist auch gut so. Ich vertraue meiner Fortüne.

*Im Zug nach Riad, 7. Februar 1991*
Ein pakistanischer Taxifahrer brachte mich zum Bahnhof. Mehrere Checkpoints, strenge Kontrollen. Er lebt seit neun Jahren in Dhahran und will jetzt endgültig zu seiner Familie zurückkehren. Die Behörden lassen ihn aber nicht; sein Pass wurde eingezogen, sagte er. Im Zug Gespräch mit einem Palästinenser, der den Westen verflucht und Saddam Hussein preist. Wir waren allein im Abteil. Ständig lief das TV. Unablässig Werbung für Bekleidung, Autos und Rasierzeug von Gillette.

Ankunft gegen 20 Uhr. Mit dem Taxi ins »Hyatt«, das ausgebucht war. Für 250 Dollar bekam ich ein Zimmer im »Minhal«, das nur 1,5 Kilometer vom Flughafen in Riad liegt. Telefonat mit Astrid, die meinen Brief erhalten hat. Diesmal weinte sie nicht aus Verzweiflung, sondern vor Rührung. Abendessen in einem indonesischen Restaurant an der »Airport Road«: Hühnersuppe, panierter Fisch mit Reis und Salat, dazu Bier und Tee. Alles sehr scharf zubereitet. Die Reise neigt sich dem Ende zu, und ich bin froh darüber. Die tägliche Agentur-Fron, die sich die meisten Korrespondenten auferlegen, ist mir ein Gräuel.

*Riad, 8. Februar 1991*

Um zwei Uhr nachts Scud-Angriff. Alarme, Überfliegungen. Raus auf die Straße, um das Spektakel zu sehen. Um vier Uhr zurück im Hotel. An der Bar sitzen Araber und trinken Whisky. Trotz des Alkoholverbots.

*Jeddah, 9. Februar 1991*

Komplikationen mit dem Rückflug Riad-Frankfurt. Musste neues Ticket kaufen. Es geht nun über Jeddah nach Frankfurt, der Direktflug ist gestrichen. Als mein Rucksack durch das Kontrollgerät glitt, befürchtete ich, dass man meine Scud-Trümmer entdecken könnte. Der Beamte schaute konzentriert auf den Monitor, sah aber nichts. Seltsam, denn die Bestandteile des Zünders sind aus Metall, und der Detektor hätte eigentlich piepen müssen. Ein Test, der nicht wirklich Vertrauen in die saudi-arabische Sorgfalt auslöst. Ein Fahrer chauffierte mich mit seinem Kleinbus zwei Stunden lang durch die nächtliche Stadt am Meer.

*Jeddah, 10. Februar 1991*

Mit Suleiman, der mich im Hotel ansprach und den Cicerone machen will, mehrstündiger Ausflug ans Meer und in die Stadt, wo ich Geschenke für die Familie einkaufte. Darunter goldene Ohrringe für Astrid. Hier in Jeddah herrscht eine strenge öffentliche Ordnung. Daran müssen sich auch Ausländer halten. Sich in die Nähe von Frauen oder einer Familie zu setzen, verstößt gegen die Anstandsregeln. Auch das Fotografieren von Moscheen, zumindest für »Ungläubige«, ist verboten. Es sind zahlreiche Patrouillen von »Sittenwächtern« unterwegs, die rigide von ihrer Autorität Gebrauch machen. Mein Begleiter scheint nur auf den ersten Blick ein anarchischer Geist zu sein. Vieles an dieser Ordnungswut störe ihn, sagt er. Allerdings bejaht er die Todesstrafe, das Alkoholverbot, die Scharia. Letztere bestraft den Dieb mit dem Abhacken der Hände oder Füße. Auf den Kopf eines Gewaltkriminellen ist im schlimmsten Fall eine halbe Million gesetzt – und derselbe wird ihm nach der Ergreifung mit dem Schwert abgeschlagen.

Seit dem Krieg mit dem Irak herrscht zusätzliche Hysterie im Land. Schüsse am Flughafen heizten die Stimmung an. Mein Taxifahrer will unbedingt nach Indien zurück. Jeddah ist aber eine reiche Stadt, die einem armen Menschen wie ihm Einkünfte vermittelt, von denen er in seiner Heimat nur träumen kann. So sind die Fremdarbeiter hin und hergerissen. Zwischen der Angst um ihr Leben und der Furcht vor der Armut. Das städtische Angebot zur Zerstreuung ist eher konventionell: Ein Riesenrad, Tretboote am Hafen, Rutschbahnen für Kinder, Gondeln und Schaukeln. Zutritt in dieses Disneyworld des Amüsements erhalten allerdings nur Familien. Überall stehen Plakatwände mit Luxus-Reklame, die Rolex- und Rado-Uhren, Autos von Audi, BMW, Jaguar, Mercedes und Lexus anpreisen, Hutschenreuther- und Rosenthal-Porzellan, Armani-, BOSS- und Lacoste-Kleidung, Dior-Handtaschen, Chanel-Parfums. Die allgegenwärtigen Wasserpfeifen und Gewürzmärkte, die Teppichläden, die glitzernden Geschäfte mit ihrem Silber- und Goldschmuck, die Bekleidungs- und Lederwarenshops repräsentieren die orientalische Seite. Eine Märchenwelt, die in der Zwei-Klassen-Gesellschaft ungeniert ausgestellt wird.

*Bad Godesberg, 11. März 1991, nachts*
Nach einem Monat Pause nehme ich das Tagebuchschreiben wieder auf. Mein kleines »Kriegstagebuch« ausgenommen, das mir Astrid ins Gepäck gelegt hatte. Hinter mir liegt die Reise an

den Golf, die so erfolgreich verlief, wie ich das nicht erwarten durfte. Es waren Monate harter Arbeit, mit der die persönliche Wende kommen soll. Dabei auch das Feilen an drei Büchern – begleitet von der Erwartung eines Kindes, das die Frucht vertrauensvoller Liebe ist. Am Wochenende Lektüre der Bücher von Ossip Mandelstam in Vorbereitung der Sendung *Kritisches Trio* im Deutschlandfunk. Astrids Bauch ist kugelrund.

*Bad Godesberg, 13. März 1991, nachts*
Besuch von Ulrich Schacht, der in Bonn Jiri Grusa traf und uns gegenüber seine aktuelle Familientragödie entfaltete. Die junge schöne Leipziger Geliebte gegen die Ehefrau Carola. Trollinger, Plauderei am Kamin. Ulrich will sich für mich bei der *Welt am Sonntag* einsetzen, die einen Leiter »Ostmark« (O-Ton Ulrich), d.h. einen Chef der Regionalausgabe *Berlin & Neue Bundesländer* sucht: Acht Seiten, die wöchentlich zu gestalten sind. Sitz wäre Berlin – vielleicht ist das die Chance, auf die ich lange gewartet habe – und die sich so ganz nebenbei einstellt? Auch Thomas Kielinger will in absehbarer Zeit den *Rheinischen Merkur* verlassen. Absetzbewegungen allenthalben. Doch deutete TK auch eine Veränderung für mich an – doch wie soll diese aussehen? Eigentlich ist die Uhr nach fünf Jahren abgelaufen. Der Sprung von Bonn nach Berlin verliefe synchron zu den politisch-historischen Veränderungen.

*Berlin-Tegel, Flughafen, 14. April 1991*
Hinter mir liegt der Besuch der Ausstellung *Zensur in der DDR*; will einen Bericht darüber schreiben. Seit meiner Rückkehr aus Saudi-Arabien hat sich Entscheidendes verändert. Ulrichs Bemerkung, die *Welt am Sonntag* suche fieberhaft nach einem »Spitzenmann« für den Korrespondentenposten in Berlin, fiel auf fruchtbaren Boden. Chefredakteur Manfred Geist stellte mich sofort ein. Statt Kairo oder Stuttgart nun also Berlin. Dazu ein üppiges Gehalt, das meine Bezüge fast verdoppelt. Vielleicht befreie ich mich durch den Abschied von der Literaturvermitt-

230

lung zur Literatur, zum literarischen Schreiben? Zum Verfassen von Büchern, die ich länger schon im Sinn habe? Arbeit am Golfkriegsbuch, das der Ullstein Verlag möglichst rasch veröffentlichen will – schon Ende Mai. Dazu Rundfunk-Essays, Talkshows, der Sammelband bei Bouvier. Arbeitstechnisch eigentlich ein Alptraumjahr. Aber das Golf-Abenteuer hat »gezinst«, wie Frau Jünger meinte. In Berlin muss ich nun ganz neu anfangen: Allerdings erscheint mir das politisch-kulturelle Milieu nicht so eng wie in Bonn, als dass ich schnell vom Ennui ergriffen werden könnte. Schwierig vielleicht, dass am Anfang gleich die Geburt Justines (so soll unser Mädchen heißen) steht und das Familienleben sein Recht einfordern wird.

*Bad Godesberg, den 15. Mai 1991*

Der Frühling ist da, und die Rheinlandschaft erscheint noch strahlender als sonst – besonders von meiner Terrasse hoch über dem Rhein aus, die den Blick öffnet bis hinüber zum Drachenfelsen. Thomas Kielinger taufte unser Kindchen auf den Namen »Laura«, denn Petrarcas Laura-Sonette dienten ihm zum Vorbild für eigene Gedichte, die er in den letzten Monaten zu Papier brachte. TK bot sich als Pate an, darüber freuen wir uns sehr. Er holte mich als Chefredakteur nach Bonn und übernimmt jetzt, bei meinem Abschied vom Blatt, die Patenschaft für die Tochter seines Literatur-Redakteurs. Der *RM* ist für mich gleichsam über Nacht Vergangenheit. Bin um »anständige Abwicklung« bemüht, zu der auch die Installierung eines Nachfolgers gehört. Rehauge weiß, dass wir ein Kind erwarten und bemüht sich, uns bei allen Formalitäten zu unterstützen. Sonntag fliegt sie für zwei Wochen nach Martinique. Die Scheidungsverhandlung ist am 4. Juni.

*Bad Godesberg, 12. Juni 1991*

Gestern haben Astrid und ich geheiratet; genau vor einer Woche, am 4. Juni, wurde ich von Rehauge geschieden. Es ging am Ende alles sehr schnell. Glück und Unglück zugleich, die Zuneigung der Kinder, die traurigen Augen von Rehauge. Fünfzehn Jahre sind wie ein Tag im Meer der Ewigkeit – aber eine Welt für mich, in der ich wurde, der ich heute bin. Alle gratulieren, fühlen mit. Gerald Zschorsch und seine Freundin Anke waren unsere Trauzeugen; wir speisten im Feinschmecker-Restaurant »St. Peter« in Ahrweiler. Ein harmonischer Tag. Astrid sehr glücklich – und die kleine Laura-Justine wächst und wächst. Werden uns die Götter treu bleiben?

Frau Duelli, die Ullstein-Lektorin, glücklich mit dem Manuskript meines Golfkriegsbuchs *Was man uns verschwieg*. Ich muss es bis nächste Woche beenden; ein paar Seiten fehlen noch. Das Originaltaschenbuch soll bereits am 1. August ausgeliefert werden – wohl das erste Buch in Deutschland zum Thema überhaupt. Die erste Auflage soll 20 000 Exemplare betragen, rasche Nachauflagen sind zu erwarten. Die Rundfunksendung *Mein abenteuerliches Herz* im Deutschlandfunk fand viel Anklang. Das Essay wunderbar gesprochen von zwei Kölner Schauspielern. Eben trafen die Fahnen des *Wendezeit*-Bandes (Bouvier) ein. So viel zu tun – und schon geht es nach Berlin!

*Hamburg, 10. Juli 1991*
Heute hat uns Laura den 15. Tag versetzt. Sie will ihr uterines Paradies partout nicht verlassen, als wüsste sie, wohin es geht. Astrid jetzt locker, weil sie weiß, dass es dem Kind gut geht in ihrem Bauch. Gestern haben wir Oma zu Grabe getragen, diese hartgeprüfte, aber in ihrem fast 90-jährigen Leben immer sanftmütig gebliebene Frau. R. weinte, auch ich vergoss viele Tränen. Es war ein heller, blauer Tag, und ich kam erst acht Minuten vor Beginn der Feier zum Esslinger Ebershalden-Friedhof, musste mich noch rasch umziehen. Unsere Familie, dazu Heinz, Traudl und Rehauge, Elke mit ihrer Mutter, Elsas Schwestern waren da; eine kleine, stille Trauergemeinde. Der Pfarrer sprach in einleuchtenden Bildern. Vom »Lebensgarten« war die Rede (in Anlehnung an Paul Gerhardts Kirchenlied *Geh aus mein Herz und suche Freud...*), der von den Schützengräben zweier Weltkriege durchzogen worden sei. Danach ins »Jägerhaus« am Rand des Schurwalds über

232

dem Neckartal – und gleich wieder zurück nach Bonn. Mit dem Tod der Großmutter verliert man ein Stück Kindheit, mit dem der Mutter den Glauben an die eigene Unsterblichkeit. Wenn der Vater stirbt, endet die Überheblichkeit des Nachgeborenen.

*Hamburg, 11. Juli 1991*

Seit vorgestern in Hamburg, um die Stammredaktion der *Welt am Sonntag* kennenzulernen. Langsam wachse ich ins neue Blatt hinein. Das scheint eine lockere, im Vergleich zum *Rheinischen Merkur* allerdings deutlich weniger intellektuelle Truppe zu sein. Was habe ich von 1982 bis 1989 an seelischen Kämpfen durchlebt! Und jetzt, nach all diesen Behauptungskämpfen, werde ich in Berlin selbst »Chef« sein, unter jungen Leuten, die viel von mir erwarten. Allmählich stellt sich Vorfreude ein. Astrid quält sich der Geburt entgegen; heute brachte der Arzt die Fruchtblase zum Platzen – aber Laura, sie will noch immer nicht... Morgen ist Thomas Kielingers Geburtstag, das wäre ein schöner Zusammenklang. Papas 63. Geburtstag am 6. Juli hat Laura ungerührt verstreichen lassen, aber nun dürfte es gelingen: Pate und Patenkind am gleichen Tag geboren! Immer wieder der Gedanke: Wer lenkt die Geschicke, wer hält seine Hand über uns? Und wohin geht die Lebensreise?

*Hamburg, 12. Juli 1991*

Eben krähte die kleine Laura am Telefon. Das Kind ist endlich da! Astrid weinte vor Glück. Laura soll lange Beinchen und filigrane Finger haben, dazu dunkle Locken und dicke Wangen. Die Augen sind noch geschlossen – als wolle sie die Welt, die sie so lange warten ließ, gar nicht sehen. Ich freue mich sehr, aber richtig glücklich werde ich erst sein, wenn ich das kleine Wesen im Arm halten kann.

*Bad Godesberg, 16. Juli 1991*

Die Kleine tatsächlich eine »gute Mischung«: geschwungenes Näschen, kräftige Augenbrauen, Locken, Samthändchen. Ein

Püppchen mit gebräuntem Teint und Schmollmund. Jetzt wird die Woche lang, bis ich meine Laura wieder im Arm halten kann – hatte nie gedacht, dass ich solch intensive Gefühle entwickeln könnte.

*Berlin, 14. August 1991*

Seit rund drei Wochen Leiter der Redaktion *Berlin & Neue Bundesländer* in der Glinkastraße. Der Axel-Springer-Verlag stellte mir ein Apartment in einem der Hochhäuser des Hansa-Viertels zur Verfügung. Dort wohne ich möbliert am Tiergarten. Suche fieberhaft nach einem geräumigen Haus, möglichst am Rand von Berlin, für die Familie, die ich bald nachholen möchte. Lina schwärmt von einer Villa am See und malt sich das neue Domizil in den buntesten Farben aus. Astrid zurückhaltender; sie weiß noch nicht recht, was der Abschied vom vertrauten Bonn bringen wird.

Stecke tief in der Neuorganisation der kleinen Redaktion, die ja zugleich auch Korrespondentenbüro für die Hamburger Zentralredaktion ist. Wir produzieren wöchentlich eine achtseitige »Regionalausgabe«, schreiben aber auch Reportagen oder Kommentare für das Hauptblatt. Eben zurück von Potsdam, wo ich mit Architekten über die Rekonstruktion der historischen Stadtanlage sprach. Ein deutsch-italienisches Büro mit sympathischen Menschen. Man will ein »internationales Gesamtkonzept« – auf keinen Fall etwas Eigenes. Das urdeutsche Problem. Fahrt durch das Berliner und das Nauener Viertel, wo es prachtvolle alte Villen gibt. Sie sind sämtlich von sowjetischen Offizieren bewohnt. Gespräch mit Sowjetsoldaten und Potsdamern, die am Alten hängen, keine Veränderung wollen.

Die Redaktionsarbeit zieht mich herunter. Besonders die Themen der Regionalausgabe, mit denen ich mich herumschlagen muss: neue Karateschule in Leipzig, Baumkuchenbäcker in Halle, totgefahrene Autofahrer in Sachsen, Skinhead-Randale in Rostock undsoweiterundsofort. Niveaulose Witzeleien in den Konferenzen – welch Unterschied zu Bonn! Mein Seelenfrieden ist

234

bedroht, zudem schlechte Nachrichten aus Italien von Dagny, die wenig Einsicht, aber viel Sündenstolz zeigt. Fühle mich einsam und leidend, ohne Bücher und Menschen, denen ich mich anvertrauen könnte.

*Berlin, 22. August 1991*

Wie sich das Blatt wendet! Die Beziehung zu Astrid ist wieder aufgeblüht. Anruf von Rehauge, die aus Frankreich zurückgekehrt ist und sich nach meinem Befinden erkundigte. Sie hat offenbar ihr Gleichgewicht zurückgewonnen, was mich erleichtert. Hörte heute von Chefredakteur Geist, dass unsere Auflage im Osten auf über 40 000 gestiegen sei, mit deutlich lobenden Untertönen. Entdeckte in der Zeitung die Anzeige eines »Landhauses an der Havel mit großem Garten«. Ob das Glück wieder anklopft? Soeben meldete sich Astrid per Telefon, auf der Fahrt nach Wingst, um Lina abzuholen. Sie berichtete, dass unsere Godesberger Vermieter, die Bielensteins, meinen Jünger-Band auf der deutschen Buchausstellung in Djakarta entdeckt hätten.

*Berlin, 27. August 1991*

Wir haben das Haus bekommen! Es wirkt wie ein märkisches Herrenhaus mit zwei seitlichen Flügelchen, Fachwerk und viel Glas; man schaut durch die Bäume auf die Havel, die sich am Fuß des Hügels als See ausbreitet, gewissermaßen die Nordspitze des Wannsees. Hier oben ist die Zeit in den Sechzigern stehen geblieben, mit holprigen Straßen und muffigen Nischen. Als ich mit dem Wagen von der Heerstraße Richtung Gatow abbog, hatte ich das Gefühl, in die DDR einzufahren. Die Vermieter, ein Kinderbuchautor und eine Professorin der Kunstgeschichte (sie wurde nach Graz berufen) zeigten sich fasziniert von meiner journalistischen Tätigkeit und vor allem von meinen Berichten aus Saudi-Arabien, die sie im Fernsehen verfolgt hatten. Die Pflege des nach ökologischen Prinzipien gestalteten Gartens legten sie uns besonders ans Herz. Entdeckte eben, dass Arnolt Bronnen 1936 – die Nationalsozialisten hatten ihm Publikationsverbot erteilt –

nach Kladow übergesiedelt war. Dort bewohnte er das »Haus Oberföhren« – ob es noch existiert? Kladow wirkt wie eine Berliner Exklave, die fast bis Potsdam reicht. Die italienisch anmutende Sacrower Heilandskirche, direkt an der früheren »Zonengrenze« gelegen, ist über einen Panoramaweg am See entlang in einer halben Stunde zu erreichen.

*Berlin, 1. September 1991*
Bald ist der Sommer verflogen – doch welch ein Sommer! So viel Neues, so viele Zweifel, so viel Glück! Das Buch ist da, meine Laura zum Schlecken lieb, das neue Haus gefunden; gestern und vorgestern mit Astrid, Lina und Laura den Ort inspiziert. Lina ganz begeistert, Astrid mit Abstrichen, was das verwinkelte Haus betrifft, mit dem Kennerblick der Hausfrau, die sich nicht von der Romantik des Ortes täuschen lässt. Dann aber auch sie froh und zuversichtlich, vor allem wegen der Nähe zum See, der mit seiner Badestelle nur 200 Meter entfernt ist. Dazu ein schöner Biergarten am Wasser, eine Pizzeria, ein chinesisches Restaurant, die Anlegestelle für die Wannsee-Dampfer. Das Füllhorn wurde über uns ausgegossen, ich bin sehr dankbar.

*Berlin, 5. September 1991*
Gespräch mit Simon Wiesenthal über die ostdeutsche Variante der Vergangenheitsbewältigung. Der verordnete Antifaschismus scheint ihn nicht zu beschäftigen. Das Thema ist ihm fremd. Am Ende wirkte er müde. Einladungen zu unserem Bonner Garten-Abschiedsfest verschickt. Vorfreude auf den Einzug ins Havel-Haus. Dagny noch immer in Wolfschlugen; mal sehen, wie lange das gut geht. Heute fliegt Papa nach Indien. Er wurde zum Direktor einer Firma in Bombay ernannt.

*Berlin, 30. September 1991*
In Kladow. Das Haus still, ganz in das Schweigen der Erwartung gehüllt. Im Garten kreiselten die Blätter zu Boden. Setzte mich auf die Gartenbank und betrachtete lange das beleuchtete Haus.

236

Ob wir es mit glücklichem Leben erfüllen können? Gut, dass ich Bonn so rasch verlassen habe. Jetzt lebt alles als Ganzes, Abgeschlossenes in mir weiter. Habe die leeren Räume in der Konstantinstraße nicht mehr gesehen. Astrid beschwerte sich über meine »Verschlossenheit«. Anfänglich wehrte ich mich, dann gab ich ihr Recht. Das ist die Maske, die ich tragen muss, um durch die Welt zu kommen.

*Berlin-Kladow, 19. Oktober 1991*
Stehe kurz vor meinem 39. Geburtstag. Ordentliche Bilanz, falls man den Maßstab nicht zu hoch ansetzt. Anruf von Papa, der sich, was Dagny angeht, treu bleiben will. Die Bereitschaft, andere anders sein zu lassen, ist ein deutliches Zeichen, dass wir älter, reifer werden. Der Wille tritt zurück, Geduld und Anschauung treten stärker hervor.

*Berlin, 9. November 1991*
Heute trafen die Freiexemplare des Bouvier-Bandes *Wendezeit-Zeitenwende* ein; blätterte darin und seufzte in mich hinein: Das war einmal möglich beim journalistischen Schreiben! Fasste den Entschluss, wieder mehr für das Feuilleton zu schreiben, um mir innere Freiräume zu schaffen. Das Regionale ist zwar politisch spannend, zumal es um den Neuanfang ganzer Bundesländer geht, aber auf die Dauer nicht befriedigend.

*Dresden, 16. Dezember 1991*
Auf dem Parteitag der CDU in Dresden. Verließ soeben das Abschlussfest, zu dem ich keinen Zugang fand. Nur eine Handvoll Menschen, mit denen ich mich austauschen konnte. Mit Arnold Vaatz zum Beispiel, ein Dissident, jetzt sächsischer Umweltminister. Er setzt sich stark für eine Reinigung der Ost-CDU ein. Für ihn gibt es dort zu viele Wendehälse. Aber auf die hat Kohl ja gesetzt, da darf man sich nicht wundern, wenn sie jetzt aus ihren Blockhütten gekrochen kommen. Die Formulierung gefiel ihm, er ist selbst ein wortwitziger Mensch, der unter all diesen

Sprachminimalisten herausragt, ein typisches Wendephänomen – ein paar Jahre später würde ein solch anarchischer Mensch vom Parteiapparat, der die Rundgelutschten bevorzugt, nicht mehr geduldet.

*Berlin, 25. Dezember 1991*

Eine friedliche »heilige Nacht« – schmerzliches Erwachen heute. Böse Geister schlummern in uns; ihr Ausbruch ist umso heftiger, je mehr wir sie missachtet haben. Ich bin im Grunde der Familie überdrüssig, die alles aufsaugt, jeden hochfliegenden Gedanken in die kleine Alltagsmünze wechselt. Astrid bekennt sich beständig zu ihrer Liebe, überlässt sich aber andauernd dem Argwohn, der überall Konkurrentinnen wittert. Ständig muss ich die Echtheit meiner Gefühle beteuern, ihre Aufwallungen besänftigen. Dass sie eine gute Mutter ist, mag ja sein – aber auch eine zuverlässige Ehefrau? Ich bin gewiss schwierig, neige zur Starrköpfigkeit, doch bin ich durchaus verlässlich, wenn man mir mit Sanftheit und Verständnis gegenübertritt. Der Schnitt ins Fleisch, länger schon erwogen, rückt näher.

*Berlin-Kladow, 24. Januar 1992*

Lesung in Oldenburg. Eingeladen hatte die Reserveoffiziersgesellschaft (RGO) in der Donnerschwee-Kaserne. Flug von Tempelhof nach Bremen in einer kleinen Propellermaschine. Rund 150 Zuhörer, darunter auch Zivilisten aus Oldenburg. Mein Vortrag dauerte 75 Minuten; der Hauptteil bestand aus einer Lesung des Golfkriegsbüchleins *Was man uns verschwieg*. Danach Signierstunde. Zahlreiche junge Frauen, die sich Widmungen ins Buch schreiben ließen. Anschließend in der Casino-Bar Bier und Korn. Eine schwärmerische Monika versuchte mich andauernd zu beschwatzen, ein Lese-Groupie, wie man sie überall trifft. Gegen ein Uhr ins karge Bett des Offiziersheims. Frühstück um 7.30 Uhr, um dann vom Fahrer des Kommandeurs zum Flughafen chauffiert zu werden.

*Kladow gegen Mitternacht, 19. Februar 1992*
Süße der nächtlichen Einsamkeit. Besonders, wenn einem die Gesellschaft der Menschen schwer geworden ist. Diese vollkommene Stille. All die schlummernden Hoffnungen, die begrabenen Ängste. Ein zum Fürchten lebendiges Leben, das uns nicht loslässt. Schon jetzt spüre ich, wie das Fremde, Andere, in Laura einzuschießen beginnt, das alle Menschen trennt. Die Individuation als Fluch und Geschenk, Freude und Qual. »Ach wären wir ein Klümpchen Schleim in einem warmen Moor…«

Sich selbst und andere überfordern. Eine Trauer über allem. Schrecklicher Satz von Mama: »Er ist so verbittert, seine Haare sind so weiß geworden.« Wir alle verhärmen auf den Tod hin. Dennoch immer wieder dieses Wunder des Anfangs, die Appetite, die Sonnenaufgänge, die Lust – und am Ende die Müdigkeit, der Schlaf, an dem wir uns erfrischen. Seltsam, wie sich die Traumwelt verflüchtigt hat seit einem Jahr. Habe mich an die Welt verloren.

*Fethiye, 9. April 1992*
Seit Sonntag verbringen wir am türkischen Mittelmeer, an der lykischen Küste, frohe Tage. Laura ist uns tägliche Sonne, strahlt auch für die freundlichen Menschen hier, die das Rotbäckchen um die Wette küssen. Gestern bei den heißen Kalkquellen von Pamukkale, wo wir ein Sitzbad nahmen und anschließend durch das Ruinenfeld von Hierapolis streiften. Kaufte zwei Bronze-Figurinen, ein hübsches Keramik-Öllämpchen und ein Halstuch mit Stickereien. Die Autofahrt durchs Thaurosgebirge, besonders während der nächtlichen Rückfahrt, sehr anstrengend. Begegnung mit einem engelhaften Schäfer, der sich bereitwillig fotografieren ließ. Gestern Geburtstag von Astrids Mutter, was einigen Gesprächen die traurige Nahrung gab.

Morgens laufe ich immer am Meer entlang, so an die fünf Kilometer, was zu deutlichem Gewichtsverlust führt. Tagsüber kaufen wir kräftig ein: T-Shirts, Hemden aus duftiger Seide, Socken in allen Farben. Die Basare laden zum Bummeln und Kaufen ein, die Händler zuvorkommend. Im Hotel fast nur Berliner, die dem

Herdentrieb folgen. Wir sondern uns ab und führen, wie Astrid sagt, »existentielle« Gespräche. Per Handschlag vereinbarten wir, das Leben künftig lockerer und heiterer anzugehen. Ob wir Hitzköpfe das schaffen?

*Berlin-Kladow, 16. April 1992*

Rückkehr aus der mediterranen Helle ins graue Berlin. Kühle Apriltage. Im Vogelkäfig klopfen die Wellensittiche an die Stäbe, ansonsten Stille im Haus. Lektüre, abwechselnd Bücher von Ulrich Schacht, Günter de Bruyn, Thomas Kielinger, dessen Gedichtband *Orpheus im Intercity* ich besprechen will. Laura sehr munter, meine Liebe zu ihr wächst auch der Mutter zu, beides für mich unzertrennbar. Auch wenn ich dann und wann mit Astrids Gereiztheiten zu kämpfen habe. Aber die Auseinandersetzungen gehen, trotz manch verbaler Kraftmeierei, nie besonders tief. Unsere türkische Vereinbarung scheint zu halten.

Briefe an Georg Kuttner, Oliver Kohler, Ulrich Schacht, Wolfgang Winkel, Georg Miltner, der mir zwei Gedichtbändchen geschickt hat. Soeben traf mit der Post das Programm der Literatur-Tagung in Lauf ein, das mir Gerald zusandte. Mit Texten von Kieseritzky, Kirchhoff, Kronauer, Rühmkorf, Winkel, Schädlich, Strittmatter und Zschorsch. Will darüber für unser Blatt berichten. Sandte heute das Golgatha-Gedicht (geschrieben aus Anlass von Lauras Geburt) an Oliver Kohler, der einen Beitrag für eine Jochen-Klepper-Festschrift anforderte.

Gespräch mit Ruprecht Eser für den 28. April vereinbart. Er will mich als Redakteur für den *Westschienen-Kanal* gewinnen, so der vorläufige Titel des geplanten News-Senders. Ob das Fernsehen mein Medium ist? Eine mögliche Weichenstellung vor dem Vierzigsten, die uns ins Ausland führen könnte. Ein lange gehegter Traum.

*Berlin-Kladow, 26. April 1992*

Kehrte eben aus Leipzig zurück. Traf dort Heinz Czechowski, der mir etwas über die dortige Buchmesse erzählen sollte. Wie

240

jeder Autor lenkte er während unseres Gesprächs immer wieder auf sich selbst, seine Schreiberfahrungen in der DDR zurück. Seine deutlich jüngere Frau ist Lektorin und war die ganze Zeit mit dem aufsässigen Sohn beschäftigt, der offenbar die Renitenz des Vaters in sich trägt. Czechowski erboste sich zunehmend über die »Alt-Kader«, die noch immer an den Schaltstellen säßen und ihm, dem unangepassten Dichter, das Leben schwer machten. So beklagte er sich über eine Mitarbeiterin vom Kultur-Referat der Stadt Leipzig. Sie verweigere ihm das Honorar für eine Lesung. Vor unserem Gespräch im Fernsehen eine Diskussion zwischen Manfred Stolpe und Vertretern des Neuen Forums in der Gethsemane-Kirche, die Czechowski andauernd und erbost kommentierte. Im Sommer will er mich für die Serie *Autoren sehen ihre Stadt* durch Dresden führen.

Am Sonntag zum Prenzlauer Berg, wo Claus Leggewie, Franz Schönhuber, Norbert Blüm und Rolf Schlierer bei einer *Sat₁*-Talkshow zum Thema *Rechtsradikale auf dem Vormarsch* zusammentrafen. Im Grunde eine völlig sinnlose Diskussion, bei der Blüm äußerst emotional argumentierte, den Untergang Deutschlands an die Wand malte, sollten Schönhubers Republikaner reüssieren. Schlierer bemühte sich um Fakten, vergebens. Das Schreckgespenst einer Rechtspartei saß mit auf der Bühne. Anschließend Umtrunk in den Studio-Räumen, zu dem Rolf Schlierer mich und Astrid einlud. Er stellte mich Schönhuber vor, der mich umarmte und mir verschwörerisch ins Ohr flüsterte: »80 Prozent waren heute für uns – haben Sie den Applaus des Publikums gehört? Das ist gut gelaufen...«

Ich kann nicht sagen, dass mir das peinlich war, allenfalls unverdient. Mit dem Aufstieg der Republikaner habe ich nichts zu tun. Schönhuber glaubt fest an seine Mission, allerdings scheint er ziemlich verletzlich zu sein, allzu dünnhäutig. Sehr viel lockerer seine schwäbischen Mitstreiter, denen wiederum das Charisma fehlt. Rolf Schlierer dabei der Musterschüler, schlank, gutaussehend mit elegantem dunklen BOSS-Anzug. Unser Gespräch lenkte er rasch auf die Fallschirmspringerei (er ist auch Reserve-

offizier) und natürlich auf Ernst Jünger. Er lobte meine »Chuzpe«
gegenüber Kohl, den er für einen »liberalen Scheißer« hält. Er
berichtete auch von Michael, der Wahlkampfhilfe für die Partei
leistet. Der muss mal wieder einen bösen Abgang gehabt haben.
Dennoch spricht Schlierer noch immer von einem »netten Kerl«,
der darunter leide, einen erfolgreicheren Bruder zu haben.

*Berlin-Kladow, 21. Mai 1992*
Am Mittwoch erhielt ich von Thomas Kielinger die Nachricht,
dass ich den Theodor-Wolff-Preis »für herausragenden Journalismus« erhalten soll. Es war anfänglich ein stilles Glück, dann,
nach zwei, drei Gläsern Champagner mit Astrid entwickelte sich
eine gewisse Euphorie. Mit dieser Auszeichnung ist eine Last
von meiner Seele gefallen, die Befürchtung, ein gut bezahlter,
aber mittelmäßiger Journalist zu bleiben. Nun ist der Blick frei
auf wirklich literarische Themen. Glückwünsche gab es genug;
vor allem die Familie und die Freunde freuten sich mit. Auch in
der Berliner Redaktion gaben sich die Gratulanten ein Stelldichein. Die alten Hasen ignorierten die Auszeichnung – aber ihr ver-
schämtes Schweigen war das größte Kompliment. Holte Laura
aus ihrem Bettchen, sie strahlte wie ein Honigkuchenpferd und
duftete auch so. Schließlich küsste ich sie so ungestüm wie immer, und das freudige Gequietsche ging bald in Gequake über.
Von der Kleinen kann ich gar nicht schreiben, ohne zu schwär-
men. Wir laben uns an ihr wie an einem köstlichen Manna-Tört-
chen. Wie sie lacht! Liebe.

*Berlin-Kladow, 25. Juni 1992*
Der Glanz der Auszeichnung verblasst. Astrid unglücklich mit
dem etwas verwinkelten Haus, dem großen Garten, der viel Mühe
macht. Oft denke ich: Darf man angesichts solch eines großzügigen Anwesens dermaßen depressiv sein? Mehr Demut täte not.
Auch Dankbarkeit. Doch Krisen sind dazu da, überwunden zu
werden. Am besten durch Arbeit. Bin dabei, die Autoren-Serie
vorzubereiten; Günter de Bruyn (Berlin), Erich Loest (Leipzig),

Heinz Czechowski (Weimar), Gerald Zschorsch (Plauen), Jürgen Hultenreich (Erfurt), Ulrich Schacht (Wismar) und Walter Kempowski (Rostock) sind zur Mitarbeit bereit. Am Montag geht's mit Gerald in seine Heimatstadt Plauen. Die Autoren wollen mir »ihre« Stadt zeigen, und ich schreibe eine Reportage darüber. Später soll daraus eine Buchreihe (*Autoren sehen ihre Stadt*) werden. Kempowski sehr aufgeräumt am Telefon, lobte meine Jünger-Bildbiografie, die er als »coffee-table-book« häufig in die Hand nehme. Seine Stimme hörte sich müde und schwach an.

Das schöne, viel zu trockene Wetter hält an, im Norden droht eine Erntekatastrophe. Der eigentliche Zynismus unserer Zeit aber findet in den Zentralen der Politik statt, wo das Elend des kroatischen und bosnischen Volkes weggeredet wird. Mourir pour Sarajewo? Sterben für die Idee der Freiheit bzw. der nationalen Befreiung hat im Westen keine Konjunktur. Kerzen statt Kanonen. Nach 1989, dem »Ende der Geschichte«, sollte ja der Weltfriede ausbrechen. Da stören die Aufstände und Hilfeschreie der jahrzehntelang serbisch dominierten »Untervölker« die Euphorie.

*Berlin-Kladow, Anfang Juli 1992*
Achtzehn Jahre nach seiner Zwangsabschiebung in die Bundesrepublik kehrte der Lyriker Gerald Zschorsch in seine Heimatstadt Plauen zurück. Ich durfte ihn begleiten. Eigentlich wollte er, der seinem ersten Buch den trotzigen Titel *Glaubt bloß nicht, daß ich traurig bin* gab, diese Heimkehr nicht. Seine neue Heimat ist Frankfurt am Main, dort entstehen seine lakonisch-mitleidlosen Gedichte, in denen die Unbehaustheit der Plauener Jahre, der Schmerz über die Treulosigkeit der Eltern, die den unbotmäßigen Sohn fallen ließen, die Hafterfahrung und das Großstadtleben ihren poetischen Niederschlag gefunden haben. »Vergangenheitsbewältigung füllt den Kopf mit Scheiße!« sagt er heute und weigert sich, den Tätern von einst mit dem Triumphgefühl des von der Geschichte rehabilitierten Opfers entgegenzutreten. Für die fünf Jahre DDR-Haft will er nicht entschädigt werden –

obwohl ihm 30 000 Mark zustünden. Mehr, als er in all den Jahren für seine Gedichte erhalten hat. Sie sind die harte Währung, die er allein akzeptiert. Denn ohne die Erfahrung, ausgestoßen zu sein, hätte er sie nicht schreiben können.

Erstmals kam Gerald Zschorsch 1968 in Haft. Der Sohn eines Diplomaten und einer Jugendrichterin hatte aus Protest gegen den Einmarsch der Ostblock-Staaten in die CSSR antisowjetische Flugblätter verteilt. 1972 verurteilte man ihn für den öffentlichen Vortrag des Gedichts *Expression* erneut: diesmal zu viereinhalb Jahren, die er bis zu seiner Abschiebung im Zuchthaus Cottbus verbrachte. 1974 »verkaufte« man ihn wie einen lästigen (Stadt-) Hund in den Westen. Wenigstens Devisen sollte er, der sich ins Räderwerk des Sozialismus nicht einpassen ließ, einbringen. Sein Urteil im Gedicht hat etwas Gnadenloses:

Kenn ein Land, wo die Blumen aus Glas,
wo die Bäume versteinert sind.
Wo nur dornig wächst das Gras,
wo feurig bläst der Wind.

Kenn ein Land, wo man Sterne verehrt,
wo man Menschen zu Göttern macht.
Wo man fördert, was verkehrt,
wo man hinter Mauern erwacht.

Kenn ein Land, wo man scharf ist auf Blut,
wo man Kinder zu Greisen macht.
Wo man schlecht ist, und man sagt gut,
wo man's weinen hört fast jede Nacht.

Gnadenlos ist Gerald aber nur im Gedicht. Und mit sich selbst, als Mensch, der sich absondert, Außenseiter sein will. Auch äußerlich: das scharfe Profil mit den dunkel glühenden Augen, dem streng nach hinten gekämmten, pechschwarzen Haar. Der Körper straff, immer auf dem Sprung, den Spazierstock in der Hand wie eine Waffe. Aber er begleitete mich bereitwillig zum Oberbürgermeister. Vielleicht, weil Rolf Magerkord vor der Wende als Bildhauer gearbeitet hat. Erst 1990 wurde er gewählt – allerdings als Mitglied der Blockpartei CDU, auf die Kohl mit seinem Instinkt von Anfang an gesetzt hatte. Man habe die Verwaltung praktisch neu aufbauen müssen, es habe an Juristen gefehlt und vor allem an unbelasteten Mitarbeitern, erzählt der füllige Mann mit dem Marx-Vollbart. Viele hätten ihre Personalakten noch rechtzeitig gereinigt. Magerkord meint, ohne Schlussstrich könne man kein neues Staatswesen aufbauen. Die meisten »roten Socken« seien jetzt aber raus aus dem Rathaus.

Gerald, der für solche Kompromisse nicht zu haben ist, schweigt. Hört zu. Er ist nicht hier, um zu richten. Sein Urteil hat er ja längst gesprochen. Lächelt nur, wenn der Ex-Künstler davon erzählt, wie er zu DDR-Zeiten seine »innere Unabhängigkeit« bewahrt habe – aber nie mit den Oberen zusammenstieß, sondern seine »Verweigerung« in Form einer Daphne-Skulptur zum Ausdruck gebracht habe, die heute vor dem Rathaus steht. Seine Stasi-Akte sei verschwunden, sagt er etwas kleinlaut. Dabei habe die Stasi doch gedroht, ihn auszuweisen! Viel lieber erläutert Rolf Magerkord, wie er die Stadt der bekannten »Plauener Spitze« zum »Mode-Zentrum« machen will. Leider seien auf fast allen Produktionsanlagen Rückgabeansprüche früherer Eigner angemeldet, und auch Abnehmer wie die NVA oder die Ostblockländer seien weggebrochen. Der Umsatz des einstigen DDR-Staatsbetriebes habe sich so auf ein Sechstel reduziert, Hunderte von Arbeitern hätten entlassen werden müssen. Allerdings könne Plauen mit 13,2 Prozent auf die niederste Arbeitslosenquote im Vogtland verweisen. Darauf sei er stolz.

Auf dem Weg zum Stadttheater entfährt es Gerald dann doch: »Der spricht doch noch dieselbe Sprache, der macht doch einfach weiter, der gehört doch immer und immer dazu.« Er sagt das aber nicht verärgert, sondern fast vergnügt, weil er selbst einfach nicht dazugehören will, ja kann. Ein »Stadthund« (so der Titel eines seiner Lyrik-Bände) streunt, hat keinen Herrn, beißt auch mal. Und trabt davon. Wie auch wir. Gerald hat genug von Plauen:

»Diese Stadt hat mit mir nichts zu tun, ich treffe hier niemand mehr, zwanzig Jahre sind lang.« Jetzt will er Elsterberg wiedersehen, wo er 1951 geboren wurde, ein 4000-Seelen-Städtchen zehn Kilometer nordöstlich von Plauen. Sein Geburtshaus steht in der Gartenstraße 24, direkt am Ufer der Weißen Elster. Hier besuchte Zschorsch bis 1968 die Clara-Zetkin-Schule, oberhalb der Barockkirche St. Laurentius und auf einem Hügel gegenüber der Burgruine Elsterberg gelegen.

Wir treffen dort den stellvertretenden Direktor Becker, zugleich zweiter Bürgermeister von Elsterberg, der Geralds Klasse in Russisch unterrichtete. Den freundlichen Herrn mit Glatze und Backenbart hat Gerald als »strammen Parteimann« in Erinnerung, der ihm 1968 die demonstrativ angeheftete tschechische Kokarde vom Revers riss. Der DDR-Pädagoge hat die Wende unbeschadet an Leib und Seele überstanden und weiß genau, wer da vor ihm steht: »Das Gesicht kenn ich doch, die Zschorschs kennt man«, meint er trocken. Aber Gerald Zschorsch rückt das Unvergessliche noch weiter von sich fort: »Das ist ja alles lange her...« – »Nein, ich weiß das noch alles«, antwortet Herr Becker mit der Selbstgerechtigkeit eines Mannes, der es geschafft hat.

Abends lasen wir in der Zeitung, dass die Schüler des Gymnasiums einen Sitzstreik veranstaltet haben, weil sie ihre belasteten Lehrer behalten möchten.


*Berlin, 11. Juli 1992*

Mit Ulrich Schacht bei Joachim Gauck in seinem neuen Büro in der Glinkastraße. In dem aufwendig restaurierten Gebäude war früher das Ministerium des Inneren der DDR untergebracht. Gaucks Arbeitszimmer, in dem wir uns in kleinen Korbsesseln gegenübersaßen, ist von einem hohen Polizeioffizier genutzt worden. Aus dessen Dienstzeit stammen noch die Einbauschränke, die den Herrn der Stasi-Akten nicht zu stören scheinen. Im Gegenteil: Dass Joachim Gauck von hier aus das düstere Erbe der DDR aufarbeitet, hat etwas zutiefst Ironisches. Ulrich gefallen solch historische Konstellationen, die Geschichte umkehren;

246

er ist mit Joachim Gauck seit dessen Zeit als Pastor in Rostock befreundet, hat ihn als echten Seelsorger erlebt. Nun aber steht der Mitbegründer des »Neuen Forum« plötzlich im Kreuzfeuer der Kritik. Zum einen wegen seiner Entscheidung, frühere MfS-Mitarbeiter wegen ihrer Expertise in seiner Behörde einzustellen. Und zum anderen wegen seiner Aussage, Brandenburgs Ministerpräsident Manfred Stolpe sei IM der Stasi gewesen.

Natürlich fragten wir auch nach Stolpe. Aber die Antwort blieb vage, weil es Gauck gerichtlich verboten wurde, seine Aussage zu wiederholen. Warum eigentlich, wollten wir wissen, ließen sich Menschen für die Mitarbeit bei der Staatssicherheit gewinnen? Joachim Gauck ist Theologe, der kein Problem hat, vom »Bösen«, von der Sündenanfälligkeit des Menschen zu sprechen. Er stimmte uns zu, dass das Motiv viel mit der »oft neurotischen Suche nach Integration« zu tun hat. Der Mensch wolle dazu gehören, denn Widerstand grenzt aus, ist mit handfesten Nachteilen verbunden. Und gerade die Stasi sei sehr geschickt darin gewesen, menschliche (oder berufliche) Schwachstellen aufzuspüren.

Ulrich als Opfer der DDR-Unrechtsjustiz, der im Gefängnis für sein Selbstbestimmungsbedürfnis bezahlt hat, legte den Finger in die Wunde: Es stünden doch heute weniger diejenigen hoch im Kurs, die widerstanden hätten, als die Täter und Mitmacher. Gauck stimmte zu: »Ich gebe Dir absolut recht. Es ist offenbar unmodern, darüber zu sprechen, dass es auch so etwas gegeben hat wie Bewährung und sogar ein Stück Heldentum.« Er spüre, sagt er mit sarkastischem Unterton, »dass der Zeitgeist in diesem unserem Lande eher die gebrochenen Existenzen liebt.« Alles solle in einem großen »Vielleicht« aufgehen.

Auf der anderen Seite gebe es ein starkes Bedürfnis, zu erfahren, wie in das persönliche Leben zu DDR-Zeiten eingegriffen wurde. Eine Million Menschen hätten innerhalb von 15 Monaten persönliche Akteneinsicht oder »Überprüfungsersuchen« beantragt. Dieses individuelle Aufklärungsbedürfnis treffe zwar nicht rundum auf politische Unterstützung, sei aber ein Indiz dafür, dass der Opportunismus des Vertuschens langfristig keine Chance habe. Auch die Kirchen hätten nun das Problem, ihr Verhalten zu Zeiten der DDR öffentlich diskutieren zu müssen. Deshalb würden einige die Akten gern wieder schließen. Er müsse sich als Behördenleiter nun selbst des Vorwurfs erwehren, als Pastor nicht mit der Stasi gesprochen zu haben. »Es gibt ja einige Wirrköpfe, die meinen, dass es quasi zu den Amtspflichten eines Pfarrers gehört hätte, dauernd mit der Stasi zu konspirieren.« Aber hätten die Kirchen nicht vor allem über die Mauer und die Repressionsmechanismen der SED reden müssen? Ja, das hätten Leute wie Oskar Brüsewitz auch getan, aber er, Joachim Gauck, eigne sich nicht zum Märtyrer. »Ich war Pragmatiker und Realist. Das hat mir manchmal selber Unbehagen bereitet, weil ich dadurch mitunter etwas leiser redete als es meinem Naturell entsprach.« Aber auch Kompromisse wollten verantwortet sein und sollten nicht nur deshalb geschlossen werden, »weil sie im Trend liegen«.

*Rostock, 23. August 1992*

Mit Walter Kempowski in Rostock. Zwei intensive Tage mit Gängen durch die Stadt zu sämtlichen Familienschauplätzen. Und eine Fahrt nach Warnemünde, wo wir an der Mole promenierten. Dabei erzählte Kempowski eine Reihe von Familienepisoden aus seiner Jugend. Damals sei man die acht Kilometer von Rostock mit dem Zug gefahren. Heute nähmen die Rostocker die doppelstöckige S-Bahn oder wie wir den Wagen. So heiß wie an diesem Augusttag scheint es immer gewesen zu sein, die Beschwerlichkeiten der Anreise haben sich Kempowski eingeprägt. »Vom Bahnhof ging's im Zick-Zack-Kurs an den Strand, alle im Laufgalopp, in diesem ekelhaften Bademantel, ›ne Schaufel und 'nen Eimer mit 'ner Ente drin ... « Robert Kempowski, der größere Bruder, habe einen Koffer mit Jazz-Platten dabei gehabt, und während er mit Mädchen schäkerte, musste der kleine Walter im »Eltern-Strandkorb« sitzen. Dennoch löst Warnemünde bei dem heute Dreiundsiebzigjährigen schwärmerische Erinnerungen aus. »Vor dem Zweiten Weltkrieg war das das Eleganteste, was man sich vorstellen kann, Stehgeiger,

248

weißlackierte Holzstühle, Konzert-Podium ... Und all die wunderbaren Segeljachten! Die Heutigen wollen nur noch schnell sein, damals war aber alles aus Mahagoni, da saßen die Damen auf Deck und ließen sich bekucken.«

Der Vater habe ein weißes Leinenjackett getragen, oben in der Tasche zwei Zigarren, eine ganz dunkle und eine helle. An der Promenade, wo sich die Kempowskis an Zitronenröllchen und Windbeutel mit Pudding delektierten – »die sind heute ja ungenießbar, alles künstlich!« –, findet sich noch immer das Café Bechlin. Die alte Mahagoni-Einrichtung ist perdu, wie Kempowski bedauerte. Immerhin, der 30 Meter hohe, um die Jahrhundertwende erbaute Leuchtturm am Ende der Promenade steht noch, und auch der mit graugrüner Farbe gestrichene DDR-Wachtturm grüßt die Fähren, die nach Dänemark auslaufen. Kempowski schaut aufs Meer und schüttelt den Kopf: »Das muss ja die DDR-Leute bis zum Wahnsinn getrieben haben, immer die Fähre raus, und sie durften nicht rüberfahren, nur mal glotzen.« Man könne sich auch ans Glotzen gewöhnen, bemerke ich, und Kempowski lacht.

Kempowski ist umgänglich, bisweilen sarkastisch, vor allem, was andere Menschen angeht. Es scheint, als habe er seit seinem Schlaganfall an Verbindlichkeit eingebüßt. Er notierte einige meiner Bemerkungen in sein Taschenbüchlein und bezeichnete mich als »sehr angenehmen Menschen«. Wollte sogar eine Reise mit mir in die Pyrenäen arrangieren – oder uns in Kladow besuchen. Ich solle ihm bald ein Datum nennen. Auffällig Kempowskis Missbehagen an hässlichen Menschen. Als sich am Nachbartisch im Hotel »Warnow« ein fetter Geschäftsmann an seinem Funk-Telefon betätigte, bemerkte er: »Einfach ekelhaft!«. Als der Mann sich erhob und an unserem Tisch vorbeiwälzte, stöhnte er: »Jetzt muss ich auch noch dessen Arsch sehen!«. Hatte das Gefühl, es mache ihm Spaß, sich mal richtig gehen zu lassen. Als der begleitende Fotograf die belebte Straße am Neuen Markt etwas unbeholfen überquerte, sagte er trocken: »Wenn der jetzt überfahren wird, müssen wir uns das auch noch ansehen.« Claus Gretter fotografierte mit einer alten Kamera, was viel Zeit in Anspruch nahm und uns oft ein Zeitlupentempo abforderte. Auch darüber beklagte sich Kempowski, wie über alles, was seine Freiheit einschränkt.

Der Rundgang durch die Stadt wurde zum Wechselbad der Gefühle. Die Probleme Rostocks sind dem Stadtchronisten Kempowski geläufig, wenngleich sein Blick noch immer eher der Vergangenheit, der eigenen Familiengeschichte zugewandt ist. So zeigen der erbärmliche Zustand des elterlichen Hauses in der Augustenstraße und das frisch renovierte und strahlendweiß verputzte Kontor der Familie in der Strandstraße beides zugleich: Stillstand und Wandel der städtebaulichen Entwicklung. Wie um die unmittelbare Vergangenheit lebendig zu machen, trafen wir vor dem Café am Universitätsplatz Marianne Gauck, die Schwester jenes Mannes, dessen Name inzwischen für die schwierige Aufarbeitung der DDR-Vergangenheit steht. Zu uns gesellte sich eine etwas frustriert wirkende Bremerin, die im Sozialamt der Stadt Aufbauarbeit leistet, sich aber nach einem halben Jahr von der Problemfülle erdrückt fühlt. Die Dame vom Sozialamt hat den Dichter gleich erkannt und legte los: Die rund 20 Prozent Arbeitslose machten der Kommune zu schaffen, der mit dem Zusammenbruch der Großwerften bald ein noch höheres Desaster drohe.

Unten am Hafen, wo das Geschäftshaus der väterlichen Reederei zu besichtigen ist, bietet sich tatsächlich ein eher betrüblicher Anblick: Verwaiste Kräne, Baulücken und heruntergekommene Speicherhäuser ziehen sich entlang der Strandstraße, dazwischen staut sich der Verkehr, giftige Abgaswolken in die Luft blasend. »Ach Gott, ist das furchtbar«, stöhnte Kempowski und griff sich an die Stirn. Seit dem Schlaganfall im letzten Jahr ist er körperlich anfälliger, ungeduldiger geworden. »Dass dieser Wahnsinn einmal aufhört, das können wir nicht hoffen«, ächzte er mit Blick auf die sich in Dreierreihe am Mönchentor vorbeischiebende Blechlawine.

Wild wird Kempowski auch, wenn er ondulierte West-Piraten mit ihrer Hoppla-jetzt-komm-ich-Mentalität in ihren Limousinen mit den getönten Scheiben sitzen sieht, den Telefonhörer ans Ohr gepresst. Dann wird ihm seine Heimatstadt unerträglich, »zum Kotzen« findet er das. Pastor Wittenburg von der Rostocker Petrigemeinde formulierte es so: »Was früher in der Stadt von der Ideologie besetzt war, ist nun von Geld besetzt.« Das Haus in der Alexandrinenstraße, wo Walter Kempowski im April 1929 geboren wurde, ist verschwunden, dort befindet sich heute eine Baulücke, in der ein Gebrauchtwagenhändler seine Autos abstellt; an der Brandmauer ein Werbeschriftzug für *Quelle*, davor parkende Trabis – kaum eine Möglichkeit also, den Dichter einmal mit einer Bronzetafel zu ehren.

In der Augustenstraße allerdings kann der Kempowski-Leser das Wohnhaus Nr. 90 mit seiner etwas stillos gekachelten Fassade besichtigen, wo die Familie des Autors im Krieg und in der Nachkriegszeit wohnte; dort spielt das Buch *Tadellöser & Wolff*. Jetzt ist das Haus leider verschlossen und offenbar unbewohnt. Kempowski erinnert sich genau an die Begehung bei seinem ersten Rostock-Besuch nach der Wende. Es war ein für ihn ernüchterndes Erlebnis, das alle aufkommende Sentimentalität erstickte: »An der Etagentür stand groß und deutlich: MÄNNER. Die in der Nachbarschaft liegende Brausefabrik hatte ein Klo aus unserer Wohnung gemacht!« Warum auch nicht, sagt Kempowski. Dagegen sei überhaupt nichts einzuwenden, im Gegenteil. So etwas wirke abkühlend, entmelancholisierend. »Etwas Besseres hätte mir nicht passieren können, mir, der ich familienbedingt leicht nasse Augen kriege.« Eine Etage höher habe er schließlich seine kleine Mansarde wiedergefunden, die habe noch etwas Gefühl hergegeben. »Als ich in dem niedrigen, schrägen Raum stand, im Gegenlicht ein staubiger Tisch mit zwei halb ausgetrunkenen Flaschen Bier – da griff's mich doch ans Herz. Mein Refugium, in das ich mich vor der Hitlerjugend, als Schulschwänzer und später mit meiner Weltangst hatte zurückziehen können, es war noch vorhanden.«

Mehrfach monierte Kempowski, dass ich seine Bücher nicht gut genug kenne, was er durch Anspielungen überprüfte, die aber oft ins Leere gingen. Ich hatte einfach keine Lust, dieses eitle Spiel mitzuspielen. Gespräche über die Wende, die auch für Kempowski etwas zu wendig verlief. Über Stolpe, Krabbe, die West-Wendehälse. Die »Knastologen« sind für ihn der höhere Menschenschlag, der sich bewiesen hat. Dazu zählt natürlich auch er selbst mit seiner langen Haft in Bautzen, der er mit seinem Buch *Im Block* ein Denkmal gesetzt hat. Beim Mittagessen klagte er, »dass von denen, die Widerstand geleistet haben, heute gar nicht mehr die Rede ist«. Derzeit arbeitet er an einem »Rostock-Archiv«, das im Kloster Zum Heiligen Kreuz unterkommen soll. Darin will er auch die Tür zur Haftzelle seiner Mutter ausstellen. Sie sei nach dem Krieg in »Sippenhaft« genommen worden wegen der angeblichen »Kollaboration« ihrer beiden Söhne mit dem amerikanischen Geheimdienst. Am liebsten würde er die Tür freilich in sein Haus nach Nartum bringen lassen, wo er schon seine eigene Sträflingskleidung ausgestellt hat.

Walter Kempowski ist ein heimlicher Jünger-Verehrer. Jünger sammelt Käfer, er Tagebücher. Er habe Ernst Jünger eine Postkarte geschrieben und sich darin als »Kollege« bezeichnet. Auf seine Bitte, Jünger möge sich doch in seinem Poesie-Album verewigen, habe er aber eine eher nichtssagende Antwort erhalten. Das Motiv der Postkarte, erzählte er ein wenig beleidigt, zeige Ernst Jünger Arm in Arm mit der argentinischen Schriftstellerlegende Borges. Als ich bemerkte, Jünger sei eben ein viel begehrter Mann, der sich bemühe, die Welt auf Abstand zu halten, schaute er mich missmutig an. Ein bisschen scheint Kempowski mir die Nähe zu dem großen Mann zu neiden.

Mittwochabend begleitete Kempowski mich freiwillig zum Auto, das wir am Hafen vor der »Kogge« zurückgelassen hatten. Er ist doch ein der Nähe bedürftiger Mensch. Danach schauten wir uns die Verfilmung des Romans *Ein Kapitel für sich* an, die K. kritisch kommentierte. Vor allem seine Mutter sei zu hysterisch dargestellt. Er klagte, dass er im Traum jetzt immer die Schauspieler statt seine Eltern sehe. Wir beschlossen den Tag bei einem abendlichen Konzert in der Rostocker Marienkirche. Mit ihrem roten Backsteinbau beherrscht sie die Stadtsilhouette weithin.

Den Krieg hat sie wie ein Wunder überstanden, den Sozialismus auch. Hier predigte Joachim Gauck, 5702 Orgelpfeifen staffeln sich die Westwand hinauf bis unters Gewölbe. Dort verkünden posaunenblasende Engel himmlische Siege, von denen man hier unten nur träumen kann.

So wie jetzt bei Bach, Buxtehude und Mendelssohn-Bartholdy, so wenigstens steht es in seinen Büchern, könnte das »Walterli« dem Orgelspiel gelauscht haben – ein wenig hingerissener vielleicht, denn nun macht sich Walter Kempowski Notizen in ein Büchlein, das der Chronist aus Leidenschaft ständig bei sich trägt. Ein gutes Zeichen vielleicht, dass auch die verworrene Gegenwart am Ende zu Literatur wird, wenngleich kein Trost für die, die sie durchleben müssen.

*Berlin-Kladow, 25. August 1992*
Gestern Abend noch bis spät Arbeit am Exposé zur Buch-Reihe *Autoren sehen ihre Stadt.* Als Abgabetermin mit Ullstein-Lektorin Sibylle Duelli den 15. Januar 1994 vereinbart. Ehrgeizig wie immer, der übliche Wettlauf mit der Zeit. Den Tag über Briefe an die Autoren, Zeitungslektüre. Im aktuellen *Spiegel* Aufsatz über die Kungelei zwischen SPD und der SED; nach der Totalitarismus-Debatte (»Historikerstreit«) nun ein weiteres Kapitel in der Chronik *Deutsche Irrtümer* (Jens Hacker). All das konnte man lange vor 1989 wissen, ja musste es wissen – aber wer darüber sprach oder schrieb, wurde als kalter Krieger oder Friedensfeind heruntergemacht. Heute nun wollen es alle gewusst haben und keiner findet ein Wort der Scham oder wenigstens des Bedauerns. Diese Leute werden bei der nächsten historischen Gelegenheit wieder auf dem einen Auge blind sein. Sehr teutonisch, dieser pseudomoralische Affekt.

*Berlin, 12. September 1992*
Im Grandhotel »Esplanade« entwickelte ich Reiner Kunze den Plan zu meinem Maulbronn-Roman. Sein Kommentar: Eigentlich sei ich noch zu jung für solch eine Internatsgeschichte, ich

solle mir bitte Zeit lassen. Das tue ich ja, aber vielleicht sollte ich tatsächlich vorher aktuellere Themen anpacken. Dennoch: Das Lebensgarn muss abgesponnen werden.

*Berlin, 16. September 1992*
In der Redaktion Korrespondenz mit Heinz Czechowski, Walter Gröner, Wulf Kirsten, Sarah Kirsch, Kito Lorenc. Sie alle sind zur Zusammenarbeit bereit. Abends den Filmklassiker *Psycho* angeschaut. Besonders eindrücklich die Selbstgespräche des schuldig-unschuldigen, schizophrenen Mörders Bates. Im Film tritt übrigens ein Detektiv mit dem Namen »Arbogast« auf. Lektüre: Erich Loest: *Durch die Erde ein Riss*.

*Berlin, 25. September 1992, in der Redaktion*
Zusammen mit dem Fotografen Claus Gretter drei Tage bei Erich Loest in Leipzig. Ich fand Loest zwar recht freundlich, aber bisweilen auch unzugänglich. Ist immer sehr mit »materieller Reproduktion« beschäftigt, was sich auch auf seine Texte auswirkt, in denen viel gegessen und getrunken wird. Die Verbindung von Kultur und Kommerz ist für ihn etwas ganz Selbstverständliches. Führte mich zuerst auf den »Trümmerberg«, von wo aus wir einen schönen Panoramablick auf Leipzig genossen. Der Ort ist als Wildnis dem Gestaltungswillen der Mächtigen entzogen, bietet als anarchisches Gelände einen utopischen Gegen-Ort. Dann zum Völkerschlachtdenkmal, wo Erich Loest, der einen gleichnamigen Roman schrieb, uns die Historie nacherzählte. »Mein Denkmal«, scherzte er. Für ihn hat der Ort nichts Heldisches, nichts vom Kyffhäuser, es ist ein Ort der Trauer, ein Totenmal für die 1813 im Kampf gegen Napoleon gefallenen 80 000 Soldaten, vor allem deutsche und russische. Dazu kommt, dass »seine« Sachsen damals auf der falschen, der französischen Seite fochten – und verloren.

Zweihundert Meter vom Monument entfernt wohnte Loest, und während einem seiner Spaziergänge sei ihm die Idee zum Roman *Völkerschlachtdenkmal* gekommen. Das historische Hintergrundwissen habe er sich beim Studium in der »Deutschen Bibliothek« angeeignet, die unmittelbare Gegenwart ließ er sich von Anwohnern erzählen, denn zu Kriegsende, als hier Waffen-SS und Wehrmacht das Denkmal verteidigten, kämpfte der junge Loest als »Werwolf« im Bayerischen. Heute räkeln sich hier, auf der großen Wiese hinter dem trutzigen Bau, Studenten und Studentinnen der nahen Universität, die gleich ums Eck in Wohnheimen untergebracht sind. Seinen Roman würden sie aber, sagte Loest mit missbilligendem Ton, derzeit am Museumseingang zum Völkerschlachtdenkmal nicht vorfinden. Die Angestellten, die hier Eintrittstickets kassieren, hätten es versäumt, beim Linden-Verlag neue Exemplare anzufordern.

Im Roman entwickelt ein Leipziger Maler – gemeint ist der mit Loest befreundete Wolfgang Mattheuer – die Utopie eines Mahnmals für Sieger *und* Besiegte, die Idee zu einem Kunstwerk, das ungeteilte Erinnerung und gemeinsame Trauer bewahrt. Das könnte nun auf dem Leipziger Trümmerberg errichtet werden, wo nach 1945 der Schutt des Krieges und zuletzt Müll aufgehäuft wurden. Der Hügel im Süden der Stadt ist zum Naturparadies geworden, dicht bestanden von wolfsmilchumrankten Akazienwäldern. Dort gehen die Leipziger gern spazieren oder schießen an Silvester Raketen ab. Der Blick geht über Stadt und Umland, über die grünen Flussauen von Pleiße und Elster, die Kirchturmspitzen, das Universitätshochhaus, über die Baukräne und Fabrikschornsteine: Hier oben, auf dem zur Wiese eingeebneten Bergkegel, stehen archaische Holzskulpturen, geschaffen von Künstlern, die die meditative Stille des Orts für sich entdeckt haben. Könnte an diesem Platz, fragte ich Loest, einmal ein Denkmal für die friedliche Revolution von 1989 stehen? Ich dachte dabei an Serge Mangins Idee einer Freiheitsstatue, die er mir unlängst als Entwurf gezeigt hat. Der Denkmal-Spezialist Loest schien eher unschlüssig, jetzt gebe es andere Sorgen, meinte er, »aber irgendwann einmal – ja, warum eigentlich nicht?«

Nachmittags zu Leipzigs Oberbürgermeister Hinrich Lehmann-Grube, früher Oberstadtdirektor von Hannover. Ein kühler

Karrierepolitiker. Wollte sich vor dem Sonderparteitag der SPD nicht zum Asylproblem äußern. Loest beklagte sich über die ungünstige Terminierung der Leipziger Buchmesse im Juni, die für die Verlage viel zu spät komme. OB Lehmann-Grube versprach, sich »persönlich darum zu kümmern«. Weiter durch die Stadt zur Nikolaikirche, über die Erich Loest derzeit einen Roman plant, ein »Wende-Kolossalgemälde«. Nur zögernd ist er bereit, über sein aktuelles Schreibprojekt zu berichten. Wie im *Völkerschlachtdenkmal* soll die Handlung um einen Symbolort Leipzigs, um die im spätgotisch-barocken Mischstil erbaute Kirche in der Nikolaistraße, kreisen. Sie wurde 1989 zur Wiege der gewaltfreien Revolution. Als symbolträchtig erweist sich das Schild am Portal. »Nikolaikirche – Offen für alle«, das auch heute noch steht, jetzt allerdings flankiert von Baugerüsten. Die Kirche war schon immer ein Treffpunkt für oppositionelle Basisgruppen. Von hier erfolgte am 25. September 1989 der Aufruf zur Gewaltlosigkeit bei der Demonstration, an der 8000 Bürger teilnahmen. Und am 9. Oktober versammelten sich 2000 Menschen in der Kirche und 4000 davor, 70000 demonstrierten auf der Straße. Erich Loest will die Geschichte und Vorgeschichte der Leipziger Revolution aus dem Blickwinkel einer Familie erzählen, die in der Kirchengemeinde aktiv ist und es mit der Stasi zu tun bekommt. Weil er diese Zeit aber gar nicht selbst erlebt hat, muss er sich auf Berichte von Freunden und Bekannten verlassen.

Die Gründe, warum gerade Leipzig zur »Heldenstadt« der Wende werden konnte, sieht Loest in den hier besonders ausgeprägten Widersprüchen zwischen Anspruch und Wirklichkeit. So habe die Messestadt zweimal im Jahr Weltläufigkeit auf Zeit gebracht, »die Leute sahen, was es alles gibt – dann war's wieder vorbei«. Während man alljährlich zu Messezeiten die Erhöhung der Produktivitätsnormen feierte, verfiel, nicht nur den Gästen sichtbar, vor den Ausstellungshallen die Altstadt. Mit Parolen wie »Dächer dicht!« und diversen »Kampfplänen« sollten die Bürger mobilisiert werden, doch die barbarische Sprengung der Universitätskirche und der Bau eines riesigen Stasi-Blocks erschütterten das Vertrauen endgültig. In den 8oer Jahren fing es an zu gären, Dissidentenzirkel bildeten sich, vor allem im kirchlichen und künstlerischen Raum. Es mache ihm heute noch Mühe, nachzuempfinden, woher diese Heiterkeit der Menschen kam, als sie im Oktober '89 auf die Straße gingen, obwohl eine »chinesische Lösung« drohte. Das sei etwas, sagte Loest, was er in seinem Buch beschreiben wolle, sofern ihm dies gelinge.

Die Aufarbeitung der eigenen Auflehnung gegen die Gängelung durch den parteigesteuerten Kulturapparat der DDR hat Loest längst hinter sich. Ein ganzes Buch (*Die Stasi war mein Eckermann*, 1991) widmete er seinen Stasi-Akten, die in 31 Bänden in der Leipziger Außenstelle der Gauck-Behörde lagern. Der Gang dorthin, zum Justizviertel hinter der Dimitroffstraße, führte uns vorbei am »Literatur-Institut Johannes R. Becher«, an dem Loest 1955/56 – als mit drei Romanen bereits profilierter – 30-jähriger Schriftsteller das Handwerk des Schreibens erlernen wollte. In der Autobiografie *Durch die Erde ein Riss* wird diese Zeit als Periode der ideologischen Gängelung geschildert, gegen die sich die Wahrheitsliebe des damaligen SED-Mitglieds Loest zu wehren begann – was mit der Anklage wegen »konterrevolutionärer Gruppenbildung« endete und ihm siebeneinhalb Jahre Haft einbrachte.

In der schönen Gründerzeitvilla in der Tauchnitzstraße ruht derzeit der Lehrbetrieb, doch bis zum Juni 1993 läuft noch ein Fernstudium. Peter Gosse, Dozent des Instituts und selbst Lyriker, wurde von Loest freudig begrüßt, als wundere er sich, dass im Haus überhaupt noch jemand anzutreffen ist. Im Sommer 1993 wird der Schriftsteller Bernd Jentzsch als Direktor das Institut übernehmen, »eine gute Wahl«, wie der dann ausscheidende Gosse urteilt. »Wir waren doch zuletzt keine literarische Kaderschmiede mehr«, meinte er, als wir im großen Konferenzzimmer mit dem typischen DDR-Mobiliar saßen. »Es wurde vor allem auf das literarische Talent der Schüler geachtet und gediegenes Handwerk vermittelt«. Erich Loest erinnerte sich, dass er sich 1955 im Namen der 30 Stipendiaten artig bedanken musste beim Institutsdirektor Alfred Kurella, für den das Hauptziel des Studiums war, »die Beschlüsse der Partei mit den Mitteln der Literatur den Massen nahezubringen«. Auch als man ihm die SED-Mitgliedschaft entzog, am 11. November 1957, saß Loest hier, im Glauben, die Partei von innen her verändern zu können.

Vorbei am »Runden Eck«, wo die Demonstranten im Wendemonat Oktober »Stasi in den Tagebau« skandierten, kamen wir zum Stasi-Gefängnis, in dem Erich Loest 1957/58 dreizehn Monate lang in Untersuchungshaft gehalten wurde. Der Bau ist über zwei Einfahrten zugänglich; im Innenhof hörten wir die Rufe der Häftlinge, die sich über die Mauern hinweg unterhielten. Der Gefängnisbetrieb wird aufrechterhalten – natürlich ohne politische Gefangene. Im selben Gebäudekomplex sind nun das Kreisgericht der Stadt Leipzig, die Staatsanwaltschaft sowie die Polizei untergebracht. Noch heute, rund 30 Jahre später, wirkt der Ort beklemmend auf Loest. »Hier stand das königlich-sächsische Bezirksgericht, vor dem Wilhelm Liebknecht und August Bebel im Hochverratsprozess des Jahres 1872 die Sache des Sozialismus unerschrocken verteidigten«, ließen die SED-Kommunisten in die Mauer meißeln. Dahinter haben die Realsozialisten dann versucht, die Unerschrockenheit eines Erich Loest zu beugen – ohne Erfolg.

Diejenigen, die ihm jahrzehntelang das Leben schwermachten, die »Inoffiziellen Mitarbeiter« mit dem Decknamen »Hans Heiner«, »Lehrer« und »Frank«, die Stasi-Offiziere Tinneberg und Claus, die »Freunde«, die sich beim Aktenstudium zu Loests Entsetzen als Spitzel erwiesen, sie alle interessieren ihn heute kaum mehr. »Von denen ist nichts zu erfahren, die haben die Vergangenheit begraben oder bleiben ihrem Eid treu, den sie dem MfS geschworen haben.« Aber auf die längst fällige Entschädigung für die erlittene DDR-Haftstrafe will Loest nicht verzichten. »Da sind welche, die sagen, mit Geld kann man das sowieso nicht gutmachen – da sage ich: Macht mal gut! Mit zwei Millionen Mark kann man eine ganze Menge gutmachen.« Die 300 Mark pro Haftmonat könnten doch nicht den jahrelangen Verdienstausfall und das beschlagnahmte Vermögen ersetzen. »Für sieben Jahre Bautzen

258

bekomme ich so viel wie Frau Leutheusser-Schnarrenberger in einem Monat!«

Wir spazierten zu der Mädlerpassage und auf den Neumarkt, vorbei an den Handelshäusern Specks Hof, Handelshof, Petershof und Barthels Hof. Besonders die frisch renovierte, in lichtem Ocker erstrahlende Mädlerpassage hat sich schön herausgeputzt. Loest deutete auf die imposante Baulücke, die sich am Sachsenplatz auftut und meinte: »Hier muss natürlich ein Kaufhaus hin, das ist doch Geld!« Das aktuelle Wahrzeichen Leipzigs ist der Baukran. Der frühere Redakteur der *Leipziger Volkszeitung* rühmte das »Leipziger Allerlei« aus Muse und Messe, Inspiration und Investition. Dem Handelsplatz Leipzig sagt er im wiedervereinten Deutschland eine große Zukunft voraus. Die zweitgrößte Stadt der früheren DDR mit ihren 550 000 Einwohnern liegt mit »nur« 11 Prozent Arbeitslosigkeit zumindest im sächsischen Vergleich ganz gut. Doch scheint der Niedergang der Leipziger Großindustrie unaufhaltsam, wie uns Oberbürgermeister Lehmann-Grube darlegte. Der Verlust Tausender von Arbeitsplätzen beim Kran- und Baggerbauer TAKRAF, die Abwicklung der Chemie-Kombinate und Spinnereien könne auch durch einen beachtlichen Aufschwung im Dienstleistungsbereich nur sehr schwer ausgeglichen werden. Der frühere West-Politiker wirbt für die Erschließung von Gewerbeparks, den Bau des neuen Messegeländes und vor allem für den Ausbau des Flughafens. Westdeutsche Konsum-Tempel sind schon da: Kaufhof, Hertie, Karstadt, Horten, die Versandhaus-Zentrale Quelle. Und rund 50 Banken haben sich in der Messestadt etabliert. Am Marktplatz werben blaue Neonröhren für Rolex-Uhren, als sei das das Selbstverständlichste von der Welt.

Abends im Kabarett, das mit dem neuesten Aufguss des inflationären Ost-West-Gejammers (*Jetzt sind wir 1*) aufwartete. Essen in Auerbachs Keller, der neues Mobiliar erhalten hat. Vor der Wende saß ich während der Buchmesse oft in den völlig überfüllten Räumen, in denen man von einem etwas barschen Personal »platziert«, d. h. an einen freien Tisch geführt wurde. Der Pragmatiker Erich Loest versteigt sich nicht wie die früheren DDR-Schriftsteller Hermann Kant oder Stefan Heym in die Kritik am »DM-Kapitalismus« und wohlfeiler DDR-Nostalgie, wie sie jetzt vor allem in PDS-Kreisen gepflegt wird. Sein Kommentar zu den sogenannten »Komitees für Gerechtigkeit«: »Der linke Volksfront-Unfug hat nicht gezündet.« Als jemand, der 1979 aus dem DDR-Schriftstellerverband herausgeekelt und jahrzehntelang von der Staatssicherheit observiert und schikaniert wurde, hat Loest unmittelbare Erfahrungen mit einem System gemacht, das der Macht keinerlei demokratische Fesseln anlegte. Schon deshalb steht der Wahl-Bonner, der jetzt einen zweiten Wohnsitz in Leipzig hat, dem Neuen, das die Wende brachte, viel positiver gegenüber als jene seiner schreibenden Kollegen, die bis zuletzt die DDR »reformieren« und damit überlebensfähig machen wollten.

Nach dem Stadtrundgang zur »Linden-Buchhandlung«, die vom Loest-Sohn Thomas und der Schwiegertochter Elke betrieben wird. Hier werden die eigenen Bücher verlegt. Erich Loest hat nach eigenem Bekunden im Osten wie im Westen schlechte Erfahrungen mit den Verlagen gemacht. In der DDR setzte ihm der Zensurapparat des Kulturministers Keller zu, und im Westen fühlte sich Loest von den Lektoren ungenügend betreut oder von den Verlegern hingehalten. Seine Bücher erschienen in der DDR vor allem im Mitteldeutschen Verlag und im Verlag Neues Leben, seit 1981 jedoch nur noch in der Bundesrepublik, bei DVA, Hoffmann und Campe, Knaus. Einige Bücher erschienen unter Pseudonym, einige auch in der Schweiz. Als Loest 1989 zusammen mit seinem Sohn den Linden-Verlag (benannt nach der Hauptfigur im Roman *Völkerschlachtdenkmal*) und den Roman *Fallhöhe* auf der Buchmesse unter dem Slogan »Ein Verlag – ein Autor – ein Buch« vorstellte, waren Verlags- und Medienprofis verblüfft. »Das war einfach eine Frechheit, was der Loest da in Frankfurt machte«, sagte mir der Autor süffisant. Doch der zunächst im schwäbischen Städtchen Künzelsau ansässige Verlag hatte Erfolg und brachte in rascher Folge Buch um Buch auf den Markt.

260

Dann eröffnete Loest 1991 eine Tochter des Linden-Verlags in Leipzig. Bei der ersten Lesung, erzählte Loest, sei er als verlorener Sohn im Gohliser Schlösschen mit stehenden Ovationen gefeiert worden. 60 000 Bücher habe das Familienunternehmen allein 1990 verkauft, in nur vier Monaten. Zum 65. Geburtstag im vergangenen Jahr gönnte sich Erich Loest dann die ersten beiden Bände seiner Werkausgabe »letzter Hand«, die im Steidl Verlag gedruckt werden. »Unser Verlag trug sich von Anfang an selbst«, versicherte Thomas Loest, der die bibliophile Werkausgabe am liebsten gar nicht verkaufen möchte, denn »das ist eigentlich nur etwas für Sammler und Liebhaber«. Die Anbindung an den Steidl Verlag, wo auch Günter Grass seine Bücher publiziert, habe sich als glücklich erwiesen: Rund 10 000 Bücher seien bislang verkauft worden.

Nach dem Besuch des Verlags weiter zur Eröffnung des Leipziger Mövenpick-Restaurants, wo wir erneut Oberbürgermeister Hinrich Lehmann-Grube trafen. Heiteres Gespräch mit Loest, der sich als routinierter Büfettier erwies: »Ran an die Crevetten!«, flüsterte er, bevor noch die letzten Worte des OB verklungen waren. Beruhigte mich, als ich meinen bevorstehenden 40. Geburtstag erwähnte: Die eigentlich Hürde stelle der Fünfzigste dar, weil man dann das Erreichte bilanziere. Ab dem 65. Geburtstag nehme dann die Gelassenheit zu.

Zurück in Berlin. Immer wieder erfreut mich meine kleine Laura. Plappert jetzt keck und übt sich in allerlei Gesten, die sie dramaturgisch geschickt einsetzt (Winken, In-die-Hände-Klatschen, Kuss-Mimik, Blickewerfen). Zusagen zur Taufe von Ulrich, Walter Gröner. Walter Kempowski hat sich noch nicht gemeldet. Er hat sich und seine Frau quasi selbst eingeladen.

*Berlin-Kladow, 4. Oktober 1992*
Am Wochenende viel im Garten gearbeitet. Vorbereitung auf die Taufe. Mein zweiseitiger Loest-Beitrag erschien in der *Welt am Sonntag* und wurde allgemein goutiert. Am 28./29. September mit Reiner Kunze in Oelsnitz, wo er 1933 geboren wurde.

»Kommt Zeit, vergeht Unrat!«, hatte Hermann Kant, Schriftsteller und Stasi-Informant, dem 1977 ausgebürgerten Reiner Kunze unter dem Beifall des DDR-Schriftstellerverbandes nachgerufen. Jetzt, 15 Jahre nach seiner freiwillig-unfreiwilligen Ausreise, kehrte der Autor des in viele Sprachen übersetzten Bestsellers *Die wunderbaren Jahre* an seinen Geburtsort, in das erzgebirgische Bergbauernstädtchen Oelsnitz zurück. Das Grab der Eltern befindet sich jedoch nicht hier, sondern im 20 Kilometer weiter nordöstlich gelegenen Chemnitz, wo Kunzes Sohn Ludwig lebt und als Unternehmer eine Firma für Stadtbegrünung betreibt. Als seine Mutter 1989 im Sterben lag, wollte Kunze die 82-Jährige ein letztes Mal sehen. Trotz der persönlichen Intervention von Bundeskanzler Kohl blieb Honecker hart und verweigerte einem Mann die Einreise, der für ihn und seine SED-Kulturfunktionäre zum allseits bekämpften »Staatsfeind« geworden war. Im Jahr der Wende demonstrierte das sozialistische Zwangssystem noch einmal das ganze Ausmaß seiner Menschenverachtung.

Aufgewachsen ist Reiner Kunze im Haus Nr. 34 der »Inneren Stollbergstraße«, die von den Oelsnitzer Kommunisten in »Otto-Nuschke-Straße« umbenannt wurde. Das 1912 errichtete Gebäude ist in einem erbärmlichen Zustand, und weil es hart am Ortseingang von Oelsnitz steht, wirkt es wie ein Signal für das, was den Besucher drunten im Tal erwartet. »Sehen Sie da oben, unter der Dachschräge, da haben wir gehaust«, sagte Kunze, der inzwischen mit seiner Frau, einer aus Böhmen stammenden Ärztin, bei Passau lebt. »Die Straße und die Felder da unten, wo die Rohre der Fernheizung laufen, das war als Kind mein Revier.« Als Kunze sich auf Bitte des Fotografen vor abblätterndem Verputz und unter morschen Fensterrahmen für eine Aufnahme posierte, tönte es aus dem Hauseingang: »Wollen Sie unsere Ruine auch noch im Bilde zeigen? Ich dachte schon, da ist jemand, der unser Haus wieder auf Vordermann bringt!« Die resolute Stimme gehört einer Bewohnerin, die seit 36 Jahren hier lebt. Es tue sich nichts, gar nichts, auch seit der Wende nicht, klagte sie. Noch immer gebe es im Haus nur Außentoiletten. »Wenn ich mich in der Küche wasche, pfeift der Wind durch die Mauerritzen.« Von Selbsthilfe hält die Rentnerin wenig, da könne »man nichts machen – ja, wir müssten noch was rauskriegen, damit wir hier drinne wohnen«. In Oelsnitz sei der Aufschwung Ost bislang nicht angekommen, spöttelte Frau Franke, die sich erinnerte, mit der »Frau Kunze« unlängst noch beim Friseur gesessen zu haben. Der Hinweis, der Dichter-Sohn wolle später den Bürgermeister treffen, animierte sie zu einer weiteren Klageflut: »Wenn ich das Stadtoberhaupt wäre – ich würde mich schämen!«

Bürgermeister Hans-Ludwig Richter weiß, dass die Bürger unzufrieden sind. Als früherer Stadtrat für Bauwesen, der vor der Wende der LDPD und jetzt der FDP angehört, kennt er die Strukturprobleme der Kommune, die nicht über Nacht zu lösen sind. »Ich bin richtig froh, dass Sie sich an uns erinnert haben«, begrüßte er Reiner Kunze im Amtszimmer des Rathauses. An diesem Gebäude könne man studieren, was Oelsnitz zu schaffen mache: die massive Absenkung des Bodens nämlich. Tatsächlich ist am Dachtrauf des mit großem Aufwand restaurierten Ziegelbaus noch immer der Knick zu erkennen, den die Niveauabsenkung des Geländes verursacht hat. Fast sämtliche Gebäude des Ortes sind von solchen Bergbauschäden betroffen, ein Gutachten empfiehlt deshalb den Abriss von rund 30 Prozent des Ortskerns.

Auf dem Rathausvorplatz erinnert ein Brunnen mit tanzenden Knaben, die einen Berghammer halten, an die Zeit, als der Steinkohlebergbau das Gesicht des Bauerndorfes völlig veränderte. Das Oelsnitzer Revier lieferte von 1859 bis 1971 rund 140 Millionen Tonnen Steinkohle – zurück blieben riesige unterirdische Hohlräume; unter dem Stadtgebiet stauten sich Bäche, die das Abwassersystem zerstörten. Seit 1945 sei »fast nichts« passiert, meinte Bürgermeister Richter, was die Zerstörung hätte aufhalten können. Die anfallenden Sanierungskosten schätzte er auf rund 50 Millionen Mark. In der offiziellen Statistik der DDR wurde der Bezirk Karl-Marx-Stadt als unterentwickeltster Bezirk geführt. Und die 12 000-Einwohner-Stadt Oelsnitz rechneten die SED-Bürokraten zu den 13 am meisten zurückgebliebenen Städten, was die Ausstattung mit Heizungssystemen und Wohnkomfort betrifft. Das nun alles in einer Amtsperiode wettzumachen, wie vor allem die älteren Bürger wünschen, übersteige die Möglichkeiten eines Etats, der fast ausschließlich auf Fremdmittel angewiesen sei. Um die Sorgen »der sterbenden Stadt« kümmerten sich die Landespolitiker wenig, klagte der Bürgermeister und hielt uns einen Brief von Umweltminister Arnold Vaatz, CDU, unter die Nase, in dem dieser die Erhöhung der Fördermittel durch das Land Sachsen ablehnt.

Für Reiner Kunze war das Gespräch mehr als nur informativ. Denn es bestätigte ihm erneut, wie sehr die DDR-Mächtigen in den vierzig Jahren der Existenz des sozialistischen Staates ihren Blick von den realen Sorgen und Nöten der Menschen abwandten. Dabei hatte er selbst einmal an die sozialistische Zukunft des Landes geglaubt, war als Sohn eines Bergmannes 1949 sechzehnjährig in die SED eingetreten, um die Partei 1968 beim Einmarsch der Ostblockstaaten in die CSSR wieder zu verlassen. Kunzes eigene, anfangs politisch motivierte Hoffnung auf Solidarität gehört unlösbar zu seiner Biografie, die sich von heute aus gesehen als ein an der Wirklichkeit und am konkreten Menschen orientierter Lern- und Desillusionierungsprozess begreifen lässt.

Zu den frühen Prägungen gehörte auch das unmittelbare Naturerleben und die daraus erwachsene poetische Zwiesprache mit der Schöpfung, deren Zerstörung Reiner Kunze früh beklagte: »Sensibel/ist die erde über den quellen: Kein baum darf/gefällt, keine wurzel/gerodet werden«, heißt es in einem Gedicht, das er 1966 veröffentlichte. Die Oelsnitzer Kindheit mag ihm da die Augen geöffnet haben. Der Bürgermeister erinnerte sich, vor Jahren einmal ein Reklamauswahlbändchen mit Kunze-Gedichten erworben zu haben: »Ich tauschte damals Ihren *Brief mit blauem Siegel* gegen Hesses *Narziss und Goldmund* – aber man kommt ja sowieso nicht mehr zum Lesen!« Derzeit bereite er sich auf seine Prüfung als Verwaltungsfachmann vor. Das und der tägliche Einsatz für die Stadt ließen ihm wenig Zeit für anderes.

264

Die Zeit reicht, uns zum Viadukt zu begleiten, den wir passieren müssen, wollen wir ans andere Ende von Oelsnitz gelangen. Das heruntergekommene Bauwerk, über das die Züge Richtung Stollberg und St. Egidien rattern, teilt Oelsnitz in Ober- und Unterstadt und erinnert mit seinen betonvermauerten Steinarkaden fatal an vergangene Schreckenszeiten. Der Betonmantel ist nötig, um die Hochbahn vor dem Einsturz zu retten. Die »Obere Hauptstraße« führt unter dem Viadukt hindurch zu einem unscheinbaren grauen Häuschen, dem Geburtshaus von Reiner Kunze. Das erste Heim der Eltern Martha und Ernst Kunze steht, wie auch die spätere Dachwohnung, am Ortsrand, unterhalb der Friedhofskapelle, wo Reiner Kunze einst im Kirchenchor sang. Der Besitzer des größeren Wohnhauses daneben benutzt es heute als Lagerschuppen. Nicht weit davor ragte der Förderturm vom »Deutschland-Schacht« in die Höhe, in den der Vater einfuhr. Die Kameradschaft der Bergleute hat Reiner Kunze, der als Oberschüler selbst gelegentlich im Bergwerk arbeitete, tief beeindruckt. Seine Erinnerung daran ist von sinnlicher Präzision: »Bergleute arbeiten nackt, vom Kohlestaub geschwärzt, die Augäpfel blendend weiß. Als Junge hat mich Vaters Rücken sehr beeindruckt, er war voller Narben.«

Die überraschende Heimkehr des Dichters blieb nicht lange unbemerkt. »Ja, mein Gott, das ist doch der Kunzereiner!« brach es aus einer Dame heraus, die vom Surren des Fotoapparats vors Haus gelockt wurde. »Ha, Sie hab' ich doch manchmal auf dem Arm gehabt oder im Wagen gefahrn ...« Die Freude, auch hier Menschen von früher zu treffen, ist dem Heimkehrer ins Gesicht geschrieben. »Ja«, lacht er, »Sie hatten mich am Wickel!« Die alte Dame erinnerte sich sogar noch an das juckende Ekzem des Kleinkindes: »Die Mutter musste ihm den Arm nach hinten binden, damit er sich nicht kratzen konnte.« Das »endogene Ekzem«, bestätigte Kunze, habe ihn fast ein Jahr ans Bett gefesselt, bis zum vierzehnten Lebensjahr habe er an den Folgen gelitten. Der Hautausschlag habe ihn im Dorf zum »Aussätzigen« gemacht. In einem Interview hat Reiner Kunze sehr drastisch seine traumatische Kindheit beschrieben: »Meine Schulklasse hat an mir ihre Aggressionen ausgelebt. Ich war der Ängstliche, der Feige, der ›Schmutzige‹. Es war eine Art Klassenvergnügen, auf dem Heimweg mit Steinen nach mir zu werfen – vor allem dann, wenn der Lehrer einen Aufsatz von mir vor der Klasse vorgelesen hatte. Ich habe nicht nur Kopfwunden gehabt und große Umwege auf mich genommen, um den auflauernden Klassenkameraden zu entgehen… Vielleicht hat das dazu beigetragen, dass ich mehr in der Phantasie zu leben begann. Manches davon ist geblieben. Ich bin heute noch ein Einzelgänger, und an Kopfwunden fehlt es auch nicht.«

Mehr als für die eigene Vergangenheit interessiert sich Kunze für die Gegenwart seiner früheren Mitbewohner. Sie haben das Haus 1984 gekauft und über die Jahre instand gehalten. Selbsthilfe war selbstverständlich. »Wir haben immer alles selbst gemacht, haben keinen Pfennig bekommen«, sagten sie stolz. »Wir Rentner können nicht klagen«, meinten die Heinrichs, »jetzt geht's uns ja richtig gut!« Man freue sich über das gewachsene »Konsumangebot«, die Reisemöglichkeiten. »Heute kann man wenigstens n'über und rüber wie man will!«, beteuerten die Alten, die das kleine Oelsnitz selbst aber gar nicht mehr verlassen wollen. Dafür fahren die Jungen, schon in den nächsten Tagen: Nach Österreich, ins Zillertal. Mit Blick auf den im Hof parkenden Wartburg gab BMW-Fahrer Kunze den jungen Leuten noch einen guten Rat mit auf die Fahrt: »Aber passen Sie mit Ihrer Rutschkupplung auf – Achtung am Berg!«

Am Freitag brachte der Postbote Reiner Kunzes Kinderbuch *Der Löwe Leopold*, das er für Lina mit einer persönlichen Widmung versehen hatte. Dazu gab's drei Sonderdrucke für mich, ebenfalls mit Widmungen. Im Gegenzug sandte ich ihm *Das Echo der Bilder*. Mal sehen, ob wir es am Mittwoch schaffen, R.K. bei seiner Lesung im »Haus Ungarn« zu hören.

*Berlin, 7. Oktober 1992*
Die Verleihung des Theodor-Wolff-Preises im Berliner Hotel »Schweizerhof« am Zoo verlief etwas mühsam, weil man die

266

Dampfplauderer Glotz, Barzel und Schröder geladen hatte, die aus der Veranstaltung eine mittelmäßige Talkshow machten. Gerald störte die Harmonie durch einen militanten Zwischenruf: »Ich wünsche den Preisträgern, dass sie nie so werden wie Sie da oben!« Anschließend, beim Foyergeplauder, fanden dann alle alles wieder ganz in Ordnung. Papa war extra nach Berlin gereist, um bei der Ehrung dabei zu sein, war gerührt, wirkte aber ein bisschen deplatziert unter all den Journalisten.

*Berlin-Kladow, 18. Oktober 1992*
Die feierlichen Tage liegen hinter uns und bleiben wohl allen Beteiligten in schöner Erinnerung. Seit fast zwei Jahren sah ich Dagny wieder und war erschrocken, wie sehr sie das Mädchenhafte verloren hat. Die Blüte ist dahin, an ihre Stelle getreten ist etwas Stumpfes, Verzweifelt-Brütendes. Im Gespräch gestand sie mir, dass sie nun wisse, wie wenig sich an der eigenen Art ändern lässt. Von mir sprach sie als von einem Menschen, der viel Glück im Leben gehabt habe, über günstigere Eigenschaften verfüge. Eigentlich dachte ich immer, *sie* sei das Glückskind mit ihrem hübschen Aussehen, ihrer Vitalität, ihrer Aufgeschlossenheit. Vielleicht war es aber gerade letztere, die sie mit Leuten in Verbindung brachte, die sich als problematisch für sie erwiesen.

Papa eckte bei manchen Gästen durch seine altruistische Marotte an, vor allem bei Gerald Zschorsch, der so viel allgemeine Menschenliebe gar nicht ertragen kann. Musste den dichtenden »Stadthund« am späten Abend streng ermahnen, seinen fast feindseligen Spott zu zügeln. Ein buntes Völkchen, das im Schloss Cecilienhof tafelte: Gerald und die sehr blonde Anke, Wolfgang Winkel, der einen selbstgedichteten Vers vortrug, Lauras Pate Thomas Kielinger, Papa und Dagny, Frank Schmeichel mit Familie, Sabine und Ralf, Serge, der uns mit dem Geschenk einer Jünger-Büste beschämte, Ulrich Schacht mit Ehefrau Carola, Fotograf Claus Gretter und der schwäbische Barde Walter Gröner. Walter verlängerte seinen Aufenthalt um drei Tage, weil ihm das Märkische wider Erwarten zusagte. Pfarrer Langner sehr tüchtig, wenngleich allzu tolerant gegenüber den Ideen der Gäste (so ließ er Gerald bei der Taufe die – eigentlich unpassende – Eingangspassage von Jüngers *Ortners Erzählung* rezitieren). Beim sich an den Gottesdienst anschließenden Festessen fühlte sich der Herr Pfarrer sichtlich wohl. Danach »Sonderführung« durch die Räume, in denen im Sommer 1945 die »Konferenz von Potsdam« stattfand. Der Museumsleiter erzählte eine Reihe von Anekdoten über die drei Führer der Siegermächte USA, Sowjetunion und Großbritannien, die mit harten Bandagen ihre jeweiligen Interessen durchzusetzen versuchten. Was letztlich am besten Stalin gelang. Wir sahen die Stalin-, Truman- und Churchill-Zimmer, den »Weißen Salon« etc.

Pfarrer Langner machte seine Sache wirklich gut und hielt sich an das, was wir ihm über unsere spezielle Situation mitgeteilt hatten. Weil das Problem bestand, Katholiken und Protestanten zum gemeinsamen Singen zu bringen, wählten wir Lieder, die beiden Seiten geläufig sind: *Lobet den Herren* und *Geh aus mein Herz und suche Freud*, von letzterem die Strophen 13-16. Dennoch bildeten wir einen etwas kläglichen Chor, was der heiteren Stimmung aber keinen Abbruch tat. Eher störte das Herumgequake von Rebecca, die sich, wie später auch Laura, auf den Treppenstufen im Chor der Kirche räkelte. Während unserer Trauzeremonie setzte sich Laura auf die oberste Stufe und ließ ihre Beinchen baumeln. Als Text für die Predigt wählten wir aus 1. Petrus 4 den Vers 10: »Dienet einander, jeder mit der Gabe, die Gott ihm geschenkt hat; dann seid ihr gute Verwalter der reichen Gaben Gottes.« Dazu passend Lauras Taufspruch, der Motto sein will für ein Leben, das sich nicht von Menschenmeinung fremdbestimmen lässt: »Auf Gott hoffe ich und fürchte mich nicht; was können mir Menschen tun?« Auch dazu fand Lutz Langner die passenden Worte. Dem Sinn nach: Er wünsche, dass sich Laura in einer vordergründigen Welt die eigene Art bewahren lerne und wir ihr beistehen, das zu erreichen.

Als das Wasser rieselte, zappelte Laura ein wenig, aber mehr vor Erstaunen als aus Missfallen. Ihr mit goldenen Knöpfen verziertes Pepita-Kostümchen mit Samthose fand allgemein Gefallen. Thomas Kielingers Tischrede, zwischen Ribbecker Birnen-Sorbet (davor gab es Potsdamer Garnisonssuppe und »Aal grün«) und Spanferkel platziert, kreiste um unseren Taufspruch, den er für ein wenig »hybrid« hielt, weil das »Dienen« so einseitig ausfalle in einer Journalistenehe. Laura halte er für intelligent und gewitzt, sodass wenig dazugehöre, ihr eine ähnlich erfolgreiche Karriere wie die des Vaters vorauszusagen. Thomas erinnerte noch einmal an Saudi-Arabien, die damaligen Befürchtungen in der Bonner Redaktion und das gute Ende, das mit der Preisverleihung den angemessenen Abschluss gefunden habe. Zuletzt ein Toast auf Laura.

Ich bedankte mich für das »Du«, das Thomas uns angeboten hatte und das Erscheinen der Freunde, die von weither, aus Bremen und München, Mailand und Bonn angereist waren. Dann ging ich auf das Schloss Cecilienhof ein, in dem wir feierten, ein Ort, der für die Teilung Deutschlands und jetzt für das Zusammenwachsen stehe. Wenn wir heute hier im Park des Schlosses spazierten, dann erkenne man auch, was die Bundesrepublik seit 1989 dazugewonnen habe – und die Probleme relativierten sich. Auch erinnerte ich daran, dass die hier Versammelten immer an die deutsche Einheit geglaubt und darauf hingearbeitet hätten. Zuletzt las ich aus Thomas' Gedichtband das

*Wiegenlied:*
Vierzig Jahre
führte ich mein Leben
frei mich zu entscheiden
zwischen Gehen und Bleiben

Vierzig Jahre
entführtes Leben
frei sich zu entscheiden
zwischen Stacheldraht

Vierzig Jahre
Leben auf zwei Planeten

frei
für mich
frei für Mielke
Vierzig Jahre
Karriere
vierzig Jahre
Barriere
vierzig Jahre
ichverbogen
vierzig Jahre ichverlogen

Klopfzeichen
vierzig Jahre Klopfzeichen
allenfalls

Ruhen wirst du
Kind
ungleicher Eltern
Deutschland
nicht sanft
in deiner Wiege

*Berlin-Kladow, 29. Oktober 1992*
Vergangenen Dienstag mit Heinz Czechowski in Dresden. Gemäß seinem Wunsch besichtigten wir vor allem die rechtselbischen Vorstädte, wo er aufgewachsen ist. Sein eindrücklichstes Erlebnis hatte er als Zehnjähriger am 13. Februar 1945, an Dresdens Schicksalstag. Vom Dach des elterlichen Hauses aus sah er, wie das barocke Dresden unterm Bombenhagel der Alliierten in Feuer und Rauch aufging. In seinem Langgedicht *Auf eine im Feuer versunkene Stadt* schrieb der in Dresden geborene Czechowski ein Vierteljahrhundert später: »Dann dröhnten die Pauken über dem nächtlichen Himmel. Da fielen/Phosphor, Termit./Da blieb nicht viel von der Stadt./Da floß nicht Wein/ Auf Europens Terrassen/Da wurden nie schneller/Gräber gegraben/Da krampften sich Nägel wie nie/In die härtesten Stei-

270

ne./Da wurden Menschen wie nie/Von klassisch behauenen Steinen erschlagen.«

Am 5. Dezember öffnen sich wieder die Tore zur Galerie »Alter Meister«. Der Semper-Bau am Theaterplatz war ebenfalls dem Feuersturm zum Opfer gefallen. Die von den Sowjets nach Moskau verschleppten Kunstschätze waren schon 1955 wieder nach Dresden zurückgebracht worden und wurden in dem eilig wiederaufgebauten Museum untergebracht. Nach vierjähriger Zwischenlagerung im Albertinum und der Restaurierung des Semper-Baus, die 100 Millionen Mark verschlang, sind die Kunstschätze jetzt wieder zu besichtigen, darunter die *Sixtinische Madonna* von Raffael mit ihren putzigen Putten – vor allem aber auch die 1753 für König Friedrich August gemalten Dresden-Veduten des italienischen Künstlers Bernardo Belotto (»Canaletto«). Sie zeigen, wie prachtvoll das »Elb-Florenz« vor seiner Zerstörung gewesen ist. So könnte die Stadt bald wieder aussehen, mit ihren Brühl'schen Terrassen, der Kuppel der wiedererrichteten Frauenkirche, mit dem Palais Fürstenberg, dem Turm von Kreuz- und Hofkirche, dem Schloss.

Dresdens jugendlicher Oberbürgermeister Herbert Wagner freute sich im Gespräch mit dem aus Leipzig angereisten Heinz Czechowski über die rasche Wiedereröffnung der Galerie »Alte Meister«. Nüchtern formulierte der gelernte Informatiker die Prioritäten für seine Stadt: »Erstens müssen wir Arbeitsplätze schaffen, dann Wohnungen sanieren und schließlich die Wunden des Krieges heilen.« Die Arbeitslosigkeit in Dresden betrage knapp zehn Prozent, doch sei das produzierende Gewerbe von 60 auf 40 Prozent geschrumpft. Das könne so rasch durch Dienstleistungsbetriebe nicht wettgemacht werden. Inwieweit bei all diesem ökonomischen Etat die Kultur der Stadt auf der Strecke bliebe, fragt der Schriftsteller Heinz Czechowski den CDU-Politiker, dessen Augenmerk dem Mittelstand gilt und der auch die Enteignungen von 1972 rückgängig machen will. Der OB beruhigte den Dichter: »Wir haben bislang noch keine kulturelle Einrichtung schließen müssen.« Im Gegenteil: Die großen Musikfestivals wie die

»Dixieland-Tage« oder die »Dresdner Festspiele« verzeichneten einen wachsenden Publikumsandrang. Dabei bringe der *Mitteldeutsche Rundfunk* zusätzlich Geld in die Kassen.

Weil Heinz Czechowski in den nördlichen Vororten Dresdens geboren und aufgewachsen ist, haben diese Lokalitäten sein Dresden-Bild bis heute mehr geprägt als die barocke Innenstadt. Sie wurden überdies weitgehend von den Bombenabwürfen verschont und konnten so nach dem Krieg mit ihren gründerzeitlichen Einkaufszeilen, Kinos und Gaststätten ein Stück Urbanität bewahren. Familie Czechowski, der Vater war Beamter, wohnte im Stadtviertel »Wilder Mann«, wo auch heute noch – allerdings nicht so prachtvoll wie in Blasewitz, Loschwitz oder auf dem Weißen Hirsch – die Dresdner Villenkultur zu bewundern ist. Doch den Jungen zog es aus der bürgerlichen Wohngegend an die naturnahen Stadtränder, nach Pieschen zum Elbhafen, nach Alt-Trachau, wo die Gründerzeitfassaden sich hart ans Bauernhof-Milieu heranschieben. Pieschen hat das Glück, zu einem der vier »Sanierungsgebiete« erklärt worden zu sein, neben Loschwitz, Friedrichstadt und der äußeren Neustadt. Das bedeutet, dass die äußerst verwahrlosten Häuser mit Hilfe von Fördermitteln renoviert werden können, die Bund, Land und Stadt zu je einem Drittel bereitstellen.

An den Häusern der Leipziger Straße, die parallel zur Elbe verläuft und zum Hafen führt, ist die Dringlichkeit baulicher Maßnahmen unübersehbar abzulesen. Hier drehte der *SFB* gleich nach der Wende einen Film über den Dresdner Dichter Heinz Czechowski, der dem Erinnerungsort seiner Jugend jedoch literarisch längst (in dem Band *Herr Neithardt geht durch die Stadt – Landschaften und Porträts*, 1983) ein Denkmal gesetzt hat. Am Anlegesteg der Elbfähre öffnet sich der Blick auf die Stadt, wie ihn Canaletto vor 250 Jahren auf die Leinwand gebannt hat. Auch der deutsche Romantiker Caspar David Friedrich (seine Dresden-Motive befinden sich in der Galerie »Neuer Meister« im Albertinum) hat von hier aus eine Elbansicht gemalt. »Das war ein interessanter Platz für uns Kinder«, erinnerte sich Heinz Czechowski, der gern Ausflüge in den »Pieschener Winkel« unternahm: »Hier war immer was los.«

Im toten Elbarm unweit der Dampferanlegestelle nach Meißen konnte man bis in die Sechzigerjahre hinein im sauberen Wasser schwimmen, der Fährmann legte zwischen den Passagen Netze aus, oben an der Straße saßen die Fischer in der Hafenkneipe. Diese Erzählungen Czechowskis erinnerten mich an meine eigene Kindheit in Esslingen. Dort konnte man im Freibad entweder ins große Schwimmbecken oder über einen hölzernen Schwimmsteg direkt in den Neckar springen, der damals noch weitgehend unverschmutzt war. Dann zog die Industrialisierung mit Macht ins Neckartal zwischen Plochingen und Cannstadt ein und verschandelte die vom schwäbischen Dichterkreis um Nikolaus Lenau besungenen lieblichen Flussauen. Erst in den Neunzigerjahren war der Neckar wieder so klar, dass man erneut darin baden und sogar fischen kann. Czechowskis lyrische Erinnerung vergoldet das Land der Kindheit, zu dem doch auch Bomben, Zerstörung und Tod gehörten: »Das jenseitige Ufer fern,/Das Wasser klar, über den Grund/Ziehen die Fische, golden und grün/In des Mittags seidigem Glanz.«

Nördlich von Pieschen schließt sich Trachau an. Nach der Reichsgründung verkauften die Bauern Land an Dresdner Bürger, die auf den Dorfanger ihre historisierenden Wohnblöcke stellten. So blicken sich heute auf der Straße Alt-Trachau Bürgerhäuser und sogenannte »Dreiseitenhöfe« gegenseitig an. Einer dieser reich gewordenen Stadtrandbauern war Heinrich Tropisch, Gemeindevorsteher und Stifter der Apostelkirche am Wilden Mann. »Hier habe ich so manches Glas Buttermilch getrunken«, erzählte Heinz Czechowski, der den alten Tropisch noch gekannt hat. Im Innenhof des zweiflügeligen Anwesens trafen wir auf einen Herrn, der das völlig verfallene Bauernhaus mit dem taxierenden Blick des Käufers betrachtete. Nach der gegenseitigen Versicherung, keinesfalls zur Zunft der Spekulanten zu gehören, gab Heinrich S. aus Frankfurt am Main die jüngste Historie des Tropisch-Hofes zum Besten, die den Dichter aus der fernen Kindheit abrupt in die Gegenwart zurückholte. In der Hand hielt der Mann, der sich als »Marktforscher im Gastronomiebereich« vorstellte, eine Dokumentation mit Lageplan, die Studenten der TH Leipzig bereits 1972 erstellt hatten. »Schauen Sie doch mal das an, diese sächsische Weinlaube, das ist doch einmalig!« Von der zierlichen Holzgalerie über der Toreinfahrt ist nur noch ein morsches Gerippe vorhanden, trotz der Ausweisung des Hofes als denkmalgeschütztes Objekt.

Nach der Wende haben die Tropisch-Erben das damals noch bewohnbare Haus Nummer 41 an der Straße Alt-Trachau an einen Dresdner und einen Bremer verkauft, für 50 000 Mark. Die beiden hätten vorgehabt, in den Gebäuden eine Werkstatt für Industriemontage einzurichten. »Die 500 000 Mark Wirtschaftsgelder, die ihnen die Bank gewährte, die haben die Herren dann fremdverwendet – und jetzt sind sie heillos zerstritten.« Das deutsch-deutsche Gaunerstück soll nach dem Wunsch des soignierten Herrn aus Frankfurt jetzt glücklich enden, nämlich mit dem Verkauf von Hof und Grund an ihn selbst. Weil er als Besitzer eines Bauernhauses mit den Problemen der Sanierung vertraut sei, riskiere er den Sprung vom Main an die Elbe. Die Außenrenovierung werde allein eine Million kosten, rechnete Heinrich S. vor, der die völlige Zerstörung von Inneneinrichtung und Mobiliar »rechtsradikalen Anarchisten« zuschreibt.

Was der Frankfurter aus dem einstigen Musterhof machen will, hörte sich gut an: eine historische Gaststätte mit angeschlossenem Weinhandel, Büroräume und Apartments. Als Partner seien Radeberger Brauerei, Binding Brauerei, diverse Weinkellereien von der Mosel gewonnen worden. Und in den Kellern werde er »Äppelwoi« lagern. Vor so viel Unternehmergeist verschlug es dem Dichter den Atem, doch nicht die Sprache: »Seit wann trinken unsere Sachsen denn Apfelwein?« fragte Czechowski. »Seit der Wende natürlich«, lachte Herr S. 1990, beim Elbe-Main-Fest, da hätte man allein 200 Hektoliter ausgeschenkt. Ob das bis 1994, da soll der Betrieb stehen, wirklich anhält? Heinz Czechowskis Zweifel waren unüberhörbar. Aber bei so viel Selbstbewusstsein

274

musste der Wahl-Leipziger passen. In der Messestadt, das weiß er, ist man gegenüber Investoren noch entspannter. Aus Tradition.

*Berlin-Kladow, 2. November 1992*
Ein erfüllter Monat liegt hinter uns, das Defilée der Gratulanten zum ersten Lebenshöhepunkt. Viel Saat ist aufgegangen, vieles an Einsatz wurde belohnt, die Liebe zeitigte Früchte. Ein Innehalten ist erst jetzt möglich, im erschöpften Danach. Doch gibt uns das Leben keine Pause, es schreitet, ja zieht uns fort. Wir setzen uns immer neue Lebensziele, gemäß unserem inneren Lebensplan, ohne den wir erstarren müssten. Wenn sich alles so zielgenau rundet, dürfen wir, wie EJ sagen würde, von der Beihilfe »höherer Mächte« sprechen. Die Skepsis, der Zweifel, ob der Weg der rechte ist, gehören zum Lebenstrieb, der seine verschlungenen Wege geht. Dass die Freunde zu uns halten, lässt vermuten, dass die Richtung stimmt.

Inzwischen liegt auch die Weimar-Reise hinter mir. Der Lyriker Wulf Kirsten war ein kundiger Führer. Wie Heinz Czechowski hat er eine Vorliebe für die Peripherie. Trotz aller Auskunftsfreudigkeit ein in sich verkapselter Mensch, dem die rechte Lebensfreude zu fehlen scheint. Auch in seinen Gedichten verkriecht er sich gern ins Unterholz der Sprache, ein Verfilzungskünstler. Gottfried Benn hätte von ihm als einem »Beschwörer des Schachtelhalms« gesprochen. Vielleicht kann er seine Freude an der Natur im Gespräch auch nicht angemessen zum Ausdruck bringen – oder er hat eine Reserve gegenüber Journalisten.

Ob er, der seit den Siebzigerjahren in den Westen reisen durfte, ganz unbefleckt geblieben ist? Jedenfalls reagierte er betroffen auf die Vermutung, Günter de Bruyn könnte der Stasi zu Diensten gewesen sein. Das klassische Weimar streiften wir nur; so waren wir in Goethes Gartenhaus an der Ilm, konnten aber das Wohnhaus am Frauenplan wegen Renovierungsarbeiten nicht besuchen. Dafür speisten wir im »Schwanen« daneben und wurden etwas aufdringlich mit Knödeln und Thüringer Sauerbraten bedient. Am Abend dann in den »Russischen Hof«, wo die Adenauer-Stiftung eine Tagung zum Thema *Macht und Literatur* veranstaltete. Traf dort Ulrich Schacht, Karin Struck, Jürgen Hultenreich, Lutz Rathenow und Guntram Vesper. Mit letzterem, der meine Bildbiografie besitzt, führte ich ein anregendes Gespräch über EJ. Gegen zwei Uhr nachts ins Hotel. Am nächsten Tag Antiquariatsstreifzug mit Ulrich; erstand dabei eine Erstausgabe von Hofmannsthals großem Essay *Das Schrifttum als geistiger Raum der Nation* von 1927. Im Schlusssatz prognostiziert der Autor eine »konservative Revolution« – die, die nur wenige Jahre später folgte, kann nicht seinen Erwartungen entsprochen haben.

*Berlin-Kladow, 18. November 1992*
Zurück vom Berlin-Rundgang mit Günter de Bruyn. Wir begannen ihn mit dem Besuch der berühmten Hufeisensiedlung des Bauhaus-Architekten Bruno Taut in Berlin-Britz. Wir erreichten den einstmals ländlichen, heute von Straßenverkehr umtosten Stadtteil mit der U-Bahn. Neben der in rationeller Typenbauweise gebauten Großsiedlung errichtete man eine zweite, heute postmodern verspielt wirkende Siedlung. Dort, in einem der zweistöckigen Reihenhäuser in der Rudower Allee 8 (heute »Buschkrugallee 44«), wurde Günter de Bruyn am 1. November 1926 geboren. 1943 zerstörte eine Luftmine das Haus. In seiner Autobiografie *Zwischenbilanz – Eine Jugend in Berlin* beschreibt der Autor sein Kindheitsdomizil so: »Groß war die Wohnung nicht. Neben Küche und Bad gab es zweieinhalb Zimmer. Für sechs Personen nicht viel.« Der Vater Carl arbeitete damals in der Kirchensteuerbehörde. Das Haus wurde nach dem Krieg fast doppelt so hoch wiederaufgebaut, so dass es jetzt die Nachbarhäuser überragt. Oberhalb des eigenen Gärtchens, wo der Junge vor 50 Jahren »im Buddelkasten« saß, wohnten die »besseren Leute«, zu der auch seine Jugendliebe Reni gehörte.

Günter de Bruyn hat seine Britzer Kindheit ausführlich beschrieben, »im Plauderton Fontanes und mit Fontanes Sinn für Gerechtigkeit«, wie ein Kritiker bei Erscheinen der Erinnerungen schrieb. Der zweite Teil der Autobiografie, an dem der Autor der-

276

zeit arbeitet, falle ihm schwerer, klagte er. Er soll von der Nachkriegszeit bis in die unmittelbare Gegenwart reichen. De Bruyn arbeitete nach der Kriegsgefangenschaft als Lehrer in einem märkischen Dorf und war von 1953 bis zum Beginn seiner Laufbahn als freier Schriftsteller wissenschaftlicher Mitarbeiter im Zentralinstitut für Bibliothekswesen der DDR. In seinen Büchern hat de Bruyn die alten Themen der Poesie wie Liebe, Wahrhaftigkeit und Macht variiert, in ironischer Brechung, wie er sie bei seinem literarischen Lehrmeister Jean Paul vorfand. Jean Paul widmete er 1975 eine Biografie. In der DDR ist er dafür mit dem Heinrich-Mann-Preis, in der Bundesrepublik mit dem Thomas-Mann-Preis der Stadt Lübeck und mit dem Heinrich-Böll-Preis der Stadt Köln ausgezeichnet worden. Den ihm im Oktober 1989 zuerkannten Nationalpreis der DDR lehnte er ab.

Das Thema Widerstand bzw. Anpassung treibt Günter de Bruyn um, das war zu spüren. Beim Gespräch über das eigene Verhalten vor der Wende wurde seine leise Stimme noch leiser. Er bedaure es heute, den DDR-Kulturfunktionären, die ihn zu Kompromissen nötigten, in der Vergangenheit nicht entschiedener entgegengetreten zu sein. Angesichts von Kollegen wie Reiner Kunze, der den Zensoren keinerlei Zugeständnisse machte und bis zu seiner Vertreibung aus der DDR radikal auf die Autonomie der Kunst pochte, befürworte er heute die »direktere Konfrontation«. Unvermittelt bekannte er: »In vieler Hinsicht habe ich doch das Gefühl, dass man zu feige war, zu viele Zugeständnisse gemacht hat.« Das hat Günter de Bruyn so noch nie gesagt. Ich empfand diese Offenheit als sehr vertrauensvoll. Immerhin machte er dieses Eingeständnis gegenüber einem »West-Journalisten« – wenn solch eine Kategorisierung drei Jahre nach der Wende überhaupt noch sinnvoll ist.

Allerdings kann der höchst erfolgreiche Autor, der bis 1978 Mitglied des Zentralvorstandes des DDR-Schriftstellerverbandes und zugleich Präsidiumsmitglied im P.E.N.-Zentrum der DDR war, gegen den zeitweiligen Anpassungskurs die eigenen Bücher setzen. Sie vermittelten, sagte er zögernd, fast entschuldigend,

»eine auch damals kritische Sicht«. Er sei zu keinem Zeitpunkt weder Zuträger der Staatssicherheit noch Staatsdichter à la Hermann Kant gewesen. Aber auch kein Widerstandskämpfer – solch eine bedingungslose Haltung ist dem sanften, auf Harmonie und Ausgleich bedachten Menschen Günter de Bruyn nicht gegeben.

Mit der U-Bahn zurück nach Berlin-Mitte, dann zu Fuß über den Alexanderplatz zum Roten Rathaus; dort wartete der Regierende Bürgermeister Eberhard Diepgen auf uns. Günter de Bruyn fiel gleich mit der Tür ins Rathaus: Warum wolle der Senat ausgerechnet den Bibliotheksetat kürzen? Die Sache liegt dem Schriftsteller, der zwanzig Jahre lang auch als Bibliothekar gearbeitet hat, am Herzen: »Ganz offensichtlich sind große Theater und berühmte Dirigenten von Vorrang für die Stadt, und Bibliotheken haben für die Politik gar keine Bedeutung! Denn mit ihnen lässt sich nichts hermachen, mit ihnen kann man nicht so glänzen wie mit Bühnenstars.« Dass der Berliner Kulturetat wegen der in Ost und West doppelt ansässigen Theater und Museen auf Kante genäht ist, versuchte der Regierende freundlich, aber bestimmt zu erläutern – ohne de Bruyn zu überzeugen. Politiker denken und agieren anders als die »Kulturschaffenden«, das war auch bei diesem Disput zu spüren.

Noch ein anderes Thema brennt dem Autor historischer Bücher auf den Nägeln: die geplante Rekonstruktion des Berliner Stadtschlosses, um die eine heftige Debatte entbrannt ist. Günter de Bruyn gehört zu den eher leisen, deshalb aber nicht weniger nachdrücklichen Befürwortern des Wiederaufbaus. Das hat zum einen mit seinem Sinn für historische Gerechtigkeit zu tun, der die »Barbarei« des (von den SED-Kommunisten zu verantwortenden) Abrisses wiedergutgemacht sehen möchte. Und zum anderen spricht aus ihm der Ästhet, für den nur der Schlüter-Bau den angemessenen Abschluss des historischen Linden-Boulevards zwischen Brandenburger Tor und Berliner Dom bilden kann.

Günter de Bruyn steht nicht allein mit seiner Forderung, den architektonisch einzigartigen Barockbau in Berlins Mitte, an dem so bedeutende Baumeister wie Eosander, Erdmannsdorff, Gilly,

Langhans, Schinkel, Persius und Stüler mitgebaut haben, in naher Zukunft zu rekonstruieren. Um den Berliner Verleger Wolf Jobst Siedler und den Hamburger Unternehmer Wilhelm v. Boddien scharen sich inzwischen zahlreiche Mitstreiter, die sich zu einem »Förderverein Berliner Stadtschloss« zusammengeschlossen haben. Dennoch bleibt das Projekt, das eine Milliarde Mark kosten soll, weiter umstritten. Auch für den Christdemokraten Eberhard Diepgen, der seinen Amtssitz im Oktober vergangenen Jahres von Schöneberg ins Rote Rathaus am Alexanderplatz verlegt hat, ist die mit den form- und geistlosen Staatsbauten umstellte Baulücke des 1950 gesprengten Hohenzollern-Schlosses ein täglich provozierender Anblick.

Aber auch im Falle des Streits um das Stadtschloss laviert der wendige Diepgen, der nach eigenem Selbstverständnis Bürgermeister beider Hälften der Stadt sein will. »Im Augenblick ist der volle Wiederaufbau des Schlosses nicht das zentrale Thema der Stadt«, sagte er, wohl wissend, dass dies seinen Gast düpieren muss. Diepgen, der mit einer Etatlücke von einer halben Milliarde zu kämpfen hat, befürwortet eine Übergangslösung, mit der auch modernen Architekten eine Chance gegeben würde, an der Gestaltung des zentralen Platzes der wiedervereinten Stadt teilzuhaben. Damit macht er sich die Haltung von Bausenator Volker Hassemer zueigen, der den Wiederaufbau als einfallslosen »Historismus« abgekanzelt hatte. Von historischer Wiedergutmachung, die den SED-Wahn einer von Grund auf neu zu schaffenden Geschichte und der Vernichtung »feudaler« wie »bürgerlichkapitalistischer« Traditionen nachträglich korrigieren würde, hält der CDU-Politiker, der seine erste Amtszeit vor der Wende absolvierte, nichts: »Ich kann Geschichte nicht zurückdrehen!«

Günter de Bruyn, der den Abriss des fast vollständig erhaltenen Spree-Schlosses selbst miterlebt hat, sieht das anders, erinnerte daran, dass auch die Staatsoper Unter den Linden und das Kronprinzenpalais nach dem Krieg wiederaufgebaut wurden, so wie das Warschauer oder das Stuttgarter Königsschloss. Ahnungsvoll hatte der Autor, der seit 1986 in einem märkischen Dorf bei

Beeskow östlich von Berlin lebt, schon vor unserem Gespräch im Roten Rathaus den mangelnden Geschichtssinn der Politik beklagt und ihn mit der aktuellen Stimmung in der Bevölkerung in Zusammenhang gebracht; diese sei derzeit eher an neuem Wohnraum als an restauratorischen Anstrengungen interessiert.

Zugegebenermaßen hat Eberhard Diepgen ein ganzes Bündel an städtebaulichen Problemen zu lösen, und die Neugestaltung von Marx-Engels- und Alexanderplatz ist nur ein Teil der Herausforderung, die Berlin bis zur Jahrtausendwende zu lösen hat. Allein der Bedarf an neuen Wohnungen wird bis dahin auf 300 000 geschätzt, dazu kommen fünf Millionen Quadratmeter Büroflächen und annähernd eine Million für den Einzelhandel. Gleichzeitig müssen die 300 000 Plattenbauwohnungen modernisiert und verwahrloste Altbauquartiere wie der Prenzlauer Berg saniert werden – mit einem Kostenaufwand von mehreren Milliarden Mark. Beinahe täglich werden jetzt Architekturwettbewerbe ausgeschrieben oder prämiert, Einweihungen vollzogen und Grundsteine gelegt für Einkaufs- und Flanierpassagen, zu Büro-, Gewerbe- und Apartment-Komplexen.

Wenn im Spreebogen, wo das neue Regierungsviertel entstehen soll, am Checkpoint Charlie, wo die Amerikaner ein »Business-Center« errichten, in der Friedrichstraße, wo das Milliarden-Projekt der »Passagen« soeben auf Kurs gebracht wurde – wenn schließlich am Leipziger Platz und am Potsdamer Platz, die beide zusammen so groß sind wie ein Dutzend Fußballfelder, ab 1993 Sony-Center und Daimler-Benz-Zentrale emporwachsen: Dann droht der neu-alten Hauptstadt der Bauinfarkt. Denn dann werden Hunderte von Baufahrzeugen hunderttausende Tonnen Beton, Glas und Kunststoff in diese bereits jetzt hoffnungslos verstopfte Stadt-»Mitte« befördern – ein Alptraum nicht nur für den Verkehrssenator, der am Beispiel des Brandenburger Tors nicht eben überschäumende Kompetenz bewiesen hat.

»Wenn man lange in einer Stadt gelebt hat und in ihr alt wird, wird man darin doch fremd«, sagte Günter de Bruyn während unseres Spaziergangs entlang der Friedrichstraße. Die einstige

Glanzmeile der 20er Jahre schickt sich an, dem Kurfürstendamm als künftiges Einkaufsparadies Konkurrenz zu machen, vor allem mit den »Friedrichstadt-Passagen«. Die derzeit größte Baustelle Berlins liegt an der Stelle, wo DDR-Planer Ende der Achtziger-jahre einen inzwischen abgerissenen orientalisierenden Beton-Plattenbau hochgezogen hatten: zwischen Gendarmenmarkt, Französischer Straße und Mohrenstraße. Gegenüber dem Deut-schen Dom, an Berlins schönstem Platz, dem Gendarmenmarkt, hat sich die Hilton-Kette das noble »Dom-Hotel« gesichert. 1995 soll der von drei Investorengruppen finanzierte Stein-Glas-Palast der neuen »Friedrichstadt-Passagen« fertiggestellt sein – wie auch ein weiteres Prunkstück an der Ecke Unter den Linden/Fried-richstraße, wo das heruntergekommene »Lindencorso« einem deutsch-französischen Kulturzentrum weichen muss.

Diese Emsigkeit gefällt Günter de Bruyn. Er gehört nicht zu den Kritikern einer vermeintlichen West-Übernahme. »In der DDR war immer Stagnation, ist zu wenig gebaut worden.« Der Autor kann ein Lied davon singen, denn er wohnte 25 Jahre lang in der Auguststraße, gleich neben der Oranienburger Synagoge, die mit ihrer unlängst renovierten Goldkuppel weithin sichtbar an das jüdische Viertel Berlins erinnert, als Hoffnungszeichen im Verfall. Die Oranienburger – sie zweigt von der nördlichen Fried-richstraße ab und mündet nach 1500 Metern in den Hackeschen Markt unweit vom Alexanderplatz – gilt als der einzige Ort Ber-lins, an dem sich meist jüngere Berliner aus dem Ost- und Westteil der Stadt zwanglos in Kneipen, Bars und vor allem im »Tacheles«, dem alternativen Kulturzentrum, treffen. Als der Schriftsteller Günter de Bruyn zwischen 1961 und 1986 im Haus 92, im 4. Stock seine Romane schrieb, die ihn auch im Westen bekannt machten, war dies ein sterbender Kiez mit Bauruinen und Mietshäusern. Den Verfall hat der Autor in *Buridans Esel* (1968), besonders ein-dringlich aber in der Erzählung *Freiheitsberaubung* (sie ist 1978 entstanden, durfte in der DDR aber nicht veröffentlicht werden) drastisch beschrieben: »Verrostete Ausgüsse, platzender Putz, Wasserflecke, verstopfte Leitungsrohre ( ... ) und die Ratte, die am Sonntagmorgen im Klobecken saß und ihm den Frühstücks-appetit verdarb«.

Vom Tacheles, dem einstigen »Haus der Technik«, zogen sich in den Zwanzigerjahren Einkaufspassagen hinüber bis zur Fried-richstraße. Von ihnen sind seit den Bombennächten des Zweiten Weltkrieges nur noch Trümmer und eben die notdürftig geflickte Ruine des Tacheles geblieben. Zu DDR-Zeiten übernahm der FDGB (Freier Deutsche Gewerkschaftsbund) das marode Ge-bäude; es beherbergte u.a. eine Artistenschule, eine sogenannte »Hundeschuranstalt« sowie die »Fachschule für Außenwirt-schaft«. Seit der Wende sind die geschwärzten Mauern mit ex-pressiven Graffiti besprüht, und am First baumelt die schwarze Fahne der Anarchie.

Das Gebäude ist ein legendärer Ort, denn hier liefen die ersten Fernsehbilder, und das Trümmergelände dahinter (es wurde in den Achtzigerjahren endgültig abgerissen) diente der Defa häufig als Kulisse für Kriegsfilme. Heute spielt sich hier Erotik live ab, denn die Oranienburger Straße ist der Ostberliner Paradestrich, bevölkert von blutjungen Mädchen im glitzernden Tanga, die sich den Stoßstange an Stoßstange im Auto-Corso vorbeischiebenden Freiern anbieten. »Das ist traditionell ein Rotlichtviertel«, er-zählte Günter de Bruyn, »in der DDR zwar verboten, aber in den Nebenstraßen und Etablissements hat sich die Straßenprostitu-tion immer gehalten«. Dieses Gewerbe habe sich in den Zwanzi-gerjahren entwickelt, als sich hier Bar an Bar reihte. Überlebt hat bis heute nur »Klärchens Ballhaus«, eine Tanz- und Tango-Bar, die sogar die rigide Entprivatisierungskampagne der Siebziger-jahre überstand.

Eine innigere Beziehung entwickelte der Autor des Romans *Preisverleihung* (1972), der wie sein DDR-kritisches Buch *Buridans Esel* in dieser Ecke spielt, jedoch zur Großen Hamburger Straße, die kurz vor dem Hackeschen Markt von der Oranienburger nach links abzweigt. »Diese Straße hat mich immer fasziniert, weil hier drei Glaubensgemeinschaften so tolerant nebeneinander wohn-ten.« Hier standen das katholische Krankenhaus St. Hedwig, die

282

evangelische Sophienkirche, eine jüdische Schule und der Jüdische Friedhof einträchtig zusammen. Doch die gelebte Toleranz bewährte sich nur bis 1933. Mit dem Machtantritt der Nationalsozialisten gerieten die jüdischen Mitbürger in die Isolation: »Ab 1942 wurden die Berliner Juden in der Großen Hamburger Straße gesammelt und in den Osten abtransportiert«, schreibt Günter de Bruyn in seiner Autobiografie. Er führte mich auf den Jüdischen Friedhof, den ältesten Berlins, 1672 angelegt, 1827 geschlossen und 1943 von den Nationalsozialisten verwüstet. Dort liegt Moses Mendelssohn begraben, der große Philosoph praktischer Lebensphilosophie. Man wünscht sich, die Erbauer marxistischer Wolkenkuckucksheime hätten sich von seiner Lebensklugheit auch nur ein bisschen belehren lassen. Er wurde zum Vorbild von Lessings Nathan, ein Mann der Toleranz, heute, in einer Zeit des allgemeinen Konformismus und der Gedanken-Klischees notwendiger denn je.

In dichter Fühlung zu diesem geistesgeschichtlich bedeutsamen Ort ragt die Sophienkirche auf, 69 Meter hoch und Berlins einzige Barockkirche, eingeschnürt zwischen Altberliner Fassaden, die sich an sie drängen wie an eine Glucke. Hier wirkte der evangelische Pfarrer Martin-Michael Passauer, der bekannt geworden ist durch seine mutige Rolle in der DDR-Bürgerrechtsbewegung. Einmal, kurz vor der Wende, umstellte die Stasi den Kirchenbau, doch konnte dies den Sieg der friedlichen Revolution nicht verhindern. Auf dem Kirchhof, der jetzt als Kindergartenspielplatz genutzt wird, befinden sich die Grabsteine des Historikers Leopold von Ranke und des Kirchenmusikers Friedrich Zelter, daneben ragt das mächtige Epitaph des preußischen Generals v. Schweinitz auf. Macher und Deuter der Geschichte sind an diesem idyllischen Ort eng zusammengerückt.

»Hier habe ich mir immer gewünscht, eine Wohnung zu finden«, sagte Günter de Bruyn, der 1986 seine Berliner Stadtwohnung von der Auguststraße in die Pillauer Straße verlegte, wo sich auch heute noch ein Teil seiner mehrtausendbändigen Bibliothek befindet. Der entrückte Platz hat tatsächlich etwas Anheimelndes. Wer unter dem Schattendach der Kirchhofbäume verweilt, spürt den Atem einer anderen, gemächlicheren Zeit. Doch auch hier liegt schon die scharfe Brise des Aufbruchs in der Luft. An der Rückseite der Kirche schiebt sich der Verkehr vorbei, und bald wird auch hier, wie überall, renoviert, saniert und investiert werden.

*Berlin-Kladow, 22. November 1992*

Oliver Kohler bat um einen Beitrag für seine Albrecht-Goes-Festschrift zum Fünfundachtzigsten. Schickte ihm zwei Gedichte: *Mutter* und *Frage an eine blaue Vase*. Mitautor ist Reiner Kunze, der mir ein nettes Kärtchen sandte und sich für den *WamS*-Beitrag bedankte. Will mich und unsere gemeinsame Reise nach Oelsnitz in seinem nächstes Jahr erscheinenden Tagebuchband erwähnen.

Anruf von Günter de Bruyn, dem ich ein Telegramm geschickt hatte wegen des in den Medien kolportierten Verdachts, er sei IM gewesen. Er bestätigte mir, dass sich in der Akte von Klaus Schlesinger ein Hinweis auf einen »IM-Vorlauf« gefunden habe. Er, Günter de Bruyn, habe aber Anfang der Siebzigerjahre zahlreiche Stasi-Anfragen zurückgewiesen und sei dann als OV(Operativ-)-Vorgang (Deckname »Roman«) selbst zum Objekt geworden. Wirkte am Telefon etwas hilflos, aber glaubwürdig. Mein Beitrag über ihn und unsere gemeinsame Berlin-Erkundung erscheint heute (22.11.); der zweite Teil nächste Woche. Will darin auch über diese Geschichte schreiben.

*Wismar, 26. November 1992*

Mit Ulrich Schacht in Wismar. Ulrich zeigte mir, drei Jahre nach dem Mauerfall, seine Heimatstadt. Sie war in seiner Haftzeit, aber auch nach der Abschiebung in den Westen sein »himmlisches Jerusalem«, ein Sehnsuchtsort wie Mörikes »Orplid«. Aus der Ferne des erzwungenen Exils schrieb er 1985 im Gedicht: »Haarfein/am Horizont der/Turm, chorlos, die/Nadel sticht: Zu/seinen Füßen, an der/Reling, steht, ein/Mensch Ich/halt den Kopf im/Nacken in den Wind die/Wolken Tauben Möwen/

Schwärme über mir/lautloses Bild/*Du bist//Orplid/mein Land!* */Das/ferne* schweigt wohl/an die zwanzig Meilen und/zehn Jahr/ um Jahr.« Ulrich rezitierte sein Gedicht auf der Fahrt mit der Freude des Heimkehrers, dem das lange Verlorene endgültig wieder gehört.

Dieser Besuch an einem verregneten Spätherbsttag ist nicht die erste Heimkehr des Freundes in seine Stadt, in der er 1973 von der Staatssicherheit verhaftet worden war. Schon im Dezember 1989 war Ulrich erstmals wieder nach Wismar gekommen, ein Abstecher auf dem Wege nach Parchim. Dort sprach er auf Einladung des Neuen Forums zu den Bürgern. Dabei auch Pastor Joachim Gauck, der irritiert war über Ulrichs improvisierte Rede von der Ladefläche eines Lastwagens herab. Wenige Wochen nach dem Mauerfall, erzählte Ulrich mit rückblickendem Enthusiasmus, habe er die Vereinigung gefordert. Nichts wirklich Überraschendes, denn die Einheit Deutschlands war in seiner poetischen Erinnerungsarbeit immer schon beschlossen, für ihn eine Selbstverständlichkeit. Doch wer Geschichte antizipiert, macht sich verdächtig. Was uns beiden vor 1989 eine Gewissheit war, störte den Konsens der Mitläufer und Geschichtsvergessenen. Die Vereinigung nur ein Jahr später war für uns – und den größten Teil der 30 Jahre lang Eingesperrten! – ein großer Glücksmoment.

Man merkte Ulrich die Freude, ja den Triumph an, wieder die Stätten seiner Kindheit zu betreten. Hier hatte er erste Schritte hinein in ein von Zweifeln und Selbstzweifeln bestimmtes, stets gefährdetes Leben gemacht. In der Baustraße zum Beispiel, die zu DDR-Zeiten »Rosa-Luxemburg-Straße« hieß. In der Nummer 38, im Parterre, wohnten die Großeltern, im Hinterhof gab es viel zu sehen, da hatte der Hufschmied seine Werkstatt. Vier Jahre, von 1954 bis 1958, waren die Pferdeställe und der hitzige Bezirk um den Amboss herum das Revier des Jungen, der die ersten drei Jahre seines Lebens bei Pflegeeltern verbrachte, weil seine Mutter als politischer Häftling im Frauengefängnis Hoheneck eine langjährige Haftstrafe verbüßte. Der Schuppen im Hinterhof sei verschwunden, sagte Ulrich, nun sei der Blick frei auf die Ruine der St. Georgen-Kirche, deren bröckelnden Fassaden und Pfeiler die Altstadtkinder zu gefährlichen Klettertouren verlockten. Die Deutsche Stiftung Denkmalschutz stellt rund 12 Millionen Mark zur Verfügung, um die einstmals größte Kirche der Stadt neu erstehen zu lassen.

Die drei großen Kirchen Wismars, herausragende Beispiele norddeutscher Backstein-Gotik, bedeuten viel für Ulrich Schacht, der in Rostock und Erfurt Theologie studierte und aus dem Glauben seine Kraft der politischen Widerrede bezog. Wie für Ricarda Huch sind es diese »brandroten Schlachtschiffe«, die bis heute sein Wismar-Bild prägen, nicht nur als mächtige Silhouette, sondern auch als Binnen-Raum eines dem Kollektiv entzogenen Bezirks, der Stille ermöglichte, meditative Einkehr und Abgrenzung. Bevor er sich für das Theologiestudium entschied, wollte Ulrich, den ja neben dem Ausgreifen in die Imagination auch ein handfester Zugriff auf die Realität auszeichnet, eine handwerkliche Ausbildung, eine Bäckerlehre absolvieren.

Mit seinem Lehrherrn, dem Bäckermeister Gerhard Thamm, tat er einen Glücksgriff. Ulrich wollte den jovialen Mann unbedingt wiedersehen. Dessen Freude über den überraschenden Besuch war echt, die Erinnerung an den Lehrling, der Mitte der Sechzigerjahre hier, direkt unter den Mauern von St. Georgen von ihm ausgebildet wurde, ehrlich: »Ja, der Ulrich war einer meiner Intelligentesten, die fachlichen Voraussetzungen hat er mitgebracht und die Bäckerprüfung mit ›gut‹ bestanden.« »Aber«, fügte er schmunzelnd hinzu, »Intelligenz schreit nicht so sehr nach Arbeit«. Die hat Gerhard Thamm selbst im Übermaß. Über einen Mangel an Beschäftigung kann sich der Mann mit dem kräftigen Bauch und dem weißen Käppi nicht beklagen. Unser Gespräch kreiste aber nicht nur um Umsatzzahlen (die steigen) oder die fachliche Qualität der »Azubis« (die sinkt), auch Literarisches wurde erörtert, Strittmatters Roman *Der Laden* zum Beispiel, die beiden tauschten Anekdoten aus und lachten herzhaft über die Geschichten von damals.

286

»Vieles war besser früher, sagen die Leute«, berichtete der Bäckermeister, der eine solche DDR-Nostalgie ablehnt, »aber zurück will keiner«. Im modernisierten Bäckerladen gibt es ein paar Brotsorten mehr, eine Kaffee-Ecke mit »Eduscho«, im Sommer Tische vor der Tür. Aber man habe auch zu DDR-Zeiten etliche Sorten Kuchen im Angebot gehabt. Echte Probleme gebe es, wie gesagt, nur mit dem Nachwuchs und den neuen Gesetzen, die Nachtarbeit nicht erlaubten. Bäcker Thamm zog duftende Brote aus dem 60 Jahre alten Ofen. Von denen wir zwei mit nach Hause nehmen dürfen, dazu frischen Stollen. Der Abschied war herzlich, der Dichter soll bald wiederkommen.

Ein Stück weit vom Laden die Straße aufwärts, in der Böttcherstraße, steht das Haus, wo Ulrich mit Mutter und Schwester bis 1973 lebte. Graue Häuserfronten und parkende Trabis schaffen heute noch das spezifische DDR-Ambiente. Aber das weißgetünchte Haus 16 a gibt einen Hinweis, wie es hier einmal aussehen könnte – und in fernen Zeiten auch einmal ausgesehen haben mag. Im obersten Stock die frühere Wohnung der Mutter Wendelgard, die auf der Werft als Sekretärin arbeitete. Ein Schriftzug am Eingang des Gebäudes bezeugt Veränderung: »Zimmerreservierung bei Kasperath WC Dusche Frühstück.« Auch hier gibt es einen Hinterhof, wo, wie Ulrich träumerisch sagte, »der Birnbaum meiner Kindheit mit seinen gelben Butterbirnen stand«. Ein Stück Heimat, das die Bilder der Erinnerung prägt.

Aber auch Bilder des Schreckens brannten sich ein. Von diesem Haus wurde Ulrich Schacht am 29. März 1973 von acht (!) Mitarbeitern des Ministeriums für Staatsicherheit nach Schwerin in die U-Haft verbracht. In der Böttcherstraße schrieb er seine Gedichte und jene Texte, die im Urteil des Oberrichters Passon (Aktenzeichen 1BS 20/73 – 211-43-73) des Bezirksgerichts Schwerin als »Hetzschriften gegen die Repräsentanten der Partei- und Staatsführung der DDR, gegen die Arbeiterklasse, gegen die Grenzsicherungskräfte der DDR und die Staatsführung der Sowjetunion« bezeichnet wurden. Verraten habe ihn einer aus seinem literarischen Zirkel, erzählte Ulrich und fluchte auf die für ihn typisch selbstgewisse Weise. Sie kalkuliert den Verrat durch Freunde immer mit ein. Fotograf Bernd Hiepe lässt Ulrich im schwarzen Mantel für ein Erinnerungsfoto am Haus vorbeischreiten: Ein Racheengel, der nichts vergisst.

Von der Böttcherstraße ging es zum weiten Marktplatz, ins Rathaus zu Rosemarie Wilcken, der Wismarer Bürgermeisterin. Sie begrüßte uns in ihrem Amtszimmer. Frau Dr. Wilcken kam über die SPD in die Bürgerschaft und erzählt von ihrer im Großen und Ganzen erfolgreichen Aufbauarbeit. »Ihre Bücher kenne ich leider immer noch nicht«, entschuldigte sie sich. Seit zwei Jahren habe sie es nicht geschafft, »auch nur ein Buch zu lesen«. Dafür erinnerte sich die frühere Ärztin an Ulrichs Schwester Dolores, die sie bis zu deren Tod im Juli 1976 in der Wismarer Klinik behandelte. Ulrich Schacht saß damals im Zuchthaus Brandenburg, verurteilt wegen »staatsfeindlicher Hetze« zu sieben Jahren Haft. Die Schwester, schwer krebskrank, durfte den »Staatsfeind« nur zweimal im Gefängnis besuchen.

Im Gespräch mit der Bürgermeisterin, die sich vor 1989 politisch nicht betätigt hat, wurde auch das Thema »Staatssicherheit« nicht ausgespart. Ulrich hat seine Stasi-Akten bei der Gauck-Behörde in Berlin und Schwerin (»Operativ-Vorgang Vereinigung«) gelesen und inzwischen Teile daraus veröffentlicht. Auch Rosemarie Wilcken hält die Akteneinsicht für absolut notwendig: »Ich möchte schon auch persönlich wissen, wer sich da in mein Leben geschlichen hat, auch wenn dies vielleicht schlimme Enttäuschung bringen kann.« 1960 hatte sie einen Ausreiseantrag gestellt; deshalb vermutet sie, dass es auch über sie einen Aktenvorgang gibt. »Ich hoffe doch, dass ich denen aufgefallen bin.« Der Gedanke, zur schweigenden Mehrheit gehört zu haben, scheint die Politikerin zu beunruhigen, die mit anderen in Wismar für den friedlichen Wandel im Herbst 1989 gesorgt hat. Ihr Stoßseufzer »Ich danke dem lieben Gott jeden Tag für das Ende der DDR!« klang echt.

Die Erfahrungen seiner Haftzeit hat Ulrich in seinem Erzählungsband *Brandenburgische Konzerte* verdichtet. Das 1989 im

Piper Verlag herausgekommene Buch ist neben Walter Kempowskis Zuchthaus-Tagebuch *Im Block*, Erich Loests Erinnerungen *Durch die Erde ein Riss*, Horst Bieneks Erzählung *Die Zelle* und Jürgen Fuchs' *Vernehmungsprotokolle* unentbehrlicher Anschauungsstoff für jeden, der sich einen Begriff davon machen möchte, wie die zweite deutsche Diktatur mit Andersdenkenden umsprang. Rosemarie Wilcken, die diese Bücher nicht kennt, will vieles nachholen, was in der Zeit der deutsch-deutschen Trennung für sie nicht greifbar war.

Die Bürgermeisterin bedauerte, dass Kultur in Wismar so wenig Resonanz findet, trotz eines Kulturetats von rund sieben Millionen Mark. »Wir haben einfach zu wenig Bildungsbürgertum«, seufzte sie. Ohne Mittelstand könne Wismar nicht wieder werden, was es einmal war. Ulrichs im März herausgekommenes Buch, das er ihr zum Abschied in die Hand drückte, will sie auf jeden Fall lesen: *Gewissen ist Macht – Notwendige Reden, Essays, Kritiken zur Literatur und Politik in Deutschland*. Es ist die Bilanz einer immer an der Freiheit und Würde des Menschen orientierten und deshalb glaubwürdigen Existenz in einem schwierigen Land, das liebend zu beschreiben der Autor nicht müde wird. Für mich persönlich ist es ein Vademecum, wie man eine Diktatur an Leib und Seele unbeschadet übersteht.

Die Zeichen des grundlegenden Wandels sind in Wismar unübersehbar. Nicht nur das Rathaus, ein frisch renovierter, klassizistischer Bau, stellt die städtebauliche Wende imposant zur Schau, überall hat eine rege Bautätigkeit begonnen, die die sozialistische Tristesse vergessen lässt. Zu DDR-Zeiten, sagte Frau Wilcken, hätten die »sozial Stärksten« die Innenstadt verlassen, um in Neubauwohnungen unterzukommen. Zurück seien »Kinderreiche und Arme«, geblieben, die Giebelhäuser verfielen, Fenster wurden vernagelt, ganze Straßenzüge gesperrt, Dächer brachen ein. Ruinenlandschaften breiteten sich aus in einer der schönsten Städte an der Ostseeküste.

Doch nun liegt das Vermögen wieder in der Innenstadt. Wismar besitzt mit 76 Hektar die größte geschlossene mittelalterliche

Stadtanlage in Deutschland – trotz der immensen Verluste durch die zwölf alliierten Bombenangriffe, die 1944/45 viele Häuser zerstörten oder schwer beschädigten. Die katastrophale Baupolitik der DDR beschleunigte den Verfall des einmaligen Stadtensembles weiter; 1960 ordnete die SED sogar die Sprengung des Chors der Marienkirche an, obwohl die imposante Hallenkirche gut zu restaurieren gewesen wäre. Ulrich wies bei unserem Rundgang auf den 80 Meter hohen Backsteinturm, der den staatlich verordneten Vandalismus überstanden hat: »Der hat auch den Sozialisten getrotzt – als Mahnung an das Unheil, das zwei Diktaturen über diese Stadt und ihre Menschen brachten.« In einem Film, den der NDR 1990 über ihn in Wismar drehte, hatte Ulrich nach der ersten Wiederbegegnung wie unter Schock gesagt: »Sie haben meine Stadt zugerichtet wie ein Schläger eine Schönheit – immer ins Gesicht.«

Die wirtschaftlichen Voraussetzungen, Schönheit und Lebendigkeit dieser einzigartigen Ostseestadt wiederauferstehen zu lassen, sind gut. Wismar, das sich, wie Rosemarie Wilcken mehrfach betonte, wieder »Hansestadt« nennen darf, verfügt über einen Haushaltsetat von rund 200 Millionen Mark. Die 1946 gegründete Mathias-Thesing-Werft wurde inzwischen vom Bremer Vulkan Verbund aufgekauft und beschäftigt 2400 Arbeiter. Zu DDR-Zeiten waren es noch 6000, doch sind mit dem Zusammenbruch der Sowjetunion und des Comecon zugleich die Absätzmärkte weggebrochen. Heute stellt die »MTW Schiffswerft GmbH« Chemikalien-Tanker und Container-Schiffe her; 14 sind derzeit in Auftrag. Das sichere die Beschäftigung bis 1997. Ein millionenschwerer Werftneubau auf der gegenüberliegenden Seite der Wismarer Buch ist fest geplant.

Der Seehafen mit vor der Wende 1400 Beschäftigten (heute 250) war der zweitgrößte Umschlagplatz der DDR. Heute leidet er unter dem Wegfall traditioneller Schiffahrtslinien, geplant ist aber die Eröffnung einer Fährlinie nach Norwegen. Die Ansiedlung privater Firmen im Hafengebiet kann die verlorene Tonnage etwas kompensieren. Sie ist von 2,5 Millionen auf 1,6 Millionen

Tonnen abgesunken. Vom geschäftigen Hafen fuhren wir raus zur stillen Insel Poel, wo Ulrich als Kind regelmäßig seine Sommerferien verbrachte. Gastgeber damals war Ulrichs Großonkel, der Bäckermeister Fritz Kantler in Kirchdorf. Hier lernte der kleine Ulrich die Geselligkeit eines alteingesessenen Handwerkerhaushalts kennen. Der war ganz von der patriarchalischen Autorität, aber auch Generosität des Großonkels geprägt. Am Mittagstisch saß man einträchtig versammelt, vom Lehrling bis zur Mutter des Familienoberhaupts, dabei auch Katze, Hund und zahme Dohle.

Ulrich sprudelte, als er von diesen Kindheitstagen erzählte, von einem der muffigen DDR-Realität entrückten, als heile Insel-Welt empfundenen Zufluchtsort. Der Junge erfreute sich an der Stille der Kirchsee, den Geheimnissen der alten Festungsanlagen um die Inselkirche und am Blick über die Wismar'sche Bucht, der die Silhouette der nahen Heimatstadt unter wechselnden Wettern verzauberte. Hier wurzeln jene präzisen Bilder, die das poetische Werk Ulrich Schachts bis heute auszeichnen, archetypische Landschaften, die in späteren Gedicht-Zyklen – vom Negev in Israel bis zu den Färöern im Nordatlantik – verwandelt wiederkehren: »Brandung, lautlos/schlagen die Wolken/aufflutet ihr Weiß in/die stürzenden Wiesen: Grün//das/ertrinkt. Schreie/ der Vögel über dem/Lichtsteg bis in/mein Auge/entfernt/sich// der/Grund.«

*Berlin-Kladow, 6. Dezember 1992*
Mit Laura erstmals Nikolaus gefeiert. Sie jubelte immer nur »huiii!« und schaute ganz perplex und mit leuchtenden Augen auf die vollbepackte Schuh-Parade auf dem Flur. In Windeseile hatte sie eine Handvoll Kekse, Marzipan und Schoko-Riegel genascht. Danach in die Kirche, wo Laura so laut krähte, dass Astrid sie nach Hause bringen musste. Im Bett wegen einer Grippe und eines Hexenschusses. Immerhin bin ich meinen Lieben dadurch endlich einmal über längere Zeit nah. Vom Bett aus Blick in den Garten, wo die Vögel regungslos und schwarz in den kahlen Zweigen sitzen. Melancholia. Lektüre: Jüngers *Abenteuerliches Herz*, Rim-

291

bauds *Trunkenes Schiff*, Célines *Reise ans Ende der Nacht*. Letzteres Buch hatte mir Serge gesandt, gewissermaßen als Gegen-Lektüre zu Jüngers *In Stahlgewittern*. Célines eigenwilliges Kriegserlebnis leuchtet ein. Ein Satz des Protagonisten blieb mir besonders in Erinnerung; er lautet ungefähr so: »Warum soll ich auf den Deutschen dort schießen – ich kenne ihn doch gar nicht!«

Gespräche mit Papa über Dagny, die sich eine Überdosis gesetzt hatte. Beschworen sie, doch erst einmal alle Möglichkeiten der Therapie auszuschöpfen. Ihre größte Energieleistung erbringt sie immer nur im Widerstand gegenüber denen, die ihr helfen wollen. Trauer, Wehmut, Angst. Bedauerte, sie beim Besuch im Oktober nicht über die Rauscherfahrungen befragt zu haben. Scheu, ihr Tun dadurch aufzuwerten, falschen Stolz zu wecken.

*Berlin-Kladow, 14. Dezember 1992*

Dass ich wieder gesund bin, beweisen die Träume. Sie werden üppiger, dämonischer. Letzte Nacht auf einer Insel in einem Gebäude, das einer Burg ähnelte. Plötzlich brandeten ungeheure Wellen heran, brachten Mauern und Türme ins Wanken. Ich klammerte mich an eine Wand, die oben in einen mächtigen Bogen auslief. Da stürzte über mir ein Turm in die Tiefe. Am Fuß hockten Menschen, ohne von den Steinen getroffen zu werden. Ein Mauerstück bohrte sich wie ein Pfeil in den Rasen. Gedanke: Glücklicherweise befindet sich Laura nicht auf diesem Eiland! Mein Kind, dieses übermütige Geschöpf, geborgen vor der Welt.

*Berlin-Kladow, 13. Januar 1993*

Stiller werden, keinen Streit mehr, weniger Worte, Warten, Abwarten, Dauern, Über-Dauern, Schreiben. Vielleicht entsteht nur über die Trauer, was ich mir erhoffe. Heute flog Erich Honecker ab in sein Exilland Chile. Der Prozess gegen ihn war eine Farce. Ohne den Mauerbau hätte ein dritter Weltkrieg gedroht, behauptete der frühere Staatsratsvorsitzende. Den Mauerbau habe nicht die SED-Regierung, sondern Moskau angeordnet. Man benutze die Mauertoten, um von »den Opfern der sozialen Marktwirtschaft«

292

abzulenken. Undsoweiter. Erst wurde der Vorsitzende Richter Hansgeorg Bräutigam wegen Befangenheit abgesetzt (er hatte sich von Honecker einen Berliner Stadtplan signieren lassen!), dann gab das Berliner Landesverfassungsgericht Honeckers Verfassungsbeschwerde statt. Der Kopf einer repressiven Parteidiktatur wurde, geradezu eine Verhöhnung seiner Opfer, auf freien Fuß gesetzt. Zuerst Zorn, aber jetzt wachsende Gleichgültigkeit.

Wie bringe ich das Kunststück fertig, eine politische Redaktion zu leiten und gleichzeitig im Herzen apolitisch zu sein? Träume viel. Von Kindern, die über eine Rutschbahn glitten, plötzlich zur Seite kippten und in die Tiefe stürzten. Aus dem Wasser wurde ein Mädchen geborgen, von Astrid. Es lebte, es war Laura.

*Berlin-Kladow, 18. Januar 1993*
Vor zwei Jahren startete das Nahost-Abenteuer, das sowohl für mein Buch wie für Saddam eben eine Neuauflage erlebt. Dreifaches Bombardement des Irak, um das Embargo durchzusetzen. Man könnte das als Interessenpolitik gelten lassen, wenn uns der US-Präsident nicht so moralisch mit seiner »New World Order« gekommen wäre. So darf sich der Takrit-Tyrann die Hände reiben: Noch immer hält er die Welt in Atem und beherrscht die Schlagzeilen. Auf der anderen Seite ist der Irak eine ideale Topografie für das US-Militär, um neueste Bomber-Technologien zu erproben. Dafür musste das Regime überleben.

Brief von Lutz Rathenow, der mir Kopien von Rainer Schedlinskis Stasi-Akte zusandte, in denen auch die Aktivitäten von Detlef Opitz für den *Rheinischen Merkur* erwähnt werden. Schedlinski hat sie alle bespitzelt. Ich ahnte es, konnte es aber bis zum November ʼ91 nicht beweisen. Brief von Walter Kempowski, der sich für Serges Freiheitsstatue einsetzen will.

*Berlin-Kladow, 2. Februar 1993*
Anruf von Ulrich Schacht. Er kam vom Comer See zurück, wo er in der Villa la Collina an seinem Roman schrieb. Will sich um die Hilfe von Sarah Kirsch, Hans Joachim Schädlich und Jürgen

Fuchs bemühen, um das Denkmal von Serge zu realisieren. Brief dazu von Erich Loest, der sogar konkrete Vorschläge machte, wo die Statue zu platzieren wäre. Gute Munition für unsere Kampagne. Nächste Woche will ich den Beitrag dazu in der *Welt am Sonntag* publizieren, dann tagt die Leipziger Kulturkommission. Bei Reiner Kunze fand ich ein passendes Wort zur persönlichen Lage: »Mit vierzig Jahren klagt man nicht mehr laut über das Böse, man kennt es und kämpft gemäß seiner Schuldigkeit. Dann kann man sich dem Schaffen zuwenden, ohne irgendetwas zu vergessen.« Postkarte von Walter Kempowski, der sich für das Interview und die gelungenen Fotos bedankte; sehr freundschaftlicher Ton.

*Erfurt, 17. Februar 1993*

Mit Jürgen Hultenreich und dem Fotografen Bernd Hiepe zwei Tage lang in Erfurt. Wir übernachteten im recht schäbigen »Erfurter Hof« am Hauptbahnhof. Stadtrundgang unter Jürgens Führung. Das Hotel ist bekannt geworden durch das historische Treffen zwischen Willy Brandt und Willi Stoph. Jürgen erzählte dazu die Geschichte von den Stasi-Claqueuren, die extra angekarrt wurden, um die Willy-Willy-Rufer für den deutschen Kanzler niederzubrüllen. Ein Hultenreich-Freund verschwand für vier Jahre im Gefängnis, u.a. weil er dabei auffällig wurde. Rundgang über den Anger, vorbei am »Dachenröder-Haus«, benannt nach der Frau von Wilhelm v. Humboldt, zur Michaelisstraße, wo sich Jürgens Geburtshaus befindet, und schließlich zur Krämerbrücke. Eine der schönsten Straßenbrücken überhaupt, wo sich Lädchen an Lädchen reiht, mit Antiquitäten, Holzkunst, Papierwaren, Textilien, darunter aber auch Galerien mit lokaler Kunst und Souvenirläden. Im Juni feiert man hier das »Krämerbrückenfest«.

Abends mit Kulturdezernent Rolf Ehrenberg im »Gildehaus« am Fischmarkt, Erfurts bekanntestem, im historischen Stil möblierten Restaurant mit seiner prunkvollen Renaissancefassade. Jürgen Hultenreich und Ehrenberg kennen sich seit 1977, als sie im VEB Funkwerk Erfurt zusammenarbeiteten. Im Gespräch bei Rouladen, Kraut und Klößen samt »Erfurter Goldbräu« kamen

294

wir rasch auf die bevorstehende Wahl zu sprechen, von der der CDU-Stadtrat einschneidende Veränderungen auch für das eigene Amt erwartet. Ehrenberg befürchtet, man könne im Zuge der Reduzierung der Dezernate das von einem SPD-Mann geführte Bildungsdezernat mit dem Kulturressort zusammenlegen. Dass Oberbürgermeister Manfred Ruge, der vom Neuen Forum zur CDU stieß, wieder ins Rathaus einziehen wird, ist für Ehrenberg ausgemachte Sache: »Die Gegenkandidaten können ihm nicht das Wasser reichen, er ist volkstümlich, und seine Kompetenz wird allgemein anerkannt.«

Später, bei der Kurz-Audienz im Festsaal des Rathauses, bestätigte sich diese Einschätzung. Für den ersten Wahlgang rechnet der Diplomingenieur mit 50 Prozent der Stimmen. Priorität in der nächsten Amtszeit sind die Reform im Rathaus und die Zusammenarbeit mit den eingemeindeten Ortsteilen. Sorgen machen Ruge vor allem die ungeklärten Eigentumsverhältnisse und die rund 10 000 unerledigten Bauanträge. Die Grundbuchämter seien, wie überall im Osten, auch in Erfurt hoffnungslos überlastet.

Hatte Rolf Ehrenberg im Gildehaus noch über die Hartleibigkeit der Treuhand geklagt, die frühere volkseigene Betriebe (VEB) »für eine Mark« verhökere, so ist die Erfolgsbilanz der Stadt beim Rundgang nicht zu übersehen. Die weit über Thüringen hinaus beachtete 1250-Jahrfeier von 1992 gab dem Tourismus erheblichen Auftrieb, und im zurückliegenden Jahr stieg der Besucherstrom um 13 Prozent. Erfurt verfügt durch mehrere Hotelneubauten über 4000 Betten, doppelt so viele wie zu DDR-Zeiten, und immer mehr Kongresse werden in der »Blumenstadt« abgehalten. Die EGA, bis zur Wende als Internationale Gartenbau-Ausstellung (IGA) ein Renommierprojekt der DDR, gründet sich auf die jahrhundertealte Gartenbautradition Erfurts und ist noch immer ein Anziehungspunkt für Pflanzenfreunde und Hobbygärtner.

Für Erfurt mit seinen 220 000 Einwohnern ist jede Investition überlebensnotwenig, denn vom einstigen Zentrum der DDR-Mikroelektronik ist fast nichts übriggeblieben. Die Arbeitslosigkeit liegt bei 15 Prozent, die Industrieansiedlung stagniert. In ihrem dritten Regierungsjahr hat die Koalition aus CDU, SPD und FDP den niedrigsten Haushalt (800 Millionen) vorgelegt, was vor allem mit dem geringen Steueraufkommen zusammenhängt. Es ist dies ein Problem aller Kommunen in den neuen Bundesländern und keine Besonderheit der Landeshauptstadt.

Als Jürgen K. Hultenreich 1980 seine Heimatstadt Erfurt verließ, um sich in Ost-Berlin als Autor niederzulassen, war die »Bezirkshauptstadt« längst dem realsozialistischen Niedergang ausgeliefert. Der mittelalterliche Kern, von der UNESCO auf die Liste der weltweit bedeutendsten Gesamtdenkmäler gesetzt, verfiel wie überall in der DDR, Plattenbausiedlungen wucherten ins Stadtbild. Am schlimmsten traf es das im 17. Jahrhundert erbaute Andreasviertel, dem man jahrelang Sanierungsgelder verweigerte, um es abreißen und eine vierspurige Autobahnschneise hindurchschlagen zu können. Den zähen Widerstand der Bewohner versuchten SED und Staatssicherheit zu unterdrücken, aber in den Demonstrationen vom Herbst 1989 machten sich Wut und Enttäuschung der Bewohner erfolgreich Luft. Inzwischen ist der Verfall, mit Hilfe einer 50-Millionen-Geldspritze aus dem benachbarten Hessen und dem Aufschwung-Ost-Topf, gestoppt. Zahlreiche Fachwerkhäuser sind gerettet oder werden restauriert, Abrissbrachen warten auf eine behutsame, der historischen Umgebung angepasste Bebauung.

Das Milieu, in das der in Berlin-Wedding lebende Lyriker und Erzähler Jürgen K. Hultenreich hineingeboren wurde, erzählt von einer anderen Wende, die vor 500 Jahren von Thüringen ausging und die Welt veränderte. In der Michaelisstraße zwischen Krämerbrücke und Georgsturm steht das Gasthaus »Zum goldenen Schwan«; in dem heute baufälligen Haus Nummer 9 mit seinen vernagelten Fenstern und dem bröckelnden Verputz wohnte Jürgen von 1948 bis 1963 in den beengten Verhältnissen einer dunklen Ein-Zimmerwohnung, zusammen mit seinen Eltern und den zwei Geschwistern. Die Spuren, die der Reformator Martin Luther und seine humanistischen Mitstreiter in unmittelbarer Nähe

296

des Elternhauses hinterließen, scheinen den Horizont des Jungen geweitet und seinen Sinn für Auflehnung geschärft zu haben. Für den späteren Autor wurde dann der politische und sprachartistische Widerspruchsgeist von Schiller, Rimbaud, Rilke, Robert Walser und Nietzsche vorbildlich.

An den Gasthof, der 1986 geschlossen wurde, als man den Wirt aus politischen Gründen verhaftete, schließt sich das Fachwerkhaus »Zum Güldenen Krönbacken« an. Durch sein Renaissanceportal gingen Luther und die Humanisten ein und aus, darunter der Erfurter Pfarrer und Luther-Intimus Johannes Lang. Im Innenhof war zu DDR-Zeiten ein »Papier-Zentrum« untergebracht, jetzt hat man das zum Krönbacken gehörende Gebäude mit großem Aufwand zu einer Galerie nebst Museum ausgebaut. Der Speicher hinter dem Gasthaus diente den Jungen als Spielplatz.

In St. Michaelis, am Ende der Häuserzeile, predigte Martin Luther im Bauernkriegsjahr 1525; in der spätgotischen Universitätskirche wurde die Bibel erstmals protestantisch ausgelegt. »Dort hinten, in der Biegung der Gasse, im Haus Nummer 48, druckten sie Luthers Schriften, die Dunkelmännerbriefe der Humanisten und das Rechenbuch von Adam Riese!« Jürgen Hultenreich, der sich intensiv mit der Geschichte seiner Heimatstadt beschäftigt hat, kann den Stolz auf die illustre Nachbarschaft nicht verbergen: »Als Junge hatte ich dazu kaum eine innere Beziehung, später mag dies inspirierend gewirkt haben, mich fürs Predigerseminar am Augustinerkloster zu bewerben.« In dem Kloster der Bettelmönche, zehn Minuten vom »Goldenen Schwan« entfernt, lebte Luther von 1505 bis 1511, die »Lutherzelle« erinnert noch heute an den Reformator.

Vor dem »Johannes-Lang-Haus«, dem evangelischen Gemeindehaus in der Allerheiligenstraße, hatte Jürgen im Mai 1983 eine Lesung zusammen mit dem Schriftsteller Bernd Wagner. Erstaunlich, wie gelassen er heute über diese dramatische Zeit erzählen kann. Nach einem missglückten Versuch, 1966 illegal in die Tschechoslowakei einzureisen, was dem damals 17-Jährigen einen Psychiatrieaufenthalt und zwei Jahre Haft auf Bewährung einbrachte, war dies das zweite Mal, dass er die Staatsgewalt provozierte. Seine despektierlichen Verse (»Nichtsdestotrotz mußt/ du den Ausweis zücken, um nachzuweisen/ein Hund zu sein«) trugen ihm eine nächtliche Tracht Prügel der Stasi ein. Im Oktober 1991 stellte Jürgen einen Antrag auf Akteneinsicht; inzwischen weiß er, dass er in der Berliner Zentrale der Staatssicherheit unter dem Operativ-Vorgang »Wanne« (thüringisch: Knast) und »Video« geführt wurde. In Kirchenakten sei sein Name ebenfalls aufgetaucht; die Erfurter Autorin Gabriele Kachold habe ihn darauf aufmerksam gemacht. Ein Film, 1983 illegal in Ost-Berlin gedreht und 1985 im westdeutschen Fernsehen gezeigt, zählt den Autor, der in der DDR nur vier Gedichte veröffentlichen durfte, zur Prenzlauer Poeten-Szene.

Unser Stadtrundgang entwickelte sich zum Kneipenbummel, denn Jürgen hat den Stoff für seine Gedichte an jenen Orten aufgesammelt, wo sich mit gelöster Zunge und hinter Zigarrendunst offener plaudern und bisweilen sogar Konspiratives aushecken ließ. In der »Feuerkugel« am Fischmarkt zum Bespiel, dort »gab es die besten Thüringer Klöße«, oder in der »Penne«, wo sich der Autor als junger Mann seine Biere durch Schachmattzüge erspielte. Das beliebte »Café Rommel« in der Johannesstraße wird derzeit umgebaut; auch hier war Jürgen Stammgast. Geblieben sind sarkastische Verse, die aus der Hoffnungslosigkeit und Beengtheit jener Jahre Gassenhauer-Spott ausfiltern, in dem Bedrohliches mitschwingt: »Jeder Stuhl ist hier besetzt, am Tresen/ drängt sich, wer sich drängen will./Einer, der bis eben Chef gewesen,/geht zum Kotzen und wird grünlich-still.«

Für Rolf Ehrenberg, den Wegbegleiter in schwierigen Zeiten dreht sich naturgemäß alles um das Thema Kultur. Seitdem das benachbarte Weimar zur »Kulturhauptstadt 1999« erklärt wurde und Erfurts Kulturetat dahinschmilzt, wächst die Einsicht, dass man im Bereich des Theaters mit der Klassikerstadt kooperieren sollte. Erfurt, meinte Ehrenberg, könnte mit seinem neuen Opernhaus das Weimarer Publikum mitbedienen, das Nationaltheater wiederum ist zunehmend attraktiv für die Erfurter. Die festliche Eröffnung des restaurierten »Kaisersaals« war einer der kulturellen Höhepunkte, auf die Rolf Ehrenberg stolz ist. Das klassizistische Gebäude in der Futterstraße beherbergte den »Fürstenkongress« von 1808, auf dem Zar Alexander, Napoleon und die deutschen Fürsten zusammentrafen; später wurde es als Theater für Goethe- und Schiller-Aufführungen genutzt. In die SPD-Geschichte ging der Bau ein, weil dort 1891 das wegweisende *Erfurter Programm* beschlossen wurde. Wie schwierig es geworden ist, kulturelle Großereignisse zu finanzieren, zeigt die für den Sommer geplante Aufführung der *Carmina burana* auf den Domtreppen, für die sich noch kaum Sponsoren gefunden haben. Schade, meinte auch Jürgen, dem besonders der zweite Teil des Orff-Spektakels (*In der Schenke*) mit seinem Chorhymnus auf die irdischen Genüsse gefällt.

In der Domstraße Nr. 6 unterhalb des Domhügels hat Jürgen Hultenreich als junger Mann eine Zeitlang gewohnt. Damals tourte der gelernte Bibliothekar, der sich auch als Schaufensterdekorateur, Schildermaler, Versandarbeiter und Paketzusteller betätigte, als Musiker mit der Band *Modern Blues* durch den thüringisch-sächsischen Raum. Die häufige Einkehr ins gotische Gewölbe von St. Marien, die zusammen mit der Stiftskirche St. Severi die »türmereiche« Silhouette Erfurts beherrscht, verschaffte dem unruhigen Geist jene innere Gelassenheit, die er brauchte, um seinen Weg unbeirrt weitergehen zu können. »Für mich war das ein idealer Raum der Meditation«, sagte er im mystischen Dämmer des »Hohen Chors« mit seinen bunten Glasfenstern und dem geschnitzten Chorgestühl. Jürgen versuchte die Inschriften der ehemaligen Klosterschüler zu entziffern – waren sie nicht wie er auf der Suche nach Wahrhaftigkeit? »Selbsterkenntnis ist der einzige Weg zur Anarchie«, verkündet ein Graffito am Fuß des Domhügels. Die Sentenz hätte ihm damals gut gefallen.

*Berlin-Kladow, 22. Februar 1993*
Gestern Telefongespräch mit Ernst Jünger, der mich von Serge Mangin aus anrief, eine echte Überraschung. Er sprach mit klarer Stimme. Über ein Buch der Schriftstellerin Helena Paz, für das er

ein Vorwort verfasst habe. Offenbar die Tochter des mexikanischen Literaturwissenschaftlers Octavio Paz. Dann über seinen Geburtstag und eine bevorstehende Reise zu den Seychellen. Ganz entspannt erzählte er vom Wirbel um den Vorabdruck seines Tagebuchs in *Sinn und Form*; es schien ihn zu amüsieren, dass das betreffende Heft des Magazins kurz nach der Auslieferung bereits vergriffen war. Meine Glosse dazu in der *Welt am Sonntag* hatte Serge ihm zum Lesen gegeben. Die Freiheitsstatue für Leipzig lobte er. Gut sei, dass sie so dicht beim Völkerschlachtdenkmal stehen soll. Zuletzt lud er mich nach Wilflingen ein, wir sollten telefonieren.

Heute auch ein langes Gespräch mit Wolf Jobst Siedler über die Städtebauwettbewerbe *Reichstagsumbau und Regierungsviertel*. Waren uns in allen Punkten einig; der Autor des Buches *Die gemordete Stadt* geht seit langem schon mit den Modernisten unter den Architekten und Städteplanern hart ins Gericht. Für Berlin sieht er einige Verhunzungen voraus.

In Jugoslawien geht das Morden weiter. Schnee, kalt. Das Püppchen sehr lieb, lustig, duftendes Schmollmündchen. Dagny zur Therapie in Brescia, wo es ihr angeblich ganz gut geht. Am 3. März soll sie mit Francesco zusammengelegt werden. Durfte ihr nur Grüße übermitteln; ihre Betreuerin sagte am Telefon, sie spreche häufig von ihrem »zweiten Bruder«, immer nur positiv. Zwei Jahre lang soll sie dort bleiben. Meine Gefühle wechseln ständig, ich würde sie gern wieder lieben lernen. Doch sie ist mir fremd geworden, hat sich von mir entfernt.

*Berlin-Kladow, 26. Februar 1993*
Anruf von Ulrich Schacht, der aus dem neuen Tagebuch von Reiner Kunze vorlas. Dort wird auch unsere gemeinsame Reise nach Oelsnitz erwähnt. Ansonsten eher belanglos, meinte Ulrich. Wir werden kommende Woche von Kladow nach Steglitz in eine großzügige, elegant ausgebaute Dachwohnung umziehen. Schneeweißes Gründerzeithaus im Jugendstil, Baujahr 1907, mit weitem Blick über die Dächer. Von der geräumigen Küche aus öff-

net sich eine gläserne Turm-Rotunde, nutzbar als Essplatz, was bei Astrid Begeisterung auslöste. Um das Haus zahlreiche Läden und Kneipen; ganz in der Nähe, beim Botanischen Garten, wohnte Ernst Jünger Anfang der Dreißigerjahre. Einige Szenen von *Das abenteuerliche Herz* sind dort entstanden.

*Berlin-Steglitz, 25. März 1993*

Fast vier Wochen keine Eintragungen. Die Familie kränkelt, ein kräftezehrender Umzug liegt hinter uns. Unvergesslich die »Anhörung« zur Leipziger Freiheitsstatue im Frege-Haus am Sachsenplatz, wo elf Professoren und »Bürgervertreter« ein Tribunal inszenierten. Serge Mangins Skulptur sei zu »trivial«, hieß es, sein Freiheitsbegriff sei auf die Reisefreiheit eingeschränkt. Dabei zeigt sein Denkmal den Sprung einer Frau über eine Panzersperre, setzt also die Öffnung der Mauer bzw. ihre leichtfüßige Überwindung ins Bild. Wie ein Franzose dazu komme, ihnen, den Leipzigern, seine Vorstellung von Freiheit aufzuzwingen? Dabei sollte es das Geschenk eines von der Einheit begeisterten, in Deutschland lebenden Franzosen sein! Gespenstisch. Gestern kam der Brief von Oberbürgermeister Lehman-Grube, ein Westdeutscher aus Hannover, der die endgültige Absage erteilte. Stattdessen hat die Stadt die SED-Plastik eines Leipziger Künstlers aufgekauft und will sie zum Wende-Denkmal umwidmen. Im Stil des sozialistischen Realismus stellt sie eine Athletenbüste dar, eine Auftragsarbeit zur Feier des DDR-Sports. Wir wollen diesen Skandal öffentlich machen.

*Berlin-Kladow, 4. April 1993*

»Gabelfrühstück« mit Helmut Schmidt im Schweizerhof. Er stellte sein Buch *Handeln für Deutschland – Wege aus der Krise* vor. Abends eine öffentliche Diskussion mit Lothar Späth und Wolfgang Thierse. Rechthabereien und Selbstinszenierungen, das Übliche. In *Bild* hatte Schmidt einige seiner wenig aufregenden Thesen schon vor der Veranstaltung preisgegeben. Es lohnt nicht, sie zu wiederholen.

301

Einen ganzen Nachmittag allein mit Laura; Spaziergang zur Markuskirche. Sie inspiziert gerne jedes Vorgartentor, schnuppert in Hinterhöfe und Hauseingänge. Lange winkte sie einer schwarzen Katze zu, die auf einem Fenstersims balancierte. Es gab Schokolade und Milch und für mich Tomaten & Mozarella mit einem frisch gezapften Bier. Dann spielten wir auf dem Wohnzimmerboden mit Lego-Steinen. Laura bevorzugt gleichermaßen Ordnung und Destruktion. Es wird sorgfältig aufgebaut, um anschließend das Ganze lustvoll einzureißen. Die Vertrautheit & Zärtlichkeit wächst von Stunde zu Stunde; oft schlingt sie ihre Ärmchen um meinen Hals oder küsst mich auf den Mund. Die so überreiche Liebe stillt einen Hunger, den ich eines Tages vielleicht nur noch mit Erinnerungen besänftigen kann.

*Berlin, 25. April 1993*
Angebot von *Welt*-Herausgeber Claus Jacobi, der mich als Nachfolger von Enno von Löwenstein gewinnen will. Der betreute jahrelang die Meinungsseite der *Welt*, ein Erz-Konservativer. Nun soll offenbar eine Blutauffrischung her. Heute mit Thomas Kielinger telefoniert, der mir zurät. Wie auch Ulrich Schacht und Wolfgang Winkel. Dagegen Günter Zehm defätistisch; er kann an ein Blatt nicht mehr glauben, das ihn verstoßen hat. Astrid mit klugen Ratschlägen für den Wechsel – abends pocht doch das Herz.

Auf dem Balkan drängt alles zum Krieg – und Deutschland wird sich entscheiden müssen. Die echte Bewährung bzw. Blamage steht noch bevor. Serge faxt Optimismus und bedankt sich für mein Denkmal-Engagement. Gedanken zum möglichen Redaktionswechsel: Die Meinungsseite der *Welt* zu betreuen heißt Pünktlichkeit, Penibilität, Wendigkeit. Alles Dinge, die mir nicht sehr liegen. Aber vielleicht liegt genau darin der Sinn der Aufgabe.

Am Mittwoch erschoss sich Alexander Jünger in seiner Spandauer Praxis, um seinem Krebsleiden zu entgehen. Die *Bild*-Zeitung brachte einen Bericht mit Foto von Ernst Jünger. Nach dem Tod von Ernstel und Gretha nun diese Katastrophe. In Jüngers Schatten verkümmern alle anderen Gewächse. Aber Alexander

302

ging auch an sich selbst zugrunde, an seinen Affären, seinen Depressionen.

*Kreta, 14. Juni 1993*

Seit zwei Tagen bei Serge Mangin in Giorgiopolis im Nordwesten Kretas. Serge holte mich mit dem Wagen in Heraklion ab. Fahrt an der Küste entlang über Chania und Rethymnon in die Berge, wo Serge ein Haus besitzt. Ich habe es ihm spontan – ich weiß nicht, ob ihm das gefallen hat – folgendermaßen beschrieben: »Ein Wachtposten, ein maurisches Fort mit heiterer Brutalität.« Das turmähnliche Gebäude ragt sehr energisch in den kretischen Himmel und ist mit seinem weißen Anstrich leicht von Rethymnon aus zu erkennen. Gestern tastete ich mit Serges Fernglas die Lichterketten der Strandpromenade ab; dort soll es hübsche Cafés geben. Abends essen wir am Meer, in einem der letzten typisch griechischen Restaurants mit kretischer Musik und schweigsamen Menschen. Ein paar Straßen weiter tobt der Touristen-Mob. Wir aßen panierten Tintenfisch, Koteletts, Lammfleisch, griechischen Salat mit Feta-Käse, dazu Souvlaki, Brot, tranken eiskaltes Bier und harzigen Weißwein. Zum Dessert Joghurt mit Honig. Danach zuhause viel Heineken-Bier aus der Dose. Saßen bei Vollmond und unter einem funkelnden Sternenhimmel auf Serges Dachterrasse. Unsere Gespräche leise, von Schweigen unterbrochen. Der Blick über das schwarz-silbern schimmernde Meer macht einen geradezu andächtig. Über Céline, den Serge verehrt, Ernst Jünger, Rilke, den Griechenland-Fahrer Erhart Kästner; wir streiften auch die Beschwerlichkeiten der Liebe, plauderten über Astrid und Laura, Serges Leipziger Fernliebe Ines.

Heute mit dem Wagen nach Chania um einzukaufen. Telefonierte mit Astrid, ihre Stimme griff mir ans Herz. Allen geht es gut. Heimweh, ein bisschen wie als Kind im Landerholungsheim auf Sylt. Schwammen in einer Felsenbucht im türkisfarbenen, sehr klaren Wasser nördlich von Giorgiopolis; dorthin mit Serges Motorrad. Durch eine Höhle gelangt man ans Wasser. Kraulten zu einer mit Seegras bewachsenen Felsplatte, wo wir ein Sonnenbad nahmen. Serge sehr braun, seine Mutter stammt aus Marseille. Er ist stolz, in der grandiosen Landschaft Kretas zuhause zu sein. Gespräche über den Algerienkrieg, den er selbst erlebt hat, die Liebe, das Licht, das Meer. Erzählte von meiner Camus-Lektüre, die mir in der Jugend den mediterranen Mythos nahe brachte.

*Kreta, im Süden, 16. Juni 1993*

Der Kopfschmerz, Eintrittspreis für die Insel, lässt nach; gut geschlafen. Die Träume im Süden sind heiter. Fahrt über die Weißen Berge nach Souja. Serge mit dem Motorrad, ich mit dem Fiat. Serge fährt äußerst vorsichtig, wie ein alter Mann. Rast am Rand einer Schlucht mit Nadel- und Ölbäumen. Eine Schafherde ruhte im Schatten. Zum Abendessen gefüllte Tomaten und Weinblätter, Huhn, Salat, Käse, Wein. Danach setzten wir uns in einer lärmenden Disco an die Theke. Bier und Ouzo. Serges Denken kreist um die blonde Ines; wenn ich über Laura spreche, bricht es aus ihm heraus. Gespräche über Henry Miller, dessen Mischung aus Kraft und Naivität, Goethe und Eckermann, Camus' *L'Étranger*, John Steinbeck. Am nächsten Tag Frühstück bei der 70-jährigen Maria, die ihren Kopf von Serge in Marmor gemeißelt sehen möchte. Freundlich-lachende Augen, sie wirkt durch ihre Ausstrahlung deutlich jünger. Serge kennt alle, spricht mit allen, lobt alle. Er hat etwas Umarmendes, ein romanisches Temperament, will dazugehören. Dies Harmoniebedürfnis ist stark von seinem Sicherheitsbedürfnis diktiert. Immer ist er auf der Hut. Ein zutiefst misstrauischer Mensch.

*Souja, 17. Juni 1993*

Sprachen über Jüngers Großessay Der *Arbeiter*, den Serge als »terroristisches Buch« bezeichnete. Das sei die Seite von EJ, die ihn abstoße, ängstige. Das andere, viel Wichtigere für ihn ist das Kontemplative von Jüngers Schriften, der unbestechlich-präzise Blick, die innere Unabhängigkeit, die Lebensweisheit des in Stürmen Gereiften. Ich selbst, bemerkte ich, hätte bei der Lektüre des

*Arbeiters* Jüngers Frontalangriff auf die saturierte, laue Bürgerlichkeit, das Krämerhafte, diese Sozialbesessenheit der modernen Gesellschaft sehr genossen. Allerdings empfände auch ich Jüngers militante Visionen als latent faschistoid. EJ hat diese voluntaristische Dimension des Buches ja dann nach 1945 mit seinen *Adnoten zum Arbeiter* zu entschärfen versucht. Er machte aus dem militanten Arbeitersoldaten eine Art *homo faber.* Die Nationalsozialisten, erkläre ich, hätten Jüngers Buch als »bolschewistisch« völlig missverstanden. Albert Camus habe den *Arbeiter* in seinem Essay *Der Mensch in der Revolte* als einziges Buch bezeichnet, das dem Nationalsozialismus einen internationalen Anstrich hätte vermitteln können.

Gestern lange und intensiv an Laura und Astrid gedacht. Sie gehören – nicht nur als Tochter und Mutter – innig zusammen, und mein Gefühl dabei ist eindeutig. Die Zärtlichkeit für die eine gilt immer auch der anderen. Auch in Astrids Gesichtszügen findet sich das Niedliche, Kindlich-Weiche von Laura, und Lauras Bewegungen verraten schon jetzt die Weiblichkeit der Mutter. Ein wenig im Schatten bleibt Lina, die schwer an der Last der verlorenen Familie trägt. Aber ich liebe auch sie. Als Serge unterwegs war, saß ich lange alleine am sonnenüberfluteten Tisch im Garten. Die Gedanken gingen zurück zur ersten Griechenlandreise mit Christel vor rund zehn Jahren. Die unvergesslichen Tage auf Santorin, die Abende im tiefen Frieden Oias auf der Terrasse über dem schwarzen Kraterbecken, wo weiße Kreuzfahrschiffe ankerten. So im Genuss, eidechsenhaft vergnügt, war Rehauge ganz bei sich selbst. Es waren glückliche, offene Jahre, ich muss mich ihrer nicht schämen. Man liebt ja nicht nur die Physiognomie, die äußere Erscheinung, sondern vor allem das Wesen, die innere Gestalt. Die entfaltet sich allerdings erst in der Zeit.

Mittags im Restaurant. An einem der Tische unterm Strohdach eine Griechin mit hochgestecktem Haar, grell geschminkten Lippen und hellblauen Augen unter scharf gesichelten Brauen, die weiße Zigarette wippt zwischen ihren braunen Fingern. Eine minoische Guneika, wiedergekehrt, wiederbelebt für Augenblicke.

Ein erstaunliches Bild, umrahmt von Bouzouki-Musik, Würfelspiel-Geklapper. Es ist die Stunde Pans, leise fächelt der Wind.

*Souja, am Strand, 18. Juni 1993*
Noch einmal in der Disco. Schöne Griechinnen, die wir schon vom Strand her kannten. Internationale Tanzmusik, dann aber plötzlich Bouzouki-Klänge, die Frauen stehen auf, schreiten zur Tanzfläche im Garten, recken die Arme, wiegen die Hüften. Dann mit schlangengleichen Bewegungen in die Hocke, die Beine sicheln in eleganter Drehung. Alle strahlen eine große Sicherheit, ja Beseeltheit aus. Traurigkeit überfällt mich wie ein Todeshauch – armes, elendes, um sein Eigenes beraubtes Deutschland! Land ohne spirituelle Mitte, Land der Automaten-Menschen, die sich alljährlich im Urlaub etwas fremde Folklore gönnen. Im Selbsthass verkrüppelt. Dagegen diese freien Menschen, stolz, selbstbewusst in ihren hinreißenden Bewegungen! Als die Musik ausklang, kehrten die Tänzerinnen an ihre Tische zurück: Sie hatten Flagge gezeigt.

*Likotinera, 25. Juni 1993*
Astrid, Lina und Laura am Flughafen von Heraklion abgeholt. Sie erspähten mich schon durch die Glasscheibe, die den Warteraum von der Gepäckausgabe trennt. Ein warmes Gefühl durchflutete mich: Meine Familie! Astrid gebräunt, Lina etwas scheu, Laura voller Zärtlichkeit »Papa, Papa!« rufend. Sie schmiegte ihr blondes Köpfchen an meine Schulter, den Strohhut im Nacken. Dennoch ein wenig Befangenheit, eine Woche Trennung schafft Distanz. Gerade Kinder lassen einen spüren, dass wir Nähe nicht einfach geschenkt bekommen. Auf der abendlichen Fahrt die Küste entlang nach Likotinera musste sich Laura übergeben; sie war noch vom Flug geschwächt und ist überhaupt anfällig bei Kurvenfahrten. Serge hatte während meiner Abwesenheit das Haus vorbereitet und das Abendessen angerichtet, sogar ein paar Blumen gepflückt. Er ist sehr in die kleine Laura verliebt. Lange Zeit, nachdem er sich mit ihr beschäftigt hatte, stand er

306

im Garten, an eine Säule gelehnt, weinend. Sein Wunsch ist bei aller Unabhängigkeit eine Familie, besser: ein Kind; er ist jetzt 46 Jahre alt. Serge ist der Wanderer ohne Schatten, des Alleinseins überdrüssig. Philosophisch Nietzscheaner, spürt er, dass es die Bestimmung des Mannes ist, eine Familie zu haben, zu lieben und geliebt zu werden. Doch die Komplexität des Familiären, diese ständigen Kompromisse und, ja, auch Überdrüssigkeiten ängstigen ihn. So sind diese Tage auch eine Art Wechselbad der Gefühle.

Abends in unserem Restaurant am Meer. Tintenfisch, Salat, Tsatsiki, Souvlaki. Lina fühlt sich vernachlässigt und frisst zuhause heimlich aus dem Kühlschrank, wobei sie von Serge beobachtet wird. Sie hat die angeborene Schwäche des Vertuschens, kann sich nicht zu ihren Schwächen bekennen, weil sie eben von allen geliebt, anerkannt sein will. Nun ist es Laura, die sich vor sie zu schieben beginnt. Doch wir müssen auf den guten Kern bauen, nicht auf die Schwächen, die wir alle haben. Abends auf der Dachterrasse. Serge trinkt dort gern Bier, ein echter Franko-Bajuware. Fast vergewaltigt die Natur den betrachtenden Menschen. Ihre gewaltige Schönheit übersteigt jedes Maß. Verständlich, dass Götter die Herren der Insel sind.

Zeitungslektüre: Ernst Jünger erhält den Ehrenpreis der 100. Kunst-Biennale von Venedig – eine groteske Entscheidung, denn was hat er mit dem dort ausgestellten Müll zu tun? Dass »die Götter noch leben«, schreibt er im Vorwort des entsprechenden Kunstkatalogs. Man muss nur standhaft bleiben, wie vor einem vorbeirasenden Karussell, dann kommt der Zeitgeist irgendwann vorbei und nimmt einen auf. Lese seit Tagen wieder Jüngers Reisetagebücher. Auf der Terrasse sitzend erfreuten mich die wunderbaren Sätze, mit denen EJ sein Tagebuch *Dalmatinischer Aufenthalt* beschließt: »In der Tiefe strebte jetzt der Mittagsdampfer der Insel Lesina zu; er schien kaum größer als das Boot, das den gefesselten Odysseus am Eiland der Sirenen vorübertrug. Das Wunderbare ruft in uns kein Erstaunen hervor, denn das Wunderbare ist uns am tiefsten vertraut. Das eigentliche Glück, das uns sein Anblick bietet, liegt darin, dass wir die Wirklichkeit unserer Träume bestätigt sehen.«

*Likotinera, 26. Juni 1993*
Die Nächte in Serges militärisch hartem Bett sind lang, das Salz und der Sand scheuern die Achselhöhlen wund. Dazu Serges bretterharte Bettlaken. Morgens weckt uns Lauras fordernde Stimme:»Milch! Papa!« Wespen umschwirren den roten Waschzuber auf der Terrasse, den Laura als Mini-Swimming-Pool nutzt. Es ist noch heißer geworden, wir verlassen den »Turm« immer erst am späten Nachmittag. Speisten gestern erneut im Restaurant in Echopsis und mussten einen in Deutschland arbeitenden geschwätzigen Griechen ertragen, der sich durch Aufschneiderei hervortat. Am Ende bot er sich an, Astrids Arm mit einem Insektenschutzmittel einzureiben. Diese Burschen werden sofort übergriffig, wenn man die Distanz verkürzt. Nächtliche Plauderei vor dem Haus, Wein. Nach Mitternacht zu Bett.

Zum Strand, östlich von Serges Bucht; dort ist das Wasser um einige Grade wärmer, aber auch salziger. Jetzt traute sich auch Astrid öfter ins Wasser. Dafür war die Muschelausbeute für Lina spärlicher. Laura störrisch, wenn man sie zu etwas zwingen will. Sie eignet sich die Dinge gern selbst an. Als wir uns gerade mit Serges Pastellfarben bemalt hatten, brach sie beim Blick in den Spiegel in Geschrei aus. Das ist ihr pedantischer Zug: Es soll immer alles beim Alten, Vertrauten bleiben. Eine merkwürdige Mischung aus Übermut und Vorsicht. Das Bemalen selbst hatte sie begeistert mitgemacht, das Ergebnis war ihr suspekt. Wie lieben wir dieses kleine, eigenwillige Geschöpf! Ohne sie zu sein wäre ein Abgrund, über den zu gehen mir kaum gelingen würde. Doch vielleicht wäre der Schmerz die Brücke? Lektüre: Giorgios Seferis: *Alles voller Götter*.

*Likotinera, im Haus, 27. Juni 1993*
Die Hitze immer drückender, Zikadenlärm. Wir dösen, lesen. Unsere Gedanken kreisen um die gemeinsame Vergangenheit

in Bad Godesberg; abends auf der Terrasse mit Wein und Gaslampe. Tagsüber am »kleinen Strand« unterhalb des Wehrmacht-Bunkers. Dort mündet ein Flüsschen ins Meer. Zwanzig Jahre lang hat Serge dort am Süß-Salz-Wasser gezeltet; jetzt ist er dieser Existenzform überdrüssig geworden und hat ein Haus gebaut. Trauliche Beziehung zu Astrid, wir haben wieder die gegenseitige Achtung und Zuneigung gefunden. Das Jahr 1992 erscheint im Rückblick wie eine satanische Prüfung; viel trug dazu der trübe Geist der Kladower Klause bei.

*Likotinera, 28. Juni 1993*
Mit dem Wagen nach Chania, um einzukaufen und zu flanieren. Seit meinem Aufenthalt dort mit Rehauge ist alles deutlich touristischer geworden. Immer noch niedlich die Gässchen hinter dem Hafen, das Venezianische springt sofort ins Auge. Abendessen am Wasser; doch sind inzwischen sämtliche Fischerboote verschwunden, die ich von meinem Kreta-Aufenthalt 1983 in schöner Erinnerung habe. Laura entzückt von den nächtlichen Lichtern; zu ihrer Begrüßung legte ein festlich geschmücktes, illuminiertes Ausflugsboot an der Mole an. Männer, jung oder alt, sind immer ein Anlass für sie, ein strahlendes Lächeln aufzusetzen. Darin ist sie ausdauernd, einfallsreich und bisweilen gerissen. Gelobt werden immer wieder ihre »veilchenblauen« Augen, deren Mandelform zusätzlichen Reiz zu haben scheint.

Astrid freute sich über ein goldenes Armband, das ich in einem Juweliergeschäft in einer der Gassen erstand. Dort ließ ich auch ein passendes Armband an der russischen Fallschirmjägeruhr anbringen, die mir Serge schenkte. Die Nacht ohne Unterbrechung geschlafen, auch wegen des kühlen Windes, der in den Morgenstunden aufkam und durch die geöffneten Fenster wehte. Arbeit an einem Gedicht, das langsam Form annimmt.

*Im weißen Turm, 29. Juni 1993*
Am Strand viele Deutsche, vor allem Berliner. An ihrem unaufhörlichen, belanglosen Gegacker zu erkennen, ihren handgreifli-

chen Blicken. Die Sonne am Nachmittag schon mild, das Wasser, vom Fluss gespeist, kühl, zu kühl für Astrid. Spaziergang oberhalb des Hauses; ein Ölbaumhain, mythische Stimmung mit Schafherde, Hunden, Zikaden. Aus dem grünen Chaos ragt Serges weißer Turm, wirklich ein Wachtposten, ein Fixpunkt für den Wanderer. Fast schattenlos. Weiter am Gedicht *Steinernes Herz*.

*Likotinera, 30. Juni 1993*

Gespräch mit dem Bürgermeister von Likotinera. Sprach enthusiastisch über Deutschland, lobte auch die Wehrmacht, die seine Heimat immerhin drei Jahre lang besetzt hielt. Er ist der Meinung, die Deutschen sollten die Ausländer schnell »herauswerfen«. Die Griechen hätten derzeit ähnliche Probleme mit den Albanern und Schwarzen, die besonders in Athen durch Kriminalität auffielen. Besonders verabscheut er Türken, aber auch die Italiener, die lange die Insel besetzt hielten. Mit dem Abzug der Deutschen 1944/45 sei Anarchie ausgebrochen, die sich Kommunisten aus Mazedonien zunutze gemacht hätten. Papandreou sei jetzt sein Mann. Positives auch über Willy Brandt und Genscher, die viel Gutes für die Griechen getan hätten. Beste Erinnerungen hat er an einen deutschen Soldaten, der seine 12-köpfige Familie mit Konserven durchgefüttert habe. Dem Mann sei er lebenslang verbunden – »falls ich dreihundert Jahre lang lebe, werde ich ihn nie vergessen«. Seine Frau dagegen will mit Politik nichts zu tun haben. Um neun Uhr kommt der Bäcker mit einer Wagenladung voll frischen Brots, laut hupend. Danach der Postbote; ich unterschrieb für Serge ein Einschreiben.

Der Bürgermeister ist ein charmanter Mann. Alle lieben ihn hier oben. Astrid wurde von ihm auf 25 Jahre geschätzt: »your beautifull wife«, Lina für ihre Schwester gehalten. Ich kam mit 35 auch ganz gut weg. Nach den üblichen Geschichten über die Kinder und Enkel machte ich mich auf den Heimweg. Nachts wegen des Gekläffs der Dorfhunde unruhig geschlafen. Glöckchengeklingel der Schafe am Hügel hinterm Haus. Zwei Jagdflugzeuge am Himmel, dazu mehrfache Überfliegungen durch einen Doppeldecker. Reichlich Wasser getrunken, das nachts in den Kasten auf dem Dach einschießt.

*Likotinera, 1. Juli 1993*
Im Traum Begegnung mit Markus Wolf, der mich in sein Privathaus mitnahm; es stand auf einem Hügel gegenüber einem gewaltigen Felsmassiv. MW hatte noch immer einen Fahrer nebst Dienst-Mercedes – »aus Solidarität mit dem Verfolgten«, wie der Chauffeur bemerkte. Den ganzen Tag am Strand unter dem Sonnenschirm. Getaucht, gepaddelt, gesonnt. Ausflug nach Rethymnon, wo ich den Rimondi-Brunnen wiedererkannte, vor dem ich schon mit Christel stand. Ich muss zugeben, dass mein Griechenland-Erleben damals nachdrücklicher gewesen ist. Das liegt zum einen am Alter; andererseits durchfahren wir dieses Mal die Insel mit dem Wagen und der Familie, das verengt den Blick. Dafür entschädigen die intensiven Tage mit Serge in Souja und die Gespräche mit Astrid auf der Dachterrasse.

Rethymnon ist jetzt von Touristen okkupiert, die engen Gassen werden von Mopeds unsicher gemacht. Am Hafen sind die Tische so eng aneinander gerückt, dass das genussvolle Speisen fast unmöglich ist. Wir kauften fünf Paar Schuhe zum halben Preis und speisten in Hafennähe, aber das Essen war eher geschmacklos. Dafür amüsierte sich Laura mit einigen Griechenjungen, auf die sie keck zuging. Kurze Zeit später wollten sie sie schon umarmen.

Das Gedicht für Serge beendet (29.6.1993):

*Steinernes Herz*
Schwer ins Gemüt
wächst Fels
aus blauer Tiefe
Umgürtet von
Mauerringen
Zyklopenzähne
in Terracotta gesät
wacht der Turm

Mit weißer Faust
hält er mich
Dädalus
in den gehörnten Wind
das Herz versteint
bis in den Grund

Im Exil
seiner Höhle
schweigt
Zeus
Kein Rauben mehr
kein Liebesungestüm
über weißen Bergen
kreist der Tod

Roll mir das Garn
Ariadne
drunten
in der Kühle
des Turms
ruhst du
Blauauge
unschuldig
auf friedlichem
Laken

Fernes Pochen
im steinernen Herz

*Likotinera, 2. Juli 1993*

Jetzt sind wir im Rhythmus, könnten zwei weitere Wochen bleiben. Gestern Abendessen in Giorgiopolis. Das Lokal neben der
griechisch-orthodoxen Beton-Basilika, von Deutschen, Hollän-
dern und Engländern besucht. Moussaka, Scampi mit Speck,
Salat, Bier und Wein. Als der Strom ausfiel wurden Gaslampen

angezündet. Danach in eine Bar über dem Platz. Geräuschkulisse wie auf dem Riesenrad eines deutschen Rummelplatzes. Wir hatten uns in dem Lärm nichts zu sagen und fuhren bald nach Likotinera zurück. Vollmond, starker Wind. Nacheinander am kleinen und großen Strand. Letzterer von Sporttreibenden verseucht, die ihre Tennisbälle herumpritschten.

Gestern Abend zuhause. Es gab Wurst aus der Konserve, Brot, Tomatensalat, viel Wein. Astrid trank zu viel und verfiel in Rührseligkeit. Über Laura sagte sie, dass ihr »nie etwas zustoßen darf«; dabei kullerten Tränen über ihre Wangen. Laura weckte uns dann zum Dank schon um sechs Uhr mit »Milch! Milch!« In der Ecke raschelte die Hausmaus; ein ausgelegtes Brotstück mit Wurst hat sie verschmäht. Rasen gesprengt, Frühstück, Wäsche. Lektüre: Erhart Kästner *Ölberge, Weinberge.*

En passant ein Gedicht geschrieben:

*Paradies*
Von Sonne gesüßt
wiegen gelbe Birnen
im Winde sich
lichtgedeckt
wartet der
Tisch marmorn
im Ölbaumschatten

Zikaden
zirpen das
Tischgebet

Brich
eine Bresche
in die Mauer
Cherubim
und lass
uns ein!

Eine alte Erfahrung: Je mehr wir uns heimisch und wohlfühlen, wachsen uns auch freundliche Zeichen zu. So hatten wir das Grüßen der Bürgermeistersgattin bislang als hinterhältig und boshaft gedeutet. Nach dem Gespräch mit ihrem Mann, der seine große Sympathie für die Deutschen offenbarte, scheint auch sie uns zugetan. Überhaupt instrumentiert der Mensch wie EJ bemerkte, die Welt. Wie man die Welt anschaut, so schaut sie zurück.

Mit Lina aufs Nachbargrundstück, um die Schafherde zu besuchen und das Haus zu fotografieren. Die Tiere kamen neugierig näher und zogen sich dann in den hintersten Winkel ihres Geheges zurück. Kostete von den kleinen süßen Birnen, die hinter Serges weiß getünchter Mauer wachsen. Gestern erschien dann der Besitzer mit seinem Töchterchen, um einen Korb Früchte zu pflücken. Der Besitzer reichte uns einige Birnen über die Mauer. Laura fasziniert von dem Mädchen, von dem sie bis heute immer wieder plapperte. Wollen morgen Süßigkeiten an die Dorfkinder verteilen.

*Im Flugzeug, 3. Juli 1993*

Ein Tag im Zeichen des Abschieds. Am Vorabend früh ins Bett nach einem letzten Abendessen in unserem Strand-Restaurant. Herzlicher Abschied von der Inhaber-Familie, die sich in Laura verliebt hat. Heute Großreinemachen in Serges Haus. Astrid etwas wehmütig, Lina freut sich auf den Berliner Komfort. Erinnerung an meine melancholischen Abschiede vom Lago Maggiore als Kind. Damals hatte ich mich auf den Rasen des Nachbarn gelegt und unbemerkt ins Gras geweint.

Laura frohgemut und in Aufbruchsstimmung. Zwischenhalt in Knossos; Astrid und Lina besichtigten die minoische Palastanlage wegen der großen Hitze im Schnelldurchgang. Blieb mit Laura bei Cola und Eis im Wagen zurück, den wir im Schatten parkten. Draußen kläfften ein paar räudige Hunde. Laura hat großen Respekt vor »Wuffs«. Wenn man sie gegen ihren Willen in die Nähe auch des kleinsten Hündchens bringt, ertönt

314

das altbekannte, etymologisch nicht aufzuklärende »Manthe!« oder »Minthe!«, was so viel wie »Auf keinen Fall!« oder »Nicht mit mir!« bedeutet.

Während des Flugs große Aufregung unter den Passagieren, weil wir nun statt in Tegel in Schönefeld landen sollten. Zwei zu spät gekommene Fluggäste hatten diese Umorientierung notwendig gemacht, warum auch immer. Diese beiden Personen wurden von den verärgerten Mitreisenden derart ins Verhör genommen, dass ich mich zum Eingreifen veranlasst sah. Um uns herum schlechtgelaunte Passagiere, überforderte Stewardessen und ein kurzangebundener Pilot. Dazu ziemlich fades Essen. Dennoch unsere Stimmung gut; las auf dem Flug ein ziemlich schlechtes Gedicht von Franz Hodjak in der *FAZ*.

*Berlin-Steglitz, 16. Juli 1993*

In der Redaktion erneutes Gespräch mit Welt-am-Sonntag-Herausgeber Claus Jacobi, der an einer Lösung für meine weitere Verwendung bastelt. Nächste Woche darüber Konkreteres bei einem Gespräch mit Chefredakteur Manfred Geist in Hamburg. Aufregung um Rainer Zitelmann, dessen Ullstein-Engagement von Jürgen Habermas im Spiegel kommentiert wurde. Erwartungsgemäß mit der Kritik des »Aufklärers« an der »deutschnationalen« Einfärbung von Rainers neuer Buch-Reihe. Ob es tatsächlich gelingt, wie mit Ulrich geplant, Botho Strauß, Martin Walser, Jürgen Habermas et alii in einem Debatten-Band zu versammeln? Erscheint immer fraglicher.

Anruf von Serge, der sich begeistert zu meinem Kreta-Gedicht *Steinernes Herz* äußerte. Werde ihm ein Paket mit Fotos und einem Kreta-Video schicken. Bin derzeit bemüht, seine Jünger-Büste zu vermitteln. Thomas Platt, Jünger-Fan und Autor eines populären *Berlin-Verführers*, hat Interesse für ein Exemplar. Platt bombardiert mich derzeit mit satirischen Texten über einen Motzki-Vermieter, der als »Dr. Pachulke« seine Mieter tyrannisiert.

Am 13. Juli mit Astrid in Rostock, um Walter Kempowski mit Gattin Hildegard und Archivar Karl F. Schippmann zu treffen. Schippmann wurde von Kempowski beauftragt, für meine Ullstein-Buchreihe *Dichter sehen ihre Stadt* ein historisches Lesebuch zusammenzustellen. WK doch sehr gealtert seit seinem zweiten Schlaganfall, motorisch stark eingeschränkt. Was ihn aber nicht hinderte, witzige Übelgelauntheit zu verbreiten. Seine Frau besorgt, ob er *Echolot II* durchsteht. WK will mit dem Rostock-Band wenig zu tun haben – allenfalls mit dem anfallenden Honorar, das ins Rostocker Kempowski-Archiv gesteckt werden soll. Rundgang durch die Stadt, leider war die Marienkirche geschlossen; dafür waren wir Augenzeugen eines Kindergarten-Brandes. Um das Unglück zu sehen, eilten wir quer durch die Stadt, immer dem Rauchpilz hinterher. Kempowski von geradezu diabolischer Neugier.

*Berlin-Steglitz, 26. Juli 1993*
Längeres Telefonat mit Jünger-Lektorin Hede Schirmer wegen eines Teilabdrucks von *Siebzig verweht* in der Welt am Sonntag. Auch einige Bemerkungen zur entstehenden Festschrift zum Hundertsten, die bei Klett-Cotta herauskommen soll. Bemühe mich derzeit auch um einen Beitrag von Heiner Müller. Michael Klett, berichtete Hede Schirmer, regt an, dass Heiner Müller in Wilflingen ein Gespräch mit EJ führen soll, das für eine Publikation aufgezeichnet wird. Könnte allerdings am Einspruch von Frau Jünger scheitern, die Heiner Müller wegen einiger Seitenhiebe gegen sie in seinem letzten Buch nicht mag.

Serge startete mit meiner Hilfe eine Verkaufsoffensive für seine Jünger-Büste; das Stück wird zum Preis von 20 000 Mark angeboten. Sandte u.a. Briefe an Wolf Jobst Siedler und Wolfgang Bergsdorf, den Kohl-Vertrauten. Telefonierte mit Frank Schirrmacher, der einen Kopf für die Redaktion ankaufen will. Serge hofft, dass François Mitterrand und Helmut Kohl anbeißen.

Wunderbar, wie die kleine Laura spürt, wenn ich melancholisch bin. Dann kommt sie zu mir, plappert meinen Namen und legt ihr Köpfchen an meine Schulter. Sie will es allen recht machen, die Gute, sodass sie immer a l l e Namen aufzählt – ihre ganz

316

eigene Übung in Gerechtigkeit. Dabei ist sie voller Willenskraft, beweglich, zielstrebig ihre Wünsche artikulierend.

*Berlin-Steglitz, den 27. Juli 1993*
Telefonat mit Rolf Hochhuth, dem ich eine Jünger-Büste anbot. Er könne sich derlei derzeit nicht leisten, war seine verblüffende Antwort. Die Ehescheidung habe ihn viel Geld und sein Basler Haus gekostet. Im Übrigen passe so ein »repräsentativer Kopf« kaum in seine bescheidene 3-Zimmer-Wohnung in einem der Plattenbauten an der Wilhelmstraße. Gern möchte er, mit meiner Unterstützung, als Autor zurück zur *Welt am Sonntag*. Bei der *Welt* stehe nur noch der Herausgeber Claus Jacobi zu ihm. »Ich kann mich doch nicht mit Zwanzigjährigen um eine Theater-Rezension streiten«, sagte er verbittert. Ernst Jünger scheint er vor allem aus zeitgeschichtlichen wie sportlich-physischen Gründen zu verehren. Das allerdings mit Enthusiasmus. Bei Juan Ramón Jiménez (*Stein und Himmel*) ein Gedicht entdeckt, das auch meine Lage beschreibt:

*Gewesene Liebe*
Du, die von jenem Abend,
warst nicht dieses du, das du jetzt bist.
Ach, nein, du bist nicht die Meine!

Wo nur, wo bist du, die von damals,
wo, sag, du, die du nicht die Meine bist?

*Berlin-Steglitz, 30. Juli 1993*
Eine Nacht der Versöhnung, nach immer neuen Verstehensversuchen, die sämtlich in die Frage mündeten: Lieben wir uns noch? Am Ende Astrid in den Arm genommen, liebkost. Das ist die unzweideutige Sprache, die wir verstehen müssen, um nicht für immer stumm zu bleiben.

Schrieb ein Gedicht, nachdem ich in der Schublade ein Jugendfoto von A. entdeckte:

*Altes Foto*
Wie du mich anschaust so
lächelnd über dem Abgrund
der Jahre bist du mir nah

Mir ist als ob ich dich
Schöne erstmals mit den
Augen der Liebe sah

Telefonat mit Serge, der nach Berlin ziehen möchte, »weil dort Geschichte gemacht wird«. Es erscheint mir allerdings fraglich, ob er als Bildhauer und Porträtist hier seine konservative Klientel finden würde, die er in München hat. Das »rote Berlin« existiert immer noch, trotz eines CDU-Regierenden.

Überlegung unseren Jeep zu verkaufen; wir würden dabei 1000 Mark im Monat sparen. Ein Journalist ohne Fahrzeug? Ulrich Schacht ist ein Beispiel dafür, dass das geht, auch Ulrich Baron besitzt keines. Ein Beitrag, unsere Welt ein wenig leiser zu machen. Komfortables Fahren vermittelt Luxus und Behaglichkeit, eine Art der Fortbewegung, die sich vor hundert Jahren niemand hätte träumen lassen. Inzwischen addiert sich diese Einzelbehaglichkeit aber zur lärmend-stinkenden Massenpest. Vom Vertrauten abzulassen fällt den meisten jedoch schwer.

*Berlin-Steglitz, 11. August 1993*
Brief von Professor Bergsdorf. Er will sich dafür einsetzen, Serges Jünger-Porträt fürs Kanzleramt zu erwerben. Walter Kempowski sagte endlich zu, das Rostock-Buch für die Ullstein-Reihe zu machen. Dagegen wetterte Wulf Kirsten am Telefon, er sei restlos enttäuscht und fühle sich »an der Nase herumgeführt«, weil er sein Honorar für die Stadtbegehung von Weimar noch nicht bekommen hat. Entschuldigte mich für die Redaktion, und er lenkte ein. Kirsten möchte wegen des Ullstein-Bandes mit mir sprechen, wenn er im September zu einer Lesung ins Berliner Literaturhaus kommt.

Versuchte Ernst Jünger anzurufen; am Telefon aber nur Frau Jüngers Freundin Inge Dahm, die berichtete, EJ sei mit Herz-

318

Rhythmus-Störungen ins Krankenhaus eingeliefert worden. Man sei sehr besorgt und habe alle Besuche in Wilflingen abgesagt. Inge Dahm meinte, Jünger sei seit dem Selbstmord seines Sohnes im Frühjahr sehr depressiv. Keine Chance also, zusammen mit Ulrich in der Oberförsterei ein Gespräch zu führen. Heute Nacht soll es Sternschnuppen regnen; man erwartet den spektakulärsten Sternschnuppenfall seit 160 Jahren. Grund für den Feuerregen ist die Bahn des Kometen »Swift-Tuttle«, der bis 150 000 Kilometer an die Erde herankommt. Das hätte Jünger gefallen, aber nun liegt er hinter geschlossenen Gardinen im Krankenzimmer.

*Berlin-Steglitz, 13. August 1993*

Gestern Auftritt von Uwe Wolff in einer *Sat.1*-Sendung über phantastische Phänomene. Uwe war als Sachverständiger für Engel eingeladen und machte eine gute Figur. Die Himmelsboten interpretierte er als »Mittler der Transzendenz«. Er riskierte dabei den Satz. »Gott kann auch ohne die Kirche existieren.« Uwe will mein kretisches Gedicht *Paradies* in seine Engel-Anthologie aufnehmen.

Kämpfe in Bosnien. Die Nato droht Serbien. Unsere Angst-Auguren jammern; das Sterben auf dem Balkan berührt sie nicht. Plädieren wie immer für Appeasement, um ja keine Waffe in die Hand nehmen zu müssen. Dieselben Leute machen den Politikern der Dreißigerjahre den Vorwurf, Hitler nicht gestoppt zu haben. Geschichte wiederholt sich doch.

Laura geht seit Neuestem mit Strohhut und Schuhen ins Bett, die neue Armbanduhr am Gelenk. Sie spürt sofort, wenn ich einsam bin und gibt mir Wärme, streicht durchs Haar, heftet ihre blauen Augen auf mich – so vertrauens- und liebesselig wie's nur ein unschuldiges, gutes Kind tut. Lektüre von Reiner Kunzes *Das weiße Gedicht*; besonders interessant die Passagen »Zur Struktur des dichterischen Bildes«. Die Verknüpfung von eigentlich Disparatem, logisch weit Auseinanderliegenden steigt für Kunze aus dem Unbewussten auf. Eine Schöpferkraft, die jedem Menschen gegeben sei. Heute trafen die Fahnen von Jüngers Tagebuch *Sieb-*

*zig verweht III* für einen Vorabdruck in der *Welt am Sonntag* ein. Ich wählte die Eintragungen über die Singapur-Reise (Februar/ März 1981) aus. Typische Mischung aus konkreter Beschreibung und Reflexion.

*Berlin, 30. August 1993*

Interview mit Ministerpräsident Bernhard Vogel. Ein biederer Mann mit viel Detailkenntnis. Er empfing uns in seinem Arbeitszimmer in der Staatskanzlei. Den Weg dorthin konnte uns in der Stadt niemand weisen. Vogels Zwist mit der Treuhand wegen des Kaliwerks in Bischofferode schien uns glaubwürdig. Wie bei wenigen Politikern hatte ich das Gefühl, als Journalist ernst genommen zu werden. Zurück nach Berlin, um im Presseclub des Springerhauses bei der Präsentation von Arno Surminskis Wende-Roman *Kein schöner Land* dabei zu sein. Der Roman erzählt von der Rückkehr des Helden Hans Butkus nach Schwerin und der Begegnung mit seinem einstigen Denunzianten; der hatte ihn ins berüchtigte Zuchthaus Waldheim gebracht.

»Die persönliche Abrechnung findet nicht statt«, schreibt Surminski, das Opfer habe keine Sprache für die Erinnerung gefunden. Ein fauler Kompromiss. Kurzes Intermezzo mit dem Autor, den ich an die *Welt-am-Sonntag*-Umfrage vor der Wende erinnerte (»Sollte die Literatur auf dem Felde der nationalen Selbstbestimmung utopiefähig bleiben?«). An der Umfrage hatten neben Arno Surminski auch Walter Kempowski, Hermann Kant, Wolfgang Hilbig und Ulrich Schacht teilgenommen. Nun wollte er nichts mehr von seiner damaligen Absage an die Wiedervereinigung wissen, ja stahl sich mit der Ausrede davon, sein Schweigen sei taktischer Natur gewesen: Man habe schweigen müssen, um der Einheit nicht zu schaden.

Am 28. August erreichte mich ein Brief von Botho Strauß, der schwankt, ob er seinen Essay *Anschwellender Bocksgesang* für den von Ulrich und mir geplanten Sammelband bei Ullstein zur Verfügung stellen soll. »Ihr freundlicher Brief hat mich erneut nachdenklich gemacht« schreibt er. Er meint, was wir da planen, könnte allenfalls eine »Broschüre« werden, eine »verdickte Zeitung«. Er schlägt nun ein Treffen in seinem Haus in Grünheide in der Uckermark vor, das ich inzwischen fest vereinbart habe. Ich werde mit Ulrich am kommenden Dienstag dorthin reisen.

Am 25. August meldete *Bild*, dass EJ wegen eines Herzinfarkts im Sterben liege. Abends rief Hede Schirmer an und berichtete, der Meister sei soeben von Frau Jünger vom Krankenhaus abgeholt worden. Totgesagte leben länger.

*Berlin-Steglitz, 8. September 1993*
Am vergangenen Dienstag mit Ulrich zu Gast bei Botho Strauß, der ein Landhaus in Grünheide bei Prenzlau bewohnt. Es liegt auf einem Hügel mit weitem Blick über die Schorfheide. Fabelhaftes Gespräch, das von vier Uhr nachmittags bis nach Mitternacht dauerte, zum größten Teil im Haus. Zum Abendessen saßen wir im dörflichen Gasthaus. Ulrich erzählte lange von seiner Lebensgeschichte in der DDR, Strauß hörte aufmerksam, ja fasziniert zu. Ein Mann, der für seine Überzeugungen im Gefängnis büßte, ist für ihn ein Phänomen, das er so hautnah offenbar nicht kannte. Wir sprachen auch über meine Zeit als Golfkriegsreporter und vor allem über meine Beziehung zu Ernst Jünger. Strauß ist ein aufmerksamer und höflicher Zuhörer. Kein scheuer Eremit, wie sein Werk vermuten lässt. Ist lebhaft, erzählt selbst und lacht gerne. Das von Bäumen umgebene Haus hat er selbst gebaut; es ist recht nüchtern, mit großen Fenstern, die viel Licht hereinlassen, aber vor allem die üppige Natur hereinholen. Das Mobiliar minimalistisch; besonders überraschend das Kinderzimmer des Sohnes Simon: Ein schneeweiß getünchter Raum, in dessen Zentrum sich ein rotes Tipi befindet. Diese Familie kommt ganz ohne Ornament aus, alles ist Raum, Licht und frei flottierende Imagination.

Telefonierte mit Liselotte Jünger, die berichtete, dass EJ wegen des Zeckenbisses zehn Pfund an Gewicht verloren habe. Er sei schwach und könne uns derzeit nicht empfangen. Es reiche nur zu kleinen Gängen im Wilflinger Garten.

*Berlin-Steglitz, 19. September 1993*
Der Vertrag mit Ullstein zum Botho-Strauß-Buch ist abgeschlossen. Vorbereitungen für die Jünger-Festschrift; dazu Treffen mit Günter Figal in Stuttgart. Ob Propyläen oder Hanser – das ist noch offen. Gespräch mit Wulf Kirsten im Literaturhaus: er las aus seinem Gedichtband *Stimmenschotter*. Er will nun doch den Vertrag zum Weimar-Buch unterschreiben. Dafür sagte Kito Lorenc ab. Also keine sorbische Stimme. Brief von Dagny, die unter Melancholie und Selbstzweifeln leidet. Schöne Woche mit A. Es ist ein ständiges Auf und Ab.

*Nartum, 21. September 1993*
Besuch mit Ulrich Schacht bei Walter Kempowski. Sprachen über das neue kollektive Tagebuch *Echolot II*. Ich hatte vor fünf Jahren schon einmal über das Projekt geschrieben und sogar einen Kempowski-Vortrag darüber im *Rheinischen Merkur* abgedruckt. Kempowski montierte in *Echolot I* private, literarische, politische und militärische Aufzeichnungen aus den Monaten Dezember 1942 bis Januar 1943 zu einer eindrucksvollen Collage von rund 2000 Buchseiten. Darunter Erinnerungen von Mussolini, Hitler, Goebbels, Graf Ciano, Ernst Jünger, Thomas Mann. Ohne Computer, meinte Kempowski, wäre diese Mammutarbeit nicht zu bewältigen gewesen. WK sieht sein Oeuvre im Zusammenhang: die eigene familiäre Erinnerung, die Befragungsbücher (*Haben Sie Hitler gesehen?*) und jetzt die Erinnerungen von rund 800 Personen, die das *Kollektive Tagebuch* vereint.
Kempowski wirkte gebrechlich, mit Drei-Tage-Bart und schlurfendem Schritt. Doch im Gespräch konzentriert, seiner großen Leistung bewusst. Wir trafen vier (!) Stunden zu spät gegen 19 Uhr ein, speisten Gulasch mit Kartoffeln, den Frau Kempowski zubereitet hatte. Danach Apfelkuchen, Kaffee und Schnaps. Vier dicke Corgis schleppten sich durch das rundum verglaste Landhaus mit seinen endlosen Regalen, Palmkübeln, Musikinstrumenten, Rostock-Bildern und Mecklenburg-Stichen, Burgen unterm Glassturz, den stummen Dienern. WK sarkastisch wie immer, in

322

Gegenwart von Ulrich besonders aufgekratzt. Rückfahrt gegen 22 Uhr; vorher hatte uns der Hausherr im »Dichter-Turm« das Messingschildchen mit der Prägung »Heimo Schwilk« vorgeführt. Damit bin ich in die Artus-Runde der Poesie aufgenommen. Über das Buchprojekt *Mein Rostock* wurde nur am Rande gesprochen; wir entschieden über diverse Beiträge, die endgültige Liste komme später, meinte Kempowski, vielleicht schon im Oktober. Vormittags bei Herrn Schippmann in Rostock, um über das Manuskript zu sprechen, Fotos auszuwählen. Zweieinhalb Stunden konzentrierte Arbeit, Kaffee, dann eilig ab Richtung Hamburg.

Briefe an Botho Strauß und Martin Walser wegen des Sammelbandes, der um den *Bocksgesang* herum komponiert werden soll. Dazu auch Telefonate mit Axel Matthes und Volker Hage. Letzterer könnte sich vorstellen, den Band bei Rowohlt herauszubringen; immerhin ist der Strauß-Text zuerst im *Spiegel* erschienen.

*Berlin-Steglitz, 23. September 1993*
Telefonierte mit Ernst Jünger. Er hörte sich rüstig an, will aber derzeit keinen Besucher empfangen. Zur Kritik von Rudolf Augstein im *Spiegel* an *Siebzig verweht* meinte er, das sei doch »glimpflich« abgelaufen. Bedankte sich für den Vorabdruck in der *Welt am Sonntag* vom 12.9. Briefe von Uwe Wolff und Wolfgang Winkel mit viel Aufmunterung. Und von Wolfgang wie immer ein Gedicht.

*Stuttgart, 26. September 1993*
Drei Tage in meiner Geburtsstadt. Vortrag vor Nachwuchsjournalisten in Leonberg. Themen: Die Hürden des journalistischen Werdegangs am Beispiel meiner freien Tätigkeit für die *Esslinger* und *Stuttgarter Zeitung*, die Zeit beim *Rheinischen Merkur* in Bonn, bei der *Welt am Sonntag* in Berlin, die Golf-Berichterstattung. Rund 30 Zuhörer im Alter zwischen 20 und 25 Jahren, die andächtig lauschten, Fragen stellten. Las auch aus meinem Golfkriegsbuch *Was man uns verschwieg*.

*Stuttgart-Sillenbuch, 27. September*
Sonntags bei Günter Figal in Sillenbuch, um über die Konzeption der Jünger-Festschrift zu sprechen. Waren uns einig, das Exposé erst einmal Hanser anzubieten. Günter Figal zählte eine Reihe von Philosophen – Robert Spaemann, Hermann Lübbe, Franco Volpi, François Fédier – auf, die er für den Band gewinnen könnte. Mit meinen Kandidaten kamen wir auf 32 Beiträger. Allgemeine Plauderei über EJ, diverse Buchprojekte, über die Kultur Japans, die philosophische Dimension des Haiku, die Holzschnitzkunst von Utamaro, Hiroshige und Hokusai. Im Haus musisch angehauchte Atmosphäre. An den Wänden einige Chagall-Lithografien, Janssen-Zeichnungen, japanische Holzschnitte. GF ist sehr produktiv, gründlicher Essayist; publiziert viel bei Metzler und gibt dort auch eine philosophische Zeitschrift heraus. Brachte ihm ein grünes Exemplar des *Perennierenden Gartenkalenders* mit, von Jünger signiert. Er revanchierte sich mit dem Band *Selbstverständnisse der Moderne*, den er bei Metzler herausgegeben hat. Darin ein sehr guter Beitrag von Rolf Peter Sieferle über den *Arbeiter*.

Rückflug nach Berlin. Liebevoller Empfang der Meinen in Tegel. Anruf von Gerald Zschorsch, der am 18. Oktober nach Berlin kommt. Er will einen Abend mit Friedrich Dieckmann und Einar Schleef arrangieren.

*Berlin, 29. September 1993*
Gestern Interview mit Richard Schröder, Ex-Minister der letzten DDR-Regierung. Jetzt Professor für Philosophie und Systematische Theologie an der Humboldt Universität. Er arbeitete am Grundsatzprogramm der Ost-SPD mit und führte die SPD-Fraktion in der DDR-Volkskammer. Wir speisten im Club und führten dann ein zweistündiges Gespräch über Versäumnisse, Fehler und Erfolge der Wiedervereinigung. Schröder hat zu allem gute und gründliche An- und Einsichten, ein gemütlich-korrekter Mensch. Den Ausstieg aus der Planwirtschaft, räumt er ein, hätten viele unterschätzt, auch er. Ohne hohe Arbeitslosigkeit

und ohne Schließung vieler Betriebe hätte dieser Prozess nicht ablaufen können. Die Rolle der Treuhand würde von heute aus zu negativ bewertet. Bei der Rückübertragung von Immobilieneigentum seien allerdings »falsche Prioritäten gesetzt worden«. Das würde bis heute die Ansiedlung von Betrieben blockieren. Was die Aufarbeitung der DDR-Geschichte betrifft, besonders die juristische, erwartet Richard Schröder nicht allzuviel. Der Rechtsstaat spreche ja im Zweifel immer für den Angeklagten. Es sei gut, dass nicht nur die Mauerschützen verurteilt würden, sondern endlich auch die Anstifter. Bei der Überprüfung der Eignung für den öffentlichen Dienst müsse man nicht nur die Verstrickung in die Diktatur, sondern auch die fachliche Eignung berücksichtigen. Beim Thema »deutscher Sonderweg« kommt Schröder in Fahrt. Er rede statt über deutsche Tugenden lieber über »deutsche Macken«. Dazu gehöre »die Flucht vor der Realität, eine Nation zu sein«. Entweder hielten es die Deutschen mit dem Menschheitspathos oder dem Nationalismus.

Was Richard Schröder zu deutscher Identität und vor allem zur Vergangenheitsbewältigung sagte (»Wir brauchen endlich deutsche Normalität«), kann auch ich unterschreiben. Er plädiere dafür, dass man sich an den Realitäten orientiert: »Wenn jemand Zweifel hat, ob es nötig ist, dass wir uns als Nation verstehen, dann kann man ihm nur sagen: ›Geh mal nach Italien, geh mal nach den USA und sag mal dort ›Ich will nicht Deutscher sein, ich bin Europäer‹, da sagen die: Der spinnt! Natürlich bist du Deutscher.« Es sei auch absurd, der Vergangenheit entfliehen zu wollen, indem man sagt: »Ich bin Deutscher und Auschwitz war eine Lüge.« Man sei leider jahrhundertelang eine Nation »nur in der Idee« gewesen, und das Bismarckreich sei »mit Blut und Eisen erzeugt« worden. Jetzt habe man sich aber mit den Nachbarn und den Siegermächten friedlich geeinigt, »und mit der Vereinigung Deutschlands ist uns kein Paket aus Ressentiments in die Wiege gelegt worden«.

Wichtig sei ihm auch, dass man mit dem Versprechen, Bonn sei nur ein Provisorium und die künftige Hauptstadt des wiedervereinten Landes müsse Berlin sein, endlich ernst mache. Denn Berlin sei »die deutsche Einigung en miniature«. Bonner Lokalinteressen dürften nicht dazu führen, dass der Umzug immer weiter hinausgeschoben werde. Vielleicht sogar bei manchen mit der Erwartung, dass er am Ende überhaupt nicht mehr stattfinde.

*Berlin, 10. Oktober 1993*
Drei Ereignisse bestimmten die zurückliegenden Tage: die Feier zum Tag der deutschen Einheit, die Frankfurter Buchmesse und eine Podiumsdiskussion zum Thema »Nation«. Veranstaltet durch die von Richard Schröder und der Publizistin Marie-Luise Weinberger ins Leben gerufene »Werkstatt Deutschland«. Zusammen mit Ansgar Graw übernahm ich die Moderation. Auf dem Podium im mit 150 Zuhörern gefüllten Kammermusiksaal im Schauspielhaus am Gendarmenmarkt saßen die Historiker Peter Brandt und Florian Huber, die Publizisten Alfred Mechtersheimer, Friedrich Dieckmann, Wolfgang Templin, Ulrich Schacht sowie der frühere Kulturminister der DDR, Hans Bentzin. Einen Schlagabtausch lieferten sich vor allem Ulrich und Dieckmann, meist im Zusammenhang der Lebenslügen der DDR und ihrem antifaschistischen Gründungsmythos.

In der letzten Stunde beteiligte sich das Publikum, auch Serge. Er sagte unwidersprochen: »Für uns Franzosen war die Bevölkerung der DDR nie ein Volk.« Protest erntete Ulrich mit der Aussage: »Die DDR ist sang- und klanglos untergegangen.« Ich setze noch eins drauf und sagte, ein wenig unmoderat, »hoffentlich spurlos«. Am Protest zeigte sich, dass einige Ost-Berliner im Saal waren. Anschließend ins Borchardt zum Abendessen. Die Freunde vereint: Uwe Grewe, Serge Mangin, Ansgar Graw, Hans-Ulrich Pieper, Ulrich Schacht.

In Frankfurt traf ich am Stand vom *Rheinischen Merkur* meinen Nachfolger Ulrich Baron, bei Klett-Cotta Andreas Nentwich. Dann zu Ullstein und Herbert Fleissner; dort Thomas Günther, Ulrich Schacht, Gerald Zschorsch und Gefährtin Anke, Rainer

Zitelmann, Christian Striefler und Karlheinz Weißmann. Von dort zum Abendessen mit Ullstein-Autoren, darunter Arno Surminski (*Kein schöner Land*) und Ephraim Kishon, der launige Anekdoten erzählte. Herbert Fleissner stellte Ulrich und mich als Autor und Herausgeber der Buchreihe *Dichter sehen ihre Stadt* vor. Am DVA-Stand hockten wir mit Frank Schirrmacher, Jens Jessen und Joachim Fest zusammen. Thema des Abends: Die Anti-Heitmann-Kampagne; am Nebentisch hörte die Publizistin Margarita Mathiopoulos mit, Ehefrau von Friedbert Pflüger. Er hatte in der *Zeit* gegen den sächsischen Kandidaten für das Amt des Bundespräsidenten polemisiert. Marcel Reich-Ranicki begrüßte mich mit den rätselhaften Worten: »Mein Lieber – Sie sind tatsächlich schlank geworden.«

Peter Scholl-Latour, dem sein Verlag ein Vorwort zu meinem Golfkriegsbuch verboten hatte, Autor Wolfgang Leonhardt und *SWF*-Intendant Voß konferierten am Nachbartisch. Betrunkene Lektoren und Verleger sangen zu vorgerückter Stunde *Auferstanden aus Ruinen*, Lektorinnen gurrten um die Tische herum. Ihr Thema nicht Karriere, sondern Kinder. Als ich Bildchen von Laura und Lina zeigte, Entzückensschreie. Gegen drei Uhr mit zu viel Wein zurück ins Steigenberger.

*Berlin, 13. Oktober 1993*
Gestern Abend beim »Dienstagsgespräch« mit Hans-Ulrich Pieper im Hilton am Gendarmenmarkt. Zu Gast: PLO-Botschafter Abdallah Frangi, der eine Ära des Friedens herbeiredete. Zum einen beschwor er die Demokratie, für die die PLO eintrete; zum anderen betonte er den hohen Mobilisierungsgrad seiner Organisation. Ihre Kader seien in den letzten dreißig Jahren »geschult« worden und bereit zur Regierung von Palästina. Viel Zweckoptimismus des designierten »Außenministers«, der bald nach Jericho ziehen möchte. Militanz und Korruption der PLO wurden, trotz kritischer Zwischenfragen, auch von meiner Seite, nicht thematisiert.

*Berlin, 17. Oktober 1993*
Zu Gast bei Thomas Platt und Julius Grützke, Sohn des Berliner Malers Johannes Grützke. Gut gegessen, dazu Trollingerwein. Aus der belanglosen Plauderei wurde Ernst, als wir zum Thema »Asyl« kamen. Eine blonde Buchhändlerin, 26, die in einem jüdischen Buchladen arbeitet, meinte: »Wir müssen uns vermischen, deutsche Frauen sollten sich von Ausländern ficken lassen.« Astrid entsetzt. Diese Leute sind Nationalmasochisten, Selbsthasser. Seitenverkehrte Rassisten. Mit wem man schläft, hängt ja nun wirklich nicht von der Bevölkerungsplanung ab.

*Berlin, 21. Oktober 1993*
Heute kam die Absage des Hanser Verlages, der die Jünger-Festschrift doch nicht herausbringen will. Michael Krüger sagte, man wolle stattdessen einen Band zum 90. Geburtstag von Elias Canetti publizieren. Jetzt muss Michael Klett entscheiden. Via Ulrich erfuhr ich von dem Gerücht, Richard von Weizsäcker solle Herausgeber der *Welt* werden. Wir hoffen, dass der Kelch an uns vorübergeht.

*Berlin, 24. Oktober 1993*
Zum Geburtstag eine Reihe von Gästen in der Borstellstraße: Serge Mangin, Jürgen Hultenreich mit Malerfreundin Dinah Busse, die mir eine Radierung als Präsent mitbrachte, Bernd Hiepe, Rainer Zitelmann mit Gelegenheitspartnerin, einer Stewardess, und schließlich Thomas Platt, der »Berlin-Verführer« da solo. Vor dem Kamin Gespräche über die Kulturgeschichte Berlins, Oswald Spengler (*Jahre der Entscheidung*), die aktuelle Politik sowie Rainer Zitelmanns und Thomas Platts Prägung durch den Maoismus. Für mich kein Umweg, sondern ein Irrweg. Ein *sacrificium intellektuale*. Die Ablehnung von Serges Freiheitsstatue für Leipzig empörte. Wein, Käse, Wiener Würstchen, Mozzarella. Um 1.30 gingen die letzten Gäste; mit Serge Nachtgespräch, auch über Familiäres. Er riet mir, Senecas *Über den Zorn* zu lesen.

328

Gestern Telefonat mit Wolfschlugen; Papa sandte mir ein Paket mit italienischem Wein (»Cabolani«) und einen indischen Buddha aus dem 19. Jahrhundert. Von Serge ein bronzenes Kriegerpaar, Bernd Hiepe brachte skurrile DDR-Fotos und das Buch *Jazz* der Nobelpreisträgerin Toni Morrison mit, Thomas Platt schenkte mir eine Nonsens-CD und ein eigenes Kinderbuch. Dagny am Telefon aufgeräumt. Ist sie über den Berg? Ich würde es ihr – und uns – wünschen. Rainer Zitelmann immer anhänglicher. Er ist trotz seiner kalten Zielstrebigkeit und seinem Russinnen-Tick der Freundschaft bedürftig.

*Berlin, 25. Oktober 1993*
In der Redaktion ein Geburtstagspaket von Ulrich. Es enthielt den Band von Ricarda Huch *Im Alten Reich* mit großartigen Städteporträts, darunter auch von Esslingen und dem Kloster Maulbronn. Ein letzter Blick auf Deutschland vor dem Feuersturm. Am Abend zur Lesung von Lutz Rathenow in der »Autorenbuchhandlung«; mittelmäßige Gedichte, schwache Prosatexte. Traf dort auch den immer gutgelaunten Siegmar Faust, der mir eine »Historia von Siegmar Faustus« überreichte, »wie er sich gegen den realexistierenden Sozialismus auf eine benannte Zeit verschrieben/Was er hierzwischen für seltsame Abenteuer gesehen/selbst angerichtet und getrieben/bis er endlich seinen wohlverdienten Lohn empfangen. Mehrerteils aus seinen Stasi-Akten zusammengetragen/Allen lebenslustigen, begabten und freiheitsliebenden Individuen zum schrecklichen Beispiel/abscheulichen Exempel und treuherziger Warnung zusammengezogen und der Öffentlichkeit anvertraut«.

*Berlin, 28. Oktober 1993*
Heute wurde Manfred Geist als Redaktionsdirektor, zuständig für *Welt* und *Welt am Sonntag*, inthronisiert. Er rief mich spät abends aus seinem Berliner Hotel an, um über die Vorstandssitzung zu berichten. Er zählt mich zum inneren Führungskreis und erwartet Loyalität, stellt aber auch Aufstiegsmöglichkei-

ten in Aussicht. So funktioniert das Gewerbe. Ich habe das Gefühl, er ist unsicher und wünscht sich eine verlässliche Berliner Prätorianergarde. Gespannt, in welche Funktion ich einrücken soll.

*Berlin, 31. Oktober 1993*

Laura plappert jetzt munter drauflos und wir sind alle sehr verliebt in sie. Sie hat Charakter, Humor, Gemüt, Wille – ein Kind der Liebe. Spät auf, Frühstück. Laura, Laura, Laura. Lina sehr anhänglich. Sie scheint keine Eifersucht auf die Kleine zu haben. Mit der U-Bahn zum Flohmarkt am Charlottenburger Tor. Dort gibt es Textilien, Holzarbeiten, Schmuck, Porzellan, Schallplatten, Spielzeug, Bilder, Bücher. Dieses alte Zeug strahlt Ruhe und handwerkliche Gediegenheit aus, gespeicherte Zeit. Das spüren auch die Kinder. Wir fühlten uns wohl und promenierten zwei Stunden lang im Gedränge an den Ständen vorbei. Wir kauften alte Puppen und ein paar Schallplatten.

*Berlin, 14. November 1993*

Am Mittwoch mit Manfred Geist und Claus Jacobi Abendessen im »Borbone« am Savigny-Platz. Einigte mich mit Geist, bevor Jacobi im Restaurant auftauchte, dass ich im kommenden Jahr die Leitung der *Welt*-Kultur übernehme – möglichst als stellvertretender Chefredakteur. Wir leerten drei Flaschen Rotwein, zuerst Cabernet, dann einen viel besseren Barolo. Dann lauschte ich einem längeren Gespräch der beiden über die Vorgänge in Vorstand und Aufsichtsrat bei Springer. Das Politbüro in Agonie. Dann plauderten wir über die Lage in den neuen Ländern, Steffen Heitmann, Kohls Wahlchancen 1994, die MG hoch einschätzt. Schon wegen der langen Kette von Landtagswahlen, die seine Politik seit 1990 bestätigen dürften. Gegen Mitternacht geriet ich noch mit Jacobi aneinander, der Kempowskis *Echolot* als »unwissenschaftlich« bezeichnete. Ich hielt dagegen und lobte Kempowskis kluge Kompilation, die die Gleichzeitigkeit des Ungleichzeitigen, letztlich die Amoralität der Geschichte dokumentiere. Gestern dann eine hymnische Besprechung in der *FAZ* von Frank Schirrmacher. Er qualifiziert das *Echolot* als »eine der größten Leistungen der Literatur unseres Jahrhunderts«.

*Berlin, 30. November 1993*
Am Wochenende Besuch von Jaakob, ein treuherziger, gerader Kerl. Jaakob wird Uwe äußerlich immer ähnlicher, doch unterscheidet er sich doch deutlich im Charakter, ist ausgeglichener, umgänglicher, geduldiger. Zu Recht hat ihm Uwe sein Engelbuch gewidmet. Mit Laura verstand er sich gut, ließ sich manche Keckheit des Dämchens gefallen. Laura spürte schnell, dass er sie mag und zeigte sich öfters kokett.

*Berlin-Steglitz, 3. Januar 1994*
Telefonate mit Hans-Jürgen Syberberg und Rüdiger Safranski wegen des *Bocksgesang*-Bandes. Weitere Briefe, damit der Ullstein Verlag die Autoren-Verträge abschließen kann. Es sollen rund 25 Beiträge werden. Der Sammelband wird im September erscheinen. Von Nolte bis Syberberg: Fast alle Nationalkonservative dieses Landes, die Rang und Namen haben. Auf das Cover setzen wir ein Foto von Serge Mangins Skulptur *Polemos*, ein Kriegerpaar mit offensiv vorgerecktem Schild.

*Berlin, 17. Januar 1994*
Die ersten Wochen des neuen Jahres turbulent, vor allem konturiert sich mein Engagement bei der *Welt*. Mehrfach mit Ulrich und RZ mit Manfred Geist über die Neukonzeption konferiert. Was wir wollen: Wertkonservative Profilierung, vor allem auf der Ebene von Meinung und Kultur; dazu vermehrt investigativer Journalismus, der keine Gesinnung lanciert, sondern auf Fakten schaut. Auch ein klarer Kurs gegen die Political Correctness, die Missstände wegzureden versucht. Ralf Georg Reuth soll von der *FAZ* zu uns stoßen, um dem Politikressort mehr intellektuelle Kompetenz zu vermitteln. Als Historiker wird er zusätzlich die

Kultur verstärken. Ende des Monats steht mein entscheidendes Gespräch mit Günter Prinz, dem Vorstandsvorsitzenden von Springer, an. Danach wollen wir eine Reihe von Planstellen neu besetzen. Eine *echte* konservative Revolution.

*Berlin-Steglitz, 31. Januar 1994*
Morgen mein Wechsel von der *Welt am Sonntag* zur *Welt*; gemischte Gefühle. Am Mittwoch Gespräch mit dem Vorstandsvorsitzenden Günter Prinz über meine konkrete Verwendung: Feuilletonchef, stellvertretender Chefredakteur etc. Auch Ulrich Schacht ist als Chefreporter Kultur mit von der Partie, weitere Confratres sollen folgen. Astrid ist schwanger – eine frohe Botschaft, die uns über den Abgrund an Boshaftigkeit, Zank und Missgunst hinweghilft, in dem wir zuletzt gefangen waren. Ob es diesmal ein Junge wird? Wir wünschen es uns.

Mit Lutz Rathenow in Jena; dort traf ich auch Günter Zehm, der an der Philosophischen Fakultät lehrt. Er hielt eine Vorlesung über »Das Böse«; diesmal über Schopenhauers Willensmetaphysik und Nietzsches Moralkritik. Mit Lutz beim Bürgermeister, der uns die Kommunalpolitik erklärte. Danach auf den Spuren von Lutz Rathenows Engagement in der Jenaer Bürgerrechtsbewegung. Ulrich widmete mir eines seiner Venedig-Gedichte:

SAN MICHELE
*für Heimo Schwilk*

Lorbeer, gebrochener
duftet das Licht, über
Mauern und Marmor, im
Meer, wächst die

Stille: Du
hörst deinen
Namen. Du suchst
ihn vergebens. Langsam

332

verblassen die
Säume aller
Gezeiten.

*Berlin-Steglitz, 9. Februar 1994*
Vorarbeiten für den *Bocksgesang*-Sammelband. Telefonat mit
Wolfgang Mattheuer, der über das »ostdeutsche Erbe« schreiben
will. Auch Steffen Heitmann will sich beteiligen. Weiter Streit um
das Eingreifen der Nato in Sarajewo. Herbert Wehner schaltet
sich in den Vorwahlkampf ein. Ulrich und ich haben einiges über
seine SED-Kontakte in petto. Astrid mit den Kindern bei ihren
Eltern in Bonn. Sie wollen dort Karneval feiern und Verwandte
besuchen.

*Berlin, 13. Februar 1994*
Frühstück mit Heinz Klaus Mertes von *Sat.1*. Besprach mit ihm
das Projekt einer Jünger-Dokumentation zum 100. Geburtstag.
Mertes möchte rasch ein Exposé, um ein Gespräch mit Felix
Schmidt vorzubereiten, der den Film produzieren soll. Briefe von
Ernst Jünger und Hans Blumenberg wegen Film und Festschrift.
Blumenberg überlegt noch, ob er sich an letzterer beteiligen soll.

*Bonn, 16. Februar 1994*
Treffen mit Günther Deschner und Wolfgang Bergsdorf wegen
des *Sat.1*-Filmprojekts. Wir speisten im »Friesdorfer Hof«. B. will
Mittel bereitstellen und sichert eine Übernahme der Dokumentation ins CDU-Bildungsprogramm zu. Dabei sprachen wir auch
über das Amt des Chefredakteurs beim *Rheinischen Merkur*, das
zur Jahreswende frei wird. Thomas Kielinger, den ich in der Redaktion traf, will mich als Kandidaten vorschlagen. Er meinte,
fünf Jahre beim *RM* in Bonn könnten mir nicht schaden. Gespräche in der *RM*-Villa auch mit Wolf Schön und Günter Engelhardt,
die sich gar nicht verändert haben. Der eine zynisch wie immer,
der andere »leidend«. TK meinte, ich solle als Chefredakteur –
bitte! – die beiden sofort entlassen.

*Berlin-Steglitz, 19. Februar 1994*
Telefonat mit den Jüngers, die beide frisch und munter wirkten. Sie haben unsere Venedig-Karte erhalten. Wir sprachen über einen Vorabdruck des Nihilismus-Aufsatzes in der *Welt* und den Film zum Hundertsten. Zu hören war, dass Rolf Hochhuth ebenfalls in Wilflingen vorstellig wurde. Er bot im Auftrag des *ZDF* 35 000 Mark Honorar. Ich sagte, *Sat.1* wollte die Dokumentation unbedingt machen und hätte mit einem deutlich höheren Honorar sicher kein Problem. »Mir zuliebe«, meinte Frau Jünger, sei man geneigt, das *Sat.1*-Angebot anzunehmen. Aber letztlich entscheide ihr Mann. Dann plauderte ich noch ein paar Minuten mit dem »Stierlein« über die Familie und Astrids Schwangerschaft. Ich solle mich mehr um meine Frau kümmern und nicht so viel in der Welt umherreisen, mahnte sie.

*Berlin, 21. März 1994*
Vier Wochen, in der sich die *Welt* veränderte – oder auch nicht. Im ersten Anlauf gescheitert, könnte man sagen. Am Dienstag trat ich vom Amt des Kulturchefs zurück, nach einer öffentlichen Kampagne, mit der Ulrich, Rainer und ich als »Rechtsextreme« abgestempelt wurden, teils aus dem Blatt heraus. *Zeit*, *FR*, *SZ*, *taz* und *Spiegel* inszenierten den Rufmord mit Unterstützung von missgünstigen *Welt*-Redakteuren und Rolf Hochhuth, der Material, u.a. meine Briefe an ihn, dem *Spiegel* zuspielte. Alles nachzulesen in der *taz*, die genüsslich über *Welt*-Interna berichtete. Ich soll zu den Redakteuren gesagt haben: »Das ist der Aufstand des Schlammes gegen den Berg« und zu Hochhuth: »Kommen Sie mir doch nicht dauernd mit diesen alten Männern, die interessieren hier ebensowenig wie die zwei noch amtierenden Chefredakteure.« Ulrich bekannte sich stolz zum ersten Statement, das er tatsächlich *Welt*-Redakteuren an den Kopf geknallt hatte, als sie seine Kompetenz als Chefreporter in Frage stellten.

Die publizistische Kampagne ist eine perfide Mischung aus Halbwahrheiten, Lügen, Spekulationen. In einer »Ehrenerklärung« hielten u.a. Brigitte Seebacher-Brandt, Arnulf Baring, Mi-

334

chael Wolffsohn, Sarah Kirsch, Walter Kempowski und Hans Joachim Schädlich dagegen. Eigentlicher Auslöser für meinen Rücktritt war aber nicht diese Denunziationskampagne, sondern Astrids Einlieferung ins Krankenhaus wegen starker Blutungen. »Ich verliere mein Kind!«, schluchzte sie am Telefon. Am Nachmittag gab ich dann mein *Welt*-Amt auf, das das Sprungsbrett sein sollte für die Chefredaktion.

Die zurückliegenden Wochen waren lehrreich; ich habe viel über die Miserabilität des Menschen gelernt, über das Böse, das sich als Gutes maskiert. Erstmals das Paria-Gefühl am eigenen Leib gespürt, »Minderheit« und »Hassobjekt« zu sein. Vielleicht waren wir unserer Sache zu sicher, wahrscheinlich hat das Gemeinschaftsgefühl uns dazu verführt, die Gegner nicht ernst zu nehmen. Wir haben den Widerstand gegen die intellektuelle Wende in der Redaktion, aber auch Manfred Geists Opportunismus unterschätzt. Ärgerlich nur, dass die Lemuren triumphieren, die Minderbegabten, die Zeitgeist-Ritter von der traurigen Gestalt.

*Berlin, 29. März 1994*
Ernst Jünger 99 Jahre alt. Die Jüngers flüchteten sich zu den Deventers nach München. Die *FAZ* brachte einen Jünger-Brief zum Tode von Henri Thomas. Dazu einen Traum, der (zufällig?) in Steglitz spielt. Treibjagd gegen Frank Schirrmacher, der sich gegen Bubis' Verleumdungen wehrt. Imre Kertész hat recht: Ein neuer Antisemitismus wird sich in Deutschland auch deshalb herausbilden, weil er von interessierter Seite gewünscht & gezüchtet wird. Zu viele Leute mästen sich am Geschäft der Anbräunung.

*Berlin-Steglitz, 31. März 1994*
Die Antifa läuft Sturm: Nach dem Lübecker Synagogen-Brand werden auf allen Kanälen »geistige Brandstifter« namhaft gemacht: Botho Strauß, Ernst Nolte, Rainer Zitelmann, Franz Schönhuber, Will Tremper etc. Die *taz* meldet triumphierend, dass Ulrich

Schacht von der *Welt* zur *Welt am Sonntag* »zurückdelegiert« worden sei, »die Redaktion atmet auf«. Man ist stolz auf das eigene Werk, die Verhinderung eines »Rechtsrucks« bei Springer. Dabei wird von diesem Rechtsruck seit Jahrzehnten gefaselt; schon Axel Springer schmähte man als »Brandenburger Tor«, dessen Glaube an die deutsche Einheit man heruntermachte. Nun ist der große Verleger von der Geschichte bestätigt worden, und die Achtundsechziger machen den Versuch eines Rollbacks, malen einen neuen Nationalismus an die Wand, um als Kassandra irgendwie doch recht zu behalten. Popanz dabei sind Schacht, Schwilk und Zitelmann, in denen neu-altes Unheil auferstanden ist.

Heute mal wirklich mit dem Kopf durch die Wand. Beim Joggen rannte ich gegen die gläserne Seitenwand eines Bushäuschens. Über die belebte Kreuzung an der Ecke Halske-/Albrechtstraße – und Krach! Rammte das Glas mit Kopf, Brust und Knie. Saß in einem Meer von Splittern mit pochender Stirn, Blut am Unterarm. Eine auf den Bus wartende Dame legte ihren Arm und mich, ich fragte: »Ist mein Gesicht in Ordnung? Sehen Sie was?« Tatsächlich: Keine Blessuren, ein kleines Wunder. Dann kam die Feuerwehr und brachte mich ins Klinikum Steglitz, wo man ein paar kleine Splitter aus dem Knie zog. Astrid und Lina holten mich ab.

*Berlin, 5. April 1994*

Ignatz Bubis echauffiert sich, Lamento über die »Nationalisten« von Enzensberger bis Strauß. Telefonat mit RZ, der optimistisch ist und voraussagt, dass Ende April »die Wende« kommt. Er las mir aus Briefen Trempers an Vorstandschef Günter Prinz vor und aus dessen Briefen an Michel Friedman. Meine Skepsis gegenüber Manfred Geist bleibt. Ein Konservativer, der sein Mäntelchen in den Wind hängt.

*Berlin, 14. April 1994*

Gestern in der *FAZ* ein Beitrag über die »Geistige Welt«, in dem Zitelmanns Wirken und unser Rückzug aus der *Welt* kommen-

336

tiert wird. Der Vorwurf des Autors läuft darauf hinaus, RZ betreibe in der »Geistigen Welt« die Abwendung vom »Liberalismus des Westens«. Dabei ist Zitelmann ein glühender Anhänger des Wirtschaftsliberalismus und FDP-Sympathisant! Man schreibt beim *Spiegel* und der *taz* ab und erspart sich so das Lesen von Zitelmanns *Welt*-Beiträgen und seiner Bücher. Richtig ist allein die Feststellung, RZ bemühe sich, linke und rechte Intellektuelle zusammenzubringen. Unsere wertkonservativen Grundhaltungen werden überhaupt nicht wahrgenommen; aber aus ihnen erklärt sich die Solidarität von Leuten wie Arnulf Baring, Brigitte Seebacher-Brandt, Hans-Peter Schwarz, Michael Wolffsohn. Ulrich arbeitet im Auftrag von Frank Schirrmacher an einer persönlichen Gegendarstellung in der *FAZ*. Schirrmacher steht ebenfalls unter Beschuss – im eigenen Blatt.

Am Dienstagabend Gespräch mit Manfred Geist über die Lage in der *Welt*. Er teilte mir mit, dass Vorstandschef Günter Prinz sein Versprechen, mich zum stellvertretenden Chefredakteur zu machen, nicht einhalten wolle. Er klang sehr resignativ, verstand die Unterredung aber als eine Art Befreiungsschlag. Denn er will mit der gescheiterten *Welt*-Truppe unbedingt in der *Welt am Sonntag* weitermachen. Geist spielte kurz auf den Chefredakteursposten beim *Rheinischen Merkur* an, um sogleich zu versichern, ich könne natürlich solange »an Bord«bleiben, wie ich wolle. Am Ende bot er mir überraschend den stellvertretenden Chefredakteur bei der *Welt am Sonntag* an! Gestern dann sein Anruf: Er habe bereits mit dem amtierenden *WamS*-Chefredakteur Günter Bödekker gesprochen. Der zeige sich »sehr interessiert«. Wieder eine Nebelkerze? Nächste Woche ist Thomas Kielinger in Berlin, um über ein Engagement als London-Korrespondent mit dem Verlagsgeschäftsführer zu sprechen. Das Karussell dreht sich immer weiter.

Brief von Gerd Bergfleth, der seinen Beitrag für den *Bocksgesang*-Band absagte. Er befürchtet, seine Herausgeberschaft der Werke von Georges Bataille zu verlieren. Ulrich spricht angesichts solcher Zustände von der Bundesrepublik als einer »DDR light«. Serbische Offensive im bosnischen Gorazde; die Welt redet und redet, schaut zu statt zu handeln. Ekel. Aufmunternde Telefonate mit Gerd Bergfleth, Alfred Mechtersheimer, Brigitte Seebacher-Brandt. Nächste Woche sollen alle Beiträge vorliegen.

Im Kino Chabrols Film *Die Hölle* über die pathologische Eifersucht eines jungen Ehemannes. Dem Film fehlt das Klima des Ungewissen, Offenen. Man weiß von Anfang an, dass der Protagonist seelisch krank ist, spinnt. Alles läuft auf die Zerrüttung zu. Dabei ist das Leben viel komplizierter, komplexer, letztlich tragisch. Die Motive verwickeln sich, aus Recht wird Unrecht und umgekehrt. Am Ende sind beide schuldig.

*Berlin, 10. Mai 1994*

Heute gab Geist den Abgang von RZ als Chef der »Geistigen Welt« bekannt. Das schmutzige Spiel ist zu Ende. Ulrich schrieb einen fulminanten Text für die *FAZ*-Serie *What's right*. Heute kamen endlich die Beiträge von Brigitte Seebacher-Brandt und Gerd Bergfleth.

*Hamburg, 27. Mai 1994*

Seit Dienstag bei Ulrich, um das Manuskript der *Selbstbewussten Nation* für den Satz fertig zu machen. Die Entscheidung über meine journalistische Zukunft ist gefallen: Ich werde Mitte Juni hier in der Zentralredaktion als designierter stellvertretender Chefredakteur anfangen. Vorgestern Gespräch mit einem Dr. Richter aus dem Springer-Vorstand, der 1996 zum Vorstandsvorsitzenden berufen wird. Am 1.1.1995 soll ich nach halbjähriger Einarbeitung das Amt antreten. Das würde bedeuten, dass die Familie von Berlin nach Hamburg wechselt. Astrid gar nicht abgeneigt. Sie ist mit Berlin nie warm geworden. Aber auch hier gilt das Benn-Wort: »Meinen Sie Zürich zum Beispiel sei eine tiefere Stadt, wo man Wunder und Weihen immer zum Inhalt hat?«

*Hamburg, 1. Juni 1994*

Geist will mir keinen Vorvertrag für die neue Stelle geben. Dafür eine Absichtserklärung des Vorstands. Astrid rät, den Vorschlag

338

anzunehmen. Sie will unbedingt weg aus Berlin. Ich könnte mir zwei weitere Jahre hier vorstellen. Eine Zwickmühle. Heute das Manuskript der *Selbstbewussten Nation* bei Ullstein abgeliefert. Noch stehen das Vorwort und mein Schmerz-Essay aus. Absagen von Joachim Fest, Wolf Jobst Siedler und Karl Heinz Bohrer zur Jünger-Festschrift.

*Hamburg, 25. Juni 1994*

Seit Mittwoch in Hamburg. Fand sogleich ein schönes Apartment in der Milchstraße unweit der Binnenalster. Villa mit prächtigem Jugendstil-Treppenhaus, Buntglasfenstern, Paneelen, schmiedeeisernem Geländer, Stuck. Heute erstmals bei der Produktion am Chefredaktionsdesk mitgearbeitet. Musste allerdings meinen Kommentar zum Thema »Helmut Kohl und der Patriotismus« entschärfen, sein Europa-Engagement ins rechte Licht rücken. Das fängt gut an… Man erwartet von mir, dass ich eine Weile Kreide fresse.

Gestern Abend Spaziergang hinunter zur Alster, an den weißen Villen vorbei. Godesberg-Gefühl. In der Redaktion empfing man mich eher störrisch, ich bin ein »intruder«, der Hoffnungen von Kollegen auf ihren vor Ort erarbeiteten Aufstieg zerstört. Da ich Geists Wankelmut kenne, wachsende Skepsis. Vermisse die Wärme der Familie. Lese viel, unter anderem Rüdigers Heidegger-Biografie. Meinen Essay abgeschlossen; das Buch jetzt in Satz.

*Berlin, 4. Juli 1994*

Am Zossener See mit Astrid, Lina und Laura. Große Harmonie. Die Familie hat etwas Sakrales. Knapp zwei Wochen meines Hamburg-Engagements sind vorbei, es läuft ordentlich. Heute ist der Beitrag von Rüdiger Safranski eingetroffen. Sein Essay kreist um den »Willen zum Glauben«. Christus als lebendige Gegenwart sei in der sich selbstbespiegelnden Moderne nicht mehr erfahrbar. Die aufgeklärte Religionskritik mache die Religion zum Sozialtherapeutikum. Es drohe »eine unheilvolle Verquickung von Religion und Politik«. Der Publizist Carl Christian Bry habe schon in den Zwanzigerjahren in seinem Buch *Verkappte Religionen* das Aufkommen sektiererischer Bewegungen konstatiert, die mit ihren Erlösungsversprechungen auf die Bühne des Politischen drängten. Dazu habe auch der Nationalsozialismus gehört.

Rüdiger macht den Unterschied dieser politisch-religiösen Bewegungen zu echter religiöser Erfahrung deutlich; wahre Religion erziehe zur Ehrfurcht vor dem Unerklärlichen: »Im Licht des Glaubens wird die Welt *größer*, denn sie behält ihr Geheimnis... Für den Monomanen der verkappten Religion *schrumpft* die Welt. *Er findet in allem und jedem Ding nur noch die Bestätigung seiner Meinung*«. Ernst Jünger biete, so Rüdiger Safranskis Pointe, als Lösung angesichts eines nicht mehr selbstverständlichen, sondern konstruierten Glaubens die »Wiederkehr der Götter«, des Heiligen an. Denn er verdanke seine Metaphysik nicht dem Willen, sondern der Fähigkeit, die Welt als Geheimnis zu sehen. Die Götter würden wiederkehren, in neuer Gestalt.

Aber ist nicht auch dies eine Art Glaubensspekulation, die verkappte Hoffnung, dass sich das Heilige in einer profanen, entzauberten Welt einmal wieder zeige? Gerade auch Jüngers Versuch der Neuverzauberung dokumentiert ja das Verlangen nach Transzendenz, die in den angeschauten Dingen sichtbar werden soll.

*Hamburg, 5. Juli 1994*

Bin aus der Chefetage zwei Stock tiefer umgezogen, direkt neben das Büro von Ulrich. Um dem intellektuellen Mittelmaß zu entkommen, das in der Chefetage zuhause ist. Immer deutlicher wird, dass ich hier fehl am Platze bin bei Leuten, die breitbeinig ihre Karriere vorantreiben. Kollegen wie Joachim Nöh – schon der Name ist Programm – lauern darauf, dass man Fehler macht, um sofort in die Lücke zu springen. Ich bin hier nicht willkommen. Günter Bödekker spielt das Spiel mit, das ihm der Redaktionsdirektor auferlegt hat, aber auch er spürt, dass ich nicht in die Runde der Blattmacher passe.

340

Ulrich ist in eine junge Leipzigerin verliebt und fällt quasi als mentale Stütze aus. Unsere Ehegespräche kreisen um den Begriff der Treue, aber ich habe das Gefühl, bei ihm nicht durchzudringen. Er ist noch immer ganz durchtränkt von der Euphorie der Wende, seinem »Sieg«, und will den Neubeginn unbedingt auch auf sein Familienleben ausdehnen – obwohl er die, auch metaphysischen, Abgründe kennt. Bei allem Zorn über Astrids Auf- und Abschwünge, bei aller Enttäuschung über ihre Unfähigkeit, mich auch geistig anzunehmen, bin ich ein harmoniebedürftiger Mensch, der das Eigene sorgsam hütet und auch bewahren möchte.

Uwe-Johnson-Preis. In der Jury-Sitzung kämpfte ich von Anfang an für Kurt Drawert. Man präferierte Wolfgang Hilbig, der aber gar nicht eingereicht hatte. Heute nun von *Nordkurier*-Geschäftsführer Arnd Pötter die Nachricht, dass doch Drawert ausgezeichnet wird. Preisgeld sind 20 000 Mark. Die Verleihung findet in Neubrandenburg, dem Sitz des *Nordkuriers*, statt. Pötter rühmte meinen Einsatz und ist einverstanden, dass Ulrich die Laudatio hält. Aber die letzte Entscheidung habe der Preisträger selbst.

*Hamburg, 8. Juli 1994*

Telefonat mit Astrid. Sie fühlt sich wieder einmal missverstanden. Meine ungeklärte berufliche Situation belaste sie. Bin verbittert, denn man muss solche Wendungen ja erst einmal selbst durchstehen. Ist der Auslöser ihre Hypersensibilität aufgrund der Schwangerschaft? Erneut halte ich mir vor, dass sie aufgrund ihres Charakters nicht anders kann. Es hilft nur Demut pro familia. Auch wenn manches bis an die Grenze zur Selbstverleugnung geht. Der Vater als falsches Vorbild? Aber das ist eine andere Generation. Die hat es im letzten leichter, weil noch auf Konventionen gründend.

Die Fahnen der *Selbstbewussten Nation* sind da, der Ärger nimmt seinen Lauf. Ein Herr Müller vom *Focus* meldete sich. Er fragte nach einem Rezensionsexemplar; Stephan Sattler, Feuilletonchef, wolle den Band besprechen. Dann Caspar von Schrenck-Notzing am Telefon; er kündigte an, die *Selbstbewusste*

341

*Nation* auf der Buchmesse am Ullstein-Stand vorzustellen. Erhielt heute von Jürgen Hultenreich die Fahnen des von mir herausgegebenen Bändchens *Mein Erfurt* zurück. In der Hamburger Redaktion stellt sich bleierne Routine ein. »Wer spricht von Siegen? Überstehn ist alles.«

*Hamburg, 15. Juli 1994*
Das feucht-heiße Wetter hält an. Mit Ulrich Beitrag zum 20. Juli verfasst. Er behandelt den Streit um die Gleichsetzung von militärischem und kommunistischem Widerstand. Es gibt bei grundsätzlicher Unvergleichbarkeit der Akteure dennoch Vergleichbares: Die Militärs entschlossen sich erst angesichts der drohenden Niederlage im Osten zum Widerstand, die Kommunisten wollten eine Diktatur durch eine andere ersetzen. Beide handelten zwar mutig, aber doch auch taktisch.

*Hamburg, 2. August 1994*
Zurück von Steinbergkirche an der Ostsee bei Flensburg. Dort macht Astrid mit den Mädchen Urlaub. Kleine Dachwohnung in einem Klinkerhäuschen, das einem älteren Ehepaar gehört. Astrid fährt jeden Tag an den »Schubystrand«, um mit den Kindern zu baden. Ein etwas vergammelter Sandstrand, aber mit bewegter See. Wir tauchten nach Seesternen, Krebsen, Muscheln. Laura juchzte, war aber ängstlich, als wir in die Dünung gerieten. »Laura hat keine Angst«, machte sie sich Mut und klammerte sich an meine Schulter. Astrid gebräunt, aber erschöpft. Sie ist froh, dass Timo sich in Bonn gut entwickelt. Dafür ist Lina maulig und neurotisch. Aber sie steckt in der Pubertät.

In der Redaktion werde ich inzwischen weniger kritisch beäugt. Manfred Geist treibt mich jedoch von Zeit zu Zeit auf die Palme mit seiner bauernschlauen Derbheit. Stoße immer mal wieder mit ihm zusammen, aber er scheut den offenen Konflikt. Günter Bödekker tut so, als wolle er mich promovieren, aber ich habe das Gefühl, er sei nur His Master's Voice. Zieht sich aus Altersgründen (und Überdruss?) langsam aus der Redaktion zurück.

342

Ulrich reist diese Woche an den Comer See, wo er als Gast in der »Villa la Collina« residiert. Ich kämpfe hier allein gegen die Spießer-Mafia. Telefonierte eben mit Frau Jünger, die von einem zweiwöchigen Aufenthalt mit ihrem Mann am Bodensee erzählte. Ernst Jünger arbeite an *Siebzig verweht IV*, es gehe ihm gut. Man habe noch keine Entscheidung über den Film zum 100. Geburtstag getroffen. Hochhuth bewirbt sich wohl hinter den Kulissen weiter für das große TV-Gespräch. Gab dazu keinen Kommentar ab. Denke aber, dass Jünger am Ende das *ZDF* dem Privatsender *Sat.1* vorzieht.

Berichtete Liselotte Jünger von der Festschrift, von der sie nichts wusste, was mich erstaunt. Denn Klett-Cotta plant ja gleich zwei davon: Unseren Band (*Magie der Heiterkeit*) mit gegenwärtigen Texten, und eine Essaysammlung der letzten 70 Jahre zu Person und Werk des Jubilars (*Über Ernst Jünger*), herausgegeben von Cheflektor Hubert Arbogast. Frau Jünger will sich bei Michael Klett über die Autoren und ihre Beiträge informieren. Anruf von Serge Mangin, der ein paar neue Ideen entwickelte. Für das Cover der *Selbstbewussten Nation* hat er seine Polemos-Skulptur abfotografieren lassen und ist jetzt irritiert, ob ihm das nützt oder schadet. Danach haben Ulrich und ich noch nie gefragt.

*Hamburg, 2. September 1994*
Am Montag Konfrontation mit MG, den ich wegen meines Engagements in Hamburg zur Rede stellte. Ich sagte ihm auf den Kopf zu, dass er das Scheitern von Anfang an eingeplant habe. Nun läuft der Countdown. Kommenden Donnerstag soll es ein Gespräch mit dem neuen Springer-Vorstandsvorsitzenden Jürgen Richter geben. Die Rückkehr nach Berlin steht bevor – Erleichterung, aber auch Erstaunen über die Kabalen hinter den Kulissen. Das Desaster war schon Anfang des Jahres absehbar, als Geist das »Triumvirat« in einer extra einberufenen Redaktionssitzung der Meute zum Fraß vorwarf, wie Pontius Pilatus die Hände in Unschuld waschend.

Am 22. August, abends nach der Produktion, dann Eröffnung von Geist und Bödekker, man sehe keine Möglichkeit, mich in der Chefredaktion einzusetzen. Die acht Wochen in Hamburg gaben mir einen Einblick in das Getriebe einer Redaktion, die weniger der Leistung verpflichtet ist als den kaum kaschierten Karriereerwartungen. Wir wollten eine intellektuelle und, ja, auch weltanschauliche Wende, die von außen als »rechts«, ja »rechtsextrem« verteufelt wurde. Den Ball nahmen diejenigen dankbar auf, an denen diese Neuorientierung vorbeizugehen drohte. Ihr Rollback entspricht dem, welches das ganze Land seit Anfang der Neunziger erlebt.

*Die selbstbewusste Nation* ist im Druck, die Festschrift zu Jüngers 100. Geburtstag auf dem Weg. Gestern traf der Beitrag von Botho Strauß ein, eine Hymne auf EJ und seine Gesellschaftsferne. Er überrage als Dichter die deutsche Literatur seit 1945. Astrid müde vom Bauchtragen, sehnt sich der Entbindung entgegen. Meine tapfere Frau! Frau Jünger sagte am Telefon, bei nun vier Kindern seien die Renten sicher. Laura, von uns auch »Teufelchen« genannt, entwickelt sich immer mehr zu einem sehr energischen Persönchen. Sie beherrscht vor allem imperative Wendungen wie »Lass das doch!« oder »Ich hasse das!« Telefonierte mit Dagny, die einen Jungen erwartet, mit spürbarer Vorfreude.

Am Sonntag auf dem »Erlanger Poetenfest«, wo ich zu einer Podiumsdiskussion zum Thema *Deutschland denken – wie denn? Schriftsteller zwischen Demokratieverachtung und Patriotismus* eingeladen war. Mit mir auf dem Podium der ungarische Schriftsteller György Dalos, Hans Christoph Buch, Reinhard Lettau und der Essayist Friedrich Dieckmann. Fritz J. Raddatz machte den gutgelaunten Moderator. Alles lief glänzend, am Ende der einstündigen Debatte im Redoutensaal des Erlanger Schlosstheaters liefen Lettau, Raddatz und Dieckmann mit wehenden Fahnen in mein Lager über. Die *Süddeutsche* berichtete mit leicht gehässigem Unterton: »Fritz J. Raddatz... bescheinigte Heimo Schwilk, dem smarten Rechtsaußen von der *Welt am Sonntag*, er vertrete auf honorige Weise eine rechte Position... Schwilk weiß, wo's

344

lang geht. Er beruft sich auf ein neues Realitätsbewusstsein und findet das *ius sanguinis* bei der Vergabe der Staatsbürgerschaft einfach gut.«

*Wilflingen, 14. September 1994*

Besuch beim Alten in Wilflingen. Reiste mit Ulrich Schacht im Mietwagen von Stuttgart aus an. Das Wochenende zuvor bei Günter Figal in Stuttgart, um die Festschrift zu strukturieren. Fünf intensive Stunden genügten, um die *Magie der Heiterkeit* in Form zu bringen. Am Samstag zur Einstimmung Abendessen im »Domenico«, wohin mich Figal und Gattin eingeladen hatten. Nach dem Hauptgang, Filetspitzen in Rotweinsauce, bot mir Günter das Du an. Das beflügelte uns, sodass wir am frühen Nachmittag das Werk vollbracht hatten und zu einem einstündigen Spaziergang durch den Sillenbucher Forst unweit des Stuttgarter Fernsehturms aufbrechen konnten. Dabei langes Gespräch über Martin Heidegger. Abendessen mit dem Künstlersohn, der erst vor zwei Jahren von der Mutter zur Familie gestoßen ist. Bis Mitternacht über die Sohn-Mutter-Beziehung gesprochen; zum Thema hatte ich einiges beizutragen.

Am Montag in den Verlag Klett-Cotta, um das Manuskript bei Lektor Thomas Weck abzugeben. Traf dort auch Hede Schirmer, die dabei ist, *Siebzig verweht IV* satzfertig zu machen. Ließ mich für die bibliophile Edition der *Subtilen Jagden* vormerken, die von dem bekannten Tiermaler Walter Linsenmaier illustriert ist. Günter brachte mich zum Flughafen Echterdingen; leichte Wehmut, als das Flugzeug am Kloster Denkendorf vorbeischwebte, wo ich viele Tage meiner Kindheit verbracht habe.

Dienstag kam Ulrich nach Berlin, um an einer N3-Talkshow teilzunehmen. Gemeinsamer Flug nach Stuttgart; Fahrt mit dem Wagen bei Nieselregen über Reutlingen, die Alb und Zwiefalten ins nebelverhangene Wilflingen. Dort mieteten wir uns bei Familie Reck im »Löwen« ein. Von unseren Zimmern ging der Blick hinüber zur Oberförsterei. Um 15 Uhr öffnete uns Liselotte Jünger die Haustür, gebeugt, aber immer noch energisch, hellwach. Sie führte uns in die Bibliothek, wo uns Ernst Jünger entgegenkam. Er bewegte sich langsam, trug einen graugrünen Kordanzug mit hellem Rollkragen, der seine Gesichtsbräune betonte. Wie immer zögerlicher Gesprächsbeginn am rotbraun marmorierten Tisch; wir plauderten über Spitzbergen, das auch Ulrich bereist hat. Die Vorgeschichte des Ersten Weltkriegs beschäftigt Jünger noch immer. Zahlreiche Anekdoten über Bismarck hat ihm sein Vater bei den Tischgesprächen vermittelt. Wir hatten den Eindruck, dass er noch heute von diesem Fundus zehrt. Derzeit lese er Joachim Fests Buch über den 20. Juli, berichtete er; besonders spannend für ihn natürlich das Paris-Kapitel.

Wie sehr Jünger noch immer an der deutschen Geschichte leidet, zeigte sein Unverständnis, dass die Amerikaner Sachsen geräumt hatten. Damit sei auch seine Familie getrennt worden. Von den DDR-Autoren weiß EJ nichts, will er offenbar auch gar nichts wissen. Dafür begeistert ihn Elias Canettis Marrakesch-Buch, das er, als Marokko-Reisender, natürlich kennt. Auch der Zeckenbiss war ein Thema: Dass ihn fast ein Käfer (besser: ein Spinnentier) zu Tode gebracht hätte, quittierte er mit Heiterkeit. Frau Jünger lenkte das Thema rasch auf das medizinische Terrain zurück und berichtete von den »bösen Tagen« im Krankenhaus. Zeigte den beiden Fotos von Astrid, Laura und Lina, die sich EJ mit der Lupe anschaute. »Die Stieftochter kommt sicher zu kurz«, sagte Liselotte Jünger, »die müssen Sie besonders gut behandeln«. Zumal nun ein weiteres Kind im Anmarsch sei.

Danach signierte Jünger mitgebrachte Bücher. Ulrich ließ ihm sein Bildbändchen über die Inselgruppe der Faröer da; ich schenkte den Jüngers die ersten zwei Bände der von mir herausgegebenen Ullstein-Reihe *Dichter sehen ihre Stadt*. Die Politik streifte EJ mit der ihm eigenen Lakonie. Dabei gibt er gern den Propheten: Das 21. Jahrhundert werde ein »titanisches« sein. Die Gentechnik und die ständig wachsende Zahl von »Mordwaffen« würden sich unkontrolliert über die Erde ausbreiten. Die heutigen Politiker seien dem, was sich da in der Tiefe vorbereite, in keiner Weise gewachsen. Alles würde »weggepustet« werden.

346

Rundgang durch das Dorf. Gespräch mit Bauer Karl Späth über EJ und die bösartige Reportage von Maxim Biller (im Magazin *Tempo*) über Wilflingen und die Oberschwaben, die einen »Faschisten« verehrten. Jüngers Nachbar Baron v. Stauffenberg habe leider ein paar unglückliche Zitate beigesteuert, klagte Späth. So habe der Schlossherr zu Biller scherzhaft gesagt, er sehe sich von EJ als »Käfer« behandelt. Natürlich eine Steilvorlage. Bei starkem Regen zurück zum »Löwen«, den Mantel über den Kopf gezogen.

*Berlin-Steglitz, 26. September 1994*
Warten auf Clarissa. Sie boxt mit Händen und Füssen gegen Bauch und Rippen. Für Astrid wird es jeden Tag schwerer. Heute, Sonntag, lang geschlafen, mit Laura beschäftigt, danach in die Entbindungsklinik nach Dahlem. Astrid gelassen. Erste Rezensionen der *Selbstbewussten Nation*, die der frühere Verteidigungsminister Rupert Scholz im Axel-Springer-Club in der Kochstraße vorstellte. Rund 70 Zuhörer, darunter zehn Autoren des Bandes, auch Brigitte Seebacher-Brandt. Außer der *B.Z.* boykottierte die »Springer-Presse« die Buchpräsentation – im eigenen Haus! Die Kollegen lehnen das Aufmerksamkeit erregende »Triumvirat« Schacht/Schwilk/Zitelmann ab, meist aus Neid, aber auch aus politischem Kalkül.

In der *Wochenpost* und der *taz* ganzseitige Rezensionen, aber ohne jede Substanz. Man las das Buch nicht, sondern las vieles hinein, was in den alarmistischen Köpfen herumspukt. Einziges Thema: Die »Neue Rechte« als Gefahr für das wiedervereinte Land! Dabei hatte die Linke die Einheit jahrzehntelang als Drohung an die Wand gemalt und jeden heruntergemacht, der die Überwindung der Teilung als Ziel deutscher (und europäischer!) Politik anstrebte. Sandte Ernst Jünger und Botho Strauß Exemplare; das Kanzleramt forderte ein Buch für Helmut Kohl an. Gespräch mit dem neuen Aufsichtsratsvorsitzenden Jürgen Richter über mein Hamburg-Engagement.

*Berlin-Steglitz, 29. September 1994*

Heute, gegen 12 Uhr, wurde Clarissa geboren. Sie kam in der Dahlemer Park-Klinik zur Welt, betreut von einer freundlichen Hebamme. Wegen schwächer werdender Herztöne – Astrid wurde mit Wehen-Mittel versorgt, die die Plazenta kontrahierten – entschied sich der Arzt für einen raschen Kaiserschnitt. Ich hatte mich bereits auf eine lange Geburt eingerichtet, als man Astrid in die Anästhesie rollte. Fünfzehn Minuten später drückte mir die Hebamme die blutverschmierte Clarissa auf die nackte Brust. Clarissa ist ein Abbild von Astrid, mit breiten Lippen und den langen, spitzen Fingern. Auch die Füßchen, Schultern, die zarte Haut über einem weichen Gewebe gehen auf die Mutter zurück. Das einzige, das uns zu verbinden scheint, ist das gemeinsame Sternzeichen. Und dass es m e i n Kind ist, mit einem geliebten Menschen gezeugt. Laura, als sie die Fotos sah, wirkte seltsam bedrückt, als spürte sie, dass eine gewisse Exklusivität zu Ende geht. Im Krankenhaus wollte sie das Baby dann aber sofort mitnehmen, verfiel dabei in einen ihrer Wutanfälle. Astrid schwach, aber glücklich. Sie hat eine Odyssee hinter sich, die sie tapfer überstand.

Heute unser *Berliner Appell* in vielen Blättern kommentiert, meist als Symptom für einen Rechtsruck in Deutschland. Die *Frankfurter Rundschau* sagte eine Wiederkehr von Antonio Gramscis Theorie der intellektuellen Hegemonie voraus, nun von rechts. Kommentare auch im *Neuen Deutschland*, in der *taz*, *FAZ*, in der *Jungen Welt* und der *Jungen Freiheit*, im Berliner *Tagesspiegel*. Bislang läuft alles nach Regie. Jetzt noch der *Spiegel* und *Focus*; größere Beiträge zur *Selbstbewussten Nation* sind bereits angekündigt. Gratulation zum Nachwuchs von Freund und Feind.

*Berlin-Steglitz, 30. September 1994*

Heute Dementi von Sarah Kirsch in der *FAZ*; sie will den *Berliner Appell* nie unterschrieben haben. Man hat sie wohl mit viel Druck zu diesem peinlichen, ja feigen Rückzug gebracht; die Kirsch ist seit langem mit Ulrich befreundet und sieht die Entwicklung seit

348

1989 wie wir, hat aber Angst um ihre Pfründe als Autorin. Zahlreiche Anrufe, darunter auch *taz-* und *Stern*-Redakteure. Arbeiten an einem Gegenstatement für die *FAZ*.

Clarissa ist ein ruhiges Wesen; irgendwie ist sie ganz unauffällig, trotz des Kaiserschnitts, zu uns gestoßen. Es scheint, als hätte sich gar nichts geändert. Sie ist einfach da. Lina fühlt sich sehr zu der Kleinen hingezogen – vielleicht weil es physiognomische Ähnlichkeiten gibt. Telefonierte mit Papa, Ulrich, Uwe.

*Berlin, 2./3. Oktober 1994*

Anruf von Freya Klier wegen des *Berliner Appells*. Sie müsse sich leider distanzieren. Wir redeten eine Stunde lang, in der ich sie überzeugte; aber sie befürchtet Nachteile für ihre Arbeit und will sich herausziehen. Unsere Gegendarstellung im *Tagesspiegel*; dazu Notizen zum *Berliner Appell* in *Focus, ND, taz*. Nachmittags zu Astrid nach Dahlem. Clarissa wohlauf. Mit ihr kommt nun doch erheblich mehr Bewegung in die Familie, obwohl es ein eher stilles Kind zu sein scheint.

*Berlin, 11. Oktober 1994*

In der *Welt am Sonntag* unser Jünger-Porträt mit schönen Fotos. In der *FAZ* Ulrichs Erwiderung auf Sarah Kirsch: ausgezeichnet, auch in der Begründung, was »rechts« sei. Konfrontation am Golf; Saddam Hussein blufft, um von innenpolitischen Problemen abzulenken. Heute kündigten sich *Spiegel*-Fotografen an; Leitartikel in der *Zeit*: »89er« gegen »69er«, »Mythos« gegen »Aufklärung«. Wenn es so simpel wäre mit der Nation, die – das muss man ihren Verächtern in Erinnerung rufen – eine Erfindung der Französischen Revolution ist. Brief an Heiner Müller mit der Bitte um einen Beitrag für die Jünger-Festschrift.

*Berlin, 18. Oktober 1994*

Im *Spiegel* der lange erwartete Beitrag über die *Selbstbewusste Nation*. Der Verfasser ist mein früherer Tübinger Kommilitone Martin Doerry, wie ich einst wissenschaftliche Hilfskraft bzw. Assistent bei Professor Bernhard Mann. Ein übles Machwerk, reinstes Denunziantentum. Dazu bringt das Magazin nicht die Konterfeis der Herausgeber, sondern die von Nolte und Zitelmann, um die denunziatorische Schlagzahl zu erhöhen. Botho Strauß wird als weltfremder Waldgänger der Uckermark präsentiert. Aus meinem Schmerz-Beitrag zitierte der »Anbräuner«, wie EJ solche Leute nennt, den Satz über das Zerreißen der Föten bei der Abtreibung. Tenor: »Flut bräunlicher Prosa«. Nun wollen Herbert Kremp (*Die Welt*), Rupert Scholz (*Rheinischer Merkur*) und Stephan Sattler (*Focus*) antworten.

Clarissa, die in sich Ruhende mit dem skeptischen Blick. Laura, die kleine Diva, wie immer ausgelassen, liebesbedürftig, bisweilen tyrannisch. Kohl und Kinkel schaffen den Wahlsieg knapp, doch die PDS weiter im Bundestag samt Stefan Heym, dem von der SPD und den Grünen Kränze geflochten werden. Am Wochenende ganz eigene Wahlparty mit Rainer Zitelmann, Jürgen Braun, Reinhard Pieper.

*Berlin-Steglitz, 24. Oktober 1994*

Den 42. Geburtstag im Kreis der Familie. Mit Clarissa kam die endgültige Ergebung in das Familiäre als das wirklich Eigene, begleitet vom Getöse des öffentlichen Engagements. Man scheitert nicht umsonst. Das Abenteuer des Politischen ist beendet, bevor es richtig begonnen hat. Diese Paria-Erfahrung war wichtig, weil sie vieles zurechtrückte, vor allem das Heimatlose und damit Bedrohte unserer gesellschaftlichen Existenz freilegte. Man kann nicht gegen die ganze Welt antreten. Selbst ein Martin Luther verhielt sich taktisch, um ans Ziel zu kommen. Und er hatte die Tendenzen der Epoche auf seiner Seite. Wir haben nur unsere Unbedingtheit, die in dieser notorischen Kompromissgesellschaft zum Scheitern verurteilt. Auch wenn wir noch immer fest daran glauben, dass uns die Geschichte am Ende recht geben wird. In all den Kämpfen bin ich Astrid wieder näher gekommen und dankbar für die Treue, mit der sie alles begleitete.

»Das Gedicht ist Verzicht. Im Leben wie in der Sprache.« Abends eine Dokumentation über Reiner Kunze mit vertrauten Bildern. Gedanke, ob wir RK mit unserer Appell-Idee überfordert haben. Seine Dichterexistenz ist auch die Gegenposition zum Politischen seiner Anfänge: »Das Gedicht: Zur Ruhe gekommene Unruhe.«

Brief von Botho Strauß, der darin auf Eduard Beaucamps Distanzierung in der *FAZ* gegenüber der *Selbstbewußten Nation* antwortet. Beaucamp hatte einen Beitrag über die moderne Kunst beigesteuert, den er – wohl wegen der öffentlichen Schelte – nun zurückzog. Strauß wiederholte Grundsätzliches zu seinem Essay *Anschwellender Bocksgesang* und beklagte die medialen Denunziationsfiguren. Den Gehalt des Sammelbandes lobte er; er habe viel weniger erwartet. Der Brief sehr hilfreich; ich gab ihn nach Rücksprache mit dem Verfasser an Frank Schirrmacher weiter, der ihn im Feuilleton der *FAZ* publizieren will. Ein Triumph über all jene, die uns zu spalten versuchen. Im Gefolge des *Spiegel*-Beitrages Einladungen zu Rundfunk- und TV-Runden. Heute mit Ulrich im *SFB*, wo wir mit Gesine Schwan und Thomas Schmid kontrovers diskutierten. Die beiden gaben eine schwache Figur ab. Für sie ist die Nation überholt, die Kombination von Selbstbewusstsein und Nation geradezu ein Sakrileg. Dabei feiert die Nation seit Mitte der Achtzigerjahre – zu Recht – fröhliche Urständ. Die Betondecke des Sowjetkommunismus brach auf und legte die geopolitischen und nationalen Realitäten frei. Auch auf dem Balkan.

*Berlin-Steglitz, 17. November 1994*
Heute Telefonate mit Martin Walser und Steffen Heitmann. Walser hat unser Buch erhalten und sich an Ernst Noltes Essay festgelesen. Dessen Links-rechts-Kausalität (»rechts reagiert auf links«) er für »hirnrissig« erklärte. Er befürchtet, im Falle seiner Mitwirkung an der zweiten Auflage attackiert zu werden, das wolle er sich nicht noch einmal antun. Er sorge schon selbst, sagte er sarkastisch, für die Provokationen. Erklärte ihm, dass seine

Kategorisierung unseres Bandes als »rechts« genau das repetiere, was die PC-Medien mit seinen eigenen Texten veranstalteten. Nach längerem Disput räumte er ein, dass wir »im selben Boot« säßen, verwies aber auf einen Brief, den er an mich abgeschickt und in dem er seine Position dargelegt habe. Ich solle ihn am Wochenende erneut anrufen.

Steffen Heitmann, einstiger Kandidat für das Amt des Bundespräsidenten, sagte sofort zu, seinen *FAZ*-Beitrag in unserem Band abzudrucken. Er hat die Debatte um unser Buch aufmerksam verfolgt und kennt auch die Beaucamp-Glosse sowie die Strauß-Replik. Den Band will er sich die nächsten Tage anschauen. Wolfgang Templin hat bereits zugesagt und liefert seinen Aufsatz in den nächsten Tagen. So Gott will, können wir das Manuskript Ende kommender Woche bei Ullstein abliefern.

*Berlin-Steglitz, 24. November 1994*
Heute die Fahnen mit den Korrekturen für die zweite Auflage abgegeben. Rund 5000 Exemplare des Bandes sind laut Verlag nach zwei Monaten verkauft – trotz oder gerade wegen des üblen Medien-Echos. Heute mit Rainer Zitelmann im Springer-Club Mittagessen, wo wir Karlheinz Weißmann trafen. Zitelmann berichtete u.a. von seinem neuen Buch *Wohin treibt unsere Republik?*. Verabredete mit dem *WDR* eine Diskussionsrunde zusammen mit Erich Loest und Henryk M. Broder. Dabei auch eine *WDR*-Redakteurin, die ein Buch über Gewalt in Deutschland geschrieben hat. Das Ganze findet einen Tag nach meiner Rückkehr aus New York statt, wo ich den Architekten Philip Johnson treffen werde. Am 6. Dezember dann Serge Mangins Ausstellung in Dahlem. Brief von Martin Walser, der endgültig seine Teilnahme am Band *Die selbstbewusste Nation* absagte.

*Berlin-Steglitz, 28. November 1994*
Fall von Bihac. Auf dem Balkan spitzt sich die Lage zu. Europa sitzt in der Loge und schaut ungerührt zu. Dagegen Frieden in der Familie. Laura ist ein liebenswürdiges Menschlein mit viel

Feingefühl, man kann ihr nie böse sein, weil sie nie wirklich böse ist – nur ungeduldig oder heißspornig. Aber das verfliegt im Augenblick. Das Heitere ist ihr gemäß.

*New York, 1. Dezember 1994*

Mit Frank Schmeichel und einigen Kollegen für eine Woche in New York, um den Architekten Philip Johnson zu treffen. Während des Fluges von Berlin über Düsseldorf las ich Texte des Architektur-Theoretikers Johnson, der mit seinem Chippendale-Building als Erfinder der Postmoderne gilt. Dabei auch das Dezemberheft des Satiremagazins *Titanic*; darin ein doppelseitiger Beitrag über die »National-Ungeheuer« Schacht und Schwilk. Ich werde als »Todesengel« bezeichnet, Ulrich als mein »grausiger Kumpan«. *Die selbstbewusste Nation* mehr oder weniger humorig durch den Kakao gezogen. Selten so gelacht.

Unser Hotel (»Vista«) ist ein Anbau an das World Trade Center, gelegen an der Südspitze Manhattans. Phantastischer Blick zwischen Wolkenkratzern hindurch auf das World Financial Center am Nordrand des Battery Parks. Gleich nach der Ankunft Spaziergang zu einem schönen Restaurant (»Take Seven«) in der Fluchtlinie zwischen World Trade Center und Empire State Building; es liegt auf der Höhe der City Hall in der Warren Street. Hoher Raum mit dorischen Säulen und weiß lackierter Stuckdecke. Freundliche Bedienung; wir schlürften zwei Flaschen Cabernet Sauvignon kalifornischer Herkunft, ein öliger, schwerer und halbtrockener Rotwein. Dazu gab es einen warmen Salat (»salad frisée«) mit Speck und Brötchen. Das frühere Lagerhallen-Viertel Tribeca mausert sich zu einem neuen SoHo, Künstler mieten Ateliers an, noble Restaurants etablieren sich, Galerien öffnen. Während des Essens Anruf vom Michael Klett, der mich dringend bat, eine Gerichtsreportage zu stoppen, die am Wochenende in der *Welt am Sonntag* erscheinen soll. Offenbar denkt er, dass ich als Mitglied der Chefredaktion Zugriffsrechte hätte. Das ist vorbei.

353

*New York, 2. Dezember 1994*

Gestern erstes Zusammentreffen mit Philip Johnson in dem von ihm erbauten »Lipstick-Building« (Third Ave/55th). Ein ellipsenförmiges Gebäude, das sich nach oben verjüngt; innen und außen mit rotem Granit verkleidet. PJ meinte, das Gebäude sei wegen seiner unkonventionellen Form ein Ärgernis für die New Yorker, die eher dem traditionellen Funktionalismus zuneigten. Dazu sei es deutlich teurer gewesen als das, welches der größte New Yorker Bauherr Richard Himes zur selben Zeit realisierte. Es war zu spüren, dass ihm diese Außenseiterposition behagt. Philip Johnson will als Architekt zwar erfolgreich sein, aber nicht unbedingt beliebt. Ein schmaler, weißhaariger Herr mit etwas schleppenden Bewegungen, doch mit lebendigen, vor Spott und Debattierlaune funkelnden Augen. Der 89-Jährige strahlt weniger Würde als Geistesgegenwärtigkeit aus. Die »Flächen« im »Lipstick« sind teuer, rund 500 Mark der Quadratmeter für die Büromiete. Dazu ist es schwierig, die Geschosse zu segmentieren, weil die Rundung eine funktionale Aufteilung erschwert. Die Fassade ist an der Basis durch mächtige Säulen gegliedert, die an den Karnak-Tempel am Nil erinnern. Ähnliches hat Johnson in der Lobby seines AT/T-Buildings versucht. Das Gebäude wird seit 1993 von Sony genutzt und sei, so Johnson, durch Ladengeschäfte verunstaltet. Der stilbewusste Architekt will den hohen, schlanken Raum mit seiner berühmten Chippendale-Rosette nie mehr betreten, sagt er.

Johnson bewegt sich sicher durch das Gewühl der Autos, weiß genau, wann das »No walking« zum letzten Mal blinkt, gerät nie in Bedrängnis. Er ist in Manhattan zuhause, ohne eigentlich dazuzugehören. Ein Dandy, Anarch und Meister der Selbstinszenierung, der sich in den Winkeln der Stadt eingenistet hat. Das Seagram Building ist ein nostalgischer Ort für Philip Johnson. Der von Mies van der Rohe erbaute Wolkenkratzer gilt heute als Ikone der modernen Architektur; der Mies-Schüler Johnson durfte an der Inneneinrichtung mitarbeiten. Das elegante Restaurant (»grill room«) im Seagram ist mit Holz verkleidet, ein eher dämmriger Raum. Die Stühle hat Mies van der Rohe entworfen, klassisches

Metall-Leder-Design. Das Restaurant, von einem Schweizer geführt, gehört zu den Top-Ten weltweit. Johnson schenkte uns einen Bildband, der die Geschichte des Ortes beschreibt. Am Eingang hängt ein von Picasso gestalteter Wandteppich. Dazu zahlreiche Kunstobjekte bekannter New Yorker Künstler. Doch das gewaltige Glasgebäude wirkt, bis auf die gestufte Ecke an der Park Avenue, recht steril.

Später, im von ihm gestalteten Restaurant »Four Seasons«, erzählte mir Johnson, dass er ein Parteigänger der »deutschen Revolution von 1933« gewesen sei – aber Hitler habe die Seele der Deutschen zerstört. Johnson liebt das Monumentale, die Repräsentation. Ein Gebäude brauche »eine Idee, die seine Funktion transzendiert«. Wir unterhielten uns auch über EJ. Wir kamen auf Jünger beim Betrachten der *Liegenden* von Maillol im Skulpturen-Garten des Museums of Modern Art. Johnson hat den Garten selbst angelegt; im Hintergrund leuchtet die Fassade des AT/T-Buildings. Den Anbau des MoMA hat er im Stil des Rockefeller Guest House gestaltet, als getönte Glas-Stahl-Konstruktion. Im Schaufenster der Band *Philip Johnson in his own words*; auf der Straße erkennen ihn ein paar Studentinnen, er freut sich.

Im »Four Seasons« sitzt er die ganze Zeit neben mir, und wir stecken die Köpfe zusammen. Johnson tuschelt gerne. Unser Thema: Deutschland vor 1945. Und natürlich Ernst Jünger. Ich beschließe, die beiden alten Männer zusammenzubringen. Leni Riefenstahls Wunsch, ihr die Tür in Wilflingen zu öffnen, den sie mir während einer Dampferfahrt auf dem Müggelsee eröffnet hatte, war am vehementen Einspruch Jüngers gescheitert. Aber Philip Johnson: Das könnte klappen. Philip Johnson ging 1928 nach Deutschland, weil dort Gropius, Mies, Breuer und Behnisch wirkten, die er bewunderte. Er wollte ins Dorado der modernen Architektur.

Jetzt empfiehlt Johnson mir »crab meat cake«, er neigt zu leichter Kost und schwerem Gespräch, scherzt aber auch gerne, liebt den Zynismus. Wir tranken kalifornischen Weißwein, Campari, Grappa. Die Mengen, die wir zu uns nehmen am helllichten Tag verwundert ihn; er ist in jeder Beziehung ein maßvoller Mensch.

Der Russe Kasimir S. Malewitsch und der Deutsche Hermann Finsterlin sind Johnsons Vorbilder. Die natürlichen Formen des Bauhaus-Revisionisten Finsterlin inspirierten ihn zu seinem Gästehaus in New Kanaan und vor allem zum Vorentwurf für sein Gebäude am Checkpoint Charlie. Der kühne Entwurf wurde von Senatsbaudirektor Stimmann jedoch abgelehnt. Hier einige Aussagen von Philip Johnson, die ich mir bei den Gesprächen mal auf Englisch, mal auf Deutsch notiert habe:

Über Hans Stimmann: »He will never say that he does not like modern architecture – but you should watch his face, when you show him your model ... «

»Stimmanns Geschmack stammt aus Lübeck; ich akzeptiere das.«

»Architekten können nur so originell sein wie die Vorgaben der Stadt.«

»Genuine architects work about own rules.«

Zu den Bestimmungen, die das Bauen in Deutschland einschränken: »Die Feuerwehrgeschichte in Deutschland ist einmalig.«

Über sein Gebäude am Checkpoint: »Now we have just a ›loch‹ in our building, not an american court.«

»Space has never been a problem – look at the density of this city!«

Über sich selbst: »I don't want to be original, but better than others.«

Über das neue Berlin: »In New York there is no city-feeling, no city-planing – but I prefer the total americanisation for the Friedrichstraße.«

Zum Stadtschloss: »It should be rebuilt«.

»Jokey building« gehe kaum mehr, klagte er, die Bauherren hätten keine Zeit mehr. »We have very rich people – but they want even more money.«

Er würde gern die amerikanische Botschaft am Pariser Platz bauen. Aber die Politiker wollten eine »Festung, keine Architektur«.

356

»Kritiker sagen, ich sei ein Chamäleon – aber die Welt ändert sich doch auch ständig.«

»Ich baue Häuser, die keiner wirklich liebt.«

»Das ›Lipstick‹ ist ein Gebäude, an dessen Formen sich die Menschen orientieren können.«

»Heutige Architekten sind keine Genies mehr. Sie müssen die Frage beantworten: ›Können Sie das nicht billiger machen?‹«

»Ich bin stolz auf die Monumentalität. Sie macht den Menschen nicht klein, sie erhebt ihn.«

*New York, 4. Dezember 1994*
Vorgestern mit Philip Johnson nach New Kanaan in Connecticut, wo er uns durch seinen riesigen Park führte und sein legendäres »Glass House« vorführte. Mit dem Kleinbus den Hudson entlang; PJ fuhr in einer Limousine voraus. Vor Ort erläuterte er detailliert, was er in seinem Glashaus beabsichtigt hatte. Inspiriert sei er bei der Planung durch Mies van der Rohe gewesen. Der Backsteinturm inmitten des Glaskubus, der das Haus »verankert«, widerspreche allerdings dessen Prinzipien, aber: »I didn't want an Indoor-outdoor-House.«

Der metallisch wirkende Bungalow besitzt ein Holzdach, das Mies van der Rohe gewiss abgelehnt hätte. PJ erzählte, dass Mies 1951 einmal in New Kanaan gewesen sei, aber auf keinen Fall über Nacht bleiben wollte. Man habe bei dieser Gelegenheit an den Plänen für das Seagram Building gearbeitet. Auf dem Schreibtisch an der Nordseite befindet sich eine Philippe Starck-Couch. Auf dem Tisch das Modell eines Gästehauses, das Johnson für einen Versicherungsunternehmer entworfen hat. Es wurde im Geist von Hermann Finsterlin entworfen, ist blendend weiß und hat die Form eines Oktopus. Das Gebäude soll in Cleveland gebaut werden.

Die Nützlichkeit seines Glashauses für ihn selbst schränkt Johnson ein: »I can't really work in this house.« Er benutzt es offenbar vor allem als Wochenend-Domizil, um sich der Hektik New Yorks zu entziehen. Im Park, durch eine Sichtachse mit dem

Wohnhaus verbunden, hat der Architekt einen »Kunstbunker« aus weißem Beton platziert. Darin Arbeiten von Jasper Johns, Andy Warhol, Julian Schnabel, deren Werke durch einen Drehmechanismus in einer Art »rotierendem Museum« präsentiert werden. In seinem ebenfalls weißen Gästehaus (»Studio«) steht die große Nietzsche-Ausgabe von Colli/Montinari, die Kröner-Edition des *Willens zur Macht* sowie, überraschend, die englischsprachige Ausgabe von Ernst Jüngers Erzählung *Gläserne Bienen* (*The Glas Bees*). Das Bändchen liegt auf dem Glastisch neben dem Lesesessel. Unten im Park, in einer kleinen Senke neben dem extra angelegten Teich, fanden wir die Reste eines Rehs, das von einem Raubtier gerissen worden sein muss. Johnson vermutete, dass es ein Kojote oder ein Fuchs war.

Wir erkletterten den »Lincoln Kirstein Tower«, der, aus Hohlsteinen bestehend, neben dem künstlichen Teich aufragt. Kirstein ist Dichter und Begründer des New York City Balletts. »For the poet Lincoln Kirstein« steht auf einer Metallplatte am Sockel der rund acht Meter hohen Treppe, die auf der Außenseite des Towers in die Höhe führt und einen schwindlig macht. Auf den obersten Hohlstein hat Johnson folgenden Satz eingravieren lassen: »The stone the Builders rejected was the keystone«. Das heißt, der Architekt dieses Gemäuers verweigert sich den Kategorien des Festgegründeten, Konventionellen, er spielt mit Formen und Proportionen.

Oberhalb des Studios entsteht auf einer abgeflachten Hügelkuppe am Eingangstor zum Grundstück ein Besucher-Pavillon. Er wurde nach einer Frank-Stella-Phantasie (*Dresden II*) benannt – aber tatsächlich scheint es eine weitere Hommage an den Expressionisten Finsterlin zu sein. Im Sommer 1995 soll das schneeweiße Gebäude fertig sein; es wird derzeit nach einem italienischen Betonspritzverfahren errichtet und hat etwas Grottenhaftes. Hier sollen künftig Besuchergruppen anhand von Videos auf den Rundgang durch das weitläufige Gelände vorbereitet werden.

Die Wochenenden verbringt Philip Johnson, erzählt er mit einem Schmunzeln, meist im Gästehaus. Ihm reichten ein Bett und ein Stuhl. Johnson lebt zusammen mit dem Kunstsammler und Galeristen David Whitney. Sein Lebensmotto? »Arbeiten, Arbeiten, Arbeiten«; das sagt er auf Deutsch und lacht. Nach einem Herzanfall habe ihm sein Arzt geraten: Weitermachen! Wir wechseln alle zusammen in ein Resort im Ort. PJ warnt uns vor der Küche und er hatte Recht. Man servierte ein abscheuliches, angebranntes Steak mit Pilzen, das wie ein Stück Teer auf meinem Teller lag. Ich trank viel Bier, um den Geschmack wegzuspülen. Unterhielt mich dabei mit unserer Fotografin, einer kleinen Dunklen um die 45, über Kreativität und das New Yorker Leben. Sie besitzt ein Haus am Atlantik und scheint recht erfolgreich zu sein. Für den Ausflug nach New Kanaan erhält sie 1000 Dollar. Falls ich die von ihr aufgenommenen Fotos veröffentliche, sagte sie unverblümt, erwarte sie weiteres Honorar. So ist das Leben hier: smarter Maximalismus.

Rückfahrt an schönen Villen vorbei, durch Laubwälder und immer am Fluss entlang. Eine helle, freundliche Landschaft. PJ hat etwas von einem Anarchen, der seine Träume im Verborgenen wachsen lässt, um sie dann plötzlich auf die Bühne zu bringen. In gewisser Weise ein Kunst-Partisan, der seine phantasievollen Gebäude einer phantasielosen Geldgesellschaft abzwingt. Dieses Spiel scheint ihm durchaus Spaß zu machen. Abends ins »River Café« auf der Brooklyn-Seite der bekanntesten New Yorker Brücke. Nahmen einen Drink und genossen ein wenig erschöpft den Postkarten-Blick auf die Skyline von Manhattan. Der »Staten Island Ice Tea« mit Gin, Wodka und Lemon machte uns noch müder, aber auch beschwingter. Danach in die Disco »Limelight«, die in einer aufgelassenen, neugotischen Backsteinkirche der Jahrhundertwende untergebracht ist. Wir wurden mit dem Taxi an der wartenden Menge vorbei direkt an den Eingang gelotst; Frank hatte uns Karten besorgt.

Die Kirche wird mit Techno und Rap beschallt; über der Tanzfläche hängt ein Käfig, in dem sich eine mit wenig Leder Bekleidete räkelt. Ringsum Galerien aus Metallgestänge, unten eine große Bar. Man bot mir auf einem der Umläufe »crack« an; im 4. Stock der Eingang zu einem Schwulen-Kabinett, von einem muskulösen Schwarzen bewacht. »Private Party«, sagte er mir, dem er wohl die Neugierde ansah. Ansonsten strömten hier unablässig Frauen und Männer heraus und hinein. Das Gebäude wirkt mit seinen abgedunkelten Korridoren wie ein Labyrinth, die Gäste drängen sich dicht an dicht. Laser-Kanonen senden ihre zuckenden Strahlen im Rhythmus der Musik zum gotischen Gewölbe hinauf. So stellt man sich Sodom und Gomorrha vor, die Inbesitznahme des Sakralen durch ein hedonistisches Party-Völkchen. Unter der mächtigen Rosette im Chor wird Rauschgift gedealt. Es liegt eine narkotisierte Stimmung über den Räumen. Wir blieben nur eine knappe Stunde.

Gestern Abend Spaziergang hinüber zum World Financial Center. Am Wasser weiter zum Battery Park, wo früher Geschütze standen. Heute ist dort die Ablegestelle für Bootsfahrten zur Freiheitsstatue, die uns im Abendlicht grüßte. Ein Memorial für »Immigrants« gedenkt der Tausenden von Auswanderern, die hier durchgeschleust wurden. Nahm ein Taxi und fuhr zum Guggenheim Museum an der Nordspitze des Central Park. Phantastischer Ausstellungsbau; die Besucherrampe windet sich unter der Glaskuppel spiralförmig in die Höhe. Die aktuelle Wechselausstellung heißt »The Italian Metamorphosis 1943-1968«. In Einzelkabinetten ist italienisches Design, Mode, Filmplakate, Porzellan und Glaskunst zu besichtigen Im Inneren des Wright-Baus u.a. Gemälde von Picasso, Braque, Manet, van Gogh.

Abends im »Tribecca Grill«, wo Robert de Niro und andere Zelebritäten aus und eingehen. Ich bestellte für 35 Dollar eine rätselhafte Mischung aus Nudeln, Spinat und Muscheln; danach Eis, Kaffee und Williams Birne. So ein In-Restaurant ist ohne großen Wert für den, der von außen kommt. Frank beschwipst, kippte einen Schnaps nach dem anderen und hielt auf Deutsch obszöne Reden, denen keiner zuhörte. Kurz nach Mitternacht nach Hause.

*New York, 5. Dezember 1994*
Spät auf; gegen 12.30 Uhr zu Fuß über den weiten, zugigen Innenhof des World Trade Centers zum Kaufhaus »Century 21«,

360

das sich als großer Ramschladen erwies. Von den stark verbilligten Nobel-Marken wenig zu sehen, allenfalls Uralt-Modelle von Armani, Boss, Gucci. Kaufte dann in einer Nebenstraße einen Gürtel für Lina und für meine Schleckermäuler Weihnachtsnikoläuse, Glöckchen und Tannenbäume aus Schokolade. Gegen 16 Uhr mit dem Taxi zum GM-Building, um Ronald S. Lauder und Mark Palmer zu treffen. Sie wollten uns Rede und Antwort stehen zu ihrem Engagement am Checkpoint Charlie. Unser Organisator und Führer Frank Schmeichel ist verantwortlich für die Pressearbeit des Berliner Projekts CEDC, dessen Architekt Philip Johnson ist. Das Büro von R. Lauder befindet sich im 23. Stock (5th Avenue, gegenüber dem Plaza Hotel am Central Park). In den Büroräumen ein großformatiger Anselm Kiefer: *Heliogabal.* Dazu Bilder von Joseph Beuys, diverse Filzanzüge, ein Kinderschlitten mit Taschenlampe und obligatorischer Fettecke, dazu ein Dokumenten-Kasten voller Zeitungsschnipsel und Plastikfolien. Das ganze Beuys-Programm. Vieles, was hier hängt, würde auch das MoMA oder das Guggenheim Museum zieren: Gemälde von Baselitz, Kokoschka, Lüpertz, Pohlke, Richter, Schiele.

»Berlin wird das Zentrum Europas, das ist nur eine Frage der Zeit«, sagte Lauder zur Begrüßung. Unseren Einwand, die Bundesrepublik sei föderal organisiert und habe viele Subzentren, fegte er hinweg: »Deutscher Skeptizismus!« Er werbe ständig bei Investoren in aller Welt für Berlin; den Berliner Senat lobte er über den grünen Klee für seine Kooperationsbereitschaft. Das 1,2-Milliarden-Projekt am Checkpoint sei allerdings ein geschäftliches Risiko, warf Mark Palmer ein: »Ich habe alles daran gehängt, meinen Hund, meine Frau…«

Beide lobten die Zähigkeit von Philip Johnson, der im Mai kommenden Jahres 130 Architekten durch Berlin führen werde. Lauder erzählte, er sei mit PJ im Dessauer Bauhaus gewesen und habe ihm, dem 89-Jährigen, kaum folgen können. Seine Dynamik sei phänomenal; das gelte auch für das Projekt am Checkpoint. Berlin werde eine ganz moderne, junge Stadt werden, schwärmte er. Aber ganz Berlin in Manhattan zu verwandeln wäre eine Tragödie. Es sei richtig, was Baudirektor Stimmann mache, es gebe genug Platz, da müsse man nicht in die Höhe bauen. Ob er das auch seinem Architekten Johnson ins Gesicht sagen würde? Lauder setzte noch einen drauf: »Checkpoint ist nicht unser letztes Projekt; im Süden Berlins würde ich gerne eine phantastische neue Stadt bauen.« Aber: »Die Deutschen sind extrem risikoscheu!«

*New York, 7. Dezember 1994*

Letzter Tag in New York. Speisten im »21 Club« am Museum of Modern Art, in einem höhlenhaften Etablissement, wo Börsianer und Geschäftsleute verkehren. Von der Decke baumelten Plastik-Autos, Schiffs- und Flugzeugmodelle. In dem nicht sehr großen Raum drängten sich wohl an die hundert Gäste zum Dinner. Heiß, stickig, aber überaus elegant. Hier kommt man nur rein, wenn man mindestens 500 000 Dollar im Jahr macht, meinte Frank, der uns hier eingeschleust hatte. Die Berufung auf seinen Arbeitgeber Ronald S. Lauder dürfte die Tür geöffnet haben. Zurück ins Hotel und mit dem Cab nach Newark, wo die Maschine gegen 18 Uhr startete. Beim Umsteigen in Frankfurt Gelegenheit, mit Eberhard Diepgen, der in derselben Maschine saß, zu plaudern.

*Berlin, 30. Dezember 1994*

Angriff der Russen auf Tschetschenien; Jelzin spielt die imperialistische Karte. Es gibt Gesetzmäßigkeiten einer nationalen Geopolitik, für die der Westen nur rhetorische Manöver bereithält. Wie lange noch? »Containment« ist langfristig nur möglich, wenn man den Realitäten ins Auge schaut. Die PC-Kampagne gegen die *Selbstbewusste Nation* geht weiter, aber es gibt auch positive, anerkennende Stimmen. Beunruhigender Brief von Botho Strauß, der öffentliche Aktionen gegen die Denunziationen in *Theater heute* anmahnt. Sonst will er seinen *Anschwellenden Bocksgesang* zurückziehen. Ich stellte ein eigenes Statement in der *Frankfurter* in Aussicht, auch Herbert Fleissner schaltete sich ein. Ich soll bitte auch im *Rheinischen Merkur* etwas Abschließendes zur Debatte schreiben.

Freude über die kleine Clarissa, unsere stille Dulderin mit den Astrid-Augen. Sie ist ihr, zumindest äußerlich, sehr ähnlich. Aber sie strahlt schon jetzt mehr Gelassenheit aus. Bin gespannt, wie sie sich entwickeln wird.

*Hamburg, 4. Januar 1995*

Über Silvester bei Ulrich, um mit Siegmar Faust und weiteren Freunden ins Neue Jahr hinein zu feiern, was nicht so recht gelang. Am nächsten Tag Fahrt auf schneeglatter Straße zu Uwe Wolff nach Solschen. Schöner Abend mit guten Gesprächen über den Lebenssinn, den Uwe ganz aus dem Glauben gewinnen möchte. Uwe gab mir Material für mein Nachwort zur *Marmorklippen*-Edition bei Ullstein. Unsere Rückfahrt endete im Stau bei Magdeburg, wo wir vier (!) Stunden auf der Autobahn zubrachten, mit quengelnden Kindern.

Zurück in Berlin gleich ein Radio-Interview. Thema: die Kresnik-Aufführung einer Anti-Kriegs-Revue *Ernst Jünger* an der Berliner Volksbühne. Choreografisch gut gemachtes Agitprop-Stück. Telefonat mit Frank Schirrmacher, der Beiträge aus unserer Festschrift (*Magie der Heiterkeit*) zu Ernst Jüngers 100. Geburtstag auf einer *FAZ*-Doppelseite drucken will. Darunter die Texte von Botho Strauß und Heiner Müller. Im Gegenzug bot er mir an, ich solle im Feuilleton etwas Resümierendes über die *Selbstbewusste Nation* bzw. den *Anschwellenden Bocksgesang* schreiben. Rief danach Botho Strauß an, dem ich dieses Angebot mitteilte. Er war sehr gesprächig und wetterte, er sei kurz davor, *Theater heute* – die Zeitschrift hatte Briefe von ihm gegen seinen Willen abgedruckt – »zu vernichten«. Was immer das heißt. Er erwägt wohl rechtliche Schritte. Überhaupt wirkte er äußerst intransigent gegenüber Leuten, die ihm »Brücken bauen« wollen: »Wer sind die eigentlich, wie komme ich dazu, mir von diesen Nullen etwas sagen zu lassen?!« Am Ende wollte er, der selbsternannte Eremit, sogar zu Ernst Jüngers Geburtstagsfeier am 29. März nach Wilflingen kommen. Zuvor hatte Schirrmacher gebeten, ich möge doch darauf hinwirken, dass sich Schäuble und Jünger bei der Geburtstagsfeier sehen. Der dicke Kanzler sorgt sich um den rechten Rand und will die Jungkonservativen an seiner breiten Brust zerquetschen.

Telefonierte mit Serge Mangin, der vom französischen Staat zum »Chevalier l'ordre des Artes et des lettres« ernannt wurde. Der Orden wird ihm vom französischen Botschafter in Berlin überreicht. Er übersandte mir zwei Texte, einen zum Fall von Syracus und eine Liebesgeschichte mit etwas schiefem Ausgang. Wir haben jetzt einen passenden Spitznamen für Clarissa gefunden: »Little Buddha«. Inzwischen kann man sich mir ihr unterhalten; den Austausch gestaltet sie mit einer Art Grunz-Dialog, der auf Außenstehende amüsant wirken dürfte. Sie ist ein pures Astrid-Kind. Das Andersartige, Fremde beruhigt. Das Spiegelbild reizt.

*Berlin, 10. Januar 1995*

Gestern und heute Arbeit an einem längeren Text für die *FAZ* über das Medien-Echo auf die *Selbstbewusste Nation.* Die Einladung dazu kam von Frank Schirrmacher. Mein Beitrag ist sehr offensiv, und ich hoffe, dass er konveniert. Darin nahm ich auch auf, was Botho Strauß über die sogenannten Brückenbauer gesagt hatte. Unter dem Titel *Geistlose Brandstifter* schrieb ich: »Die ›Brücken‹, die ihm (Botho Strauß, d. V.) das selbsternannte Inquisitionstribunal von *Theater heute* baute, haben ja auch nichts wirklich Verbindendes: Sie führen nur in die luftige Höhe des Prangers.« Gerangel zwischen *FAZ* und *Spiegel* um den Festschrift-Beitrag von Strauß. Plädierte dafür, ihn Schirrmacher zu überlassen, zumal er weitere Texte aus *Magie der Heiterkeit* abdrucken will.

Im Berliner Landgericht beim Schadenersatz-Verfahren gegen *Theater heute,* das Botho Strauß angestrengt hat. Viel Presse; die Strauß-Klage wegen des unerlaubten Abdrucks von zwei seiner Briefe wurde abgewiesen, obwohl Anwalt Peter Raue ein ausgezeichnetes Plädoyer hielt. Die Richterin schien von Anfang an sehr voreingenommen und verwies auf das »öffentliche Interesse« am Inhalt der Briefe – als gebe es keine Persönlichkeitsrechte. Der

Anwalt von *Theater heute* moralisierte mit der Nennung der Namen Ernst Nolte und Rainer Zitelmann. Er fügte einige läppische Bemerkungen zu Noltes Person und Werk an, die nichts mit der Sache zu tun hatten. Ein Skandalisierungsversuch, der allerdings funktionierte. Anschließend wurden Raue und ich von Rundfunk-Journalisten befragt, wobei ich kräftig austeilte, vor allem gegen *Theater heute*-Autor Peter von Becker, der wie sein Kollege Wille anwesend war und den Sachverhalt gänzlich auf den Kopf stellte. Er stellte den Abdruck als journalistische Notwendigkeit und damit zugleich als aufklärerische Tat dar. Man muss diese Lemuren mit ihrer verlogenen Forschheit gesehen haben, um zu begreifen, dass diese Leute aus einem notorisch guten Gewissen schöpfen. Sie verstehen sich als Antifaschisten – und denen ist bekanntlich alles erlaubt.

*Berlin, 30. Januar 1995*

Mein Aufsatz *Geistlose Brandstifter* im Feuilleton der *FAZ* hat mir zahlreiche Zuschriften/Anrufe sowie ein respektables Medien-Echo eingetragen. Kritik gab es ausgerechnet vom Axel-Springer-Verlag, der mich wegen der Publikation eines Textes in einem »Konkurrenzmedium« disziplinieren möchte. Allerdings erlaubt mein Vertrag solche Einzelveröffentlichungen, zumal in eigener Sache. Verfasste auch das Nachwort für die Ullstein-Ausgabe der *Marmorklippen*. Jetzt bereiten wir die dritte Auflage der *Selbstbewussten Nation* vor; es liegt inzwischen auch eine Reihe von positiven Rezensionen vor, die Stimmung beginnt sich zu drehen.

Bei der *Welt* nun also der liberale Herr Löffelholz als Chefredakteur. Rainer Zitelmann hofft, dass ihm der Vorstandsvorsitzende Richter, der Löffelholz von der *Stuttgarter Zeitung* geholt hatte, wieder mehr redaktionellen Spielraum zugesteht. Ich selbst bin als Chefredakteur bei *Reader's Digest* im Gespräch, was von dem mit sehr gewogenen Caspar von Schrenck-Notzing vermittelt wurde. Das wäre allerdings ein publizistisches Nebengeleis, das mich nicht sonderlich reizt. Mein Platz ist im Hexenkessel Berlin. Nach der *FAZ*-Veröffentlichung langes Gespräch mit

Botho Strauß, der sich über den Text erfreut zeigte. Verärgert, dass er seinen Prozess gegen *Theater heute* in der ersten Instanz verloren hat. In der Redaktion Plauderei mit Wolfgang Herles vom *ZDF*. Er befragte mich zur Ernst Jünger-Festschrift und zur *Selbstbewussten Nation*. Jetzt noch Interviews mit *BR* und *WDR* – und bald der Jünger-Geburtstagsrummel.

*Berlin, 16. Februar 1995*

Hinter mir liegen zahlreiche TV- und Rundfunkgespräche; darunter ein *Panorama*-Auftritt sowie eine Talkshow beim Sender *N3* mit Peter Merseburger, Arnulf Baring, Claus Leggewie, Guido Westerwelle und Wolfgang Templin. Dazu Interviews mit Reportern von *Le Monde* und *L'Express*. Im Ausland sieht man unsere Arbeit viel gelassener, ja wünscht sich geradezu ein größeres Selbstbewusstsein der Deutschen, die allzu lange in ihre Geschichte verstrickt blieben und damit als Akteure ausfielen. Bei allen Gesprächen ging es um die Doppelveröffentlichung der *Selbstbewussten Nation* und der Jünger-Festschrift, die als taktisch eingeschätzt wird. Das stellt sich natürlich, schaut man auf die Wirkung, durchaus so dar, aber es sind ja auch Ereignisse wie die Debatte um den *Anschwellenden Bocksgesang* und vor allem der 100. Geburtstag Ernst Jüngers, die hier die Terminlage bestimmten. Die Linke interpretiert diese Koinzidenz als Diskursstrategie der »Neuen Rechten«, um, im Sinne von Antonio Gramsci, die Meinungsführerschaft zu übernehmen. Das gefällt Rainer Zitelmann, dem es vor allem um maximales Getöse und den eigenen Auftritt geht.

Das Triumvirat Schacht/Schwilk/Zitelmann ist eigentlich eine Mär von interessierter Seite, um uns als Verschwörer zu diskreditieren. Uns, den Herausgebern der *Selbstbewussten Nation*, also Ulrich und mir, geht es um Normalisierung, um die Anerkennung der neuen Lage nach 1989. »Selbstbewusstsein«, das schreiben wir im Vorwort, »formiert sich nicht gegen andere, sondern formt sich auf sich selbst hin. Ohne Selbstvertrauen jedoch ist solch ein Prozess nicht wirklich möglich«. Dann folgt der Satz, der von den

366

Denunzianten, die dem Band und seinen Autoren Revisionismus vorwerfen, durchweg überlesen wird: »Das deutsche Selbstvertrauen aber ist gebrochen. Dafür gibt es bösen Grund. Jedes Nachdenken über deutsche Identität muss sich dieses bösen Grundes – als temporärer, nicht dauernder deutscher Selbstverfehlung – bewusst sein.«

Gespräch mit Michael Klett, der mich offiziell zu Jüngers 100. Geburtstag zur Feier in die »Kleber Post« in Saulgau einlud. Vorschlag von Klett: Wir sollten dem Hundertjährigen »reines Opium« zum Jubiläum schenken, das könne er als »letzte Ration« gut gebrauchen. Heute kam eine Kopie der Mitterrand-Rede auf EJ. Großartig. Astrid ist mit den Kindern in Bonn; die Wohnung ist still. Habe mein Arbeitszimmer ins frühere Schlafzimmer verlegt und durch den größeren, hellen Raum viel Salon-Atmosphäre gewonnen. Das hat sich bereits diesen Montag bewährt, als Hubert Winkels mit einem TV-Team anrückte, um für den *WDR* eine Jünger-Dokumentation zu drehen. Nach fast vier Stunden Dreharbeit bin ich gespannt auf das Resultat.

Heute kam aus Italien ein Brief mit Fotos von Federico, physiognomisch eine sichtbare Mischung aus Dagny und Francesco. Die beiden haben jetzt geheiratet, allerdings ohne Familienbeteiligung. Das ist bei der Vorgeschichte auch verständlich. Lese viel über Philip Johnson; morgen will ich das große Porträt für die *Welt am Sonntag* schreiben. Las in einer Biografie, dass Johnson in den dreißiger Jahren den nationalen Traum träumte. Kommt mir bekannt vor. Aber am Ende siegte der Künstler über den Politiker.

*Berlin-Steglitz, 27. Februar 1995*
Gesprächsrunde im *Deutschlandradio* mit Mathias Greffrath, Helmut Lethen, Franz Wille von *Theater heute* zum Thema *Selbstbewusste Nation*. Wille spielte den Inquisitor. Helmut Lethen gelehrt-versponnen, voller Sympathie für unser Projekt – wohl auch, weil er Rüdiger Safranski und Peter Sloterdijk schätzt. Greffrath ein etwas gebremster Achtundsechziger, irritiert durch mein Spiel auf der Klaviatur der Zivilisationskritik. Die 70-Mi-

nuten-Sendung eine gute Werbung für das Buch; sie wird am Freitag ausgestrahlt. Mit Ulrich neue Projekte konzipiert: eine Zeitschrift *Die selbstbewusste Nation*, Appell zum 8. Mai, Broschüre für die »Philadelphia Society« als Selbstdarstellung unserer Ideen für die USA. Einen Beitrag über den Paragraph 218 für den Band *Restauration*, den Wolfgang Templin im Ullstein Verlag herausbringen will.

Clarissa sehr süß, anschmiegsam. Laura anstrengend, aber mein Goldstück. Kann mir nicht mehr vorstellen, ohne diese wunderbaren Mädchen zu sein. Brachte Lina, fast schon eine junge Frau, ins Schullandheim nach Tiergarten. Ausflug zum Zisterzienserkloster Lehnin bei Brandenburg; wir besuchten die Backsteinkirche, die innen renoviert wird. Fontane hat der Kirche und vor allem der »Lehniner Weissagung« einen längeren Abschnitt seiner *Wanderungen* gewidmet. Ich las ihn im Klostercafé, wohin wir vor dem kalten Wind flüchteten. Heute ist dort – wie im Kloster Denkendorf – eine Diakonissen-Schule untergebracht. Der Klosterhof ist nur in Teilen erhalten. Erneut der Anhauch des Vertrauten, als ich die Gebäude umrundete. Bin doch ein Klosterzögling: Von Denkendorf (Hölderlin!) über Maulbronn (Hesse!) bis Blaubeuren (Mörike!). Das Kloster Chorin ist als Ruine beeindruckender, die uckermärkische Landschaft lieblicher. Lehnin überzeugt vor allem als Wirtschaftsensemble. Aber überhaupt nicht zu vergleichen mit Maulbronn.

Lektüre: Angelo Bolaffi: *Die schrecklichen Deutschen. Eine merkwürdige Liebeserklärung.* Der italienische Philosoph ist ein Willy-Brandt-Sympathisant, sehr belesen, doch ohne Tiefe und mit wenig echter Liebe für das Deutsche. Das Buch ist die Kopfgeburt eines Gelehrten.

*Berlin-Steglitz, den 12. März 1995*

Ein blauer, frischer Tag. Gegen 7 Uhr krähte Clarissa, vorher war schon Laura zu mir ins Bett gekrochen. Astrid fühlt sich besser, verliert Pfunde und beginnt sich wieder am Sex zu erfreuen. Gestern kam *Siebzig verweht IV*. Enttäuscht, dass der Autor nichts

368

über *Das Echo der Bilder* schreibt. Er hätte, als kleinen Dank für die Festschrift zum Fünfundneunzigsten, einen der dort reichlich abgedruckten Aphorismen zitieren können. Dafür stieß ich auf die Namen von Gerd Holzheimer, Serge Mangin und Rolf Schilling. Immerhin hat er sich, mit einer schönen Widmung, persönlich bei mir bedankt. Drei Tage in Wildbad-Kreuth bei einer Tagung über »Linksextremismus«. Traf dort Alfred Mechtersheimer, Eckhard Jesse und Michael Klonovsky.

*Berlin, 19. März 1995*

Mit Laura gezeichnet. Sie hat schon einen kühnen Strich und malte ein putziges Fahrrad, diverse Knöpfe und einen eleganten Hubschrauber. Lektüre: *Philemon und Baucis* sowie *Die Schere* als Vorbereitung für den Beitrag in der *Welt am Sonntag* über *Ernst Jünger und das Alter*. Eigentlich ein Essay über Zeit und Transzendenz. Sagte meinen Vortrag auf dem Hambacher Schloss ab; Anruf von Albrecht Jebens, der mir mitteilte, Filbinger sei bestürzt darüber. Werde fest bleiben. Diese Woche kam von Klett-Cotta ein druckfrisches Exemplar der Festschrift *Magie der Heiterkeit*. Leider ist die Paginierung verrutscht.

*Berlin, 25. März 1995*

Heute die Wochenendbeilagen voller Jünger-Artikel zum Hundertsten. Gutes Echo: Joachim Fest, Klaus Podak, Thomas Kielinger. Morgen in der *Welt am Sonntag*: Gertrud Fusseneggers persönliche Erinnerungen und mein Beitrag über *Ernst Jünger und das Alter*. Hubert Winkels' Jünger-Film ein übles Machwerk, das alle geläufigen Linksklischees über EJ repetiert: Kitschier, Kältetechniker, Faschist. Auch die *Zeit* und der *Spiegel* voll Häme. Kontroverse mit Astrid, die sich vernachlässigt fühlt. In der Zeitung las ich über ein Ehe-Drama, das sich in Wien abspielte: Eine verbitterte Mutter warf ihre beiden Kinder aus dem 4. Stockwerk dem Ehemann vor die Füße; vorher hatte sie auf ihn geschossen, ohne zu treffen. Eine zeitgenössische Medea. Morgens kroch Laura, die ein feines Gespür für Stimmungen hat, zu mir ins Bett und streichelte mir lange die Wange. Entsprechend ihres ausgeprägten Gerechtigkeitssinnes pendelte sie mehrfach zwischen den Schlafzimmern, um es uns beiden recht zu machen.

Überlegung: Könnte ich an A. wachsen, moralisch, spirituell, geistig: durch Verständnis, Versenkung, Mit-Gefühl? Es wäre einen Versuch wert im Sinne der Pascal'schen Wette. Las vorher einen eigenen Beitrag vom April 1991 im *Rheinischen Merkur* über *Max Frisch und seine Frauen*, der mir die Schuppen löste; es ist sehr viel Selbsterkenntnis darin – wie in allen gelungenen Texten. Wunderbar passend zur Lage auch ein Zitat aus Spinozas *Ethik*: »Der Hass, welcher durch Liebe gänzlich besiegt wird, geht in Liebe über; und die Liebe ist dann stärker, als wenn ihr der Hass nicht vorausgegangen wäre.«

*Saulgau, 30. März 1995*

Gestern mit dem Flugzeug nach Stuttgart und von dort mit dem Mietwagen im Schneetreiben nach Saulgau. Dabei: Astrid und Ulrich; für beide hatte ich von den Jüngers eine Einladung zur personell sehr begrenzten Feier in Jüngers Lieblingsrestaurant »Kleber Post« erwirken können. Die Innenstadt war gesperrt; es gelang mir jedoch, den Wagen direkt an der Kleber Post abzustellen. Zeit genug, sich im Hotel umzusehen. Rolf Hochhuth, der wegen seiner Angriffe auf Filbinger nicht eingeladen war, stahl sich als Co-Kommentator des Südwestfunks ins Haus. Mit grasgrüner Krawatte kommentierte er aus dem Hinterzimmer.

Gespräche mit dem Jünger-Freund und LSD-Entdecker Albert Hofmann, mit Cheflektor Hubert Arbogast, Professor Julien Hervier, Thomas Kielinger, Michael Klett, Martin Meyer. Ernst Jünger traf pünktlich um 12.30 Uhr mit Kohl und Herzog ein; rustikale Begrüßung der beiden Dicken. Im Schlepptau dabei auch Baden-Württembergs Ministerpräsident Teufel. Wir saßen im Speisesaal des Hotels, von der Ehrentafel durch einen gemauerten Bogen getrennt. Vor dem Menü Gratulationscour. Während wir mit EJ plauderten, entstanden einige sehr lebendige Fotos. Der Südwestfunk übertrug die gesamte Feier direkt im TV. Liselotte Jünger begrüßte Astrid mit den launigen Worten: »Haben Sie Ihre Kinder chloroformiert?« EJ signierte mir an seinem 100. Geburtstag die Erstausgabe von *In Stahlgewittern* von 1920 sowie die Festschrift *Magie der Heiterkeit*.

*Berlin, 12. April 1995*

Zum Ostergottesdienst. Einfach-kraftvolle Predigt zum Thema »Auferstehung und Ewiges Leben«. Bisweilen ist es wichtig, einfach nur die Grundtatsachen des Glaubens in Erinnerung zu rufen. Der hiesige Pfarrer traute sich gar, das Christentum von anderen Religionen abzusetzen: Wegen der Realpräsenz Christi. Dazu gehört heute schon Mut; ich hörte von Lina, der Pfarrer sei nicht sehr beliebt.

*Berlin, 19. Mai 1995*

Wochen voller Turbulenzen, keine Atempause, um Tagebuch zu führen. Die Initiative *8. Mai 1945* beanspruchte alle Kräfte. Diesmal arbeitete die ganze Familie mit. Astrid organisierte den Briefversand, Timo und Lina tüteten Einladungen ein, klebten Briefmarken. 6000 Briefe wurden versandt, 700 Briefe mit Eintrittskarten für die geplante Großveranstaltung in der Münchner Philharmonie – und, nach den Interventionen von Kohl und Waigel, 700 Absagen. Der Aufruf *8. Mai 1945 – Gegen das Vergessen* erschien als Anzeige erstmals am 7. April auf Seite 3 der *FAZ*. Ich hatte ihn zusammen mit Ulrich und Rainer Zitelmann formuliert. Wir nutzten ein Heuss-Zitat, um den undifferenzierten öffentlichen Umgang mit dem Kapitulationsdatum zu attackieren: »Im Grunde genommen bleibt dieser 8. Mai 1945 die tragischste und fragwürdigste Paradoxie für jeden von uns. Warum denn? Weil wir erlöst und vernichtet in einem gewesen sind.« Daran knüpften wir unsere Kritik: »Die Paradoxie des 8. Mai, die der erste Präsident unserer Republik, Theodor Heuss, so treffend charakterisierte, tritt zunehmend in den Hintergrund. Einseitig wird der 8. Mai von Medien und Politikern als ›Befreiung‹ charakterisiert. Dabei droht in Vergessenheit zu geraten,

371

dass dieser Tag nicht nur das Ende der nationalsozialistischen Schreckensherrschaft bedeutete, sondern auch den Beginn von Vertreibungsterror und neuer Unterdrückung im Osten und den Beginn der Teilung unseres Landes. Ein Geschichtsbild, das diese Wahrheiten verschweigt, verdrängt oder relativiert, kann nicht Grundlage für das Selbstverständnis einer selbstbewussten Nation sein, die wir Deutschen in der europäischen Völkerfamilie werden müssen, um vergleichbare Katastrophen künftig auszuschließen.«

Weitere Anzeigen in den großen deutschen Blättern folgten und lösten ein gewaltiges Echo aus. Es unterschrieben u.a. der Ehrenvorsitzende der CDU Alfred Dregger, der frühere Bundesminister Hans Apel von der SPD, die CSU-Politiker Dieter Spranger und Friedrich Zimmermann sowie Peter Gauweiler und der einstige bayerische FDP-Vorsitzende (und jetzige Chef des Bundes Freier Bürger) Manfred Brunner. Um dem positiven Echo eine Bühne zu bieten, luden wir Mitglieder der Union und sämtliche konservativen Köpfe des Landes nach München ein. Dort sollte eine Gegenveranstaltung zu der von Bundeskanzler Kohl im Konzerthaus am Gendarmenmarkt in Berlin geplanten Feier stattfinden.

Um die Details der Münchner Veranstaltung zu besprechen, lud Alfred Dregger uns in sein Bundestagsbüro nach Bonn ein. Rainer Zitelmann führte das große Wort, was Ulrich verärgerte. Die beiden sind sich spinnefeind. Wir vereinbarten, dass Dregger die Hauptrede hält, Ulrich als DDR-Widerstandskämpfer unsere Position darlegt. Auf der Bühne der Philharmonie sollten dann Ernst Nolte, Manfred Brunner, Ulrich Schacht, Rainer Zitelmann und ich über die historischen Hintergründe bzw. die gesellschaftspolitische Bedeutung des 8. Mai diskutieren. Am Ende stießen wir mit Sekt auf das Gelingen der Münchener Veranstaltung an. Dregger sagte: »Meine Herren, es ist gut, dass es Sie gibt!« Nur zehn Tage später, am 27 April, fiel er um, nachdem er uns Bedingungen für seinen Redner-Auftritt – unter anderem die Absage des Podiums – hatte diktieren wollen.

372

Davor führte ich zahlreiche Telefonate mit ihm und seiner persönlichen Referentin. Die Gespräche zeigten, wie abhängig der sogenannte Rechtsaußen der Union, von seinen Verehrern wegen seines forschen Auftretens »Django« genannt, von Helmut Kohl ist. Vor nichts scheint er mehr Angst zu haben als vor der Ausgrenzung. Am Telefon jammerte er: »Ich bin in meiner Partei völlig isoliert.« Er erwartete wohl, dass ich mich aus Mitleid umstimmen lasse, was natürlich völlig abwegig war. W i r waren ja die Veranstalter, und der Gast-Redner kann nicht – nachträglich! – die Agenda bestimmen.

Dregger hatte Helmut Kohl nichts entgegenzusetzen. Kohl wollte als »Kanzler der Einheit« unbedingt den großen Auftritt in Berlin und hatte dazu auch Gorbatschow geladen. Leider fiel auch Gauweiler um, der sich um unseren Auftritt in der Münchner Philharmonie gekümmert und das Haus angemietet hatte. Er knickte letztlich vor dem CSU-Vorsitzenden Theodor Waigel ein. Der versuchte die bayerische Veranstaltung im Sinne seines Meisters zu verhindern. Erika Steinbach sagte mir nach dem 8. Mai, Dregger sei nun sehr depressiv und beklage unsere Hartnäckigkeit, die er vollkommen unterschätzt habe. Wir nennen das Moral.

In den zurückliegenden Wochen gab ich unzählige Interviews, viele auf Englisch: *BBC, ABC* etc. Zwei TV-Interviews fanden am Gendarmenmarkt und vor dem Brandenburger Tor statt. Wenige Tage vor dem 8. Mai kam ein *ABC*-Reporter (Europa-Korrespondent des Senders) extra aus London, um mit mir ein Gespräch zu führen. Es wurde in der besten Sendezeit – 18.30 Uhr – in den USA ausgestrahlt. Inzwischen liegt uns ein dicker Pressespiegel zum 8. Mai vor, der dokumentiert, was für ein kontroverses Echo unsere Aktion ausgelöst hat. Trotz der »von oben« verfügten Münchner Absage, die viele Sympathisanten (und Unionsleute) enttäuschte, entschieden wir, eine Alternativveranstaltung auf dem Hambacher Schloss zu organisieren. Dort hielt Ulrich seine, auch rhetorisch, großartige Rede (*Das Maß der Erschütterung*). Die Zuhörer hielt es nicht auf den Sitzen, tosender Applaus, der auch unserem Durchhaltewillen galt – trotz des übermächtigen Gegenwindes aus dem Kanzleramt.

Ich moderierte anschließend eine zweistündige Podiumsdiskussion zum Thema *Aufbruch und Erneuerung*. Leider hatte Alfred Jebens, Vorsitzender der Hans Filbinger-Stiftung, *Spiegel*-TV und die *Zeit* ausgeladen, sodass nur die Regionalpresse berichtete. Bei der Pressearbeit sollte man nicht nach ideologischen Kriterien verfahren, sondern ausschließlich nach der Wirkung. Nichts ist schlimmer als die Nicht-Berichterstattung. Das weiß jeder Autor, der einmal erlebt hat, dass sein Buch nicht schlecht, sondern gar nicht besprochen wurde.

Von den im Vorfeld angekündigten Links- und Rechtsradikalen war an diesem Zentralort der deutschen Freiheitsbewegung nichts zu sehen. Auch hier war ein Popanz aufgebaut worden. Michael und Ferdinand fuhren im schwarzen Cabriolet direkt vor dem Schloss vor. Nach seinem spektakulären Auftritt setzte Michael uns dann in Kenntnis, dass er arbeitslos sei und erwarte, dass man ihn unterstütze. Das passte natürlich nicht zum Cabriolet. Oft ist die Eitelkeit stärker als der Verstand.

Am 10. Mai Vortrag von *Focus*-Chef Helmut Markwort im Restaurant Redoute im Glienicker Schloss. Er sprach über seine Medien-Erfahrungen. Gelegenheit, mit Markwort über unsere eigenen Erfahrungen bei der *Welt* zu plaudern. Beim Vortrag überfiel ihn heftiges Nasenbluten, er musste eine Auszeit nehmen. Ich trank viel Champagner, sodass ich auf der Heimfahrt allzu bissige Bemerkungen machte. Wenn überhaupt, dann sollten wir zum *Focus*-Magazin wechseln; ein Gespräch in München ist avisiert. Kaufte einen extra PC nebst Faxgerät für das Organisatorische. Beides ist nützlich, wenn wir jetzt daran gehen, unseren Verein »Arbeit für Deutschland« aufzubauen – Vorstufe für eine mögliche Partei mit dem Namen »Allianz für Deutschland«, Kürzel AfD. Bereiten uns auf einen Herbst-Kongress in Berlin oder Dresden zum Thema *Wiederkehr des Kommunismus oder Renaissance des Nationalstaats* vor.

*Berlin, 21. Mai 1995*
Laura pendelt zwischen verquerem Humor und Unsinn, der bisweilen bizarre Züge annehmen kann. So hockte sie unlängst auf Clarissa und spuckte ihr ins Gesicht. Dabei lachte sie schallend wie über einen guten Witz. Die Kleine schluchzte herzerweichend – es war wohl vor allem das Gefühl der Wehrlosigkeit. Ansonsten hat Laura viel Mitgefühl und ist im Kern eine gute Seele – mit allerdings seltsamen Ausreißern. Habe das Gefühl, dass sie unterschwellig eine Konkurrenzsituation auslebt. Las in der *FAZ* das Hölderlin-Gedicht *Als ich ein Knabe war*, was mich aufwühlte und Erinnerungen an meine Maulbronn-Zeit weckte. Ob ich diese so prägende Zeit irgendwann aufarbeiten, literarisch umsetzen kann?

*Berlin, 31. Mai 1995*
Wir entschieden, zum 17. Juni eine neue Aktion zu veranstalten. Christo verpackt den Reichstag, ausgerechnet am 17. Juni, dem Nationalfeiertag! Ich hatte die Idee, einen sowjetischen (Besatzungs-)Panzer auf dem anderen Spreeufer gegenüber dem Reichstag zu verhüllen. Morgen kommt ein TV-Team des *SFB*, um einen Beitrag für *Kontraste* über die Panzer-Aktion zu machen. Porträtiert werden sollen Ulrich, Rainer und ich, das sogenannte »Triumvirat«. Beitrag in der *Woche*; ein Fotografen-Team schoss zwei Stunden lang Bilder in unserer Wohnung. Telefonierte lange mit Dagny, die derzeit eine Dissertation ins Italienische übersetzt. Sie hörte sich zufrieden an. In der Berliner Redaktion geht alles seinen Gang. Erstaunlich, dass wir sie als Kommandostand nutzen können – ohne Einspruch aus Hamburg.

*Berlin, 12. Juli 1995*
Die Panzer-Aktion war ein voller Erfolg. Das Tiefbauamt Mitte erteilte die Erlaubnis, die aus Zossen angelieferte Panzer-Attrappe eines T 34 – sie kostete 3500 Euro Miete für einen Tag! – am »Parlament der Bäume« zu platzieren. Es war ein Wettlauf mit der Zeit, denn erst zwei Tage vor dem großen »Event«, der Prä-

sentation von Christos Reichstagsverpackung, hatten wir das Papier in der Tasche und konnte Astrid 62 Quadratmeter weißen Vorhangstoff (Reste vom Kladower Haus) zusammennähen und mit Nieten zum Befestigen versehen. Ich faxte rund 40 Redaktionen an, um Medienleute an den Tatort zu dirigieren. Gegen Morgen war's geschafft; dann traf auch Wolfgang Winkel ein, um uns bei der Aktion zu unterstützen. Im Spreebogen wartete das *SFB*-Team mit Reinhard Borgmann, der zwei Wochen zuvor schon in unserer Wohnung gefilmt hatte. Der *Kontraste*-Film mit dem reißerischen Titel *Die neue Rechte* war erstaunlich fair und prophezeite der »Bewegung« rund 20 Prozent, falls wir eine Partei gründeten (Borgmann befragte die Demoskopin Elisabeth Noelle-Neumann und den Grünen Joschka Fischer). *SFB*-Moderator Jürgen Engert stellte unser Projekt als »interessant« vor.

Am 17. Juni wolkig, leichter Nieselregen. Gegen 9 Uhr trifft der Tieflader mit dem Panzer ein; ich weise ihm am Uferweg der Spree gegenüber dem Reichstag die Position an. Borgmann filmt. Um 11 Uhr stoßen Leute von den Opferverbänden zu uns, dazu ein erstes ausländisches TV-Team. Um 12 Uhr ziehe ich mit Hilfe von Redakteuren der *Jungen Freiheit*, Wolfgang Winkel und Siegmar Faust die Plane über den Panzer; er wird mit einer blauen Kordel verschnürt und von uns durch rotes Spray mit der Aufschrift »Gegen das Vergessen – 17. Juni 1953« versehen.

Als Zaungast neben Dieter Stein auch Frank Schirrmacher, der sich vom Polit-Spektakel, aber vor allem von dem Sowjet-Panzer fasziniert zeigt. Seine Gattin, die Autorin Angelika Klüssendorf, flüstert mir zu, niemand wisse, für was sich ihr Mann wirklich interessiere. Sechs TV-Teams filmen, Fotoapparate klicken. Abends blenden das *heute journal* und der News-Sender *ntv* Bilder vom verpackten Panzer und Interviews mit den Organisatoren ein. Ein voller Erfolg, denn auch die Tagesschau berichtete. Astrid fand wieder ein Haar in der Suppe, aber ihre Hilfe war großartig. Lob von allen Seiten. Ohne sie hätte das Ganze kaum funktioniert. Die Aktion kostete rund 25 000 Mark, die wir durch Spenden aufbrachten. Jetzt ist die Kriegskasse leer.

376

Einladung zu einem Jünger-Symposium in Madrid; der Hundertjährige erhielt den Ehrendoktor der Complutense-Universität. Ich sollte einen Vortrag zum Thema *Ernst Jünger im Dritten Reich* halten. Am 2. Juli Flug über München nach Madrid, wo ich mit einem schwarzen Mercedes 500 am Flughafen abgeholt wurde. Abends traf Astrid mit dem Taxi im Hotel »Felipe Segundo« beim Escorial ein. Nach dem Abendessen im Kongress-Restaurant, wo wir mit dem Jünger-Übersetzer Julien Hervier und Jünger-Forscher Peter Koslowski speisten. Nächtlicher Gang zum Klosterschloss Escorial, das ich schon am Abend erkundet hatte. Dort nahm Ernst Jünger am 3. Juli in einer würdigen Zeremonie den Doktorhut entgegen. Er hielt eine kurze Rede über seine Beziehung zur spanischen Kultur, die ihm viel Applaus einbrachte. Das akademische Kollegium umarmte den Jubilar, fünf (!) Laudationes wurden gehalten. Sämtliche Gazetten Spaniens berichteten.

Am nächsten Tag Referat vor Studenten der Sommer-Universität; am Ende viel Beifall und eine spannende Diskussion. Stellte Jüngers Rückzug aus der politischen Publizistik seit Ende der Zwanzigerjahre wie seinen literarischen Widerstand dar, vor allem durch die Erzählung *Auf den Marmorklippen*. Es wurde simultan übersetzt. Am Nachmittag in den Prado; leider verpassten wir den Zug und mussten ein Taxi nehmen. Im Museum trafen wir Ernst und Liselotte Jünger, Michael Klett mit Gattin, Senator Fraga. Wir beschränkten uns auf die spanische Abteilung, besonders Velázquez und Goya; schauten natürlich Hieronymus Boschs *Garten der Lüste* und Breughels *Triumph des Todes* an. Jünger streifte vier (!) Stunden lang durch die Säle und wirkte übermenschlich frisch. An einem antiken Möbelstück erläuterte er uns die kunstvollen Intarsien, die aus blauem Lapislazuli gefertigt sind.

Danach zu Fuß zurück zur Plaza Mayor, wo wir eiskalte Cola tranken und in den Museumsbroschüren blätterten. Einkäufe im Salamanca, vorbei am Palacio Real und am Dom. Keine rundum fesselnde Stadt, sehr gepflegt, aber irgendwie seelenlos. Mit dem Taxi zum Abendessen zurück ins Escorial; wir wurden an den

Tisch der Jüngers und Kletts geladen. Freundliche Plaudereien bis Mitternacht. Dann Abschied von Ernst und Liselotte Jünger, die ins kastilische Hochland weiterreisten. Mit den Kletts eine weitere Flasche Rioja geleert; Plauderei über die Kinder und den Lago Maggiore, wo wir uns bald einmal gegenseitig besuchen wollen. Am nächsten Tag früh aus dem Bett und mit der Nobelkarosse zum Flughafen. Zuhause muss ich mich auf die Arktis-Reise mit Ulrich Schacht und seinen Männern vorbereiten.

*St. Petersburg, 18. Juli 1995*
Mit Ulrichs Ordensbrüdern auf dem Weg nach Sibirien. Das Wetter sehr klar, ein blauer Tag; um die 23 Grad. Auf gegen sechs Uhr nach einer schrecklichen Nacht wegen der Stechmücken, die meinen Kopf umschwirrten. Das Hotel hat den Charme einer in die Jahre gekommenen Parteischule. Das Zimmer ist mit einem winzigen klebrigen Bad, vernutztem Mobiliar und einem schmalen Bett mit grober Decke ausgestattet, der Vorhang hängt an einigen wenigen Klammern traurig auf Halbmast. Auf den dunklen Gängen hockten dickliche Conciergen, die nachts zu Puffmüttern mutieren – man verdient hier eben wie und wo man kann.
Mit dem Bus zum Militär-Flughafen im Norden der Stadt. Wir passierten Schrebergärten und Datschen, das Flughafengebäude eine Ruine, im Inneren eine mörderisch stinkende Toilette. Um 10.30 Uhr bestiegen wir eine Antonov-26-Turboprop-Maschine der früheren Aeroflot. An der Bugtür noch immer ein Sowjet-Signet mit Hammer und Sichel. Der Pilot kreiste um die Maschine, den Blick auf die abgefahrenen Profile der Reifen geheftet. Wir verfolgten seine Kontrolle mit gemischten Gefühlen. Der Start verzögerte sich wegen einer defekten Blackbox, eines Gerätes, das die Daten während eines Absturzes aufzeichnet.
Die Antonov 26 ist das Gegenstück zur holländischen Fokker, beides sehr zuverlässige Maschinen. Kurz nach dem Start wurden Brombeer-Tee und Gebäck gereicht. Es bedienten der Kasache Wassily und eine mollige Stewardess. Gegen ein Uhr Zwischenlandung in Archangelsk, der Stadt des Erzengels. Das Thermome-

ter zeigte noch immer sommerliche 22 Grad. Wir verließen die Maschine, um uns am Rande des Rollfeldes die Füße zu vertreten. Während die Antonov aufgetankt wurde, rasten links und rechts startende und landende Flugzeuge an uns vorbei. Ein für Deutschland undenkbares Bild: Kinder laufen über die Piste, die Passagiere spazieren um die Maschine herum, fotografieren, dösen im Gras. Nach einer Stunde Weiterflug nach Anderma, wo wir erneut zwischenlandeten. Unterwegs erkundigte sich der Pilot per Funk wegen der Inflation ständig nach dem Benzinpreis, zwanzig Zentimeter hoch war der Geldscheinstapel, den die Stewardess dem Tankwart in Anderma aushändigte.

Um 14 Uhr überflogen wir den Polarkreis und wurden mit Krimsekt, Wodka und Apfelschnitzen bedacht. Aus 4000 Metern Flughöhe waren mäandernde Flüsse zu erkennen, die im hellen Polarlicht aufgleißten. Es sind die gewaltigen sibirischen Ströme Sewernája, Pérschora, Jenisséj, Pjasína. Am Horizont leuchtete der Arktische Ozean. Ich las Adolf Erik Nordenskiölds Arktis-Tagebuch. Dazwischen Gedanken an Astrid, Laura, Lina, Clarissa; die Familie wird als Schatz gehegten Lebens erkennbar aus der Distanz. Aber auch das Loslassen muss gelernt sein – wir werden dadurch umso mehr festhalten. Ich betrachtete die Fotos und wärmte mein Herz.

Andermas Flughafen kündigte sich schon aus der Luft als eine einzige Müllhalde an. Abgedeckte Häuser, zersplitterte Balkone, Metallskelette verfallener Hochhäuser inmitten riesiger Trümmergrundstücke zeigen, wie fahrlässig die Sowjetmenschen mit der Umwelt umsprangen. An der Fassade des ramponierten Flughafengebäudes ein schon etwas abgeblättertes monumentalen Lenin-Porträt: »Lenin lebte, Lenin lebt, Lenin wird immer leben.« Die Temperatur auf 8 Grad abgestürzt, wir sind in die Zone des Permafrostes eingetreten. Das Gebäude selbst kalt und leer; in der Haupthalle eine überdimensionale Reliefkarte der Sowjetunion, in die sämtliche Flughäfen eingraviert sind. Die Toilette eine Kloake des Grauens, schwarz verbackene Fäkalien und ein trichterförmiger Höllenschlund, aus dem Aasdunst aufsteigt.

Der Wasserkasten außer Funktion, aber kein Eimer in Sicht. Der zweite Abtritt mit Lappen und Ziegelsteinen zugestopft. Uwe filmte den schrecklichen Ort als einen Tiefpunkt menschlicher Zivilisation. Für uns erschien er wie ein Vorschein auf das, was uns noch erwartet, denn über Dickson haben wir ähnliches gehört. Nach einer zweistündigen Pause starteten wir zur letzten Zwei-Stunden-Etappe. An Bord gab es reichlich Wodka und Käse, später Brombeer-Tee und Hartkekse. Wir flogen auf 7000 Meter, in der Tiefe mäanderten die Flüsse.

*Dickson, 19. Juli 1995*

Den Militärstützpunkt Dickson erreichen wir erst nach Mitternacht. Er ist nach dem schwedischen Unternehmer Oskar Dickson benannt, der die Forschungsreisen des Schweden Adolf Erik Nordenskiöld finanzierte. Nordenskiöld hatte mit seinem Schiff »Vega« als erster die Nord-Ost-Passage geschafft und damit Europa und Asien umsegelt (1878-1880). Stalin richtete auf Dickson einen Gulag ein, 1500 Sowjetsoldaten lebten zu Zeiten des Kalten Krieges hier, heute sind es gerade noch zehn. Die Juli-Temperaturen bewegen sich um den Nullpunkt – damit lässt sich auch die Stimmung beschreiben, die über dieser grauen Ansiedlung liegt. Die Mitternachtssonne hat etwas Gnadenloses. Wohin man die Schritte auch lenkt, man stößt auf Schrott, zerborstene Leitungsrohre, verrostete Kettenfahrzeuge, Schiffswracks, die aus dem grünen Eiswasser ragen. Aus undichten Rohren rieselt Wasser. Draußen dämmern in der Tiefe versenkte Atom-U-Boote in der Kara-See, ein apokalyptisches Szenario. Auf Nowaja Semlja (»Neuland«) erprobten die Sowjets ihre Atombomben. Irgendwann wird die Strahlung durch die verrotteten Metallmäntel der Atomtriebwerke dringen und die Region in ein Totenreich verwandeln.

Wir sind im »Hotel Aeroport« untergebracht, in den Zimmern huschen Kakerlaken über die Dielen. Wir nennen es deshalb »Zur fröhlichen Kakerlake«. Das Gebäude steht auf dem höchsten Punkt der Insel. »Nachtessen« im Lenin-Restaurant, vor dem ein Denkmal für den Sowjetsoldaten steht. Es gibt Gemüsesuppe, Huhn, Wodka, Kaffee. Nach drei Stunden Schlaf verlassen wir diese Zwischenstation schon wieder; vorher müssen wir eine pedantische Pass- und Zollkontrolle über uns ergehen lassen. Chefin des Postens ist eine üppige Blondine in blauer Uniform und mit gefütterten Lederstiefeln, die den Auszug aus der Zone des Todes mit den höheren bürokratischen Weihen versieht.

Start von Dickson um 11.50 Uhr. In einer Wolke aus Flugbenzin und mit ohrenbetäubendem Lärm hebt der gelbe Großraumhubschrauber, eine MI-8, ab. Ulrich Schacht hat Maschine samt dreiköpfiger Besatzung (Pilot, Techniker, Navigator) für zehn Tage gechartert. Ob das in die Jahre gekommene Fluggerät durchhält? Es soll schon im Afghanistan-Krieg eingesetzt worden sein. Unser erstes Ziel: ein holländisches Expeditionscamp östlich von Dickson. Unter uns nur Wasser; wir sehen Schwärme von Stöhr. Gegen 13 Uhr setzen wir eine Holländerin, die unseren Helikopter als Taxi benutzt, auf einer der Pjasina-Mündung vorgelagerten Halbinsel, dem Kap Wostochni, ab. Die Holländer forschen über die Wechselbeziehung zwischen Gänsen und Polarfüchsen sowie das Brutverhalten der Vögel. Die Forschungen beschränken sich auf die Saison von Mai bis September; die Gruppen bleiben jeweils zwei bis vier Monate. Das Camp nennt sich »Biologische Station Willem Barents«.

Abflug um 13.47 Uhr. Tankstopp 14.35 Uhr an der »Lagune«. Zahllose Rostfässer zerfallen im arktischen Tempo, also im verlangsamten Zersetzungsprozess. Verstörendes Bild: die hässlichen Zivilisationsrelikte vor der reinen und blendend schönen Kulisse des Eismeeres. Die Militärlager auf Kap Tscheljuskin, in Sredny und Krenkl geben dieser menschlichen Hybris die Namen. Im Schnee Spuren von Bärentatzen, Wildgänse hocken auf Schneewehen unter Felsabstürzen. Der Wind ist schneidend kalt, ich setze erstmals meine Wollmütze auf. Um 15.20 Uhr Weiterflug zur Halbinsel Taymir. Der Helikopter fliegt mit 180 Stundenkilometern, auf einer Höhe von 100 bis 140 Metern.

17.20 Uhr Landung auf Kap Granit. An der Mündung des Taymir besuchen wir den Fischer Jurij Rogatsch. Er wohnt hier »mit siner Fru« und zwei Hunden seit siebzehn Jahren in vollkommener Abgeschiedenheit. In der Blockhütte werden wir mit Fisch- und Rentierpastete, geräucherter Lachsforelle, Brot, Wodka, Limonade und Tee bewirtet. Als Wohnzimmerschmuck die obligatorische Fototapete mit russischen Birkenalleen als Erinnerung an die ferne Heimat. Dazu handgeknüpfte Wandteppiche, ein Funkgerät, ein Radioapparat. Geheizt wird mit einem Gasofen, die Gasflasche steht im Raum. Den Tisch bildet eine Kommode mit aufgeschraubter Holzplatte. Eine ausgetriebene Riesenzwiebel dient als Zimmerpflanze.

Wir drängen uns in der Enge des Raums um den reich gedeckten Tisch. Ein köstliches Mahl, nie zuvor habe ich solch frischen, geschmacksintensiven Fisch gegessen! Galina wirft ein paar Brocken Deutsch hin: »Guten Tag allesamt!« – »Komm mit!« Hatte lange Zeit mit Wolgadeutschen zu tun. Der Fischer stellt dem weißen Polarfuchs mit Fallen nach. Ich kaufe für 30 Dollar einen schönen, seidig glänzenden Pelz. Zum Thema Ökologie sagt der kluge Eremit während des Gesprächs: »Alle hundert Jahre drehen die Deutschen wegen eines anderen Begriffs durch.« Draußen nieselt es, der Hubschrauber steckt tief im Schlamm; der mächtige Rotor schafft es aber, die Räder herauszuziehen.

Abflug um 18.45 Uhr. Um 19.15 Uhr überfliegen wir das Jenisséj-Delta. Ankunft auf Kap Tscheljuskin gegen 20 Uhr. Das heutige Camp wurde 1932 von der Universität Leningrad als Polarstation für hydro-meteorologische Messungen gegründet. Das Lager liegt etwas erhöht über dem Strand, ein eisiger Wind fegt durch die Barracken. Urinspuren von Eisbären, fünf sollen in der Nähe des Lagers gesichtet worden sein. Gerne wühlen die Raubtiere im Müll oder spekulieren auf Lebendiges, auch Hunde sollen schon ihre Beute geworden sein. Auf der Ladefläche eines Militärlasters und in Begleitung des wachhabenden Offiziers Viktor, der eine Kalaschnikow geschultert hat, rumpeln wir zur Spitze des Kaps, das von einem Kreuz und einem Schiffsanker markiert ist: 77 Grad 42 Minuten 07 Sekunden nördlicher Breite, 104° 8' Länge.

382

Hier scheiterte so mancher Traum von der Umrundung des Kaps auf der Nord-Ost-Passage. Auch an diesem Ort massenhaft Rostfässer, dazu Autowracks und Flugzeugskelette, dazwischen Lachen von Ölrückständen, Kabeltrommeln. Draußen treiben schwere Eisschollen im türkisfarbenen Wasser. Durch das Camp scheppert Musik aus Großlautsprechern, dazwischen Werbung, Radionachrichten, Funksprüche und sogar Dialogfetzen eines Tschechow-Hörspiels. Offenbar ist die Einsamkeit nur durch solch eine Dauerbeschallung zu ertragen.

Viktor führt uns zum Museum der Station Fedorov, in dem die Geschichte der von Kap Tscheljuskin aus gestarteten Expeditionen dargestellt ist. Sie beginnt unter Zar Peter I. und endet mit dem Absturz zweier Piloten 1934. Der Holz-Propeller der Unglücksmaschine ist zu sehen, aber auch eine Flasche aus den Dreißigerjahren. Dazu Mineralien, Messgeräte, Orden, Abzeichen, Tierfotos. Ein Moschusochsen-Geweih erinnert daran, dass hier einmal 300 Mammuts aus Kanada vegetierten. Heute leben hier u.a. Eisbären, Rentiere, Lachse, Möwen und Schnee-Eulen.

Nach der Führung geht es in den Speisesaal, der von Musikboxen, einem Schlagzeug und dem in bengalischen Farben flimmernden Fernseher beherrscht wird. An der Wand die klassische Foto-Tapete. Dazu halbvertrocknete Zimmerpflanzen, ein Klavier und klapprige Stühle. Im Casino serviert man Tee, eine Schachtel mit Zuckerbrocken, Dosen gezuckerter Milch, einen klebrigschwarzen Brotaufstrich sowie ranzige Butter. Aus einem Karton greifen wir Hartkekse. Das Gespräch, übersetzt von unserer Dolmetscherin Juliana, dreht sich um die Zukunft Russlands und natürlich dieser Station. Der fatalistische Unterton ist unüberhörbar, man ist das Warten und Sich-Fügen gewohnt. Moskau ist weit.

Abflug 23.40 Uhr zum Archipel Severnaja Semlja (»Nordland«), eine Strecke von 50 Kilometern. Wieder nieselt es, tief hängen die Wolken, in die wir uns hineinschrauben: Blindflug. Der Pilot muss sich aus Sicherheitsgründen alle zwei Stunden in Dickson über Funk melden, ansonsten setzt eine Such- und

Rettungsaktion ein. Die Crew fliegt schon seit drei Jahrzehnten in der arktischen Region, früher im Dienst der Sowjetarmee, jetzt als Angestellte der Aeroflot. Die Familien leben Tausende Kilometer entfernt. Eindrucksvolle Gletscherlandschaften mit tief eingeschnittenen Canyons breiten sich unter uns aus, durch die sich grüne Wassermassen zwängen. Zeitweilig fliegen wir im Konturenflug zwischen schneebekränzten Felswänden.

Nach einstündigem Flug erreichen wir »Bolschewik«, die südlichste Insel von Sewernaja Semlja. Der Archipel umfasst eine Inselgruppe in der Ausdehnung von 350 mal 350 Kilometern, die Hälfte der Landfläche ist vergletschert. Die höchsten Berge erreichen eine Höhe von 1000 Metern. Der Name »Bolschewik« erinnert wie »Komsomolez«, »Spartak« oder »Oktoberrevolution« an die ruhmreiche Zeit der *Roten Arktis*, wie sie Friedrich Sieburg in seinem Reisebuch geschildert hat. Der bekannte Polarforscher Uschakow hat die Eilande nach Begriffen der Oktoberrevolution benannt. Bald soll der Archipel Nowaja Semlja wieder in »Nikolaus-der-Zweite-Land« umgetauft werden.

Der Forschungsstützpunkt »Prima« kündigt sich aus der Luft durch verrostete Fässer und tiefeingefräste Wagenspuren an. Sie sollen im weichen Tundraboden 30 Jahre lang zu sehen sein. Dann kreisen wir über den 18 Holzbaracken, einem Sendemast und einem Holzkreuz am Rande des Plateaus. Menschen und Hunde eilen herbei, um das gelbe Ungetüm zu begrüßen. Die Station, an der nordwestlichen Seite der Insel knapp oberhalb des 79. Breitengrades gelegen, wird seit 1990 von einigen russischen Polarforschern auf eigene Rechnung geführt; das unterscheidet sie wohltuend von einigen anderen Militärcamps. Eigentlich sollte sie wie andere Stationen geschlossen werden. Ihr Überleben verdankt sie Vladimir Baranov, dem Gründer der Gesellschaft BARC (Business Arctic), die auch unsere Reise mitorganisiert hat.

Dr. Baranov, vor der russischen Wende Wissenschaftler am St. Petersburger Institut für Arktik und Antarktik, wird uns auf der gesamten Expedition begleiten. Er ist Naturforscher, Geologe, Meteorologe, Philosoph, spielt Gitarre, singt russische Volks-

384

lieder und strahlt mit seinem wettergegerbten Gesicht und den freundlichen blauen Augen eine aufmunternde Gelassenheit aus. Ursprünglich hat er Physik und Mechanik studiert und forschte über die Eisbildung an Schiffen und Flugzeugen unter arktischen Bedingungen. Er leitete bis 1990 mehrere wissenschaftliche Expeditionen – dann gab es kein staatliches Geld mehr. Inzwischen hat er auf der Nordpol-Route neun Hubschrauber-Exkursionen organisiert – als »einziger in Russland«, wie er stolz erzählt.

Zu den Forschern, die es hierher zieht, gehören Biologen aus Holland, Deutschland und Norwegen sowie Gletscherforscher aus England, Norwegen, Japan, Kanada und Österreich. Zudem kamen bislang rund 250 Touristen nach Prima. Der agile Baranov träumt von Heißluftballon-Flügen zum Nordpol wie einst Salomon Andrée, der das 1898 von Spitzbergen aus versuchte. Die Station Prima existiert erst seit 1987, damals wurde auch das Flugfeld angelegt. Die Flugzeuge halten auch die Verbindung zu den im Süden der Insel arbeitenden Goldgräbern. Auf Bolschewik gibt es nämlich seit 1980 ein Goldgräberlager mit 140 Goldwäschern – das nördlichste der Welt.

*Bolschewik, 20. Juli 1995*

Auf gegen 11.30 Uhr. Co Korte, der Holländer, weckt. Rasch in die Kleidung und hinüber zu Haus 1, um zu frühstücken. Es gibt Früchtetee, Brot, Butter, Marmelade, Eier, Fisch. Draußen ist es neblig, es nieselt wieder einmal. Der Helikopter schraubt sich mit viel Getöse auf 3000 Meter, um nach einer Wolkenlücke zu suchen. Nach 15 Minuten kehrt er zurück. Der Pilot meldet, dass es heute kaum geht. Der Blindflug durch die Berge erscheint ihm als zu gefährlich. Wir sitzen fest. Es ergibt sich somit die Gelegenheit, auf den Zimmern zu lesen, Tagebuch zu führen oder eine Runde ums Camp zu drehen. Der Archipel bietet einiges Wildleben: Hasen, Rentiere, Eisbären, Polarfüchse, Wale, Walrosse, Lemminge, Seevögel. Um die Insel dichtes Treibeis. Für die Jahreszeit ist das Meer sehr offen, wie uns Polarforscher und Stationschef Dr. Borschakow erläutert. Die Station kann nur im

August mit Eisbrechern aus Murmansk und Archangelsk versorgt werden. Das Trinkwasser kommt aus einem See 15 Kilometer vom Camp entfernt; Osero Twerdoje ist zehn Meter tief und auch im Winter bei 50 Grad Minus nie ganz zugefroren. Zum Angeln der Lachsforelle muss ein Loch in die Eisdecke gebohrt werden.

Zwischen dem Geröll einzelne Flechten, orange, schwarz, dazu gelbe Polarmohnblüten, die leise im Wind zittern. Das Leben ist hier auf verlorenem Posten. Fünf Sommer dauert es, bis sich ein knospendes Blümchen entfaltet hat. Drei verwitterte Wegweiser zeigen an, dass wir uns am Ende der Welt befinden: »Nordpol 1125 km«, »St. Petersburg 3200 km«. »Paris 6960 km«, »Berlin 6500 km«. Am Strand unterhalb des Lagers ergreift mich das Tremendum dieser ungeheuren Landschaft unvermittelt. Das Holzkreuz wirkt wie ein Ausrufezeichen der Hoffnung in dieser endlosen Schneewüste. Aus ihr spricht die Stille mit der Sprache des Anfangs, menschenfern und doch erhebend. Auch hier erlebe ich, wie vor Jahrzehnten am Lago Maggiore, dass die Natur mich anblickt, fixiert. Es ist, anders als im milden Tessin, ein Grauen dabei, Sphinxblicke. Gedanken an Astrid, die Kinder – gut zu wissen, dass es in der Heimat einen Archipel der Vertrautheit, Liebe und Wärme gibt.

*Station Prima, 21. Juli 1995*

Wegen des Hochnebels haben wir den Flug zum Fjord Spartak auf 17.30 Uhr verschoben. Vorher Fußmarsch zu einer kleinen Lagune, drei Kilometer von Prima entfernt. Es hellt auf, die Sonne kommt durch. Co Korte erzählt, wie er vor dreißig Jahren erstmals in die Arktis reiste. Er habe dort eine Freiheit des Raumes gefunden, die man in Europa nicht kenne. Es gebe hier keine gebahnten Wege, nur Linien, die von der Natur gezogen würden. Co Korte hat sich der Ornithologie verschrieben, verfasste seine Dissertation über die langschnäbeligen Polarmöwen. Auf Uwes Frage, warum er keine Kinder habe, sagt er lakonisch: »Es geht jeder seinen Weg.« Als Uwe ihm Rudolf Ottos Begriff des

386

Heiligen erläutert, der sich gut auf die seelische Wirkung dieser Landschaft anwenden ließe, winkt Co ab und deutet nach oben: »Schau mal, meine Dissertations-Möwe. Sie ist extra für mich aufgeflogen.« Vor Bären müsse man sich nicht fürchten, meint Co, der schon ein paar Mal in der Arktis überwintert und Bücher über seine Erfahrungen veröffentlicht hat. Wenn man einen Eisbären sehe, fange das Leben erst an. Wir haben ein Gewehr mit insgesamt fünf Schuss dabei, dazu eine Leuchtpistole, mit der man die Eisbären vertreiben kann.

Zwischenlandung am Fjord Spartak im Nordwesten von Bolschewik. Auch hier Schiefer, der in phantastischen Formationen zum Fluss hinabstürzt. In der Felswand nistet ein Seeschwalben-Pärchen. Jürgen Ritter macht waghalsige Filmaufnahmen am Klippenrand. Verpflegung aus dem Helikopter: Wurst, Käse, Fisch, Wodka, Kaffee, Tee, Äpfel. Das Wasser im Fjord eisblau, fast zugefroren. Darüber weiße Gletscherkappen. Start um 22.10 Uhr.

Mit Dr. Baranov in der Sauna. Er macht einen Aufguss und breitet eine Decke auf der heißen Holzbank aus. Dann schwitze ich fünf Minuten, danach beginnt er mich mit grünen Eukalyptuszweigen zu geißeln, was sehr angenehm ist. Zuerst auf dem Rücken liegend, anschließend Oberkörper und Schenkel; er lässt mich durch die Blätter einatmen, ein kühler, erfrischender Duft. Schließlich übergießt er mich im Vorraum mit eiskaltem Wasser und wickelt mich in ein weißes Tuch. Im Entspannungsraum gibt es eine Büchse Bier. Baranov erzählt von den Touren, die er zum Nordpol unternommen hat. Die Helikopter gehören der Regierung und sind in Dickson stationiert. Die Flugstunde kostet aktuell 800 Dollar. 1991 noch 280 Dollar. Im Jahr müssten es mindestens 15 Gruppen sein, die nach Prima kommen, um das Überleben der Station zu sichern. Er ist froh, dass wir in Zeitungen und im Fernsehen über seine Unternehmungen berichten wollen.

17.30 Uhr Abflug zum Forscher-Camp Kap Orlowjany; es ist seit 1937 verlassen, existierte nur zwei Jahre lang als erste meteorologische Station auf Sewernaja Semlja, dann wurde es verlegt und die Gebäude nur noch für Sommer-Exkursionen benutzt.

Die ausgebleichten Holzhütten sind dem Verfall preisgegeben, die Fensterscheiben zerbrochen, das Dach undicht. Im Inneren ein Chaos aus Papierfetzen, leeren Flaschen und Tintenfässern, Malutensilien, Schachfiguren, Nägeln, Batterien. Ich nehme eine intakte blaue Flasche mit, die elegant gerippt ist. Während Jürgen und Ulrich filmen, klettere ich mit Uwe auf einen Felsabhang jenseits einer schlammigen Schmelzrinne, die dicht bei den Häusern in die Bucht mündet. Am Felshang nisten Dreizehen- und Eismöwen in einer Vogelkolonie. Sie bauen ihre Nester in Felsspalten, weil sie dort der Polarfuchs nicht erreichen kann. Der Schnee ist weich und tief, man muss laufen, um nicht einzusinken. Die Schmelzrinne bildet ein schimmerndes Biotop aus Moosen in den Farben grün, gelb, rostrot.

Auf einem besonnten Felsblock trinken wir Tee und essen Schokolade, nach 20 Uhr wird es rasch kalt. Schönes Panorama von hier oben, im Meer driften Eisschollen. Im Hintergrund eine Bergkette, bekrönt von in der Sonne funkelnden Gletscherkappen. Unten blinkt unsere Reisehornisse mit abgeklappten Rotorblättern, zum Sprung übers Eismeer bereit. Falls der Motor über dem Wasser aussetzt, ist man verloren. Letztes Jahr ist bei Prima ein Schneemobil mit fünf Insassen in der Bucht vor dem Camp versunken, als das Eis brach. Nur zwei Männer konnten sich aus der stählernen Todesfalle retten, sie saßen an der Tür der Kabine. Die anderen ruhen tief im Eiswasser.

Abflug 21.25 Uhr Richtung Fjord Spartak. Zwischenlandung. Rückkehr nach Prima 22 Uhr 10. Sauna. Festessen gegen 24 Uhr. Die Tag-und-Nachtgleiche bewirkt eine Art Trance, die sich allmählich mit Erschöpfung mischt. Im Speisesaal können wir Atlanten der Arktis-Region, Postkarten, Bleistifte, Abzeichen, Handschuhe und russische Holzschmucklöffel kaufen. Es gibt Gulasch mit Reis, danach Fisch und Brot. Ich ordere eine Flasche Krimsekt. Palaver. Gegen 2 Uhr in die Koje, nachdem Dr. Baranov ausführlich von sich und der Station berichtet hat. Ulrich und Jürgen filmen noch bis 4 Uhr morgens im Licht der Mitternachtssonne Ringelrobben, die sie durch Singen anlocken.

388

Auf gegen 10 Uhr. Frühstück. Der Abflug zum Goldgräber-Camp wird auf 12 Uhr verschoben. Ich versuche, mich beim Essen einzuschränken, trotz der vielen Bewegung. Fetter Fisch und Wodka sind kalorienreich. Pünktlicher Abflug zu den Goldgräbern um 12 Uhr 04. Lektüre im Helikopter: Rudolf Ottos *Das Heilige*. Im Konturenflug über das Hochplateau von Bolschewik. In der Ebene zwischen den Bergketten feuchte Taiga-Steppe mit kleinen Seen, Schmelzwasserrinnen, Schneebänder. Flechten und Moose streuen einen zarten Grünton dazwischen. Ein blauer Tag, im Treibeis spiegelt sich der Azur. Das Eismeer wirkt von oben wie eine Suppe, in der weiße Schollen als Fettaugen schwimmen. Wer ist der Koch?

Das Goldgräber-Camp liegt an einem lehmfarbenen Fluss, der durch den dichten Nebel kaum zu erkennen ist. Aus dem Hubschrauber bietet sich wieder eine Trümmerlandschaft dar, wie wir sie nun schon mehrfach gesehen haben: Fässer, Tanks, Bauwagen, Barracken, Fahrzeugwracks, technisches Gerät aller Art. Mit Bulldozern schieben die Männer Erdmassen gegen das Flussbett, um einen Seitenarm abzuteilen. Das Wasser wird von dort abgesaugt und nach seiner Filterung ins Hauptbett zurückgeschossen. Der goldhaltige Schlamm wird durch eine Wasserkanone getrennt und über Rohre in eine Blechrinne geleitet. Dort sind drei Männer damit beschäftigt, den verflüssigten Schlamm über Plastikmatten zu kehren. Der Goldstaub bleibt in den Rippen hängen. Dann werden die Matten eingerollt, in einen großen Blechtopf gestellt und mit dem Schlauch abgespritzt. Das Edelmetall fällt dabei auf den Topfboden. Wir erkennen einige größere Nuggets und schimmernden Goldstaub.

Ein Aufseher kontrolliert die Wäsche mit Argusaugen, ein schlanker, lässig wirkender Typ, der mich mit seinem wallenden Mantel und den hohen Stiefeln an die Figuren aus dem Western *Spiel mir das Lied vom Tod* erinnert. Ein guter Kopf: feingeschwungene Lippen, grüne Augen, leicht gebogene, scharfe Nase. So stellt man sich einen Goldgräber vor, der es geschafft hat. Doch vor laufender Kamera meint er, dass hier kaum Gewinn zu machen sei. Maximal finde man fünf Kilogramm Gold pro Woche, was aber für den immensen technischen Aufwand nicht viel zu sein scheint. Ob er seine Karten aufdeckt? Wohl kaum. Auf Diebstahl steht angeblich eine Haftstrafe von 50 Jahren – kaum zu glauben. Früher sei man umgehend erschossen worden. In dieser Einöde herrschen andere Gesetze als in der Stadt. Nach knapp drei Stunden Aufenthalt erneuter Start, das Wetter ist aufgeklart. Ulrich signiert einen Ein-Dollar-Schein, was hier als Ritual gilt, dem sich die Besucher gern unterwerfen. Drei Goldgräber fliegen mit; wir setzen sie bei einem Tankstopp ab.

*Station Prima, 22. Juli 1995*

Die Frau von Funker Sascha hat Geburtstag. Natürlich gibt es ein »Festessen«. Jede Gelegenheit für ein fröhliches, unbeschwertes Zusammensein wird in Russland genutzt. Die Russen wissen wie kaum ein anderes Volk, dass der Mensch festlicher Überhöhungen bedarf, um die Mühen des Alltags zu bewältigen. Dr. Baranov singt Zigeunerlieder, begleitet sich selbst mit der Gitarre. Dann folgen russische Songs wie *Moskaus goldene Kuppeln*, vom »blauen Bus«, der einsame Menschen einsammelt, ein Fischerlied (»Schiffe, die übers Meer fahrend nicht zurückkehren«). Wir bemühen uns, ein wenig mitzuhalten, singen mehr schlecht als recht *Sah ein Knab ein Röslein stehn, Der Mond ist aufgegangen, Am Brunnen vor dem Tore, Kein schöner Land*, aber auch *Es gibt kein Bier auf Hawaii*. Dazu essen wir Hühnerschlegel, Lachs, Tomaten- und Gurkensalat, Gemüsesuppe, trinken Bier, Wodka, Saft. Zwischendurch können wir gestempelte Briefmarken mit Arktis-Motiven, geologische Karten und sowjetische Militärabzeichen kaufen.

In einer Gruppe, die länger auf engem Raum zusammenlebt, kristallisieren sich bald Typen heraus, jeder spielt eine gewisse Rolle. Peter Voß galt bislang als der trottelige Ost-Pastor, ja als Faktotum, der das Stativ oder anderes Zubehör schleppt, ohne sich bei den Gesprächen groß in Szene zu setzen, ein Mit-Läufer eben. Beim Geburtstagabend, als wir uns beschämt mit unseren bescheidenen Sangeskünsten abmühten, griff sich Peter die Gitarre und stimmte die erwähnten Lieder an. Dieser überraschende Auftritt ließ die Eigenart des unscheinbaren Mitreisenden plötzlich in einem anderen Licht erscheinen. Der Wert eines Menschen erweist sich immer erst in der Stunde der Bewährung. Ansonsten lebt man gemäß seiner selbstgeschneiderten gesellschaftlichen Rolle. Auf Reisen oder in der Not wird dieses Rollenspiel durchsichtig.

Von fünf bis 17 Uhr geschlafen. Jetzt fühle ich mich erstmals wieder richtig ausgeruht; danach Sauna und Dusche. Träume: Von Lina, die schwanger war und sehr rundlich wirkte, dann Verworrenes von unseren politischen Aktivitäten. Ein klarer Tag mit Blick bis zur Insel Oktoberrevolution. Die Hälfte der Gruppe ist mit Kettenfahrzeugen zum Binnensee gefahren, um Lachsforellen zu angeln. Die Fische schwimmen vom Meer her ein, um dort zu laichen. Oft tragen Möwen Fischeier vom Meer zum See. Die Lachsforelle ist einer der wenigen Fische, die in Salz- und Süßwasser leben können. Dr. Baranov dreht mit dem Eisbohrer ein Loch in die 1,50 Meter dicke Eisschicht (im Winter wird sie bis zu 2,50 Meter dick), um die Angel auszulegen. Rund fünfzig Fische werden herausgeholt, mit Fleischfetzen als Köder. Constanze, Ulrichs resolutes Töchterchen, wird zur Fisch-Königin erklärt, weil sie 12 Fische geangelt hat. Jürgen filmt die idyllische Szenerie auf der spiegelnden Eisfläche. Später wird berichtet, dass auch ein Wettschießen auf Flaschen stattgefunden habe, bei dem Ulrich den Sieg davontrug.

Gespräch mit Sascha. Für seinen Dienst als Funker auf Prima erhält er im Monat 220 000 Rubel, das sind umgerechnet 65 Mark. Und das für sieben Monate arktischen Winter mit 35 bis 50 Grad minus... Er schenkt mir sein Fallschirmabzeichen, das er für 100 Absprünge bekommen hat; ich verspreche, ihm das meine zuzusenden. Sascha hat 27 Jahre in der Armee als Ausbilder der Fallschirmtruppe verbracht, kämpfte als Fallschirmjäger auch in Afghanistan. Insgesamt absolvierte er 175 Sprünge. Als er mir das Abzeichen überreicht, kommt ein Funkspruch durch und kündigt die Ankunft einer Forschergruppe von der Universität Jena an. Jürgen filmt die Landung des Hubschraubers.

*Station Prima, 23. Juli 1995*

Träume. Absturz eines Jumbo-Jets bei Stuttgart. Das Flugzeug bäumte sich beim Anflug auf den Flughafen Echterdingen auf und trudelte dann zur Erde, wo es in einem Feuerball explodierte. Mit Astrid zur Unfallstelle irgendwo bei einer schönen alten Villa; wir kletterten über etliche Zäune. An der Absturzstelle hatte sich schon eine Art Volksfest organisiert, an dem wir teilnahmen. Das Flugzeugwrack wie ein gestrandeter Wal im Vorgarten, die Leute standen schweigend darum herum, von den Passagieren keine Spur. Träumte auch von Astrid und Rehauge; wir befanden uns in einer fremden Stadt. Es war schwierig, für beide gleichzeitig Sorge zu tragen.

Frühstück um 10 Uhr. Jürgen wirkt überanstrengt, genervt, er gönnt sich keine Pause beim Filmen, schaut sich nachts noch das Material an, so dass ihm fast kein Schlaf bleibt. Gespräch mit Uwe über Fridtjof Nansens Expedition mit der »Fram« zum Nordpol in den Jahren 1894 bis 1897; ursprünglich hatte er den Nordpol mit dem Hundeschlitten erreichen wollen. Die erste Insel des Franz-Josef-Landes, die er erreichte, nannte er »Eva« nach seiner Frau. Als sein Kanu wegtrieb, mit dem er sich auf eine Insel gerettet hatte, stürzte er sich in einem Akt der Verzweiflung ins eiskalte Wasser und holte es zurück. Sein Gefährte entzündete ein Feuer und wickelte ihn in Decken. Sie schliefen zusammen in einem Schlafsack, um sich warmzuhalten. Unvorstellbare Strapazen, die unsere Tour als reinen Spaziergang erscheinen lassen. Doch wenn man die Gesichter beim Blindflug beobachtet, relativiert sich diese Einschätzung rasch. Die Meldung, dass immer wieder Helikopter ins Eismeer stürzen, lässt die technischen Gefahren solch einer Reise deutlich werden.

12.40 Uhr Abflug nach Srednitsa, einer schmalen Insel im Süden von Pioneer Island, das noch zum Sewernaja-Semlja-Archipel gehört. Dort, am 79. Breitengrad, soll es Wale geben. Abschied von Sascha und unseren Wirten. Nun nähern wir uns dem Archipel Franz-Josef-Land. Vor dem Start bat uns Dr. Baranov, nach dem ein Kap nördlich von Prima benannt ist, am Holzkreuz einen Stein abzulegen. Auf eine Granitplatte schreibe ich die Namen von Astrid und mir sowie das Datum 23.7.1995 und mache ein Foto. Falls wir verunglücken: das letzte Liebeszeichen. An diesen Ort werde ich wohl nie zurückkehren.

13.35 Uhr Flug zur Stalin-Bucht von Pioneer Island. Ulrich schlägt vor, alle noch vorhandenen Stalin-Monumente hier aufzustellen. Landung 14.00 Uhr auf Domaschni, wo die Entdecker des Archipels Sewernaja Semlja 1913 überwinterten. Der Sowjetforscher Uschakow wurde 1930 hier von einem Eisbrecher für zwei Jahre abgesetzt. Ein Felsmonument und eine Tafel mit Plastikblumen erinnern an ihn; Reste des Fundaments eines Hauses sind noch zu sehen. Wir wissen, dass vor uns nur eine Handvoll Russen an dieser Stelle gewesen ist, denn die Arktis war bis 1991 militärisches Sperrgebiet. Zwischen den Holzbalken nisten jetzt Elfenbein-Möwen. Sie folgen den Eisbären und ernähren sich unter anderem von deren Kot. Sie fressen auch die Nachgeburten der Robben. Von den Menschen hier draußen werden sie als Schutzengel der Arktis verehrt. Sergej, unser Funker, hat sich die Schwingen dieses Vogels auf den Handrücken tätowieren lassen. Wenn der Hubschrauber ins Wasser stürze, sagt er, eilten die Möwen herbei und trügen die Seelen in den Himmel. Fünf Robben dösen auf einer Eisscholle, aber kein Eisbär in Sicht. Ein Kreuz erinnert an einen russischen Skifahrer, der 1988 umkam, als er den Nordpol erreichen wollte.

16.30 Uhr Ankunft auf dem Militärstützpunkt Srednitsa, wo wir tanken. Ulrich führt Interviews mit den Soldaten, Juliana übersetzt, Jürgen filmt. Start 18.40 Uhr nach Ostrow Uschakowa, das bereits zum Archipel Franz-Josef-Land gehört. Auch dort befindet sich eine verlassene Station, ringsum nur Eismeer und Eisbären. Wir stoßen durch dichten Nebel hindurch und landen exakt 19 Uhr auf Station Uschakowa. Bis 1994 waren hier zwei Forscher präsent, die Mutter-Station war Krenkl. Die Wissenschaftler, die hier in äußerster, entbehrungsreicher Einsamkeit lebten, bekommen als Pension jetzt 180 000 Rubel (50 Mark) im Monat, sie darben, und ihre Ersparnisse werden von der Inflation aufgefressen: das Schicksal fast aller nach der »Wende« abgewickelter Wissenschaftler in Russland. Einmal im Winter kam der Helikopter, um Versorgungsgüter zu bringen. Jetzt liegt eine gespenstische Stille über dem Gletscherrücken, auf den die beiden Häuser gebaut sind. Das Haupthaus mit seiner hölzernen Veranda und dem Vordach erinnert uns an das Mordhaus des Hitchcock-Thrillers *Psycho*. Vor dem Gebäude ein Stapel mit verpackten Ziegelsteinen, die nicht mehr verbaut werden konnten. Es ist wie in »Dornröschen«: Der Moskauer Zusammenbruch brachte auch das Leben auf den Außenstationen zum Erstarren.

In alten Zeitungen, die den Zimmerboden bedecken, ist oft der Name Gorbatschow zu lesen, leere Flaschen liegen herum. Ein bemooster Eisbärschädel zeigt, dass die Bärenjagd auch für die Eismeerfahrer zu den besonderen Abenteuern zählte. In der Speisekammer Lebensmittelreste, ausgebleichte Wäsche hängt noch an der Leine, ein Graffito an der Wand zeigt eine nackte weibliche Schönheit, die man wenigstens als Illusion nicht missen wollte. Schon kriecht eine Eisschicht über den Boden, der Gletscher beginnt, das Haus in Besitz zu nehmen. Funktionslos starrt eine Antenne in den bleiernen Himmel, in den Drähten singt der Polarwind. Dieser Ort nimmt unsere Phantasie gefangen, hier spüren wir wie an keinem Ort zuvor erstmals das Wunder der menschlichen Existenz, die sich auch in einem Meer an Unwirtlichkeit zu behaupten vermag. Ein Gedicht von Ulrich Schacht hält diese Stimmung fest:

USCHAKOWA, 80° 59' n. B.
Der Mond ist ein warmes
Gestein staubiger Grund in
Sonne getaucht wenn wir ihn
sehen oder erinnern von
hier aus: Eis unterm

394

Fuß über der Stirn das
Meer versunken der Himmel
erstickt. Endloses
Weiß löscht den –
Raum

Gegen 20 Uhr kehrt der Nebel, der sich etwas gelichtet hatte, zurück. Der Pilot wirft die Maschine an. Abflug 20.15 nach Krenkl. Vorbeiflug an den Steilhängen der Insel »Wiener Neustadt«, die zum Archipel Franz-Josef-Land gehört. Franz-Josef-Land wurde von den österreichisch-ungarischen Arktisfahrern Julius Payer und Carl Weyprecht 1872 entdeckt. Payer notierte damals in sein Logbuch: »Nirgends auf der Erde kann ein Exil so vollständig sein wie hier, unter dem furchtbaren Triumvirat: Finsternis, Kälte und Einsamkeit. Selbst Engel müßte das Verlangen des Wechsels befallen.« Die Sowjets, die Franz-Josef-Land in den Dreißigerjahren besetzten und in militärisches Sperrgebiet verwandelten, löschten alle Spuren der bisherigen Erforschung des Archipels. Systematisch wurden alle amerikanischen, österreichischen und norwegischen Forschungseinrichtungen eingeebnet.

Während des Zweiten Weltkrieges konnte eine deutsche Kommandoeinheit sich auf Alexandra-Land versteckt halten und verschlüsselte Funkbotschaften aussenden. Gruppen deutscher Meteorologen gründeten in der Arktis bewegliche Stützpunkte zur Wetterbeobachtung, Spionage, Sabotage. U-Boote brachten die Trupps auf die Inseln. 1946 sollen die letzten von Norwegern evakuiert worden sein. Ihre Hinterlassenschaften wurden erst in den Sechzigerjahren entdeckt.

Im Überflug und nach der bedrückenden Atmosphäre auf Uschakowa empfinden wir die schneebedeckten Gebirgszüge von Wiener Neustadt als zauberhaft, makellose Frische ausstrahlend – so, wie wir uns zuhause die Arktis vorgestellt hatten. Doch die Realität des Payer-Blicks bleibt uns bewusst.

Ankunft auf Krenkl 22.05 Uhr. Die Station liegt auf der Hayes-Insel und wurde 1956 erbaut. Heute ist sie in erbärmlichem Zustand, schon beim Landeanflug begrüßt uns das Skelett einer abgestürzten Antonov-26, die Schnauze ist zerschmettert, hat sich in den gefrorenen Boden gebohrt. Ob die Piloten überlebt haben? Die Sitze sind aus den Halterungen gerissen, die Kabinenwände eingedrückt. Uwe meint Blutspuren an den Polstern zu entdecken. Wir waten von der Landestelle bis zu den Gebäuden, die auf eine Anhöhe gebaut sind, durch eine Eisschlammwüste, in der Öllachen schimmern. In den Zimmern zerrissene Vorhänge, kaputte Schränke, unappetitliche Duschen und Toiletten, aber eine ordentliche Sauna. Am besten, man wäscht sich nicht und stellt auch die Verdauung ein. Davor, sein Geschäft im Freien zu verrichten, wird abgeraten, denn die Eisbären lauern auf ihre Chance. Hier soll es besonders viele geben, niemand verlässt das Lager ohne Gewehr.

Uwe leidet unter starkem Nasenbluten, Dr. Baranov hilft. Zum Abendessen gibt es Huhn mit Nudeln, Gurken mit Zwiebeln aus dem Glas, Brot, deutsche Butter und Erdbeermarmelade, dazu Tee. Guter Schlaf, trotz des überheizten Zimmers. Abflug 11.18 Uhr zur Kronprinz-Rudolf-Insel, wo sich die nordöstlichste Funkstation der Welt befindet. Ein einsames Forscherpaar hält die Stellung. Ankunft 13.15 Uhr. Wir werden von Nikolai Plachow und seiner Frau freudig begrüßt. Frau Tomarowa ist Hydreologin, übt hier aber auch das Amt der Köchin aus. Plachow arbeitet schon seit 1975 in der Arktis, an dieser Station seit 1991. Auf Uschakowa war er 1978 bis 1986 stationiert. Ulrich befragt den freundlichen Mann zu seinen Erfahrungen in der Einsamkeit: »Wir halten die meteorologische Station, so lange es geht; wir verfügen zum Glück über eine sehr gute Bibliothek, spielen Billard, schauen fern. Mütterchen Erde fehlt uns dennoch.«

Die Hütte von Nikolai ist ein kleines arktisches Museum. Darin eine Weinflasche von 1904 und Lederschuhe, Hinterlassenschaften des Polarforschers William Ziegler. Ein besonderes Erinnerungsstück ist ein verrosteter Löffel der Ziegler-Expedition, ebenfalls von 1904. Wir besichtigen, geführt von der Hausfrau, den Funkraum, das kleine Schlafzimmer mit der Muttergottes über dem Bett, die Bibliothek. Es sind wohl an die zehntausend Bücher hier versammelt, darunter eine sowjetische Enzyklopädie, in der lange Passagen geschwärzt sind. Uwe entdeckt eine Thomas-Mann-Edition, ein unglaublicher Fund an diesem Ort. Ob das Eis, wenn die Station, wie Nikolai fürchtet, nächstes Jahr geschlossen wird, auch diese Schätze unter sich begraben wird?

Im Wohnzimmer eine Leinwand für Filmvorführungen, 236 Filme sind vorhanden, darunter *Anna Karenina, Die letzten Tage von Pompeij, Arznei gegen die Liebe*. Auf dem schmalen Gang ein Butterfass und Kartons mit Konservendosen. Während Frau Tomarowa Schmalzringe (man tunkt sie in eine Creme aus gezuckerter Milch) und Tee serviert, spielt und singt Dr. Baranov: »Der Morgen ist wie schwarzes Haar, das Feld hat die Farbe des Schnees, erinnere dich an längst vergessene Gesichter…«. Das Forscherpaar summt mit, heute ist ein Festtag für sie. Draußen der meteorologische Garten mit den Messgeräten. Dort filmt Jürgen ein Gespräch, das Ulrich mit Nikolai Plachow führt. Am Strand liegen verrottete Holzboote, daneben steht ein Kreuz. Der Name eines italienischen Forschers, der hier umkam, ist darauf notiert: Sico B. Myrhe + 1890.

Das Stündchen in der warmen Stube wirft ein freundlicheres Licht auf das Felsen-Eiland unter dem Nordpol, das uns bei der Ankunft kalt, trübe, trostlos erschien. Es sind immer die Menschen und ihre Geschichten, die uns bewegen und zu den Orten, an denen sie hausen, in eine innere Beziehung setzen.

Start 15. 15 Uhr. Eine halbe Stunde später Landung auf der Jackson-Insel, an einer Felsenbucht, wo der große Polarforscher Fridtjof Nansen 1895/96 überwinterte. Zu sehen sind eine große Feuerstelle mit einem Baumstamm sowie ein Kreuz mit Erinnerungstafel. Nach zwei Jahren Eisdrift mit der »Fram« hatten die Forscher auf 64° 4' nördlicher Breite das Schiff verlassen, um den Nordpol zu Fuß zu erreichen. Der Versuch, in Fridtjof Nansens arktischem Epos *In Nacht und Eis* mit großer darstellerischer Kraft beschrieben, scheiterte, und die beiden waren gezwungen, an dieser Stelle zu überwintern. Am 7. September 1895 begannen sie die

Hütte zu bauen, deren Fundamente wir hier noch schemenhaft erkennen können. Der Baumstamm hatte als Firststück für die Behausung aus Stein, Eisbär- und Walrossfellen gedient. Die Feuerstelle liegt unterhalb einer schwarzen Geröllhalde, die von einer Steilwand überragt wird. Zum Wasser ziehen sich dünne Moospolster hin, dann und wann blüht Polar-Mohn zwischen den Steinblöcken. Ich klettere die Halde hoch und genieße den Blick über die Bucht und das Treibeis. Am Horizont schimmern Inseln unter Nebelschleiern. Nansen hatte sich einen schönen Ort für seinen neunmonatigen Zwangsaufenthalt gewählt. Nur wenige Menschen dürften diesen Platz bislang gesehen haben; wir sind uns alle dieses Privilegs bewusst.

Neben der Feuerstelle entdecke ich einen ausgebleichten Bärenschädel; ob er von einem der Bären stammt, die von Nansen und Johansen erlegt wurden? Ich packe ihn als Erinnerungsstück in meinen Rucksack. Die Zeit scheint eintönig gewesen zu sein, wie man in *In Nacht und Eis* nachlesen kann. Sogar das Führen des Tagebuchs war mühsam, so dass Essen und Schlafen die einzigen Annehmlichkeiten waren, an denen sich die beiden erfreuen konnten.

Abflug 16.30 Uhr zur Alexander-Insel, Ankunft 17.15 Uhr. Von der Wetterstation der Wehrmacht ist nichts mehr zu sehen, die Relikte wurden inzwischen von den Gletscher-Moränen begraben. Vor zehn Jahren berichteten Polen, dass sie hier deutsche Ausrüstungen gefunden hätten. Ulrich entdeckt einen winzigen Pilz, dem wir den Namen »Papa-Duce-Spaltpilz« geben. Zum Abendessen gibt es Rentierfleisch, Käse, Brot, Pilze und gezuckerten Tee. Start 18.35 Uhr Richtung Alger im Süden von Franz-Josef-Land.

Ankunft auf Alger 20 Uhr. Wir besichtigen die Reste des Ziegler-Expeditionscamps. Es finden sich Balken des Fundaments, Holzlatten, Bärengerippe, die Feuerstelle. Wir überqueren eine riesige Schlammebene, die von Schmelzrinnen durchzogen und von Eisplatten und Schneewehen übersät ist. Fünf Kilometer langer Marsch durch eine vollkommen unberührte Mondlandschaft,

398

in die wir wie einst Armstrong den ersten Fuß setzen. Uwe meint, hier befänden wir uns in der Werkstatt der Schöpfung: Himmel, Erde und Wasser fließen ineinander, jahrtausendelang ist das Land von den Eismassen weichgeknetet worden zu einem fruchtbaren Lehm der Schöpfung, einem Erdenkloß, dem zum Lebendigwerden nur noch der Hauch Gottes fehlt. Käme heute ein weltweiter Umschwung des Klimas, hier oben wäre der fruchtbare Boden für die neue Entfaltung des Lebens gegeben.

Wir sind überwältigt. Ringsum gleißt das Eismeer, Wolken jagen dahin, kreisen um die Bergkuppen – die Schönheit dieser Urlandschaft verschlägt uns fast den Atem. Nur die spitzen Schreie der Elfenbeinmöwen erinnern uns daran, dass wir uns noch auf der Erde befinden.

Beim Landeanflug hatte Uwe eine Bärin ausgemacht, die mit ihren Jungen am Strand entlangzog. Sie müsste eigentlich bald unseren Weg kreuzen. Das mächtige Muttertier trottet ein paar hundert Meter entfernt von einer Eisscholle aufs Land zu. Jürgen filmt mit dem Teleobjektiv, wie sich die Bärin an einem Eisblock auf stolze 2,5 Meter Höhe aufrichtet und Witterung zu uns aufnimmt, eine furchteinflößende Haltung. Co Korte entsichert das Gewehr. Ulrich würzt die Situation durch eine Anekdote von einer früheren Arktisreise, bei der er, verfolgt von einer wütenden Bärin, um sein Leben gerannt sei. Auf dem Rückmarsch entdeckt Co einen Mammut-Knochen, einen Rückenwirbel, der weiß aus dem schwarzen Sand ragt. Als Souvenir ist er zu schwer, wir lassen ihn zurück.

Abflug 22.35 Uhr. Jürgen, der auch bei geöffneter Tür, gesichert durch einen Gurt, filmt, wird von der Großartigkeit der Landschaft so überwältigt, dass er zu schluchzen beginnt. »Ich habe Gott gesehen«, stammelt das niedersächsische Rauhbein. Peter Voß, unser Theologe, meint trocken, vielleicht sei der Mann nur übermüdet, da neige man zu solchen Gesichten. Als Protestant sind ihm mystische Epiphanien nicht geheuer. Uwe dagegen nimmt den Gefühlsausbruch als Beleg für die Richtigkeit von Rudolf Ottos Theorie des Heiligen, über die wir in den letzten Tagen mehrfach debattiert hatten. Ich erinnere mich, dass ich beim Flug über die sonnendurchflutete Ägäis vor Jahren Ähnliches empfunden hatte.

Rückkehr nach Krenkl 22.50 Uhr. Zweites Abendessen: Huhn, Kartoffeln, Wurst, Lachs (leicht verdorben), Sardinen, Brot, Saft, Tee. Ich dusche; das Wasser ist wunderbar heiß – gut, dass Siegmar seine Badeschuhe dabei hat, sonst hätte ich die modrige Kabine nicht betreten. Ich lege mich erfrischt ins Bett, lese ein wenig, um sofort einzuschlafen. Die anderen sitzen im Speiseraum zusammen und spinnen ihr Polargarn; Anekdötchen von den früheren Arktisreisen werden zum Besten gegeben, Fachliches über die Filmerei ausgetauscht, Künstlerisches besprochen. Immerhin sind vier Schriftsteller und eine Malerin in der Gruppe.

*Krenkl, 25. Juli 1995*

Abflug von Krenkl 11.38 Uhr. Zurück bleibt ein Österreicher, der uns zwei Tage lang anbettelte, mitreisen zu dürfen. Dabei setzte er eine Leichenbittermiene auf und verwies auf seine Familie in Graz, zu der er zurück müsse, sowie auf seine Dissertation, die er hier auf Krenkl abgeschlossen habe. Wir zögerten, ob wir ihm den Dienst nicht doch erweisen sollten, trotz der zusätzlichen Gewichtsbelastung, die bis an die Grenze des Erlaubten heranreichen würde. Co Korte, erfahren im Umgang mit solchen Leuten, die gerne auf Kosten anderer reisen, wurde schnell ärgerlich. »Wie lange willst du dieses würdelose Spiel noch treiben?«, fragte er, weil der Mann nun auch noch die Piloten bedrängte.

Doch dann klärte sich das Problem auf ganz andere Weise: Wir mussten einen Russen mitnehmen, der an Fischvergiftung erkrankt war. Ein dicklicher, schweigsamer Bursche mit von Alkohol aufgedunsenem Gesicht kroch auf die hinterste Bank der Kabine und versank dort in apathischer Starre. Der misstrauische Co meinte, auch dabei könne es sich um eine besonders gerissene Form der Täuschung handeln. Wir übergaben den Mann 17.20 Uhr bei einem Tankzwischenstopp auf Balluga an einen Militärarzt. Der Dichter Friedrich Georg Jünger schrieb nach einer Spitz-

400

bergen-Reise eine Erzählung gleichen Namens, die an diesem Ort spielt.

Flug zur Walross-Insel, von dort weiter nach Nowaja Semlja und schließlich Dickson. Lektüre: Epikurs *Sprüche*. Er ist kein Philosoph des Maßes, sondern der Befriedigung um jeden Preis – in seinem System hat auch der »Prasser« einen Platz, insofern er es versteht, das Leiden zu betäuben. Diese hedonistische Ethik ist Ausdruck einer entbehrungsreichen Zeit, auf heute angewandt wirkt sie wie eine Bestätigung unserer konsumistischen Ausschweifungen. Gespräch mit Bruder Voß und Siegmar Faust über Platons *Gorgias*, den Siegmar als Reklambändchen mit sich führt. Es ist das klassische Streitgespräch des eitlen, oberflächlichen Rhetorikers mit dem nach Sittlichkeit strebenden echten Philosophen.

Landung auf der Insel Apollonia, wo wir unter Führung von Co Korte eine Kolonie von Krabbentauchern besuchten. Wie Kolibris stehen sie schwirrend in der Luft, um dann pfeilschnell die Felswände entlang zu segeln oder sich in die Fluten zu stürzen. Ihre roten Schwimmfüße geben ihnen etwas Papageienhaftes. Das Gefieder ist schwarz-weiß gemustert. Als der Hubschrauber landete, glitten die Walrösser ins Wasser. Zehn Minuten später, nachdem sie sich an die harmlosen Eindringlinge gewöhnt hatten, prusteten und grunzten sie wieder in Landnähe, das Leittier suhlte sich am Strand. Dr. Baranov winkte die unbeholfen wirkenden Tiere mit einem Handschuh herbei und lockt sie mit »burre, burre«-Rufen zu sich her.

Weiterflug nach Nowaja Semlja. Am »Ice Harbor« überwinterte der niederländische Seefahrer und Kartograph Willem Barents 1594/95. Er ist der Entdecker der Bäreninsel und von Spitzbergen und kam bei dem Versuch um, das Festland zu erreichen. Der wenig anziehende Ort ist heute eine archäologische Ausgrabungsstätte. Landung 18.28 Uhr. Wir entdeckten Reste der Holzhütte. Ich wühlte am Strand und fand ein Stück Fassdaube, das wohl zu einem Bierfass (»Jepen-Bier«) gehörte. Eineinhalb Kilometer von der Grabungsstätte entfernt beobachteten wir am

Strand eine Kolonie von Seemöwen, die von Raubmöwen bis zur Erschöpfung gejagt wurden – bis sie die Fische auskotzten, die von den Verfolgern im Flug aufgeschnappt wurden.

Hier, am aufgetauten Eisrand, gibt es massenhaft Makrelen. Sie lassen sich von den Vögeln leicht fangen. Jürgen filmte die Jagdszenen. Ein russischer Rifleman bewachte uns, denn dies ist ein beliebtes Stelldichein für Eisbären, die hier auf Jagd nach Robben gehen. Es ist warm, um die 8 Grad, die Sonne ist durchgebrochen und wärmt trotz des kalten Windes, der über die leere Fläche wehte. Co erzählte, dass sich der Meeresspiegel jedes Jahrhundert um einen Meter absenkt; dies erklärt, dass die Reste des Barents-Hauses heute so hoch über dem Wasser stehen. Auf einem Schutt-Plateau über dem Meer fanden wir handkeilgroße Versteinerungen, Stromatolithen aus dem Mezoikum, eine Korallenart. Uwe meinte scherzhaft, das seien die versteinerten Penisse der Urzeitjäger, als die Arktis vor Jahrmillionen noch eisfrei gewesen sei und es hier ausgedehnte Wälder gab. Start nach Dickson 20.50 Uhr.

Ankunft im Militärcamp Dickson 23.50 Uhr. Seltsam, nun freuen sich alle über einen Ort, der uns bei der Ankunft vor acht Tagen als apokalyptische Müllhalde erschienen war. Wieder im Hotel auf dem Hügel, diesmal erwischte ich ein freundliches Zimmer ohne Kakerlaken, aber mit Wasserflecken an der Decke. Die eigentliche Reise ist zu Ende, jetzt geht es mit der Antonov wieder über Anderma und Archangelsk zurück nach St. Petersburg, wo wir noch einen Tag bleiben wollen.

Letztes arktisches Abendbrot zusammen mit Dr. Baranov, der längst mehr für uns geworden ist als ein Organisator und Führer: Wir fühlen uns dem gelassenen und fürsorglichen Menschen freundschaftlich verbunden. Es gibt Salami mit Gurken, Gemüsesuppe, Schweinefleisch im Teigmantel, israelische Schokolade. Als Abschiedsgeschenk für die Hubschrauber-Crew servieren wir Krimsekt, Wein und Bier; Ulrich hält eine Rede, in der er die Zuverlässigkeit des Piloten und den Kenntnisreichtum Dr. Baranovs preist. Es folgt ein Toast des Captains, dann abschließend Co Korte mit einem Resümee der Reise, die er für erfolgreich und gewinnbringend für uns alle einschätzt. Alles läuft so ab, wie es Friedrich Sieburg in seinem Arktisbuch beschrieben hat. Ich bestellte eine Flasche bulgarischen Wein, wir tanzten. Gegen 3 Uhr zu Bett.

*Dickson, 26. Juli 1995*

Auf gegen 10 Uhr, Kopfschmerz. Frühstück: Joghurt (Südmilch!), Brot, Schokotörtchen, Wurst mit Ketchup und Spiegelei. Verladen des Gepäcks gegen 12.30 Uhr. Die Koffer und die Film-Technik werden auf den LKW gestapelt, das Handgepäck nehmen wir mit. Der Schnee ist über Nacht restlos geschmolzen, das Thermometer zeigt 15 Grad. Ein gelber Bus bringt uns zur Wache, wo die Kommandeuse schon begierig auf uns wartet. Sie ordnet an, dass das gesamte Gepäck zu wiegen sei, ein bürokratischer Leckerbissen für sie und ihre Crew. Endlich Aktion! Doch wir überlisten sie, indem wir das Gepäck an der Jena-Gruppe vorbeimogeln und rasch auf die Fahrzeuge zurückbringen. Dann 45-minütige Wartezeit an der Kontrollstelle vor dem Flugfeld. Schließlich rumpelt der Bus los, über ein von Steinen und Schrott übersätes Rollfeld, so dass wir uns um die Reifen der Antonov Sorgen machen.

Start von Dickson 13.30 Uhr Nordzeit. Landung in Anderma 13.30 Uhr. Weiterflug nach Archangelsk 15.30 Uhr, Ankunft 16.38 Uhr. Mit an Bord die Gruppe aus Jena, die wir bereits auf Prima getroffen hatten. Es sind Geologen und Biologen von der dortigen Universität. An Bord gibt es die üblichen Hühnerkeulen, Tomaten, Gurken, Wasser, Limonade sowie Schokolade aus Siegmars eiserner Ration. Jürgen Hultenreich spielt Schach mit sich selbst, worin er ein Meister ist; einige dösen, andere lesen oder werfen Abschiedsblicke aus den Bullaugen. Die Stimmung ist jetzt entspannt, gelöst; zuletzt hatte es Missstimmungen wegen des Filmens gegeben, der militärische Ton von Ulrich und Jürgen schmeckte nicht jedem. Jürgen Ritter ist überarbeitet und deshalb ungeduldig. Es gab Streit wegen des Tragens der Ausrüstung und des von einigen nicht eingehaltenen Schweigens während der

Aufnahmen. Aber das gehört zu solchen Expeditionen wie die kleinen Frotzeleien und die abendlichen Trinkgelage.

Start nach St. Petersburg 18.10 Uhr. Steilflug über der Hafenstadt Archangelsk, die schon Sieburg in der *Roten Arktis* als Ansammlung grauer Häuser beschrieben hat. Es lassen sich heruntergekommene Fabrikanlagen erkennen, golden in der Abendsonne leuchtende Flüsse. Die Masse der Gebäude besteht aus Wohnblocks, dazwischen ducken sich kleinere Holzhütten. Hart an den Rändern der Siedlungen beginnt das Braungrün der Tundra.

*St. Petersburg, 27. Juli 1995*
Gestern Abend alle zusammen in die Bar im Keller unseres Hotels »Moskwa«. Dort flatterten die Aurora-Falter um die Devisen-Lampen, sprich Touristen. Wir tranken Fassbier, Gin und Tomatensaft mit Eis. Die Mehrzahl der sich hier anbietenden Frauen ist über dreißig, manche älter als fünfzig. Es sah eher nach Hausfrauen-Prostitution aus. Was man zu begreifen lernt, wenn man die Höhe der Gehälter und die Not der Menschen kennt. Eine zierliche Dunkelhaarige mit keck aufgeworfener Nase und grauen Augen stach hervor. Ein sehr hübsches Persönchen, die sich als »Olga« vorstellte. Sie erzählte, dass ihre ganze Familie ohne Arbeit sei. Sie scheint die einzige Einnahmequelle zu sein.

Lektüre im Bett: Thomas Manns *Zauberberg*, das Kapitel »Schnee« (Hans Castorp verirrt sich im Eis). Frühstück nach sieben Stunden Schlaf: kalte Spiegeleier mit Speck, Brot, Marmelade, Mohn-Schnecken, Kaffee. Geldumtausch, um letzte Einkäufe zu tätigen. Ein sonniger, milder Tag. Wir wollen noch einmal ins Newski-Kloster, um unseren Dank für die sichere Rückkehr aus der Arktis abzustatten. Telefonat mit Astrid und Laura, die mich fragte, wann ich denn endlich nach Hause käme. Dann drückte sie einen hörbaren Kuss auf die Muschel.

Zum Polar-Museum, wo wir von einer jungen Führerin betreut wurden. Sie erläuterte die geologische und biologische Historie der Arktis. Dioramen geben einen plastischen Eindruck vom Leben in der Tundra und im Eis. Die Geschichte der Entdeckung und Besiedelung Sibiriens und der Arktis ist mit vielen Zeugnissen nachgestellt. Das Arsenal der Exponate reicht von einem Flugzeug, das auf dem Eis landen konnte, über Zelte und Holzhütten bis zu Ausrüstungsstücken der Forscher Uschakow, Nansen und Payer, die wie Reliquien ausgestellt sind. Kaufte einen Porzellan-Bären für Laura.

Mit Uwe über den Newski-Prospekt zu den Newa-Kanälen, um eine Bootstour zu unternehmen (35 000 Rubel). Schöne Fahrt an Palästen und Patrizierhäusern vorbei und unter Brücken hindurch, deren schmiedeeiserne Geländer vielfach kunstvoll vergoldet sind. In einer Bäckerei kauften wir Quarktaschen und Eis. Beobachteten ein Mütterchen, das seine letzten Kopeken zusammenkratzte, um ein Brot zu kaufen. Es schien nicht zu reichen, sie zählte ihr Geld zum dritten Mal, vergeblich. Dann steckte Uwe ihr 5000 Rubel zu, sie blickte ihn fassungslos an, bedankte sich schließlich mit leiser Stimme: »Spaciba, spaciba, spaciba … «

Ulrich durchstöberte mit Jürgen Hultenreich und Siegmar Faust Antiquariate; Jürgen erwarb die Erstausgabe des *Lederstrumpf* von 1853. Anschließend zum Winterpalais und zur Eremitage. Nach einem Rundgang durch das Museum Abendessen mit Dr. Baranov. Vorher aber ein tragischer Zwischenfall vor dem Winterpalast: Ein Mädchen ritt auf einem wildgewordenen Pferd quer über den Platz, das Tier hatte sich losgerissen und raste in vollem Galopp über das menschenleere Rund. Dabei stieß die Reiterin schrille, rhythmische Schreie aus, die aus dem Innersten aufstiegen, Todesangst ausdrückten. Das Pferd galoppierte in eine Menge am Rand des Platzes, bäumte sich auf und warf das Mädchen ab. Der Körper schoss über den Pferderücken und klatschte auf das Pflaster, rührte sich nicht mehr. Die Leute bildeten einen Ring um den Körper, dann war plötzlich lautes Jammern zu hören. Wir hatten den Vorfall wie auf Logenplätzen von den Stufen des Obelisken herab verfolgt, empfanden das Ganze als Einbruch des Grauens in ein Idyll. Die Situation erinnerte mich an das fassungslose Gesicht eines Vaters in Sarajewo, dessen Töchterchen beim Spielen vor dem Haus von einem Heckenschützen erschossen wurde.

Später erfuhren wir, dass das Opfer sich beim Sturz die Zunge abgebissen und das Handgelenk gebrochen hatte. Ein Krankenwagen stand mit lautlos kreisendem Blaulicht am Rand des Platzes, leises Weinen drang nach außen, die aufgeregten Stimmen der Eltern waren zu hören. Auf der gegenüberliegenden Seite des Platzes bestiegen Touristen ein anderes Pferd.

Zum vereinbarten Lokal. Dort wartete ein üppiges Menü, bestehend aus Krabben-Pastete, Fisch, Kalbfleisch und Salat, auf uns. Es gab Cabernet Sauvignon, Bier, Cola und viel Wodka. Eine Folklore-Gruppe sang und tanzte ukrainische Volksweisen. Wir tanzten mit, es wurde gelacht, zugeprostet. Dr. Baranov hatte diesen Abend für uns arrangiert. Tränenreicher Abschied mit vielen Reden und Toasts, auch von unserer immer freundlichen Dolmetscherin Juliana; dann zurück mit dem Bus ins »Moskwa«. Im Bett warteten schon die Stechmücken. Auf gegen 6 Uhr, weil das Treiben der Plagegeister nicht auszuhalten war. Setzte meine *Zauberberg*-Lektüre in einem Sessel auf dem Gang fort.

*Berlin, 28. Juli 1995*

Heimkehr. Die Rückreise von St. Petersburg über Kopenhagen und Hamburg nach Berlin verlief reibungslos. Abfahrt vom Hotel um 10.30 Uhr. Emotionsloser Abschied von der Gruppe; wir hatten während des Fluges reichlich Gelegenheit, uns über das Erlebte auszutauschen, die literarische, malerische, filmische und fotografische Ausbeute zu besprechen. Ulrich wird sein großes Arktis-Buch vollenden, zu dem Jürgen die Fotos beisteuert. Die Filmaufnahmen sollen dem *Norddeutschen Rundfunk* angeboten werden. Uwe plant ein Reisefeuilleton für die *Neue Zürcher Zeitung*, Dinah Busse will ihre Bleistiftskizzen als Vorlage für einen größeren Bilderzyklus nutzen. Jürgen Hultenreich bereitet einen Rundfunk-Essay vor. Nun beginnt die Arbeit der Erinnerung, die Wiederauferstehung des Erfahrenen in der Alchemie des Selbst.

406

*Berlin, 11. August 1995*
Flug nach Hamburg, um mit Chefredakteur Manfred Geist die
Einrichtung eines Dresden-Büros (neuer Regionalteil Sachsen-
Thüringen der *Welt am Sonntag*) zu besprechen. Alle dort völlig unvorbereitet. Start soll am 5. November sein. Abends bei
Ulrich, der für uns kochte. Von 23 bis zwei Uhr nachts Arbeit
am Exposé *Für eine Berliner Republik*; der Band könnte bei Ullstein im Herbst nächsten Jahres erscheinen. Ob wir damit an
den Erfolg der *Selbstbewussten Nation* anknüpfen können, wird
sich zeigen.

*Berlin, 14. August 1995*
Heute verschwand Astrid für drei Stunden; wir machten uns
Sorgen. Als sie zurückkehrte, hatte sie ein hartes, böses Gesicht
aufgesetzt. Die Art, wie sie mich kritisierte, lässt den Verdacht
aufkommen, dass sie einen Anwalt konsultierte. Mein guter Wille, die Familie zu retten, ist (fast) grenzenlos. Für mich bleibt, wie
immer es ausgeht, ein großer Schrecken, ein Entsetzen über das
Unversöhnliche des Lebens, Trauer auch und ein Schmerz, den
ich noch nicht ermessen kann. Das Scheitern ist das Wenigste,
daran wachsen wir ja. Es ist die Art des Schmerzes, den wir uns
zufügen – den wir den Unschuldigen, unseren Kindern, zufügen.
Diese Sinnlosigkeit des Leidens.

*Berlin, 15. August 1995*
Dachte viel über eine Trennung nach. Meine Traurigkeit ist läh-
mend. Ich wünschte mir sehr, weinen zu können. Diese Abwen-
dung von der selbstgeschaffenen Welt, deren Wärme mir in der
Arktis so wunderbar erschienen war, ist die Katastrophe meines
Lebens. Nun gilt es ihren Sinn zu ergründen.

*Berlin, 24. August 1995*
Wieder einmal haben wir uns zusammengerauft. Ob eine Thera-
pie hilft? Nun schlafen wir getrennt, ohne jede Körperlichkeit.
Das birgt die Gefahr der Entfremdung – zumindest bei mir. Wäh-

407

rend ich dies schreibe, erscheint A. und legt sich in mein Bett. Nach anfänglichem Zögern finden wir uns.

Anruf eines Redakteurs vom *Spiegel*, der eine Geschichte über die »89er« vorbereitet; ich ließ schon einmal die Differenz zu Rainer Zitelmann erkennen. Andeutungen zu unserem neuen Buchprojekt. In der *Times* erschien ein Beitrag über »The New Right«, in dem ich mehrfach – freundlich – zitiert werde und in dem bereits über die Organisation »Arbeit für Deutschland« berichtet wird. Erwähnt wird auch unsere geplante Veranstaltung *Nationalstaat und Europa* am 3. Oktober oder 9. November. Dazu hatte ich allerdings keinen Kommentar abgeliefert. Es muss also noch andere Quellen geben. Bin inzwischen der politischen Dinge müde; nach dem neuen Buch ist Schluß damit.

Lektüre: John Keats *Gedichte*. Eines davon erinnerte mich an meine arktischen Heimatgedanken: »Scharfe, launische Windstöße flüstern hier und dort zwischen halbentlaubten, dürren Büschen; die Sterne schauen kalt am Himmel drein, und ich habe noch viele Meilen zu wandern. Doch spüre ich wenig von der kühlen frostigen Luft, noch von den toten, traurig raschelnden Blättern, noch von der Länge Wegs bis zu meines Heimes traulicher Zuflucht. Denn ich bin übervoll der Freundlichkeit, die ich in einer kleinen Hütte fand, übervoll von der beredten Klage des blonden Milton und all seiner Liebe zum ertrunkenen Lysiades und von der schönen Laura im lichtgrünen Gewand und ihrem treuen, ruhmreich gekrönten Petrarca.«

Liebe und Poesie, Hütte und Wanderung, Fremde und Heimat – das alles habe ich ähnlich empfunden in den Eiswüsten zwischen Sibirien und dem Nordpol.

*Berlin-Steglitz, 28. August 1995*
Besuch von Dagny, Francesco und Federico, die für einige Tage nach Wolfschlugen kamen. Sie reisten Samstag per Zug von Stuttgart aus an und blieben bis Montagnachmittag. Dagny ist nach all den Jahren des Desasters wieder zu dem Menschen geworden, der sie vor den Drogen-Eskapaden war: eine fröh-

liche Frau und fürsorgliche Mutter. Auch Franceso keineswegs von der Abhängigkeit gezeichnet, sondern ein ruhiger, unaufgeregter, menschenfreundlicher Zeitgenosse. Federico, der am 18. August ein Jahr alt wurde, hat warme, braungrüne Augen und ein spitzbübisches Lächeln. Dann und wann stößt er einen hellen i-Ton aus, um seinen Unmut zu bekunden. Seine Ohren erinnern an die von Mr. Spock; der etwas platte Hinterkopf bereitet den Eltern Sorge. Sie befürchten, das Knochenwachstum könnte gestört sein. In Wirklichkeit hat er die Delle von seinem Vater geerbt. Federico ist zart und schmal und bewegt sich behände um die Gegenstände herum, die ihn interessieren. Da ihn gewissermaßen alles Sichtbare anzieht, ist er ständig in Bewegung.

*Berlin-Steglitz, 31. August 1995*
Laura hat ihre Virus-Grippe überwunden, die mit 40 Grad Fieber einherging. Sie ist wieder munter – und renitent. Von einem Pinocchio-Video übernimmt sie Beschimpfungen wie »Du Dummkopf!« und kräht munter einher. Dafür ist jetzt Clarissa heiser und fiebert schon. Astrid hatte einen Autounfall: Totalschaden.

Das neue Buch von Uwe Wolff ist eingetroffen: *Der gefallene Engel – Von den Dämonen des Lebens.* Las bereits zwei Kapitel, in denen sich Uwes breite Belesenheit dokumentiert. Im Gegensatz zum ersten Engelbuch wirkt es nicht so forciert und himmelblau. Vielleicht schreiben wir bald ein gemeinsames Buch über die Arktis.

Die Nato bombardiert serbische Stellungen bei Sarajewo – Genugtuung: »Wo zwanzig Teufel sind, da sind auch hundert Engel.« (Luther). Diesmal mit dem Flammenschwert.

*Bad Godesberg, 25. September 1995*
Anruf von Astrid aus Ibiza. Im Hintergrund quiekte Clarissa, die sich jetzt rutschend fortbewegt. Laura vermisst mich sehr und will nach Hause: »Papa soll mir ein Buch lesen«, jammerte sie.

Gestern packte sie fünf Lutscher ein und wollte abreisen: »Einen für Papa, die anderen für mich!« Als sie aus dem Bett fiel, meinte sie nur: »Da habe ich mich wieder aufgehoben.« Sie plappert jetzt munter drauflos, verwechselt eine Menge Wörter, was ein lustiges Kauderwelsch ergibt.

Am Sonntag mein erster Berlin-Marathon, der vom Charlottenburger Tor über das Brandenburger Tor bis zur Gedächtniskirche führte. Die ersten 12 Kilometer sehr flüssig, dann begannen die Zehen zu drücken, Blasenbildung. Ab Kilometer 15, in der Gitschiner Straße, verhärteten sich meine Waden-Muskeln, musste Pausen einlegen, gehen. Besonders ärgerlich, weil genug Kraft und Luft da war. Aber der harte Asphalt forderte seinen Tribut, zumal ich nur auf Waldböden trainiert hatte. Trank viel zu wenig, das erste Mal bei Kilometer 10. Durch Kreuzberg und Neukölln quälte ich mich sehr, dachte ans Aufgeben, aber meine am Straßenrand postierten, mich anfeuernden Redaktionskollegen ließen mich durchhalten. Überhaupt halb Berlin auf den Beinen, allerorten fröhlich jubelnd.

Auf der Steglitzer Schlossstrasse, die ich nach 30 Kilometern zerschlagen und fast humpelnd erreichte, zeigte mir die von zerquetschten Pappbechern verwüstete Straße, dass das Gros der Läufer sie bereits passiert hatte. Die letzten 1000 Meter der 42 Kilometer lief ich mit zusammengebissenen Zähnen, sprintete unter Aufbietung aller Kräfte nach 4 Stunden 48 Minuten ins Ziel. Beim Einbiegen in den Kudamm hatte mich ein Organisator per Lautsprecher sogar namentlich begrüßt; das war unter anderem der Sinn des Chips, der an meinem linken Laufschuh befestigt war. Der letzte, der nach 5.40 Stunden am Ziel ankam, war ein Landsmann aus Stuttgart, der sogleich interviewt wurde. Auf die Frage, was er beim nächsten Marathon anders machen wolle, sagte er: »Da will ich mindestens zweitletzter werden…« Am Breitscheid-Platz erwischte ich in all dem Gewühl ein Taxi, das mich in die Borstellstraße brachte. Dort quälte ich mich die Treppe zum 5. Stock hoch.

410

*Berlin, 26. September 1995*

Längst mit der Familie vereint, lese ich in der *FAZ* folgende Agenturmeldung: »Bei dem Absturz eines Hubschraubers im nordrussischen Eismeer sind wahrscheinlich neun, möglicherweise elf Menschen ums Leben gekommen. Wie die Nachrichtenagentur *Interfax* am Montag unter Berufung auf das Ministerium für Katastrophenschutz meldete, wurde der Mi-8-Hubschrauber 500 Meter von der Landebahn entfernt und 15 Meter vom Ufer der Halbinsel Taimyr in der Kara-See gefunden. Der Eisbrecher ›Sojus‹ sei auf dem Weg zum Unglücksort, um die Maschine – die sich unter dem Eis befinde – zu bergen. Von den Passagieren gebe es bislang keine Spur. Es werde befürchtet, dass alle Insassen bei dem Absturz ums Leben gekommen sind.«

Auch wir sind vom Kap Tscheljuskin gestartet. Jetzt hoffen wir, dass die Unglückspiloten nicht unseren Hubschrauber flogen. Dann wären unsere Fotos und Filme die letzten Lebenszeichen der Besatzung… Nun zeigt sich, dass das Fliegen in dieser Region doch seine Risiken hat – wie Uwe das immer an die Wand gemalt hat.

Gestern bei der Buchpräsentation der *Erinnerungen* von Hans-Dietrich Genscher; die Laudatio hielt Richard von Weizsäcker. Sehr seifig, sehr lobhudelnd. Die bundesdeutsche Nischen-Politik feiert sich selbst. Das Buch ist in einem unsäglichen Bürokratendeutsch geschrieben, quasi Diplomatenprotokolle zu Buchzeilen umgebrochen. Die Veranstaltung fand in der Staatsoper Unter den Linden statt; es waren rund 800 Gäste geladen, darunter Scheel, Siedler, Wörner, Stölzl, Döpfner, Safranski. Mit Rüdiger ein Gespräch über das Böse. Er arbeitet an einer Monografie zum Thema *Das Böse und Strategien seiner Zivilisierung*, wie er sagte. Das Buch soll bei Hanser erscheinen. Im Grunde wohl eine Erweiterung seines Essays in der *Selbstbewussten Nation*.

Eben rief Professor Manfred Wilke an und gratulierte mir zu meinem Aufsatz *Mythos Nation*. Traf in der Kantine Rainer Zitelmann mit einer hochgewachsenen, hübschen Russin, dunkelhaarig mit großen braunen Augen. Er stellte sie mir als seine

411

künftige Frau vor; er wolle sie, die er erst seit vier Wochen kennt, im November heiraten. Zweifellos, zumindest optisch, eine gute Wahl. Ilona arbeitet als Dolmetscherin bei der Bundeswehr, stammt aus einem Ort in der Nähe von St. Petersburg. Ihre Eltern lebten eine Zeitlang in Deutschland. Ob sie ahnt, auf was sie sich einlässt? RZ wirkt sanfter als sonst, was vielleicht auch mit der Tatsache zusammenhängt, dass heute sein erster Leitartikel (über die deutsche »Vollkasko-Mentalität«) in der *Welt* gedruckt wurde.

*Berlin-Steglitz, 2. Oktober 1995*
Heute bei unserer Therapeutin, einer älteren Dame, die uns aufmerksam zuhörte, bisweilen kalkuliert konfrontative Fragen stellte. Sie tastete nach den Bruchstellen. Meinte, wir hätten »Unglaubliches« durchlebt – wobei sie auf Scheidung und Blitz-Heirat, Astrids gestörte Mutter-Beziehung, das Golfkriegs-Intermezzo und die politischen Abenteuer anspielte. Bei unserem Eintritt in ihr Dienstzimmer, sagte sie freimütig, habe sie gedacht: »Die sind doch für einander geschaffen.« Nun erkenne sie die tiefen Gräben, sehe aber auch Brücken.

Mit Laura zum Spielplatz. Sie ist sehr anhänglich, rief mehrfach: »Du bist meine Liebe!« Als sie das Heftlein der *Mundorgel* in Händen hielt, bemerkte sie, großen Nachdruck auf den Titel legend (sie hat ein phänomenales Gespür für die Klangbedeutung eines Wortes): »Das ist Deutschland!« Clarissa, weniger exaltiert, hat sehr lebendige Augen, ist noch anhänglicher und möchte ungern allein gelassen werden. Im Gegensatz zu Laura taxiert sie ihre Umgebung prüfender, weniger auf Effekte als auf Aktionen bedacht, die ihr Interesse erregen. Laura lächelt alles Böse weg, erstickt es im Keim. Aus ihr spricht eine größere Ängstlichkeit, aus Clarissa eine natürliche Neugier – aber nicht um jeden Preis. Sie wendet sich, anders als die verbindliche Laura, leichter ab. Beides sehr liebenswürdige und schöne Kinder, für die ich Astrid unendlich dankbar bin.

412

*Berlin-Steglitz, 10. Oktober 1995*
Am Wochenende zur Jung-Jünger-Tagung in Todtmoos-Rütte. Ich referierte über das Thema *Ernst Jünger und die Träume*, Uwe zu *Licht und Schatten bei C. G. Jung.* Flug mit »Cross Air« von Tempelhof nach Basel, wo mich der Veranstalter, Dr. Thomas Arzt, abholte. Er ist Physiker und beschäftigt sich schon seit längerem mit C. G. Jung und Ernst Jünger. In seinem vorzüglichen Referat wies er die naturphilosophischen Gemeinsamkeiten der beiden nach. Ebenfalls anwesend der ewige Querulant Peter Koslowski, der sein Ur-Thema *Gnosis* traktierte.

Rütte, 1000 Meter hoch in einer Schwarzwälder Bergmulde gelegen, ist ein meditativer Ort, Sitz des »Existential-Psychologischen Zentrums«. Es wurde 1984 von Graf Dürckheim gegründet. Hier wird nach Jung-Dürckheim'schen Grundsätzen therapiert. Wir waren im Herzlhaus untergebracht; mir hatte man das sogenannte »Grafen-Zimmer« zugewiesen, einen holzgetäfelten Raum mit Heidegger'schem Fluidum. Ich träumte intensiv, aber vergaß alles wieder rasch. Am ersten Abend ein Kennenlern-Essen. Wobei wegen Koslowski bald der Streit über Jüngers politische Rolle in den Zwanziger- und Dreißigerjahre ausbrach. K. hat eine Profilneurose – obwohl er doch Institutsdirektor in Hannover ist. Aber vielleicht gerade deswegen. Mit Uwe führte ich gute Gespräche über die Familie und Einsichten um das vierzigste Lebensjahr.

Als ich gestern nach Hause kam, hatte Astrid die Kinder schon sehr früh zu Bett gebracht. Wohl auch, um die stürmische Begrüßung zu verhindern. Lina lümmelte im Bett, ohne Regung, als ich den Raum betrat. A. wieder vollkommen verstrickt ins Negative. Gut, dass ich ruhiger, duldsamer geworden bin, so kann ich das ertragen, ohne selbst ausfällig zu werden. Meine Zurückhaltung macht sie rasend. Gedanken über das Böse, mit dem ich mich literarisch und philosophisch vor Jahren so intensiv beschäftigt hatte. Nun ist es da, praktisch in meine Lebenswelt eingebrochen – und alle Theorie erweist sich als grau und wenig hilfreich. Allein die Theologie mit ihrem Rekurs auf die Sündhaftigkeit des Menschen bietet lebbare Auswege.

413

Gegen die angeborene Bosheit kann man nichts ausrichten, man kann sich nur in ihr einrichten. Oder flüchten. Ein wenig ahnt die Therapeutin schon, wen sie vor sich hat. Irgendwann wird Astrid das Schachbrett umwerfen und aus dem Spiel aussteigen. Noch schiebt sie die Figuren hin und her, um eine günstige Position zu erreichen.

Heute mit Laura und Clarissa Spaziergang am Teltowkanal entlang; Laura ist ein anhängliches und fröhliches, Clarissa ein zutiefst treues Kind. Wie ich sie beide liebe! Diese Liebe ist aber der Anfang vom Ende meiner Beziehung zu Astrid; sie stachelt ihre Eifersucht an: Liebe, die Liebe auslöschen will.

*Berlin, 20. Oktober 1995*

Bei der Jubiläumsfeier der Kaiser-Friedrich-Gedächtnis-Kirche, unweit meines früheren Domizils im Hansa-Viertel. Der ursprüngliche Backsteinbau war 1943 durch alliierte Luftangriffe zerstört und 1957 in moderner Betonbauweise wiedererrichtet worden. Uwe hielt den Festvortrag zum Thema *Wohin geht die Kirche?* Im Beisein von Bundespräsident Roman Herzog, Berlin-Brandenburgs Bischof Wolfgang Huber und Preußenprinz Friedrich Wilhelm – im Gedenken an das kirchenreformerische Wirken seines Ururgroßvaters Kaiser Friedrich III. war die Kirche vor hundert Jahren erbaut worden – forderte Uwe die Kirche auf, zu ihren spirituellen Wurzeln zurückzukehren statt sich dem Zeitgeist anzubiedern. Mir waren diese Thesen vertraut, weil Uwe sie in seinem Essay *Tradition und Transzendenz. Über religiöse Erziehung im Zeitalter der Zerstreuung* in unserem Band *Die selbstbewusste Nation* entfaltet hatte. Er mahnte im Vortrag eine selbstbewusste Kirche an, die die Grenzen der »Selbstverwirklichung« aufzeigt. Die Kirche müsse endlich aus der Defensive heraustreten, denn Offenheit im Denken und Freiheit im Dialog könne es nur durch echte Bindung geben. Es wurde kräftig applaudiert, und Roman Herzog bat Uwe um das Redemanuskript: »Das möchte ich gerne meiner Frau zum Lesen geben.«

414

*Berlin-Steglitz, 6. November 1995*
Erneuter Hubschrauber-Absturz in der Kara-See – doch 11 der 12 Mann Besatzung konnten sich retten, meldeten die Zeitungen. Gerettet, vorerst, ist auch unsere Familie, die von Bonn, wohin Astrid mit den Kindern am 13. Oktober ohne Abschied verschwunden war, nach Berlin zurückkehrte. Sie hatte mein Tagebuch mit sich genommen, um es einem Psychologen vorzulegen. Das ist natürlich ein Tabubruch, der sich in eine lange Kette der Tabubrüche einreiht, mich aber nicht mehr wirklich zu schockieren vermag.

Auseinandersetzung im Haus von Astrids Eltern am Bonner Tulpenfeld. Lina aufreizend schnippisch, nimmt in jeder Beziehung die Position ihrer Mutter ein, will zurück zu ihrem Vater. Dabei stößt sie, als junge, pubertierende Frau, ständig mit A. zusammen. Im unbeobachteten Moment ist Lina auch böse zu Laura, die sie als Nebenbuhlerin ablehnt. *Sie* ist doch die Prinzessin der Familie! Klassisch. Clarissa entwickelt eine zärtliche Anhänglichkeit, legt oft ihr Köpfchen an meine Schulter.

Wir feierten meinen Geburtstag als Familien-Versöhnungsfest. Astrid schenkte mir den alten Fritz als Bleisoldaten, besser: als junger Offizier zur Katte-Zeit; ohne blauen Frack, aber mit gelber Weste und Hand am Degen. Von Laura bekam ich ein selbstgemaltes Bild mit einer lachenden Astrid und mir mit kullernden Tränen. Abends mit Astrid, Timo und Lina zum Essen zum Rhein-Chinesen in Königswinter. Wir fuhren mit der Fähre, worüber sich besonders Laura freute.

Letzten Donnerstag in Dresden, um die Einführung des neuen Regionalteils Süd im Schloss Albrechtsberg zu feiern. Peinlich Manfred Geists Nichtpräsenz. Sven Bernitt, der die Ausgabe unter meiner Regie betreuen wird, hielt sich wie immer im Hintergrund. Es waren Ministerpräsident Biedenkopf, der Landtagspräsident von Thüringen, Pietzsch, und einige Minister da, mit denen ich tafelte. Es gab ein üppiges Büfett im Kronen-Saal des Schlosses. Angereist war ich mit *Welt-am-Sonntag*-Herausgeber Ernst Cramer, mit dem ich die vier Kilometer vom Dresden-Neustädter

Bahnhof bis zum Albrechtsberg zu Fuß zurücklegte. Er klagte mir dabei sein Leid, was das Haus Springer, die Vorstandsvorsitzenden Wille und Richter und den aktuellen *Welt*-Chefredakteur Löffelholz betrifft. Was soll man einem 85-Jährigen raten, der lange Jahre Axel Springers rechte Hand war, heute noch immer als graue Eminenz des Verlages verehrt wird – und der jetzt den guten alten Zeiten nachtrauert?

Am Sonntag Besuch eines Journalisten von der Tageszeitung *Il Giorno*. Er wollte anlässlich des 9. November ein Porträt der »Neuen Rechten« in Deutschland schreiben. Bin gespannt, was dabei herauskommt; gab ihm Hinweise, dass sich unsere Aktivitäten, besonders, was meine Position betrifft, nicht im Politischen erschöpften. Händigte ihm einige Fotos aus, die mich mit Ernst Jünger zeigen.

Papa bei Dagny in Pavia, wo er zusammen mit Mama Federico hütet, während Dagny an den Beinen operiert wird. Am Telefon erzählte sie, dass sie nun Übersetzungen mache und an der VHS Kurse über Deutschland abhält. Das freut mich sehr, denn ich hatte lange befürchtet, sie würde in ihre heillose Lage verstrickt bleiben.

*Im Flugzeug, München Berlin, 24. November 1995*
Vortragsreise nach Salzburg und Innsbruck beendet; eingeladen wurde ich vom »Freiheitlichen Akademikerverband«. Thema: *Die 89-er – Eine neue deutsche intellektuelle Rechte?* Ich referierte unsere Aktivitäten seit 1993, die Vernetzungsstrategie mit nonkonformistischen Intellektuellen und eröffnete politische Perspektiven auf eine nationalkonservative Partei in Deutschland. Der Vortrag schloss mit einem 10-Punkte-Programm politischer Grundpositionen ab. Diese Thesen brachten mir dann auch den meisten Beifall ein. Der Kreis umfasste rund 60 meist ältere Zuhörer; ein Drittel Studenten. Einige trugen Verbindungsmützen; in Österreich sind die Traditionen noch sehr lebendig. Eingeladen hatte ein Dr. Wirl, Biologe an einem Salzburger Forschungsinstitut. Die Einfahrt mit dem Zug nach Salzburg über

416

die Salzach-Brücke sehr eindrucksvoll: Die untergehende Sonne beleuchtete Burg und Kirchtürme der Bischofsstadt. Gestern dann ausgiebige Führung durch die Altstadt und zum Dom, hinauf zum alten Friedhof unter der Burg und schließlich durch die Getreidestraße, die schon weihnachtlich geschmückt war.

Nach dem Vortrag eine halbstündige Diskussion, bei der die Vergrößerung der EU und die politische Umsetzung unserer Ideen im Vordergrund standen. Danach sah ich im TV das Streitgespräch zwischen Jörg Haider und der österreichischen Grünen-Chefin, die mit Neid-Argumenten arbeitete. Haider belegte den Zusammenhang von Bomben-Attentaten mit radikalen Positionen grüner Politiker anhand von Dokumenten, deren Authentizität von seiner grünen Kontrahentin energisch bestritten wurde. Haiders Partei liegt in Umfragen jetzt bei 27 Prozent und hat gute Chancen, Juniorpartner einer Koalition zwischen ÖVP und FPÖ zu werden.

Mit dem Zug weiter nach Innsbruck, wo ich vom früheren stellvertretenden Nationalratspräsidenten abgeholt wurde; ein freundlicher, kluger Mann, der 1990 seine politische Laufbahn bei der FPÖ aus Krankheitsgründen aufgeben musste. Er schenkte mir zwei Bücher über Nationalliberalismus und Ökologie. *Die selbstbewusste Nation* kannte er bereits. Das Buch geht offenbar in konservativen Kreisen von Hand zu Hand. Mein Vortrag fand im Verbindungshaus der »Skalden« statt, zwei Minuten von meinem Hotel »Leipziger Hof« entfernt. Die Debatte verlief kontroverser als in Salzburg. Viel Widerspruch gab es zum Thema »Maastricht«, viele Nachfragen zu den realen Chancen einer »demokratischen Rechten«. Man kennt diese Bewegung in Österreich kaum und sieht auch nicht, wie diese aus den Feuilletons heraus in die Köpfe der Bürger gelangen könnte.

Ich hielt dem die Erfolge um den 8. Mai herum entgegen und verwies darauf, dass geistige Veränderungsprozesse in Dekaden abliefen und wir erst seit zwei Jahren politisch aktiv seien. Am Ende des eineinhalbstündigen Diskussionsmarathons gab es heftigen Applaus, wohl auch wegen meines Optimismus. Auch von jenen, die mir so zäh widersprochen hatten. Am nächsten Tag Einkäufe in der schönen Maria-Theresia-Straße; wanderte auch durch die Seitengassen, um alte Bücher und Antiquitäten anzuschauen. Entdeckte ein bemaltes Barock-Engelchen; leider zu teuer. Für Astrid kaufte ich Mozart-Kugeln und Mozart-Taler, für mich eine Tüte weißer Maronen.

*Berlin-Steglitz, 2. Dezember 1995*
In den zurückliegenden Tagen wieder viel Presse-Echo; in der *Zeit* wurde das »Netz der neuen Rechten« den Lesern alarmistisch vor Augen geführt: mit einer riesigen Abbildung des Covers der *Selbstbewussten Nation,* die man als »Bibel der Neuen Rechten« bezeichnete. *Tageszeitung* und *Tagesspiegel* suchen den »deutschen Haider« und meinen, ihn keinesfalls in Rainer Zitelmann gefunden zu haben. Da haben sie ausnahmsweise Recht. Die *Junge Freiheit* brachte einen Bericht von meinem Salzburg-Vortrag, der »vieles ausplaudert«, wie der Autor meinte. Prompt kam eine Ermahnung von der Verlagsspitze an Chefredakteur Geist, mich zur Ordnung zu rufen.

Mit Astrid viel Harmonie; das Vergangene erscheint uns jetzt wie ein Albtraum, dessen Dämonen aber zweifellos noch in uns schlummern. Heute verfasste ich für die *Welt am Sonntag* eine Glosse zur verunglückten Rechtschreibreform und eine Besprechung von Uwes Engelbüchern. Ulrich ist mit seinem Ivenack-Orden auf dem »Konvent« in Mecklenburg – sein ganz persönlicher Spleen.

Am zurückliegenden Wochenende bei Rainers Hochzeit mit Ilona, die in der russisch-orthodoxen Kirche in Zehlendorf stattfand, direkt neben der Autobahn. Ansgar Graw hielt während der Trauzeremonie eine goldene Krone über das Paar. Abends (25.11.) Feier im Grandhotel Esplanade, eine etwas träge Gesellschaft, was aber vor allem an Zitelmanns emotionaler Begrenztheit lag. Er saß in Führer-Attitüde den ganzen Abend lang am Familientisch, neben ihm sein Vater, der Kinderbuchautor Arnulf Zitelmann, und stierte vor sich hin. Ilona, in herrlich weißem Hochzeitskleid mit großer Schleppe, schaute irritiert; als Russin ist sie mehr Enthusiasmus und Lebensfreude gewohnt. Die *JF* brachte dann einen ironisch gehaltenen Bericht; ich selbst packte die Namen der Gäste in Tamara Chows »Treffpunkt« im Berliner Regionalteil.

*Berlin-Steglitz, 18. Dezember 1995*
Vortrag bei der Konrad-Adenauer-Stiftung in Wesseling bei Bonn. Thema: *Leben und Werk Ernst Jüngers.* Es sollte ein Dia-Vortrag werden, doch passten meine Dias nicht in den CDU-Projektor (!). Also improvisierte ich für eine Runde älterer Herrschaften. Anschließend Gespräch mit Dr. Martin Rauber, der die Tagung organisierte. Sprachen auch über den Unterschied von »Waldgänger« und »Anarch« sowie Jüngers Demokratieverständnis. Auch über Rainer Zitelmann, der drei Wochen vorher geladen war. Der Eindruck von ihm war offenbar nicht angenehm – aber das muss man in diesem Fall nicht unbedingt ihm selbst ankreiden. Hier fährt man auf einer mittleren, lauen Linie, risiko- und schwindelfrei. Wir haben es ja erlebt.

*Berlin-Steglitz, 31. Dezember 1995*
Für die *Welt am Sonntag* ein großes Diepgen-Interview, das über den Ticker lief. Themen: Koalitionsverhandlungen, Hauptstadt-Umzug, Länderfusion Berlin-Brandenburg. Empfinde viel Liebe für unsere beiden Kleinen. Laura hat denselben verdrehten, wortwitzigen Humor wie ich, allerdings in »rheinischer« Form. Clarissa ist beständiger, selbstgenügsamer, aber immer auch auf ihren Vorteil bedacht. Lässt sich nicht unterbuttern. Beide haben im Ganzen einen sehr angenehmen Charakter. Timo ist rund um die Uhr damit beschäftigt, etwas in sich hineinzuschaufeln, gibt sich oft als Geizkragen, der ungern etwas abgibt. Lina duckt sich weg und wartet auf ihre Chance, wenn es in der Familie kracht.

Aus Bonn dringen via Hamburg sich häufende Warnungen an unser Ohr, das »rechte Treiben« zu lassen. Zuletzt wurde, wie mir ein Insider berichtete, die Österreich-Reise im Kanzleramt folgendermaßen kolportiert: Ich wolle einen »deutschen Haider«. Vielleicht setzt man insgeheim auf den goldenen *WamS*-Käfig, um das »Triumvirat« von der politischen Entfaltung abzuhalten. Der Rausschmiss aus dem Verlag könnte tatsächlich eine Radikalisierung bedeuten, die in Bonn gefürchtet wird. Denn am rechten Rand ist viel in Bewegung gekommen. Und bekanntlich darf es rechts von der Union, so Strauß, nur noch die Wand geben. Allerdings müssen sich die Unions-Auguren keine Sorgen machen, was Rainer Zitelmann betrifft: Der ist so materialistisch ausgerichtet, dass er an irgendein Ende sogleich den profitlichen Neuanfang setzen würde.

Schrieb gestern Nacht zusammen mit Ulrich das Vorwort zur Taschenbuchausgabe der *Selbstbewussten Nation*, die nun insgesamt in der vierten Auflage vorliegt. Heute erfuhren wir, dass bereits 3000 Exemplare *vor* Weihnachten gedruckt wurden – ohne das neue Vorwort. Nun soll es in die nächste Auflage übernommen werden. Ärgerlich. Schade auch, dass die so erfolgreiche Hardcover-Ausgabe nicht mehr nachgedruckt wird. Vielleicht eine Fehlkalkulation. Draußen bitterlich kalt, minus zehn Grad; dafür aber strahlende Sonne. Die Kinder kränkeln. Im Norden grassiert eine böse Grippe.

*Berlin-Steglitz, 3. Januar 1996*
Noch nie in meinem Leben habe ich ein tristeres Silvester erlebt. Es war eiskalt, als wir auf der Terrasse über den Dächern mit Sekt anstießen. Astrid vermisste ihren Geldbeutel, Timo schoss lustlos Raketen in den Himmel, Laura zitterte unter einem Berg von Textilien. Ich selbst melancholisch, ausgebrannt, lebens-müde. Dabei gab es sehr guten rheinischen Sauerbraten mit Rotkraut und Klößen, italienischen Wein. Saßen im Küchenturm unter dem Kerzenrad bei schleppender Unterhaltung. Allein Laura verströmte Heimatliches, einen vertrauten Duft. Clarissa dieses Mal seltsam seelenlos, neurotisch still. Wie das Spiegelbild eines verkorksten Jahres. Nahm mir vor, 1996 als Bewährungszeit zu nehmen, auch gegenüber Astrid. Enttäuschend, dass ich für all

die Entbehrungen nicht belohnt, sondern bestraft wurde. Es waren Selbsttäuschungen. Es gibt tatsächlich kein richtiges Leben im falschen. Heute fahren wir zu Uwe – aber eigentlich bräuchte ich Ruhe, Zurückgezogenheit.

*Berlin-Steglitz, 11. Januar 1996*
Vergangene Woche in Solschen. Mit dem Zug nach Hannover bzw. Peine, wo Ellie uns abholte. In der Bauernkate in Solschen freundlicher Empfang, Jaakob freute sich über das Wiedersehen mit Laura, beschäftigte sich ausdauernd mit ihr und Clarissa. »Ich weiß auch, woran es liegt«, sagte der Sechsjährige treuherzig zu Astrid. »Ich spiele nämlich gern mit kleinen Kindern.« Klirrende Kälte, der wir mit einem großen Kaminfeuer und Tee mit Rum begegneten. Abends dann Rotwein. Geradezu therapeutische Gespräche über den Umgang mit Stiefkindern, wozu Martina beitrug, die einen Abend bei uns war. Ansonsten große Zurückhaltung, was die Ehepsychosen betraf.

Mit Uwe peripatetische Gänge durchs Dorf. Gespräche über die Arbeit, die Familie, Uwes neuen Roman, dessen Arbeitstitel *Zauberberg II* lautet. Über Politik und die *Selbstbewusste Nation*. Er nimmt viel Anteil an meiner Situation, und ich bin ihm dankbar dafür. Dabei balanciert er selbst auf dem Hochseil. Die Liebe zu seiner Tochter Hannah ist es wohl – und seine größere Demut und Disziplin – die ihn trägt. Bei mir sind es Optimismus und Ehrgeiz. In der ersten Nacht leidenschaftliche Umarmungen mit A., deren Gefühlspanzer ich abstreifen muss, um zum liebenswerten, empfänglichen Teil ihres Wesens vorzudringen. Das einmal Gesagte liegt wie Mehltau auf unserer Beziehung. Es braucht viel Geduld, das vergessen zu machen.

Ausflug nach Hildesheim, wo wir den Dom und St. Michaelis besichtigten. Letztere eine Basilika mit bemalter Kassettendecke und zehn »Engelsschranken«. Abends in der »Kastanie«, wo Martinas Bruder arbeitet. Wir kegelten, was besonders die Kinder begeisterte. Laura stieß die zu schwere Kugel an der Bande an, von wo sie ins Ziel eierte und sogar drei Kegel umstieß. Astrid

421

verrenkte sich das Handgelenk. Danach schmausten wir »Kastanientopf«, Schweinesteak mit Zwiebeln und zum Abschluss Eis. Mit glühenden Köpfen durch die eisige Nacht nach Hause. Unterwegs eine Schneeballschlacht mit Jaakob, Hannah und Johannes. Wein, Plauderei am Kamin.

Uwes Bibliothek ist gut bestückt, vor allem auch mit Nachschlagewerken, die er als Lehrer häufig nutzt. Uwes Engel und Ellies Puppen allerorten; eine selbstgemachte Puppe durfte Laura nach Berlin mitnehmen. Das Porzellangeschöpf hält ein Bambi auf dem Schoß. Uwe begleitete uns im Zug nach Berlin. Er hatte in Potsdam einen Talkshow-Termin. Abends Trollinger und Filme; Besuch von Elisabeth van Zwoll, die Uwe interviewte. Schenkte ihr die *Marmorklippen*.

Am Sonntag früh auf. Wir wurden zur *Sat.1*-Talkshow *Vera am Mittag* abgeholt. Thema: *Gott im Wohnzimmer*. Uwe war als Engelexperte geladen, ich sollte im Publikum sekundieren. Zwei Stunden Warten auf den Beginn der Sendung; wir spazierten eine eisige Runde durch die Studios von Babelsberg, wo *Sat.1* drehen lässt. Dabei konnte ich das Treiben hinter den Kulissen der Produktion studieren, die Vorbereitung, ja Instrumentierung des Publikums durch eine Animateurin, die der Moderatorin vorarbeitet. Fühlte mich deplatziert, klatschte aber, als Freundesdienst, auf Kommando mit. Während der Sendung kam ich zweimal zum Zug und attackierte einen bestellten Psychologen, der die Gotteserfahrungen der Gäste auf recht billige Weise entzaubern sollte. Ich bezeichnete ihn als »Autisten«, was die Diskussion außerordentlich belebte. Dann brachte uns der Fahrer zum Bahnhof Wannsee; von dort zurück nach Steglitz.

Gestern Besuch von Walter Gröner. Abendessen: Quiche Lorraine, drei Flaschen Schwarzriesling. Blätterten in alten Tagebüchern, plauderten über italienische und badische Abenteuer, Lektüre etc. Gegen 2 Uhr ins Bett. Walter nächtigte im Arbeitszimmer, ich lag schweigend neben Astrid. Laura heute an den Mandeln operiert; sie war sehr tapfer, wie mir A. berichtete, obwohl die Schmerzen nach dem Aufwachen sehr heftig sein sollen.

An Clarissa beobachte ich einen boshaften Zug; sie schlägt ihrer Schwester ins Gesicht, aus reiner Freude an der Provokation. Sie grinst dann und klemmt die Mundwinkel zusammen. Ansonsten ist sie aber sehr niedlich und von unglaublicher Vitalität. Sehr hübsch mit ihren feingeschwungenen, wie ziseliert wirkenden Augenbrauen. Ein Honigpüppchen.

Heute im Dezember-*Kursbuch* ein Essay von Richard Herzinger über die *Magie der Heiterkeit*. Nacheinander kanzelt er die Autoren Botho Strauß, Rüdiger Safranski, Ulrich Schacht, Rolf Schilling sowie die Herausgeber ab. Titel: *Werden wir alle Jünger? Über die Renaissance konservativer Modernekritik und die postmoderne Sehnsucht nach der organischen Moderne.* Routinierter Linksideologismus. Wer eine Handbreit vom »demokratischen Diskurs« abweicht, wird in die Pfanne gehauen.

*Berlin, 18. Januar 1996*

Presseball. Fade wie jedes Jahr. Am Tisch des Botschafters von Jamaika, der seine energische Gattin mitgebracht hatte. Euphon zwischen ihr und Astrid, die ganz reizend wirkte, viel munterere Augen als sonst. Wir tanzten Walzer. Trafen Hans-Ulrich Pieper mit seiner jüdisch-russischen Partnerin. Plaudereien, Tombola etc. Um zwei Uhr mit dem Taxi nach Hause.

Abgabe des Exposés zum Nachfolgeband der *Selbstbewussten Nation*. Ulrich schlug auf seine hemdsärmlige Art vor, jeweils 10 000 Mark Vorschuss von Ullstein zu fordern. Mal sehen, ob dem der Geizkragen Fleissner zustimmt. Ulrich hat ihn bereits mit dem Arktisbuch geschröpft. Das Manuskript soll schon Ende Juli fertig sein. Ob wir das tatsächlich schaffen? Ende des Monats wollen wir mit dem engen Kreis zusammenkommen, um den lange anvisierten Verein zu gründen. Dabei gilt es Sicherungen einzubauen, damit Zitelmann und Röhl ihn nicht ins Fahrwasser der FDP und der Berliner Nationalliberalen bugsieren. Auch wollen wir den Vereinsnamen »Arbeit für Deutschland« (AFD) durchsetzen. Astrid soll den Kassenwart machen.

423

*Berlin, 23. Januar 1996*

Eiseskälte über Berlin. Nachmittags kam Caspar v. Schrenck-Notzing ins Springer-Hochhaus; im Club Gespräch über Fleissner, unsere Rolle bei Springer, *Criticón*, das Medienwesen. Brachte mir die Habilitationsschrift des Schmitt-Schülers Hanno Kesting mit: *Öffentlichkeit und Propaganda – Zur Theorie der öffentlichen Meinung* (San Casciano Verlag).

Im *SFB* wurden Sonntagabend Gedichte von Ulrich gelesen, seine *Comer Elegien*. »Kristalline Melancholie«, wie Heiner Müller treffend über Ulrichs Poesie sagte, als wir mit ihm zusammen in den roten Plüschsesseln der Volksbühne am Rosa-Luxemburg-Platz saßen. Ins Café Adler am Checkpoint Charlie, Ulrichs Lieblingsbar; von dort Spaziergang zum Potsdamer Platz und Brandenburger Tor.

Clarissa machte heute ihre ersten Gehversuch: Fünf Schritte auf mich zu, zappelnd vor Begeisterung über das neue Vermögen. Mein weiches, propperes, niedliches Kind! Große Stille in der Wohnung, Ruhe auch in mir, Waffenstillstand. Ob je ein Ewiger Friede daraus erwächst?

*Berlin, 6. Februar 1996*

Laura kann jetzt ihre Namen schreiben; viel früher als ich, der noch als Siebenjähriger eine seitenverkehrte Sieben hinter den Vornamen setzte. Am Sonntag in Hannover, wo ich auf Einladung eines Herrn Heuberger vor einer Gruppe jüngerer Konservativer referierte. Thema: *Die 89er – der Marsch durch die Institutionen*. Ulrich hatte am Vortag über den Verein AFD doziert und das »Wendejahr 1998« beschworen. Ich entwickelte die Idee, analog zur »Forza Italia« vorzugehen bzw. die intellektuelle Mobilisierung und Vernetzung à la Gramsci voranzutreiben. Ein jüngerer CDU-Landtagsabgeordneter legte, je länger ich redete, die Stirn in Falten. Am Ende verteilte ich unsere Einheitsbroschüre und Ausgaben von Michael Ludwigs Kulturmagazin *Gegengift*. Das Treffen fand im Jugendgästehaus »Die Naturfreunde« in Hannover-Eilenriede statt. Mit Ulrich, seinen »Ordensbrüdern« Peter

424

Voß und Thomas Dahnert im Auto nach Hamburg, wo wir üppig speisten. Am Spätnachmittag zurück nach Berlin.

Letzten Donnerstag bei Jörg Schönbohm im Senatsgästehaus zum ersten Interview seit seinem Amtsantritt als Berliner Innensenator. Es begleitete mich Kollege Michael Inacker, der extra aus Hamburg angereist war. Es gab Wein und Käse, auflockernde Plauderei. Ich schenkte Schönbohm, der ein Jünger-Leser ist, die Festschrift *Magie der Heiterkeit* und die Taschenbuch-Ausgabe der *Selbstbewussten Nation*. Guter Mann, der aufpassen muss, dass er von den antifaschistischen Wachhunden nicht gebissen wird. Wir vereinbarten eine Gesprächsrunde, privater Natur, vielleicht mit Ralf Georg Reuth, Arnulf Baring, Alexander Schuller, Ulrich Schacht.

Im Interview lobte Schönbohm die Berliner Polizei, die in der Wendezeit einen guten Job gemacht habe. Allerdings beunruhigt ihn die wachsende Kriminalität, die er den offenen Grenzen zu Osteuropa zuschreibt. Berlin wirke wie ein riesiger Magnet. Gegen ausländische Banden, die die Stadt durch Einbrüche und Gewaltdelikte verunsicherten, wolle er »Sondergruppen« der Polizei einsetzen. Ich konfrontierte den neuen Innensenator auch mit Berlins Subszene, den gewaltbereiten Autonomen, Antifa-Gruppen und Linksradikalen in der PDS. Er wisse, sagte Schönbohm, dass Berlin in kürzester Zeit Tausende militanter Demonstranten mobilisieren könne – aber er vertraue auch darauf, dass die Stadt es aufgrund ihrer schlagkräftigen Polizei wie keine zweite immer wieder schaffe, die gewaltbereite Szene in Schach zu halten. Etwas blumig meinte er, der Senat müsse sich trotz knapper Kassen auch um den militanten Teil der Jugend kümmern. Das war wohl ein Zugeständnis an den Koalitionspartner SPD, der seinen Vorgänger Heckelmann gerade wegen der Räumung besetzter Häuser und dessen Vorgehen gegen »Ausländer-Kriminalität« ums Amt gebracht hatte.

Erwartungsgemäß kanzelte Schönbohm auch die PDS ab, mit der die Berliner SPD als Koalitionspartner liebäugle. Die Auftritte von PDS-Abgeordneten im Berliner Abgeordnetenhaus erinnerten ihn an marxistischen Klassenkampf. Das schließe allerdings nicht aus, dass er auch mit jenen Menschen spreche, die diese Partei wählten, aus welchen Gründen auch immer. Abschließend bekannte er sich zum Patriotismus, ohne den die Einheit des Landes nicht gelingen könne: »Nicht für eine abstrakte Idee transferiert man Milliarden-Summen von West nach Ost, sondern für das gemeinsame Vaterland. Die deutsche Einheit hat eindeutig patriotische Gefühle der Zusammengehörigkeit freigesetzt, die vor der Wende fast vergessen schienen.«

Freitags dann bei Manfred Stolpe in der Potsdamer Staatskanzlei zum Thema »Fusion«. Stolpe, den ich in *WamS*-Kommentaren mehrfach angegriffen hatte, auch wegen seiner Zusammenarbeit mit der Stasi, begrüßte mich freundlich, als sei nie ein böses Wort gefallen, lächelte alles weg. Die Frage, ob er, wie Wolfgang Schnur behauptete, Stephan Krawczyk und Freya Klier zur Ausreise habe drängen lassen, wollte er nicht beantworten und verwies auf einen *Zeit*-Artikel. Er weiß, dass er wegen der massiven Unterstützung seiner Partei, die ihn als einzigen Ost-SPD-Ministerpäsidenten trotz der Stasi-Vorwürfe eisern im Amt hält (die *Welt am Sonntag* recherchiert in dieser Sache in recht ungewohnter Weise Schulter an Schulter mit dem *Spiegel*), eigentlich über den Berg ist. Dennoch hat Manfred Stolpe sich einen Rest von schlauer Vorsicht bewahrt. Was die Vereinigung von Berlin und Brandenburg betrifft, ist er voll auf dem Kurs der SPD, die, anders als die PDS, die Fusion will. In ihr sieht Stolpe »einmalige Zukunftschancen für eine starke Region«. Er wolle in den nächste Wochen durch das Land reisen, um für die Vereinigung zu werben.

*Berlin, 11. Februar 1996*
Ein Winter der Rekorde: Freitagnacht hatten wir minus 19 Grad, Havel und Spree sind zugefroren; an der Elbe türmen sich die Eisschollen und bieten arktische Panoramen. Heute mit Astrid und den Mädchen im Steglitzer Park; wir kurvten vergnügt über den zugefrorenen Teich. Das russische Glück von Rainer Zitelmann ist bereits nach wenigen Wochen zu Ende, Ilona ver-

426

schwand mit Sack und Pack aus der Wohnung. Sie soll zuletzt unter Bulimie gelitten haben. Kann kein Mitleid empfinden, da ich Rainers Frauen-Verschleiß in den zurückliegenden Jahren hautnah erleben durfte. Sein Gejammer passt allerdings zum Charakter: Die Kombination aus Brutalität und Sentimentalität ergibt Selbstmitleid. Eine Melange, die mir oft begegnete.

Lektüre: Salomon-Biografie von Markus Josef Klein, Isaiah Berlins Studie über Johann Georg Hamann, Peter Handkes Pamphlet *Gerechtigkeit für Serbien*. Letzteres ein Schmarren, um den sich eine sogenannte »Kontroverse« rankt, die in der *FAZ* und der *Zeit* angelaufen ist.

*Berlin-Steglitz im Bett, 17. Februar 1996*

Seit Donnerstag krankgeschrieben. Grippe, Kopfschmerz, Schnupfen. Nutze die Zeit, um Briefe an AFD-Sympathisanten abzuarbeiten. Die meisten sind älter und resigniert, brauchen therapeutischen Zuspruch. Auf hundert Briefe kommt eine dialogfähige Persönlichkeit. Versandte meinen Aufsatz im *Gegengift* über die »89er«. Im neuen Heft zwei Repliken; die eine im üblichen polemischen Stil, die andere eine ernstzunehmende Kritik an der Umsetzbarkeit unserer Ideen. Warnung vor dem »Sonthofen«-Effekt, der das Chaos voraussetzt, das es eigentlich zu verhindern gilt.

In Italien Neuwahlen für den April angekündigt: Neuanlauf von Silvio Berlusconi. Im Hintergrund lauert Fini, ein gerissener Taktiker. Schminkte sich rechtzeitig den Salonfaschismus ab. Nun gibt er sich als Anwalt des kleinen Mannes, was das Soziale betrifft, versucht aber auch den Besitzbürger im rechtsstaatlichen Bereich zu erreichen.

*Berlin-Steglitz, 21. Februar 1996*

Telefonierte mit einem Herrn Lindh aus Schweden; er kontaktierte mich wegen diverser Veröffentlichungen in schwedischen Medien über die »Neue Rechte«. Seit Dezember telefonieren wir regelmäßig. Herr Lindh ist ein gebildeter Herr um die 70, der große Sympathie für Deutschland hat. Als junger Mann las er Goethe, Schiller, Rilke, Benn etc. und schrieb selbst Gedichte. Wir plauderten über die 89er, Westbindung, Geist und Macht, Rationalität und Moderne, Irrationalität und Mythos, die deutsche Todessehnsucht bei Novalis, Wagner, Nietzsche und Jünger. L. spricht sehr gut deutsch, war Direktor einer großen schwedischen Bank, ein Grenzgänger. Zudem liebt er die Arktis, forscht über arktische Archäologie bzw. Kartografie und will über die finnisch-deutsche Militärhistorie ein Buch schreiben. Er reist oft nach England, wo er ein Haus besitzt. Im Sommer hat er die Absicht, nach Berlin zu kommen.

*Berlin, 27. Februar 1996*
Mit Frank Hauke beim jungen PDS-Abgeordneten Frederik Over, der mit Gesinnungsgenossen ein Haus in Alt-Stralau besetzt hält. Das Gespräch entpuppte sich als äußerst witzig, obwohl der Bursche haarsträubende Meinungen vertritt. Er will die Polizei abschaffen, die GSG 9, den Verfassungsschutz (dabei sind wohl eine Menge Parteigenossen von ihm in der Stasi gewesen!) und vor allem das »Großkapital« verstaatlichen. Ein Interview, um unsere Leser zu erschrecken.

*Berlin, 29. Februar 1996*
Mittagessen mit Uwe Grewe im Club. Sprachen über den zu gründenden Verein bzw. Partei und die Rolle Zitelmanns dabei. Abends faxte ich unsere Überlegungen an Klaus Rainer Röhl und RZ, bot die Aufteilung unseres restlichen Spenden-Vermögens an. Röhl, der mit Ulrike Meinhof verheiratet war, will eine Zeitschrift (*Weltbühne*) gründen mit einer Corona von Herausgebern wie Brigitte Seebacher-Brandt über Johannes Gross bis Rainer Zitelmann – albern. Schon der Titel wäre blanke Parodie. Aber das passt vielleicht doch zum Ex-*Konkret*-Verleger Röhl. Rainer kam heute in mein Büro und jammerte über seine Isolation in der *Welt* und das Verschwinden von Ilona. Er hatte auch ein Gespräch mit Chefredakteur Löffelholz, der »Sympathien«

428

für ihn habe; wir werden sehen, ob sie den Monat Juni überdauern. Denn da läuft Zitelmanns Probezeit aus. Clarissa kann jetzt gehen und wackelt von Möbel zu Möbel.

*Berlin-Steglitz, 19. März 1996*
Am Wochenende mit Astrid im Seebadeort Boltenhagen zur Eröffnung des Hotels »Großherzog von Mecklenburg«. Das Meer war noch immer gefroren, das Wetter trübe, eisiger Wind – aber die Luft wunderbar frisch. Wir wanderten zwei Stunden bis zur »Klützer Mühle«, die weithin sichtbar auf einer Anhöhe steht, tranken Kaffee. A. freute sich, einmal ohne Kinder unterwegs zu sein. Wir hatten viel Spaß, auch körperlich, hielten unsere Gespräche von der Politik frei und genossen die mecklenburgische Küche: Fisch, Geräuchertes, alles süß-sauer. Das Hotel besitzt ein großzügiges Schwimmbad mit Therapie- und Wellness-Räumen (»Med-Harmonie«); Vom Hotelzimmer weiter Blick über Strand und Meer. Mit dem Leihwagen am Sonntag zurück nach Berlin.

*Berlin-Steglitz, 28. März 1996*
Die Taufe von Clarissa brachte durch die Anwesenheit von Astrids Mutter Ellen große Anspannung. Angenehm dagegen Dagny, Francesco und Papa, die sich sichtlich wohlfühlten. Eintreffen der Gäste Samstagabend. Kam erschöpft aus der Redaktion. Ebenfalls schon da Constanze und Torsten, Timo. Plauderrunde am Kamin; ich saß neben Ellen und verspürte Unbehagen. Diese Frau strahlt Kälte aus, thront sichtlich auf ihrem Geldsack, von dem sie – indirekt – in allen Variationen gerne spricht. Am nächsten Morgen trafen dann Uwe, Ellie und Jaakob gerade noch rechtzeitig zur Taufe ein, desgleichen Ulrich und Stefanie. Clarissas Taufspruch hat Astrid ausgewählt: »Befehle dem Herrn deinen Weg und vertraue ihm; er wird es fügen. Er bringt deine Gerechtigkeit heraus wie das Licht und dein Recht wie den Mittag.« A. dachte dabei sicher an ihr eigenes Gerechtigkeitsbedürfnis.

Die Predigt des Pfarrers würdig; er erinnerte an das Opfer Christi und das himmlische Jerusalem, welches das irdische überstrahle. Zitierte dabei Hesses Stufen-Gedicht – nicht sehr originell, aber wohl auf die Anwesenheit der Literaten gemünzt. Hatte ihm die *Selbstbewusste Nation* geschenkt, als er uns zum Vorbereitungsgespräch besuchte. Man muss nur die richtigen Knöpfe drücken, dann springt auch der stillste Motor an. Er las dann aus Markus 10: »Lasset die Kindlein zu mir kommen…«

Clarissa hielt ganz still, als ihr der Pfarrer das Wasser über den Hinterkopf rieseln ließ; Astrid und ich hielten die Hände hütend über ihr Köpfchen. Danach mit dem Wagen nach Dahlem-Dorf in den »Alten Krug«. Zum Aperitif gab es Champagner (»Fleury brut«), als Menü eine »Bouillon vom Mastochsen« (mit Maultäschchen und Markklößchen), wahlweise Zanderfilet oder Hirschkeule mit Rosenkohl und Macairekartoffeln; zum Dessert Mousse au chocolat mit Früchten. Zum Wild wurde ein samtener Cabernet Sauvignon gereicht, zum Fisch ein fruchtiger Fleiner Kirchenweinsberg.

Leider konnte Ulrich seine angekündigte Ansprache nicht halten, weil im Saal eine zweite Festgemeinschaft tafelte und viel Getöse verbreitete. Zuhause verpassten wir dann die Gelegenheit wegen eines Abstechers in die Friedrichstrasse und ans Brandenburger Tor. Plaudereien; gegen 1 Uhr alle zu Bett. Dagny, Francesco und Papa reisten Montag ab, am Vorabend bereits Wolfgang, Constanze, Torsten, Ulrich und Stefanie. Wenig Zugang in diesen Tagen zu Astrid, die ganz im Bann ihrer Mutter stand.

*Berlin-Steglitz, 3. April 1996*
Der *Spiegel* bereitet einen Beitrag über meinen Aufsatz zu den »89ern« vor. Das wird ungemütlich, mit möglichen Folgen bei Springer; hoffentlich bleibt man in Hamburg und in den Vorstandsetagen cool. Hatte wieder mal einen großen Meinungsartikel im Hauptblatt; es ging um die historische Rekonstruktion von Schloss, Pariser Platz, Reichstag etc., die ich selbstverständlich befürwortete. Heute im neuen *Gegengift* mein Beitrag zu den

Landtagswahlen, in *Criticón* den Essay *Träume bei Jung und Jünger*. Davon bekommen die illiteraten Herren in Hamburg zum Glück nichts mit.

*Berlin, 17. April 1996*

Vereinbarte mit Frank Schmeichel einen Festvortrag zum 90. Geburtstag von Philip Johnson, den wir am 19. Juli im Club des Springer-Hochhauses feiern wollen. Es ist eine große Ehre für mich, diesen wunderbaren Menschen zu würdigen. Vielleicht kann ich dem Jünger-Verehrer Johnson ein Jünger-Buch mit Widmung überreichen; auch der Besuch in Wilflingen ist länger schon geplant.

*Berlin-Steglitz, 26. April 1996*

Post von Professor Wolfgang Gessenharter. Ich hatte ihn per Brief wegen seines bösartigen Rundfunk-Essays als »Jakobiner« bezeichnet. Nun sendet er mir Beiträge, in denen er u. a. davor warnt, die »Neue Rechte« als rechtsextrem zu bezeichnen und sie damit dem Verfassungsschutz auszuliefern. In Wirklichkeit hetzt er auf allen Kanälen gegen »rechts«, sieht überall braune Mäuse. Ein Spinner, der seinen Lehrauftrag als amtlich bestellter Antifa-Prediger missbraucht, um in den Medien präsent zu sein. Man fragt sich: Was hat so einer an einer Bundeswehrhochschule verloren?

*Berlin-Steglitz, 19. Mai 1996*

Erstmals taucht mein Name im Verfassungsschutzbericht von NRW auf: Wiedergabe des *JF*-Artikels über meine Österreich-Vortragsreise unter dem Stichwort »Strategiediskussion der ›Neuen Rechten‹«. Verfassungsfeinde, die das freie Wort kriminalisieren, spielen sich als Verfassungsschützer auf – der VS mutiert in den SPD- und rotgrün regierten Bundesländern zur Stasi. Wir werden uns mit juristischen Mitteln wehren, damit die Namen aus den Berichten getilgt werden. Höhepunkt einer eigenartigen Karriere: Verfassungsfeind.

431

*Berlin-Steglitz, 23. Mai 1996*

Gestern Besuch der Professoren Alexander Schuller und Reinhart Maurer. Pizza, Wein, Plaudereien. Wir wollen einen literarisch-politischen Salon etablieren, der alle vier Wochen zusammenkommt, um die Vernetzung voranzutreiben. Werde mir bald über die Gästeliste Gedanken machen.

Ralf Georg Reuth in den letzten Zügen mit seinem Kohl-Erinnerungsband (*Ich wollte Deutschlands Einheit*), den er zusammen mit Kai Diekmann bei Propyläen herausgibt. Die klassische Springer-Abstaub-Methode. Zumindest, was den *Bild*-Mann Diekmann betrifft. Er hat die Türen geöffnet, Ralf als gelernter Historiker wälzt die Akten, schreibt den Text.

*Berlin-Steglitz, 30. Mai 1996*

Über Nacht ist es warm geworden; für morgen sind 27 Grad vorausgesagt. Heute erschien in der *Jungen Freiheit* ein großer Aufsatz von Per Landin (*Dagens Nyheter*) über die »Neue Rechte«. Aufgemacht ist der Beitrag mit einem Foto von Ernst Jünger, Ulrich und mir. Der Text ist, was die *Selbstbewusste Nation* und den *Anschwellenden Bocksgesang* betrifft, fair. Es sind immer ausländische Kommentatoren, die objektiv und ohne Schaum vorm Mund unsere Positionen beschreiben. Ich werde von Landin als »Spinne im Netz« bezeichnet. Telefonierte mit Herbert Fleissner, der meinen Essayband kommendes Jahr im Herbig Verlag herausbringen will.

Ausstellung von Dinah Busse in der »Galerie Zunge« am Prenzlauer Berg. Ulrich reiste mit seiner schwarzen Prätorianer-Garde an, hielt eine vorzügliche Rede zur »Logik der Stille« versus »Verwertungslogik des Marktes«. Er lobte Dinahs »Adel des Sehens«, mit dem sie in das Wesen dieser Ur-Landschaften eingedrungen sei. Ihre Bilder, so Ulrich in seiner Einführung, »beschönigen nichts in einem idyllischen Sinne. Sie finden Zeichen und Modelle für einen Ort, der den Erblickenden an sich bindet wie einen Pilger an sein Ziel, dessen Demut angesichts der Größe, der er gewahr wird, aufgeht in der Größe des Raums, den er betreten darf«. Die in Öl und Kreide festgehaltenen Gletscher, Steilküsten

432

und Hochebenen sind zumeist aus der Vogelperspektive gemalt. Wir hatten ja bei den Flügen durch die Archipele von Sewernaja Semlja und Franz-Josef-Land einen russischen Großraumhubschrauber genutzt. Das gibt den Ansichten eine perspektivische Tiefenstaffelung. Dinah bestätigte das in ihren Worten: »In der Arktis mochte ich die Flügel ausbreiten und hineinfliegen; beim Betrachten der Bilder, hoffe ich, erfährt man Ähnliches.«

Danach mit Astrid, die wieder aufblüht, ins Borchardt am Gendarmenmarkt. Sie versöhnte sich mit Ulrich, der deutlich auf ihre Gereiztheiten reagiert hatte.

*Bonn, 10. Juni 1996*

In der Villa Hammerschmidt; Bundespräsident Roman Herzog gab eine Pressekonferenz. Werde morgen mit einer präsidialen Delegation nach Georgien fliegen. Rundgang durch den Park mit Blick auf den Rhein. Spaziergang nach Godesberg und Muffendorf, hinauf zur Elliger Höhe, wo ich meinen früheren Vermieter, Professor Gerhard Ott, besuchte. Der grauhaarige Schwabe ist Chefarzt im nahen Waldkrankenhaus. Wir sprachen über Politik und verspeisten dazu geschmelzte Maultaschen, tranken schwäbischen Weißwein. Später stieß Evelyn Weiss, Otts Lebensgefährtin, zu uns; sie arbeitet als stellvertretende Direktorin des Museums Ludwig in Köln.

Übernachtung im Maritim an der Godesberger Allee. Bizarre Träume von Toten, die von ihren Angehörigen ausgegraben wurden und sich seltsam lebendig in den offenen Gräbern wälzten, wie Mumien in eine Art Jutesack eingeschnürt. Dann mit Astrid in einem unterirdischen See; sie benutzte beim Schwimmen den Kompass ihres Vaters.

*Bonn, 11. Juni 1996*

Mit dem Taxi zum militärischen Teil des Flughafens Köln/ Bonn. Einchecken in den Luftwaffen-Airbus, der als Präsidentenmaschine für den Staatsbesuch in Georgien genutzt wird. Vorgespräch mit dem Pressesprecher. In einer Art Suite während des Fluges Interview mit Roman Herzog, der ein durchaus angenehmer Gesprächspartner war, wenngleich mit wenig Esprit, den man ihm ja eigentlich nachsagt. Der frühere Verfassungsrichter ist glühender Europäer, bereit, jede Form der deutschen Souveränität aufzugeben, was ihm eigentlich seine Kenntnis des Grundgesetzes verbieten müsste.

*Tiflis, 12. Juni 1996*

Mit dem Wagen nach Tiflis; die Kolonne des Bundespräsidenten zog einen blauen Schweif an Abgas hinter sich her. Offenbar handelte es sich um verunreinigtes Benzin. Es waren Ladas, Moskwitschs, Toyotas und alte Mercedes-Limousinen. In den Straßen orientalisches Gepräge, auch wenn es sich um ein christlich-orthodoxes Land handelt. Schwarz gekleidete Männer sitzen oder kauern im Schatten unter Bäumen, überall Coca-Cola-Werbung und Kühlboxen mit Werbung für Mars-Riegel. Die Häuser mit abgeblätterten Fassaden, die öffentlichen Gebäude im Sowjet-Stil. Die Frauen zart und schlank; sie machen einen freien, selbstbewussten Eindruck. Das Fluidum von Tiflis, der georgischen Hauptstadt, ist heitere Geschäftigkeit – erstaunlich nach dem heftigen Bürgerkrieg.

In der Basilika fünf Kerzen für die Lieben zuhause. Eine Gruppe von Mädchen singt hell und klar in der Sakristei. Man sieht, dass die Kirche genutzt wird, sie ist mit frischen Blumen geschmückt. Zu Fuß ins Stadtzentrum; ähnlich wie in Sofia eine etwas schäbige, heruntergekommene Kaffeehauskultur. Coca Cola hat bei den jungen Leuten längst Tee und Kaffee abgelöst und wird wie ein Nationalgetränk konsumiert. Die Geschäfte auf erbärmlichem Niveau, die Ware liegt einfach aufgetürmt in staubigen Fenstern. Meist West-Importe, Plastikspielzeug, Kämme, Kosmetika, Schoko-Riegel, Kaugummi. Kaufte zwei Schreibhefte aus holzigem Papier.

Zurück ins Hotel. Die Frontscheibe des Uralt-Taxis von einem Spinnennetz aus Rissen durchzogen. Abends Staatsbankett, das Eduard Schewardnadse für Roman Herzog ausrichten ließ. Der

Bundespräsident bemüht witzig, wollte auf die sehr freundliche Ansprache des georgischen Präsidenten launig antworten, sagte: »Entschuldigung, Herr Präsident, jetzt muss ich mich mit einer eigenen Rede rächen ... « – da schnitt ihm der donnernde Einsatz eines Männerchors das Wort ab. Ein Regiefehler, der den Bundespräsidenten aber nicht aus dem Gleichgewicht brachte. Er lachte, und das Bankett lachte mit. Dann beschwor er den Gastgeber, weiter auf dem Weg der Demokratie fortzufahren. Worauf Schewardnadse einwarf, das werde er – mit Deutschlands Hilfe. Er hofft, besonders nach dieser Visite, auf deutsches Geld.

Herzog flocht in seine Rede antinationale Töne ein, ohne zu bedenken, dass Georgien ohne den nationalen Führer Gamsachurdia gar nicht entstanden wäre. Flacher Optimismus der Wohlhabenden und Wohlmeinenden, die sich die Welt nach den eigenen Vorstellungen zurechtmachen. Der georgische Männerchor sang dann, als sei dies das Selbstverständlichste der Welt, die »Loreley«. Da klatschte sogar Roman Herzog. Wir Journalisten saßen direkt neben den Lautsprechern und hielten uns die Ohren zu.

*Tiflis, 13. Juni 1996*

Traumreiche Nacht, in der ich mein Gespräch mit Roman Herzog fortsetzte. Nach dem Frühstück Lektüre der Aphorismen von Nicolás Gómez Dávila. Bei einer Sentenz über das Böse fiel mir Rudi Heintzels Aussagen über den Verbrecher ein, den er mehr bemitleide als das Opfer. Ich hatte ihm in der Borstellstraße heftig widersprochen, zum einen wegen der Missachtung der Opfer, zum anderen wegen der dümmlichen Milieutheorie, die bei ihm krasse Formen annimmt.

Am Nachmittag Fahrt der Delegation zu verschiedenen Kirchen und Klöstern, die malerisch auf mächtigen Felsplateaus sitzen, im Hintergrund die blau gestaffelte Silhouette des Kaukasus. Schewardnadse, der als Gorbatschows Außenminister maßgeblich am Zustandekommen der deutschen Einheit beteiligt war, führte Herzog und dessen Frau Christiane einen Tag lang durch die nationalen Gedenkstätten seines Landes.

435

*Campagnano, 1. Juli 1996*

Mit der Familie am Lago Maggiore. Zuvor verfasste ich die Rede zu Philip Johnsons 90. Geburtstag, der am 19. Juli im Journalisten-Club gefeiert werden soll. Der Text ist ein Plädoyer für den ästhetischen Monumentalismus und wird provozieren. Ich unterscheide darin die beiden Pole des Erhabenen: das Tremendum als umwerfender Schrecken und das Faszinosum als heilsame Erschütterung. Letztere ist die Aura des monumentalen Gebäudes. Es macht den Menschen nicht klein, es erhebt ihn. Am Schluss der Rede appelliere ich an Johnson, seinen Alterssitz in Berlin zu nehmen.

Die erste Woche in Campagnano mildes Wetter, um die 24 Grad; am Sonntag See und Himmel prächtig blau, 28 Grad. Mit dem Schiff nach Cannobio auf den Markt. Der Pool ist leider leck und muss ständig mit dem Schlauch nachgefüllt werden, was das Wasser recht kalt hält. Die Anreise führte uns über Pfaffenhofen, wo wir im Haus von Michael Ludwig übernachteten. Er lud uns zum Griechen ein; unsere Gespräche kreisten um die Familie, aber auch um Literatur und Politik. Michael war selbst TV-Journalist und lange Jahre Verleger; jetzt hat er einen Kriminalroman über Ibiza geschrieben, wo er ein Haus besitzt. Seine Frau, eine kleine Dunkle, verdruckst. Am Anfang machte sie auf mich den Eindruck, als stünde sie unter Drogen.

Elkes Haus am Lago in keinem guten Zustand; es fehlt die Hand des Tüftlers Hanns. Seine Ehe mit Elke war ruinös, nun ist es auch das Ferienhaus. Wir trafen Augusto und Adriana Catenazzi sowie unseren Nachbarn Günther Depas, Journalist in Mailand; herzliches Wiedersehen nach so langen Jahren. Spazierten die Serpentinen hinauf zur Kapelle mit dem einzigartigen Panoramablick bis Stresa und hinüber zur Schweizer Grenze. Die Kinder völlig aus dem Häuschen, auch wegen der üppigen Tierwelt: Hunde, Katzen, Vögel, Fledermäuse, Eidechsen, Hirschkäfer, Schlangen, Kühe und Ziegen (in den Bergen über Campagnano). Hätte mir fast die Rippen beim Säubern des Pools gebrochen; glitt auf der nassen Steinumrandung aus und stürzte ins Wasser. Hautabschürfungen, Prellung an der linken Brust, aber »das Herz an der richtigen Stelle«, wie der Arzt im Krankenhaus von Luino sagte. Laura begleitete mich sehr fürsorglich.

*Im Zug, 2./3. Juli 1996*

Astrid trotz der überwältigenden Schönheit der Landschaft depressiv, in Gedanken schon in Berlin. Oder bei ihrer Mutter in Bonn. Heftiger Streit in der Nacht, als Deutschland Europameister im Fußball wurde. Wir verfolgten das Endspiel Deutschland gegen Tschechien im »Albergo Torre Imperiale« in Maccagno. Astrid behauptete nach unserem Streit, den Leibhaftigen im Eck an der Wendeltreppe kauern gesehen zu haben. Meinen Dämon also. Als ich sie im Garten sitzen sah, pomadig und mit verkniffener Physiognomie, spürte ich, dass ich sie nicht mehr liebe, lieben kann. Aus Zuneigung und Hochschätzung der Mutter meiner Kinder ist Abneigung, ja Ressentiment geworden. Das Fluidum, das sie verströmt, ist latente Aggressivität. Ich selbst permanent unsicher, ob ich wieder etwas versäumt oder falsch gemacht habe, was ihren Zorn auslösen könnte. So kann ich nicht leben.

Reiste allein nach Berlin zurück. Als ich nach der nächtlichen Fahrt im Norden ankam, begrüßten mich Nieselregen und gelbe Weizenfelder: heimatliche Gefühle. Im wenig komfortablen Abteil unruhig geschlafen. Träumte zwanghaft immer wieder von einer roten Mühle auf einem Hügel. Eine Zugfahrt ist zweifellos die beste Art der Rückkehr: sie macht die Übergänge sichtbar. Man wird stiller, wenn die Bilder vorbeiziehen, fühlt sich als Teil der menschlichen Komödie, die niemals endet. Man wird duldsamer, bescheidener. Abfahrt gegen 15 Uhr in Maccagno, Ankunft am Zoologischen Garten gegen 7.30 Uhr.

*Berlin, 3. Juli 1996*

Viel Post; Zeitungslektüre. Ausführliches Gespräch mit unserer Nachbarin, einer älteren, lebensklugen Dame. Sie schätzt Astrid, kennt aber auch ihre wunden Punkte. Astrids Berlin-Phobie sieht sie als Berlinerin naturgemäß kritisch, das reizbare Großstadtkli-

437

ma weniger drastisch. Man müsse als Frau, sagte sie mit Nachdruck, an der Seite des Mannes aushalten. Zumal in einer Lage wie der unseren, wo ja alle Entscheidungen gemeinsam getroffen würden. Dann klagte sie ihr eigenes Leid, was ihre Tochter betrifft; sie hat offenbar den falschen Mann geheiratet. Wieder wurde mir klar: Es schlagen sich alle mit ähnlichen Problemen herum, man hat das eigene Schicksal nicht exklusiv.

Auf dem Anrufbeantworter die hysterische Stimme von Astrid, die in einer kurzen Mitteilung zahlreiche Anklagen unterbrachte. Kein Hauch von Versöhnung. Telefonierte mit Dagny und Papa, die mir rieten, zur Familie nach Italien zurückzukehren. Dann erneuter Anruf von Astrid, die sofort zur Attacke überging, als ich abnahm. Ich sagte ihr, dass ich unter solchen Umständen nicht an den Lago zurückkommen könne. Sie legte auf. Erwäge, nach Mailand zu fliegen, um bei Dagny in Pavia Papas Geburtstag zu feiern. Er hat sich mir gegenüber sehr nobel verhalten. Schade nur, dass ich den für ihn von Ernst Jünger signierten Band im Haus in Campagnano zurückließ.

*Berlin-Steglitz, 16. August 1996*

Was ist nicht alles geschehen seit unserem Urlaub am Lago Maggiore! Flog am 6. Juli nach Mailand. Papa holte mich am Flughafen ab; abends in Dagnys Wohnung, die sie mit bescheidenen Mitteln sehr schön hergerichtet hatte, kleines Geburtstagsfest. Gespräche über die Ehe, wobei Dagny sehr fürsorglich argumentierte. Astrid am Telefon unversöhnlich, wollte partout nicht nach Pavia kommen. Sie hätte es nicht für mich, sondern für Papa tun sollen.

Am nächsten Tag Ausflug in die Berge, wo wir an einem kühlen Bergbach picknickten. In einem hübschen Weinbergstädtchen tranken wir Frizzante aus der Region. Mit Papa nach Campagnano; dort feurige Versöhnungsnacht mit Astrid. Schiffsfahrt zur Isola Bella; Lina lustlos, Astrid genervt. Abends wurde ich Zeuge eines Gesprächs zwischen Astrid und Timo, der ihr zur Scheidung riet. Außer mir vor Wut. Nach Papas Abreise verdüsterte sich die Stimmung weiter.

438

Astrid reiste am 15. Juli mit den Kindern nach Bonn ab. Ich überließ ihr den Wagen, den sie in Bellinzona abstellen wollte, um mit dem Zug weiter nach Berlin zu fahren. In Campagnano hoch über dem See ist man ohne Auto aufgeworfen. Als ich am nächsten Tag nach Bellinzona kam, war der Wagen nicht auf dem vereinbarten Parkplatz am Bahnhof. Astrid war, entgegen unserer Absprache, einfach durchgefahren. Ich musste die 50 Kilometer per Autostopp zurück nach Maccagno fahren; es ging kein Bus mehr. Kam erst gegen Mitternacht am Haus an, frustriert, wütend.

Das Wetter weiter herrlich, das Wasser im Pool warm, die innere Temperatur unter Null. Tiefe Tristesse. Spaziergänge, Lektüre. Schrieb im leeren Haus ein Gedicht für Clarissa, das die ganze Misere meiner Situation widerspiegelt, mir trotz des elegischen Tons jedoch Erleichterung verschaffte:

*Im Garten der Tränen*
Keine Hand rührt sich im Wasser in dem
die Sonne ertrinkt bevor sie den Schmerz
ausbrennt der unter dunklen Bäumen
aufwuchs zu finsterer Größe und an
der Schönheit rüttelte bis sie
zerbrach wie die Spur die im Gras
sich verliert: ein kleiner Schuh ein
rosa Band verwehte Stimmen unter
einem unbarmherzig milden Licht

Nach Pavia. Badete mit Dagny und Federico im Ticino; Gespräche über die gemeinsame Kindheit, die Ehe. Seelenmassagen. Am 20. Juli Rückflug von Mailand nach Berlin. Astrid, die mit den Kindern nach Bonn abgereist war, hatte mir auf dem Schreibtisch ein Blatt hinterlassen, auf dem sie in düsteren Worten unsere Trennung ankündigte. Telefonate, Verständigungsversuche. Fuhr mit dem Wagen nach Bonn. Astrid wohnte mit unseren Mädchen bei ihrer Freundin Mini, Timo und Lina bei ihrem Vater. Nach einem langen Gespräch willigte Astrid ein, nach Berlin zurückzukehren, warf aber ihren Entschluss in drei Tagen dreimal um. Schließlich gemeinsame Rückkehr nach Berlin; seitdem Annäherung, die jedoch ständig vom Absturz bedroht ist.

*Berlin-Steglitz, 21. September 1996*

Bundespräsident Herzog hielt vor dem Historikertag eine opportunistische Rede, in der er den Nationalstaat für obsolet erklärte. Mit ähnlichen Argumenten wie mir gegenüber im Flugzeug. Nun schwanke ich, ob ich an der China-Reise des Präsidenten teilnehmen soll. Dieser Mann, ein ehemaliger Verfassungsrichter, ist doch eine eher unappetitliche Figur, argumentiert gegen die eigene Kenntnis des Grundgesetzes. Ralf Georg Reuth und Kai Diekmann stellten in Bonn zusammen mit Kanzler Kohl das Buch *Ich wollte Deutschlands Einheit* vor. Es sollen bereits 50 000 Bestellungen vorliegen. Eine Mischung aus Kohl-Zitaten, Protokollauszügen und historischen Exkursen. Es wird eine erfolgreiche, gewiss aufschlussreiche Publikation werden, was die Triebkräfte und Umstände der Vereinigung angeht. Der Titel etwas forciert, denn die eigentliche Frage ist: Ab wann wollte Helmut Kohl die deutsche Einheit?

*Berlin-Steglitz, 22. September 1996*

Mit Astrid zum Gottesdienst in der katholischen Kirche. Der Pfarrer stammt aus dem Osten und stand lange der Herz-Jesu-Gemeinde in Mitte vor. Seitdem er die Steglitzer Gemeinde übernommen hat, ist die Kirche gut gefüllt. Heute waren rund 150 Besucher da, darunter viele junge Familien. Kauften ein Gebetsbüchlein für Laura und Bibel-Ratekärtchen für die ganze Familie. Predigttext war das Gleichnis von den Arbeitern im Weinberg, das ich selbst gerne als Beispiel für die Unwägbarkeit von Gottes Gnade benutze. »Die Letzten werden die Ersten sein« – die Verstrickung ins Böse, der verstockte Mensch spielt eine bedeutende Rolle (siehe auch das Gleichnis vom verlorenen Sohn) im göttlichen Kalkül. Deshalb weniger Selbstgerechtigkeit und mehr Mut zur Unbedingtheit. Die Lauen sind es, die der Herr ausspuckt.

*Berlin-Steglitz, 25. September 1996*

Gestern Besuch von Thomas Kielinger, der eine US-Reisegruppe durch Jena, Weimar und Berlin führte; er wirkte abgespannt und nervös. Er blieb zwei Stunden; ich fuhr ihn dann zu seinem Hotel »Unter den Linden«. Schäbige Absteige gegenüber dem Grandhotel, vernutzt und mit DDR-Mobiliar. Es soll in wenigen Wochen abgerissen werden. Thomas sehr sarkastisch über Kohl, dem er »nationalen Verrat« vorwarf – ganz neue Töne, vertauschte Rollen. Sprach wenig über seine Gefährtin Miriam, die er als junge Redakteurin beim *Rheinischen Merkur* kennen und lieben gelernt hatte. Seine Familie lebt in Cambridge, wo sie eine eigene Haushälfte bewohnt. Dorthin, meinte Astrid, werde er im Alter zurückkehren. Laura heute sehr lieb; sie sagte zu Astrid: »Ich bin so dankbar, dass du mir das Leben geschenkt hast.«

*Frankfurt, 3. Oktober 1996*

Tag der Deutschen Einheit; in Berlin wird gefeiert. Wir fuhren nach Königs Wusterhausen, um ein Haus zu besichtigen. Reiste vorgestern zur Buchmesse nach Frankfurt; abends im Frankfurter Hof, wo Herbert Fleissner einen multimedialen »Kulturfahrplan« vorstellte. Ausführliches Gespräch, an dem auch Alexander Schuller und Sohn teilnahmen; später kam Ulrich dazu. Fleissner berichtete von seiner Entscheidung, den Ullstein Verlag abzugeben. Druck sei über den Axel-Springer-Verlag, der die Hälfte der Anteile besitzt, ausgeübt worden. Aus dem Hintergrund habe Elie Wiesel seinen Einfluss auf Friede Springer geltend gemacht. Es war zu spüren, dass Fleissner unter der erzwungenen Trennung leidet, auch aus politischen Gründen. Er verliert sein wichtigstes Einflussinstrument. Finanziell scheint alles zu seinen Gunsten ausgegangen zu sein. Machten ihm den Vorschlag, unseren Sammelband *Auf dem Weg zur Berliner Republik* bei Langen Müller herauszubringen.

Gespräch auch mit Frau Fleissner, die Serge Mangin diverse Aufträge als Bildhauer zuschanzt. Trafen am Stand der Frankfurter Verlagsanstalt den Unseld-Sohn Joachim und bei Hanser Michael Krüger. Der Verlagschef meinte sarkastisch, wir sollten nach der *Selbstbewussten Nation* jetzt ein intelligentes Buch mit »qualitätvolleren« Autoren machen. Das solle er bitte seinem Autor Safranski sagen, antwortete Ulrich schlagfertig. Rüdiger ist einer der Beiträger des Bandes.

Mit Ulrich Gang über die Messe; zu den Ständen von Klett-Cotta, Axel Matthes, *Junge Freiheit*, Aufbau, *Rheinischer Merkur*, wo wir Ulrich Baron, meinen Nachfolger, trafen. Am Stand von *Welt am Sonntag* Gespräche mit *Sat.1*-Chef Michael Rutz, Wolfgang Bergsdorf und Thomas Günther. Beim traditionellen Bertelsmann-Empfang trafen wir Joachim Fest, der uns freundlich begrüßte. Dazu Johannes Gross, Wolfgang Leonhardt, Egon Bahr, Joseph von Westphalen, Michael Krüger, Joachim Unseld, Peter Klosowski, Ulrich Frank-Planitz, Wolfgang Göbel, Rüdiger Safranski, Eberhard Jäckel, Henryk M. Broder.

Abends zwei Stunden mit Michael Klett und seiner funkensprühenden Gattin. Gespräch über Enzensbergers Klarsicht gegenüber den Irrtümern der Linken schon in den Siebzigerjahren; über Ernst Jünger, der immer weniger über seine »Sinne« verfüge. Das konnte ich nicht bestätigen. Allerdings muss man bei einem Hunderteinjährigen mit allem Möglichen rechnen. Klett erzählte von Internatserfahrungen seines Sohnes Thomas, der ihm immer ähnlicher werde – aber mit mütterlicher Lebensart.

Ulrich will unbedingt Autor bei Klett-Cotta werden; ich soll ihm das Entrée verschaffen, an Lektor Weck vorbei, der ihn ablehnt. Beschlossen, im kommenden Jahr erneut Botho Strauss in Grünheide zu besuchen, der sich traditionell der Buchmesse entzieht. Strauß bekomme vom Verlag immer neue Bücher von Gerhard Nebel zugesendet, erzählte Michael Klett. Anschließend in den Frankfurter Hof, wo wir das Treiben ausländischer Messeteilnehmer an der Bar beobachteten. Trafen dort auch Christiane von Korff und erneut Michael Krüger.

Heute Frühstück mit Ulrich im Queens Hotel, dann Rückflug. In Berlin erwarteten mich Astrid, Laura und Clarissa am Flughafen in Tegel; die Kleinen außer Rand und Band und voller Zärtlichkeit. Auch Astrid anschmiegsam; eine schöne Nacht.

442

*Eisenach, 20. Oktober 1996*
Tagung der »Deutschland-Bewegung« von Alfred Mechtersheimer auf der Wartburg über Eisenach. Ich reiste per Mietwagen
an, gerade noch rechtzeitig, um Karlheinz Weißmanns Vortrag
über das Wartburgfest am 19. Oktober 1817 zu hören. Danach
berichtete Baldur Springmann, legendärer »Bio-Bauer« vom
»Hof Springe«, über seine »deutschen Träume«. Deutschland
ist für ihn eine gefräßige Raupe, die vielleicht einmal wieder
zu einem schönen Schmetterling werden könnte – »wenn die
deutsche Seele aufersteht«. Heiner Kappel, stellvertretender
FDP-Fraktionschef im Hessischen Landtag, referierte über den
deutschnationalen Flügel seiner Partei. Professor Klaus Mot-
schmann wusste von gemaßregelten Pfarrern zu berichten, die
wegen Verstößen gegen die Political Correctness aus dem Kir-
chendienst entlassen worden seien. Auf die Kirche könne man
heutzutage nicht mehr setzen. Ich selbst erläuterte die schwierige Lage des »Triumvirats«, erwähnte auch die Situation von
Rainer Zitelmann bei der *Welt*, der »subversiv« agieren müsse.
Über seine sonstigen Aktivitäten breitete ich den Mantel der
Pietät.

Gab den Versammelten auch einige Hinweise auf unser neues
Buchprojekt, was großes Interesse fand. Gespräch mit Alfred
Mechtersheimer über seine Begegnung mit Gaddafi, seine un-
durchschaubaren Stasi-Kontakte, unsere Aktion *8. Mai 1995*, die
Rolle von Dregger/Gauweiler, den Golfkrieg. Im Hotel »Burg-
fried« unter der Wartburg las ich den Beitrag *Der Architekt und
der Wille zur Macht – Das Problem der Technik in den Schriften von
Ernst Jünger und Mies van der Rohe*, der 1992 in den *Weimarer Beiträgen* erschienen ist. Erinnerte mich dabei an meine Gespräche
mit Philip Johnson in New York.

In der *FAZ* ganzseitige Anzeige der *Frankfurter Erklärung* mit
rund 400 Unterschriften zur Rechtschreibreform. Den Protest
unterschrieb, durch meine Intervention, auch Ernst Jünger. Dazu
heute ein eigener Beitrag in der *Welt am Sonntag*, eine Umfrage
unter den Kultusministern, die sämtlich die Reform durchziehen

443

wollen. Etwas anderes sei von diesen »Sesselfurzern« auch nicht zu erwarten, meinte Hans Magnus Enzensberger.

*Berlin-Steglitz, 23. Oktober 1996*

An meinem Geburtstag wurde ich von Laura und Clarissa geweckt, die einen Teewagen mit brennenden Kerzen, Geburtstagstorte und Geschenkpäckchen ins Arbeitszimmer rollten, dirigiert von Astrid. Seit drei Tagen hause ich zwischen Büchern. In der Redaktion eine Flasche Champagner, eine weitere Torte. Der *Morgenpost*-Karikaturist Hans Joachim Stenzel brachte mir ein eigenes Büchlein vorbei und trug einen Vers von Eugen Roth vor:

Ein Mensch erblickt das Licht der Welt,
doch hat sich oft herausgestellt,
nach manchem trüb verbrachten Jahr,
dass dies der einzige Lichtblick war.

*Berlin-Steglitz, 29. Oktober 1996*

Gestern Nacht beendete ich das Porträt Helmut Kohls für *Gegengift*; Titel: *Profillosigkeit als Tugend*. Michael Ludwig restlos begeistert. Besonders der Einstieg ist von präziser Bösartigkeit: »Es ist gerade nicht spießig-biedermeierliche Gemütlichkeit, die seine Körperfülle ausstrahlt, sondern das Gegenteil: blinzelnde Unsicherheit eines pfälzischen Polit-Parvenüs, der sich noch immer die Lippen leckt ob des vermeintlichen Triumphs über seine Gegner und den von ihnen repräsentierten Zeitgeist...« Bin gespannt, wie das Kanzleramt reagiert. Als Notartermin für unseren Hauskauf in Eichwalde wurde der 12. November festgelegt.

*Berlin-Steglitz, 31. Oktober 1996*

Alain de Benoist sandte mir das Oktober-Heft der *Éléments* mit Aufsätzen über die Neue Rechte in Deutschland, in denen die *Selbstbewusste Nation* und unsere Appelle kommentiert werden. Bei einem Symposium ließ Ignatz Bubis verlauten, die Neue

Rechte werde immer bedrohlicher. Diese Leutchen spüren halt, dass ihre fünf Allgemeinplätze immer hohler klingen und gehen pfeifend durch den Blätterwald.

*Berlin-Steglitz, 11. November 1996*
Am Wochenende in Dortmund bei der Delegiertenkonferenz des »Bundes der Selbständigen« (BDS), wo ich eine Podiumsdiskussion zum Thema »Political Correctness« moderierte. Anlass war die Verleihung des BDS-Preises an Edmund Stoiber und Helmut Markwort. Laudator für Stoiber war Michael Wolffsohn, mit dem ich lange zusammen saß. Als »Ehrengäste« dabei waren u.a. Hans Jürgen Fätkinhäuer, Oberstaatsanwalt in Berlin, Eberhard Hamer, Klaus Rainer Röhl, Ansgar Graw, Frank Hauke, Heiner Kappel, Erika Steinbach, General Schultze-Rhonhof, Klaus Hornung, Karlheinz Weißmann und Professor Knütter. Samstagabend Festessen mit Joachim Schäfer (*Der Selbständige*) und dem BDS-Vorsitzenden Kurt. Letzterer stammt aus Stuttgart und ist dort CDU-Landtagsabgeordneter. Angebot von der BDS-Spitze, für den Verband »intellektuelle Zuarbeit« zu leisten, Publizisten und Intellektuelle zu gewinnen.

Nach der Moderation verdoppelte Joachim Schäfer spontan mein Honorar und trug mir die Leitung einer Autorenvereinigung unter dem Dach des Verbandes an. Dies ist das erste Angebot einer bundesweiten Institution, mit der sogenannten »Neuen Rechten« zusammenzuarbeiten – eine historische Zäsur. Vereinbarte mit Karheinz Weißman die Ausarbeitung eines Strategiepapiers. Damit ist endgültig auch das politische Ende von Rainer Zitelmann eingeläutet, der bei den Konservativen in Deutschland keine Rolle mehr spielt. Er ist ja auch im Grunde nicht konservativ, sondern ein Marktliberaler in eigener Sache.

Im Verlauf der Podiumsdiskussion attackierte ich auch Daniel Goldhagen bzw. jene Deutschen, die sich von ihm ohne Widerrede als habituelle Judenmörder beschimpfen und stigmatisieren lassen. Auch Kohl bekam sein Fett weg, was den Zuhörern gefiel. Ganz unverblümt wurde aus dem Publikum gefragt, ob man denn in absehbarer Zeit mit der Gründung einer rechtskonservativen Partei rechnen könne. Auch die Skepsis gegenüber dem Euro ist bei den Selbständigen groß. Stoiber bekannte sich zur Währungsunion, mahnte aber auch die Einhaltung der Kriterien für die Aufnahme in den Währungsverbund an. Wobei er genau weiß, dass sie n i c h t eingehalten werden. Das bedeutet: Der bayerische Ministerpräsident macht subtil Politik gegen Maastricht! Vor zwei Jahren in der SZ allerdings noch ganz offen; der echte Widerstand, siehe Kurt Biedenkopf, kommt aus den Bundesländern, wo unabhängig von Helmut Kohl regiert wird. Die politische Mehrheit aber ist gleichgeschaltet oder antinational wie die SPD, die Grünen, die PDS oder Teile der FDP. Unsere Zeit kommt, das weiß ich jetzt. »Klug wie die Schlangen … «

*Berlin-Steglitz, 15. November 1996*
Wir haben ein Haus in Eichwalde gekauft, direkt an der Ortsgrenze zu Zeuthen. Es wurde 1936 erbaut und liegt am Langensee bzw. Zeuthener See in einem von Eichenalleen durchzogenen Städtchen zwischen Grünau und Königs Wusterhausen. Die Fahrt von Eichwalde zum Verlag via Adlergestell dauert eine halbe Stunde. Die kleine, kubusförmige Villa mit dem großen Garten muss umfassend renoviert, das Dachgeschoß ausgebaut werden. Zur Gartenseite hin wollen wir über die Veranda einen Wintergarten setzen. Astrid erwartungsfroh und tatendurstig. Schon im nächsten Frühling könnte der Umzug erfolgen.

*Berlin-Steglitz, 20. November 1996*
Am Sonntag in Eichwalde, wo wir das Haus vom Vorbesitzer übernahmen. Wir kontaktierten auch die Nachbarn; das Haus rechts bewohnt ein »alter Kämpfer« mit Stasi-Vergangenheit, der auch gleich ganz unverblümt von den »Siegern der Geschichte« sprach. Im Fenster seines grau verputzten Hauses ein Schild: »Wir bleiben hier.« Die Eigentümergemeinschaft wolle ihn und seine Frau, erklärte er uns entrüstet, als jahrzehntelangen Mieter herausklagen. Auf der anderen Seite wohnt ein Oberförster, das passt.

446

Ulrich Schacht und Jürgen Hultenreich zu Besuch. Sie brachten eine CD mit der DDR-Hymne, der Internationale, dem KP-Lied *Bandiera rossa* und sowjetischen Kampfliedern mit. Großartig das *Swjaschtschennaja Woina* (»Der Heilige Krieg«) mit seinem stampfenden Rhythmus und den hellen Sturmfanfaren, dem donnernden Männerchor (»Steh auf, steh auf du Riesenland! Heraus zur größten Schlacht! Den Nazi-Horden Widerstand! Tod der Faschistenmacht! Es breche über sie der Zorn wie finstere Flut herein! Das soll der Krieg des Volkes, der Krieg der Menschheit sein!«). Wir genossen das Pathos des militanten Liedguts, besonders auch den schönen Becher-Text der DDR-Hymne bis in die späte Nacht. Mit diesen Klängen bin ich jetzt endgültig im Osten angekommen; sie reißen Breschen in meine antikommunistische Zitadelle. Ulrich schwingt ja, wegen seiner väterlichen Herkunft, sowieso insgeheim russisch. Nach so viel missbrauchtem Idealismus und Sowjet-Terror muss die russische Seele ganz entleert sein… Sie sollte sich aber nun nicht vollständig vom Konsumismus betäuben lassen wie einst die des Nachkriegsdeutschen. Auch wenn es auf diesem Feld im postsowjetischen Russland einen gewaltigen Nachholbedarf gibt.

Telefonierte mit Joachim Schäfer, der sich von der Antifa verfolgt fühlt. Vereinbarten ein Treffen in Frankfurt; mit von der Partie Erika Steinbach, Ulrich Schacht, Heiner Kappel und Friedhelm Ost, der frühere Regierungssprecher. Die Vernetzung reicht also weit in die Union hinein, eine gute Strategie: schützt und provoziert. Im neuen Heft der *Foreign Affairs* ein großer Aufsatz über »The New Right«; wir wollen darauf mit einem eigenen Beitrag antworten.

*Berlin, 11. Dezember 1996*

Telefon-Disput mit Ansgar Graw, der allerorten vor der Neuen Rechten warnt, deren Zustandekommen er lange mitbetrieben hat. Er ist auch Autor der *Selbstbewussten Nation*, was er gerne vergisst. Er nimmt nach allen Seiten Witterung auf, will unbedingt den »Dialog«, es mit keinem verderben. Seine Karriere als

447

Journalist soll ja erst in Fahrt kommen. Als gut dotierter Lojewski-Referent beim *SFB* spielt er das gehorsame Schoßhündchen und in unseren Zirkeln tritt er als großer Stratege auf, der alle belehrt, dabei aber sämtlichen Verpflichtungen ausweicht.

*Berlin, 19. Dezember 1996*

Weihnachtsoratorium im Berliner Dom. Eingeladen hatte Ministerpräsident Erwin Teufel, gekommen waren Bundespräsident Roman Herzog, Eberhard Diepgen, Richard von Weizsäcker u.a.m. Es spielte und sang die Gächinger Kantorei unter der Leitung von Helmuth Rilling. Die wilhelminische Kirche gefüllt und sehr schön illuminiert, auf marmorierten Säulen die Reformatoren Melanchthon, Zwingli, Calvin, Luther. Anschließend zum Empfang ins Kronprinzenpalais, das im Inneren den Eindruck eines Konferenz-Zentrums der Siebzigerjahre macht. Traf dort auch Michael Klett in Begleitung von Brigadegeneral Hans Speidel, dem Berliner Standortkommandanten, Andreas H. Apelt mit Freundin. Hans Speidel erwägt, in Eichwalde ein Haus zu kaufen. Sprach mit Klett kurz über Ulrichs neuen Gedichtband, der bei Klett-Cotta veröffentlicht werden soll. Er will Ulrich dazu schreiben.

*Berlin, 28. Dezember 1996*

Die Euro-Debatte verschärft sich; *Welt am Sonntag* bringt ein ablehnendes Interview mit dem Währungsexperten Wilhelm Hankel. Gerhard Schröder kündigt an, die Euro-Debatte 1998 zum Wahlkampf-Thema zu machen. Kohl wie ein blinder Stier, der den Deutschen ihre D-Mark entreißen will. Die Euro-Ideologie als der neue Totalitarismus des 21. Jahrhunderts. Am deutschen (Unterwerfungs-)Wesen soll Europa genesen! Die Verschiebung wird kommen; wir wollen unseren Teil dazu beitragen. Ansonsten drohen jahrelange Streitereien und Verwerfungen unter den Euro-Ländern. Dieselben Leute, die die Nation für überholt erklären, fördern mit der Einführung des Euro die Renationalisierung Europas! Denn eine einheitliche Währung bei völlig verschiedenen Währungsphilosophien kann nur Verdruss bringen. Die BDS-Sitzung im April ist sehr wichtig, weil das BDS-Forum den idealen Resonanzboden für eine Anti-Euro-Kampagne abgibt. Einladen müssten wir Sir Ralph Dahrendorf, Wilhelm Hankel, Edward Luttwak, Peter Glotz, James Goldsmith und Hermann Lübbe, alles prominente Euro-Kritiker.

*Berlin-Steglitz, 5. Januar 1997*

Unsere Silvester-Party entfiel wegen eines Hexenschusses, den ich mir zuzog. Es kam trotzdem eine Reihe von Freunden. Thomas Günther schenkte mir einen bibliophilen Kunstband mit dem Titel *Falsche Farben*; er enthält Wismar-Gedichte von Ulrich und Grafiken des schwedischen Malers Pontus Carle. Auf dem Einband die goldfarbene Kopie der US-Freiheitsstatue vom Checkpoint Charlie; sie wurde vom US-Investor Ronald Lauder gestiftet. 50 Exemplare des Schacht-Bandes wurden gedruckt; eines davon ging ins Literaturarchiv nach Marbach, eines in meinen Besitz über. Um Mitternacht gewaltiges Feuerwerk am Berliner Himmel, auch wir schossen von unserer Steglitzer Terrasse ein paar Raketen ab. Es war minus 10 Grad kalt. Laura und Clarissa kauerten verängstigt auf dem weißen Sofa.

*Berlin-Steglitz, 14. Januar 1997*

In der Redaktion Beitrag über Manfred Stolpe. Generalsekretär Klein fordert von der Staatsanwaltschaft Anklage wegen Stolpes Falschaussage. Die Indizienkette scheint lückenlos: Manfred Stolpe habe den DDR-Verdienstorden von der Stasi nicht aus den Händen von »Kirchenstaatssekretär« Seigewasser empfangen, sondern von seinem MfS-Führungsoffizier.

Am Samstag bei der Party von Andreas H. Apelt in Eichwalde, der seinen 39. Geburtstag feierte. Schenkte ihm die Jünger-Bildbiografie; ein Gast brachte eine Breker-Biografie mit. Nach Mitternacht Tanz. Sonntagnachmittags dann ins Hilton am Gendarmenmarkt, um Familie Inacker zu einem Treffen bei Ralf Georg Reuth in Eichwalde abzuholen. Bei den Reuths auch die Mutter von Ralfs

Frau Sabine und Familie Stock. Wolfgang Stock war Ralfs Kollege bei der *FAZ*, jetzt Redakteur bei der *Berliner Zeitung*. Mit Laura und Clarissa tollten sieben Kinder durch das frisch renovierte Haus. Schöne Villa aus den Zwanzigerjahren mit hohen Decken und lichten Räumen, das Wohnzimmer teilweise mit Biedermeier-Mobiliar, elegantem Sofa und modernen Lampen.

Heute erst gegen 11 Uhr in die Redaktion, wo bereits Ralf auf mich wartete. Besuch von Professor Schuller und von Michael Inacker. Mittagessen im Club; angeregte Diskussion über Helmut Kohl, das BDS-Projekt, bei dem die beiden mitmachen wollen. Alexander Schuller glaubt an eine Große Koalition nach der Bundestagswahl, was ich für eher unwahrscheinlich halte. Kanzler Kohl hat abgewirtschaftet. Und der Euro sitzt ihm im Nacken. Danach zwei Stunden in Reuths *Bild*-Büro. Er ist der einzige *FAZ*-Redakteur, der jemals zu *Bild* wechselte. Er gab Anekdotisches zu seinen Kohl-Gesprächen im Kanzleramt und in St. Gilgen zum Besten. Dabei entwickelte er die These von der Grenzöffnung als Folge eines KGB-Komplotts zur Rettung der DDR. Sprachen auch über Goebbels, Rommel und Speidel. Ralf hat die Goebbels-Tagebücher herausgegeben und *die* große Goebbels-Biografie (Piper) geschrieben. Alexander Schuller bot mir an, mich zum Thema »Heiner Müller und Ernst Jünger – Propheten des Untergangs« zu promovieren.

*Berlin-Steglitz, 14. Januar 1997*

Immer wieder mein Schwanken zwischen Aktion und Kontemplation. Eine Unentschlossenheit, die mich schon als Schüler in Maulbronn und Blaubeuren plagte. Was ist der mir gemäße Weg: der politisch handelnde oder der innerlich-schöpferische? Nun habe ich beides seit einiger Zeit miteinander zu verbinden gesucht – doch bleibt das Gefühl, einer Seite nicht genügt, ein Talent nicht ausgeschöpft zu haben. Der Journalismus ist in gewisser Weise eine Synthese, doch die Oberflächlichkeit, mit der man sich mit schnell wechselnden Themen befasst, hinterlässt einen schalen Beigeschmack. Falls wir doch den politischen Durchbruch erreichen, dann würde ich mich voraussichtlich rasch wieder ins Abseits, in die geistige Unabhängigkeit zurückziehen. Der Typus des Politikers ist ganz anders: Er nimmt ständig Witterung auf, passt sich den Strömungen an und wechselt geschmeidig von Position zu Position, falls es seinem Aufstieg nützt. Das ist mir nicht gemäß, mein Wertefundament ist zu stabil, mein Konservatismus zu ausgeprägt, um unablässig zu changieren. Der Schwabe hat für diese Art der Anpassung ein derbes Sprichwort: »Was geht mi mai domms Gschwätz von geschtern an…«

*Berlin-Steglitz, 19. Januar 1997*
Heute Brief-Absage an Joachim Schäfer; am BDS-Projekt möchte ich nun doch nicht teilnehmen. Dieses Jahr muss der Familie gelten, dem neuen Haus und dem Essayband. Gestern Anruf von Chefredakteur Geist, der mich bat, den Leitartikel zum Thema »PDS« zu schreiben, was ich in der Rekordzeit von 60 Minuten schaffte. Bezog mich dabei auf die *Erfurter Erklärung* von PDS-Sympathisanten und die *Berliner Antwort* der Bürgerrechtler, die ich in der *Welt am Sonntag* abdrucken ließ.

Herbert Fleissner sandte mir ein Exemplar von Wolfgang Winkels Erzählungsband *Schwarze Geschichten*, den ich an den Langen Müller Verlag vermittelt hatte. Gute Auswahl, gelungenes Cover, allerdings eine etwas vollmundige Anpreisung, die Wolfgang auf eine Stufe mit Roald Dahl und Edgar Allan Poe stellt. Astrid spricht nur noch von Eichwalde und würde lieber heute als morgen ins Haus dort einziehen. Die Aufgabe, die Verantwortung für den Fortgang der Renovierung tut ihr gut, lenkt ab von den inneren Zerrissenheiten.

*Wismar, 28. Januar 1997*
Mit Ulrich Schacht, Peter Voß und Thomas Dahnert nach Wismar, wo Ulrichs illustrierter Gedichtband vorgestellt wurde. Vernissage in der »Werkstattgalerie« der Hochschule Wismar, die in einem früheren Kasernengelände untergebracht ist. Ulrich las einen Gefängnis-Text und einige seiner Gedichte. Danach ins Hotel

»Stadt Hamburg« am Marktplatz, wo man uns kostenlos Zimmer zur Verfügung stellte. Seit unserem Besuch im Frühjahr 1993 hat die Stadt weiter gewonnen. Bier, Gurken und Schmalzbrote in einer überfüllten Kneipe, dann ins Atelier eines jungen Wismarer Künstlers. Er malt im Stil von Dürer und stellt seine Farben selbst her, mischt sie auf Holz. An den Wänden Gemälde örtlicher Prostituierter, dazwischen Bilder vom Wismarer Kultursenator und von einem schwulen Freund. Ein bizarres Pandämonium. Die Köpfe schauten sehr lebendig, fast fotorealistisch auf uns herab.

Gute Atmosphäre. Auf dem Holztisch ein Laib Brot, Käse, eine Karaffe mit Wein – fast ein Stillleben. Um den Tisch herum wenig Mobiliar, dafür viele Rahmen und Leinwände; man hatte das Gefühl, in eine andere Zeit abgetaucht zu sein. Draußen tobt die Veränderung, hier drin steht die Zeit still. Als wir wieder aus dem Haus traten, glühten die Gaslampen in den Gassen und verströmten ein gelbes, intensives Licht. Ein zauberischer Winkel, darüber ein runder Mond, milchig weiß hinter Wolkenschlieren. Er stand hart neben der schwarzen Turmsilhouette der Marienkirche und goss, wenn die Wolken ihn für Augenblicke freigaben, sein silbernes Licht über die Dächer. In einer trüben Bar unweit der »Schmalen Grube«, einer Gracht, klang der Abend gegen vier Uhr aus; der Heimweg führte über mondhelle, menschenleere Plätze zum Hotel.

*Berlin-Steglitz, 29. Januar 1997*
Am Montag Besuch bei Innensenator Jörg Schönbohm. Er lebt mit seiner Frau Eveline seit März 1996 in einem ausgebauten Haus in Kleinmachnow; das Grundstück stößt an die frühere innerdeutsche Grenze; sie wird durch einen Bachlauf markiert. Schönbohms stammen beide aus Brandenburg, wechselten nach dem Krieg mit ihren Familien in den Westen. Der Blick vom Wintergarten geht über ein Geländer bis zu einem Birkenwäldchen. In Kleinmachnow, erzählte Schönbohm, wählen 50 Prozent PDS; dennoch ist hier ein Sozialdemokrat Bürgermeister. Der Ort wird von Rückübertragungsstreitigkeiten beherrscht; auch die »Jewish Claims Conference« erhebt Ansprüche. Schön-

452

bohms haben ihr Haus 1995 gekauft, als es in Kleinmachnow noch deutlich teurer als heute war.

Im Wohnzimmer ein Blechschild mit dem Schriftzug »Bundeswehrkommando Ost«; Jörg Schönbohm löste nach der Wende die NVA auf und integrierte ausgewähltes Personal in die Bundeswehr. Danach rückte der Generalleutnant a.D. zum Staatssekretär im Verteidigungsministerium auf. Berlins Regierender Diepgen holte ihn im April 1996 nach Berlin. Als Innensenator gibt er der glücklosen Großen Koalition ein bisschen Glanz – wenngleich sich seine Erfolge (Hausräumungen!) in Grenzen halten. Noch schont ihn die SPD, die in den Bezirken fast ohne Basis ist. So droht keine Gefahr für Eberhard Diepgen, der auf seine Hausmacht vertraut.

Wir sprachen über Kleinmachnow, wo sich die beiden wohlfühlen, über die PDS, die anstehende Bezirksreform. Ich brachte als Gastgeschenk die Kopie eines Jünger-Briefes mit (Sissonne 1917), in dem EJ seinem Vater erklärt, er wolle auf keinen Fall einen Posten in der Etappe haben, was dieser ihm angeraten hatte. Das gleiche Problem quält nun auch die Schönbohms, deren Sohn als Stabsarzt Dienst in Bosnien tut. Derzeit fährt er in einem Begleitschutzkommando mit – die Eltern wollen, dass er im Lazarett arbeitet. Der Brief war eine überraschende Koinzidenz, machte die beiden unsicher, nachdenklich. Nun wollen sie die Entscheidung ihrem Sohn überlassen.

Rundgang durch das Haus. An den Wänden Bilder aus dem Familienerbe; Landschaften um 1900. Der Großvater in Öl mit goldenem Parteiabzeichen (dass ich das sogleich erkannte, schien dem Hausherrn ein bisschen peinlich), eine Picasso-Grafik, Venedig-Veduten, kolorierte Stahlstiche, indianische Tongefäße, orientalische Öllämpchen, eine Speerspitze aus Afrika. Im ganzen Haus viel dunkles Mobiliar, darunter Bücherregale mit Jünger-Ausgaben (*In Stahlgewittern, Feuer und Blut, Auf den Marmorklippen, Subtile Jagden*), eine Menge Historisches. Jörg Schönbohm liest vor allem englische Literatur und historische Werke, zuletzt Günter de Bruyns Autobiografie *Halbzeit*.

Im Wohnzimmer der gläserne Schreibtisch der Dame des Hauses mit Briefen, Fotos und Büchern. Der schwarze Flügel wird von ihr benutzt; sie liebt besonders Chopin. Eveline Schönbohm wirkte anfänglich zurückhaltend, taute dann aber auf und redete munter drauflos. Ihr Mann gab die Stichworte, sie setzte sich neben ihn, wirkte aber ein bisschen gehemmt. Sie hat es offenbar nicht leicht an diesem neuen Ort – mit ihrem so aktiven Mann. Auch die Familienfotos zeigen eine gewisse Melancholie.

Michael Inacker heute im Bundeskanzleramt: Privataudienz beim »Kanzler der Einheit«. Mein Aufsatz zum Thema habe sich voll bestätigt, berichtete er. Kohl sei selbstgerecht, prinzipienlos, abstoßend provinziell. Von diesem Mann habe Deutschland nichts mehr zu erwarten.

*Berlin-Steglitz, 28. Februar 1997*
Lese Wolfgang Winkels *Schwarze Geschichten*. Ein erzählerischer Naturbursche mit Abstürzen in die Trivialität. Das Gewalttätige, »die schlimmstmögliche Wendung« (Dürrenmatt) hat etwas befreiend Regressives. Es ist die nötige Ergänzung, die Kehrseite zu den Verdrängungsprozessen unserer Gegenwart. Ich bin als Autor für solche Art von Literatur zu brav, Wolfgang entwirft einfach sich selbst. Er will nur spannende Geschichten schreiben – und endet regelmäßig in der eigenen Hoffnungslosigkeit. Wollten ihn in seinem Waldhäuschen bei Bremen besuchen; er sagte aber wegen »Herzbeklemmung« ab. Seit November 1995 plagt ihn, den sportlichen, athletischen Ex-Fallschirmjägeroffizier, eine allgemeine Körperschwäche. Es sind die schwärenden Niederlagen in Ehe und Familie, der Konflikt mit dem Sohn, die ihn angreifen. Schade, dass wir ihn nicht aufmuntern konnten.

Vorgestern Herren-Abend mit Dame: Ralf und Sabine, Alexander Schuller, Ulrich. Diskutierten über die Politik in Berlin, die Unterwanderung der Berliner CDU mit Hilfe von Jörg Schönbohm. Aber der scheint jetzt von seiner Partei ins Abseits gedrängt zu werden, man bringt ihm nacheinander kalkulierte Niederlagen bei: Bezirks- und Verwaltungsreform, PDS-Debatte,

Sozialhilfe-Kontrolle. Diepgen wartet offenbar auf den Ermüdungseffekt seines Konkurrenten. Ulrich ist gegen den legalistischen Weg über die Fraktion; er will mit viel Geld von James Goldsmith die Partei aufmischen, umdrehen. Doch dafür bedarf es Millionen von Mark. Und wir müssten bei der *Welt am Sonntag* den Hut nehmen. Missklang am Ende, als ich die Becher-Hymne und sowjetische Kampflieder abspielte. Ralf und Professor Schuller humorlos. Nun halten sie uns für (n)ostalgische Spinner.

*Berlin-Steglitz, 12. März 1997*
Besuch von Papa. Er kümmerte sich rührend um die Mädchen. Keine Debatten, keine Auseinandersetzungen wie im Traum. Kleine Frotzeleien mit Astrid, die ihre Klappe nicht halten kann. Gestern alle in Sanssouci; Rundgang zum Neuen Palais, zum chinesischen Pavillon, zur Orangerie. Stadtrundfahrt in Berlin: Checkpoint Charlie, Friedrichstraße, Unter den Linden, Gendarmenmarkt. Das ganze Programm. Im Foyer des Grandhotels Ecke Friedrichstraße/Unter den Linden Tee & Kaffee, danach draußen vor dem Hotel Bier & Bouletten.

*Berlin, 26. März 1997*
Mit Ulrich bei Berndt Seite, dem Ministerpräsidenten von Mecklenburg-Vorpommern. Reisten bei strahlendem Frühlingswetter mit dem eigenen Wagen an. Wir trafen ihn und seine Frau Annemarie im Privathaus in Walow, einem winzigen Dorf im Herzen der mecklenburgischen Seenplatte. Seit fünf Jahren ist Seite, ein freundlicher, offener, grauhaariger Mitfünfziger, CDU-Regierungschef in Schwerin. Hier in Walow hat er bis zur Wende als Tierarzt gelebt. Seine Frau ist die Bürgermeisterin des Ortes. Das bescheidene Häuschen mit seinen gerade mal 85 Quadratmetern ist völlig unauffällig; Hubschrauber des Bundesgrenzschutzes mit Kanzleramtsminister Friedrich Bohl und Staatssekretär Horst Waffenschmidt hätten sich, erzählte Seite lachend, im Grundstück geirrt und seien am viel größeren Nachbarhaus gelandet.

Er sei übrigens der einzige Ministerpräsident mit einem Storchennest auf dem Dach. Berndt Seite erzählte begeistert von der reichen Fauna der Region, die in der Republik einzigartig sei. Es wimmle hier von Kranichen, vor der Haustür nisteten Schreiadler, Seeadler und Fischadler. Der mit kariertem Hemd, Windjacke und khakifarbener Hose ländlich-robust gekleidete Politiker bekennt sich leidenschaftlich zur Schönheit seiner Heimat. Er und seine Frau hätten, trotz des Eintritts in die Politik, nie die Absicht gehabt, wegzuziehen: »Unsere Wurzeln sind und bleiben in Walow.«

Aber vom Idyll könne man doch auch hier im äußersten Norden nicht leben, fragten wir. Ja, das stimme. Wir standen auf der Terrasse, und der Hausherr zeigte auf eine pinkfarbene Bauschutt-Recycling-Anlage. Er habe seine Frau ermutigt, diese Anlage zu bauen – obwohl sie den freien Blick über die Weiden behindere. So seien sieben Arbeitsplätze geschaffen worden. Woanders sage man: bei uns niemals! 18 Gemeinden blockierten die Genehmigung zum Bau von Schweineställen – und das im Agrarland Mecklenburg!

Das ist das Stichwort, um über zwei Großprojekte zu reden, die an dieser Blockadementalität zu scheitern drohen: Transrapid und Ostsee-Autobahn. Natürlich berühre man als Investor in einem so schönen und naturgeschützten Land wie Mecklenburg-Vorpommern immer ein Stück heiler Natur. Aber ohne Infrastruktur gebe es keine wirtschaftliche Entwicklung, zögen die Menschen weg. Gerade weil man hier noch so viel Ursprünglichkeit habe, könne man auch guten Gewissens eine Reihe von Zukunftsprojekten realisieren. Der Transrapid sei doch etwas Einmaliges in Europa, und er sei stolz, dass diese Zukunftstechnologie in seinem Bundesland gebaut würde.

Das grundsätzliche Problem, erklärte Seite, seien nicht die Beharrungskräfte der Menschen hier, sondern der Reformstau in der alten Bundesrepublik. Diese Selbstblockade habe der Osten beim Systemwechsel mitübernommen. Das lähme das Land und die Kommunen. Der Ministerpräsident weiß, dass der Reformeifer

456

im Westen oft nur auf dem Papier steht. »Ich empfinde es als Ungleichbehandlung, wenn man, wie jetzt im Ruhrgebiet, das sich seit Jahrzehnten im Strukturwandel befindet, immer noch an Althergebrachtem festhält und bis 2002 weitere 58 Milliarden Mark in die Steinkohle pumpt.«

Für ihn, der nicht im »Anspruchsmilieu Westdeutschlands« sozialisiert worden sei, lägen die Gefahren solcher Gruppenegoismen auf der Hand. Das berühre auch die innere Sicherheit. Dass Demonstranten in Bonn bewusst in die Bannmeile hineingingen und sich der Polizeipräsident der Hauptstadt außerstande sehe, das Parlament mit der eigenen Polizei zu schützen, stattdessen Bundesgrenzschutzbeamte anfordere – das bedeute doch, dass der Druck der Straße triumphiere. Die Bonner Republik sei nicht konfliktfähig, sondern ausschließlich auf Konsens ausgerichtet.

Ungebrochen kommt in solchen Sätzen das konservative Staatsverständnis des CDU-Politikers zum Ausdruck – besser: des Ost-Politikers, der noch nicht von 68er Parolen weichgespült ist. Den »starken, wehrhaften Staat«, den Seite offen befürwortet, hält er für absolut nötig, »weil Freiheit und Demokratie nur in einem geschützten Rahmen existieren können«. Diese Klarheit hat viel mit der Diktaturerfahrung zu tun. Berndt Seite war als protestantischer Synodaler ein engagierter Christ im militant atheistischen SED-System. Die Stasi hatte auch ihn erfasst. Zunächst, 1977, hoffte das MfS, aus Berndt Seite einen »Inoffiziellen Mitarbeiter« machen zu können. Doch dazu war der Tierarzt nicht bereit. Danach wuchs seine Opferakte. Die 6000 Blätter mit Spitzelberichten, Telefon-Abhörprotokollen, die er nach dem Zusammenbruch des DDR-Regimes in der Gauck-Behörde über sich fand, kulminierten in einer Anweisung aus dem Jahr 1984, auch ihn im Ernstfall ins Internierungslager zu stecken. Seine »Personalkarte« trägt die Registriernummer 1 0048 0298.

Ministerpräsident Seite weiß, dass die Rolle der Kirche künftig nicht mehr so prägend sein wird. »Mein gesellschaftlicher Weg begann über die Kirche. Über die Synode bin ich dann in die kirchlichen Friedens- und Umweltgruppen gekommen.« Mit

457

Ulrich kann sich Seite diesbezüglich austauschen, denn auch er kam über Joachim Gaucks Rostocker Gemeinde in ein regimekritisches Umfeld, das ihn noch immer prägt. Heute lebe man, sagte Frau Seite, als Christ noch immer in der Diaspora. Hier wüchsen Generationen heran, die atheistische Eltern hätten. Die Zahl der von der SED eingeführten Jugendweihen steige erschreckend. Die Kirchen müssten sich wieder auf ihre seelsorgerischen Kernbereiche konzentrieren. Dazu brauche man jedoch Werte. Die müsse man weniger diskutieren, sondern besitzen, den Mitmenschen vorleben. Zu solchen Werten gehörten Opferbereitschaft und Pflichterfüllung, nicht Alkoholismus und »Vielweiberei«, wie sie von einigen Politikern vorgelebt würde.

*Berlin, den 2. April 1997, 22.15 Uhr*
Beobachtete eben den Flug des Schweifsterns Hale-Bopp, der die Erde in einer Entfernung von 100 000 Kilometern und mit einer Geschwindigkeit von 160 000 Stundenkilometern passierte. Er soll erst in 4210 Jahren wiederkehren, auf einer elliptischen Bahn aus den Tiefen des Alls. Der grünsprühende Vorbeiflug dieses Jahrhundert-Kometen war auch Thema unseres Gesprächs mit Ernst Jünger, den ich zusammen mit Ulrich am 18. März in Wilflingen besuchte. Danach fuhren wir weiter zu Martin Walser an den Bodensee. Anlass war ein Gespräch zum 70. Geburtstag des Autors am 24. März. Wir waren vom Stuttgarter Flughafen mit dem Mietwagen über eine schneefreie, milde Albhochfläche angereist und trafen um die Mittagszeit in der Oberförsterei ein. Weiterfahrt nach Überlingen gegen drei Uhr. Frau Jünger servierte Sekt und Gebäck, Ernst Jünger schmauchte Zigaretten der Marke Dunhill. Ulrich hatte als Präsent – Ernst Jünger stand kurz vor seinem 102. Geburtstag – entomologische Kärtchen aus einer Käfersammlung des 19. Jahrhunderts mitgebracht, die er in einem Antiquariat entdeckt hatte. Ich schenkte Jünger eine chinesische Tuschzeichnung.

Unser Gespräch kreiste um Europa, um die Fehlentwicklungen in der EU, vor allem aber um die Person von Kanzler Hel-

458

mut Kohl, der bei seinen Besuchen in Wilflingen auf demselben Sessel gesessen hatte wie jetzt ich. Wir streiften die aktuelle Wirtschaftskrise, den Streit um die Steuer- und Rentenreform, die sogenannte »Süssmuth-Affäre« – obwohl Jünger ungern über konkrete Politik spricht. »Ich habe heute Morgen die Zeitung gelesen, aber von Politik ist bei mir nichts hängen geblieben«, meinte er. Ihn interessiere vor allem das Feuilleton.

Wie sehr Jünger noch immer mit dem Phänomen katastrophischer Geschichte beschäftigt ist, wurde deutlich, als er auf unsere Frage nach seiner aktuellen Lektüre ein Buch mit dem Titel *Der Henker von Prag* über den Tisch reichte. Es ist die Biografie des SS-Führers und Organisators des Judenmordes, Reinhard Heydrich, das der tschechische Historiker Miroslav Ivanov 1993 veröffentlichte. Jünger erzählte von seiner Begegnung mit Heydrich 1941 im Pariser Hotel »Raphael«, als ein Freund ihm vorschlug, sich mit dem fanatischen Hitlergefolgsmann fotografieren zu lassen. Er, so Jünger, habe es abgelehnt, »mit diesem Mann auf einem Bild zu erscheinen«. Bei der Lektüre des Buches sei ihm etwas aufgefallen: »Früher, als junger Mann, habe ich viele Geschichtsbücher gelesen, und sie handelten immer von vergangenen Zeiten. Heute handeln die Bücher, die ich lese, ebenfalls von vergangenen Zeiten – aber es sind oft meine eigenen.«

Jüngers immer wieder bekundetes Desinteresse für alles Politische erwies sich im Fortgang des Gespräches als selbstschützender Gestus eines Mannes, dessen Werk seit den Sechzigerjahren vor allem politisch-ideologisch interpretiert und missdeutet worden ist. Ohne Zweifel ist Jünger ein genauer Beobachter der Bonner Bühne. Skepsis gegenüber der deutschen Europa-Euphorie und Unmut über die föderalen Blockaden in Lebensfragen der Nation wurden deutlich. Doch auch das Persönliche nahm breiten Raum in unserer fast zweistündigen Plauderei ein. Ich berichtete vom Kauf eines alten Hauses in Eichwalde, zeigte Fotos von Laura und Clarissa. Ulrich flocht ein, er sei der Pate von Clarissa, meiner jüngsten Tochter. Beim Betrachten des Fotos von Ulrichs Tochter Constance, bemerkte Jünger. »Dolle Frisur!« Ihr aparter

Haarschnitt erinnerte ihn wohl an den Frauentyp der Zwanziger-jahre, den die Malerin Tamara de Lempicka so unübertrefflich ins Bild gesetzt hat.

Jünger erzählte, dass er seinen Enkeln Martin und Irina bei Potsdam ein Mietshaus gekauft habe. Den finanziellen Grund-stock dazu lieferte, ergänzte Frau Jünger, der Erlös aus dem so-genannten Vorlaß des Dichters, den das Literatur-Archiv in Marbach vor zwei Jahren erworben habe. Er enthalte sämtliche handschriftlichen Manuskripte sowie die Korrespondenz mit mehr als 80 000 Schriftstücken. Auch Teile der wertvollen Bib-liothek gehörten zum literarisch-künstlerischen Bestand, den die Marbacher erworben hätten. Jünger schaute während dieser Ausführungen mit leicht gesenktem Kopf auf den Marmor-Tisch, eine Mischung aus konzentriertem Zuhören und Absenz, blickte aber immer mal wieder plötzlich auf, um eine Bemerkung fallen zu lassen. Beim Thema Globalisierung wurde er munterer. Sie schreckt ihn nicht; in seinen Schriften *Die totale Mobilmachung* oder *Der Arbeiter* sind die Uniformierung und Mobilisierung der Welt ja längst vorweggenommen. Trotz persönlicher Vorbehalte, was Maastricht-Europa betrifft, hält Jünger die globalisierenden Tendenzen für irreversibel. Denn die universelle Angleichung al-ler Lebensverhältnisse mittels der Technik ist für ihn unaufhalt-bar. Erinnerlich bleibt der Satz, eine tröstlich gemeinte Sentenz: »Wenn das Vaterland mit seinen Grenzen und Kriegen untergeht, bleiben doch Mutterland und Heimat.«

Obwohl Jünger dem Gespräch über die Nation ausweicht, dem großen Thema seiner publizistischen Zeit nach dem Ersten Welt-krieg, billigt er doch, so will es uns scheinen, unser Bemühen um öffentliche Anerkennung des nationalen Themas seit der Wieder-vereinigung. Das von Ulrich und mir herausgegebene Buch *Die selbstbewusste Nation* hatte er im Frühjahr vergangenen Jahres ge-lesen und sich bei mir in einem Brief dafür bedankt. Seine Gedan-ken kreisen inzwischen aber um anderes, das war zu spüren. Nun elektrisiert ihn Hale-Bopp, ein altes Thema seit dem Erscheinen des Halleyschen Kometen, den er 1910 mit der Familie in Rehburg und noch einmal 1986 in Sumatra am Himmel sah. Den Dichter fasziniert nicht nur, was er sieht, sondern was er wiedersieht, das Déjà-vu, ob es sich um Käfer oder wiederkehrende Planeten handelt. Das Tröstliche für Ernst Jünger ist die wunderbare Harmonie, die in der Wiederkunft zum Ausdruck kommt. In ihr erkennt er ein kosmisches Maß, das alle irdischen Kalkulationen und Hoffnungen übergreift.

Gegenüber der Hundertjahrfeier in Saulgau vor zwei Jahren wirkte Jünger deutlich gebrechlicher. Über seinen rotgeränderten Augen lag ein wässriger Schleier. Doch noch immer mustert er sein Gegenüber mit festem Blick, anteilnehmend, konzentriert. Zum Abschied sagte er: »Kommen Sie bald wieder!« Es erschien uns ehrlich gemeint. Ernst Jünger weiß, wer ihm die Treue hält und warum. Ein einsamer Mensch mit großer Gemeinde.

Martin Walser musste fast zwei Stunden auf uns warten, eine ziemliche Unhöflichkeit. Am Telefon, als wir unsere Verspätung ankündigten, wirkte er verärgert: »Wo steckt ihr denn jetzt?!« Wir kurvten im verwinkelten Überlingen herum und verfehlten auch mehrfach das Haus an der Uferstraße »Zum Hecht«. Als wir schließlich ankamen, stand Walser bereits vor der Haustür, leger bekleidet mit Sportpullover, heller Hose und Turnschuhe. Als ich einräumte, dass wir uns bei Ernst Jünger verplaudert hätten, entfuhr ihm der Satz: »Auch das noch! Ausgerechnet wegen Jünger!« Die beiden wohnen nicht weit auseinander, aber gingen sich bislang eher aus dem Weg. Doch dann entspann sich ein lebhaftes Gespräch über Walsers Deutschlandbild, über die deutschen Intellektuellen, den Euro. Er kritisierte Lafontaine wegen dessen Verzögerungstaktik, was den Vollzug der deutschen Einheit betrifft, und kritisierte eine Reihe von Intellektuellen, die den Ostdeutschen vorwerfen, nur wegen der Bananen in den Westen gekommen zu sein. Lafontaine habe jedes Recht, sich persönlich nicht über die Einheit zu freuen, aber es sei unverzeihlich, die Freude der anderen herunterzumachen.

Walser war sehr darauf bedacht, in keine Falle zu tappen, nicht zu viel preiszugeben. Als ich ihn auf Kohls fragwürdiges Diktum vom vereinten Europa als der Frage nach »Krieg oder Frieden« ansprach, wurde er ein wenig böse, seine Stimme herrisch, rechthaberisch – obwohl er eben noch sein »Rechthabenwollen« als überwunden darzustellen versucht hatte. Nein, da hätte ich den Kanzler falsch verstanden, das könne der doch gar nicht gesagt haben! Kohl habe doch Geschichte studiert! Er wisse doch, dass es keinen Krieg mehr gebe, in »Kerneuropa« keinen Krieg mehr geben könne! Als ich aus einer Kohl-Rede zitierte, wischte er das weg. Diese Form des Rechthabenwollens um jeden Preis erstaunte uns. Gerade weil er eine persönliche Schwäche eingeräumt hatte, suchte er nun nach Entschuldigungen, zitierte Kierkegaard und andere. Um mich mit meinen Einwänden gegenüber dem Euro, dessen Einführung von Helmut Kohl vehement befürwortet wird, zu widerlegen, forderte er einen »Souveränitätsverzicht«, den jedes Land für das »geplagte Europa« leisten müsse. Dass dies fast nur von Deutschland so gesehen werde, tat er ab.

Ulrich, der im Gespräch immer wieder auf der Vorhersehbarkeit der »Wende« beharrte und das jahrzehntelange Leugnen der deutsch-deutschen Gemeinsamkeit geißelte, lockte Walser mehrfach aus der Reserve. Als ehemaliger politischer Häftling der DDR und engagierter Wiedervereinigungsbefürworter hatte er viele Argumente auf seiner Seite. Walser hatte ja selbst immer wieder betont, sein »Geschichtsgefühl« erlaube es ihm nicht, die DDR einfach abzuschreiben. Walser fand den Dreh, das Nebeneinander der beiden deutschen Staaten als quasi hegelianische Pointe zu deuten: Auf dem deutschen Boden sei mit der DDR der »dialektische Gegensatz zur Bundesrepublik installiert« gewesen. In diesem »antithetischen Prozess« hätten sich beide Seiten beeinflusst. Falle nun der Sozialismus weg, fehle dem Kapitalismus sein Gegenteil: »Der Kapitalismus war nie so illegitim wie heute, da er keinen Gegner mehr hat.« Nichts sei ohne sein Gegenteil wahr. Ulrich hakte sofort nach und sah in dieser dialektischen Aufwertung eine unzulässige Legitimation des DDR-Regimes. Walser, angesprochen auf die eigene DKP-Zeit, bestritt, jemals –

auch nicht während seines Kampfes gegen Vietnam – die Schützenhilfe der SED angenommen zu haben.

Es war zu spüren, dass Walser gegenüber Ulrich vorsichtiger argumentierte, weil er einen Betroffenen vor sich hatte, dessen Haltung durch den persönlichen Widerstand beglaubigt ist. Mich hatte er eine halbe Stunde vorher unverblümt angegriffen. Mehrfach sprach er, als die Rede auf die Anfälligkeit der Deutschen für das moralistische Links-rechts-Schema kam, vom »Religionskriegsvolk«, das seit dem Dreißigjährigen Krieg unversöhnliche Haltungen einnehme. Keine andere Nation habe so erbittert über den Leib Christi gestritten. Diese Unerbittlichkeit dauere an. Er kenne »nichts Intoleranteres als unser intellektuelles Klima«. Bei diesem Thema fanden wir zum Gemeinsamen zurück – wenngleich Walser den Kampf gegen den Zeitgeist als kontraproduktiv abtat: »Der Zeitgeist vergeht umso rascher, je mehr er zur Herrschaft kommt.« Ob er damit leben könne, dass man ihn inzwischen einen »Rechten« nenne? Seine Antwort gefiel uns: »Wenn Rechte mich als Rechten freundlich zitieren, dann müssen sie genauso viel weglassen von mir, wie wenn Linke mich unfreundlich zitieren. Solche Platzanweisungsroutine ist doch öde.«

Markus Leser, Sohn des bekannten Fotografen Rupert Leser, machte während des Gespräches Fotos, die den gestikulierenden Walser an seinem papierbeladenen Schreibtisch zeigen. Der Blick vom hellen Arbeitszimmer ging hinaus auf die im Abendlicht silbern schimmernde Fläche des Bodensees. Ein inspirierender Raum. Gegen 19 Uhr verließen wir, es dämmerte bereits, das Haus. Zum Abschied sagte der Hausherr: »Beim nächsten Gespräch – abgesehen davon, dass ich ja gar keine Interviews mehr geben will – reden wir nicht mehr über andere.« Ulrich traf Walser einige Tage später wieder auf der Leipziger Buchmesse, das Interview war bereits erschienen, und Walser bedankte sich für »die faire Behandlung«. Ganz in Schwarz und mit breitkrempigem Hut, so Ulrich, habe Walser ihn beim Zusammentreffen am Stand des Suhrkamp Verlages sofort geduzt und umarmt. Er trug ihm auch auf, »den Heimo« zu grüßen.

*Berlin-Steglitz, 10. April 1997*
Bei der Hausrenovierung in Eichwalde läuft alles nach Plan. Bad
fertig, jetzt wird das alte Parkett abgeschliffen und versiegelt. Bro-
nek verputzt das Haus. Zuletzt der Einbau der Küche und Anbau
des Wintergartens. Astrid glänzt als »Bauleiterin«; die Handwerker mögen sie. Sie agiert mit einer rheinischen Mischung aus Lockerheit, Kompetenz und Durchsetzungsvermögen.

Ins Deutsche Theater, wo das Strauß-Stück *Ithaka* aufgeführt
wurde. Der Mensch als Spielball der Götter, rachsüchtig, ord-
nungsbedürftig. Die große Reinigung. Der Mythos als Rätsel.
Warum gibt es Macht? Nicht: Warum gibt es das Böse? Kein
Theodizee-Problem, sondern »Spaßarbeit am Mythos« – so zumindest Gerhard Stadelmaier in der *FAZ*. Keiner traf die Wunde,
die Botho Strauß im Stück berührt: die Sehnsucht nach dem Ur-
anfänglichen, die »Beginnlosigkeit«.


*Berlin-Steglitz, 21. April 1997*
Stefan Winckler sandte mir ein Exemplar seiner Dissertation mit
dem Titel *Neue konservative Intelligenz*; ein Kapitel ist mir gewidmet. Schrieb ihm einen langen Brief, in dem ich einige Halbwahrheiten, auch über RZ, zurechtrückte.


*Berlin-Steglitz, 28./29. April 1997*
Um Mitternacht Astrid geweckt, um ihr zum 40. Geburtstag zu
gratulieren. Im Wohnzimmer hatte ich Carola Schachts großes
Tulpen-Gemälde, die Fuchs-Bibel und 40 rote und gelbe Rosen
zu einem Geburtstagstisch drapiert. Dazu das Gedicht *Haus unserer Liebe*:

> Bewohnbar wie
> ein Haus muss sie
> sein unsere Liebe
>
> Lass aus den
> Fenstern deiner
> Augen sie leuchten

464

Dazu gab es Champagner und Mahlers Zweite, Tränen und Küsse. Laura hatte ein Haus gemalt, Timo ein Foto geschickt. Saßen und blätterten in der goldenen Bibel von Ernst Fuchs bis gegen zwei Uhr. Liebe, Schlaf.

*Eichwalde, Sonntag, 4. Mai 1997*

Den ganzen Tag in Eichwalde, Gartenarbeit. Beseitigte einige Sträucher vor der Veranda, siebte Erde, um Löcher aufzufüllen. Astrid brachte Stuckleisten an. Lina ist endgültig zu ihrem Vater nach Bonn gezogen, Astrid schwer gekränkt. Langes Gespräch mit unserem Oberförster, der mit seiner Frau in einem riesigen Haus mit parkähnlichem Garten links von uns wohnt. Das mit Buntglasfenstern aus den Fünfzigern versehene Gebäude ist von alten Eichen umstanden. Krüger erzählte, dass unser Nachbar rechts Chef der Stasi-Kreisstelle in Königs Wusterhausen gewesen sei und »Verhöre« durchgeführt habe. Der Vater des früheren Bewohners unseres Hauses, Werner Funk, sei Generalstaatsanwalt der DDR gewesen und schon 1960 an Krebs gestorben. Sein Sohn habe als DDR-Sportfunktionär gearbeitet. Alles »Dreihundertprozentige«, sagte Krüger, der mir ein Sieb lieh und sich anbot, einen Baum in unserem Garten zu fällen. Er habe das mittlere Grundstück dazugekauft, ich solle das links von uns kaufen, damit dort kein »Kasten« hinkomme. Nachbar Metzner rühmte sich seiner Freundschaft zu Eduard von Schnitzler, der noch immer in einem Haus unweit von hier an der Friedensstraße wohnt. Er verachte Schnitzler nicht als Macher des *Schwarzen Kanals*, sondern wegen dessen »Amouren«. Oft habe er ihn zum Bahnhof Friedrichstraße kutschiert, von wo aus er zu seiner Geliebten nach Westberlin gefahren sei.

Begegnung mit Ernst Fuchs, der am Schlossplatz »das größte Gästebuch der Welt« vorstellte. Er signierte Astrids Goldbibel und sagte, dass er liebend gern mit Ernst Jünger zusammenkommen würde. Fuchs plädierte auch für den Wiederaufbau des Berliner Stadtschlosses und meinte, die Deutschen sollten endlich aufhören, sich so obsessiv mit ihrer NS-Vergangenheit zu

465

beschäftigen. Der große, hagere Mann mit dem bunten Käppi wirkte sehr lebendig und aufgeschlossen. Seine Sekretärin, eine attraktive Enddreißigerin, bat mich um Übersendung der Jünger-Biografie.

*Berlin-Steglitz, 8. Mai 1997*

Mittwochabend zum »Kamingespräch« bei der Bundestagspräsidentin Rita Süssmuth. Checkpoint-Charlie-Investor Abraham »Aby« Rosenthal ließ mich von seinem Chauffeur im Mercedes 600 zum Dahlemer Amtsitz chauffieren. In der Runde dabei diverse Chefredakteure und Berlin-Korrespondenten. Ich war der Einzige, der der tantenhaften Dame widersprach. Wir debattierten bei gutem Essen und Wein bis nachts um zwei über Herzogs Ruck-Rede, den Euro, Kohl und die Bundestagswahl `98. Am Ende sprach RS nur noch in meine Richtung. Sie wusste, wo der Feind sitzt. Zu meiner Rechten Peter Philipps, Chefredakteur der *Morgenpost*, der mich schon bei der *Welt* bekämpft hatte. Trotz meiner ständigen Widerreden wurde ich freundlich verabschiedet.

*Berlin-Steglitz, 20. Mai 1997*

Schrieb einen ausführlichen Artikel mit viel Zahlenwerk über die europäischen Metropolen im Vergleich mit Berlin. Durch ihre Insellage ist die Stadt nach 1945 im Abseits gelandet und spielt seitdem als Industrie- und Bankenstandort keine Rolle mehr – und wird wohl auf lange auch keine mehr spielen. Der Beitrag machte großen Rumor, und Eberhard Diepgen beschwerte sich am Telefon über meinen »Defätismus«. Als Vertreter der *Welt am Sonntag* müsse ich solidarischer und positiver berichten. Irgendwie verwechselt er unsere Redaktion mit seiner Pressestelle.

Sprach mit Herbert Fleissner über unser neues Buch, das nun *Für eine Berliner Republik – Streitschriften, Reden und Essays nach 1989* heißen wird. Laura spricht oft vom Tod, weil ihre Freundin Judith ihren Papa verloren hat; er starb an Krebs. »Wenn du tot bist, fliege ich mit Dir mit«, tröstete sie mich gestern über mein

466

nahes Ende hinweg. Sie spricht auch häufig von ihrem »Ur-Opi Emil«den sie nachts auf sich herabschauen sieht. »Ich liebe dich ganz doll«, ist ihre Lieblingsbeteuerung, die inzwischen auch von Clarissa imitiert wird. Lauras wissend-gütiges Lächeln ist stärker als ihr Starrsinn und ihre bisweilen bösen Äuglein, mit denen sie das Gewünschte herbeizwingen will. Frage mich oft, wem die blauen Augen gehören, die mich in solchen Momenten anschauen.

Lektüre: *Die Fehler des Kopisten* (Botho Strauß); Detlef Opitz *Klio, ein Wirbel um L.*; Georges A. Goldschmidt *Die Absonderung.* Vorbereitung für die Jury-Sitzung des Uwe-Johnson-Preises am 31. Mai. Mein Favorit: Goldschmidt, ihn werde ich vorschlagen. Angebot eines Herrn Karlauf, Buch-Agent, für den Piper Verlag eine große Jünger-Biografie zu schreiben. Honorarvorschuss: 100 000 Mark. Zeit: 5 Jahre. Bedingung: Einblick ins Jünger-Archiv. Warum ich? »Weil Sie der Einzige sind, der zu Jünger Zugang hat«, antwortete der smarte, immer ein wenig süffisant lächelnde Mann. Ich frage mich, ob solch ein ambitioniertes Projekt bei meinem Arbeitspensum überhaupt zu schaffen ist. Zudem habe ich mit der Bildbiografie den Rahmen eigentlich abgesteckt und müsste als Autor zu neuen Ufern aufbrechen. Thomas Karlauf appellierte geschickt an meinen Ehrgeiz – und mit dem Vorschuss an die Profitlichkeit. Das ist sein Job.

*Berlin, 2. Juli 1997*
Mit Thomas Karlauf und Piper-Programmchef Joachim Jessen zum Abendessen bei »Sale & Tabacchi« in der Kochstraße. Wir verhandelten über das Projekt der Jünger-Biografie. Eigentlich waren wir uns einig, aber ich zauderte noch. Jessen, dessen Idee das Buch ist, ungeduldig, er wollte unbedingt den Abschluss. Mein Zögern missverstand er als Verhandlungspoker, zog sich mit Karlauf an den Tresen zurück. Nach fünf Minuten kamen die beiden wieder zum Tisch, und Jessen sagte, der Verlag habe den Vorschuss noch einmal um 45 000 Mark auf 145 000 Mark erhöht. Karlauf euphorisch, ich eher verwundert. Wir stießen mit

467

Grappa auf die Vereinbarung an, die auch keine Rückzahlungs-
klausel enthalten soll. Gedämpfte Freude wegen der großen Verantwortung, die mir dieses Buch auferlegt. Das ist ein Schreibprojekt, das man nicht im Vorübergehen erledigt. Nicht nur eine
Verpflichtung gegenüber dem Verlag und den Lesern, sondern
vor allem auch gegenüber Ernst Jünger selbst.

Heute beim Knie-Spezialisten im Klinikum Steglitz. Er dia-
gnostizierte einen Schaden am Innenmeniskus. Kommenden
Mittwoch soll geschnitten werden. Am Wochenende muss ich
den Europa-Essay für die *Berliner Republik* vollenden, schon wegen der Knieoperation. Brief an Philip Johnson, dem ich zum 91.
Geburtstag gratulierte, und an Frau Jünger, die ich über das Piper-
Projekt informierte.

*Eichwalde, 6. Juli 1997*

Heute Geburtstag von Papa. Berichtete ihm von all meinen Aktivitäten, über die er sich freute – wenngleich mit der ihm eigenen
Gedämpftheit. Will uns bald im neuen Haus besuchen, besonders Mama sei neugierig. Heute mein Johnson-Porträt im Blatt.
Nachricht von Karlauf, dass Piper den Vertrag in der besproche-
nen Form akzeptieren will. Telefonat mit Liselotte Jünger. Sie hat
meinen Brief erhalten und ist zur Zusammenarbeit bereit. »Sie
gehören ja seit fünfzehn Jahren zu uns«, sagte sie und deutete an,
dass man von meiner Biografie einen persönlichen Zugang erwarte. Es würde aber, das sagte ich ihr recht deutlich, keineswegs
eine »autorisierte« Biografie werden; ich wolle die notwendige
Distanz wahren – weiß aber, wie hart umkämpft diese Haltung
bei dem Temperament von Frau Jünger ist. Das hatte schon die
Bildbiografie gezeigt. Sie erwähnte auch Paul Noack, der in zwei,
drei Jahren ebenfalls eine Jünger-Biografie vorlegen werde. Ich
solle wissen, dass da ein Konkurrenz-Unternehmen laufe. Wir
vereinbarten für den Herbst »Sitzungen« in Wilflingen, um Briefe einzusehen.

Gespräch mit Uwe über das Projekt. Er erklärte sich bereit, an
den Abschnitten über Jüngers Schulzeit mitzuwirken. Ich ver-

468

sprach, ihm Unterlagen aus dieser Zeit zuzusenden. Als Pädagoge ist er für diese Arbeit in idealer Weise qualifiziert. Allerdings will er sich in erster Linie auf Gespräche mit EJ stützen, weniger auf die Quellen. Das kann nicht funktionieren, schon wegen Jüngers Neigung, sich selbst zu zitieren, also im Gespräch nichts grundsätzlich Neues preiszugeben. Wir müssen für die Darstellung vor allem das Wilflinger Archiv nutzen.

*Eichwalde, 15. Juli 1997*
Seit Samstag zurück aus dem Klinikum, wo mich Professor Rahmanzadeh am Knie operierte. Von meinem Bett blickte ich auf den Hubschrauberlandeplatz; im Stundenrhythmus kam mit viel Getöse eine Maschine der Rettungsstelle an. Auf dem Teltow-Kanal zogen Yachten, Ausflugsdampfer und Lastkähne vorbei. Mein Zimmergenosse ein Ingenieur aus Hannover. Er erzählte von Bauprojekten in Saudi-Arabien und Dubai und ist befreundet mit dem Physiker und Schriftsteller Johannes v. Korff. Der habe mittels des Studiums von Mückenflügeln einen Hubschrauberflügel konstruiert. Ansonsten verfasse er Kurzgeschichten, die regelmäßig in der *FAZ* erschienen. Lektüre: Andreas H. Apelts Roman *Schneewalzer* und ein Thesen-Büchlein von Samuel Huntington (*Krieg der Kulturen*), den ich bald einmal interviewen will.

Zwischen Brandenburger Tor, Siegessäule und Ernst-Reuter-Platz ging die »Love Parade« über die Bühne – mit mehr als einer Million »Ravern«, die 100 Tonnen Müll produzierten und den Tiergarten verwüsteten. Ecstasy gehört genauso zu diesem Treiben wie Sex auf den offenen Wagen, Kreislaufschwächen und Zusammenbrüche. Fühlte mich von der geistigen Armut dieser jungen Menschen abgestoßen, die 24 Stunden lang mit Körperzucken und Gekreisch verbringen. Aber, um Ernst Jünger zu zitieren, vielleicht ist solch eine massenhafte Regression nur Ausdruck der Sehnsucht nach Selbstüberschreitung, nach Durchbrechen der Komfortzivilisation: »Wo das Leben sehr dürftig wird, ist der Rausch eine der letzten Ressourcen, die geblieben sind.«

*Eichwalde, 23. Juli 1997*

Am Sonntag starb Chefredakteur Manfred Geist. Er hatte mich 1991 zur *Welt am Sonntag* geholt und an die Spitze des Berliner Büros gestellt. Geist, ein hünenhafter Mann und ehemaliger Fallschirmjäger, starb an Herzinfarkt, im Alter von 57 Jahren; er hinterlässt zwei Frauen und drei Kinder. Ein Mann zwischen den Parteien. Dieses Hin und Her hat ihn das Leben gekostet. Seine junge Geliebte gehörte zu unserem Redaktionsalltag; es war die Redakteurin für Mode und Stil, wie passend. Mit ihr hatte er ein Kind, das auf den Gängen vor den Büros spielte und von anderen Redakteurinnen mitbetreut wurde. Die Ehefrau saß zuhause und litt. Er starb einsam in seinem kleinen Hamburger Apartment. Der Notarzt, den er alarmierte, fand ihn tot an der Eingangstür.

Meine Beziehung zu ihm war ambivalent; er wollte mich fördern, ließ mich und Ulrich aber allein, als der Gegenwind zu wehen begann. Er hatte keine Kraft, die Attacken der Neider abzuwehren, war zu sehr mit der eigenen Karriere beschäftigt. Er stieg zum Redaktionsdirektor für *Welt* und *Welt am Sonntag* auf, war der Doppelbelastung aber nicht gewachsen. Mich hat er zuerst in Berlin, dann in Hamburg als Kandidat für den Posten des stellvertretenden Chefredakteurs auflaufen lassen. Ulrich schätzte er als brillanten Schreiber und Ex-DDR-Häftling, nannte ihn wegen seiner immer dunklen Kleidung »schwarzer Hai«. Er mochte unsere politischen Ideen, aber nicht die Art, sie umzusetzen. Wir waren seine »Edelfedern«, zugleich jedoch auch eine ständige Gefahr für sein Ego und seinen Wankelmut. Im Ernstfall ruderte er zurück.

Unvergessen mein gemeinsamer Auftritt mit Manfred Geist beim Vorstandsvorsitzenden Jürgen Richter in Berlin, der ihn vor meinen Augen zusammenfaltete. Richter durchschaute seine Wankelmütigkeit und stutzte ihn zurecht. Das war auf eine gewisse Weise auch mir gegenüber rücksichtslos. Denn wer verzeiht einem die Zeugenschaft der eigenen Demütigung? Manfred Geist aber akzeptierte Richters Machtwort und ließ mich in Ruhe, ja erhöhte mein Gehalt, um mir meine Abhängigkeit vorzuführen. Mich hat das nicht berührt, denn ich hatte seine Illoyalitäten aus-

470

halten müssen. Ulrich lachte und meinte, das Geld bekämen wir ja nicht von ihm persönlich, sondern von den Lesern, zu deren Vergnügen wir seit Jahren beitrügen. Er kündigte unlängst an, bald mit einem Sack voll Geld nach Schweden zu verschwinden.

*Moskau, 31. Juli 1997*
Drei Tage in Moskau, wo ab September der 850. Geburtstag der Stadt gefeiert wird. Sponsoren der Reise sind der Reiseveranstalter Olympia (seit 1936 im Russlandgeschäft) und die Hotelkette Kempinski. In der Pressegruppe dabei auch Frank Hauke und Peter Bosse, Eigentümer des Spreeradios, eine klassische DDR-Type, Ex-Reisekader, jetzt zum millionenschweren Unternehmer gewendet; Anke Pedersen, eine kühle Blonde mit Ressentiments nach allen Seiten, Lufthansa-Pressechef Wolfgang Weber. Eingeladen wurde ich von Christina Franzen, früher *Bild am Sonntag*, jetzt Geschäftsführerin »Media Company«. Flugdauer: 2 Stunden, mit gutem Menü in der Business Class. Lektüre: Immer noch Apelts *Schneewalzer*. Zu viele Antifa-Elemente, wohl Relikte aus der DDR-Sozialisation. Andreas meinte, damit habe er sich andere Passagen erkauft. Aber der Roman erschien erst jetzt im Mitteldeutschen Verlag, sieben Jahre nach dem Ende der DDR.

Wir logieren im Kempinski Hotel Baltschug im Zentrum von Moskau; das 1898 erbaute Gebäude steht direkt an der Moskwa und der Moskworezky-Brücke und bietet einen imposanten Blick auf die Basilius-Kathedrale und den Roten Platz. Mein Zimmer kempinskiüblich großzügig, mit einer Flasche Sekt im Eiskübel und Wodka in der Babuschka. Das Haus wurde 1991/92 renoviert und gilt als das beste Fünf-Sterne-Hotel der Stadt. Begrüßung durch Bernd Steinhausen, aalglatter Junior des Unternehmens Olympia. Stadtrundfahrt. Die Atmosphäre erinnert an Berlin, wenngleich heiterer wegen der vielen Goldkuppeln und bunten Fassaden. Besichtigung eines neuen Einkaufszentrums am Manege-Platz, dessen Wasserspiele der allgegenwärtige Allround-Künstler Zereteli geschaffen hat. Er ist der Ernst Fuchs Russlands. Seinen Stil könnte man als mystischen Realismus bezeichnen.

Wir besuchten den kleinen, rundlichen Herrn in seinem Atelier. Es ist mit Hunderten von Ölgemälden vollgehängt. Sie bieten einen bunten Eklektizismus von Chagall bis Matisse.

Der freundliche Georgier ähnelt im Äußeren Schewardnadse, als Bildhauer mit seinen heroisch-klassischen Plastiken Serge Mangin. Gleich am Eingang ein gigantischer Jüngling, der an die Kolosse von Thorak erinnert. Offensichtlich war Zereteli den Kommunisten wegen seines heroischen Stils propagandistisch nützlich – jetzt reüssiert er als nationaler Mystiker. Von ihm stammt das kolossale Standbild Peters des Großen an der Moskwa, das wegen seiner Höhe – es überragt sogar die benachbarte Christi-Erlöser-Kirche – angefeindet wird. Die Kommunisten drohen es zu sprengen, sollte das Lenin-Mausoleum abgetragen und der Leichnam des Revolutionsführers beerdigt werden. Vielleicht die letzte Gelegenheit, den Katafalk des Mumifizierten zu besichtigen.

Als »Delegace« erhielten wir ohne Probleme Zutritt; die Schlange vor dem rosafarbenen Mausoleum ist nicht mehr sehr lang. Das Innere ist durch die Klimatisierung kühl, ja kalt. Lenin wie eine Wachspuppe, auf einer blutroten Sowjetfahne ruhend. Der vielfach präparierte Leichnam strahlt die Aura der Macht aus; so unwirklich die glatte Physiognomie erscheint, so real die Inszenierung eines totalitären Systems, das solcher Schaustellungen bedarf. Man sollte das Gebäude als Panoptikum des Grauens bestehen lassen, vielleicht mit Schautafeln versehen, die die Schrecken von Lenins Herrschaft in Bildern und Zahlen festhalten.

Am Donnerstag Zusammentreffen mit dem früheren Botschafter Walentin Falin, der als harter Gegner der deutschen Einheit gilt. Nun wird er uns zusammen mit seiner jungen Frau als »Deutschlandfreund« vorgestellt. Wir speisten außerhalb Moskaus, unweit der legendären Datschen-Siedlung Schokowka, wo Solschenizyn, Rostropowitsch und Sacharow wohnen. Das Feinschmeckerlokal ist im Stil eines russischen Blockhauses erbaut und wegen des offenen Kamins ziemlich stickig; wir saßen unter einer niederen Holzdecke und tranken zur Begrüßung Wodka, danach Bier und Wein. Es wurden Stöhr, Lachs, Lamm, gegrilltes Kalbfleisch, diverse Salate und Kartoffeln gereicht. Wie in der Arktis wurden unermüdlich Trinksprüche ausgebracht; der vigilante Herr Steinhausen tat sich als Lobredner von Walentin Falin hervor. Der plapperte Unverbindlichkeiten daher, die seinen früheren Aktivitäten Hohn sprachen. Im Hotel noch ein paar Drinks mit Frank Hauke; gegen drei Uhr ins Bett. Vom Hotelfenster langer Blick auf den erleuchteten Roten Platz und den Kreml. Gedanken an die Lieben zuhause.

*Moskau, 1. August 1997*
Fahrt ins Danilov-Kloster, wo wir Gelegenheit hatten, mit Vater Viktor, dem stellvertretenden Leiter des Kirchlichen Außenamtes, zu sprechen. Im Refektorium konnten wir Fragen zur Lage der russisch-orthodoxen Kirche stellen. Zuvor waren wir Zaungäste bei einer Bischofsweihe in der Klosterkirche, die der russische »Papst« Alexej II. vornahm. Von Vater Viktor erfuhren wir, dass es in Moskau 20 000 Kirchengebäude gibt, von denen »nur« 380 genutzt würden. Die finanzielle Lage der Kirche sei gut, die Spendeneinnahmen wüchsen. Auch viele Reiche spendeten. Fragte ihn, ob Dostojewski recht hatte mit seiner Sentenz: »Wenn Gott tot ist, ist alles erlaubt.« Nun sei Gott ja wieder sehr lebendig – aber offenbar sei immer noch alles erlaubt. Vater Viktor antwortete, Gott sterbe nicht in den Menschen, sondern die Menschen stürben in Gott. Antwortete ihm, das hieße ja, die Ära des Kommunismus sei ein von Gott zugelassener Irrweg gewesen?

Vater Viktor löste das Paradoxon auf: »Kein Heil ohne Unheil.« Der materialistische Nihilismus führe am Ende zu Gott zurück, und der Glaube sei dann stärker als zuvor. Deshalb gebe es jetzt eine große Renaissance der Religion, allerdings auch Sektenunwesen, sogar Satansorden. Ihn beunruhige vor allem die nur oberflächliche Demokratisierung, denn in der neuen Freizügigkeit gebe es auch die Freiheit zu Willkür und Mord, den Niedergang staatlicher Fürsorge. Die Kirche müsse unbedingt vom Staat getrennt bleiben, da jeder Staat die Kirche gegängelt habe.

473

Mittagessen mit dem Architekten Juri Platonov in der Akademie der Wissenschaften hoch über der Moskwa mit phantastischem Blick über die Stadt und hinüber zur Lomonossow-Universität. Baumeister Platonov charmant, er zitierte Ludwig XIV.: »Die Frauen und die Architekten haben mich ruiniert.« Das von ihm erbaute Akademiegebäude freilich von ausnehmender Brutalität; es wirkt wie eine Raketen-Abschussrampe in Baikonur. Platonov erklärte uns einige Neubauprojekte der Stadt, an denen er selbst beteiligt ist. Hier gibt es – noch stärker als in Deutschland – eine fatale Kontinuität der Wendehälse. Die erste Kosmonautin, Valentina Tereschkova, auch sie ein Alt-Kader, erläuterte uns die Aufgabe des russischen Kulturzentrums (»Russisches Haus«). Beim Thema »Beutekunst« flüchtete sie sich in Floskeln, sekundiert vom notorisch devoten Olympia-Chef, der meinte, es sei doch besser, die Kunst bliebe hier als in deutschen Depots zu verstauben.

Abendessen im Restaurant »Le Romanoff« im Kempinski; dann alle auf Einladung von Herrn Steinhausen in einen Nachtclub mit Striptease. Auf der Bühne sehr schöne Russinnen und Ukrainerinnen. Die blonde Anke verließ empört den Club, die junge russische Dolmetscherin schüttelte darüber verwundert den Kopf. Das Rollenverhalten der Geschlechter hier ist immer noch sehr traditionell. Während einer Revue grandios komische Satire auf Arafat als tanzender Derwisch »Mustafa Ibrahim« – bei uns zuhause wegen Verstoßes gegen die PC kaum möglich.

Am letzten Tag mit Frank Hauke über den Roten Platz bis zum Parkplatz an der Moskwa-Brücke, wo Mathias Rust 1987 mit seiner Cessna gelandet war; dann ins Kaufhaus Gum. Kaufte Püppchen für Laura und Clarissa.

*Berlin, 18. August 1997*

Claus Jacobi, der neue Chefredakteur der *Welt am Sonntag*, führt mit harter Hand. Er kennt als ehemaliger *Spiegel*-Chef und *Welt-am-Sonntag*-Herausgeber das Geschäft. Die gesamte Redaktion wie ein Hühnerhaufen, alle haben Angst vor Veränderungen.

474

Jürgen Richter, Axel-Springer-Vorstandschef, mit verheerendem Medien-Echo. Man hat endlich seine Machtbesessenheit erkannt, die ich ja leibhaftig erleben durfte. Natürlich wirft man ihm jetzt auch vor, dass er Ferrari fährt. So funktionieren unsere Moralisten. Richter soll einem namenlosen Humboldt-Professor weichen. Auch Professor Servatius, die graue Eminenz, auf dem absteigenden Ast. Er fällt aber erst, wenn Friede Springer die Hand von ihm abzieht. Warten auf die Fahnen der *Berliner Republik*; noch immer nicht mit der Arbeit an der Biografie begonnen.

*Eichwalde, 19. August 1997*
Bei Vollmond im Garten, wo die Bewegungsmelder angingen. Nach einigen Minuten erloschen sie, und ich setzte mich auf eine Bank im hinteren Teil des Gartens. Zwischen den märkischen Kiefern stand der runde Mond mit weißem Hof. Was ist der tiefere Grund, dass wir hier gestrandet sind, an einem für mich Schwaben eigentlich ganz unmöglichen Ort? Hinunter zum Dahme-Strand, wo einige in Leder gekleidete Motorradfahrer am mondbeschienen See plauderten. Die Boote am Strand von einer grellen DDR-Lampe angestrahlt, der See ölig glatt. Am liebsten hätte ich Laura aufgeweckt, um ihr die unwirkliche Szenerie zu zeigen. Sie hat einen Sinn dafür.

*Solschen, 29. August 1997*
Mit Laura bei Ellie und Uwe, Jaakob, Johannes und Hannah. Eine Art Flucht aus dem Haus des Streits. Schon ist der Lack ab, Astrid wieder auf Konfrontationskurs. Nur noch Demut kann uns retten, die Anerkenntnis, dass wir uns selbst nicht helfen können. Auch den Mädchen zuliebe.

Mit Uwe und den Kindern zum Steinhuder Meer, um die Kindheitsorte von Ernst Jünger aufzusuchen. Der See, zwanzig Kilometer von Hannover entfernt, ist im Nordwesten von einer Hügelkette umfasst. Von ihren Höhen aus hat man einen schönen Blick über die »Meerbruchwiesen« auf den stillen See. Das ist die Landschaft, die Ernst Jünger und sein Lieblingsbruder Friedrich

Georg zwischen 1907 und 1914 durchstreiften, botanisierend, Käfer sammelnd und Schabernack anstellend. Mich erinnern die Berichte darüber (*Subtile Jagden, Annäherungen, Grüne Zweige*) an meine Mettinger Zeit der Fünfziger- und Sechzigerjahre im Zwischengelände von Neckar und Weinbergen.

In Steinhude, das wie alle Orte ringsum aus ziegelroten Häusern besteht, mieteten wir ein Elektroboot und schipperten die drei Kilometer bis zur Insel Wilhelmstein. Es ist ein künstlich aufgeschüttetes Eiland mit Herrenhaus, Restaurant und einem Kranz von Silberpappeln. Die Kinder mit viel zu großen Eistüten, von denen es auf die Sitze herabtropfte. Wir umrundeten das von fern wie Böcklins Toteninsel wirkende Inselchen und glitten dann, von Hannah gelenkt, in den Steinhuder Hafen zurück. Der See lag die ganze Zeit im Dunst, allmählich brach die Sonne durch. Das Gewässer nur mannshoch tief, eine eher trübe, fischige Brühe. In der Aalräucherei kauften wir Fischbrötchen und Salzgebäck. Viele Rentnergruppen unterwegs, für die das ein beliebtes Ausflugsziel ist. Dann über Borstel und Landsbergen nach Rehburg. Dort erzählte uns der Leiter des Heimatmuseums, ein Herr Suhr, etwas über die »Villa Jünger«, beschrieb uns auch die Lage des Hauses. Das Anwesen liegt außerhalb des Ortes auf dem Mühlberg, direkt an der heute vielbefahrenen Brunnenstraße.

Das Gebäude, auf den ersten Blick fast unverändert (wie auf den Fotos in meiner Bildbiografie); es ist in einem schlechten Zustand. Die Familie, die es bewohnt, scheut die Renovierung, die mindestens 600 000 Mark kosten würde. Der Eigentümer, ein dicklicher Herr um die Fünfzig, erlaubte uns den Zutritt in den 4000 Quadratmeter großen Park, nicht aber ins Haus, aus dem Modergeruch drang. Er lebt dort mit Ehefrau und Kindern. Seit Ernst Jüngers Vater das Anwesen verkaufte, hat es dreimal den Besitzer gewechselt. Schon 1924, nach der großen Inflation, wollte er es zurückkaufen. Doch der damalige Eigentümer, ein Herr v. Möller, habe auf dem Kaufvertrag bestanden. Friedrich Georg Jünger schreibt in *Grüne Zweige*, der Vater habe die Inflation gefürchtet und das Haus panikartig verkauft. Wohl eine regelrechte Kurzschlusshandlung.

476

Die grauweiße Villa wirkt zwischen den hohen Tannen und Kastanien eher düster, ganz anders als sie Friedrich Georg Jünger beschrieben hat. Kein heiteres, sondern ein Unerlöstheit ausstrahlendes Haus. Auch die Menschen, die es jetzt bewohnen, wirken lunarisch, wie provisorische Existenzen. Leider versäumte ich es, nach dem Namen des Eigentümers zu fragen. Auf der Straßenseite der Villa gegenüber zwei weitere Häuser; neben einer Behindertenwerkstatt befinden sich die Treibhäuser, die Ernst im *Abenteuerlichen Herz* beschrieben hat. Sie gehörten damals zum Jünger-Anwesen und vermittelten dem Siebzehnjährigen das »Afrika-Gefühl«; in ihnen bereitete er sich bei größter Hitze auf seine Flucht zur Fremdenlegion vor.

*Eichwalde, 31. August 1997*
Mit Astrid im Zeuthener »Seehotel Panonia«, wo wir an einer Modeschau von Paco Rabanne teilnahmen. Dort trafen wir auch Wolfgang Schumann; er hat jetzt eine PR-Agentur, war bis zur Wende hauptamtlicher Stasi-Mitarbeiter. Trotz dieser Vorgeschichte ein netter Kerl, der sich zu seinem Irrweg bekennt. In seiner Begleitung Renate Blume, frühere Staatsschauspielerin der DDR. Sie spielte die Hauptfigur in Christa Wolfs Film *Der geteilte Himmel*. Sie hat einen Sohn mit dem Regisseur Konrad Wolf; der war auch dabei. Die Dame überaus charmant; im Verlauf des Gespräches bekannte sie sich dazu, die Fortexistenz der DDR gewünscht zu haben. Die Bundesrepublik habe sich die DDR »unter den Nagel gerissen«. So ein Künstler-Biotop ist zählebig – und der Verlust der Privilegien schmerzhaft.

*Eichwalde, 8. September 1997*
Nachtrag zum Besuch der »Villa Jünger«: Der jetzige Eigentümer ist ein Herr Davidoff; er erinnerte sich an einen Besuch Ernst Jüngers am 21. Juli 1966 zusammen mit Dr. Werner Hübner, Bürgermeister von Rehburg. Es war der Tag, an dem man Ernst Jünger zum Ehrenbürger Rehburgs ernannte. Jünger muss sich damals einem vereinbarten Teestündchen im Haus entzogen

haben. Der Gastgeber, Vater des heutigen Eigentümers, sei über die Absage sehr erbost gewesen, wurde mir berichtet. In Rehburg rechnet man sich bis heute die Tatsache, das EJ hier im Ort gelebt hat, zur Ehre an. An seinem 100. Geburtstag erschien 1995 eine Broschüre mit der Festansprache eines Herrn Behr, die noch immer in der Buchhandlung ausliegt. Nächstes Jahr soll »100 Jahre Eisenbahn« gefeiert werden – auch dieses Mal hofft man auf Ernst Jüngers Erscheinen.

Gestern besuchte uns der holländische Journalist John A. Jansen. Er will meine Arbeit an der Jünger-Biografie filmisch begleiten. Er notierte sich ein paar Ideen und bot ein gutes Honorar an. Mit Speck fängt man Mäuse. Natürlich muss Ernst Jünger sein Einverständnis erklären; die Holländer wollen auch in der Oberförsterei drehen. Interview mit Jörg Schönbohm, der spontan zusagte, unser Buch in Berlin vorzustellen. Ob er das noch will, wenn er die Fahnen und vor allem meine Aufsätze zu Kohl gelesen hat?

Mit Laura im evangelischen Gottesdienst. Sie ist begierig, mit mir allein loszuziehen und sehr interessiert an allem, was man dabei sieht. Sie hielt die 45 Minuten gut durch. Anschließend spazierten wir zur Eichwalder Zoohandlung, um Meerschweinchen und Kaninchen zu beschauen. Am Straßenrand eine Schnecke, die sich weit aus ihrem gestreiften Haus herausbewegt hatte und ihre Fühler regte. Laura ganz fasziniert, nahm das Tierchen zu Clarissa mit, die nur »Mag ich nicht!« brüllte.

Lektüre: Briefwechsel Ernst Jünger/Rudolf Schlichter. Wichtig zur Rekonstruktion des Zeitklimas, aber auch der Fährnisse der »inneren Emigration«.

*Eichwalde, 13. September 1997*
Die Fahrt aus der Stadt hinaus nach Eichwalde noch immer wie eine Expedition ins Unbekannte. Gehe nach der Ankunft oft um das Haus herum und spüre, dass ich diese märkische Landschaft in ihrer Eigenheit erkennen muss, um sie annehmen zu können. Noch steht sie fremd um unser Haus herum. Laura fragte mich heute Morgen: »Bist du traurig, Papa?« Sie hat ein Gespür für

478

meine Stimmungen und auch das Bedürfnis, sie ganz offen zur Sprache zu bringen.

*Eichwalde, 16. September 1997*
Gegen Morgen Flugtraum. War mit einem Mini-Hubschrauber unterwegs, überflog Täler, Berge und Abgründe. Musste schließlich landen, denn ein Rotorblatt war abgeknickt. Als ich es zurechtbog, wachte ich auf. Ich ergriff Astrids Hand, aber sie entzog sie mir und drehte sich zur Seite.

*Eichwalde, 7. Oktober 1997*
Zurück von Innensenator Jörg Schönbohm, der zu einer Diskussionsrunde in sein Kleinmachnower Haus einlud. Auch dabei Arnulf Baring, Mathias Döpfner, Michael Inacker, Ralf Georg Reuth, Alexander Schuller, Thomas Raabe und ein früherer französischer Diplomat. Frau Schönbohm reichte Gulaschsuppe und Pizza, als Dessert Crème Caramel. Wir räsonierten über den allgemeinen Stillstand in Deutschland, die Berliner Republik, Schönbohms Rolle im Senat. Vor allem aber, das war der eigentliche Anlass der informellen Runde, drehte sich das Gespräch um Strategien zur Veränderung der Berliner CDU und die mediale Verstärkung von klassischen Schönbohm-Themen wie Asylbewerber, Ausländerkriminalität, Profil der Hauptstadt, Euro. Konsens war, dass die Einheitswährung kommt; die nationale Debatte sei nur noch auf seiner Grundlage möglich.

Professor Baring und ich waren uns einig, dass die Einführung des Euros ein Verrat an den deutschen Interessen wäre. In Frankreich – zuletzt der sozialistische Ministerpräsident Lionel Jospin – verfolge man konsequent die Eliminierung der D-Mark. Im Elysée, das bestätigte auch der anwesende Franzose, heißt es ganz unverblümt: »Was für uns die Atombombe ist, ist für die Deutschen die D-Mark.« Das nächste Treffen soll bei den Reuths in Eichwalde stattfinden, danach bei Arnulf Baring und im kommenden Jahr auch bei uns. Vereinbarten einen Drei-Monatsrhythmus.

Jörg Schönbohm sagte endgültig die Vorstellung unseres Buches *Für eine Berliner Republik* zu. Sie soll nun am 10. November im Deutschen Dom am Gendarmenmarkt stattfinden. Sandte gestern ein Exposé zur Jünger-Biografie an den Piper Verlag; Programmchef Joachim Jessen will es zur Werbung für das Buch bei Auslandsverlagen nutzen, vor allem im englischen und romanischen Sprachraum.

*Frankfurt, 20. Oktober 1997*

Seit gestern auf der Buchmesse. Mit Ulrich und Thomas Günther im »Maximilian« am Schaumainkai. Viel Selbstbeweihräucherung. Vielleicht lag die trübe Stimmung auch an unserer Situation: das ungelöste Familienproblem in Eichwalde, Ulrichs bevorstehender Rückzug aus der Redaktion. Er hat sich mit seinem Engagement für Manfred Brunners »Bund freier Bürger« in Hamburg, wo er sich als Kandidat für die Bundestagswahl aufstellen ließ, Feinde im Verlag gemacht – bis hoch hinauf in den Vorstand. Ich hatte ihn allerdings gewarnt, Journalismus und Parteipolitik miteinander zu vermischen. Auch Michael Inacker plant den Abgang. Die Luft wird dünner um mich.

Der Essay-Band *Für eine Berliner Republik* ist sehr schön geworden; roter Einband mit unserem Doppelporträt am Gendarmenmarkt. Ulrich ganz schwarz, ich mit weißem Trenchcoat und heller Hose. Rein optisch bad guy und good guy. Der aktuelle Auftritt von Günter Grass, der erneut sein Land beschimpfte und Berlin gleich mit, bestätigt die Stoßrichtung unseres Buches.

Kaufte bei den Bouquinisten vor den Messehallen einige Bücher, darunter eine Gartenfibel für Astrid und *Das Mondbuch* des Neske Verlages; es ist eine Anthologie zum Thema »Der Mond in der deutschen Dichtung«, mit Texten von Achim von Arnim über Heinrich Heine bis zu Georg Trakl. Auch Ernst Jüngers *Sizilischer Brief an den Mann im Mond* ist in dem Sammelband enthalten. Eine runde Edition. Schließlich erwarb ich noch den Reprint von Rudolf Virchows Monografie *Goethe als Naturforscher*.

480

*Eichwalde, 22. Oktober 1997*
Mit den Mädchen in die Eichwalder Zoohandlung. Clarissa zieht
es zu den Fischen, Laura zu den Kaninchen. »Den roten Vogel
will ich haben!« rief Clarissa und deutete auf einen prachtvollen
Papagei. Laura wollte unbedingt etwas trinken, und die Ladenin-
haberin erfüllte bereitwillig ihren Wunsch. Clarissa bekam keinen Papagei, dafür ein Bonbon. Die beiden ganz ungeniert, wenn
es um ihre Bedürfnisse geht.

Telefonierte mit Ulrich, der unseren Band im Rahmen einer BFB-Veranstaltung in Hamburg vorstellte. Dann vergeblich versucht, Frau Jünger anzurufen; konnte nur kurz mit der
Haushälterin Monika Miller sprechen. Im Hintergrund krächzte
Ernst Jünger – das hörte sich trotz der belegten Stimmme
recht lebendig an. Der Uralte macht's noch eine Weile. Schloss
das Vorwort für das Drogenbuch *Weiße Nächte* ab, das Thomas
Günther in seiner Reihe *Dschump* in Berlin herausbringt. 103 Exemplare soll Ernst Jünger signieren; zwei davon erhalte ich.

Von Verleger Bernhard Wintzek erfuhr ich, dass nun auch Otto
Heuscheles Frau Annalore verstorben ist. Sie hat ihn nur um
ein Jahr überlebt. Die beiden lebten eine Philemon-und-Baucis-
Beziehung. Davon kann ich nur träumen. Mit dem Tod der beiden versinkt meine schwäbische Welt vollends. Wenn ich heute
mein Vorwort zum Heuschele-Auswahlband *Im Herzen der Welt*
lese, das ich 1987 aus Anlass der sechzigjährigen Autorschaft des
schwäbischen Dichters schrieb, so spüre ich, dass ich damals ein
anderer war: verbindlicher, vertrauensvoller. Heute ist meine
Sprache zielstrebiger, härter, kompromissloser. Die Metropole
Berlin hat ihre eigenen Gesetze.

*Eichwalde, 24. Oktober 1997*
Zum Geburtstag Überraschungsbesuch von Uwe und Ellie. Verbrachten einen heiteren Abend bei gutem Essen. Um Mitternacht Champagner. Telefonierte heute mit Liselotte Jünger und
vereinbarte einen Besuch für den 29. Oktober. Frau Jünger mit
Grippe im Bett, EJ rumorte im Hintergrund. Disput mit Hede

Schirmer über mein Vorwort zum Drogen-Buch: zu politisch, zu viel über den Krieg etc. Angesichts dieses Gegenwindes würde ich am liebsten auch das Jünger-Projekt bei Piper absagen. Bin es leid, mir diese immergleichen Vorbehalte und Rücksichtnahmen (auf wen?) anzuhören. EJ ist ein Skandalon – und der Biograf hat die Karten auf den Tisch zu legen.

Ulrich schenkte mir zum Geburtstag – per Hauspost – ein handschriftliches Gedicht, Schokolade und einen Ehe-Roman; dazu einen rührend aufmunternden Brief. Er immerhin hat das Beziehungselend hinter sich. Von seiner Tochter Constanze eine Geburtstagskarte mit Konterfei plus Kerze: ein Lichtlein in der Finsternis. Für die Jahreszeit zu kalt, um die null Grad. Innen und außen.

> *Für Heimo Schwilk*
> *zum 23.10.1997*
>
> HERBST. UND EIN WEITERES MAL
> dunkle Deutung von Farben.
> Wind stürmt den leeren Saal:
> Fenster zerklirren. Seelennarben
>
> spiegelt das Muster aus Scherben.
> Türen zerbrechen den Schritt.
> Regenfall – reines Verderben,
> Lichtmesser setzen den Schnitt,
>
> der das Gesicht andrer Tage
> blutig mit Wunden verziert.
> Was dir bleibt, ist die Frage,
> was dich wirklich berührt...

*Eichwalde, 2. November 1997*

Am 29. Oktober Fahrt nach Tübingen, wo ich die Schlichter-Ausstellung besuchte; von dort weiter nach Wilflingen. In der Schau

482

zu sehen war auch das bekannte Jünger-Porträt mit entblößtem Oberkörper vor einer Felswand. Zwischenstopp in Zwiefalten, wo ich Maultaschen in der Brühe aß und neuen Wein trank. Gegen 14 Uhr Eintreffen in der Oberförsterei. Liselotte Jünger gewährte mir Einblick in die Brief-Archive und erteilte die – schriftliche – Genehmigung, den Marbacher »Vorlass« zu nutzen. Ich könne jederzeit anreisen, auch am Wochenende, um alles Zugängliche hier im Haus einzusehen. Dazu gehören die Briefwechsel mit Hugo Fischer, Wolfgang und Hans Jünger, mit den Eltern, der Schwester Hannah Deventer, Briefe von EJ an Henri Plard, Carl Schmitt, Martin Heidegger, Albert Hofmann, Fritz Lindemann, Alfred Toepfer, Gerhard Nebel, Hans Peter des Coudres u.a.m. Die Korrespondenz mit Gretha Jünger allerdings nur unter Vorbehalt. Frau Jünger sagte, dass sie die Briefe erst einmal selbst lesen müsse. So lange seien sie »sekretiert«. Auch hier war wieder zu spüren, dass sie befürchtet, das Image Ernst Jüngers könnte Schaden nehmen, besonders wegen der Pariser Zeit. Jünger selbst hat dazu keine Meinung; er überlässt den taktischen Umgang mit den Quellen seiner Frau, der gelernten Archivarin.

Anschließend »Audienz« beim Meister; er empfing mich in der Bibliothek. Er trug einen hellen Kordanzug mit weinrotem Rollkragenpullover. Die Augenlieder gerötet, die Pupillen wässrig. Aber Haltung und Hände konzentriert. Überreichte ihm die *Berliner Republik* mit doppelter Widmung; dazu ein Bändchen von Wilhelm Junk (1930), den Jünger in den Tagebüchern und den *Subtilen Jagden* erwähnt. Junk ist der Herausgeber eines 30bändigen Werkes über die Koleopteren. Das mitgebrachte Buch versammelt antiquarische Notizen über seltene Editionen aus der Naturwissenschaft. Jünger vertiefte sich sofort in das Bändchen und es machte Mühe, ihn zum Signieren eines Porträt-Posters zu bringen, das mir Gunnar Sohn mitgegeben hatte.

Jünger wollte wissen, was wir mit unserem Buch beabsichtigen. Die Debatte um die *Selbstbewusste Nation* hatte er mit Interesse verfolgt und dem »Triumvirat« in einem Brief an mich gratuliert. Er blätterte in der *Berliner Republik* und sagte, das sei eine schöne

483

Edition. Ich machte den Vorschlag, er solle seinen 105. Geburtstag im »Adlon« am Brandenburger Tor begehen. Dort feierten nur die »Neureichen«, sagte er trocken. Frau Jünger warf ein, den großen Geburtstag dürfe man jetzt noch nicht ins Spiel bringen. Jünger ergänzte, man dürfe, was das Alter angehe, »die Schienbeine nicht zu weit vorstrecken«. Fragte im Gegenzug, wie er das Echo auf das Tagebuch *Siebzig verweht V* erlebt habe. Das wisse allein seine Frau, antwortete er auf seine lakonische Art, die immer auch etwas Abwehrendes hat. Er habe sich bislang nicht damit beschäftigen können. Dann schrieb er eine Widmung für Astrid in das mitgebrachte Exemplar und meinte, ich möge doch bald wiederkommen.

Ich fragte ihn, ob er von meinem neuen Projekt wisse. »Warum denn nicht?!« meinte er ein wenig gereizt. Er wisse genau, was ich mache. Es gefällt ihm nicht, dass seine Frau alles an sich zieht. »Gibt es denn schon was zu lesen?« Ich hätte ja nun einmal gerade erst angefangen, meinte Frau Jünger, man müsse jetzt einfach abwarten. Er rechne sowieso mit der Biografie nicht mehr, winkte Jünger ab, das sei eine Sache der Zukunft. Eine Koketterie? Als ich ihm unseren Berlin-Band auf den Tisch gelegt hatte, hatte er zielstrebig im Register geblättert und zufrieden gesagt: »Ich werde ja häufig zitiert.«

*Eichwalde, 9. November 1997*
Das Wochenende ganz im Zeichen der Vorbereitung unseres Auftritts im Deutschen Dom. Faxe an sämtliche Redaktionen, Büchersendungen u.a. an Friedbert Pflüger, Heribert Prantl von der *SZ*, Torsten Krauel vom *Rheinischen Merkur*, Thomas Kielinger, Charlotte Wiedemann von der *Woche*, Michael Klonovsky (*Focus*), Martin Meyer (*Neue Zürcher Zeitung*), Frank Schirrmacher (*Frankfurter Allgemeine Zeitung*). Wir erwarten rund 150 Zuhörer, darunter Peter Merseburger, Senatssprecher Michael-Andreas Butz, Standortkommandant Hans Speidel, Ernst Cramer, Ernst Nolte. Setzten auch einen Hinweis auf die Veranstaltung in die *Welt am Sonntag*. Am Freitag Telefon-Disput mit Jochim Stoltenberg, stellvertretender Chefredakteur der *Berliner Morgenpost*,

über den Begriff »Berliner Republik«. Er hatte in einem Leitartikel gegen die »Neue Rechte« gepestet und uns unterstellt, wir wollten »eine andere Republik«. His master's voice: Anstifter ist Chefredakteur Peter Philipps. Stoltenberg ist der typische deutsche Mitmachkonservative, der sich von Liberalinskis und Linken abrichten lässt. Nach Richters Fall – Montag tritt er auf Druck von Leo Kirch zurück – ist hoffentlich ihre größte Zeit bei Springer vorbei.

*Berlin, 11. November 1997*
Gestern die Buchpräsentation im Deutschen Dom. Der Ausstellungsraum unter der Kuppel war gut gefüllt, darunter Brigadegeneral Speidel, ZDF-Chef Reinhard Grindel, SPD-Vordenker Tilman Fichter, DDR-Bürgerrechtler Günter Nooke, Bundesbauminister Oscar Schneider, Regisseur Will Tremper. Dabei auch unser Nachbar Günter Metzner mit Frau Elisabeth sowie die frühere Steglitzer Nachbarin Bauersachs. Begrüßung durch Verleger Herbert Fleissner, der sich vom Ort der Veranstaltung sehr angetan zeigte. Er erwähnte den Erfolg der *Selbstbewussten Nation* und meinte, das Buch werde als »Markstein« in die Literatur eingehen.

Jörg Schönbohm erinnerte daran, dass während der Bauzeit des Doms ein erster Versuch zur Bildung einer Berliner Einheitsgemeinde gestartet worden sei. Die Einheit Berlins, die Zusammenführung von Ost und West ist ja eines seiner Hauptanliegen. Dann erläuterte er den Charakter des Bandes und zählte einige der Themen auf, die darin behandelt werden. Ausführlich befasste er sich mit meinem Europa-Aufsatz und dem Beitrag über die »89er«. Natürlich musste er Kritisches zu meinem Essay über Helmut Kohl anmerken, gewissermaßen die Pflichtübung des CDU-Mitglieds. Wobei er geschickt die Metapher »gerontokratische Erstarrung« zitierte, die auf die Zuhörer provokant wirken musste. Im Ganzen aber eine faire und diplomatische Einführung, die kompromittierende Stolpersteine elegant umging, ohne opportunistisch oder berechnend zu wirken.

485

Ulrich trug nach einigen einleitenden Sätzen unser Vorwort vor, sehr pointiert. Manche Mienen versteinerten, Schönbohm schaute an die Decke und vermied es zu klatschen – auch weil die Scheinwerfer und Kameras die ganze Zeit auf ihm ruhten. Ich hatte Reinhard Borgmann vom *SFB* eingeladen, der die gesamte Veranstaltung für *Kontraste* abfilmen ließ. Abschließend mein eigener Vortrag; davor ein paar Worte zum Begriff »Berliner Republik«. Das Gros der Zuhörer bescheinigten mir einen »exzellenten« Vortrag, der Beifall war, trotz einiger Schärfen in der Beschreibung Berlins, freundlich und langanhaltend.

Die Präsentation dauerte rund 60 Minuten. Anschließend lud Herbert Fleissner ins Hilton gegenüber dem Deutschen Dom. Es gab ein Süppchen und Wein – beides haarscharf unter der Geizgrenze, was bei der Mentalität des Münchner Verlegers niemand verwunderte. Leider war Schönbohm bereits abgefahren, als ich gegen 18 Uhr im Hilton eintraf. Dafür tummelten sich rund zehn Pressefotografen und einige TV-Teams im »Salon Devrient«. Ein Redakteur des Hessischen Rundfunks kündigte an, ein Porträt von uns beiden zu machen.

*Eichwalde, 14. November 1997*
Freundliche Berichterstattung in der *Welt*. Verabredete für Mittwoch einen Drehtag mit dem Hessischen Rundfunk. Wir schlugen als Drehorte das Schauspielhaus am Gendarmenmarkt, das Adlon und die Synagoge am Oranienburger Tor vor. Die *hr*-Redakteurin erst verblüfft, dann offenbar erfreut. Mal sehen, welche Ferkelei am Ende dabei herauskommt. Telefonierte mit Ulrich Schacht, Gunnar Sohn, Frank Hauke, Wolfgang Winkel und Dieter Borkowski über die Präsentation. Fleissner euphorisch über »unseren Erfolg«, den er durch seinen Geiz fast vermasselt hätte. Er will Anzeigen schalten, wenn positive Stimmen vorliegen.

Dreharbeiten mit dem Hessischen Rundfunk im Adlon, am Gendarmenmarkt, am Reichstag, vor der Synagoge und in den Hacke'schen Höfen. Bei der Nennung des Filmtitels schwante uns schon einiges: *Die Neue Rechte und die Berliner Republik*. Die Sen-

486

dung soll am 26. November in *Hessen 3* ausgestrahlt werden. Am Donnerstag flog ich nach Bonn, um einen Vortrag zum Thema *Pressearbeit mit den Medien* zu halten. Nach der Rückkehr die Nachricht, dass der Springer-Vorstandsvorsitzende Jürgen Richter zurückgetreten ist. Claus Jacobi wirtschaftet die *Welt am Sonntag* herunter, sein einstiges Charisma als Blattmacher ist perdu. Wer wird sein Nachfolger? Namen, die genannt werden: Mathias Döpfner, Kai Diekmann.

*Eichwalde, 26. November 1997*

Gestern bei einer Podiumsdiskussion der *Berliner Zeitung*. Thema: *Bonner Republik? Berliner Republik?* Dabei Barzel, Ehmke, Bracher, de Maizière. Sie alle lehnten den Begriff »Berliner Republik« ab und feierten mit der alten Bundesrepublik sich selbst – außer Lothar de Maizière natürlich. Unter den Zuhörern auch General Speidel, der sich bei mir für seine Aussage in der *Morgenpost* (»Ich wäre besser nicht hier gewesen«) entschuldigte. Ein aalglatter Opportunist. Nun denke ich noch einmal neu darüber nach, was Armin Mohler über Speidels Vater sagte.

Heute Lesung/Streitgespräch Baring versus Schacht bei Kiepert am Kupfergraben. Plauderte dort nach der Veranstaltung mit Alexander Fest und einigen Zuhörern, die mich namentlich begrüßten, obwohl ich sie gar nicht kannte. Was andere freudig erregt, war mir eher peinlich.

*Eichwalde, 29. November 1997*

Heute Anruf eines Herrn Langner, der meine Arbeit an der Biografie für den Sender *Arte* begleiten möchte. Das zweite Filmprojekt also, das zum Jünger-Buch gedreht werden soll. Telefonierte mit Uwe Lehmann-Brauns und Andreas Apelt, die mir einige Interna über den Machtkampf in der Berliner CDU berichteten. Es ist der Machtkampf der Anhänger von Diepgen und Newcomer Schönbohm. Sozusagen linksliberal gegen rechtkonservativ. Andreas beschrieb Klaus-Rüdiger Landowsky, CDU-Fraktionschef im Abgeordnetenhaus, als angeblich verhandlungsbereit, was die angestrebte Ämtertrennung betrifft; Rupert Scholz hält er für einen Opportunisten. Die *Selbstbewusste Nation* habe der frühere Verteidigungsminister nur wegen Brigitte Seebacher-Brandt, eine Autorin des Bandes, im Axel-Springer-Club vorgestellt. Auf die sei er scharf.

Anruf von Papa, der am Donnerstag nach Eichwalde kommt. Die Kinder freuen sich sehr. Uwe hat in Bad Salzdetfurth ein älteres Haus gekauft, das »Haus Sonnenschein«, eine frühere Pension, idyllisch am Waldrand gelegen. Die Vorbesitzer, ein junges Paar, hätten sich unmittelbar nach der Renovierung getrennt. Hoffentlich kein Menetekel. Uwe unterschrieb, vermittelt von Thomas Karlauf, einen Buch-Vertrag bei Rowohlt. Er arbeitet über den Exorzismus-Fall der Anneliese Michel. Die junge Frau starb an der letzten Teufelsaustreibung in Deutschland. Uwe hat Zugang zu den Quellen und zur Familie.

*Eichwalde, 10. Dezember 1997*
Heute Reinhard Borgmann vom *SFB* mit Kamera-Team in Eichwalde. Wir sprachen über Europa und den Euro, die Berliner Republik. Etwas mühsam, weil Borgmann andauernd versuchte, mich auf irgendein PC-Terrain zu locken. Er ist ein freundlicher, verbindlicher Mensch, schwimmt aber im Mainstream mit.

Ingo Langner schreibt, er wolle unbedingt den *Arte*-Film über meine Arbeit an der Biografie realisieren. Beim Mittagessen bei »Sale & Tabacchi« hatten wir vergangene Woche die Konzeption und die Konditionen besprochen. Noch keine Rezension des Bandes *Für eine Berliner Republik*; dafür bringt die *JF* jede Woche eine Anzeigenseite.

*Eichwalde, 14. Dezember 1997*
Vorstellung des Jünger-Bandes *Weiße Nächte* im Brecht-Haus an der Chausseestraße. Der Ostberliner Verleger Thomas Günther hat Texte aus Jüngers Drogenbuch *Annäherungen* mit Grafiken des Berliner Künstlers Klaus Zylla kombiniert. Schauspieler Ben Becker las Abschnitte über Ernst Jüngers Kokain-Erfahrungen

488

der Zwanzigerjahre. Die Schlange der Zuhörer reichte bis hinaus auf die Straße: Ernst Jünger im Brecht-Haus! Selbst für Berlin ein vielbeachtetes Ereignis. Becker schickte seinem Auftritt voraus, er lese nun den Text eines Autors, vor dem ihn sein Vater immer gewarnt habe. Thomas, der auch Künstlerbücher von Bert Brecht, Charles Bukowski und Thomas Bernhard verlegt hat, hielt eine kurze Einführung, in der er Jünger und Brecht als »Extremisten« bezeichnete, deren Sinn keineswegs nach »Konsens« gestanden habe. Das großformatige Buch sehr sinnlich, denn Klaus Zylla hat Jüngers Texte eigenhändig abgeschrieben.

Ben Becker las mit gutturaler Stimme, begleitet vom Performance-Künstler Bob Rutman, der auf einem »Steel-Cello« sphärische Klänge erzeugte; sie passten wunderbar zu den gelesenen Texten und verzauberten die Zuhörer. Die meisten erfuhren zum ersten Mal, dass der als »präfaschistisch« und »rechts« klassifizierte Autor ein Drogenbuch geschrieben und selbst mit Rauschgift experimentiert hat. Das ist der Sinn solcher Veranstaltungen: Das Widerlegen von Vorurteilen. Ben Becker will mit dem Buch auf Lesereise gehen.

Unter den Zuhörern auch Alexander Schuller, Frank Hauke, Matthias Lubinsky sowie meine *WamS*-Kollegen Lars-Broder Keil und Jo Lüdemann. Anschließend alle ins Restaurant »12 Apostel« gegenüber der Museumsinsel.

*Eichwalde, 29. Dezember 1997*
Zu Weihnachten bekam ich von Astrid und den Mädchen Wasserschildkröten nebst beheiztem Aquarium geschenkt. Die beiden Tierchen fühlen sich wohl und paddeln munter im Kreis herum. Auch auf der Hand sind sie gern, besonders wenn man sie am Kopf krault. Dann rudern sie mit den Beinen.
An Heiligabend war Andreas zu Gast. Er steht vor einer größeren Operation und freute sich über die familiäre Einbindung. Der harmonische Abend war wichtig für ihn; allein trägt sich so etwas schwer. Ausgedehntes Menü, das Astrid auf den Tisch im Wintergarten zauberte. Andreas hatte als Festgabe zwei Flaschen

489

exzellenten »Stettener Brotwasser« mitgebracht. Astrid legte ich Perlenohrringe und zwei CDs mit Liedern von Zarah Leander und Marlene Dietrich unter den Baum.

Ulrich fliegt morgen mit Stefanie nach Venedig, fast schon ein Januar-Ritual. Ulrich scheint sehr produktiv zu sein und schreibt eine Erzählung nach der anderen. Auch ich beginne mit dem Konzipieren der Biografie, die viel Quellenarbeit verlangt. Jetzt gilt es noch den Film-Vertrag zu unterschreiben. Träumte in den letzten Wochen häufig und intensiv. Zumindest erinnere ich mich wieder daran. Vorgestern Nacht: Eine Ratte glitt unter mein Hemd, und vor Schreck, sie könnte mich beißen, ließ ich sie gewähren. Plötzlich kletterte sie bis zu meinem Hals empor und verwandelte sich im Näherkommen in ein feines Mädchengesicht: dunkle Augen, dunkles Haar. Das Wesen schmiegte sich an mich und hielt mir seine zierliche Hand vor den Mund. Ich sollte seine dünnen Fingerchen in meinen Mund stecken. Es war weniger Ekel als Angst, mich zu infizieren, denn ich hatte die Ratte noch durchaus im Sinn. Zugleich verspürte ich eine Anmaßung, eine Versuchung, auch eine ferne Präsenz von Astrid, die mich schaudern ließ. Das neue Bett mit seiner härteren Matratze erweist sich geradezu als Traumkabinett.

*Eichwalde, 7. Januar 1998*
Silvester in Eichwalde mit Uwe, Ellie, Hannah, Jaakob und Johannes. Am Vorabend Ausflug zum Prenzlauer Berg, wo wir diverse Kneipen um den Kollwitzplatz besuchten. Beim Wasserturm besitzt Andreas eine Zweitwohnung. Besuchten auch Thomas Günther und seine Lebensgefährtin in der Richard-Sorge-Straße. Die geräumige Wohnung dient auch als Verlag. Uwes Sohn Johannes ist ein etwas blässlicher Sechzehnjähriger mit einem intelligentnervösen Gesicht und bisweilen hysterischer, schadenfroher Lache. Uwe scheint ihn gut im Griff zu haben, schnauzt ihn dann und wann an, was, anders als bei der Tochter Hannah, prompt wirkt. Am Neujahrsabend gab es einen Topf Borschtsch, den Ellie mitgebracht hatte; Astrid bereitete Fondue zu.

490

Um Mitternacht mit Champagner in den Garten, es nieselte. Feuerte Raketen aus einem Mineralwasser-Kasten wie mit einer Stalinorgel ab, dazu zündete Johannes China-Kracher. Stießen mit den Nachbarn an, ein fröhlicher Jahreswechsel, friedvoller Ausklang eines rastlosen, geradezu apokalyptisch aktiven Jahres. Gegen 3 Uhr alle erschöpft zu Bett.

*Eichwalde, 8. Januar 1998*

Gestern kam die Aufzeichnung vom *Hessischen Rundfunk*. Titel: *Rechts um! Die Neue Rechte marschiert.* Schlimmste Propaganda-Nummer, in der die Bundeswehr als Hort des Neonazismus diffamiert wird, Burschenschafter und Republikaner ebenso; Ulrich und ich werden als »Softies von Rechts« dargestellt. Aus dem rund zweistündigen, differenzierten Gespräch wurden zwei Minuten herausgeschnitten und mit Bildern von Nationalflaggen und marschierenden Neonazi-Stiefeln unterlegt. Ulrichs Statements vor der Synagoge, unsere Thesen zu einer künftigen Außenpolitik, zum Verhältnis zu Israel – alles eliminiert. Dabei ist Ulrich ein großer Freund Israels, hat dem Land ganze Gedicht-Zyklen gewidmet. Und in der *Selbstbewussten Nation* bekennen wir uns ausdrücklich dazu, dass die Bundeswehr bei einem möglichen Angriff auf Israel selbstverständlich an der Seite des jüdischen Staates zu stehen hat. Dafür wimmelt die Dokumentation von Begriffen wie »Rassismus«, »Nationalismus«, »Neonazismus«. Die Kassandra Gessenharter durfte mich als »Verfassungsfeind« beschimpfen, Peter Glotz Ulrich als Intellektuellen, der nichts von den antidemokratischen Folgen seines Denkens wissen wolle. Nichts von all dem Gesagten wurde durch ein einziges Zitat belegt, einfach nur behauptet. Ein Machwerk nach Goebbelsart, unglaublich, dass so etwas in einem öffentlich-rechtlichen Sender über die Bühne gehen kann.

*Eichwalde, 13. Januar 1998*

Zurück aus Wilflingen. Jünger bettlägrig, Magenprobleme. Seit Tagen isst er kaum etwas. Es plagt ihn ein Infekt, er leidet unter

Übelkeit, Erbrechen. Abends konnte er sich nur mit Hilfe von Liselotte im Haus bewegen. Hörte während meiner Arbeit im »Studio«, wo sich die Kästen des Brief-Archivs befinden, ein Telefonat von Frau Jünger mit, die die Enkelin Irina präzise über den Zustand ihres Großvaters informierte.

Am Samstag saß ich sechs Stunden über den Geschäftsakten von Jüngers Vater, die Dokumente zu An- und Verkauf von »Kuxen«, also von Kali-Bergwerk-Anteilen, zu Bohrverträgen, Korrespondenzen mit Geschäftspartnern und Prozessakten enthalten. Ernst Jünger senior sei ein »Prozesshansel« gewesen, meinte Frau Jünger. Fand bei den Unterlagen auch einen Gedenkartikel zum 50. Geburtstag des »Apothekenbesitzers«, aus dem seine Mitgliedschaft in der NSDAP hervorgeht. Bestätigt wurde auch meine Vermutung, dass EJ und sein zweitältester Bruder Hermann unehelich geboren wurden. Das Datum im Familienpass (Eheschließung Mai 1894) ist gefälscht, so Liselotte Jünger. Ich solle das in der Biografie aber »diskret« behandeln. Ich entgegnete, solch eine Unterschlagung könnte, falls die Quellen irgendwann allgemein zugänglich würden, die Glaubwürdigkeit der gesamten Biografie in Frage stellen. Zudem habe Michael Buselmeier, Autor eines Heidelberg-Führers, bereits auf gewisse Unstimmigkeiten hingewiesen. Ich werde das auf jeden Fall im Zusammenhang des Vater-Porträts anführen.

Am nächsten Tag studierte ich die Korrespondenz von Jüngers Eltern, die Erinnerungen von Mitschülern und die des Legionärskameraden Karl Rickert. Frau Jünger unterstützte mich bei der Entzifferung der oft apokryphen Handschriften. Dazwischen Plaudereien über Politik, Sprachverhunzung, Pietismus, Religionskriege und Martin Luthers »sola fide«, das Misstrauen der Kirche gegenüber der »Melancholie«, die auch Ernst Jünger immer mal wieder heimsuche. Schließlich erneut über die autobiografische Erzählung *Die Zwille*, in der Jünger sich in die Figuren Teo und Clamor aufgespalten hat.

Kaufte für Liselotte in Riedlingen einen Strauß Blumen: Tulpen, Anemonen, Ranunkeln. Gegen 10 Uhr in Wilflingen, um bis

Mittag in den Korrespondenzen mit den Mitschülern (Friese, Dornblüth, Rabe, Upmann) zu lesen, die EJ bis zuletzt die Treue hielten, sich aber auch, wie Frau Jünger süffisant anmerkte, bei Treffen in Wunstorf in seinem Ruhm sonnten. Briefe des Vaters an EJ aus den Vierzigerjahren; es ging darin u.a. um Grundstückskäufe in Kirchhorst und Politisches. Vater und Sohn hielten es damals für möglich, dass der Krieg ganz schnell zu Ende geht – oder erst nach dreißig Jahren.

Verabschiedete mich gegen 14 Uhr. Ernst Jünger konnte ich leider nicht mehr sprechen; er hatte sich ins Bett zurückgezogen. Ließ mehrere Bücher zum Signieren da; allerdings habe der Hunderzweijährige inzwischen eine zu krakelige Schrift, meinte Frau Jünger. Alles hänge von der Tagesform ab. Fuhr dann über Gammertingen-Trochtelfingen-Sonnenbühl zum »Hubertushof« über Undingen, wo ich gegen 14.30 Uhr eintraf. Freudige Begrüßung von Elke und Hubert, die das Gestüt bewirtschaften. Sah auch meine Patentochter Annika nach langer Zeit wieder. Sie ist eine vollkommene Symbiose von Elke und Hanns, schmal, drahtig, eher klein. Aus ihr ist eine gute Dressurreiterin geworden; sie gewann eine Reihe von Turnieren im schwäbischen Raum. Ihre Reitkünste konnte ich dann in der großen Halle eine Stunde lang bewundern. Hubert führte von seinem Sitz in der Hallenmitte launige Verkaufsgespräche, die er gerne mit »Gnä' Frau« beginnt. Ein derber, aber – zumindest für mich und Papa, der häufig hierher kommt, um sich von Mama zu erholen – umgänglicher Typ.

Abends mit »Mäxle«, dem Sohn von Elke und Hubert, in den »Hirsch«, ein Feinschmeckerlokal in Undingen, dessen Koch zwei Sterne führt. Wählte den klassischen schwäbischen Zwiebelrostbraten mit »Kartoffel-Rädle«. Dazu naturtrübes Bier aus Heilbronn, danach Trollinger mit Lemberger. Als Dessert marinierte Feigen mit Lebkuchen-Sauce; zum Abschluss Williamsbirne. Sehr delikat, eher leicht und bekömmlich. Nach der Rückkehr im Hubertushof eine weitere Flasche Roten geleert, Plaudereien mit Hubert bis gegen drei Uhr.

493

*Eichwalde, 16. Januar 1998*

Telefonierte mit Frau Jünger. EJ noch immer im Bett, er esse zu wenig, bewege sich nur abends. Das habe möglicherweise, wie früher schon, mit Magenproblemen zu tun. Allerdings ist er jetzt 102 Jahre alt und geschwächt. Richtig im Bilde scheint auch sie nicht zu sein. Oder nicht bereit, Näheres auszuplaudern. Sie befürchtet offenbar, ich könne über das, was ich aus Wilflingen höre, in der *Welt am Sonntag* berichten. Es scheint also ernst zu sein.

Ich vermute, Jüngers Unlust, weiter zu schreiben (der Schreibtisch ist wie leergefegt), deutet nicht nur auf eine Erkrankung hin, sondern auf einen allgemeinen Lebensüberdruss. Die Nahrungsverweigerung als Hinweis für das selbstgewollte Ende? Leider durfte ich ihn beim letzten Besuch nicht sehen, sonst hätte ich mir einen eigenen Eindruck verschaffen können. Auf jeden Fall ist sein Verhalten ein gewisses Indiz. Er ist nicht mehr vorzeigbar, hat sich aus der Welt zurückgezogen. Alle meine guten Wünsche sind bei ihm. Irgendwie vermittelt der Uralte, vielfach dem Tode Entronnene noch immer den Eindruck der Unsterblichkeit.

*Eichwalde, 23. Januar 1998*

Vorgestern in der Julius-Leber-Kaserne auf Einladung von General Speidel zum Vortrag von Ulrich de Maizière. Thema: *Die Bundeswehr und die Tradition*. De Maizière zeigte auf, dass 1956 mit einer vom Bundestag legitimierten Sonderkommission sämtliches Personal der neugegründeten Armee auf demokratische Gesinnung überprüft wurde. Die Bundeswehr sei von Anfang an »ein Kind der Demokratie« gewesen. Auch die 19 Millionen Wehrmachtssoldaten könne man nicht pauschal verurteilen; die meisten hätten ehrenhaft gekämpft. Das sind Repliken auf die in Gang gekommene Debatte unter dem Totschlag-Motto »Soldaten sind Mörder«.

Gespräch mit Hans Speidel, Redakteur Hans Krump von der *Morgenpost*, General von Uslar-Gleichen und dem CDU-Bundestagsabgeordneten Jochen Feilcke. Sie alle mit Einwänden gegen den Termin 13. August, an dem die Rekruten vom 1. Jägerbataillon in Kladow vereidigt werden sollen. Der Tag des Mauerbaus könnte im Osten Irritationen auslösen, hieß es. Ich sah in dem Datum kein Problem, im Gegenteil: das wäre ein deutliches Signal, solch düsteren historischen Erinnerungen etwas Positives, nämlich den Wehrwillen eines freien Gemeinwesens entgegenzusetzen. Am Ende der Debatte schwenkte man – außer Speidel – auf meine Linie ein. Seltsame Zeitgenossen.

Der Vertrag zum *Arte*-Film ist eingetroffen und soll am Montag unterschrieben werden. Ernst Jünger gehe es besser, berichtete Hede Schirmer. Er dränge bereits darauf, aus dem Krankenhaus, wohin er Anfang Februar verlegt worden sei, in die Oberförsterei zurückzukehren.

*Eichwalde, Dienstag den 17. Februar 1998*

Ernst Jünger ist tot. Er starb heute in den frühen Morgenstunden. Ich hörte die Nachricht im Auto, auf Höhe des U-Bahnhofs Schlesische Straße in Kreuzberg. Schaltete das Gerät ab und war wie erstarrt. Zuerst hatte ich beim Hören der Meldung an den Tod eines anderen deutschen Schriftstellers gedacht, aber dann gab es keinen Zweifel mehr. Auch ein Ernst Jünger ist nun Geschichte, und meine Biografie wird zum Geschichtsbuch. Bezeichnend, dass der Meldung über Jüngers Tod im Rundfunk die Drohung des US-Präsidenten Bill Clinton vorausging, Iraks Diktator Saddam Hussein müsse nun täglich mit einem Militärschlag rechnen. Der Krieg, den Jünger wie kein anderer als unüberwindbare Realität des Lebens beschrieben hat, behielt auch in seiner Todesstunde das letzte Wort.

Zahlreiche Anrufe, Kondolenzen. Darunter auch Ingo Langner, der sogleich verkündete, unser Filmprojekt zu stoppen. Ohne Jünger ist das biografische Thema für ihn erledigt. Claus Jacobi bat mich, einen Artikel unter der Überschrift *Letzter Besuch bei Ernst Jünger* für unser Blatt zu schreiben. Dazu wolle er einen Brief Jüngers an Julien Green zum Thema Rauschgift und Tod stellen. Das *ZDF* bringt einen Hochhuth-Film als Sondersendung, die

*ARD* eine Dokumentation um Mitternacht. *Dpa* meldet Nachrufe von Oskar Lafontaine (»Einer der bedeutendsten Schriftsteller dieses Jahrhunderts«), Kanzler Kohl (»Unser Land wird das Andenken Ernst Jüngers in Ehren halten«), Bundespräsident Herzog (»Mit Ernst Jünger verlieren wir eine außergewöhnliche Persönlichkeit«), Bundesfinanzminister Waigel (»Mahner zur Aussöhnung«), Ministerpräsident González (»Ich werde nie seine sprühende Lebendigkeit vergessen«).

Telefonierte mit Hede Schirmer, die von einem Gespräch mit Liselotte Jünger berichtete: EJ sei am frühen Morgen friedlich und ohne Schmerzen in seinem Bett im Krankenhaus Riedlingen gestorben; sie sei bis zuletzt an seiner Seite gewesen. Bedauerte es erneut, ihn bei meinem Besuch im Januar nicht mehr gesehen zu haben. Eigentlich das einzige Mal bei meinen zahlreichen Aufenthalten in der Oberförsterei. EJ legte immer Wert darauf, sich mit mir auszutauschen. Ich gehörte dazu, war bei allen Familienfesten dabei, kannte alle und durfte an allem teilhaben. Ernst Jüngers Tod ist ein Einschnitt auch in meinem Leben, besser: Abschluss einer persönlichen Ära, die nun mit der Biografie ihre objektivierende Fortsetzung findet. Verstehe das als Auftrag, spüre die Verantwortung. Und weiß zugleich um die Schwere dieses Vorhabens.

*Berlin, 2. März 1998*

Am Samstag, 21. Februar, morgens um 5.30 Uhr fuhr ich mit Astrid und den Kindern ab nach Wolfschlugen. Wir trafen bei Papa gegen 11 Uhr ein; er war extra aus Italien angereist, um die Kinder zu hüten. Dann weiter nach Wilflingen, wo wir gegen 13 Uhr eintrafen. Schon am Ortsrand dicht geparkte Autos, die Zufahrt zur Oberförsterei und zum Schloss gesperrt. Wir stellten den Wagen in der Nähe des Friedhofs ab, wohin uns ein freundlicher Polizist dirigiert hatte. Auf die Schleife unseres Kranzes hatten wir drucken lassen: »In dankbarem Gedenken – Heimo und Astrid Schwilk«. Er wurde uns am Eingang abgenommen und am Kranz-Spalier befestigt. Am Grab Kränze des Bundeskanzlers

496

und des Bundespräsidenten, auch ein französischer Abschieds-gruß. Wir gingen zu Fuß den Berg herab und am Löwen vorbei zur Kirche St. Johannes Nepomuk, wo sich rund 200 Trauergäste vor dem geschlossenen Portal des Kirchhofes zusammendräng-ten. Darunter Karlheinz Weißmann, Gunnar Sohn, Dieter Stein, Thomas Bantle, Albrecht Jebens. Auf dem Weg zur Kirche trafen wir Günter und Barbara Figal, Stefan Teppert, Martin Thoem-mes, Winfried Knörzer, Johannes Willms, Stefan Moses, Hede Schirmer, Wilfried Steuer, Michael Großheim. Georg Knapp, der bis zuletzt Sekretärsgeschäfte für Jünger besorgt hatte, bug-sierte uns an der wartenden Menge ums Schloss herum zum Kir-cheneingang. Dabei prallte ich förmlich mit Frank Schirrmacher zusammen. Beim Öffnen der Kirchentür wandte er sich zu mir und sagte mit ironischem Unterton: »Natürlich nach Ihnen, Herr Schwilk.«

Wir setzten uns in die vierte Reihe, links Alexander Jüngers Witwe, vor uns Albert Hofmann, Martin Jünger, Liane Jünger, Wolfgang Jünger, Monika Miller. Ganz vorne saß mit gebeugtem Haupt Liselotte Jünger. Links und rechts des Ganges Bürgerwehr-offiziere mit Fahnen und Standarten. Auf dem Sarg ein Kranz mit der Schleife »Pour le Mérite«. Wilflingens Pfarrer Roland Nie-bel zelebrierte zusammen mit Domkapitular Werner Groß aus Rottenburg das Requiem; der Wilflinger Kirchenchor sang das Deutsche Requiem von Franz Höß. Bibellesung: »Alles hat seine Stunde … es gibt eine Zeit zum Weinen, eine Zeit für die Klage … eine Zeit für den Krieg und eine Zeit für den Frieden.«

Sieben Nekrologe wurden gehalten; die Totenrede von Baron Stauffenberg stockend, mit dünner, fast ersterbender Stimme. Er sprach über die Rolle Jüngers in Wilflingen, rühmte seine Anteil-nahme und Aufgeschlossenheit für alles, was das Dorf bewegte. Nun sei aus Wilflingen ein kleines Weimar geworden. Baden-Würt-tembergs Ministerpräsident Erwin Teufel wirkte wie ein Sparkas-sendirektor, verglich EJ aber immerhin mit dem späten Heidegger (*Holzwege*) und dem Kirchenlehrer Augustinus. Staatsminister Anton Pfeiffer war in Vertretung Helmut Kohls gekommen und verlas einige durchaus richtige, aber eher belanglose Sätze. Landrat Peter Schneider machte eine gute Figur, Bürgermeister Werner Gebele weniger. Seine Erinnerungen an den Eis lutschenden EJ wirkten peinlich, provinziell. Da war Weimar plötzlich ganz weit weg. Anrührend, was Michael Klett über seine persönlichen Begegnungen mit EJ zu sagen wusste. Über Jüngers noble Zurückhaltung zum Beispiel, wenn man über Menschen sprach, die ihm eher feindlich gesonnen waren. Am Ende eine Konfession: Ernst Jünger sei »der Vater meiner Phantasie« gewesen.

Irina Jünger, die eine aparte junge Frau geworden ist, sang das *Ave Maria* von Charles Gounod und das Marienlied *Ach neige, du Schmerzensreiche* von Carl Loewe. Dann senkte der Fahnenträger die Standarte, und sechs Bürgerwehroffiziere trugen den Sarg hinaus zu einer Geschützlafette. Die Trauergemeinde, an der Spitze die Familie, setzte sich in Bewegung und zog hinter der von vier Rappen des nahen Gestüts Marbach gezogenen Lafette an der Oberförsterei vorbei und den Hügel hinauf zum Friedhof. Rolf Hochhuth und General Hans Speidel fädelten sich erst vor dem Kirchhof in den Zug ein. Hochhuth, der einzige prominente Schriftsteller, der nach Wilflingen gekommen war, ruderte mit einer Lilie in der Hand stetig nach vorne, bis er die Familie erreicht hatte. Am Grab stand er dann plötzlich sogar vor den Jüngers und ließ sich von den dort wartenden Fotografen wirkungsvoll ins Bild setzen.

Das Winterlicht äußerst grell. Ich schritt mit Astrid im Trauerzug dicht hinter dem Sarg, das Bürgerwehrkorps spielte einen Choral. In den Pausen waren nur das Knarren der Räder und das Schlurfen der Schritte zu hören. An der Kapelle teilte sich der Zug. An der Mauer des Friedhofgevierts warteten die Schützengarde und der Musikzug. Als wir eine Stunde zuvor unseren Kranz abgelegt hatten, hatten noch Bienen um die Blumen gesummt. Jetzt herrschte Totenstille – bis der Kirchenchor zu singen begann. Gemeinsam sprachen die Trauernden das Vaterunser-Gebet und ein *Gegrüßet seist du Maria*. Am Grab schoben sich die beiden Trauerzüge wieder zusammen. Dann wurde der schmale Sarg zu den

498

Klängen von *Ich hatt' einen Kameraden* ins Grab hinabgelassen. Für kurze Zeit verlor ich Astrid in der Menge; sie hatte ihre verweinten Augen hinter einer Sonnenbrille versteckt.

Meine Gedanken gingen zurück zu der Zeit, als ich erstmals hier stand, vor den Gräbern von Gretha und Ernstel, tief unschlüssig, ob ich wirklich das Zeug dazu hätte, Leben und Werk des großen Mannes zur Darstellung zu bringen. Nun wiederholte sich der Vorgang, nur auf höherer Ebene. Als ich zum Grab vorgerückt war, griff ich wie alle in die Erde und warf eine Handvoll auf den Sarg. Der Unsterbliche nun doch in der Grube. Liselotte Jünger saß am Ausgang auf einem Stuhl und nahm blass, aber gefasst die Kondolenzen entgegen. Ich ergriff ihre Hände, und sie sagte leise, nun wüsste ich, warum sie sich solange nicht gemeldet habe. Es war ihr anzumerken, dass sie das nicht als Affront verstanden wissen wollte. Sie sei einfach von den Dingen überrollt worden, seufzte sie. Ihre Augen weicher, die ganze Person ohne diese immer sichtbare Anspannung. Es schien mir, als sei sie erleichtert, den Panzer jetzt abwerfen zu dürfen.

Liselotte lud uns in die Oberförsterei zur »Leich« ein, wie es in Schwaben heißt. Das heißt, die Trauernden sitzen nach dem Begräbnis im Gedenken an den Toten zusammen, um fröhlich zu essen und zu trinken. Auf dem Weg zur Oberförsterei Gespräch mit Professor Noack über seine entstehende Biografie. Er meinte, Quellen müsse er keine mehr studieren, er habe ja meine Bildbiografie und vor allem eine Menge Dokumente vom ehemaligen Jünger-Sekretär Armin Mohler, der ihn unterstütze. Mohler selbst, der mit seine Frau gekommen war, hielt sich bedeckt; er versucht aus dem Hintergrund zu steuern und sein Fingerhütchen Gift dazuzugeben. Dabei auch Professor Gajek und der französische Übersetzer Julien Hervier. Leider war es mir nicht möglich, Freunde wie Matthias Lubinsky, Martin Thoemmes und Stefan Teppert mit ins Haus zu nehmen. Auch Dieter Stein musste draußen bleiben. Inge Dahm spielte die Zerbera; immerhin konnte ich Günter und Barbara Figal einfädeln, was sie mir sehr dankten.

In der Oberförsterei großes Gedränge; in den unteren Räumen die Offiziere der Bürgerwehren, oben die Familie, Freunde und Bekannte. Dabei auch Frank Schirrmacher, der mit Michael Klett zusammenstand. Albert und Anita Hofmann plauderten mit Gert und Gisela Deventer, Astrid mit Barbara Figal, ich mit dem früheren Landrat Wilfried Steuer. Es gab Trollinger und Kanapees, von Monika Miller gereicht. Im Arbeitszimmer hatte man einige Tische zu einer Kaffeetafel zusammengeschoben. Da saß dann das Ehepaar Hofmann neben Liane und Mechthild Jünger, die Enkel Irina und Martin. Am Kopf etwas abseits Liselotte Jünger, wie in Gedanken versunken, neben ihr die wie immer angeregt plaudernde Hede Schirmer. Martin Jünger erzählte mir, dass er in Berlin Biologie studiere und vorhabe, das entomologische Erbe seines Großvaters weiterzuführen. Der Neffe Gert Deventer verkündete, »dass die große Zeit des Onkels erst noch kommt«.

Ich zeigte Astrid die Räume, mit denen ich all die Jahre so vertraut war, und meinen »Arbeitsplatz« im Studio. An der Wand eine Karikatur des Bonner Künstlers Herbert Particiewicz, die EJ als Hirschkäfer zeigt. Ich hatte sie 1988 für den *RM*-Stand auf der Frankfurter Buchmesse anfertigen lassen und eines der Plakate Jünger geschenkt. Ob er es witzig fand, weiß ich nicht. Er witterte ja überall Missachtung – auch wenn er es sich nicht anmerken ließ. Gegen 19 Uhr verabschiedeten wir uns und gingen mit den Figals zum Friedhof, wo unter Scheinwerferbestrahlung noch am Grab gearbeitet wurde. Dann Rückfahrt nach Wolfschlugen, wo wir gegen 20.30 Uhr eintrafen. Große Wiedersehensfreude mit Laura und Clarissa, die sich mit Papa amüsiert hatten. Noch bis vier Uhr morgens auf, zu viel Wein, zu viele Worte.

*Andelfingen, 7. März 1998*
Wieder in Wilflingen. Hier scheint die Sonne, es ist 12 Grad warm. An Jüngers Grab vier Besucher, offenbar Leser. Die Kränze an der Mauer noch relativ frisch, ebenso der Grabschmuck. Frau Jünger erholt, ganz in Schwarz. Sie wirkte entspannt. Sie zog für mich die Briefe von Friedrich Georg, vier Konvolute, hervor. Begann mit

500

dem Lesen der Briefe der Jahre 1912 bis 1942. Sie dokumentieren eine weit über das Brüderliche hinausgehende intellektuelle Beziehung, sehr ähnliche Interessen und eine tiefe Verachtung des NS-Pöbels, der Masse überhaupt. Über die Details hinaus geben sie den atmosphärischen Hintergrund, den der Biograf braucht, um einfühlsam erzählen zu können.

Gegen zwei Uhr stieß Hede Schirmer zu uns; bei Kaffee und Kuchen plauderten wir über Gott und die Welt. Dann schaute Frau Miller ins Zimmer und kündigte die Abholung des Krankenbettes an, das Liselotte kurz vor dem Tod ihres Mannes in die Oberförsterei hatte bringen lassen. EJ hatte unbedingt aus dem Krankenhaus heraus und nach Wilflingen zurück gewollt. Das sachliche Gespräch verdeckte den wunden Punkt, dass Frau Jünger ihrem Mann diesen Wunsch nicht mehr erfüllen konnte. Die Ärzte wollten ihn in Riedlingen behalten, der Patient wollte selbstbestimmt sterben. Frau Jünger stand dazwischen. Sie zog zu ihrem Mann ins Krankenhaus. Als er starb, war sie bei ihm.

Im Stauffenberg'schen Schloss Versammlung der Malteser, die Straße voller Autos. Abends heftiger Regen. Hede Schirmer rauchte im Studio eine letzte Zigarette aus Ernst Jüngers Dunhill-Schachtel. Frau Jünger schnupperte etwas kritisch und meinte, hier müsse doch gearbeitet werden. Es schien, als wolle sie demonstrieren, dass sie auch nach dem Tod von Ernst Jünger ganz Herrin der Lage ist. Sie reservierte ein Zimmer für mich in der Pension »Rotes Haus« im benachbarten Andelfingen. In der Pension Rostbraten mit Spätzle, zwei Viertel Trollinger mit Lemberger. Lektüre der *FAZ*, des exquisiten Wein-Essays von Thomas Karlauf. Gegen 23 Uhr zu Bett, unruhiger Schlaf, wirre Träume, wie immer in fremden Häusern. Aber sie hinterließen keine notierbare Spur.

*Undingen, 8. März 1998*
Auch heute wieder Briefe eingesehen; diesmal die Jahre 1942 bis 1945. Sie enthalten viel Hellsichtiges, ja Prophetisches über die historische Entwicklung, aber auch zum Tod des Vaters. Mit

501

Hede Schirmer zum Friedhof. Dann Spaziergang bei Regen, Wind, Sonne vom Friedhof zum Waldrand Richtung »Schatzberg«. Ein Regenbogen spannte sich über die nassen Felder. Dies ist eine Strecke, die EJ oft ging, mit dem Feldstecher und einem Schmetterlingsnetz in der Hand. Bogen zum »kleinen Steinbruch« mit den Bienenkörben ab. Dann über die Wiesen hinab ins Tal zum Schützenhaus, dahinter der »große Steinbruch«. Er wird in den Tagebüchern *Siebzig verweht* häufig erwähnt. Durch das Dorf und am Schloss vorbei zurück zur Oberförsterei, wo mich Frau Jünger ungeduldig erwartete. »Sie treiben mit meinem Wochenende Schindluder«, sagte sie etwas unwirsch. Sie scheint wieder ganz die Alte zu sein. Vielleicht war es auch die Gegenwart von Hede Schirmer, die sie als Konkurrentin empfindet. Da muss von Zeit zu Zeit das Revier markiert werden.

Sie fragte mich auch, was es für eine Bewandtnis habe, dass das Magazin *Focus* davon schreibe, es handle sich bei meinem entstehenden Buch um eine »autorisierte Biografie«. Da hätten doch sie oder Ernst Jünger zustimmen müssen. Beruhige sie, dass es sich dabei offenbar um einen Werbeschachzug des Piper Verlages handle, der das in die Welt gesetzt habe, um die Exklusivität des Projekts zu betonen. Dabei dachte ich an unser Gespräch im letzten Jahr, als Liselotte Jünger den exklusiven Archivzugang selbst ins Spiel gebracht hatte, um sich Kooperation (und Einfluss) zu sichern.

Während der Arbeit im Studio setzte sich Liselotte neben mich. Sie meinte – wohl als Warnung gedacht – für Gretha Jünger und besonders für Armin Mohler sei das Werk von EJ immer nur Spiegel ihrer eigenen Weltdeutung gewesen. Sie hätten Jüngers eigene Entwicklung nicht zur Kenntnis genommen. Das ist starker Tobak, besonders was Jüngers verstorbene Frau betrifft. Sie war ja von den Ideen ihres Mannes ganz durchdrungen, auch wenn sie sich (als Schauspielerin und Sängerin) neben dem großen Mann mit zwei Erinnerungsbüchern zu behaupten suchte. Dass Liselotte die Korrespondenz von Ernst und Gretha Jünger so intensiv studiert, hat etwas mit ihrem Bedürfnis zu tun, sich von Grethas Motiven ein genaueres Bild zu machen – und vielleicht abzusetzen.

502

Nach Undingen zu Elke und Hubert. Abendessen im »Hirsch« in Erpfingen: Spanferkelrücken, Linsengemüse, Spätzle, Trollinger mit Lemberg (Haberschlachter Heuchelberg). Auch mit EJ habe ich manches Fläschchen dieses erdigen Weines getrunken. Einer der raren guten Württemberger Rotweine; es gibt im »Ländle« viel bessere Weißweine. Dann auf dem »Hubertushof« bis weit nach Mitternacht Plauderei bei kalifornischem Cabernet Sauvignon. Auf gegen 7 Uhr; in der Nacht hatte es geschneit, 5 Grad minus. Die Alblandschaft wie erstarrt. »Klein-Sibirien« wird sie von den Bewohnern im »Unterland« genannt. Vorsichtig tastende Rückfahrt nach Wilflingen.

*Eichwalde, 13. März 1998*
Schrieb heute das Porträt des ADAC-Chefs Wolf Wegener, der 65 Jahre alt wird. Er ist hier in Berlin eine Institution, ein allgegenwärtiger Gesellschaftsmensch, als Rechtsanwalt und Notar Namenspartner einer der vier größten deutschen Wirtschaftsrechts-Sozietäten mit weltweit 20 Standorten. Und vertritt seit zwei Jahren als Honorarkonsul das Fürstentum Monaco. Berührt hat mich bei dem Gespräch die Tatsache, dass Wolf und Ilse Wegener einen Modus gefunden haben, Dynamik im Beruf und Toleranz im Umgang miteinander zu versöhnen. Das gelingt heutzutage nicht vielen.

Dieser Tatmensch musste jüngst eine radikale Ohnmachtserfahrung erleiden: Er wurde mit seiner Frau Opfer eines äußerst brutalen Raubüberfalls in seiner Dahlemer Villa. Zwei als Polizisten verkleidete Räuber nahmen die Familie als Geisel und inszenierten eine Scheinhinrichtung, um den Zugang zum Tresor zu erpressen. Wolf Wegener, der froh ist, dass die Männer inzwischen gefasst wurden, erzählt mit einem leichten Tremolo in der Stimme. »Die beiden sagten, sie hätten nichts zu verlieren und würden vor unserer Erschießung nicht zurückschrecken.« Dennoch sei es seiner Frau, die man in einen Teppich gewickelt hatte, rechtzeitig gelungen, den Alarmknopf zu drücken. Die ganze Zeit habe man ihr eine Pistole gegen die Schläfe gedrückt. Wolf Wege-

503

ner hielt die Täter durch Reden hin und hoffte auf das Eintreffen der Polizei. An den Tod zu denken, sei keine Zeit gewesen, aber der Vorfall habe ihn verändert: »Ich bin nachdenklicher geworden.« Man müsse im Leben auch mit dem Überraschenden rechnen, habe nicht immer alles in der eigenen Hand.

*Eichwalde, 31. März 1998*
Nachtspaziergang zum Zeuthener See, mondloser Himmel, Stimmen über dem Wasser, Lichter am Gegenufer. Bei Nacht hat der Ort einen großen Zauber.

*Berlin, 4. April 1998*
Gestern bis spät in die Nacht Lektüre von Rüdigers Heidegger-Biografie; las die Kapitel über Hannah Arendt und Paul Celan. Joachim Pini sandte mir einen Brief von Hans-Georg Gadamer zum Thema »Martin Heidegger und der Nationalsozialismus«. Pini ist einer jener vielseitig gebildeten Ärzte, die nun von den Fachidioten abgelöst werden. Am Morgen nach Berlin, um die Wohnorte von Ernst Jünger und Gottfried Benn aufzusuchen. Zuerst zur Dortmunder Straße, wo EJ 1932 mit Gretha und Ernstel wohnte. Irrtümlicherweise hielt ich Haus Nr. 12 für Jüngers Domizil; jetzt lese ich im literarischen Berlin-Führer von Karl Voß, dass es Haus Nr. 13 gewesen ist. In Haus Nr. 12, einem Neubau, befindet sich heute das italienische Restaurant »Palermo«; vorher war dort ein Parkplatz. Die Dortmunder Straße mündet in das »Bundesratsufer« am Spree-Kanal. EJ legte offenbar Wert darauf, am Wasser zu wohnen. Wasser vermittelte ihm das Gefühl elementarer Freiheit.

Trank ein Bier im »Robbengatter« Ecke Bozener Straße/Grunewaldstraße. In der Bozener Straße wohnte Gottfried Benn von 1937 bis 1956, wie eine Gedenktafel am Eingang anzeigt. Hier besuchte ihn EJ nach dem Krieg; man sprach unter anderem über Jüngers Buch *Besuch auf Godenholm*. Das Haus schäbig; einst herrschaftlich mit Marmor-Entrée. Nun ist der Putz abgeblättert, und auf dem Balkon des Erdgeschosses grinsen Gartenzwerge.

504

Die Kneipe, in der Benn seine Biere »zischte« und Inspiration für sein »Doppelleben« empfing, gibt es nicht mehr. Dort, Ecke Bayerischer Platz/Insbrucker Straße, ist jetzt das »Bella Italia« nebst einer »Spielothek« untergebracht. Der Platz macht einen heruntergekommenen Eindruck. Keine Kneipe, kein Café – und kein Restaurant mehr ohne musikalische Dauerberieselung. Bestellte einen Toast mit Hähnchenbrust, Currysauce und Salat. Die Bedienung brachte einen monströsen Teller à la Berlin, der eigentlich zur Abfütterung einer ganzen Familie reicht. In dieser Stadt gibt es alles im Übermaß – auch das Flegelhafte. In der Dortmunder Straße wurde ich von einem älteren Ehepaar angepöbelt, weil ich am Haus Nr. 12 zu langsam vorbeigefahren war. Man kann sich die Beschimpfungen gar nicht alle merken, die in solchen Situationen im Berliner Slang auf einen niederprasseln. Aber man gewöhnt sich daran und rotzt zurück – oder schweigt verachtungsvoll.

*Eichwalde, 6. April 1998*
Laura sagte vor dem Zubettgehen: »Morgen muss ich zum Arzt. Er soll feststellen, ob ich gaga bin. Im Rechnen mache ich nämlich immer Fehler.« Das sagte sie ohne jede Zerknirschtheit, ganz naiv. Diese Art, mit der eigenen Dummheit zu kokettieren, hat etwas Souveränes.

*Eichwalde, 10. April 1998*
Lektüre der *Carnets* (*Ernst Jünger et la littérature européenne*), die mir Danièle Beltran-Vidal übersandte. Darin vor allem interessant der Beitrag über die Korrespondenz zwischen EJ und Carl Zuckmayer. Zuckmayer war ein großer Bewunderer Jüngers und hat vergeblich versucht, ihm persönlich zu begegnen. Vielleicht hatte Jünger eine unbewusste Abneigung gegen den US-Kulturoffizier, der nach dem Krieg mit der Army nach Deutschland zurückkehrte. Für die Jahre vor dem Krieg sehr wichtig das Erinnerungsbuch *Spiegel der Jahre* von Friedrich Georg Jünger, das ich derzeit lese. Es ist ein unentbehrlicher Text zum Verstehen der

505

Stimmung der Dreißigerjahre und ein glänzendes Psychogramm der Familie Jünger.

*Eichwalde, 16. April 1998*

Mit der Familie Ausflug nach Seelow. Dort wird am Sonntag der »Schinkel-Turm« eingeweiht. Zu DDR-Zeiten hatte man das klassizistische Schiff der Kirche rekonstruiert. Mit Unterstützung des 1911 in Seelow geboreren Versandhausunternehmers Werner Otto wurde jetzt der Kirchturm wiedererrichtet. Leider nicht nach den Plänen des Baumeisters – und gerade das hatte die Landesdenkmalbehörde 1996 kategorisch ausgeschlossen! Will mir aus Wünsdorf, wo die Behörde sitzt, die Begründung kommen lassen, um etwas darüber zu schreiben.

Der Turm grau, mit Metallhelm und Glockenspiel; er hat 1,3 Millionen Mark gekostet. Von dort zum Militärmuseum und Sowjet-Ehrenmal auf den 1945 heftig umkämpften Seelower Höhen. Der steinerne Soldat dort viel kleiner als der im Treptower Park in Berlin, umgeben von den Gräbern der 30 000 Gefallenen. Im Museum Fotos, Tagesbefehle, Uniformen, Karten, Waffen. Auf den Erklärungstafeln wurden im letzten Jahr die DDR-Propagandatexte etwas gemildert. Schauten uns einen Dokumentarfilm im hauseigenen Kino an; er zeigt das Vorrücken der sowjetischen Divisionen bis zum Fall von Küstrin und Berlin. Bewegend dieses Grauen auch für Lina und Timo, die solche Bilder noch nie gesehen haben. Der Film endet mit dem Fund eines Militärstiefels im Oderbruch. Aus dem Stiefel ragt ein Knochen heraus.

*Wilflingen, 19. April 1998*

Wieder in Wilflingen. In der Oberförsterei auch Hede Schirmer, die wegen der Arbeit an den vier Supplementbänden der Werkausgabe gekommen ist. Wir tranken Kaffee, aßen Baumkuchen, politisierten. Wobei Frau Jünger sehr heftig werden kann, oder besser: energisch. Erneute Lektüre von Briefen Friedrich Georgs (1944–1949); darunter auch einige an Ernst Niekisch zum Thema »Technik«. In jenen Jahren schrieb Friedrich Georg Jünger an

506

seinem Ökologie-Buch *Die Perfektion der Technik*. Ernst Jüngers Bruder in seinen Briefen erstaunlich hellsichtig, was den Kriegsausgang und das künftige Schicksal Deutschlands betrifft.

Am Sonntag zum Grab von Ernst Jünger. Seltsam, dieses schlichte Holzkreuz mit seinem Namen. Man kann sich noch immer nicht an seinen Tod gewöhnen. Haushälterin Monika Miller, die vor acht Jahren als »Leserin« erstmals in die Oberförsterei kam, brach in Tränen aus, als ich sie nach ihrer Beziehung zu Ernst Jünger fragte: »Er fehlt mir doch so sehr!« Sie erzählte, dass er mit ihr oft stundenlang im Garten geplaudert habe. Frau Jünger wiederum habe ihr gleich am Anfang gesagt, sie solle nicht glauben, dass sie nun täglich zu Füßen des Meisters kauern könne. Hier im Haus müsse hart gearbeitet werden.

Dieser raue Ton bestätigte sich, als ich im »Studio« saß und Zeuge eines Disputs zwischen den beiden wurde. Frau Jünger wetterte, Monika Miller solle aufhören, Landrat Schneider am Telefon immer mit »Herrn Schneider« anzureden. Er habe nicht umsonst einen Titel. Frau Miller konterte, der Herr Landrat sei doch ihr Schulkamerad gewesen. Bei dem Gespräch ging es um eine Reise nach Bonn; dort soll Liselotte aus den Händen von Finanzminister Theo Waigel eine Sondermarke zum Tode Ernst Jüngers entgegennehmen. Monika Miller erzählte mir auch von Alexander Jünger und seiner Frau Mechthild. Jüngers zweitältester Sohn habe eine Beziehung zu seiner Sprechstundenhilfe gehabt. Mechthild Jünger völlig aufgelöst: »Ich hätte ihm doch seine sexuellen Wünsche erfüllt – wenn er mir sie nur mitgeteilt hätte!« Alexander, der nach einer Krebserkrankung unter Depressionen litt, brachte sich später in seiner Praxis mit einem Kopfschuss um. Frau Miller scheint noch einige Anekdötchen in petto zu haben, mal sehen, wann sie damit herausrückt. Allerdings ist Liselotte Jünger auf der Hut – das war zu spüren.

*Eichwalde, 6. Mai 1998*
Gestern überraschender Anruf von Thomas Schühly, einem in München ansässigen Filmproduzenten. Er hat bei Rainer Werner

Fassbinder gelernt und ist Mitproduzent von *Der Name der Rose*. Er will die *Stahlgewitter* verfilmen und mich als Berater verpflichten. Der Mann ist voller Enthusiasmus und möchte den Jünger-Biografen unbedingt bald in München oder Berlin treffen.

*Milano, 24. Mai 1998*

Zwei Tage in Seregno, wo ich an einer Tagung über EJ teilnahm. Eingeladen hatte mich Andrea Sandri, ein Student der Rechte und Übersetzer von deutscher Literatur. Untergebracht war ich in seinem Elternhaus, einer Stadtvilla der Jahrhundertwende. Der sehr freundliche Vater ist Unternehmer; dessen Mutter war Deutsche und stammte aus Konstanz. Ihr Mädchenname »Wehl« weise auf die Herkunft aus Ostpreußen hin, meinte Andrea. Die Mutter von Andrea Sandri, Italienerin, ebenfalls liebenswürdig, kochte vorzüglich, »leggero«, dazu ebenso leichten Tischwein.

Einer der Referenten der Jünger-Tagung war ein Ex-Senator, der zusammen mit Henry Furst nach dem Krieg die Gebeine Ernstel Jüngers aus Casera nach Wilflingen überführt hatte. Er skizzierte kritisch die Dreiecksbeziehung Jünger-Heidegger-Schmitt. Der Kreis »Su le Scogliere di Marmo«, der die Tagung veranstaltet, ist aus dem Kulturbund des »Movimento Sociale Italiano« hervorgegangen; heute tummeln sich dort Anhänger der Lega Nord, Kommunisten, Neofaschisten, Konservative und einfache Literaturfreunde. Solch eine heterogene Mischung ist im politisch korrekten, auf weltanschauliches Lagerdenken fixierten Deutschland kaum möglich.

Ich hatte einige Erstausgaben und ein paar Briefkopien aus Wilflingen (Hitler, Heß, Heidegger an Jünger) mitgebracht, die von Hand zu Hand gingen. Zwanzig *Criticón*-Hefte mit meinem großen Jünger-Aufsatz waren schnell verteilt. Statt der Vortragsform wählten wir das Interview, das Andrea Sandri mit mir sehr lebhaft führte. In der Bar am Abend erlebte ich dann hitzige, aber nie bösartige Diskussionen zwischen »Legisten« und »Zentralisten« des Movimento Sociale und der Alleanza Nationale.

508

Andrea Sandri ist ein bedächtiger Intellektueller, der sehr gut Deutsch spricht. Mit ihm lange über Literatur, Politik und die deutsche wie italienische Lebensart diskutiert. Er liebt Konstanz, von wo seine Großmutter stammt und erwägt, sich am Bodensee einmal niederzulassen. Er will in seiner »Edizione Herrenhaus« einen Band mit meinen Jünger-Aufsätzen herausbringen. Ich schenkte ihm die italienische Ausgabe von Hesses Erzählung *Unterm Rad* und den Band *Für eine Berliner Republik*.

*Eichwalde, 2. Juni 1998*

Zurück aus Italien und Wilflingen. In der Oberförsterei die Lektüre der Briefe Friedrich Georg Jüngers abgeschlossen. Gespräch mit Liselotte Jünger über ihre Beziehung zu EJ. Diese scheint sich ganz unspektakulär angebahnt zu haben. Die erste Begegnung habe nach dem Krieg im Überlinger Haus von Friedrich Georg stattgefunden. Mit von der Partie seien auch der Verleger Vittorio Klostermann und Hans Weickhardt gewesen. Vier Männer und eine schüchterne junge Frau in einem dunklen Zimmer am See… Frau Jünger betreute das damals wegen der Bombardierungen aus Stuttgart nach Überlingen verlagerte Cotta-Archiv und erklärte sich bereit, Ernst Jüngers entstehendes Manuskript zum Roman *Heliopolis* zu lektorieren. Der Abschnitt »Das Haus der Briefe«, so Frau Jünger, sei eine Anspielung des Autors auf das Cotta-Archiv.

Anfänglich sei ihr der umgänglichere Friedrich Georg näher gewesen, gestand sie. Ernst Jünger habe unnahbar und wortkarg in der Ecke gesessen. Zudem hätte sie damals kein positives Verhältnis zu vielen seiner Bücher gehabt, besonders *Der Arbeiter* sei ihr suspekt gewesen. Über ihre Jünger-Lektüre, mit der sie bereits als Zwölfjährige begonnen habe, meinte sie: »Auf jeder dritten Seite sagte ich: Ohne mich!« Die Überlinger Treffen hätten dann ein Umdenken ausgelöst, zumal Jünger sich als zunehmend heiterer Mensch entpuppt hätte. »Wir kamen uns immer näher – und das ging schließlich in Liebe über.«

509

Am Sonntagabend Abschied nach längerem Politisieren, wozu Liselotte leicht zu verführen ist. Das muss Ernst Jünger zeitweilig auf die Nerven gegangen sein – besonders wenn Gäste im Haus waren. Frau Jünger berichtete über eine geplante Gedenkstätte für Ernst Jünger hier im Oberland und den bevorstehenden Umzug mit den vielen Büchern in ihr Haus nach Überlingen.

Besuchte Botschafter Wolfram Dufner in Konstanz. Wollte mich über seine Reisen mit den Jüngers nach Malaysia unterhalten, überhaupt über seine Beziehung zu EJ, den er in seiner Genfer Residenz mit Golo Mann und Friedrich Dürrenmatt zusammengebracht hatte. Die Gattin Brigitte, Legationsrätin, sehr resolut, mit vereinnahmender Gesprächskultur. Sie servierte Krabben-Cocktail, Käse, Wurst, Salate. Dazu einen leichten Bodensee-Wein. Frau Dufner meinte, EJ verberge unter seiner abweisenden Art eine hohe Verletzlichkeit. Wolfram Dufner hat viele Anekdoten über die Begegnungen mit Ernst Jünger handschriftlich formuliert und will sie mir bei einem Wiedersehen in Berlin »vortragen«. Schade, dass ich sie nicht gleich in Papierform mitnehmen konnte.

Gegen zwei Uhr nachts verabschiedete ich mich in die 500 Meter entfernte Pension »Holzer« am Hafen. Lektüre, dann tiefer Schlaf bis zehn Uhr. Nach dem Frühstück mit der Fähre bei schönstem Frühlingswetter hinüber nach Meersburg. Lange Fahrt nach München zu Friederike von Poelnitz, ehemalige Sekretärin von General Stülpnagel. Eine ältere Dame ohne Esprit, dafür aber mit präzisen Erinnerungen an die Wochen um den 20. Juli 1944 in Paris. Es gibt Laugenbrezeln, Wurst und Tee. Weil »das Fernsehen« schon einmal bei ihr war, hat sie alles zu Sagende bereits formuliert und aufgeschrieben. Ich denke aber, dass das Gespräch ihre Zunge lösen wird und lasse das Band mitlaufen.

Nach dem Attentat auf Hitler habe sie auch ein Ernst Jünger im »Majestic« nicht mehr gegrüßt, erzählt sie fast ohne Regung. Die plötzliche Einsamkeit nach dem gewaltsamen Tod von Carl-Heinrich von Stülpnagel sei sehr belastend gewesen. »Er war der nobelste Mensch, der mir je begegnete.« Vielleicht, sagte sie, habe

EJ sie durch sein Schweigen schützen wollen, denn man habe nie wissen können, wer bereits unter Verdacht steht und durch eine Geste oder ein Wort alle belasten würde. Sie habe ihr Überleben aber allein Stülpnagel zu verdanken. Ihr Chef habe bis zuletzt Schweigen bewahrt, auch unter der Folter. Ernst Jünger habe sie das letzte Mal bei der Flucht aus Paris gesehen, etwas kläglich sei er »wie ein Rekrut« auf einem offenen Lastwagen unter Soldaten gesessen, den Karabiner zwischen die Knie geklemmt.

Nach dem fast zweistündigen Gespräch ins Hotel »Crown Plaza« am Luitpold Park, wo ich mich mit Thomas Schühly im Restaurant »Bamberger Haus« traf. Wir sprachen über den *Stahlgewitter*-Film. Schühly, Jahrgang 1951, ein aufgeräumter, herzhafter Mensch mit dröhnendem Lachen. Um Mitternacht hatten wir die zentralen Aspekte des Projekts, aber auch die politische Agenda abgearbeitet. Die »Chemie« stimmte, wie Thomas Schühly es in einem Fax an mich ausdrückte. Gegen 20 Uhr war sein Agent zu uns gestoßen; auch er sehr freundlich und beweglich. Wir speisten Fisch mit Spargel, tranken erst Bier, dann Wein. Abschließend Williamsbirne (oder war es Wodka?).

Am nächsten Tag Weiterfahrt nach Basel zu Albert Hofmann, ein endloser Horror-Trip in Neben-Routen am Bodensee entlang, nur um die Gebührenplakette für die Schweizer Autobahn zu sparen. Da ich meinen Ausweis vergessen hatte, musste ich beim Grenzübertritt einen Tagesausweis lösen, der 12 Franken extra kostete. Schließlich doch Ankunft auf der Rittimatte. Es öffnet ein noch immer beweglicher, sportlicher Zweiundneunzigjähriger. Die Ehefrau unpässlich, weil sie vor einigen Tagen von einem Hund umgerissen worden ist. Es gibt Tee und Kekse, ich lasse das Band mitlaufen. Hofmann erzählt Anekdotisches von seiner Freundschaft zu EJ, nett, aber nicht sehr aufschlussreich. Auf der Terrasse essen wir zu Abend; nun ist auch Anita Hofmann dabei. Es ist noch recht mild, und hinter den französischen Bergen des Jura geht rotglühend die Sonne unter.

Albert Hofmann philosophiert ganz im Geist von EJ über das »Wunderbare«, den »Schwindel des Seins«, den er während seiner

Drogen-Experimenten, aber auch in der Natur erlebt habe. Danach sitze ich vier Stunden lang allein im Gästezimmer über der Korrespondenz von Hofmann und Jünger. Es sind rund 200 Briefe und Karten aus den Jahren 1947 bis 1997. Mache mir Notizen. Die Hofmanns gehen 22 Uhr zu Bett, ich verlasse das Haus gegen zwei Uhr nachts. Rückfahrt nach Berlin mit kurzen Schlafpausen; Ankunft um 13 Uhr. Überrasche Astrid und die Kinder vor der Schule in Eichwalde, Laura hüpft, Clarissa schmollt, weil ich sie nicht zuerst in der Klasse abgeholt habe. Aber dann küsst sie mich überschwänglich. Als Reisepräsente gibt es Porzellan-Geschirr für die Puppenstube und Salami & Limetten-Likör für Astrid.

Am 26. Mai mit Peter Dussmann in seiner Villa, eigentlich ein nachgebautes Loire-Schlösschen der Jahrhundertwende. Rundgang durch den herrlichen Park am Zeuthener See. Nur ein paar hundert Meter von unserem Haus entfernt. Büfett, Wein, Gespräch über Politik, Architektur (Dussmann ist als Mäzen maßgeblich an der Restaurierung der Staatsoper Unter den Linden beteiligt), Kunst. Kohl mag er nicht, auch über die aktuelle Regierungspolitik nur Negatives. Überreichte ihm den Band *Für eine Berliner Republik*. Er bedauerte, bei der Präsentation im Deutschen Dom nicht dabei gewesen zu sein. Im Buch interessierte ihn besonders mein Kohl-Porträt.

Als höchst erfolgreicher Unternehmer, der fast drei Milliarden Mark weltweit umsetzt, fühlt Dussmann sich eher der FDP nah – auch wenn ihn manche gesellschaftspolitische Programmatik der Liberalen skeptisch macht. Er erzählte Anekdotisches über Mielke, der eine Gründerzeitvilla neben dem Schlösschen als Gästehaus nutzte. Nun müssten Mielkes frühere Mitarbeiter einen »Kapitalisten« bewachen, sagte er in Anspielung auf seinen Wachdienst, den er aus ehemaligen Stasi-Leuten und NVA-Soldaten rekrutiert hat. Das Schwabentum ist für den gebürtigen Rottweiler das bestimmende Lebensgefühl; er gebraucht gern schwäbische Idiome (»Wer net will, hat kett«) und begründet die Tatsache, dass er mit seinem Unternehmen nicht an die Börse geht, mit dem schwäbischen Grundsatz, lieber etwas kleiner, bescheidener zu bleiben, als Fremden ein Mitspracherecht über das Eigene einzuräumen.

Peter Dussmann trank während unseres Gesprächs nur Mineralwasser; mir ließ er vom »Majordomus« ständig Weißwein nachschenken. Schlug ihm vor, in der Villa »Zeuthener Gespräche« für einen TV-Sender abzuhalten, dem er sofort zustimmte. Ich soll seinem Pressechef, auch er ein Schwabe aus Rottweil, eine Teilnehmerliste vorlegen. Meine Bücher will er in seinem Berliner Kulturkaufhaus an prominenter Stelle platzieren lassen. Gegen ein Uhr nachts freundlicher Abschied; der Hausherr begleitete mich zum Tor des Anwesens. Auf dem Nachhauseweg wurde mir bei aller Zugewandtheit dieses Mannes klar: Er lebt in einer anderen, nüchternen Welt der Zahlen, auch wenn er Rokoko-Uhren sammelt und Häuser restauriert.

*Eichwalde, 5. Juni 1998*
Schrieb einen Beitrag über »Schloss Hubertushöhe« am Storkower See. Am Mittwochabend war ich mit Astrid zum Abendessen eingeladen. Gewissermaßen ein Werbe-Event für handverlesene Journalisten. Dabei auch der Chef des *Zeit*-Magazins aus Hamburg, der Regionalchef der *SZ*, Chefredakteur Philipps von der *Morgenpost*, mit dem ich im Gespräch ein paarmal zusammenstieß. Aber seine Schlechtgelauntheit isolierte ihn; da gab er auf. Berlins *ZDF*-Chef Reinhard Grindel, der auch am Tisch saß, wirkte wie ein aufgepumptes CDU-Riesenbaby. So redete er auch. Es gab Riesengarnelen an Kartoffelsalat, Seezungenstrudel mit asiatischem Gemüseratatouille, geschmortes Ochsenbackerl, Brandenburger Rehrücken und frischen Zander. Küchenchef Kurt Jäger ist Österreicher und hat für das »Harlekin« am Grand Hotel Esplanade einen Michelin-Stern erkocht. Seine Vorliebe gilt dem Fisch: Zander, Hechte, Karpfen und Aale holt sich der passionierte Angler selbst aus dem See, der sich unterhalb des Jagdschlosses ausbreitet.

Die »Landvilla«, ein Jagdschloss aus dem Jahr 1900 – zu DDR-Zeiten nutzte man es als Fischereifachschule – wurde, finanziert vom Hamburger Tabakkonzern Reemtsma, in vierjähriger Restaurierungsarbeit in ein architektonisches Kleinod zurückverwandelt. In sattem Ocker leuchtet das von einem Turm überragte Gebäude nun wie ein Märchenschloss zwischen märkischen Kiefern weit über den See. Zu seinen Gästen zählte auch Kaiser Wilhelm II., der mit dem Zug bis zur Station direkt am Jagdschloss anreiste. Kaum zu glauben, dass es nur 30 Kilometer sind bis zur Stadtgrenze Berlins! Fast unbewegt ruht der See am Fuß eines bewaldeten Hügels. Kein Motorenlärm stört die Waldesruhe, dann und wann schnappt ein Fisch an der Wasseroberfläche, vereinzelte Vogelrufe dringen ans Ohr. Störche, Kormorane, Eisvögel und Fasane tummeln sich in einer weitgehend unberührten Natur.

*Eichwalde, 27. Juli 1998*

Am Sonntag Bootsfahrt mit der Familie. Ich hatte in Wernsdorf ein Boot gemietet. Das Kajütboot »Skipsplast« ist sieben Meter lang und mit einem 100 PS starken Turbodiesel ausgestattet. In der Kajüte Kühlschrank, Spüle, Herd, Radio und ein extra WC. Wir fuhren am frühen Morgen los; durch einen Kanal zum Krossinsee, wo wir dicht am Schilf im Boot frühstückten. Als das Echolot 1,5 Meter anzeigte, ließen wir den Anker zu Wasser. Der Schilfgürtel ist der Lebensraum von Haubentauchern, Blässhühnern, Rohrspatzen, Fröschen und Fischen, die hier in den schlammigen Gründen stehen. Ein Schwarm Enten ruderte heran, als wir den Frühstückstisch bereiteten. In den Binsen zwitscherte ein vielfältiges Vogelkonzert. Eine kühle Brise strich über den See, kaum zu glauben, dass hier gegen Mittag hunderte von Sportbooten durch die Gewässer rasen. Denn in einer Ecke des Krossinsees ist durch Bojen ein extra Parcours für Wasserski und Luftkissen-Fahrten abgesteckt. Ansonsten sind auf den Seen im Südosten Berlins gerade mal 2,5 bis 5, maximal 8 Stundenkilometer erlaubt.

Weiterfahrt gegen 10 Uhr Richtung Müggelsee durch den Langensee hindurch, an den Eichwalde grenzt, und über die schmälere Müggelspree bis zu Berlins größtem Gewässer. Seit meiner

Rundfahrt auf dem Müggelsee mit Will Tremper und Leni Riefenstahl hat sich einiges verändert. Viele Häuser am Ufer sind renoviert, zahlreiche Segelboote und Yachten sind auf dem See unterwegs. Gemächliche Fahrt durch Köpenick und Richtung Treptow, vorbei an Oberschöneweide mit seinen Industrieanlagen. Kurz vor der Schleusse Umkehr, weil es sehr dunstig wurde. Auf der Höhe von Grünau klarte es wieder auf. Mittagessen am Ufer des Krossinsees; es gab Salat mit Hühnchen, Brot, Joghurt, Saft. Zurück nach Wernsdorf. Kurz vor dem Hafen stieß Timo Lina über Bord, was zum Zerbrechen des Flaggenhalters führte. Großes Geschrei der Kinder. Der Vermieter nahm's gelassen.

*Berlin, 16. August 1998*

Wir haben einen neuen Chefredakteur: Kai Diekmann, ein smarter Bursche. Er war Politik-Chef bei *Bild* und wurde von Claus Jacobi für die *Welt am Sonntag* aufgebaut. Diekmann reiste aus Hamburg extra nach Berlin an und erklärte mir, er habe bereits einen eigenen Mann für das Berliner Büro. Er schätze mich sehr als Autor und wolle mich zum Chefkorrespondenten machen. Ich würde meine Pfründe behalten: Büro, Sekretärin, Gehalt. Ich solle ihm in den nächsten Tagen mitteilen, um wie viel mein Jahresgehalt erhöht werden soll. Er lege großen Wert darauf, dass ich den Wechsel nicht als Degradierung verstehe, sondern als Beförderung. Das sind die klassischen Sprachregelungen, wie sie in Management-Akademien gelehrt werden – aber das Gesagte klang plausibel. Besonders gefiel mir die Aussage, er erwarte, dass ich dem Blatt 10 exklusive Geschichten im Jahr liefere, den Rest der Zeit könne ich machen, was ich wolle. Gut wäre es auch, wenn ich meine Verbindungen nutzen könnte, um bekannte Autoren als Kolumnisten zu gewinnen. Dann rauschte er zur Tür hinaus.

*Eichwalde, 3. September 1998*

Krise mit Astrid. Nun suche ich ein Apartment in der Nähe der Kochstraße. Der Besuch von Ulrich wie ein Brandbeschleuniger;

wir saßen einträchtig im Pavillon, dann brach das Feuer aus. Ulrich ist gut raus: Er hat ein Haus in Schweden gefunden und eine neue Gefährtin gleich mit. Das hat Astrids Unmut angeheizt. Einen solchen Vermittler könne sie nicht akzeptieren. Dabei hat sie mir oft genau mit solchen Maßnahmen gedroht, war sogar schon ausgezogen. Ulrich schrieb vor Wochen, wohl ein Reflex auf seine eigene gescheiterte Ehe, einen passenden Aphorismus: »Es gibt die Wahrheit des Mannes. Und es gibt die Wahrheit der Frau. Dazwischen liegt die Hölle.«

*Eichwalde, 6. Oktober 1998*
Drei Wochen später ist alles im Lot. Astrid kehrte versöhnt von Sabine zurück, zu der sie sich geflüchtet hatte. Die Mädchen sind glücklich, ich auch. Gut, dass ich mich nicht an Ulrich, sondern an Angelus Silesius gehalten habe, den ich in diesen Tagen las: »Schweige und höre. Neige deines Herzens Ohr. Suche den Frieden.« Es läuft auch gut mit der neuen Chefredaktion. Kai Diekmann will aus meiner Nähe zu Ernst Jünger Honig saugen. Er fragte mich, was sich unter all den Briefen und Dokumenten in Wilflingen für eine Publikation in der *Welt am Sonntag* eigne. Vielleicht die Schreiben von Hitler und Heß, die EJ zu umwerben versuchten. Bekanntlich vergeblich. Aber aus dieser Ablehnung könnte ich eine exklusive Geschichte machen, zumal die Briefe noch nie abgedruckt wurden. Das müsste allerdings mit Liselotte Jünger und dem Literaturarchiv in Marbach abgesprochen werden.

Seit zwei Wochen bekommen wir nachts Besuch von zwei schwarzen Jungs aus der Nachbarschaft, die wir mit Keksen füttern. Ihre Eltern, vegane Schwaben, halten ihre beiden Adoptivkinder bewusst kurz. Die magersüchtige Mutter hat einen Öko-Laden in Zeuthen. Der Vater arbeitet für BMW in Dahlewitz. Ein seltsam verhocktes, unfreies, hochideologisiertes Paar, das wir ins Gebet nahmen. Die beiden heranwachsenden Jungs wirken unterernährt, blass, ja krank. Unsere Ansprache scheint aber nichts zu nützen, die Jungs kommen jede Nacht und warten im Pavillon, bis man ihnen etwas zu essen bringt. Nun will Astrid das Jugendamt alarmieren.

Helmut Kohl abgewählt. Trotz der rot-grünen Konsequenz eine Befreiung. Gab dazu der polnischen Zeitung *Rzeczpospolita* ein zweiseitiges Interview. Kohl wird trotz seiner Verdienste um die deutsche Einheit als Weichensteller eines europäischen Irrwegs in die Geschichte eingehen. Leider tut sich eine neue Sackgasse auf: der Straßenschläger Josef Fischer Außenminister – eigentlich unvorstellbar. Und der Clown Oskar regiert mit. Ob ich es ertrage – diese Muppet-Show täglich im Fernsehen zu sehen?

*Eichwalde, 11. Oktober 1998*
Heute ist mein Gespräch mit Martin Walser erschienen, das ich gestern geführt habe. Themen: das neue Buch, der Friedenspreis, die deutsche Schuld , die rot-grüne Regierung. Gleich nach Ende des Interviews flog ich zurück nach Berlin, um den Text für den Druck fertig zu machen. Die heutige Dankesrede von Walser löste einen Skandal aus; Ignatz Bubis blieb, als alle in der Paulskirche Versammelten sich zum Applaus erhoben, sitzen. Nun also auch Martin Walser ein »geistiger Brandstifter«! Eben noch gefeiert, versucht man ihn jetzt endgültig in die rechte Ecke zu stellen. Erinnerte mich gut an unser Telefonat zum Thema; damals hatte Walser gesagt, er sorge schon selbst für seine Skandale, dazu brauche er keinen Beitrag in der *Selbstbewussten Nation*. So ist es nun gekommen. Die Absage an die »Instrumentalisierung von Auschwitz«, die er in seiner Dankesrede formulierte, steht zwar mehrfach auch in unserem Band, hat aber jetzt die adäquate öffentliche Bühne gefunden.

Unser Zusammentreffen so kurz vor der Preisverleihung war durchaus angespannt. Den Raum betrat ein Mann, dem man die Strapazen der letzten Tage ansah. »Also, da sind wir nun«, sagte er leise, ein wenig blass, doch die Augen unter den wildwüchsigen Brauen blitzten wie immer. Eigentlich wollten wir zusammen im Zug fahren, von einem Leseort zum nächsten, um die Pause für ein ausgiebiges Gespräch zu nutzen. Dann löste eine Bahnpanne den Dominoeffekt aus, Termine kippten, Routen wurden durchkreuzt, Auftritte verpasst. So fand das Interview im Suhrkamp-Haus in der Lindenstraße statt.

Vor neun Jahren, als ich Martin Walser zusammen mit Rainer Moritz erstmals in seinem Haus am Bodensee besuchte, trafen wir einen Tiefgekränkten, den die polemischen Attacken seiner Kollegen und der Kritikerzunft verletzt hatten. Weil er die »Wunde Deutschland« offen halten, sich mit der Teilung nicht abfinden wollte, schmähte man Walser als »deutschnational«. Freunde sagten sich von ihm los, vergessen schien sein Engagement gegen den Vietnamkrieg, die zeitweilige Nähe zur DKP. Walser galt nun als Renegat der 68er, als Reaktionär, als kalter Krieger, CSU-Sympathisant. Seitdem misstraut er den Intellektuellen, verachtet den Zeitgeist, der herrschen will, um andere zu beherrschen.

Heute scheint alles anders. An diesem Wochenende ist der Autor von vierzehn Romanen, zahlreichen Theaterstücken, Hörspielen und Essays endgültig im deutschen Schriftsteller-Olymp angekommen. Nach dem Hesse-, Schiller-, Büchner-, Zuckmayer-, Hölderlin- und Heine-Preis könnte der Friedenspreis des Deutschen Buchhandels für Martin Walser nun so etwas wie eine öffentliche Rehabilitierung markieren. Könnte – denn nun hat der Zeitgeist eine neue Walser-Flanke entdeckt, in die er mit der Unerbittlichkeit des Moralisten hineinstechen kann: Auschwitz. Das wusste Walser natürlich noch nicht, als wir über seine Gefühle so kurz vor der Auszeichnung sprachen. Der Schriftsteller, der Verunglimpfung erfahren habe, erklärte mir Walser, wisse den aufbauenden, ermutigenden Aspekt solch eines Preises zu schätzen.

Dass es im Vorfeld der Verleihung keine Debatten um seine Person gegeben habe, fand er angenehm. Dafür gab es sie umso mehr über seinen jüngsten Roman *Ein springender Brunnen*, den Marcel Reich-Ranicki im *Literarischen Quartett* verrissen hat. Das sei reine Polemik, sagte Walser scharf, keine Kritik. Man müsste Reich-Ranicki das, was er da gesagt habe, einmal in schriftlicher Form zusenden. Dann würde er erschrecken. Er wisse aus eigener Erfahrung, dass es sich, wenn man polemisch werde, um einen

518

»Porenverschluss« handle, man nur noch einen Teil seines Geistes, seiner Intelligenz zur Verfügung habe.

Warum hat er dieses eminent wichtige Buch über seine Kindheit erst als Siebzigjähriger geschrieben? Er habe lange keinen Ton dafür gefunden, antwortete Walser nach langem Zögern. Er sei weder ein faschistisches noch ein antifaschistisches Kind gewesen. »Man muss offenbar schon als Kind solche Polit-Profilierungen mit sich bringen, wenn man heute von dieser Zeit schreiben möchte.« Man dürfe die Vergangenheit nicht mit den moralischen Ansprüchen von heute konfrontieren. Aber geschehe nicht gerade dies unablässig, fragte ich, sei das Thema Schuld und Wiedergutmachung denn nicht eine Art perpetuum mobile des Juste Milieu? »Aus der Schande der eigenen Geschichte wird man nie entlassen«, antwortete Walser. Aber er glaube schon, »dass es Generationen gibt, die daran nicht mehr so teilnehmen wie wir«.

Ich erinnerte ihn an seinen Essay *Auschwitz und kein Ende* aus dem Jahr 1979. Damals hatte Walser geschrieben, dass die Gewalt, die von Auschwitz ausgegangen ist, aus uns selbst kommt, wir seien »nicht fertig damit«. Bedeute Schuld in diesem Zusammenhang, dass wir uns unserer negativen Möglichkeiten andauernd bewusst bleiben müssten? Wie Günter Grass das im Zusammenhang der deutschen Wiedervereinigung wie ein Mantra predige? Solch eine Text-Archäologie gefällt Walser nicht. Es war zu spüren, dass er sich auch durch eigene Zitate nicht gängeln lassen will. Wieder zögerte er zu antworten, atmete tief ein, lehnte sich zurück und beugte sich abrupt wieder nach vorn. Ich sah, hörte, spürte körperlich, wie schwer er es sich mit seiner Replik machte: »Na ja, das sind alles Versuche, ich habe das Gefühl, dass, mmh… das sind, das sind alles – dass man darüber sehr schwer öffentlich sprechen kann…«

Einen Tag später, heute, weiß ich, dass Walser unbedingt vermeiden wollte, etwas auszusprechen, was er für den Auftritt in der Paulskirche längst sorgfältig vorbereitet hatte. Das deutete er auch an. Man solle im Übrigen nur über die eigene Schuld reden, nicht über die der Allgemeinheit. Nichts sei schädlicher als »symbolische Handlungen«. Hegel habe das so ausgedrückt: »Gewissen ist tiefste Einsamkeit.« Das könne man nicht delegieren oder symbolisieren. Aber, frage ich mich, hat der Preisträger Martin Walser nicht gerade mit dieser Ansicht den Zentralratsvorsitzenden der Juden Ignatz Bubis provoziert? Das Amt, das Bubis innehat, ist ja eigentlich gerade für solch symbolische Handlungen und Reden geschaffen worden.

Sollte auch das geplante Holocaust-Mahnmal in Berlin nicht gebaut werden? Walser kontert die Frage mit Gegenvorschlägen, die das Gedenken konkret, didaktisch machen wollen: »Wie sich der Staat zum Gedenken verhält, ist mir egal. Ich habe aber schon Vorstellungen, wie man einer solchen Vergangenheit mehr entsprechen könnte als durch steinerne Monstrositäten. In erster Linie wächst das in der Schule. Ich würde Schulklassen aus allen Städten Deutschlands Ausflüge nach Dresden machen lassen, um ihnen die Häuser zu zeigen, aus denen Juden vertrieben wurden. Es müssen nämlich authentische Orte sein. Und sie sollten die Tagebücher von Victor Klemperer lesen, das hätte einen echten Zeugniswert.«

Einer rot-grünen Regierung sieht Martin Walser gelassen entgegen. »Dass die Grünen entstanden sind, ist Ausdruck der Versäumnisse der Volksparteien. Ich sehe darin einen dialektischen Vorgang, das Bedürfnis nach ökologischer Politik hat sich etabliert als neue Partei. Das ist Folge der Verschlafenheit der in ihren Machttraditionen gefangenen großen Parteien.« Er empfinde es »als Ausdruck von allergrößter Lebendigkeit«, dass dieser Typus des grünen Politikers überhaupt erschienen sei. Auch wenn sein Auftreten bisweilen »skurril und absurd« erscheine. Er jedenfalls finde es gut, dass sich die SPD jetzt mit dieser Provokation auseinandersetze.

*Eichwalde, 25. Oktober 1998*
Am Samstag Auftritt von Laura. Da wir ihr einen Wunsch nicht erfüllt hatten, stampfte sie mit dem Fuß auf und schrie: »Ich gehe fort, ich will Euch als Eltern nicht mehr!« Flugs packte sie ihre

520

Jacke und stürmte zur Haustür. Ich hielt sie fest und redete auf sie ein, dass sie doch gar nicht wisse, wohin und dass da draußen niemand sei, der ihr helfen könne. Astrid meinte kühl, ich solle sie laufen lassen. Laura rannte auf die Straße und in einem Lauf zur katholischen Kirche. Wir vermuteten, dass sie zu ihrer Freundin Lisa wollte, doch deren Mutter vermeldete per Telefon, dass keine Laura in Sicht sei. Als ich mich gerade zum Wagen aufmachte, stand sie wieder vor dem Gartentor, schluchzte: »Ich möchte lieber hier sein.« An der Kirche hatte sie der Mut verlassen – vielleicht war auch die Wut schon verraucht. Aber nur ein paar Minuten später, als sie unsere erleichterten Gesichter sah, sagte sie trotzig: »Ich kann euch doch nicht allein lassen!«

*Eichwalde, 8. November 1998*
Besuch von Ulrich, der inzwischen in Schweden heimisch geworden ist. Er berichtete uns von einer bevorstehenden Reise nach Moskau; dort will er zusammen mit einem niederländischen Film-Team seinem russischen Vater begegnen. Mit Hilfe eines russischen Journalisten sei es ihm gelungen, den früheren Sowjetoffizier aufzuspüren. Ich frage ihn, ob es nicht besser sei, seinen Vater erst einmal ohne Kamera zu treffen? Ulrich winkte ab: Das sei ein so großer Moment, dass man ihn unbedingt dokumentieren müsse! Dieser Mann sei als Besatzungsoffizier verbotenerweise mit seiner Mutter liiert gewesen; sie seien beide 1950 von einem Militärtribunal in Wismar verurteilt worden. Seine Mutter zu zehn Jahren »Arbeitslager«; sie verschwand wegen »Verleitung zum Landeshochverrat« im Frauengefängnis Hoheneck, ihr Geliebter, der Leutnant Wladimir Jegorowitsch Fedotow, wurde angeblich für 25 Jahre nach Sibirien verbannt. In dem Gespräch vor laufender Kamera wolle er alles besprechen, was damals wirklich geschah. Auch um die Zweifel seiner Mutter zu zerstreuen, die bis heute argwöhne, ihr geliebter »Wolodja« habe sie verraten, um seinen Kopf zu retten. Bin skeptisch, ob die erste Begegnung von Vater und Sohn unter diesen Umständen gelingen kann.

521

*München, 21. November 1998*
Im Institut für Zeitgeschichte, wo ich zum Thema »Landvolkbewegung« Prozessakten einsah. Ernst Jünger war im September 1929 als Zeuge geladen, um Bruno von Salomon, den Bruder des Rathenau-Attentäters Ernst von Salomon, zu entlasten. Bruno von Salomon musste sich wegen angeblicher Bomben-Attentate auf Verwaltungsgebäude in Schleswig-Holstein verantworten. Nutzte die Archivreise, um Armin Mohler wiederzusehen. Mohler versprach, mir sein Nachkriegstagebuch sowie weitere Kopien der Jünger-Briefe zuzusenden. Dann führte er mich durch sein Archiv.

Seit meinem letzten Besuch sind mehr als zehn Jahre vergangen, das war ihm anzusehen. Er leidet unter Gedächtnisschwund; besonders Namen entfallen ihm, was die Unterhaltung sehr stockend macht. Mohler hat auch wegen einer Knieoperation Mühe beim Gehen (zudem wurde ihm ein künstliches Hüftgelenk eingesetzt) und wirkt mit seinen 78 Jahren deutlich älter. Wieder erzählte er Anekdoten über Ernst und Gretha. Schimpfte auch über den schlechten Charakter des Verlegers Günther Neske, der ihm die Nähe zu Jünger geneidet und ihn bei Gretha schlecht gemacht habe. Seine Frau ergänzte die Namen, die ihm entfallen waren und wiegte meist nur den Kopf, wenn er wieder jemanden heruntermachte.

Abends traf ich Thomas Schühly. Er äußerte sich begeistert über die *Selbstbewusste Nation* und vor allem über meinen Schmerz-Essay. Schühly dozierte ein wenig über Filmgeschichte, seine Zeit mit Rainer Werner Fassbinder, seine großen Kino-Projekte. Erzählte, dass er gern Georges Steiners Novelle *The Portage to San Cristobal of A.H.* verfilmen würde. Und dass er sein Geld mit Produktionen in München und in Hollywood verdiene, als Produzent gezwungen sei, immer mehrere »Projekt-Ideen« gleichzeitig zu entwickeln. Dazu gehöre auch unser *Stahlgewitter*-Film. Er erschien mir kränklich, abgespannt und verabschiedete sich um 22 Uhr. Das war mir durchaus recht, denn am Vorabend hatte ich mit Michael Ludwig einige Biere und (zu) viel Grappa in Schwa-

522

bing gezischt. Traf mich mit Michael erneut in der Schwabinger »Freesenstube«; von dort gingen wir zuerst ins Hofbräuhaus, wo wir jeder ein Paar »Weißwürstel« verspeisten, und danach in ein Alt-Münchner Szene-Lokal.

Zurückgekehrt nach Eichwalde, übersandte ich Armin Mohler die *Berliner Republik*, worüber er sich so sehr freute, dass er mich am Tag des Eintreffens sogleich anrief, um sich überschwänglich zu bedanken. Nun soll ich ihm auch die *Magie der Heiterkeit* zusenden, warum nicht.

Ingo Langner meldete sich, und wir vereinbarten einen Termin, um unser Jünger-Filmprojekt zu besprechen. Langner möchte in Wilflingen, am besten in der Oberförsterei und im Stauffenberg'schen Schloß, drehen. Eine fiktive Story: Die Jünger-Freunde und Jünger-Feinde sitzen im Schloss und halten Gerichtstag über einen Autor, der längst tot, aber in ihren Köpfen höchst lebendig ist. Das Drehbuch wollen wir zusammen entwickeln.

*Regensburg, 1. Dezember 1998*

Vortrag zum Thema »Ernst Jünger im Dritten Reich« in Regensburg, ergänzt um die Hitler- und Heß-Briefe. Rund 30 Zuhörer; der Vortrag fand im »Bollinger-Saal« des Alten Rathauses statt. Dabei auch ein Student, der alle meine Bücher kennt und mein letztes Interview mit Jünger gelesen hat. Er stellte einige kritische Fragen zu EJ und den Zweiten Weltkrieg; wollte wissen, warum Jünger in einer Armee gedient hat, die ihren Eid auf Hitler abgelegt habe. Der Unterschied zwischen Hoch- und Landesverrat leuchtete ihm nicht ein, auch die Haltung Jüngers, zwischen einer Regierung und den geopolitischen Interessen eines Landes zu unterscheiden. Ich zeigte Jüngers Widmung vom Januar 1926 in seinem Buch *Feuer und Blut*, das er Hitler übersandt hatte. Ich hatte sie mir als Kopie aus der »Library of Congress« in Washington kommen lassen.

Anschließend ins Restaurant, wo man mich zu meinen Begegnungen mit EJ befragte. Mein Domizil ist der »Münchner Hof« in der Tändlergasse. Professor Bernhard Gajek führte mich durch die Altstadt, u.a. zum Dom, zum Kepler-Haus und zur Steinernen Brücke an der Donau. Habe den ersten Teil meiner großen Jünger-Geschichte für das *Zeitgeschehen* der *Welt am Sonntag* abgeschlossen. Mal sehen, was Kai Diekmann dazu meint.

*Eichwalde, 30. Dezember 1998/1. Januar 1999*
Schenkte Astrid zu Weihnachten Will Trempers Erinnerungsband *Große Klappe*. Am 12. Dezember ist der Regisseur und jahrelange *Welt-am-Sonntag*-Autor in seinem Münchner Haus an Herzversagen gestorben. Als ich ihn vor zwei Jahren zu einer Party in die Borstellstraße einlud, weigerte er sich, die Treppe zum fünften Stock hochzusteigen. Das mache sein Herz nicht mit, sagte er durch die Sprechanlage und ließ sich von dem Taxi, das ihn nach Steglitz gebracht hatte, wieder nach Hause fahren. Auf meine Geburtstagskarte im Oktober hatte er nicht mehr geantwortet, obwohl wir gemeinsam seinen 70. Geburtstag feiern wollten. Ihm hatten wir das Debakel wegen seines *Welt*-Artikels zum Film *Schindlers Liste* zu verdanken, den er runtermachte.

In meiner Erinnerung bleibt er ein sympathischer, superoptimistischer Kerl, dessen Filme zur Geschichte der frühen Bundesrepublik gehören. Die Kinofilme, für die er das Drehbuch schrieb oder in denen er Regie führte, wurden preisgekrönte Kassenschlager. Bis heute unvergessen: *Die Halbstarken* (1956) mit Horst Buchholz und Karin Baal, *Flucht nach Berlin* (1961), *Die endlose Nacht* (1963) mit Harald Leipnitz und Hannelore Elsner, *Verspätung in Marienborn* (1963) mit José Ferrer und Sean Flynn, *Playgirl* (1966) mit Eva Renzi, Paul Hubschmid und Harald Leipnitz. Rainer Zitelmann gelang es in seiner Zeit als Programmchef von Ullstein, Tremper den Memoirenband *Meine wilden Jahre* abzuringen. Wenn man das Buch liest, hört man den großen Anekdotier reden, eine irre Mischung aus Dichtung und Wahrheit.

Mit Astrid und den Kindern nach Bad Salzdetfurth. Vorschlag von Uwe, um unsere familiäre Situation zu entspannen. Uwe hatte auch seine Schwester Svenja mit Tochter und Ehemann eingeladen. Nach dem Abendessen gossen wir Blei; Uwe deutete meinen

524

Klumpen als »U-Boot« und zog daraus den Schluss, ich müsse im kommenden Jahr abtauchen, um die Biografie zu vollenden. Laura goss eine Schöpfkelle, Clarissa einer Meerjungfrau, Astrid einen Delphin. Was immer das anhängliche Tier bedeutet. Dann Rundgang durch den kleinen Ort mit pyrotechnischen Einlagen. Um Mitternacht versuchte ich Astrid zu umarmen. Aber sie sagte nur: »Versöhnung kann man nicht erzwingen.« Auch Uwes Zuspruch nützte nichts. Große Knallerei vor dem Haus, Laura juchzte, Clarissa beobachtete das Ganze skeptisch von der Treppe aus.

*Berlin, im Januar 1999*
Traf in München Samuel Huntington, den Autor des global diskutierten Buches *The Clash of Civilizations* (Kampf der Kulturen). Unser Gespräch im Bayerischen Hof drehte sich um künftige Weltkonflikte; Huntington, ein eher spröder, professoraler Typ, sagte Spannungen in Südafrika, Zypern und Palästina voraus. Die doppelte Staatsbürgerschaft lehnt er ab. In Deutschland Geborene sollten, wie in den USA, automatisch das Staatsbürgerrecht bekommen. Eine doppelte Staatsbürgerschaft unterminiere die Loyalität zu dem Land, in dem man lebe. Die Türkei dürfe auf keinen Fall in die Europäische Gemeinschaft aufgenommen werden. Er plädiere dafür, dass sie als Mittelmacht künftig eine führende Rolle in der islamischen Welt übernehmen solle.

Samuel Huntington, der als Politikwissenschaftler an der Harvard Universität lehrt und den US-Präsidenten berät, setzt der These vom »Ende des Geschichte« (Francis Fukuyama) nach dem Zusammenbruch der Sowjetunion die Vision neuer globaler Konflikte entgegen. An die Stelle der Ideologien träten nun die Konfrontationen zwischen den Weltkulturen wie Christentum, Islam, Hinduismus, Konfuzianismus und Afrikanismus. In Anlehnung an Henry Kissinger entwirft Huntington das Bild eines Pluriversums, in dem die Hauptmächte USA, China, Russland, Indien, Europa und Japan »das internationale System des kommenden Jahrhunderts« bestimmen würden.

Huntington ist es gewohnt, seine Thesen weltweit, das heißt überall dort zu verteidigen, wo sein Buch in Übersetzung vorliegt. Wir sitzen im Frühstücksraum des Hotels; der Blick geht hinüber zu den Doppeltürmen der Münchner Frauenkirche. Das eindrucksvolle Panorama inspiriert mich zur ersten Frage: Der Westen solle, so die Grundthese seines Buches, zu seinen eigenen, also auch christlichen Werten zurückkehren? Huntington antwortet überraschend emotional: »Ich bin bestürzt, wie sehr sich die westlichen Länder dem Konsum ausliefern. Aber ich denke, die Grundwerte des Westens existieren noch. Allerdings findet die weltweite Zurückwendung zur Religion, wie sie sich jetzt vor allem in der moslemischen Welt, in Russland, Asien, Afrika und Südamerika abspielt, in Westeuropa tatsächlich nicht statt.« Aber nur die Rückbesinnung auf die christlichen Ursprünge könne die westliche Wertegemeinschaft fit machen für den Kampf der Kulturen.

Die zunehmende religiöse Gleichgültigkeit sei aber doch ein Zeichen dafür, dass die Modernisierung immer weiter fortschreitet und am Ende die Kulturtraditionen auslöschen wird, hake ich nach. Wir in Europa verkörperten die modernste Zivilisation – und zugleich hätten wir uns am weitesten von der Religion, die unser Denken und unsere Werte geprägt hat, entfernt! Huntington pocht auf eine Art Dialektik, die sich in diesem Spannungsfeld von Moderne und Religion vollziehe: »Das Christentum breitet sich in der Welt aus und damit auch die westlichen Werte. Auf der anderen Seite wächst der Widerstand in Asien und in der moslemischen Welt gegen die westliche Kultur. Das gilt auch für christlich-orthodoxe Länder wie Griechenland und Russland. Denken Sie nur an die bemerkenswerte Aussage des griechischen Präsidenten, die Feinde stünden nicht mehr im Norden, sondern im Westen. Er meinte damit die Medien und den Protestantismus.« Das Christentum, so Huntington, breite sich aber auch dort aus, wo die Modernisierung Bedürfnisse nach Transzendenz schaffe wie in Südkorea. In den USA habe die katholische Kirche die Bedürfnisse der Menschen im Alltag nicht erfüllt. Deshalb erlebe man einen gewaltigen Aufschwung des evangelikalen Christentums. In Afrika schließlich finde ein Wettstreit zwischen dem Islam und dem Christentum statt, weil die einheimischen Kulte den Menschen dort nicht mehr genügten.

Veränderten Modernisierung und Technisierung nicht ganz automatisch die Werte der Gesellschaft, gebe ich zu bedenken. »Ja der Fortschritt verändert die traditionellen Werte. Aber er kann die fundamentalen Unterschiede zwischen den Kulturen nicht auslöschen. Sie können alle modern werden, aber sie werden dadurch nicht gleich.« Die Ergebnisse einer Umfrage, die in 60 Ländern über mehrere Jahrzehnte durchgeführt worden seien, stützten seine These, dass die Werte sich mit der Modernisierung verändern, die kulturellen Prägungen jedoch dieselben blieben. Die eigentlichen Unterschiede würden dadurch kaum berührt. Dass die autochthonen Werte der Kulturen durch die Wirkung der Technisierung quasi unberührt bleiben, leuchtet mir als Jüngerianer nicht ein. Ernst Jünger hat das globale Nivellement in seinen Tagebüchern über Jahrzehnte protokolliert. Mit diesem Punkt, das wird auch von anderen Kritikern so gesehen, steht und fällt die Plausibilität von Huntingtons Theorie einer vom dauerhaften Streit der Kulturen bestimmten Welt.

Huntington räumt ein, dass der technische Fortschritt die traditionellen Werte in der Substanz angreife. Aber er beharrt darauf, dass diese Entwicklung die fundamentalen Unterschiede zwischen den Kulturen langfristig nicht auslöschen könne. Kann sich, frage ich, die autonome Sphäre der Kultur tatsächlich gegen eine Modernisierung halten, die mit Internet, Gen-Technologie, Kapitaltransfer und der Ausbreitung multinationaler Unternehmen einen globalen Anpassungs- und Nivellierungsprozess vorantreibt? Forderten wachsender Konsumismus und Individualismus nicht automatisch die politische Teilhabe, also die allgemeine Demokratisierung und Säkularisierung? Beschreibe der Autor Huntington in seinem Buch vielleicht nur eine Übergangszeit – und könnte an deren Ende nicht doch eine universale »Weltkultur« stehen?

Samuel Huntington hat kein Problem, seine These vom immerwährenden Kampf der Kulturen anhand von Beispielen zu illustrieren. Die Verbreitung von Technologie werde, sagt er mit der Gelassenheit des Empirikers, zwar Reichtum und Mobilität in den verschiedenen Gesellschaften deutlich erhöhen, diese aber einander nicht ähnlicher machen. Es sei ein Fehler, anzunehmen, ökonomische Globalisierung bedeute einen grundlegenden gesellschaftlichen Wandel. Er habe viele Gespräche mit Vorständen von großen multinationalen Unternehmen geführt, und deren Botschaft laute unisono: Globalisierung führt zur Lokalisierung. Die Unternehmen müssten sich den Bedingungen des jeweiligen Landes anpassen, um erfolgreich zu sein. Eine Studie über die Aktivitäten der Fastfood-Kette McDonald's in fünf asiatischen Städten habe gezeigt, wie sehr sich das Unternehmen den jeweiligen Ess- und Lebensgewohnheiten der Menschen in Tokio, Seoul, Peking, Hongkong und Taipeh angepasst habe.

Das ist eine Argumentation, die zum Widerspruch reizt. Wirke diese Art und Weise der Nahrungsaufnahme, also die Abspeisung am Fließband, das unpersönliche Ambiente und die kurze Verweildauer nicht doch prägend, forme sich hier nicht eine ganz neue, westliche Esskultur? Ist diese technische *révolution sans phrase* nicht viel stärker als ein paar folkloristische Zugeständnisse in Verpackung und Ambiente? Huntington will sich seine These nicht entwinden lassen: »Die asiatischen Beispiele zeigen, dass die Besucher Stunden bei McDonald's verbringen, Zeitung lesen, ihre Babys betreuen lassen etc. Wenn es nur um Fast Food ginge, würden Sie auf der Straße beim Händler einen landestypischen Imbiss kaufen. Die Atmosphäre bei McDonald's ist in den verschiedenen Ländern jeweils sehr verschieden.«

Das Buch des Harvard-Professors wirkt auf nicht wenige Leser provozierend. Weil er darin Konflikt-Szenario um Konflikt-Szenario ausbreitet und damit den Eindruck von lustvollem Fatalismus erweckt. Ich frage deshalb, wie man solche »Bruchlinien-Konflikte« zwischen Religionsgemeinschaften oder Zivilisationsverbänden entschärfen könne? »In Regionen mit einer

528

einzigen Kultur sollten die Konflikte von der dort führenden Macht gelöst werden. In Regionen wie dem früheren Jugoslawien, wo Gruppen von verschiedenen Kulturen miteinander in Streit liegen, sollten die Führungsmächte der beteiligten Kulturen versuchen, diesen Konflikt zu verhindern.« Dies sei nicht immer leicht – besonders wenn in diesen Konflikt Moslems verwickelt seien wie in Jugoslawien, im Kaukasus oder in Zentralasien. Es gebe kein einzelnes moslemisches Land, das ein wirkungsvoller Verhandlungspartner sein könne. Huntington weiß, dass er hier Hypothesen und Hoffnungen verkündet: »Russland kann für die orthodoxen Länder sprechen, die USA für den Westen, wer aber vertritt die Moslems in einem Konfliktfall?« Müsse man nicht befürchten, werfe ich ein, dass die sogenannten führenden Mächte Außenpolitik aus innenpolitischem Kalkül betrieben? In diesen Fällen würde gerade nicht die Lösung des Konflikts, sondern seine Verschärfung angestrebt.

Eine Reihe von Bruchlinien-Konflikten mit der Gefahr einer globalen Eskalation ist für Huntington vorprogrammiert; dazu gehören u.a. Russland, der Nahe und Mittlere Osten, Afrika. Die Beziehungen zwischen einem künftigen palästinensischen Staat und Israel dürften, so Huntington, »sehr schwierig« werden. Auf beiden Seiten stünden »Extremisten bereit, um die religiösen und kulturellen Konflikte anzuheizen«. Palästina könne dabei zu einem Ersatzschlachtfeld für die islamisch-westliche Konfrontation werden. Auf der anderen Seite sei die islamische Welt nicht einig, sie sei von Neid und Rivalitäten beherrscht. Dennoch würden diese Länder – Ägypten, Saudi-Arabien, der Iran, die Emirate – große Anstrengungen unternehmen, um ihre Stärke zu entwickeln. Russland helfe dabei dem Iran und dem Irak.

Wie kann man diese Aufrüstung, die früher oder später zu regionalen Konflikten führe, eindämmen? »Der Westen hat eine Reihe von Möglichkeiten, um die Ausbreitung von Massenvernichtungswaffen zu verhindern. Das Problem ist, dass es in Russland Menschen gibt, die der Versuchung erliegen, atomare Technik oder das Wissen davon in Krisengebiete zu verkaufen.

Es gibt deshalb ein amerikanisches Programm zur Finanzierung russischer Wissenschaftler. Aber die Verbreitung von nuklearen Waffen in Ländern, die sich bedroht fühlen, wird weitergehen. Vor allem dann, wenn diese Staaten sich von Staaten aus einem anderen Kulturkreis bedroht fühlen.« Atomwaffenprogramme würden wie im Fall von Brasilien oder Argentinien nur aufgegeben, wenn diese Länder sich sicher fühlten. Hielten sie sich für gefährdet wie Südafrika oder Israel, Iran, Irak, Indien, Pakistan und Nordkorea, so entwickelten oder produzierten sie weiter die Bombe. Tatsächlich drohe die wirkliche Gefahr aber vor allem von biologischen und chemischen Waffen. Sie seien viel billiger und sehr leicht herzustellen.

Deshalb könne man auch einen Diktator wie Saddam Hussein nur mit viel Glück loswerden. Er habe sein Land unter scharfer Kontrolle, alle Dissidenten seien außer Landes. Die Nachbarländer des Irak wollten zwar alle Saddam Hussein gestürzt sehen, aber sie befürchteten gleichzeitig, durch seinen Sturz mitgerissen zu werden. Weder die Türkei noch Saudi-Arabien wollten das Auseinanderbrechen des Landes, falls sich die Kurden im Norden oder die Schiiten im Süden erheben. Vielleicht, so Huntingtons vorsichtig geäußerte Spekulation, würde jemand aus der Umgebung von Saddam Hussein ein Attentat wagen, so wie Gandhi von einem Leibwächter getötet wurde.

*Eichwalde, 27. Januar 1999*
Das Echo auf meine Beiträge (17./24.) zu den Briefen, die Jünger, Hitler und Heß in den Zwanzigerjahren wechselten, ist gewaltig. Natürlich waren Frau Jünger und auch das Marbacher Literaturarchiv, der künftige Aufbewahrungsort von Ernst Jüngers Nachlass, eingeweiht. Die Briefe selbst hatte ich im »Studio«, in Jüngers Brief-Archiv, selbst eingesehen und kopiert. Der Axel-Springer-Verlag unternahm in den Tagen davor große Werbeanstrengungen in den Printmedien, aber auch zu den besten Sendezeiten in Rundfunk und Fernsehen, um die Beiträge in der *Welt am Sonntag* groß anzukündigen. Den Stein ins Rollen

530

brachte dann vor allem Frank Schirrmacher, der im Feuilleton der *Frankfurter Allgemeinen* grobes Geschütz auffahren ließ: Alles, was hier vom Autor, flankiert von den Nachrichtenagenturen, behauptet würde, habe Jünger in seinen Tagebüchern längst selbst kund getan. Schirrmacher schreibt: »Hitlers Briefe an Jünger bis hin zum geplanten Besuch in Leipzig sind seit langem bekannt, neu ist nur, daß sie erstmals faksimiliert und im genauen Wortlaut vorliegen.« Briefe, das müsste der *FAZ*-Herausgeber eigentlich wissen, sind so lange unbekannt, bis ihr Wortlaut veröffentlicht ist! Frank Schirrmacher lässt seinen Co-Autor Hans Ulrich Gumbrecht schreiben, Jünger habe von Hitler »Erlösung« erhofft, sei aber durch den abgesagten Besuch des »nationalen Führers« in Jüngers Leipziger Wohnung von Hitler schnöde abgewiesen worden. Hitler habe damals Wichtigeres zu organisieren gehabt, nämlich seinen Aufstieg zur Macht. Ich schrieb Frau Jünger am 20. Januar den folgenden Brief:

Liebe Frau Jünger,
anbei der Aufsatz zum Thema Ernst Jünger und der Nationalsozialismus. Er wurde von der Redaktion vor allem auf die Hitler/Heß-Briefe orientiert, was denn auch einigen Wirbel auslöste. Dazu beigetragen hat die starke Werbung des Verlages, die nach meinem Geschmack zu einseitig auf den Hitler-Brief hinwies. Dabei sind es ja die von mir ausführlich kommentierten Heß-Briefe, welche wirklich weiterführende Aufschlüsse über die Rolle Ernst Jüngers zwischen Hitler-Bewegung und den nationalrevolutionären Gruppierungen vermitteln. Wie dem auch sei, ich denke, dass mein Text gründlich recherchiert und historisch bzw. biografisch »objektiv« geraten ist. Kundige Leser haben mir dies bestätigt. Ganz anders der Auftritt von Frank Schirrmacher im Feuilleton der *FAZ* (18.1.)! Unter der Schlagzeile *Hitler, Jünger und der entwendete Brief* inszenierte er einen Gerichtstag über den »Sensationsjournalismus« von *Welt am Sonntag*, die es gewagt hatte, wichtige Dokumente aus dem Jünger-Nachlass zu publizieren. Der Text vibriert vor schlecht kaschiertem Ressentiment

gegenüber dem vorwitzigen Biografen Schwilk, dessen »Funde« deshalb im Handstreich in ein »weißes Blatt Papier« verwandelt werden mussten.

Als eigentlichen Skandal empfinde ich aber nicht den Angriff auf meine Person, sondern die Volte, mit der Frank Schirrmacher sogleich Ernst Jünger zum Komplizen von »Nachruhm-Strategien« macht, ihm also gewissermaßen Hochstapelei vorwirft! »Mit Bedacht hat Jünger Briefe, überhaupt seine Korrespondenz, zum fast mythischen Kern seiner schriftstellerischen Existenz gemacht«, behauptet Schirrmacher, obwohl er doch wissen müsste, dass Ihr Mann mehrfach geäußert hat, seine Korrespondenz sei das »fünfte Rad am Wagen« und laufe halt so mit. Der eigentliche Kern seines Werkes ist eben das Werk selbst – wie könnte es anders sein. Dass im Nachlaß »Schlüsseltexte zum Verständnis des Jahrhunderts« zu finden seien, ist ein Luftballon, den Schirrmacher selbst aufbläst, um ihn sogleich mit lautem Knall zum Platzen zu bringen.

Genug davon, Sie werden den Artikel sowieso gelesen haben und auch das, was Co-Autor Gumbrecht auf derselben Seite zur Beziehung von Adolf Hitler und Ernst Jünger zu interpretieren wusste. In Umkehrung meiner These heißt es da, Jünger habe sich von Hitler »Erlösung« erhofft, sei aber leider nicht erhört worden. Haben wir dies in der *FAZ* Jahrzehnte lang nicht ganz anders gelesen, von Joachim Fest über Wolf Jobst Siedler bis zu Frank Schirrmacher selbst? Nur ein bisschen scheeläugiger Affekt, nur eine ganz kleine Brise Zurückgesetztheit – und schon verkehrt sich Wertschätzung in Abschätzigkeit, Achtung in Verachtung.

Vielleicht sind all diese Aufgeregtheiten gar nicht bis zu Ihnen vorgedrungen, und ich hätte sie Ihnen deshalb besser erspart – Sie haben weiß Gott Wichtigeres zu tun! Für alle Ihre Vorhaben und Verpflichtungen wünsche ich Ihnen, auch von meiner Frau, weiterhin Kraft und Gesundheit.

Mit herzlichen Grüßen

Ihr Heimo Schwilk

532

In schneller Folge kamen weitere gehässige Beiträge, u.a. in der *taz,* in der *Süddeutschen* und in der *Zeit.* In der *Zeit* immerhin der Hinweis, die Übelgelauntheit Frank Schirrmachers sei wohl auf den Neid zurückzuführen, diese Briefe nicht selbst publiziert zu haben. Und nicht so vertraut mit EJ zu sein wie »der Publizist Heimo Schwilk«. Richard Herzinger betitelte seine Aufmacher-glosse mit *Der Fund des Parvenüs* – das verstehe, wer will. Für Kai Diekmann dennoch ein Riesenerfolg, zumal auch die ausländi-sche Presse, vor allem in Frankreich und Italien, ausführlich und positiv berichtete.

*Warschau, 5. Februar 1999*
Mit dem Zug vom Ostbahnhof nach Warschau, um den Schrift-steller Andrzej Szczypiorski zu treffen. In der polnischen Haupt-stadt ist es eiskalt, ein scharfer Wind treibt Schneeflocken vor sich her. Das Haus, vor dem mich das Taxi absetzt, ist von Wie-sen und Brachland umgeben. Die Flächen sind von einem weißen Flor überzogen. Hier am südlichen Stadtrand wohnt Polens be-kanntester Schriftsteller. Ich klingle, dabei starrt mich die Linse einer kleinen Filmkamera durch den hohen Gitterzaun an, der das ockerfarbene Doppelhaus abschirmt. Helles Bellen ist zu hö-ren, der Hausherr öffnet die Tür, versucht einen Schäferhund zu bändigen, der ins Freie strebt. Vor mir steht ein fülliger Mann mit weißem Haar, ganz in Schwarz. Seine braunen Augen lächeln, sein gutmütiges Temperament, sein gewinnendes Wesen ist bekannt.
Wer Andrzej Szczypiorski besucht, wird nicht mit Instant-Sät-zen abgespeist. Er will den Dialog, kann zuhören, ist lernbereit. Das Gespräch soll nicht nur den Gast bereichern. Zuletzt hatten wir uns 1990 in Bonn getroffen, als man den Autor des Romans *Die schöne Frau Seidenman* mit dem Kunst- und Kulturpreis der deutschen Katholiken auszeichnete. Unser Hauptthema damals war die Wiedervereinigung, die er als Pole deutlicher befürwor-tete als viele deutsche Intellektuelle. Heute fühlt Szczypiorski sich bestätigt, gilt mehr denn je als prominenter Vermittler, als ehrli-cher Makler zwischen Polen und Deutschland.

Als früherem Journalisten und zeitweiligem Diplomaten fällt ihm das öffentliche Reden leicht. Worum geht es in seinem soeben abgeschlossenen Roman, frage ich. Wir sitzen in einer Ecke seines Arbeitszimmers, an der Wand Fotos, die Szczypiorski bei einer Papstaudienz 1985 in Rom zeigen. Mischlingshündchen Punka ruht auf einem Sessel, die erst neun Monate alte Schäferhündin Buba zupft mit der Schnauze am Sakko des Fotografen und bringt das Stativ zum Wackeln. Szczypiorski lacht: »Wissen Sie, ich bin abergläubig. Deshalb spreche ich ungern über einen Roman, der noch nicht ganz fertig ist.« Das Manuskript liege zwar seit ein paar Monaten beim Verlag und komme in Polen im Herbst auf den Markt, aber er werde es noch einmal überarbeiten. Nächstes Jahr soll das Buch in Deutschland und Frankreich herauskommen. Er sei ein ganz monothematischer Autor, der Stoff seiner literarischen Arbeit sei immer nur die eigene Erinnerung. Er könne nicht fabulieren, sondern nur vergegenwärtigen.

Tatsächlich ist in Andrzej Szczypiorskis Geschichten viel Selbsterlebtes eingeflossen: seine Teilnahme am Warschauer Aufstand gegen die deutschen Besatzer 1944, die anschließende Lagerzeit in Sachsenhausen, die Unterdrückungserfahrung im kommunistischen Polen bis hin zur Inhaftierung im Lager Jaworza 1981/82. Der Roman *Die schöne Frau Seidenman* schildert das Schicksal einer blonden, blauäugigen Jüdin. Sie entkommt unter dem Namen Maria Magdalena Gostomska aus dem Warschauer Ghetto und wird am Ende das Opfer jüdischer Denunziation. Der Verrat des Menschen am Menschen ist es, der den an der *conditio humana* interessierten Autor bis heute nicht loslässt.

Auch dieses Mal, erzählt Szczypiorski, handle es sich um Erfahrungen mit der totalitären Geschichte, doch habe er eine ganz neue erzählerische Konstruktion gewählt. Es sei keine rein polnische Geschichte. »In meinem neuen Buch beschreibe ich etwas zwischen Traum und Wirklichkeit. Menschen werden aus den Jahren 1942/43 in die Gegenwart versetzt. Es bleiben dieselben Menschen, sie haben sich nicht grundsätzlich verändert. Nur die Lage ist anders.« Er glaube, dass die deutschen Leser darin eine

Menge mehr über ihr »Deutschtum« als im Roman *Die schöne Frau Seidenman* erfahren. Es sei eine Parabel über das Dritte Reich – aber auch über die Sowjetunion. Über die menschlichen Bedingungen, aus denen heraus Diktaturen entstehen. Der Roman sei, beschwört Andrzej Szczypiorski, »das wichtigste Buch meines Lebens«. Aber, sagt er lachend, »das letzte Buch ist ja immer das wichtigste«.

Statt eines Interviews ist es ein intensives Gespräch geworden. Es habe ihn sehr bereichert, wird Szczypiorski am Ende sagen. Vor allem, weil es um das Thema »Schuld« geht, das uns beide sehr beschäftigt. Zu ihr hätten die Polen ein ebenso traumatisches Verhältnis wie die Juden, sagt Szczypiorski. Für ihn als polnischer Schriftsteller habe die deutsche Schuld immer auch eine europäische Dimension. Denn die deutschen Verbrechen seien nicht voraussetzungslos entstanden. Sie hätten ihre Wurzeln in Fehlentwicklungen Europas. Aber die Deutschen würden doch bis heute die Last der Schuld ganz allein tragen, frage ich. »Ja, das sehe ich auch so. Doch Gott sei Dank ist es nicht im Ganzen so, die Franzosen beginnen jetzt, sich mit ihrer Vergangenheit auseinanderzusetzen, über die Schuld des französischen Staates und der französischen Gesellschaft den Juden gegenüber zu debattieren.« Es habe Franzosen gegeben, die viel getan hätten, jüdische Mitbürger »zu vernichten«. Das gelte auch für Holland. Der Ungeist von Nazi-Deutschland sei in Köpfen ausgesponnen worden, die nicht mit deutschen Traditionen gefüllt gewesen seien. »Denken Sie an die geistige Vorarbeit des Holocaust durch Rassentheoretiker und Antisemiten wie Karl Lueger in Wien, Houston Stewart Chamberlain in England oder Arthur de Gobineau in Frankreich.« Dann sagt Andrzej Szczypiorski etwas, was ihm in nationalistischen Kreisen in Polen Kritik eintragen dürfte: »Es gibt viele Polen, die sagen, wir haben mit Hitler nicht kollaboriert – aber es stellt sich für mich die Frage, ob wir kollaboriert hätten, wenn Hitler solch eine Kollaboration in Polen gewollt und erlaubt hätte. In jedem Volk gibt es ein Potential an Schweinen und Halunken!«

Wir sprachen auch kurz über das Holocaust-Mahnmal in Berlin. Ich bestehe darauf, dass das Mahnmal ein Projekt der 68er Generation sei, die sich und ihrer antifaschistischen Rhetorik ein Denkmal setzen möchte. Szczypiorski findet, es sei in erster Linie zu monumental. Die riesigen Summen für seinen Bau solle man besser für Gedenkstätten wie Sachsenhausen einsetzen. Dann sagte er noch einen suggestiven Satz: »Je größer das Verbrechen war, desto kleiner sollte das Mahnmal dafür sein. Die Deutschen wollen wieder ganz perfekt sein. Sie wollen das beste Mahnmal der Welt bauen!« Dabei hätten die Deutschen das Mahnmal schon gebaut: »Es sind die zehn Jahre der Diskussion.«

Als Pole habe er einen anderen Blick auf die Achtundsechziger. Deren Revolte sei ein schmerzhafter, aber sehr wichtiger Konflikt und ein wichtiger Meilenstein »in der weiteren Entwicklung des deutschen Geistes gewesen«. Nun gewinnt unser Gespräch deutlich an Fahrt, ich mache Widersprüche aus, frage: »Wie deutsch war denn dieser Geist? Haben Sie kürzlich nicht selbst gesagt, die geistige Verfassung der Deutschen sei besorgniserregend, man sei nur noch an materieller Sicherheit interessiert, würde das Haben dem Sein vorziehen? Das Volk der Philosophen und Dichter rede nur noch über den Euro, Zinssätze, Dividenden, Zolltarife und Investitionen. Aber ist unsere heutige Lage nicht auch das Ergebnis der Entwicklung seit 1968? Musste das metaphysische Deutschland, dessen Verschwinden Sie bedauern, in den Sechzigern und Siebzigern nicht dem Neomarxismus der Frankfurter Schule weichen, dem historischen Materialismus?« Das rationale Deutschland von heute sei auch und vor allem ein Produkt systematischer Entzauberung. Übrig geblieben seien ausschließlich ziemlich irdische Interessen.

Szczypiorski stützt den Kopf in die Hand, hört gespannt zu, wachsende Neugier ist zu spüren. »Ich verstehe, was Sie sagen, das leuchtet mir ein. Aber antworten Sie mir bitte auf die Hauptfrage: Was für eine Vision haben Sie? Ich war vor zwei Jahren bei der berühmten Ruck-Rede von Bundespräsident Herzog im Hotel Adlon dabei. Das war sehr beeindruckend, und Herzog hat ebenfalls nach einer Vision gefragt.«

Die Hunde werden unruhig, heute hat die Haushälterin Urlaub, und die Ehefrau ist übers Wochenende auf einem Ärztekongress in Nizza. Der Hausherr wirkt ein wenig überfordert, scheucht Schäferhündin Buba weg, die sich an der Sessellehne aufrichtet und ihm übers Gesicht leckt. »Also, wo ist diese Vision? 1989 gab es noch Begeisterung über die Wiedervereinigung – und heute? Gibt es eine europäische Vision in Deutschland?« Die Antwort gibt der Schriftsteller Szczypiorski sich selbst: »Für uns alle ist die einzige Lösung, mehr über die Kultur zu sprechen. Die Kultur ist die europäische Identität, nur mit ihr können wir uns gegen die amerikanische Herausforderung verteidigen.« Dann senkt er die Stimme, sagt fast verschwörerisch: »Auch gegenüber der islamischen Macht müssen wir bestehen können. Das ist eine ganz neue geistige Herausforderung, demgegenüber sind wir ratlos, ja wehrlos.«

Ich gebe mich skeptisch, ob die neue Bonner Regierung eine solche Vision entwickeln kann. Auch geistige Impulse seien weit und breit nicht zu entdecken. Szczypiorski wie immer positiv: »Fischer als Außenminister und mit Weste, das ist zwar ein bisschen komisch, doch er ist ein netter Mensch. Die Theorie vom geistigen Niedergang klingt für mich ein bisschen zu pessimistisch. Wir brauchen, da stimme ich Ihnen zu, mehr als den Euro, wir brauchen neue europäische Mythen. Wir brauchen wunderbare neue Filme, gute Romane, Dichter, Filmregisseure, Künstler und Philosophen. Wir sind nicht so groß wie Balzac oder Goethe, aber wir tun unsere Arbeit. In diesem Sinne bin ich ein gemäßigter Optimist.«

Und was ist, bohre ich nach, mit dem neuen Maastricht-Zentralismus, der mit geistigen Werten wenig am Hut hat und den viele als Nivellierung der verschiedenen nationalen Identitäten, unserer geistige Vielfalt in Europa empfinden? Szczypiorski lacht: »Da haben Sie recht, das ist sehr schlimm, komisch, idiotisch und ein bisschen schizophren. Aber da muss, wird es eine Gegenbewegung geben. Frische Luft bekommt die Europäische Union dank der Osterweiterung. In zehn Jahren werden wir sie haben.«

Am Ende sprechen wir über den Tod. Der Tod verliere in unserer Kultur immer mehr an Bedeutung, habe er, Andrzej Szczypiorski, unlängst geschrieben. An was lese er das ab? »Der Tod spielt eine immer geringere Rolle, weil wir sehr mit dem Leben beschäftigt sind. Ich betrachte das als Verarmung. Literatur ohne Beschäftigung mit dem Tod ist keine echte Literatur. Liebe und Tod sind seit jeher die Hauptthemen der europäischen Dichtung. Es geht dabei immer auch um die Reflexion über den Tod, ob er ein Wegweiser ist oder nicht. Es stellt sich die Frage: Ist der liebe Gott ein Bruder des Todes? Wenn wir unsterblich wären, würden wir Gott nicht brauchen. Aber Gott erscheint uns als ein Trost, wenn der Tod vor mir steht. Wenn Gott existiert, ist es gut, wenn nicht, droht das Nichts.«

Gott hat uns also bewusst nicht als Unsterbliche geschaffen, damit wir Sterbliche ihn brauchen? Um seiner Macht willen? Andrzej Szczypiorski nickt: »Es gibt die gnostische Theologie, die sagt, dass Gott alles gut machen wollte, aber es ist alles schief gegangen. Nun strebt das Göttliche in uns heim zu Gott, der sündige Körper bleibt zurück. Ich glaube, das ist eine nicht ganz dumme Vorstellung.« Dabei, werfe ich ein, komme die Materie nicht gut weg. Sie ist das Böse. »Ja, ja, ja! Die Materie ist das Böse!«, ruft Szczypiorski geradezu begeistert. Aber ist das nicht ein Schlag ins Gesicht unserer materialistischen Gesellschaft? Szczypiorski wirkt amüsiert: »Ja, wir baden im Bösen.« Vielleicht sei das der Grund, warum der Papst, der polnische Papst, in den letzten Jahren immer kapitalismuskritischer geworden sei? Weil ihn der totale Sieg des Konsumismus über den Kommunismus irritiert habe? Richtig, der Papst sei schon immer ein großer Gegner des Konsumismus gewesen, meint Szczypiorski. Aber man dürfte die Verhältnisse in Deutschland und in den USA nicht mit denen in Nigeria und Brasilien auf eine Stufe stellen. »Natürlich ist Sein wichtiger als Haben. Aber es gibt Menschen, die müssen einfach etwas zu essen haben, um sein zu können.«

538

Das Christentum, ergänze ich, habe neben der spirituellen Erlösungsbotschaft ja auch ein karitatives Element, kenne die Nächstenliebe, das Mitleid. Auch im gefallenen, hinfälligen Bruder sei das Göttliche. Dem kann Andrzej Szczypiorski nur zustimmen: »Gewiss, das macht die jüdisch-christliche Weltanschauung aus: Der Mensch als Achse des Weltalls, als Maß für alles Existierende. Die Ebendbildlichkeit Gottes.«

Nach dem herzlichen Abschied fahre ich mit dem Fotografen zurück ins Hotel »Polonia«. Abendessen im Jugendstil-Restaurant. Es gibt Soljanka, Rindersteak, Pommes Frites, Paprikagemüse, Spargel. Dazu polnisches Bier, Weißwein, Wasser. Als Dessert Espresso und flambierte Crêpes. Aufdringlich laute Hintergrundmusik, wie inzwischen fast überall. Polen ist im Westen angekommen. Auf dem Zimmer während der Lektüre eingeschlafen.

*Eichwalde, 13. Februar 1999*

Die Zusammenarbeit mit der Zentral-Redaktion in Hamburg, was den Hauptstadt-Teil betrifft, unerträglich, ja katastrophal. Ignoranten, die keinen blassen Schimmer haben, was hier abgeht. Gestern, Freitag, kam ich erst um Mitternacht nach Hause, weil man sich viel zu spät mit unserer Ausgabe beschäftigte. Was im Osten geschieht, bewegt dort keinen. Astrid und die Mädchen seit Sonntag in Bonn, wo sie »die Runde« machen, sich also ins Karnevaltreiben stürzen. A. berichtete am Telefon, dass sie von deutlich unter Dreißigjährigen im Tanzlokal belagert worden sei. Kann ich mir leibhaftig vorstellen, das »Bützen« gehört zum rheinischen Karneval wie die Maß zum Oktoberfest. Von Laura berichtete sie eine Art »Pfenniggeschichte« à la Kempowski: Die Kleine meinte beim Zubettgehen, sie bete jetzt extra für den Papa, »damit der sich bessert«. Diekmann kündigt an, mich als Reporter nach Mazedonien zu schicken.

*Skopje, 11. März 1999*

Im Speisesaal des »Continental«. »Mixed grilled Meat« mit Salat, dazu Rotwein. Als »Kriegsberichterstatter« in Mazedonien, wo sich die Bundeswehr auf einen Einsatz im Kosovo vorbereitet. Ich soll für die Redaktion der *Welt am Sonntag* über den Aufmarsch der Nato berichten.

*Skopje, 13. März 1999*
Heute den ersten Bericht nach Hamburg gefaxt. Nur zwei Seiten sind angekommen. Dann meldet sich Chefredakteur Kai Diekmann und will etwas »über den Frühling« haben. Zumindest einen freundlicheren Einstieg der Reportage, wie er am Telefon sagte. Ärgere mich und lasse ihn das spüren. Aber man müsse doch darüber sprechen können, raunzt er. Ich hänge auf. Dann schreibe ich einen neuen Anfang, korrigiere ein paar Stellen. Mal sehen, was am Sonntag im Blatt steht. Hier in Tetovo, wo die Bundeswehr ihr Militärlager errichtet hat, sind die Informationen rar. TV-Teams kommen, um das berühmte Haar in der Suppe zu finden. Diesmal sind es die Leopard II, die angeblich technische Probleme haben und wegen der schmalen Straßen und Brücken nicht zur Topografie des Kosovo passten. Dass sie watfähig sind und Gewässer selbstständig durchqueren können, muss den Journalisten erst erklärt werden. Am interessantesten für mich war das Gespräch mit dem Militärpfarrer aus Dülmen, dessen Vater vor 60 Jahren ebenfalls in Jugoslawien zum Einsatz kam. Viele Soldaten wollten mit ihm über den Sinn des Lebens sprechen, erzählte er, andere, weil sie die Armut im Land entsetze. Ich telefonierte mit Astrid und den Kindern; Clarissa sieht gerade den Märchenfilm *Schneeweißchen und Rosenrot*. Sie sagte treuherzig: »Ich weine jeden Tag für dich.«

*Eichwalde, 23. März 1999*
Für ein paar Tage zurück in Deutschland. Heute Abend gab Nato-Generalsekretär Solana den Angriffsbefehl für die Luftwaffe. Der Luftraum über Serbien und Mazedonien ist bereits gesperrt. Noch habe ich kein Visum, um ins Kosovo einreisen zu können. Diekmann meint, er könne es in 24 Stunden besorgen; ich habe meine Zweifel.

*München, 27. März 1999*

Flug nach München, um zusammen mit Uwe Wolff die Schriftstellerin Luise Rinser zu interviewen. Von München will ich weiter nach Mazedonien reisen. Die 87-Jährige wohnt in der Dach-
auer Straße, ganz in der Nähe des Olympiastadions. Es öffnete
eine gebrechliche Dame mit fettigem Haar, nachlässig gekleidet.
Es schien uns, als käme sie direkt aus dem Bett. Anfänglich tat
sie so, als sei sie von unserem Besuch überrascht, dabei sind wir
angemeldet. Als wir sie nach ihren mystisch-religiösen Erfahrungen fragen, gibt sie sich spröde. Jetzt, im Alter, wisse sie, dass sie
nichts wisse. Das könnte der Schlusssatz für das Interview sein,
aber wir geben nicht auf. Als Kind sei sie sicher gewesen, dass
es Gott gebe, heute schwanke sie. Dann sprachen wir über den
Krieg in Jugoslawien. Die Krise mache sie, die immer so schnell
mit Urteilen über die Politik zur Hand gewesen sei und es sogar
bis zur Kandidatin für das Amt des Bundespräsidenten gebracht
habe, »demütig«, klagte sie. Ja, sie sei ratlos, sehe keinen Ausweg.
Sie wisse nicht, ob sie gelassen sein solle oder ängstlich. Als Ora-
kel tauge sie nicht. Ihre schmalen Augen haben immer noch das
Listige, ja Verschlagene, und wir hatten den Eindruck, dass sie
sich um eine Haltung drückte. Warum, erkannten wir erst, als ihr
Pfleger an der Tür klingelte und eine Kanne Suppe brachte. Er
ist Serbe.

Sprachen auch ausführlich über ihre Beziehung zu Ernst Jünger, den sie 1934 in Hannover getroffen hat. Ob sie weiß, wen sie
vor sich hat? In ihren Erinnerungen *Wachsender Mond* hat sie mir
eine ganze Seite gewidmet, weil ich in einem Zeitungsessay an
ihre Führer-Gedichte im Dritten Reich erinnert hatte. Ich gehörte
zu den »unerprobten Leutchen«, von denen sie sich als Antifaschistin keine Vorhaltungen machen lassen müsse, hatte sie im
Buch geschrieben. Unvermittelt sagte sie, viel von mir gelesen zu
haben, auch über Ernst Jünger. Ihn, den sie jahrelang in Briefen
bedrängt hatte, beschrieb sie als »kleinen Mann mit hoher, fast
weiblicher Stimme«, der »keinerlei erotische Wirkung« auf sie
ausgeübt habe. In der Korrespondenz, die ich im Wilflinger Ar-

541

chiv eingesehen hatte, liest sich das ganz anders. Denn nach ihrem geradezu herbeigeflehten Zusammentreffen 1943 mit Jünger schrieb sie ihm noch glühendere Briefe. Uns gegenüber betone sie ihre Distanz.

Als sie im ausgebombten Hannover – Jünger war auf Heimaturlaub aus Paris gekommen – mit ihm spazieren gegangen sei, habe sich ein Ziegel von einer Ruine gelöst und sei direkt neben beiden zu Boden gekracht. Da habe sie gespürt, dass sie sich von diesem »nekrophilen« Mann fernhalten müsse. Vieles bei Jünger sei nicht echt. Als ich aus ihren Briefen an ihn zitierte, wurde sie vorsichtiger. Sie sei sich heute nicht mehr sicher, ob es sich bei Ernst Jünger um einen Teufel oder um einen Engel handle, meinte sie. Dann wurde sie gesprächiger und wollte uns am Ende nicht gehen lassen. Vielleicht witterte sie eine Gefahr und wollte uns freundlich stimmen

*Tetovo, 2. April 1999*
Den ganzen Tag mit Boshek unterwegs, um aus dem Kosovo vertriebene albanische Flüchtlinge zu befragen. Zuerst zur Hilfsorganisation El-Hilel, die Flüchtlingsfamilien an Einheimische weitervermittelt. Die albanischstämmigen Mazedonier in Tetovo sind Flüchtlingen gegenüber sehr aufnahmebereit. Dann zur Grenze »Jasince«, 12 Kilometer von Tetovo entfernt. Es sind heute nur einige wenige Familien angekommen, 3000 Flüchtlinge werden noch erwartet. Was fühlt man, wenn man in die erschöpften Gesichter schaut? Echte Anteilnahme ist kaum möglich, wenn man als Reporter seiner Aufgabe nachgeht, eine Story für das eigene Blatt zusammenzubringen versucht. Ich versuche, in den Kindern Laura und Clarissa zu erkennen, um mir eine emotionale Brücke zu bauen. Einem Jungen schenke ich den für Clarissa gekauften Papierschmetterling. An der Grenze »Blace« drängeln sich Tausende auf Feldern unterhalb des Grenzpostens. Wir dürfen nicht hinunter, die mazedonische Polizei hält uns zurück. So befrage ich eine am Straßenrand hockende Familie mit vier Kindern. Die Mutter hält ein nuckelndes Kind auf dem Arm.

542

*Tetovo, 7. April 1999*

Warum ist es so schwer, sich der serbischen Seite mit Empathie oder gar Sympathie zu nähern, wie dies Peter Handke tut? Weil man keinen Krieg gegen alte Männer, Frauen und Kinder rechtfertigen kann. Das Gesicht des Serbenführers Milošević ist das eines Apparatschiks; er ist nicht wirklich intelligent, nur gerissen. Seine ethnischen Säuberungen bringen die Welt gegen ihn auf. Er setzte, als ihm die kommunistische Herrschaft entglitt, auf den Nationalismus. Aber der Mythos Amselfeld zieht nicht mehr; besser wäre eine weitreichende Autonomie für das Kosovo gewesen. Nun aber ist die nationalistische Karte ausgespielt, der Hass nicht mehr aus der Welt zu schaffen. Die Albaner wünschen den Serben die Bomben an den Hals, freuen sich über das gute Wetter, bei dem die Kampfhubschrauber fliegen. Die Augen der Flüchtlinge aber sind ganz leer, sie wollen keine Rache, nur überleben.

*Tirana/Tetovo, 18. April 1999*

Zurück aus Albanien. Zwei Tage lang auf der Suche nach der Zentrale der albanischen Untergrundarmee UCK. Mein Dolmetscher Bashkim fuhr mich über die Grenze nach Durres, wo Albaner aus aller Welt ankommen, um sich für die UCK rekrutieren zu lassen. Von dort weiter nach Tirana. Das Pressebüro liegt versteckt in unmittelbarer Nachbarschaft zu einer Schule. Das soll wohl vor Anschlägen schützen. Der kahle Raum, in dem sich nur ein langer Holztisch und einige Stühle befinden, ist mit einer roten albanischen Fahne drapiert. Unser Informant, Ekrem N., ist vor einer Woche aus dem Kosovo nach Tirana gekommen. Was er berichtet, klingt glaubwürdig. Seit der serbischen Offensive im März habe sich die UCK neu verteilt, sei den Serben ausgewichen. Die Serben hätten in einer Tiefe von 50 Kilometern die albanischen Dörfer zerstört und die UCK zum Rückzug gezwungen. Durch die Nato-Luftschläge sei die serbische Armee jedoch weniger beweglich geworden. Sie miede nun die großen Straßen.

Ich frage, ob es möglich sei, mit einer UCK-Gruppe über die Grenze ins Kosovo zu gehen. Ja, aber die Serben hätten die Dörfer in den Bergen besetzt und die Pfade vermint. Er rate davon ab. Die UCK verfüge über nur noch wenig Munition. »Wir schießen derzeit nur, wenn wir angegriffen werden«, sagt Ekrem. Doch fast 10 000 Kämpfer der UCK stünden bereit, loszuschlagen. Immer mehr Freiwillige strömten nach Albanien. Vorher müsse die Nato aber die serbische Artillerie ausschalten. »Wenn die Apache-Hubschrauber ihre Arbeit getan haben, greifen wir an«, sagt der Mann siegessicher. Er weiß, dass vor allem die Scheu des Westens vor einem verlustreichen Einsatz am Boden die erhoffte Aufwertung der Untergrundarmee bringen könnte. Der UCK-Propagandist versteht sein Geschäft, sagt lächelnd: Niemand erwarte, dass Deutsche oder Amerikaner für den Kosovo stürben – sie wollten selbst kämpfen. Im Kampf Mann gegen Mann hätten serbische »Kinder-Killer« keine Chance. Der Bodenkrieg sei allein eine Sache der Kosovaren.

*Kairo, 9. Mai 1999*
Gestern Ankunft in Kairo nach einem knapp vierstündigen Flug. Wegen eines anfliegenden amerikanischen B-1-Bombers musste die Maschine eine Warteschleife fliegen. Hatte mich mit ausgiebiger Lektüre auf die Begegnung mit Naguib Mahfouz vorbereitet. Der einzige arabische Literatur-Nobelpreisträger, der seit einem islamistischen Mordanschlag jedes Gespräch mit Journalisten verweigert und streng abgeschottet in einem Apartmenthaus am Ufer des Nils lebt. Zuletzt war ich 1984 mit Christel in Kairo. Wir wohnten damals in einer schäbigen Pension, nutzten aber den Pool des benachbarten Hilton Nile Hotels. Unvergessen unsere Ausflüge ins koptische Viertel, mit dem Fahrrad bei brütender Hitze zum Tal der Könige und besonders die Feluken-Fahrt auf dem Nil. Wir badeten auf einer Sandbank im überraschend kühlen, stark fließenden Wasser, fingen Fische, die ich mit dem Dolch tötete und ausweidete. Wir brieten sie auf einer kleinen Nil-Insel.

544

Dieses Mal logiere ich im Sheraton Kairo mit Panorama-Blick über den Fluss. Von unten lärmt der Verkehr herauf. Geräusche wie in amerikanischen Großstädten: Hupen, Bremsmanöver, Polizeisirenen. Die Zeit sei zerstörerisch, wird Naguib Mahfouz sagen, als er als müder alter Mann vor mir sitzt. Ich kann das bestätigen – wenn ich in den Spiegel blicke. Mit meiner Physiognomie, die immer schwäbischer wird, bin ich gar nicht einverstanden. Die Zeit hat aber auch etwas Heilsames, weil sie die bohrenden, am Selbstvertrauen zerrenden Ideen relativiert und uns mit uns selbst versöhnt.

Um 18 Uhr Treffen mit dem Fotografen Axel Krause und der Dolmetscherin, einer 30-jährigen Ägypterin. Sie hat Germanistik studiert und ist im siebten Monat schwanger. Krause offenbarte sich später als »Öko-Aktivist«. Er leiste »Widerstand, wo immer es geht«. Er sagte das durchaus ironisch, wenngleich ein stolzer Unterton herauszuhören war. Naguib Mahfouz wohnt im Stadtteil Agouza direkt an der »Corniche«, die an der Westseite des Nils entlangführt. Dann steht er vor mir, ein schmächtiger Herr im weinroten, seidenen Hausmantel, die Augen hinter einer dunklen Brille verborgen. Es ist nicht leicht, zu ihm, den seine Bewunderer den »Vater des arabischen Romans« nennen, vorzudringen, besonders seit dem schrecklichen Vorfall von 1994. Für ihn ist es bis heute ein schwer traumatisierendes Verbrechen. Naguib Mahfouz stand damals vor seinem Wagen und wollte einsteigen. Da trafen ihn zwei mit großer Wucht geführte Messerstiche in den Nacken und streckten ihn nieder. Der fast erblindete, zuckerkranke Greis schwamm, wenige Schritte von seiner Wohnungstür entfernt, in seinem Blut. Die beiden Attentäter entkamen im Verkehrsgewühl der Kairoer Straßen. Die feige Tat der religiösen Eiferer löste in der arabischen Welt Entsetzen und Abscheu aus. Naguib Mahfouz, der große alte Mann der arabischen Literatur, poetischer Anwalt der kleinen Leute und Fürsprecher einer sozial gerechten Gesellschaft, war an diesem 14. Oktober 1994 dem Tod nur um eine Messerbreite entgangen.

Den Kampf um das Leben des damals 83-Jährigen haben die ägyptischen Ärzte gewonnen, doch die Lähmung seiner rechten

Schreibhand ist auch fünf Jahre nach dem Attentat nicht überwunden. Naguib Mahfouz muss diktieren, wenn er eine Geschichte zu Papier bringen will. Sein Leben hat sich sehr verändert; der tägliche Spaziergang zum Lieblingscafé Ali Baba ist ebenso gestrichen wie die geliebten Stammtischrunden mit Freunden und Schriftstellerkollegen im Casino »Kasr el Nil«. Und er, der trotz der Drohungen der Fundamentalisten einen Leibwächter immer abgelehnt hatte, besitzt heute deren zwei. Sein Haus darf man nur nach strenger Ausweiskontrolle betreten. Trotz der Preissumme von 1,5 Millionen Mark, die ihm die hohe Ehrung in Stockholm einbrachte, hat Mahfouz sein von der Größe her eher bescheidenes Domizil beibehalten. Das Wohnzimmer ist im bürgerlichen Stil der ägyptischen Mittelschicht gehalten, dicke Teppiche dämpfen den Schritt, an der Wand Gobelins, Stuckrosetten an der Decke. Auf dem intarsiengeschmückten Tisch silberne Zuckerdosen und Obstschalen. Eine Phalanx von Topfpflanzen vor der Fensterfront und üppige Blumensträuße geben dem Raum etwas Grottenhaftes. In eigentümlichem Kontrast dazu verströmen Kronleuchter und Tischlampen ein hartes, kaltes Licht.

Den Fragen der Dolmetscherin kann unser Gastgeber nur mühsam folgen. Die Schwerhörigkeit macht Naguib Mahfouz zu schaffen. Die fundamentalistische Gefahr sei für ihn, beteuert er gleich zu Anfang, endgültig gebannt, die Terroristen hätten durch ihre blutigen Anschläge auf Touristen ihren Kredit in der Bevölkerung restlos verspielt. »Früher gab es jeden Tag einen Anschlag, seit dem Luxor-Massaker hat es keinen« mehr gegeben.« Auf die Frage, ob er den islamischen Fundamentalismus für ein politisches oder eher religiöses Phänomen halte, antwortet er: »Er ist eine religiös-politische Erscheinung. Die Vertreter dieser Bewegung wollen in erster Linie die politische Macht erlangen – mit den Mitteln des religiösen Totalitarismus.«

Natürlich sieht auch Naguib Mahfouz, dass die Islamisten in der aus den Fugen geratenen ägyptischen Gesellschaft einen idealen Nährboden für ihre radikalreligiösen Ideen finden. Lange vor dem Terror der islamistischen Untergrundorganisationen Ga-

546

maa al-Islamiya oder des Dschihad, der die Tourismusindustrie treffen sollte, um das Regime zu destabilisieren, hatte die Bewegung der »Muslimbrüder« mit ihrem karitativen Engagement in den Armenvierteln den revolutionären Ideen der Fanatiker den Boden bereitet. Doch der Schriftsteller – er hat sich trotz der Todesdrohungen immer wieder öffentlich gegen die Islamisierung der ägyptischen Gesellschaft ausgesprochen – will hinter den Aktivitäten der Islamisten nur einen brutalen Willen zur Macht erkennen, vergleichbar dem, was die Taliban in Afghanistan praktizieren: »Es sind islamische Extremisten, keine Sozialreformer.« Aus Angst vor Anschlägen kamen im letzten Jahr 70 Prozent weniger Touristen ins Land der Pyramiden. Dass die Extremisten in Ägypten so gefährlich werden konnten, erläutert Mahfouz, habe in erster Linie mit den sozialen und ökonomischen Fehlentwicklungen zu tun. Der Politik von Präsident Husni Mubarak – er setzt auf die Selbstheilungskräfte des Marktes und betreibt eine rigorose Liberalisierung – kann Naguib Mahfouz sogar Positives abgewinnen, obwohl dieser »westliche« Kurs die auch von ihm vehement beklagte Kluft zwischen Arm und Reich weiter vertieft. Aber nicht nur gegen die sozialen Ursachen des Fanatismus müsse man vorgehen, auch die Feindbilder der Fundamentalisten (»Anti-Zionismus«, »Anti-Amerikanismus«) müssten bekämpft werden. Solange es keinen Friedensvertrag zwischen Israel und seinen arabischen Nachbarn gebe, die Koexistenz von Israel und einem palästinensischen Staat nicht gewährleistet sei, erhielten die Hasskampagnen immer neue Nahrung.

Sieht Naguib Mahfouz die Gefahr, dass der Islam im kommenden Jahrhundert einen globalen Machtanspruch stellen wird? Als Reaktion auf den europäisch-amerikanischen Modernismus? Immerhin, erläutere ich, gebe es in Deutschland inzwischen geschätzte 30 000 islamistische Aktivisten, die in 17 radikalislamischen Organisationen tätig seien. Es dränge sich der Verdacht auf, diese Leute wollten nicht nur die deutsche Gesellschaft als Resonanzboden für den Umsturz in ihren jeweiligen Herkunftsländern nutzen, sondern verfolgten auch langfristig kulturhegemoniale

Ziele. Nein, nein, wehrt Mahfouz ab, Europa habe seine eigene Kultur, der Islam stelle für die europäischen Gesellschaften keine Gefahr da! Die Christen hätten ihre eigene Kultur, die »sehr stark und gefestigt« sei. Die Muslime in Europa müssten mit den dortigen Gesellschaften leben. »Aber wenn ein Europäer eine einzige Frau heiratet, so muss es dem Muslim erlaubt sein, zwei, drei oder vier zu heiraten.«

Auch in Ägypten und anderen arabischen Ländern gebe es Gruppen, die die Gesellschaft modernisieren wollten. Diese Leute würden von den Extremisten scharf angegriffen. Solange die Konflikte ohne Gewalt ausgetragen würden, sei das legitim. Im Übrigen sei der Islam in einer bedeutenden Periode der Geschichte die beherrschende Kultur gewesen; damals hätten die Muslime niemanden gezwungen, ihre Religion anzunehmen. Auch heute solle sich jeder persönlich entscheiden dürfen: »Hauptsache, man lebt miteinander und nicht gegeneinander.« Das sehe ich anders. Es erschien mir jedoch sinnlos, Naguib Mahfouz mit historischen Argumenten zu widersprechen, die grundsätzliche Nichtbereitschaft des (herrschenden) Islam eine andere Religion gleichberechtigt neben sich existieren zu lassen, herauszustellen. Naguib Mahfouz ist ein Liberaler, aber mit den Vorurteilen aller Araber gegenüber der westlichen Moderne, deren Dominanz man durch Exkurse in die große Ära der arabischen Kultur zu konterkarieren versucht.

Leise öffnet sich die Wohnzimmertür, die Dame des Hauses, in ein makellos weißes Kleid gehüllt, serviert kühlen Melonensaft. Sie trägt den Aschenbecher mit ausgedrückten Zigarettenstummeln, Marke Kent, hinaus in die Küche. Naguib Mahfouz ist noch immer ein großer Raucher. Ich setze neu an und öffne den Blick in die Zukunft: »Sie sind ein Freund der europäischen Aufklärung. Wird der zu erwartende Niedergang der Gottesstaaten Iran, Sudan und Afghanistan langfristig eine Reform des Islam einleiten, zu säkularen Gesellschaften führen?« Immer mehr Araber nutzten doch die moderne Technologie, seien Teil einer vernetzten, westlich dominierten Welt. Verändere sich dadurch nicht auch das kulturelle Selbstverständnis?

»Das Internet, das Fernsehen, die Medien«, antwortet Naguib Mahfouz, »führen zu einer gegenseitigen Befruchtung. So kann das jeweilige Positive zur Wirkung kommen.« Die europäischen Länder sollten auch von den islamischen lernen. Zu den Errungenschaften, die im Westen verloren zu gehen drohen, zählen für Naguib Mahfouz der Zusammenhalt der Familie, die Gastfreundschaft, die Höflichkeit. Und: die Strenge des Gesetzes. Damit hat der alte Mann durchaus einen Nerv getroffen, denn die Atomisierung der Gesellschaft und die wachsende Kriminalität ist eines der alarmierenden Kennzeichen der modernen libertären Gesellschaft.

Auch von Resozialisierung hält Naguib Mahfouz nichts. Auf die Frage, was er über die Tatsache denke, dass die beiden jungen Attentäter, die ihn 1994 vor seinem Haus niederstachen, hingerichtet worden sind, antwortet er mit überraschender Härte: »Wer tötet, sollte auch getötet werden. Er muss seine eigene Medizin schmecken.« An diesem Punkt wird mir bewusst, dass die fundamentalen sittlichen Gegensätze zwischen Abend- und Morgenland auch in einem so liberalen Bewusstsein wie dem des Nobelpreisträgers fortleben. Obwohl einige seiner Bücher noch immer auf dem Index stehen, in Ägypten nicht veröffentlicht werden dürfen, ist Naguib Mahfouz' Respekt vor ägyptischen Traditionen, vor den in Jahrhunderten gewachsenen gesellschaftlichen Strukturen ungebrochen. Dieser altersweise Menschenfreund, Autor von 40 Romanen, zahllosen Theaterstücken, Novellen und Drehbüchern, weiß, dass Freiheit ohne Bindung leicht in schrankenlose Freizügigkeit und maßlosen Egoismus münden kann.

Im Grunde ist Naguib Mahfouz ein positiver, optimistischer Mensch. Er beruft sich gern auf den arabischen Dichter Abu Alaa. Dieser habe gesagt, der Mensch traure mehr über den Tod, als dass er sich über die Geburt eines Kindes freue. Der Mensch sei von Haus aus ein Pessimist. Ich vermute, antworte ich, dass das 21. Jahrhundert nach so vielen Katastrophen mehr von spirituellen als von materiellen Ideen bestimmt sein werde. Naguob Mahfouz wiegt den Kopf, zögert, bevor er antwortet. »Ich denke, beide Aspekte sind für den Menschen wichtig. Der Mensch braucht natürlich das Materielle zum Leben, aber er braucht auch etwas für das Gefühl. Wenn eines der beiden Elemente überwiegt, dann dauert es nicht lange, bis es eine Gegenbewegung gibt. Seit dem Zerfall der Sowjetunion haben sich die Ideologien aufgelöst. Deshalb muss das Vakuum jetzt von der Philosophie, von Kultur und Religion, also von der spirituellen Seite, ausgefüllt werden.«

Zum Schluss über den Tod. »Wohin wir hingehen, wissen wir nicht. Aber wir bleiben im Käfig des Universums.« Ob die individuelle Existenz im Jenseits erhalten bleibt, beschäftige ihn nicht. »Falls nicht – wie sollte ich darüber traurig sein?« Glaubt er an die Schuld des Menschen? Langes Nachdenken, dann aber eine höfliche Antwort: »Daran glaube ich aus Respekt vor dem Islam und dem Christentum.« Abschließend gruppieren wir uns für den Fotografen: Die Dolmetscherin mit dem Nobelpreisträger auf dem Sofa, ich in einem Sessel daneben. Nun schauen alle lächelnd in die Kamera. Dabei war das Gespräch nur schleppend in Fahrt gekommen. Meine erste Frage, ob Politik überhaupt noch etwas bewirken könne, hatte Mahfouz zu beantworten abgelehnt. Ich hatte das Gefühl, er dachte, diese Mutmaßung sei gegen sein Land gerichtet. Dann aber taute er allmählich auf. Besonders, als wir uns über Persönliches, das Schreiben, seinen Tagesablauf, seine Töchter und seine Träume unterhielten. Er liebe seine Töchter und träume intensiv, sagte er. Leider entschwänden die Träume ausnahmslos beim Erwachen.

*Kairo, 13. Mai 1999*
Sonntag Frühstück im »Tea House«; danach mit dem Chauffeur zu den Pyramiden. Fahrt durch Giseh, dann den Hügel am Ende der Ausfallstraße hoch. Überraschend stehen die Pyramiden vor mir – so beeindruckend wie vor fünfzehn Jahren. Ich ließ Chauffeur und Wagen zurück und schlenderte unter den steinernen Monumenten entlang, verfolgt von einer Horde radebrechender Händler. Kaufte einen Satz Postkarten, zwei Skarabäen und einen Alabaster-Haarring. Unterhalb der Chephren-Pyramide telefo-

550

nierte ich mit Astrid und Wolfgang per Handy. Dann bestieg ich ein Pferd und begab mich auf eine kleine Tour zu den Sandhügeln einige Kilometer von den Pyramiden entfernt, um das phantastische Panorama zu genießen. Wo denn mein Fotoapparat sei, fragte mich mein Führer, ein junger Bursche in grauer Djellabah. Ich hätte zwei Kameras dabei, antwortete ich, und zeigte auf meine Augen. Das fand er »wonderfull« und kündigte an, diesen Satz künftig bei seinen Führungen zu verwenden. Wir einigten uns nach einigem Feilschen auf ein Honorar von 25 ägyptischen Pfund; am Ende bekam er 50.

»Are you happy?«, fragte er, als wir über die Hügelkette in Richtung Sphinx ritten. Wir jagten zu einer Felsgruppe hinab, unter der sich der alte Friedhof von Giseh hinzieht. Die Haare flogen, der milde Mittagswind erfrischte. Ich hatte das Gefühl, mitten durch eine gewaltige Filmkulisse zu reiten. Viel trug zur guten Stimmung bei, dass weit und breit keine Touristen zu sehen waren. Ich schien das einzige Objekt der Begierde. Oberhalb des Friedhofs schlängelte sich ein Maultierpfad zwischen Gesteinsbrocken dahin; der Blick von dort über die sandfarbenen Gräber und Sarkophage ist einzigartig. Pinien beschatten das Gräberfeld; rechts davon schließt sich das Geviert des koptischen Friedhofs an; hinter seinen Mauern ragt das Dach eines Kirchleins hervor. Das letzte Stück in scharfem Galopp die Anhöhe hinunter zu einer Ansammlung von Flachbauten, wo man Souvenirs und vor allem »Rosenwasser« kaufen kann. Dorthin bugsierte mich der Führer, um aber sofort zu akzeptieren, dass ich den Ramschladen rasch wieder verließ. Als wir erneut den Friedhof passierten, fragte ich ihn, ob er bereits wisse, in welchem Grab er einmal ruhen würde. Da, sagte er, unter dem großen Baum, da liegt mein Großvater. Und mein Vater. Er wies sehr lange auf die Stelle. Der sei wohl früh gestorben? Das habe man nicht in der Hand, meinte er, niemand wisse, wann er gehen muss. Ich spürte, dass er über den Tod seines Vaters nicht reden wollte. Berührt von seiner Handbewegung und dem Ernst, der mit ihr verbunden war. Saß noch lange auf einem der Stühle des Freigeländes und starrte auf die Sphinx.

551

*Eichwalde, 31. Mai 1999*
Letzten Sonntag Jury-Sitzung des Uwe-Johnson-Preises im »Novotel« am Flughafen Tegel. Erstmals dabei auch Marcel Beyer, der letzte Preisträger. Eingereicht hatten u.a. Michael Kleeberg, Christoph Hein, Dieter Forte, Kerstin Hensel, Stephan Krawczyk, Ingo Schramm, Hans Joachim Schädlich, Bernd Wagner. Ich plädierte für Fortes Erinnerungen an das Kriegsende in der Trümmerstadt Düsseldorf. Kleeberg hat zumindest Stil, wenngleich die kosmopolitische Idee eines Heiligen Hains etwas zeitgeistbehaftet ist. Wolfgang Winkel hatte ebenfalls eingereicht; seine Armee-Geschichten wurden aber aussortiert. Meine Intervention, das sei doch sehr lebendig und realistisch erzählt, verpuffte. Am Ende entschied man sich für Beyers Vorschlag, der Gert Neumann ins Spiel gebracht hatte. Und für Martin Walser als Laudator, was dem Preisstifter, dem Neubrandenburger Verlag *Nordkurier*, Renommee einbringen soll. Um es ehrlich zu sagen: Im letzten versöhnte mich nur das »Lesegeld« von 2000 Mark mit dem literarischen Mittelmaß, das kistenweise in der Redaktion eingetroffen war. Verabscheue auch das Bramarbasieren von Jury-Mitglied und Suhrkamp-Lektor Raimund Fellinger, der nach dem Genuss von Alkohol regelmäßig seinen misanthropischen Frust auf die Teilnehmer loslässt.

*Eichwalde, 11. Juni 1999*
Die Woche über Lektüre von Sekundärliteratur zur Jünger-Biografie, um das zweite Kapitel vorzubereiten: Friedrich Georg Jüngers *Grüne Zweige*, Wilhelm von Sternburgs Remarque-Biografie, Niall Fergusons fulminante Monografie *Der falsche Krieg*, Jean-Pierre Cartiers Opus magnum über den Ersten Weltkrieg, Ludwig Renns Roman *Krieg*, Thomas Nevins und Martin Meyers Jünger-Bücher, Werner Beumelburgs *Die stählernen Jahre*. In den kommenden Wochen dann die Original-Kladden von Jüngers Weltkriegstagebüchern. Heute brachte die Express-Post ein Vorausexemplar *Il sogno d'Anarca*, die italienische Ausgabe meiner Jünger-Essays. Sehr schöne Edition; auf dem Cover ein Foto

von EJ und mir beim 100. Geburtstag in Saulgau. Telefonierte mit dem jungen Verleger Andrea Sandri und lobte seine gesamte Buchreihe. Er will mir 20 weitere Exemplare schicken, wirkte sehr enthusiastisch. Mal sehen, was die italienischen Gazetten schreiben.

*Bad Godesberg, 19. Juli 1999*

Auf der Terrasse des Hotels Dreesen über dem Rhein Treffen mit dem Filmhändler Karl Höffkes. Er hatte versprochen, mir Dokumente zum Fall Rudolf Heß zu übergeben. Spricht aber erst einmal von der ersten Million, die er mit Film-Lizenzen verdient habe. Er produzierte u.a. Hörkasetten zum »Mordfall Heß«. Die Idee, in Moskauer Archiven nach neuen Dokumenten zu fahnden, findet er gut. Er will mir Interviews mit Gaddafi und Saddam Hussein vermitteln; Höffkes ist seit Jahren im Mittleren Osten verankert, hat zahlreiche Kontakte in die Regierungsebenen. In Tunesien habe er jetzt eine Tourismus-Agentur aufgebaut. Weltweit filmt er Gespräche mit früheren Wehrmachtsangehörigen und SS-Leuten, um sie dann an Archive und Sender wie *Spiegel-TV* zu verkaufen. Höffkes war einmal Lehrer, gibt sich etwas geheimniskrämerisch und renommiert gerne mit seinen geschäftlichen Erfolgen. Insgesamt aber nicht unsympathisch.

Uwe Wolffs Exorzismus-Buch in der *Welt am Sonntag* vorabgedruckt. Erich Loest auf meine Vermittlung mit Kanzler Schröder an Bord eines CH-53-Großraumhubschraubers auf dem Flug ins Kosovo. Bot ihm 5000 Mark Honorar an. Loest überrascht, aber begeistert: »Komme eben aus den Pilzen...« Morgen will er uns seine Reportage schicken. Seine Anreise von Leipzig zum Militärflughafen in Bonn war ein nervenaufreibender Wettlauf mit der Zeit. Mit Kai Diekmann verabredet, Verteidigungsminister Rudolf Scharping beim Schreiben eines Buches über den Einsatz der Bundeswehr im Kosovo zu unterstützen. Der Minister rief mich zweimal übers Handy an. Diekmanns Idee: Scharpings Buch soll – wie später auch das von Oskar Lafontaine – in der *Welt am Sonntag* vorabgedruckt werden. Ab kommender Woche will Scharping mir von seinem Ferienhaus in Südfrankreich per Fax Blatt für Blatt des Manuskripts zur Überarbeitung zusenden. Vielleicht fliege ich für ein paar Tage dorthin, um direkten Einfluss auf das Buch zu nehmen. Das würde allerdings bedeuten, dass aus meinem Ibiza-Urlaub mit der Familie nichts wird. Am sinnvollsten wäre es, die Zeit auf der Insel für die Jünger-Biografie *und* das Scharping-Buch zu nutzen. Der Verteidigungsminister könnte mir seine Texte dorthin senden.

*Berlin-Tegel, 2. August 1999*
Rückkehr von einem Treffen mit Rudolf Scharping. Flog mit ihm in seiner Dienstmaschine von Bonn nach München. Wir starteten auf dem militärischen Teil des Köln/Bonner Flughafens gegen 16 Uhr. Scharping leger, mit dunkler Hose und hellblauem Hemd & blauer Krawatte; anfänglich zurückhaltend. Wir lasen in den Minuten vor dem Start die Zeitung, saßen uns am ausgeklappten Holztisch gegenüber. Salon-Atmosphäre. Unser Pilot ein Major der Luftwaffe, an Bord auch einige Techniker und Stewards. Tranken Tee und Mineralwasser. Dann übergab mir der Verteidigungsminister 18 Seiten seines Manuskripts, im Grunde eine längere Einleitung zum Kosovo-Konflikt. Dazu Tagebuchauszüge von Oktober bis Dezember 1998 mit einer Menge Partei-Interna. Oskar Lafontaine ist Scharpings Kontrahent – auch noch nach seinem Rücktritt. Fast scheint es, als fürchte der Verteidigungsminister dessen Comeback.

Als ich vorschlug, wir sollten uns mehr Zeit lassen und das Buch erst vor Weihnachten publizieren, meinte Scharping, es müsse simultan mit den Erinnerungen von Lafontaine erscheinen. Denn man erwarte eine Reaktion von ihm. Er will mir bis zum 15. August tatsächlich 180 (!) Seiten übergeben. Ich soll das Ganze häppchenweise redigieren und ihm dann zurückfaxen. Spätestens am 18. August müsse das Manuskript im Lektorat von Ullstein sein; am 17. September sei Auslieferung. Scharping meinte, er könne problemlos 250 Seiten schreiben. Er tippt seine Texte auf einer kleinen Olympia-Reiseschreibmaschine. Wir erörterten

554

die Struktur des Buches; Scharping möchte alternierend reflexive & analytische sowie erinnernde Einschübe & Tagebuchaufzeichnungen. Das Buch, schlage ich vor, sollte mit dem Auftakt zur »Air Campaign« beginnen, also mit der Bombardierung Serbiens durch die Nato. Sonst hätten wir 30 Seiten Vorlauf, die den Leser langweilten.

In München setzte mich Scharping an der V.I.P.-Lounge des Airports ab und fuhr dann weiter zu einer SPD-Veranstaltung in einem Münchner Bierzelt. Ich nutzte die Zeit, um mich mit seinen Texten zu beschäftigen. Beim Rückflug nach Bonn zeigte er mir ein Flugblatt, auf dem er als »Kriegsminister« bezeichnet wird. Offenbar hatte er sich eine bayerische Maß genehmigt, denn das Gespräch war nun deutlich lockerer und offener. Er berichtete, wie er ins Gespräch als Nato-Generalsekretär gekommen sei, nämlich durch seinen Vorschlag, die sogenannten Implementierungstruppen von 50 000 Soldaten so zu organisieren, dass sie gegebenenfalls als Offensivtruppe eingesetzt werden könnten. Die eigentlichen Befürworter des Bodenkrieges seien die Franzosen gewesen, nicht die Engländer, wie es allgemein heißt. Er besitze auch Geheimdienstberichte darüber, was bei den Treffen zwischen Primakow und Milošević besprochen worden sei. Er selbst habe bei allen wichtigen Nato-Gesprächen Aufzeichnungen gemacht, auf die er jetzt zurückgreifen könne. Ich schlug vor, er solle in den Text auch Zahlen zu den Bombardierungen sowie der zivilen Opfer einfügen. Und vor allem auch eigene Wertungen. Es dürfe keine historische Monografie, sondern müsse unbedingt eine persönliche Darstellung, vielleicht sogar politische Rechtfertigung werden. Dachte dabei natürlich an den Vorabdruck, der nicht Scharpings Kollegen, sondern unseren 500 000 Lesern gefallen muss.

Scharpings bisherige Aufzeichnungen allzu insiderisch formuliert, voller Abkürzungen und Anspielungen. Daran muss ich arbeiten. Plädierte dafür, auch Stellungnahmen zu den Etatkürzungen und zur künftigen Struktur der Bundeswehr einzubauen. In diesem Zusammenhang meinte er, Ende August schlüge »die

Stunde der Wahrheit«, wenn Kanzler Schröder und Finanzminister Eichel mit ihm über weitere Sparschritte verhandeln würden. Sollten ihm einschneidende Kürzungen zugemutet werden, würde er zurücktreten. Dann käme das Signal seines Buches genau richtig. Allerdings könnten sich Schröder und die SPD solch ein Negativ-Signal vor den Landtagswahlen nicht leisten, sagte er. Fast spürte ich bei dem nüchternen Politiker eine Prise Kämpfergeist heraus – um es dem Uralt-Rivalen Gerhard Schröder einmal richtig zu zeigen.

Rudolf Scharping von großer Höflichkeit, öffnete mir den Wagenschlag und ließ mich zum Hotel am Köln/Bonner Flughafen chauffieren. Ich übernachtete im Holiday Inn, wo auch Erich Loest logiert hatte, bevor er mit Kanzler Schröder ins Kosovo reiste. Heute morgen gegen acht Uhr dann Rückflug nach Berlin. Gesundheitscheck bei Professor Kreibich. Zum EKG sagte er: »Glänzend – Sie haben ein Sportlerherz. Fit wie ein Turnschuh!« Keinerlei Anzeichen für Nierenprobleme, wie ich befürchtet hatte. Wahrscheinlich eine Zerrung durch das Tennisspielen.

*Ibiza, 12. August 1999*

Fast ereignislose Tage liegen hinter mir. Keine Nachricht von Rudolf Scharping. Was der Familie zugute kommt. Im Fernsehen ist der Verteidigungsminister allerdings fast täglich zu sehen, als Inspizient der Bundeswehr – wohl, um sein wegen der Etateinsparungen ramponiertes Image aufzupolieren. Die ersten beiden Tage mit Astrid etwas zäh. Meide jedes Streitgespräch, was bei ihrer spitzen Zunge nicht immer leicht ist. Seit Mittwoch dann Entspannung; nicht nur die Mädchen erleichtert. Furchtbar schwüle Luft in unserem Felsenkeller-Schlafzimmer. Die Kinder oben im Haus, wo es deutlich kühler ist. Astrid hatte vor meiner Anreise Fieber; der Arzt kam extra nach Roca Llisa. Jetzt laboriert sie mit dem Magen und befürchtet eine Schwangerschaft. Ihr Hormonhaushalt sei gestört, erklärte sie mir mit vorwurfsvoller Miene.

Unser Tagesablauf hier sehr gleichförmig: Auf gegen 9 Uhr, Frühstück, Lektüre, ab 11 Uhr Plantschen mit den Kindern im Pool auf der Terrasse. Clarissa kann fast schon schwimmen, rettet sich aber gern prustend an den Beckenrand. Die beiden sind knusprig braun, mit von Sonne und Wasser hell gebleichtem Haar. Mittagspause bis gegen 16 Uhr; die Mädchen spielen im »blauen Zimmer«, malen oder schauen TV. Übe mit Laura das Lesen, sie liest sehr gern selbst vor. Dann gemeinsame Schwimm- und Tauchübungen im Pool. Ich spiele das »Kraken-Ungeheuer«, Clarissa die »Hilfskrake«. Dabei wird sie als Schwimmerin sicherer. Ihr Vokabular immer drolliger, auch ihre Fragen: »Papa, können Männer auch Eier legen?«

Lektüre: Fachliteratur über Serbien und den Kosovo-Konflikt, *FAZ*. Die *Welt am Sonntag* schickt Peter Scholl-Latour ins Kosovo; eigentlich mein Job. In diesem Fall war das Namedropping wichtig. Einkaufen in Santa Eulalia: Ein Kleid für Astrid mit passender Handtasche, Hemden & Hosen sowie zwei Paar Schuhe für mich. Astrid wieder entspannt; versprach ihr, meine Tagesabläufe besser mit der Familie abzustimmen, soweit dies meine Aktivitäten zuließen. Auch die Biografie soll ins zweite Glied zurücktreten. Uwe bot sich für Hilfsdienste an und berichtete am Telefon von seiner Reise nach Tadschikistan, wo es, anders als Scholl-Latour behauptet, relativ friedlich zugehe. Uwe will eine große Reportage für die *Welt am Sonntag* schreiben; vorher aber fahren wir am 21. August zusammen nach Basel zum LSD-Entdecker und Jünger-Freund Albert Hofmann.

Abends sitze ich mit Astrid auf der Terrasse über dem Meer; wir plaudern einträchtig. Oder schauen fern. Die Satellitenscheibe, die zahlreiche Sender, auch deutsche, ins Haus holt, hat eine verführerische Wirkung. Die Nachrichtensendungen reißen einen jedoch regelmäßig in die Vordergründigkeit des Politischen zurück. Entwickelten gemeinsam Pläne zum Ausbau des Hauses in Eichwalde; die Kinder möchten dringend einen Pool, um ein wenig Ibiza mit nach Hause zu nehmen. Das würde natürlich wieder eine Menge Geld kosten, aber ich vertraue auf mein *poncif* und fürchte nichts – außer meinen Zusammenbruch.

*Eichwalde, 18. August 1999*

Gleich nach der Rückkehr von Ibiza kamen vom Lektorat des Münchner Econ Verlages einige Dutzend Seiten Scharping. Er hat sich weitgehend an die von mir vorgeschlagene Melange aus sachlicher Darstellung, Reflexion und Tagebuch gehalten. Allerdings ist der Text schlampig formuliert und enthält wenig Neues. Wir telefonierten. Dabei bat ich ihn eindringlich, deutlich mehr über Oskar Lafontaines Rolle im Kosovo-Konflikt preiszugeben. Vor allem aber müssten koalitionsinterne Probleme zur Sprache kommen, also die Haltung der Grünen zum Kriegseinsatz. Ebenso die Debatten in den Gremien der EU und der Nato, an denen Rudolf Scharping ja federführend beteiligt war. Er gelobte, Nachträge zu liefern – aber bei der Niederschrift verlässt ihn regelmäßig der Mut. Das Manuskript wirkt pedantisch, bisweilen naiv. Der Verlag revidiert den Abgabetermin quasi täglich; erst sollte das Buch am 30. August fertig sein, dann wurde die Frist bis zum 6. September verlängert. Jetzt sind wir beim 19. September angelangt. Alles auf Kante genäht. Der Umfang soll 240 Seiten betragen; kann mir kaum vorstellen, dass das in so kurzer Zeit zu schaffen ist.

Am 21. August mit dem Flugzeug nach Stuttgart, wo ich Uwe traf. Mit dem Mietwagen über die Schwäbische Alb zu Liselotte Jünger. Sie besitzt in Überlingen am Bodensee ein Haus hoch über dem Bodensee und wirkte sehr entspannt. Die Zimmer geschmackvoll eingerichtet, mit phantastischem Panoramablick. Sie zeigte uns Almanache aus der Goethe-Zeit, die EJ ihr in all den Jahren zu den Geburtstagen geschenkt hatte. Als Widmung ist in jedem Bändchen zu lesen: »Meinem Stierlein zum…« Frau Jünger berichtete freimütig und ausführlich über die letzten Tage ihres Mannes. Wie sie zu ihm ins Riedlinger Krankenhaus gezogen und bis zu seinem Tod bei ihm geblieben sei. Er habe unter einer Lähmung des Gesichtes gelitten; das Sprechen sei ihm immer

558

schwerer gefallen. Zuletzt habe sie ihn kaum mehr verstehen können. Ein »letztes Wort« habe es so nicht gegeben. Allerdings habe er ihr in den Tagen davor mehrfach versichert, das Schlimmste für ihn sei, dass er sie jetzt »zurücklassen« müsse. Das habe sie sehr bewegt. Diese finale Liebesbekundung scheint ihr sehr wichtig zu sein, denn sie wiederholte sie mehrmals mit bewegter Stimme.

Die entscheidende Schwächung Ernst Jüngers wurde offenbar durch ein Geschwür hervorgerufen, das sich am Magenausgang festgesetzt hatte; operieren wollte der fast 103-Jährige sich aber nicht mehr lassen. Für den Umzug nach Wilflingen war alles vorbereitet, als er am 17. Februar frühmorgens starb. Frau Jünger erzählte in der ihr eigenen Sachlichkeit, kredenzte uns dabei Kaffee und selbstgebackenen Kuchen. Wir saßen auf dem Balkon mit Blick auf den Bodanrück und den Überlinger See, auf dem weiße Dampfer langsam das Bild durchschnitten. Gegen 18 Uhr, nach drei Stunden, verabschiedeten wir uns. Die Stunden waren wie im Flug verstrichen. Uwe hatte seine biografischen Thesen erprobt, doch Frau Jünger rückte manches zurecht, so auch unsere Deutung von Jüngers später Konversion zum Katholizismus. Pfarrer Niebel, der ihn dabei seelsorgerlich begleitet hatte, kam dabei nicht gut weg. Er wurde als etwas aufdringlich beschrieben. EJ habe oft gesagt: »Wie oft kommt der denn noch?« Bei der Konversion habe es sich um ein Zugeständnis an das Dorf und die katholische Region gehandelt. Auch wenn unsere These vom katholischen Universalismus, der Jünger imponierte, etwas Einleuchtendes habe. EJ scheint sich auch hier bis zuletzt bedeckt gehalten zu haben – ein Anarch, der Bindungen eingeht, um sich zu tarnen. Es bleibt, wie immer, ein Rest an Geheimnis, das Innerste, das Unbewusste entzieht sich unserem Kalkül.

Weiterfahrt nach Andelfingen, wo wir im »Hirsch« übernachteten. Telefonat mit der früheren Haushälterin und Kustodin der Gedenkstätte in Wilflingen, Monika Miller. Sie führte uns am Sonntag durch die Oberförsterei. Im Wirtshaus einen »Rostbraten mit Spätzle«, dazu eine Flasche Heilbronner Stiftsberg. Wir ließen dabei das Erlebte Revue passieren, sprachen dabei auch über die Biografie. Uwe meinte, falls er sich für das Buchprojekt engagiere, wäre es sinnvoll, wenn auch sein Name auf dem Cover erschiene. Ich hätte damit kein Problem, denke aber, dass der Piper Verlag, der so viel Geld auf den Tisch legt, um einen Autor zu gewinnen, der seit Jahren Zugang zum Hause Jünger hat, eine Doppelautorschaft mit Sicherheit ablehnen würde. Ich bin dankbar für die Erschließung von Ernst Jüngers Schulzeit, wobei Uwes pädagogische Kenntnisse als Lehrer hilfreich sind. Die Kapitel über den Ersten Weltkrieg, die nationalrevolutionäre Zeit der Weimarer Republik, die innere Emigration und die Pariser Jahre jedoch kann man nur aus zeitgeschichtlicher Kenntnis und mit Empathie für das Militärische schreiben.

Am 22. August nach einer ungastlichen Nacht mit vielen Stechmücken zur Oberförsterei, wo uns die Kustodin Monika Miller empfing. Auch Frau Jünger war gekommen und äugte misstrauisch, ob Geheimnisse enthüllt würden. Eine Zeit lang begleitete sie uns durch die Räume und ergänzte, was Monika Miller in breitem Schwäbisch zum Besten gab. Uwe ließ seine Video-Kamera laufen, um die Gespräche zu dokumentieren. Wir blätterten in der Bibel, die Jünger während des Zweiten Weltkrieges mehrfach gelesen und mit vielen Anstreichungen versehen hatte. Frau Jünger fühlt sich in den vertrauten Räumen nicht mehr wohl, seit man vor den Regalen und Tischen Absperrkordeln installiert hat. Das vermittelt dem Haus etwas Museales, Abgestorbenes, Unbewohntes. Ja, das Leben hier ist Geschichte, und wir alle, die wir uns in ihm zuhause fühlten, empfinden uns nun als Zaungäste, die eine untergegangene Welt bestaunen.

Im Regal unter dem »Friedhof der Freunde«, wie EJ seine Sammlung von Foto-Porträts der Familie und Weggefährten nannte, fand ich den Band *Letzte Worte*. Ich hatte ihn Ernst Jünger 1990 geschenkt. Ein zweites Exemplar mit einer Widmung von Jürgen Meyer lag auf Jüngers Nachttisch. Frau Millers Führung äußerst launig, gespickt mit Anekdötchen; so erzählte sie, EJ habe solange in der Badewanne mit eiskaltem Wasser ausgehalten, bis er sein jeweiliges Alter abgezählt habe. Bei 100 sei das allerdings kaum mehr möglich gewesen, da habe er es mit 90 bewenden lassen. Im Bad mit den rosaroten Duschvorhängen fand ich auf dem Regal eine Flasche mit »Old Spice«-Rasierwasser, mit dem Jünger einst Serge Mangin (als Gegengabe für dessen Jünger-Büste!) beglückt hatte.

An der Badtür die zahlreichen Aufkleber, die er von seinen vielen Reisen mitgebracht hatte. Im Schlafzimmer die Pritsche mit der quittengelben Steppdecke, davor ein Bücherstapel. In der Schublade des Nachtschranks ein Schächtelchen mit Tabletten des Stimmungsaufhellers »Katovit«. Das Psychopharmakon ist inzwischen verboten, weil es direkt aufs Zentralnervensystem wirkt und angeblich süchtig macht. Ich hatte die roten Pillen während der Arbeit an der Bildbiografie immer mal wieder selbst eingenommen. Sie versetzten in geradezu euphorischen Arbeitseifer.

Im geöffneten Schlafzimmerschrank hängt sauber gebügelt das Häuptlingsgewand, das EJ in Liberia geschenkt bekam, sowie die Roben und Hüte des zweifachen Ehrendoktors. Nach dem Rundgang setzten wir uns ins Fernsehzimmer, um Erinnerungen auszutauschen. Vor allem an Histörchen in eroticis scheint Monika Miller Gefallen zu finden. Die »Doctoresse« der Tagebücher, also Sophie Ravoux, sei die große Liebe Jüngers gewesen. Das ist nun nichts grundsätzlich Neues, aber die anspielungsreiche Art wie Frau Miller ihre Geschichten zum Besten gab, hatte ihren eigenen Reiz. Auch sie selbst scheint nicht nur geistige Anregungen in der Oberförsterei empfangen zu haben. Was der Umstand zu belegen scheint, dass Monika Millers Ehemann das Tagebuch seiner Frau über die ersten Begegnungen mit EJ vernichtet haben soll, nachdem sie es ihm zu lesen gegeben hatte.

Gegen Mittag Weiterfahrt Richtung Basel. Als Übernachtungsort wählten wir Badenweiler, das nicht nur als Kurort, sondern auch wegen seiner literarischen Bezüge einen großen Namen hat. Thomas Mann, Hermann Hesse und der russische Dramatiker Anton Tschechow weilten hier; der legendäre Ort ist auch Schauplatz von Romanen wie *Herbst in Badenweiler* (Gabriele Wohmann) und Luise Rinsers *Mitte des Lebens*. Ringsum erstreckt sich das Markgräflerland, wegen seiner milden Temperaturen und des guten Weins auch »Toskana des Nordens« genannt. Wir logierten im traditionsreichen »Hotel Römerbad«, wo wir gleich nach der Ankunft ein Bad im Pool nahmen. Er befindet sich im Hotelpark zwischen alten Bäumen. Das Fünf-Sterne-Hotel verfügt auch über ein internes Schwimmbad, das wir am Montagmorgen nutzten.

Kurz vor dem Abendessen hörte ich meine Mailbox ab, auf dem acht Anrufe von Astrid gespeichert waren. Im ersten sagte sie mit leiser, zitternder Stimme, es sei Furchtbares passiert, ich möge zurückrufen. Der Anruf datierte auf 2 Uhr nachts. Dann folgten weitere, immer verzweifeltere Hilferufe. Erst beim vierten erfuhr ich dann, dass Hans-Karl, Astrids Ex-Mann und Vater von Lina und Timo, in der vergangenen Nacht auf der Autobahn Düsseldorf-Köln tödlich verunglückt sei. Inzwischen ist Astrid nach Bonn abgereist, um bei den Kindern zu sein. Der Einbruch der Todesnachricht in unsere heitere Umgebung stürzte uns in große Unruhe. Uwe ist ja für derlei Schrecken besonders empfänglich. Während des Abendessens schilderte mir Astrids Mutter am Telefon die Details des Unglücks. Hans-Karl sei gegen elf Uhr abends in seinem englischen Sportwagen mit Tempo 200 von einem in die Autobahn auffahrenden Wagen an die linke Leitplanke gedrängt worden, habe sich mehrfach gedreht und sei in seinem völlig zerstörten Fahrzeug schließlich quer zur Fahrbahn auf der rechten Spur zum Stehen gekommen. Dann sei ein Mercedes der S-Klasse in der Dunkelheit in den Trümmerhaufen gerast; der sei in einem Feuerball explodiert. Astrid hat Timo und Lina inzwischen zu Freunden in Eichwalde gebracht.

Am Tag danach trafen wir im Speisesaal des »Römerbads« Bundespräsident Johannes Rau, der sich in Badenweiler von einem operativen Eingriff erholt. Er saß am Nebentisch und erinnerte sich sofort an unsere Vereinbarung, über theologische Fragen und seine Zeit als Buchhändler ein Gespräch zu führen. Er will mir durch seinen Pressesprecher Nachricht geben, wenn er im Bundespräsidialamt in Berlin zurück ist.

562

Mit der Bonner Hypothek im Gepäck reisten wir weiter zu Albert Hofmann nach Basel und von dort auf die Rittimatte. Unterwegs Station im Kloster Mariastein, um an der Sext teilzunehmen. Uwe hat dort unlängst über das Engel-Thema referiert. Der Novizenmeister lud uns zum Mittagsmahl ins Refektorium ein. Dort lauschten wir einer Bibellesung und hörten einiges zur Geschichte der Schweizer Benediktinerklöster. Es gab Curryreis mit Huhn, dazu Salat und Rotwein. Die Mönche, meist ältere Herren, kauten genüsslich. Der Novizenmeister stellte uns vor und lud uns dann in ein Nebengelass zum Kaffee. Es herrschte eine heitere Stimmung. Nachdem wir in der Felskatakombe noch Hans-Karls und der Kinder gedacht und eine Fürbitte in das dort ausgelegte Besucherbuch geschrieben hatten, fuhren wir weiter in die Berge über Basel.

Um 14 Uhr trafen wir wie vereinbart auf der Rittimatte ein. Albert Hofmann, rüstig wie immer, führte uns sofort in sein Arbeitszimmer, wo wir zwei Stunden lang bei laufendem Tonband über LSD und die damit verbundenen Erfahrungen sprachen. Uwe filmte Teile des Gesprächs und auch unseren Spaziergang entlang der Grenze zwischen der Schweiz und Frankreich. Albert Hofmanns Anwesen ist mehrere Hektar groß und zieht sich über einen Berghang hin. Ausführlich berichtete er über seine Anfänge als Chemiker. Sein Anfangsgehalt bei Sandoz habe 600 Schweizer Franken und ein Prozent Gewinnbeteiligung betragen. Er erzählte von skurrilen Besuchern in seinem Haus, die sich mit Geschenken, darunter auch eigene Kunstwerke, für die aufschließende Wirkung der Droge bedankt hätten.

Nach einem langen Abendessen auf der Terrasse mit Blick auf die gewaltige Alpenkulisse, bei dem wir viel Weißwein tranken, Fahrt mit dem Mietwagen nach Basel. Wir quartierten uns im Hotel »Drei Könige« ein. Dort wohnte übrigens auch EJ, wenn er zur Käfermesse nach Basel kam. Spaziergang durch das nächtliche Basel und am Rhein entlang. Am nächsten Morgen mit dem Wagen zum Flughafen. In Berlin brachten wir das Interview in sechsstündiger Feilarbeit in Form. Es sind originelle, aber für die konservativen Leser der *Welt am Sonntag* grenzwertige, vielleicht anstößige Äußerungen des LSD-Entdeckers darunter. So betonte Albert Hofmann mehrfach die metaphysische Qualität des LSD; leider sei es durch Missbrauch in den USA zur »Kultdroge« geworden, um schließlich weltweit verboten zu werden. Er könne sich vorstellen, dass man LSD künftig in der Psychiatrie, für die es ja entwickelt worden sei, einsetzen wird. Und, beschränkt auf »elitäre« Kreise, als Mittel zur Meditation. LSD gehöre »in die Gruppe der sakralen Drogen«. Er plädiert dafür, LSD in staatlich kontrollierten »Meditations-Zentren« zu verabreichen. Dies sei sein dringlicher Wunsch für das nächste Jahrtausend.

Auf meine Frage, ob der Genuss von energetischen Drogen wie Ecstasy, Crack oder Speed zwar Grenzüberschreitungen verspreche, aber am Ende nicht doch zu einer gefährlichen Abhängigkeit führe, antwortete Hofmann ausweichend. Wer LSD unter Anleitung konsumiere, brauche diesen sich steigernden Genuss nicht. Hofmann unterscheidet die körperlich und psychisch stimulierenden Modedrogen auf der Basis von Amphetamin vom LSD, das zu den Tryptaminen gehöre. Die Raver der Techno-Partys wollten sich vom lästigen Ich befreien, LSD aber führe zum wahren Ich. Denn es sei mit dem Serotonin verwandt, das sämtliche Gehirnfunktionen und damit auch die Gefühle steuere. »Diese Verwandtschaft erklärt, warum LSD Zugang hat zu unserem geistigen Zentrum. Die natürliche Form der Selbstvergessenheit ist das Erlebnis der Einheit mit der Natur, wie wir es im Paradies hatten.«

Erstaunliche Sätze aus dem Mund eines Chemikers! Drogen brauche man immer, beteuerte der alte Mann, schon die Menschen der Antike, die nach Eleusis gepilgert seien, hätten den »Zauberpilz« genossen. »Gute Drogen«, wie alle sakralen Drogen, seien aus der Natur gewonnen und führten zu ihr zurück. Man müsse bereits im Kindergarten damit anfangen, der Suchtgefahr entgegenzutreten. Gänge in die Natur seien der beste Weg. Denn dort gewinne man ein neues, intensiveres Verhältnis zur Schöpfung. »Der liebe Gott spricht zu uns nicht in Worten, sondern in der Sprache der Natur.« Das habe er bereits in seiner Kindheit in den Schweizer Bergen erlebt. Gerade als Naturwissenschaftler erkenne er, dass die Welt von geistigen Gesetzmäßigkeiten bewegt werde. Im Tod würde der Mensch wieder eintauchen in den »Pool der Schöpferkraft«. Dort würde die Schönheit der Schöpfung »noch vollkommener sein, transparenter, geistiger«.

*Bad Godesberg, im September 1999*
Inzwischen hat Rudolf Scharping weitere Texte seines Kosovo-Buches geliefert. Ins Verteidigungsministerium, um das weitere Vorgehen zu besprechen. In den Tagen bis zur Deadline am 8. September muss ich nun täglich mit dem Lektor des Econ Verlages telefonieren, um den Text zu optimieren. Das wird kein bedeutendes Buch werden, weil sein Verfasser nichts wirklich preisgibt. Schade. Sagte dem Lektor, dass ich im Buch keineswegs als Co-Autor oder Mitarbeiter genannt werden wolle. Am 12. September sollen Auszüge in der *Welt am Sonntag* vorabgedruckt werden; parallel dazu bis zum 27. September in der *Welt*. Die Präsentation soll am 22.9. im Bundespresseamt stattfinden; die Einführung wird Joschka Fischer halten. Der kommt im Buch als Erfinder des »Fischer-Plans« auch sehr gut weg. Weniger gut natürlich Oskar Lafontaine; leider ist die Kritik an ihm substanzlos. Also darf weiter auf den 3. Oktober hin spekuliert werden, wenn Lafontaine sein eigenes Buch in der *Welt am Sonntag* vorabdrucken lässt. Vielleicht auch nur heiße Luft.

Was sonst noch geschah: Konnte Günter de Bruyn als Autor für unser Blatt gewinnen. Mein Aufsatz über das spannungsreiche Verhältnis von Goethe und Schiller in etwas gekürzter Form im »Zeitgeschehen« veröffentlicht.

*Eichwalde, 27. September 1999*
Heute Präsentation des Scharping-Buches (*Wir dürfen nicht wegsehen. Der Kosovo-Krieg und Europa*) im Bundespresseamt. Joschka Fischer hielt die Einführung. Die Journalisten stellten genau jene Fragen, die Rudolf Scharping in seinem Buch, trotz meines Drängens, nicht beantwortet. Wir begrüßten uns nach der Veran-

staltung, und Scharping fragte etwas verlegen, ob ich Fehler im Buch entdeckt hätte. Zu einem Dankeswort wollte er sich nicht durchringen. Dass ich darauf gedrängt hatte, meinen Namen im Buch unerwähnt zu lassen, erwies sich jetzt, nach der eher kritischen Aufnahme, als richtige Entscheidung. Die Buchpräsentation so lahm wie unsere Zusammenarbeit und ihr Produkt. In der Redaktion Weiterarbeit an der Jünger-Biografie. Traf auch Kai Diekmann, der gleich nach der Veranstaltung nach Hamburg zurückflog. Wir besprachen neue Themen: Rudolf Heß (Umstände seines Todes im Spandauer Gefängnis), Ernst Bloch (Stasi-Akte), Albert Hofmann (LSD). Er wies mich darauf hin, dass ich im Impressum der *Welt am Sonntag* jetzt als »Chefkorrespondent« aufgeführt würde, gleich unter der Chefredaktion. Schrieb einen Leitartikel über die Kontroverse um Peter Sloterdijk, den ich mit Nolte, Enzensberger und Walser in Verbindung brachte. Sloterdijk wird jetzt als Nazi-Denker gebrandmarkt.

*Zeuthen, 12. Oktober 1999*
Gestern Interview mit Bundespräsident Johannes Rau im Schloss Bellevue. Hatte mich mit Uwe durch viel Archiv-Material und eine Rau-Biografie auf das Gespräch vorbereitet. Im Mittelpunkt stand der Christenmensch Johannes Rau, seine Prägung durch den Barmener Pietismus, die Theologie Karl Barths und die Schriften von Reinhold Schneider, Manfred Hausmann und Albrecht Goes. Die Begegnung fand im Arbeitszimmer des Bundespräsidenten in der Beletage des Schlosses statt. Dabei Raus Referent und der Fotograf Daniel Biskup. Wir überreichten zur Einstimmung eigene Bücher: Uwe seinen Essayband *Gottesdämmerung*, ich die Bildbiografie.

Anknüpfungspunkt des Gesprächs war die Konversion Ernst Jüngers zum Katholizismus. Nach den Fragen zu Raus Selbstverständnis als christlicher Politiker (er berief sich auf Reinhold Schneider, dem er persönlich mehrfach begegnet sei: »Verantwortung der Politik vor Gott«) übte ich vorsichtige Kritik, um Rau zu zwingen, Farbe zu bekennen. So fragte ich nach seiner Haltung

566

zum Schwangerschaftsabbruch, zur Überdehnung des Sozialstaats, zur Ausländerpolitik. Der Bundespräsident antwortet meist ausweichend. Über die Jahrzehnte seiner politischen Tätigkeit, die ihn am Ende ins höchste Staatsamt führte, hat er sich eine recht biegsame Methode der Konsenserzwingung angewöhnt. Er arbeitet mit ideologischen Versatzstücken: Solidarität, Dialog, Ausgleich. »Versöhnen statt Spalten.« Das Ergebnis ist, in seiner Zeit als Ministerpräsident, ein gigantischer Schuldenberg in NRW.

Atmosphärisch war das Gespräch freundlich, aber uninspiriert. Rau unsicher, mit wem er es zu tun hat. Uwes Verbindlichkeit im Theologischen und meine Härte in politicis war für ihn eine eher ungewohnte Mischung. Er spürte den Widerstand, aber er saß in der Sympathiefalle. Irgendwie nimmt man ihm die flüssig formulierten Werte-Phrasen nicht ab, immer gespickt mit passenden Zitaten aus seinem Lektüre-Fundus. Über den Religionsunterricht: »Die Schule sollte ihren Bildungsauftrag wieder ernst nehmen und den Kindern Orientierung vermitteln. Es geht nicht allein um verwertbares Wissen, sondern um Werte. Erziehung ist Beispiel und Liebe – sonst nichts, hat August Fröbel, der Vater des Kindergartens, gesagt.« Wer wollte dem widersprechen? Nach der Verabschiedung kutschierte uns der Fotograf in die Kochstraße, wo wir im Club zu Mittag aßen. Daniel Biskup bereist seit 1990 Osteuropa, ist auch viel auf dem Balkan unterwegs. Er lieferte Kai Diekmann die gewünschten Fotos von den schönen Kosovarinnen, die ich ihm als Kriegsreporter verweigerte. Gelegentlich veröffentlicht er in der *taz*.

Am Sonntag unser Interview mit Albert Hofmann im Blatt. Es soll wütende Leserreaktionen geben. Die Hamburger hatten das Gespräch mit einer deftigen Schlagzeile aufgemacht: *Warum nehmen Sie LSD, Dr. Hofmann?* Darunter: *Extrem-Ansichten eines Querdenkers.*


*Eichwalde, 18. Oktober 1999*

Der erwartete Brief von Albert Hofmann, der sich heftig über die Aufmachung unseres Interviews beklagt. Schwierig, einem

Außenstehenden zu erklären, dass die Schlagzeilen nicht auf die Kappe des Interviewers gehen. Rief ihn an, um ihn zu besänftigen. Doch er fing sofort an, mich zu beschimpfen und beendete das Telefonat mit dem Ausruf: »Ich will nichts mehr von Ihnen hören!« Was wir aus dem Gespräch gemacht hätten sei »publizistisches Gangstertum«. Drohte sogar mit juristischen Schritten. Schrieb ihm einen ausführlichen Brief, bezweifle aber, dass dies etwas bewirken wird. Offenbar haben ihn die kritischen Leserbriefe besonders aufgebracht. Nicht umsonst heißt sein Buch *LSD – mein Sorgenkind*. Die Tatsache, dass die Manson-Morde mit der von ihm in therapeutischer Absicht als Antidepressivum entwickelten Medizin in Verbindung gebracht wurden, hat ihm bis heute den Ruf eines Jugendverführers eingebracht. Natürlich zu Unrecht.

*Eichwalde, 23. Oktober 1999*
Einen Tag vor meinem Geburtstag traf ein Brief mit einem – unveröffentlichten – Gedicht von Gertrud Fussenegger ein. Sie drückt darin ihre Skepsis gegenüber den Befürchtungen aus, die mit der Jahrtausendwende verbunden werden. Da wir keine Lyrik im Blatt drucken, nahm ich es als Geschenk.

*Unbehagliche Erwartung*
Zu Ende
blättern wir das Jahrtausend.
Gelähmt
wie das Kaninchen vor der Schlange
starren wir auf die drei Nullen hinter der Zwei.

als wüssten wir nicht: sie sind
nur ein Zufallsergebnis
unsrer dekadischen Zählung.

mulmig
ist uns zumute, als säße jenseits

der Tausenderschwelle ein Riesenoger
mit offenem Maul uns zu verschlingen.

Am liebsten
rutschten wir abwärts drei vier Staffeln zurück
in unser altes Jahrhundert
und mampften den alten Käse.

Hei Freunde, nur Mut,
das Leben wird es nicht kosten
wir wechseln die Marke,
wir wechseln den Fahrplan. Die Zeitrakete
hat ihre Einstiegsöffnung
schon aufgeklappt.
Der Countdown läuft, nichts hält ihn auf.
Die Zündung der Düsen
erfolgt auf die Nanosekunde genau.

Schon heben wir ab
sind in die Umlaufkurve gehievt
noch nie betretener Welten.
Ach, liebe Leute –
Wo sind da noch Gärten
mit Apfelbäumen? Und wo die Beetchen
In denen unsere Ahnen
Rosen und Lilien gepflanzt?

Sie zählten die Blüten. Wir zählen die
Einschlagkrater
auf Himmelskörpern, die unserer Erde
zum Fürchten
ähnlich sind.

*Berlin, 29. Oktober 1999*

Am Mittwoch erlag der Schlagersänger Rex Gildo den Verletzungen, die er sich beim Sprung aus dem zweiten Stock einer Münchner Wohnung zugezogen hatte. Seinen letzten Auftritt hatte er in Bad Vilbel, wo er in einem Möbelhaus u.a. seinen Ohrwurm *Fiesta Mexicana* sang. Traurige Endstation einer gefeierten Karriere. Kai Diekmann rief mich an und fragte, ob ich nicht mit der Berliner Schauspieler-Legende Harald Juhnke über Leben und Sterben von Rex Gildo sprechen könne. Zuerst fand ich das absurd, aber dann durchaus charmant. Juhnke war dazu auch sofort bereit, musste gar nicht zum Interview gedrängt werden. Den Selbstmord Rex Gildos führte er u.a. auf das Beharren des Sängers zurück, immer an seinen Anfangserfolgen festzuhalten, die ihn, den »hübschen jungen Mann«, schnell zum Star gemacht hätten. Er sei ein eitler Mensch gewesen, der »partout nicht älter werden« wollte. Rex Gildo habe keinen Mut zum Risiko gehabt und auch seine schauspielerische Begabung nicht entwickelt. Am Anfang seiner Karriere habe ja der »seriöse Erfolg« in der Rolle des Liebhabers in *My fair Lady* gestanden.

Eitelkeit, das räumte Juhnke ein, sei zwar ein Treiber für jeden Erfolg. Aber sie dürfe nicht zum Selbstzweck werden, nicht dazu führen, »dass die Schönheit zur Maske erstarrt«. Harald Juhnke ist Rex Gildo mehrfach begegnet. »Wenn ich Gildo im Atelier traf – wir haben einmal einen Film zusammen gedreht – dann bemerkte ich immer, wie sehr er mit seinem Äußeren beschäftigt war. Am Ende ist er daran verzweifelt, dass es nicht mehr das eines Dreißigjährigen gewesen ist«. Er selbst habe sich bemüht, in diese Falle nicht zu treten: »Ich bin siebzig und sehe auch danach aus«, sagte er im typisch Berliner Schnodderton. Ich fragte, ob Rex Gildo genau diese Selbstironie gefehlt habe, um Abstand zu sich selbst zu finden. Lebhafte Zustimmung: Selbstironie sei für einen Künstler unersetzlich! Und Ehrlichkeit. Gildo habe zu viel getrunken, aber das vor der Welt krampfhaft zu verbergen versucht. Er nicht. Er habe über sein Dilemma sogar einen Film gemacht.

Wie erklärt sich Juhnke den Selbstmord, der für viele völlig überraschend kam? War es die Vulgarität des Publikums? Passte Rex Gildo als sentimental-romantischer Typ nicht mehr in unsere profane, entzauberte Welt? Oder nahm er sich das Leben, weil er mit seiner Homosexualität nicht zurechtkam? Sein Manager hätte ihn vor diesem Publikum in Einkaufszentren und Möbelhäusern in Schutz nehmen müssen, antwortete Juhnke. Er könne sich nicht vorstellen, dass Rex Gildo das finanziell nötig gehabt habe. Über die Beziehungen des Schlagersängers wisse er nichts. Der habe sich, was seinen privaten Umgang betreffe, sorgsam abgeschottet. Vielleicht sei die Selbstauslöschung für den alternden Künstler eine Erlösung, werfe ich ein. »Vielleicht. Ich hatte zum Glück immer jemand, mit dem ich über eine solche Not, den drohenden Verlust der Kreativität, sprechen konnte. Mit meiner Frau oder Freunden.«

Hat Harald Juhnke Angst vor dem Tod? »Eigentlich nicht.« Die Erklärung dazu packt Juhnke in eine Anekdote aus seinem Schauspielerleben: »Zu Minetti habe ich einmal gesagt, wenn ich noch einmal den König Lear spiele, der am Ende des Stücks stirbt, dann möchte ich, dass der Intendant hinausgeht vor den geschlossenen Vorhang und sagt: Herr Juhnke bittet um Entschuldigung, er kann sich leider nicht mehr verbeugen, er ist gerade verstorben. Da hat Minetti gesagt, das willst du gar nicht, du willst unbedingt noch hören, wie das Publikum reagiert ... Damit hatte er Recht.«

*Berlin, 14. November 1999*

Heute das Dossier *Gipfelgespräch* in der *Welt am Sonntag*. Zusammen mit Ralf Georg Reuth hatte ich es in mehrtägiger Arbeit aus den Tonbändern und anhand unserer Notizen erarbeitet. Zehn Jahre nach dem Mauerfall lud der Axel-Springer-Verlag die drei »Väter der Einheit« – Helmut Kohl, Michail Gorbatschow, George Bush – ins Verlagsgebäude in der Berliner Kochstraße ein. Wir druckten auf der letzten Seite der vierseitigen Beilage auch Stimmen von prominenten Gästen, die die Bibliothek im 19. Stock des Hochhauses füllten. John C. Kornblum, der US-Botschafter, bekannte, dies sei der beeindruckendste Abend, den er je erlebt habe: »Das war Geschichte live.« Ähnliches gab auch der Film-produzent Horst Wendlandt zu Protokoll: »Das war sensationell, der größte Abend, den ich in den letzten zwanzig Jahren erlebt habe.« Hilmar Kopper, Aufsichtsratvorsitzender der Deutschen Bank, wollte gar »den Atem der Geschichte« gespürt haben. Giovanni di Lorenzo deutete als Journalist ein bisschen Neid an: »Respekt. Das war die Veranstaltung, die alle gern gemacht hätten.« Eberhard Diepgen, Berlins staubtrockener »Regieren-der«, rang sich zu einem für ihn ungewohnten Superlativ durch: »Die Diskussion der drei großen Männer war ein Meilenstein für die Zeitgeschichte«. Jörg Schönbohm formulierte seine Begeis-terung am bewegendsten: »Beim Videofilm über den Mauerfall hatte ich Tränen in den Augen.«

Es war wirklich ein einmaliges Ereignis. Jede der drei Hauptper-sonen spielte dabei eine ganz bestimmte Rolle. Kohl gerierte sich als jovialer Sieger der Geschichte mit empathischem Verständnis für seine Mitspieler. Bush, Präsident der Supermacht USA, trat als Gönner auf, der das Recht der Deutschen auf Selbstbestim-mung zielstrebig mit den welt- und geopolitischen Interessen seines Landes zu verbinden wusste. Der gefeierte Verlierer aber ist Michail Gorbatschow, dem nach 1989 vieles entglitt, vor allem die Herrschaft über die Sowjetunion und die osteuropäischen Va-sallenstaaten. Zu Recht eröffnete der britische Historiker Timo-thy Garton Ash das Dreiergespräch mit der Bemerkung, wieder einmal habe es sich gezeigt, dass »Männer Geschichte machen«. Allerdings in der Konstellation von zwei Handelnden und einem Getriebenen. Verständlich, dass Gorbatschow seinen Anteil an der deutschen Wiedervereinigung herausstellte, obwohl ihn die rasante Entwicklung immer nur in die eine Richtung drängte, der Sowjetführer sich eher als Getriebener denn als Stratege erwies. So fragte er auch Kohl ziemlich unverblümt, warum der »liebe Helmut« mit seinem »Zehn-Punkte-Plan« ohne Rücksprache mit ihm an die Öffentlichkeit gegangen sei. Man hätte doch verein-bart, jeden Schritt gemeinsam zu gehen? Dass Kohl darauf nicht

572

direkt antwortete, sondern im Fortgang des Gesprächs seine eigenen, innenpolitischen Zwänge darstellte, zeigte noch einmal überdeutlich, wer damals Koch und Kellner war – auch wenn heute viele noch immer Gorbatschow als souverän Handelnden verherrlichen.

Helmut Kohl scheute sich auch nicht, ein anderes Tabu frontal anzugehen: Nicht die Menschen auf den Straßen der DDR, sondern die Männer, die hier auf dem Podium sitzen, hätten die Einheit möglich gemacht: »Die Rolle des Volkes war ganz wichtig, aber ohne die beiden Weltmächte und die drei Repräsentanten, die hier sitzen, wäre die Sache schief gegangen.« Im Übrigen hätte alles ganz anders kommen können, wäre da nicht das gegenseitige Vertrauen gewesen, mit dem man alle Hürden genommen habe, die sich im Fortgang des Annäherungsprozesses aufgetan hätten. Denn, und da widersprach Kohl (wie vor ihm Bush) Gorbatschow, die Widerstände im Moskauer Politbüro seien von Anfang an erheblich gewesen. Wie richtig diese Einschätzung ist, unterstreicht die Tatsache, dass Gorbatschow am 19. August 1991 durch einen Putsch gestürzt wurde.

George Bush wies darauf hin, dass er als US-Präsident, der die Wiedervereinigung von Anfang an unterstützte, die nicht immer leichte Aufgabe hatte, polnischen und englischen Interventionen (»einer bestimmten Dame aus der Downing Street«) entgegenzutreten. Die von den Polen geforderte Anerkennung der Oder-Neiße-Grenze erwies sich denn auch fast als ein Stolperstein für Kohl bei der Durchsetzung seines Konzeptes der deutschen Einheit in der Union und im Bundestag. Wer Helmut Kohls Buch *Ich wollte Deutschlands Einheit* kennt, das Ralf in Zusammenarbeit mit Kai Diekmann für den Kanzler zu Papier gebracht hat, für den brachte das Dreiergespräch keine Überraschungen. Was überraschte, war die ungleiche Rollenverteilung, die sich je mehr zuspitzt, je weiter das Schicksalsjahr 1989 in die Ferne rückt.

Gewisse Verletzungen auf Seiten von Gorbatschow waren spürbar, so, als er sagte, der Untergang der Sowjetunion habe viele gemeinsame Perspektiven abrupt beendet. Denn nun galt offenbar die angekündigte Abrüstung der Nato nicht mehr, auf die er sich als Führer der Sowjetunion verlassen habe. Irgendetwas sei damals passiert, auch im Kopf von Helmut Kohl, seinem Freund. Man habe auch das Projekt der Perestroika nicht mehr gemeinsam verfolgen können – obwohl man in Moskau auf die Hilfe des Westens über den Zwei-plus-Vier-Vertrag hinaus gehofft hatte. Russland stehe nun allein da. Da Kohl hörbar schwieg, wiegelte er ab: Er wolle keine Schuldigen benennen. »Es passierte im Inneren unseres Landes«.

Für mich, der ich als Journalist die deutsche Einheit immer propagiert und den deutsch-deutschen Zusammenhalt im Rahmen meiner bescheidenen Möglichkeiten gefördert hatte, war dieser Abend ein Highlight. Kai Diekmann hatte Gespür dafür gezeigt, wie man diesen Ort an der Schnittstelle von Ost und West nutzen kann, um Geschichte zu reinszenieren. Axel Springer hätte seine helle Freude gehabt, denn mit diesem »Gipfeltreffen« in der Kochstraße wurde auch seine Vision der deutschen Einheit gewürdigt.

Es waren Stunden großer Freude und Genugtuung. Ernst Cramer und Springer-Vorstand Professor Bernhard Servatius winkten uns an ihre Tische heran; so ergab sich die Gelegenheit, mit dem Historiker Timothy Gorton Ash, aber auch mit Kohl, Bush und Gorbatschow ein paar Worte zu wechseln. Ralf flachste mit dem früheren Kanzler, ich sagte zu Gorbatschow, es wäre schön, mit ihm einmal in seiner Stiftung in Moskau zusammenzukommen. Er saß beim Abendessen mit seiner Tochter Irina Virganskaia und der Enkeltochter Anastasia am Tisch von Friede Springer.

*Berlin, 16. November 1999*

Mit Ralf in Berchtesgaden. Besuchten die neu eingerichtete Ausstellung auf dem »Berghof«. Eine eher langweilige Dokumentation. Es ging den Ausstellungsmachern vor allem darum, die Idylle von Hitlers Alpen-Reduit mit den realen Schrecken der NS-Herrschaft zu konterkarieren. Es schneite heftig. So konnten wir den herrlichen Panoramablick auf den Watzmann nicht genießen. Fotograf Daniel Biskusp schoss Bilder in den Kavernen und Stollen unterhalb des Führer-Areals. Dann in die Stadt, wo wir in einem Antiquitätengeschäft NS-Devotionalien entdeckten. Das Geschäft figuriert in den Medien als »Nazi-Laden«. Die Besitzerin will sich deshalb nicht mehr fotografieren lassen. Zu den Reliquien gehört eine Original-Hitler-Zeichnung von 1924 (sie soll 14 000 Mark kosten!). Angeboten wird auch eine Silberdose mit Widmungsgravur für Eva Braun. Die Herkunft solcher Devotionalien ist ähnlich dubios wie die der Reliquiensammlungen des Mittelalters.

Da wir in Berchtesgaden kein komfortables Hotel fanden, Weiterfahrt nach München. Aber dort, wegen einer Elektronik-Messe, alles ausgebucht. Anruf bei Michael Ludwig; er bot uns in einem Apartment in Pfaffenhofen ein Nachtquartier an. Vorher speisten wir im Gasthof am Markt »Spanferkelkrustenbraten mit Kartoffelknödel und Bayerischkraut«. Dazu 17 Pils und einige Schnäpse. Gegen ein Uhr zu Bett; nach dem Frühstück Rundgang durch Michaels Verlagsgebäude (»Pfaffenhofener Kurier«). Am Nachmittag Rückflug nach Berlin.


*Eichwalde, 29. November 1999*
Gestern meine Umfrage zur Wahlkampfhilfe von Günter Grass für die SPD-Ministerpräsidentin von Schleswig-Holstein, Heide Simonis, im Blatt. Hatte eine Reihe von Autoren dazu befragt. Außer Siegfried Lenz, der selbst der SPD nahesteht, kritisierten Walter Kempowski, Lutz Rathenow, Hanns-Josef Ortheil und Hans Joachim Schädlich den Nobelpreisträger scharf. Am deutlichsten Kempowski, der die Attacken von Grass auf Simonis-Herausforderer Volker Rühe »schrecklich« findet. Grass beschwöre das »Gespenst Weimar« herauf, das sei absurd. Ortheil meinte, es sei nicht Aufgabe eines Schriftstellers, politische »Überspitzungen« vorzunehmen. Grass hatte Rühe als »Rambo« bezeichnet; sein Verhalten erinnere ihn an den Niedergang der Weimarer Republik. Schädlich widersprach: Deutschland sei damals, anders als heute in der EU, in Europa isoliert gewesen. Die Deutschen

benötigten keinen »Präzeptor Germaniae«. Der Nobelpreis beglaubige nicht jeden Irrtum eines Schriftstellers.

Debatte im Wintergarten mit Astrid, Ralf Georg Reuth und seinem Vetter Thomas, einem Piloten, über die Rolle der Frau in der Familie. Astrid zuerst aufbrausend, dann räumte sie ein, die Mutterrolle freiwillig angenommen zu haben. Trotz des Abbruchs ihres Romanistikstudiums sei sie stolz auf ihre vier Kinder. Die Mädchen spürten am nächsten Morgen den Konsens und sind froh, dass Friede eingekehrt ist. Laura hat ihr Tagebuch mit dem Satz begonnen: »Mama und Papa streiten immer.« Wir hoffen auch, dass Lina aus Bonn zu uns zurückkehrt, um hier das Abitur zu machen.

Am 21. November mit Günter und Barbara Figal zu Hans-Georg Gadamer nach Heidelberg. Der längst emeritierte, aber quicklebendige Philosoph feiert am 11. Februar 2000 seinen hundertsten Geburtstag. So alt wie das Jahrhundert! Kein anderes Medium hat es geschafft, den bedeutendsten Philosophen der Gegenwart zu einem Interview zu bewegen. Günter Figal, Gadamer-Schüler und Heidegger-Spezialist, öffnete die Tür zu dem Uralten. Bei schönstem Wetter von Stuttgart-Sillenbuch über die Autobahn nach Heidelberg. Gadamer erwartete uns in seinem Haus in den Hügeln. Es liegt auf dem Büchsenackerhang oberhalb der Neckarstadt, die Fahrt hinauf kann im Winter zur Rutschpartie werden. Es ist ein typisches Einfamilienhaus der Fünfzigerjahre, etwas klotzig an den Hang gesetzt, mit großen Panoramafenstern und viel Holz an Wänden und Decken. Man kann nicht sagen, dass das Wohnzimmer das Fluidum einer für Kunst und Dichtung aufgeschlossenen Gelehrtenexistenz ausstrahlt – die kirschholzhellen Einbauschränke vermitteln eher einen Sinn fürs Praktische, allenfalls die Bücherstapel am Boden und die Manuskriptberge auf dem Fenstersims erinnern daran, dass hier musische Menschen zuhause sind.

Gadamer öffnete die Haustür, gestützt auf den Spazierstock und etwas nachlässig mit einer abgetragenen, speckigen Hose bekleidet. Aber seine Augen klar und die Stimme fest. Er bat Günter,

576

einen »guten Roten« aus dem Weinkeller zu holen. Seine Frau sei verreist, habe ihn wieder einmal allein gelassen, sagte er mit entwaffnender Offenheit. Sie nehme irgendwo an einem Tennis-Turnier teil. Es ist seine frühere, viel jüngere Assistentin. So müssten wir uns »halt selbst versorgen«. »Oh, da haben Sie aber was Schönes erwischt«, strahlte er, als Günter Figal einen 88er Bordeaux auf den Tisch stellte. »Das ist einer der Besten – wusste gar nicht, dass ich davon noch etwas besitze«.

Zu Beginn unseres Gesprächs wirkte der Neunundneunzigjährige ein wenig müde, nach dem ersten Glas befürchtete er sogar, unsere Erwartungen enttäuschen zu müssen. Doch jedes weitere Glas schien ihn aufzumuntern. Barbara Figal gelangen einige schöne Schnappschüsse; sie bewegte sich beim Fotografieren unauffällig durch die Räume. Was fragt man einen Mann, dessen Existenz sich mit dem Jahrhundert deckt? Der zwei Weltkriege erlebt hat und unter den Bedingungen einer Diktatur seine Forschungen betreiben musste? Was sind seine Empfindungen, so kurz vor dem Jahr 2000: Wird die Jahrtausendwende das Bewusstsein der Menschen verändern? Hans-Georg Gadamer wiegt bedächtig den Kopf, sagt: »Die Jahrtausendwende ist das Ergebnis einer gewissen Zeitrechnung. Man muss daran nicht glauben.«

Aber die Ängste vor dem Millenium seien doch real, werfe ich ein, viele fürchteten sich vor einem Computer-Gau. Atomraketen könnten gezündet werden, Flugzeuge abstürzen... Nein, er sei ein optimistischer Mensch, doch – das müsse auch er einräumen – die Lebensangst sei eine ungeheure Kraft: »Am Ende des Jahrhunderts dominiert, anders als vor hundert Jahren, der Pessimismus.« Die Menschen hätten lernen müssen, dass das Überleben nicht selbstverständlich ist. Dieses Jahrhundert sei dadurch anders als alle vorangegangenen. Noch nie hätte sich der Mensch in die Lage versetzt gesehen, die Bedingungen des Lebens zu zerstören. »Angst« sei für ihn der Schlüsselbegriff des 20. Jahrhunderts: »Es ist die Angst des Menschen vor sich selbst. Noch nie war der Tod so stark in der Öffentlichkeit gegenwärtig und wurde zugleich so wenig ernst genommen.« Man verkaufe den Tod, mache ein Geschäft daraus. »Doch wir müssten eigentlich wissen, dass zum Wissen das Wissen von den Grenzen unseres Wissens gehört. Der Tod bleibt ein Geheimnis.«

Es war zu spüren, dass wir sehr rasch an einem Punkt angelangt waren, der Hans-Georg Gadamer persönlich bewegt, nicht nur als Philosoph, sondern als Mensch, der an der Schwelle des Todes steht. Gadamer beugte sich nach vorn, als wolle er den Ernst des Gesagten unterstreichen: »Zum Tod gehört auch die Geburt – vergessen Sie das nicht! Bethlehem und Golgatha. Wir Christen leben unter dem Bild des Gekreuzigten. Ich frage mich: Hat die Menschheit ihr eigenes Lebensschicksal erkannt? Eine Menschheit, die das Tabu des Todes zu überwinden sucht? Für mich ist diese Tendenz unbegreiflich.« Ob die Kirchen diesbezüglich versagt hätten, dem Tod einen angemessenen Platz in der Gesellschaft zu geben, fragten wir. Die »technologische Rauschstimmung der Gegenwart« sei der Religion nicht günstig, meinte Gadamer, dennoch blieben auch in einer vollkommen aufgeklärten Welt der Tod und die Geburt zwei Geheimnisse, »über die keiner sich etwas sagen lässt, das er nicht verstanden hätte«. Auch der moderne Mensch könne seine Religiosität nicht verleugnen, sie gehöre untrennbar zu seinem Menschsein. Daran ändere auch die Entzauberung von Geburt und Tod durch die Gerätemedizin nichts. In Wahrheit seien die Geheimnisse von der Technik nicht wirklich berührt. »Anfang und Ende bleiben ein Mysterium.«

Belustigt zeigte sich Gadamer über unseren Pessimismus, auch was die Wissenschaft betrifft. Über die Zukunft der Philosophie mache er sich keine Sorgen, er sei nun einmal kein Kulturpessimist, auch wenn heute alle über den Niedergang jammerten. »Die philosophische Kraft ist jedem Menschen schon in den ersten Lebensjahren gegeben. Er lernt in seiner Muttersprache sprechen. Dann kommt erst der Vater, die Schule, beginnen uns soziale Einflüsse zu prägen.« Da werde dem Kind vieles wieder ausgetrieben, was es an ursprünglicher Sprache entwickelt habe. Das Fernsehen spiele dabei eine Schlüsselrolle, doch dürfe man das nicht überbewerten. Man könne vieles durch die Maschinen nicht weitergeben. Die Philosophie müsse die ursprüngliche und schöpferische Sprachkraft immer neu wecken. »Das Phänomen Heidegger erklärt sich genauso. Ich habe das auch von ihm gelernt.«

Meine Kenntnis von Gadamers Vita und die vorbereitenden Gespräche darüber mit Günter Figal erwiesen sich als hilfreich. Gadamers Biograf Jean Grondin hat den Einfluss Heideggers auf das hermeneutische Denken seines Schülers sorgfältig nachgezeichnet. Heidegger habe den jungen Gadamer zwar nicht zur Philosophie angestiftet, denn seine ersten Lehrer seien die Neukantianer Hönigswald, Natorp und Hartmann gewesen, bei denen er in seiner Breslauer und Marburger Zeit studierte. Doch die Begegnung mit Martin Heideggers Existenzphilosophie, so Grondin, habe einen neuen Ernst in Gadamers Denken gebracht. Nachdem er 1923 einige Wochen mit dem Autor von *Sein und Zeit* auf dessen Hütte in Todtnauberg habe verbringen dürfen, sei er endgültig zum Heideggerianer geworden. Es sei auch Martin Heidegger gewesen, der den jungen Mann in die tiefste Krise seines Lebens gestürzt habe mit dem Vorwurf, er, Gadamer, bringe als Philosoph nicht genügend Härte gegen sich selbst auf. Noch als längst anerkannter Wissenschaftler, bekennt Gadamer in seinen Erinnerungen, habe er oft das Gefühl gehabt, Heidegger schaue ihm beim Schreiben über die Schulter.

Natürlich hat sich Hans-Georg Gadamer im Laufe seiner philosophischen Wirksamkeit von Martin Heidegger gelöst. Doch das Gemeinsame bleibt: Trotz aller Dominanz von Wissenschaft und Technik ist die Sprache für Gadamer das entscheidende, welterschließende Medium. Mit seiner in rund dreißig Jahren entwickelten Philosophie des Verstehens – Gadamer nennt sie in Anlehnung an einen in der Theologie und Jurisprudenz beheimateten Begriff »philosophische Hermeneutik« – hat er nicht zuletzt auch die sprachanalytische Philosophie und über seinen Schüler Habermas sogar die Sozialwissenschaften inspiriert.

Es mag die typische Zuspitzung eines Biografen sein: Die Erkenntnis von Jean Grondin, das Geburtsjahr von Hans-Georg Gadamer sei ein Schlüsseljahr für die Hermeneutik, hat durchaus etwas für sich. Es ist das Jahr, in dem Nietzsche starb, der mit seiner perspektivischen Philosophie den Sinn für den interpretatorischen Charakter alles Lebendigen geschärft hat. Friedrich Nietzsches Name steht bis heute für einen grundsätzlichen Erkenntnisrelativismus, der auch Gadamer nicht fremd ist. Schließlich brachten Edmund Husserl (*Logische Untersuchungen*), Sigmund Freud (*Traumdeutung*) und Wilhelm Dilthey (*Die Entstehung der Hermeneutik*) in Gadamers Geburtsjahr bahnbrechende Werke zur Deutung der menschlichen Existenz und ihrer Selbstwahrnehmung heraus. So gesehen ist Hans-Georg Gadamer der Vollender einer philosophischen Entwicklung, die am Ende des von Totalitarismen heimgesuchten 20. Jahrhunderts wegen ihres antiideologischen Gestus ihre Glaubwürdigkeit bewahrt hat.

Im Fortgang unseres Gesprächs erscheinen die Fronten seltsam verkehrt: Der fast Hundertjährige plädiert für mehr gelassenes Selbstvertrauen, wir, die so viel jüngeren Befrager, formulieren Thesen eines eher fatalistischen Kulturpessimismus. Vielleicht hat unsere Skepsis damit zu tun, dass sowohl ich als Journalist wie Günter Figal als akademisch praktizierender Philosoph die Verwerfungen im Kultur- und Wissenschaftsbetrieb besser kennen als Hans-Georg Gadamer, der seit dreißig Jahren emeritiert ist. Er will nicht glauben, dass die Sprachnivellierung unaufhaltsam fortschreite. Der Widerstand der Kulturen werde eine »Weltsprache« verhindern. Es sei doch, wende ich ein, erkennbar, dass die Wissenschaftler heute fast durchgängig auf Englisch publizierten, um gehört zu werden. Gadamer glaubt weiter an die Kraft des Autochthonen: »Schauen Sie nur nach Frankreich oder Polen. Diese Länder sind nicht so leicht zu amerikanisieren.«

Würden die verschiedenen Kulturräume von der nivellierenden Gewalt der Globalökonomie auf Dauer nicht überformt und ausgelöscht werden, insistiere ich. »Ihre Frage beschreibt zwar eine in der Öffentlichkeit vorherrschende Stimmung, aber an die Zwangsläufigkeit solcher Entwicklungen glaube ich nicht«, bekräftigt Gadamer. Allerdings eröffne nur ein bewusstes Wi-

580

derstehen Chancen, die kulturelle Identität zu bewahren. Dieses Pochen auf kulturelle Identität, werfe ich ein, sei ja nun nirgends zu erkennen, im Gegenteil: Die Identitätspreisgabe würde, im Gefolge der 68er-Bewegung, geradezu als moralische Pflicht angesehen! Gadamer räumt ein, dass sich im Widerstand »auch das Eigene formieren« müsse. Er vertraue weiter »auf die schöpferische Kraft unserer Kultur«. Die Zukunft hänge entscheidend von der Herkunft ab.

Beim Thema Europa und die Folgen von 1989 verkehren sich die Fronten. Nun kann Hans-Georg Gadamer seine Skepsis nicht verleugnen. Es ist zu spüren, wie sehr historische Erfahrung, der Rückblick auf ein Jahrhundert an erlittener Geschichte, vorsichtig macht gegenüber allen politischen Utopien, die allein aus dem guten Willen erwachsen. Für ihn sei in Osteuropa noch nichts entschieden, man dürfe die geopolitischen Tatsachen nicht aus den Augen verlieren. Gadamer: »Wir leben im Umbruch. Die Tatsache eines osteuropäischen Marktes zwingt uns zu ganz neuen Einsichten. Politisch könnte dies einen Rückschlag in den Kalten Krieg bedeuten. Russland fühlt sich bedroht, zurückgedrängt. Ich sehe einen gewissen rauschhaften Enthusiasmus – und unter den Klügeren eine ebenso große Besorgnis.« Die Europäer seien dem Umbruch von 1989 nicht gewachsen, auch wenn sich jetzt mit der Idee der Osterweiterung viel Euphorie ausbreite. Die Wirtschaft, von der alle das Heil erwarteten, sei keine staatsbildende Kraft, sondern wirke eher staatsunterhöhlend. Er teile durchaus die Befürchtung, dass der globalisierende Markt die nationalen Ökonomien und Traditionen enteigne. »Wir müssten uns, um solche falschen Entwicklungen einzudämmen, mehr an Amerika orientieren. Die sind uns im ökonomischen Kampf weit voraus. Aber auch in der Ausbildung ihrer kulturellen Identität sind die Amerikaner für uns vorbildlich.«

Überhaupt Amerika. Zehn Jahre lang, von 1968 bis 1978, hat Gadamer an US-Universitäten gelehrt und dort viel Zuspruch empfangen. Man mag gegen sein überaus positives, vielleicht zu freundliches Amerikabild einwenden, dass Gadamer die sozialökonomische Wirklichkeit der USA nicht ausreichend zur Kenntnis genommen habe, weil er als Philosoph nur im akademischen Milieu von Elite-Universitäten verkehrt ist. Doch seine Argumentation stützt sich nicht nur auf den Zustand der amerikanischen Bildungseinrichtungen, sondern vor allem auf die wirtschaftliche Leistungskraft und die selbstbewusste Identität, wie sie der amerikanischen Nation eigen ist. Die Kritik an den deutschen Universitäten fällt demgegenüber deutlich aus: »Ich denke, dass es so wie im Augenblick auf Dauer nicht weitergehen kann. Wir können nicht im Abitur und der Universitätsausbildung die Grundvoraussetzung zu fast jedem Beruf sehen. Es muss wieder ein Ausleseprozess werden. Die jungen Leute müssen vor allem wieder das Lesen lernen. Ich erwarte in diesem Zusammenhang vom deutschen Osten noch Gutes. Wir müssen, ich wiederhole es, auch nach Amerika schauen. Dort findet die Ausbildung einer Management-Elite, aber auch viel humanistische Bildung statt. Man hat dort sogar wieder Lateinschulen aufgemacht. Und es gibt ein großes Interesse für die Philosophie.«

Man müsse in Europa endlich zur Kenntnis nehmen, dass gerade in den USA der Werteverfall nicht tatenlos hingenommen werde. Die Atomisierung der Gesellschaft und die Auflösung der Familie seien dort von einer neuen religiösen Bewegung konterkariert worden: »Auf der einen Seite ist es der Atheismus, der triumphiert, auf der anderen Seite werden die alten Werte verteidigt.« Die demokratische Gesellschaft basiere auf drei Voraussetzungen: »Kultur, Erziehung, Familie«. Die Religion habe also noch eine Chance im kommenden Jahrhundert? »Das ist ungeheuer schwer vorauszusagen. Wir können auf Dauer mit dem Calvinismus, also der protestantischen Leistungsethik, nicht allein überleben. Das ist ein Extrem. Wir dürfen aber auf keinen Fall eine Gleichmacherei betreiben. Verstehen kann man sich nur, wenn man verschieden ist!« An dieser Stelle formuliert Gadamer sein Credo von der allgemeinen Dialogverpflichtung des Menschen, für den in einer zusammenwachsenden Welt die Fähigkeit zum verständigen Austausch zur Überlebensfrage

582

wird. So gesehen bedeute Philosophie des Verstehens, dass auch der andere Recht haben könnte: »Die Hermeneutik kann ja besonders dies leisten: den Respekt vor dem anderen wieder zu begründen durch die Tatsache, dass man niemals für sich alleine alles sagen kann. Sondern nur, wenn sich der Horizont erweitert auf den anderen hin. Das muss man den Deutschen erst wieder beibringen.«

Die Kirchen mögen ja überleben, wende ich ein, aber was ist mit dem klassischen Erbe der Antike, wird es in den Schulen der Zukunft noch eine Rolle spielen? Kann man mit Platon oder Aristoteles überhaupt noch unsere Zeit verstehen? Gadamers Replik ist nicht ohne Ironie: Ohne Griechischkentnisse sei ein Gesprächspartner für ihn kaum zugänglich. »Insofern bleibt die Wahrheit in kleinen Kreisen – aber sie wird dadurch nicht falsch.« Auch im Zeichen des Computers könnten wir auf die antiken Traditionen nicht verzichten. An dieser Stelle fühlen wir uns herausgefordert und fragen nach: »Wie aber kann man diese Traditionen wirksam machen für praktisches, ethisch fundiertes Handeln in der Gegenwart? Die antike Philosophie setzte sich mit dem Zusammenhang von Theorie und ihrer praktischen Anwendung in der Lebenswelt auseinander, um daraus eine allgemeinverbindliche Ethik zu gewinnen. In der Moderne werden theoretische Erkenntnisse jedoch sofort in technische Praxis überführt, mit oft furchtbaren Folgen für die Menschen. Denken Sie an Giftgas oder die Atombombe. Warum gelingt es dem modernen Menschen immer weniger, die Folgen seines Handelns zu bedenken?« Gadamer: »Sie sprechen mir vollkommen aus dem Herzen! Diese bestürzende Entwicklung habe ich ständig vor Augen. Falls sie sich bewahrheiten sollte, dann würde die Weltgeschichte zu Ende gehen. Dazu bedarf es nur des Übergangs von einem kalten in einen heißen Krieg. Danach wäre die Erde nicht mehr bewohnbar. Ohne Ethik werden wir also nicht überleben. Die christliche Kirche hat es unglücklicherweise nicht erreicht, die Renaissance mit ihren Erkenntnisfortschritten angemessen in ihr Weltbild zu integrieren.«

Ist dies wirklich ein abendländisches Phänomen, frage ich nach: »Gehört die Selbstüberschreitung des Menschen, seine Hybris, nicht zur anthropologischen Grundausstattung?« Sollte die westliche Welt tatsächlich ein Ethos der Selbstbeschränkung entwickeln, müsse man damit rechnen, dass in Asien, Russland oder sonstwo die im Westen umstrittenen technischen Grenzüberschreitungen, beispielsweise Genmanipulationen, realisiert würden. Gadamer antwortet erstaunlich gelassen: »Es gibt auch andere Kennzeichnungen für den Menschen. Er ist auch ein lernfähiges Wesen. Wir müssen lernen, miteinander zu leben. Ich bin diesbezüglich kein Phantast, aber ich glaube, dass man mit allen Religionen und Kulturen zusammen in Hochachtung leben könnte.« Sie halten also nichts von einem synthetischen ›Weltethos‹, wie es Hans Küng entwickelt hat? »Nein, so weit würde ich nicht gehen. Es missfällt mir ungeheuer, dass Küng das zu einem derartigen Universalsystem entwickeln möchte. Wir müssen uns eingestehen, dass wir alle nichts wissen.«

»Woher rührt dann Ihre Zuversicht, dass die Philosophie den Mächten der Mobilisierung, dem Wahn der technischen Machbarkeit eines Tages in den Arm fallen könnte?« Gadamer: »Es ist die Angst vor dem Tod, vor dem Untergang, die zur Umkehr zwingt. Ich erinnere bei Gesprächen über dieses Thema immer gern an Aischylos und Prometheus. An das Wissen von der eigenen Endlichkeit und die Unfähigkeit des Menschen, über sie zu verfügen. Heute meint man jedoch, wissen zu können, wann die Uhr abgelaufen ist. Irgendein Forscher hat jetzt eine Statistik entwickelt, mit der man das Jahr ermitteln kann, in dem man stirbt. Das ist das Neueste. Von mitreißender Komik, wie ich finde.« Entspricht diese Haltung jenem ›letzten Menschen‹, wie ihn Nietzsche beschrieben hat? Einem ganz und gar unhistorischen, nur im Augenblick lebenden Wesen ohne Metaphysik und Transzendenzverlangen?« Gadamer: »Durchaus. Dieser letzte Mensch darf nur nicht sterben.«

Schließlich, nach drei Stunden Gespräch – zwei Weinflaschen sind geleert und der Aufbruch zum Abendessen steht bevor – bitten wir Hans-Georg Gadamer um eine Beschreibung seines

584

Tagesablaufs. Er sei, anders als der Soldat und Abenteurer Ernst Jünger, ein wenig spektakulärer Mensch, ein deutscher Professor eben. Man habe ihn in den zivilen Orden »Pour le Mérite« gewählt, Jünger aber nicht, obwohl er sich für ihn eingesetzt habe. Er sei immer der Meinung gewesen, dass dem Autor von *In Stahlgewittern* und so vieler philosophisch bedeutsamer Werke nicht nur der militärische Orden, sondern auch die wissenschaftliche Auszeichnung zustünde.

Zum Tagesablauf? »Ich höre die Katze schreien und sage mir: Jetzt musst Du aber aufstehen. Wenn ich sehr müde bin, schlafe ich trotz des Geschreis wieder ein. Ich bin ein sehr guter Schläfer, aber ich träume wenig. Meist langweiliges Zeug: dass ich eine Verabredung verpasst oder einen Zug versäumt habe.« Nach dem Frühstück ziehe er sich in sein Arbeitszimmer zurück, das zum Garten hinaus liegt. Auf dem Tisch sind Gebirge von Papieren aufgetürmt, darunter auch die Briefe, die ihm Heidegger geschrieben hat. Nach ihnen suche er seit langem vergeblich. »Ich befürchte, dass die Katze den Packen vom Tisch und in den Papierkorb gefegt hat. Ich bin ja eigentlich ein schlechter Versorger von Papierkörben. Ganz anders Heidegger! Ihm fiel so viel ein, dass er alles, was ihm nicht gefiel, sogleich wegwarf.«

Schreibt er noch immer täglich? »Beim Hinausschauen aus dem Fenster sammle ich meine Gedanken, dann wird gearbeitet. Oft reißt mich das Telefon heraus, das ist jetzt viel schlimmer geworden als früher. Zeuge des Jahrhunderts zu sein ist eine große Last. Meine Arbeitszeiten sind sehr unterschiedlich. Oft vergeht die Zeit wie im Fluge, bis zu sechs Stunden. Manchmal arbeite ich bis tief in die Nacht hinein. Die meiste Zeit benötige ich für die Suche nach Verlorenem, der Trost dabei ist, dass ich dabei so manches verloren Geglaubte wiederfinde.« Einen wirklich geordneten Tagesablauf gebe es für ihn nicht. Die Mahlzeiten würden »variabel« gehandhabt. Denn seine Frau sei viel unterwegs. »Ich bin also oft allein.«

Im Wohnzimmer steht ein etwas ältliches Fernsehgerät. Findet der fast Hundertjährige Zeit zum Fernsehen? Nein, der Fernseher spiele für ihn keine Rolle. Am Ende unseres Gesprächs platziert Gadamer eine hübsche Anekdote, als wolle er bekräftigen, dass man die moderne Lebenswelt doch nicht so wichtig zu nehmen brauche: »In Amerika habe ich, was das Fernsehen angeht, eine besondere Erfahrung gemacht. Eines Abends gab es dort eine politische Sendung, die ich mir ansah. Ich war aber so müde, dass ich rasch einschlief. Die anderen Zuhörer hatten längst den Raum verlassen, als ich aufwachte. Der Kasten lief noch. Ich hatte keine Ahnung, wie man das Gerät abstellt. Schließlich habe ich es aufgegeben und ein Schlafmittel genommen. Daran sehen Sie mein Verhältnis zur Technik.«

Sehr zufrieden mit dem Gespräch. Ich hatte das Gefühl, dass Gadamer bisweilen überrascht war durch die Art und Weise des Fragens, das hartnäckige Insistieren. Günter Figal hat wenig Erfahrung mit Interviews, las seine gut vorbereiteten Fragen meist vom Blatt ab. Vielleicht war es auch seine Ehrfurcht vor dem philosophischen Lehrer, die ihn bremste. Ich hielt das Gespräch am Laufen und sorgte für die Pointierungen. Halb im Ernst, halb im Scherz hatte Kai Diekmann während einer Redaktionskonferenz einmal gesagt: »Da schicken wir den Schwilk hin. Der ist der Herr der Hundertjährigen«.

Abschließend in die Heidelberger Altstadt, um gemeinsam zu Abend zu essen. Im »Sankt Florian«, mitten im Gewirr der Altstadtgassen gelegen, hatte ich einen ruhigen Eckplatz reserviert. In diesem Alt-Heidelberger, auch von Studenten frequentierten Lokal sitzt Hans-Georg Gadamer häufig. Ich bestellte mir eine Rinderkraftbrühe und eine »Hofente«. Die beiden Philosophen wählten Lammbraten. Wir plauderten über Stefan George, Max Kommerell, Ernst Jünger. Dann trat eine Studentin an unseren Tisch, sprach Gadamer unvermittelt an: »Herr Professor Gadamer, darf ich Sie kurz stören? Mein Vater hat bei Ihnen studiert, aber ich weiß nicht, ob Sie sich noch an seinen Namen erinnern?« Gadamer schaut auf und antwortet ohne Zögern: »Natürlich, das war ein aufgeweckter Bursche, vor allem an Heidegger und Nietzsche interessiert. Ich stand damals kurz vor meiner Emeritierung,

Ende der Sechzigerjahre.« Die Augen des Neunundneunzigjährigen leuchten, er liebt es, an jene Jahre nach der Veröffentlichung seines berühmten Werkes *Wahrheit und Methode* (1960) erinnert zu werden. Vielleicht war es ein Glück für ihn, dass er die turbulente Phase nach 1968 als Universitätslehrer nicht mehr erleben musste. So sind seine Erinnerungen an Heidelberg kaum getrübt von ideologischem Radikalismus oder gar physischer Gewalt.

*Triest/Bagdad, 1. Dezember 1999*
Heute Flug mit einer Fokker von Tempelhof über München nach Triest, um die Übersetzung meiner Jünger-Essays vorzustellen. Das Wetter nicht zu kalt, trocken, die Sicht äußerst klar. Grandios die Passage über die weissen Alpengipfel mit dem blauen Streifen Mittelmeer im Hintergrund. Ankunft gegen Mittag auf dem kleinen Flughafen von Triest. Ein »Dottore« brachte mich in ein Restaurant am Stadtrand, wo ich mit Verleger Andrea Sandri und einem seiner Freunde aus dem »Circolo Universitario Ricreativo e Culturale« zu Mittag aß. Danach Fahrt ins Zentrum und Spaziergang entlang der prächtigen, unter der österreichischen Herrschaft entstandenen Palazzi bis zum Rathausplatz. Inzwischen war es dunkel geworden und die Illumination der Häuserfassaden sprang an. Dann zur Buchpräsentation ins deutsch-italienische Kulturzentrum. Es begrüßte mich der Direktor; ich überreichte ihm ein signiertes Exemplar des Bändchens. Ein Emilio Del Bel Belluz schenkte mir seinen KuK-Roman *Il Reduce*, der zu Zeiten von Kaiser Franz Joseph spielt. Der Autor ist Jünger-Kenner, arbeitet als Rechtsanwalt. Er gab mir auch zwei Buchbesprechungen, darunter eine über meine Essays.

Andrea Sandri erläuterte den Zuhörern die Entstehung des Bandes und verlas mein Vorwort. Danach entwickelte ich meine biografischen Thesen zur entstehenden Biografie und nannte die ihnen zugrunde liegenden Quellen. Diese Thesen seien in *Il sogno dell'Anarca* bereits formuliert, sagte ich, um ein bisschen Werbung für das Buch zu machen. Anschließend eine lebhafte 45-minütige Diskussion. Als Dolmetscherin betätigte sich eine Mitarbeiterin der Handelskammer. Die Präsentation dauerte ganze zwei Stunden; dann eilte ich mit Andrea Sandri zum Bahnhof, um mit dem Zug nach Mailand zu fahren.

Weit nach Mitternacht erreichten wir die Außenbezirke und fuhren mit dem Taxi weiter nach Seregno, wo wir nach zwei Uhr eintrafen. Um 6.30 Uhr wieder auf; Andreas Vater brachte mich zum Flughafen Milan Malpensa bei Varese. Von dort Flug mit der Alitalia nach Athen. Schöner, langsamer Landeanflug im flachen 20-Grad-Winkel: die weißen Häuser liegen wie Zuckerwürfel über die Hügel gestreut. Telefonierte gleich nach der Ankunft mit Astrid, die mir berichtete, dass Laura erkältet im Bett liege. Gegen 16 Uhr Weiterflug mit »Jordanian Airlines« Richtung Amman. In der Business Class nur fünf Passagiere; man servierte ein üppiges Menü mit festlich weißem Gedeck und silbernem Besteck: Meeressalat, Fisch, Lamm, Käse, Früchte. Dazu viel Rotwein. Las *Saddams Bombe*, ein Rororo-Taschenbuch.

Am Flughafen von Amman nutzte ich den Geldautomaten, um das Transit-Visum zu bezahlen. Mit dem Taxi ins Interconti. Die Stadt liegt 1000 Meter hoch und zieht sich über sanft schwingende Berge hin. Die Architektur ist hell und wirkt ziemlich modern. Das Interconti, ein 5-Sterne-Hotel, im Umbau begriffen. Man verwandelt den üppigen orientalischen Komfort in den gesichtslosen internationalen Lifestyle. Die Übernachtung in einem der geräumigen Zimmer kostet 500 Dollar, Drinks und Snacks inbegriffen; dazu TV mit *Deutscher Welle, CNN, BBC*. Ich traf Dorothea Schendel, die meine Bagdad-Reise eingefädelt hat, in der »Club Lounge«. Eine blonde Thüringerin, die seit 1993 das »Deutsch-Arabische Friedenswerk« betreibt. Sie beteuerte gleich zu Anfang, nie der SED angehört zu haben. Wir haben oft telefoniert, und ich hatte ihr einen Brief für die Presseberater Saddam Husseins mit einem Fragenkatalog zu einem Interview gesandt. Ich soll während des »International Youth and Students Meeting« (NASYO) in Bagdad Gelegenheit erhalten, mit Saddam Hussein oder seinem Außenminister Tariq Aziz, der auch stellvertretender Ministerpräsident des Irak ist, über das UN-Embargo zu sprechen.

588

Wir plauderten auf Dorothea Schendels Hotelzimmer bis vier Uhr morgens und stellten eine Reihe von Gemeinsamkeiten fest, was die Rolle Deutschlands in der Welt betrifft. Frau Schendel kam über den Friedensaktivisten Alfred Mechtersheimer in Kontakt mit der arabischen Welt. Er öffnete ihr auch die Tür zu Gaddafi. Sie lernte Tariq Aziz und Jassir Arafat persönlich kennen. Eine durchweg freundliche, immer lächelnde Fünfzigerin, Typ »Mutti« (21-jährige Tochter), mit roten Bäckchen und einem deutlichen thüringischen Dialekt. Sie trinkt gerne und ist gesellig. Der massive Antiamerikanismus und Antizionismus ihrer arabischen Freunde scheint sie nicht zu stören. Versuchte das ein wenig zu konterkarieren; dabei wiegte sie nur den Kopf ohne zu widersprechen. Sie ist durch und durch Diplomatin, äußerst flexibel.

Am nächsten Morgen mit einem gemieteten Chevrolet-Jeep Richtung Bagdad. Die Fahrt kostete mich samt Fahrer 250 Dollar. Die Strecke führt 1000 Kilometer schnurgerade durch die syrische Wüste auf die irakische Hauptstadt zu. Die ersten 400 Kilometer bis zur jordanisch-irakischen Grenze sind nicht ungefährlich, weil die Tanklaster eine schwarze Ölspur hinterlassen und überholende Fahrzeuge leicht ins Schlingern geraten. Einmal neigte sich der Hänger eines überholenden LKW bedenklich; dann sahen wir einen Jeep, der in einem Ausweichmanöver in den Graben raste und den Spoiler verlor. Es soll, erzählte der Fahrer, regelmäßig zu schweren Unfällen kommen, wenn der (Winter)Regen die Straße glitschig macht.

Nach 50 Kilometern wurden wir von der jordanischen Polizei angehalten, die unsere getönten Scheiben monierte. Ich gab das erwartete Bakschisch und wir durften weiterfahren. Unser Fahrer goss Öl ins Feuer und erzählte uns eine drastische Geschichte: Sein Vater sei kurz hinter der Grenze zum Irak von Straßenräubern ermordet worden. Seine Leiche habe fünf Wochen in der Wüste gelegen.

An der Grenze wurden wir – es reiste neben Dorothea Schendel auch ein Herr Lüdemann mit – als »VIPs« in ein komfortables

Dienstgebäude geladen; unser Fahrer erledigte die Formalitäten. Andere Grenzgänger fertigte man in Baracken ab. Sie mussten auch einen AIDS-Test machen, der uns erspart blieb. Die irakische Autobahn ist vierspurig, die Öllaster fahren auf einer extra Piste. So hatten wir ungehinderte Fahrt. Unterwegs Rast in einer Kneipe. Wir aßen Hühnchen und Salat, tranken Wasser. Weiterfahrt in den Sonnuntergang hinein, der sich in der Wüste rasant vollzieht. Eine gewaltige rote Scheibe fällt geradezu hinter den Horizont. Zuvor strahlte die Steinwüste in einem rosigen, bengalischen Licht. Unser Fahrer legte dabei routiniert eine Kassette mit Musik von »Enigma« mit verpoppten gregorianischen Chorälen ein.

Beim Tanken verblüfft, wie billig das Benzin hier ist: umgerechnet 4 Pfennige der Liter. Ankunft in Bagdad gegen 20 Uhr. Der Jeep musste auf einem Parkplatz am Stadtrand abgestellt werden; zum Hotel »Palestine« fuhr uns ein extra »Driver« mit einem Uralt-Chevrolet. Fahrpreis: 3 Dollar. Die Stadt seit meinem letzten Aufenthalt fast unverändert. Die Zimmer noch abgenutzter, ja schäbig. Übernachtung und Verpflegung sind für die »Delegierten« der NASYO frei, obwohl ich auch als Journalist akkreditiert bin. Mein Hauptziel bleibt das Interview mit Saddam Hussein. Unser Begleiter Lüdemann gehört einer esoterischen Friedensorganisation an, die »inner values« entwickeln möchte. Diese Stadt ist ein Tummelplatz obskurer Organisationen und seltsamer Friedensfreunde. Sie alle eint der Hass auf den Westen und den Kapitalismus. Man muss nur ein bisschen an der Oberfläche kratzen, dann leuchtet das rote Unterfutter durch.

Auf der Fahrt hatte ich Herrn Lüdemann meine eigene Strategie entwickelt. Für mich stehe das Gespräch mit Saddam Hussein im Zentrum. Alles andere, der Friedensrummel drum herum, zähle für mich nicht. Mit den Zitaten des Diktators könne man arbeiten. Dorothea Schendel schwieg. Sie hat eine andere Agenda. Aber sie trägt meine Doppelrolle bereitwillig mit. Vielleicht aus Sympathie, vielleicht wegen des Mediums, das ich in ihrem Sinne bewegen könnte. Das Essen im Hotel ist eintönig:

Immer wieder Huhn, dann und wann Rind, dazu Reis, Nudeln, Hummus (Kichererbsenbrei), Salat, Gemüse, Salat. Als Getränke Pepsi oder Sevenup, Wasser, Kaffee, Tee und gepresster Orangensaft. Nur die Getränke müssen bezahlt werden, Alkohol wird im Hotel-Restaurant nicht (mehr) ausgeschenkt. Aber man kann ihn in den Läden Bagdads kaufen.

Von meinem Zimmer im 9. Stock weiter Blick über den Tigris mit seinen Schilfinseln. Am Fluss einer der vielen Paläste des irakischen Diktators und im Hintergrund eine blaugoldene Moschee. Die Stadt hat kaum orientalisches Gepräge; beim Herumstreunen stößt man unablässig auf gesichtslose Betonarchitektur. Selbst die Märkte wirken grau und fade. Am Samstag wurden wir, wie 1988, sofort zum Mahnmal des Unbekannten Soldaten gefahren. Dort legten die Delegierten einen NASYO-Kranz aus Plastikblumen nieder. Die »Schildkröte« aus Beton mit ihren vier gewaltigen Auffahrten wurde 1980 erbaut und hat die Ausstrahlung stalinistischer Gedenkarchitektur, wie ich sie von Moskau oder Berlin (Treptower Park und Straße des 17. Juni) kenne. Eine »schützende Muschel« soll die rettende Kraft der Armee symbolisieren, deren »Märtyrer« hier verherrlicht werden. Letztes Jahr, beim US-Raketenangriff, den Bill Clinton befahl, fiel in Bagdad vieles in Trümmer, das dieses Monument zu schützen verspricht. Dorothea Schendel war damals in der Stadt und musste den Feuersturm über sich ergehen lassen.

Eine riesige Skulptur vor dem Eingang zum Armee-Museum birgt im rotverglasten Inneren (Symbol für das Blut der Gefallenen) die irakische Nationalflagge. Die Metallaußenhaut hat sieben Schichten: Sie stehen für die sieben Himmel, in die die irakischen Märtyrer aufsteigen. Eine Orgie des Kitsches, die sich das Baath-Regime ausgedacht hat, um seine illegitime, durch und durch säkulare Herrschaft religiös zu verbrämen. Im Museum zeigen Schaukästen erbeutete Feindwaffen, darunter einige Maschinenpistolen, israelische »Uzis«, ein US-Funkgerät. Und als Prunkstücke den Helm eines abgeschossenen israelischen Piloten sowie ein Stück des Leitwerks eines US-Bombers mit dem Stern.

591

Wegen dieser Zurschaustellung schrieb ich ins Besucherbuch: »THE DEAD MUST BE HONOURED, THE ENEMY SHOULD BE RESPECTED.«

Fahrt zum Saddam-Kinderkrankenhaus, wo uns die Folgen des Embargos vorgeführt werden sollten. Die Mortalität sei seit 1991 um das Fünffache gestiegen, erklärte uns der Oberarzt des Hospitals, das auch Uni-Krankenhaus ist. Es gebe viele Fälle von Meningitis, Cholera, Diabetes, Epilepsie. Viele Kinder könnten nicht angemessen therapiert werden, weil Impfstoffe und Arzneien fehlten. Auch Leukämiekranke erhielten keine Chemotherapie. Infusionen seien nicht mehr möglich. Es gebe kein Penicillin, kein Insulin. Alles eine Folge des Embargos. Der Krieg im Süden um Basra, den die Iraner chemisch geführt hätten (war es nicht vielmehr Saddam Hussein, der in Basra die vorrückenden iranischen Verbände mit Giftgas stoppte?), würde jetzt bei den Kindern der dort eingesetzten Soldaten Spätfolgen zeitigen. Im Irak lebten 1 Million Kinder, aber es gebe nur Milch für zwei Drittel davon. Viele seien unterernährt.

Nach der Ansprache des Arztes heftige Wutausbrüche einiger »Delegierter«, die die »hässliche anglo-amerikanische Aggression« geißelten. Wir besuchten die Aufnahme-Station für Kinder; dort waren acht Patienten, alle hingen am Tropf. Ich hatte nicht das Gefühl, unterernährten, unterversorgten Embargo-Opfern gegenüberzustehen. Das Food-for-Oil-Programm der UN scheint leidlich zu funktionieren.

*Bagdad, 6. Dezember 1999*
In den ersten Tagen der NASYO-Konferenz, das ist Tradition, müssen die Teilnehmer den von den Amerikanern im ersten Golfkrieg zur Befreiung Kuwaits 1991 bombardierten Schutzbunker Al-Amrya besuchen. Man fuhr uns in Omnibussen hin. »Beten Sie für die Märtyrer des Bunkers!« fordert eine Inschrift die Besucher gleich am Eingang auf. Ähnlich schneidend formulierte es »Mutter Ghaidaa«, wie unsere Führerin hier genannt wird. Sie soll alle ihre fünf Kinder bei einem Luftangriff der Amerikaner

592

im Golfkrieg verloren haben. Die energische Dame wohnt in einem Container gegenüber dem Bunkereingang. Ein Überlebender von Hiroshima übergab ihr einen Kranz.

Eine Besuchergruppe aus Bangladesch verwünschte die Amerikaner »und ihre Lakaien«. Der Führer der Gruppe fragte mich triumphierend, was denn »the Germans« zu diesem furchtbaren Massaker zu sagen hätten. Ich antwortete, ich sei 1991 auf der anderen Seite, in Saudi-Arabien, als Kriegsreporter dabei gewesen, als Saddam Husseins Scud-Raketen in Riad und Dhahran einschlugen und Menschen töteten. Schweigen. Ich sagte, ich würde mich als Journalist um die Sicht beider Seiten bemühen. Zögerndes Klatschen einiger Delegierter. In das Kondolenzbuch schrieb ich: »THE TERROR OF BOMBING MEANS THE ABSENCE OF GOD - THE TERROR OF OPPRESSION IS THE ABSENCE OF HUMANITY.«

Manche Details im Bunker wirken inszeniert. So soll ein weißer Flecken an der Wand eine verschmorte Schwangere darstellen. Auf der unteren Ebene sollen die Geflüchteten vom kochenden Wasser der geplatzten Speichertanks verbrüht worden sein. Ein Dolmetscher sagte, das Wasser aus dem Kessel sei 5000 Grad heiß gewesen. Er meinte wohl die Hitze, die die Explosion der Raketen im Bunker erzeugte. An den Wänden eine dunkle Linie, die anzeigt, bis wohin das Wasser gestiegen ist. Darunter Hautfetzen von Menschen, die in dem Raum Schutz gesucht haben, so die Führerin. An der Tür ein Kügelchen, angeblich das Auge eines Kindes. Überall an den Betonwänden im oberen Stock Abdrücke von Händen und Wirbelsäulen der Getöteten. Im Feuersturm sollen sich die Opfer in den Hochbetten aufgerichtet und diese grausigen Spuren ihres Todeskampfes hinterlassen haben.

Trotz aller Propaganda kriecht der Schrecken unter die Haut. Denn dies ist tatsächliche eine Stätte des Todes. Eine neuentwickelte High-Tech-Rakete der Amerikaner hatte sich am 13. Februar 1991 durch die meterdicke Bunkerdecke gebohrt und den Weg freigemacht für weitere Bomben, deren Druckwellen

Hunderte von Menschen töteten. Nur vierzehn überlebten, die meisten entsetzlich verstümmelt, wie Fotos an den Wänden zeigen.

Das gezackte Loch in der Decke und der riesige Krater, den die Bombe riss, verdeutlichen das Ausmaß der Katastrophe, die über die hierher geflüchteten Menschen gekommen ist. Bis heute ist ungeklärt, warum die US-Militärs gerade diese Anlage ins Visier nahmen, in der sich fast ausschließlich Zivilisten befunden haben sollen. Das Pentagon vermutet einen für Saddams Zynismus typischen Propagandacoup: Der Diktator habe einen kleinen Militärstab und dazu zahlreiche Angehörige hochrangiger Funktionäre in den Hochbunker bringen lassen, von dem er annahm, dass er von den Amerikanern längst aufgeklärt war. Weltweites Entsetzen, als die Raketen in das Gebäude einschlugen und 314 verbrannte Zivilisten unter dem Scheinwerferlicht der Weltpresse aus den rauchenden Trümmern gezogen wurden. Der Bunker war, wie die Amerikaner durch Satellitenaufnahmen nachwiesen, durch das irakische Militär als Operationszentrum gekennzeichnet. Saddam Hussein habe den Tod der Zivilisten kaltblütig einkalkuliert. Der Machtzyniker, so die amerikanische Version, habe die eigenen Gefolgsleute durch den Tod ihrer Angehörigen, mit ihrem Schmerz und ihren Rachegefühlen an sich binden wollen.

Es gibt aber auch die Kehrseite des Schreckens, die dieser Ort sichtbar macht, den massenhaften Tod auf Knopfdruck, die Anonymität der Vernichtung. Man fragt sich, welches Selbstverständnis die Piloten haben, die über ihre Einsatzgebiete rasen, in unangreifbarer Höhe, und mit ihren Bomben größtmöglichen Terror verbreiten. Auch wir Deutschen waren Opfer solcher Bombardierungen, die fast eine ganze Kultur auslöschten – und haben mit unseren Raketen, Stukas und Blitzkrieg-Panzern selbst Schrecken verbreitet. Ich dachte, als ich inmitten dieses Gedenkortes stand an den von Ernst Jünger in den *Strahlungen* überlieferten Satz eines Amerikaners nach dem Abwurf der Atombomben über Hiroshima und Nagasaki: »Man stelle sich vor, Hitler hätte die Atombombe gehabt...«

594

Abends Stadtrundfahrt mit dem Bus. Ich erzählte von meinen Reisen und vor allem von meiner Familie. Die Fotos von Laura und Clarissa begeisterten; besonders Inas, unsere offizielle Begleitperson, zeigte sich beeindruckt; sie bat, die Bilder behalten zu dürfen. Und sie will den Mädchen unbedingt Geschenke schicken. Inas ist erst 18 Jahre alt, hat ein ausgeprägt schönes, feines Gesicht. An den Hüften deutet sich eine gewisse Korpulenz an. Wie sie wohl mit drei Kindern aussehen würde?

Wir setzten uns in ein Café, und ich rauchte mit Dorothea Schendel eine Wasserpfeife. Der Tabak ist mit Apfelstückchen versetzt. Fühlte mich ein bisschen benebelt. Dazu gab es Tee und englische Kekse. Spät ins Bett. Man kann hier auch ohne Alkohol entspannen, eine angenehme Erfahrung. Viele trinken Pepsi oder Sevenup; ich bevorzuge den herrlichen Minztee. Die grünen Blätter werden mit Kandiszucker vermischt und im Glas aufgebrüht.

Gespräch mit einem sehr an Deutschland interessierten Filippino. Er gehört der Marxistisch-Leninistisch-Revolutionären Partei an und trägt eine Binde an der linken Hand. In Manila sei er von einem Polizeiknüppel getroffen worden. Der junge Mann kennt sich bestens in der deutschen Politik aus und verehrt neben Marx und Engels auch Rosa Luxemburg. Ob Sahra Wagenknecht eine würdige Nachfolgerin sei? Auch die Namen sämtlicher Spieler der deutschen Nationalmannschaft von 1974 ratterte er herunter. Am Ende bat er mich, ihm Geld für die Rückreise zu geben. Warum nicht die Revolution in Manila finanzieren.

Die Eröffnungszeremonie für das internationale Friedenstreffen fand in der Bagdader Kongresshalle statt, die 1000 Menschen fasst. Alle im Anzug. Links und rechts des Treppenaufgangs singende und rhythmisch klatschende Kinder. Oben ein Spalier von Studenten und Baath-Funktionären. Die Halle mit Jubel-Irakern gefüllt, die grob weggeschoben wurden, wenn sie die Plätze der ausländischen Gäste einnahmen. Begrüßung durch den stellvertretenden Parteivorsitzenden Dr. Muhammed Abdel-Gaffur. Unter Marschmusik Einzug der Funktionäre. Dann Koran-Lesung durch den Imam und gemeinsames Gebet.

Hauptthema aller Ansprachen war das UN-Embargo mit Appellen an den Sicherheitsrat, die Sanktionen aufzuheben. »Kampf dem US-Imperialismus!« und »Grüße an Palästina« gehörten zur Standard-Rhetorik. Der indische NASYO-Präsident sagte voraus, im nächsten Jahrhundert würde die Solidarität der Dritten Welt endgültig über den Imperialismus siegen. »Saddam Hussein is the only leader who has the courage to confront the US-Imperalism. God bless Saddam!« Zum Abschluss sang ein gemischter Studentenchor die NASYO-Hymne und Kampflieder mit den Refrains »Against tyrants!« und »Allahu akbar!«.

Auf dem Podium das »Exekutiv-Komitee«, darunter auch Dorothea Schendel, die artig ihr Pazifisten-Sprüchlein aufsagte. Großer Applaus für die Ansprache des Hiroshima-Opfers, das drei Jahre alt war, als die Bombe fiel und seine Familie auslöschte. Unter den Delegierten Vertreter aus dem Jemen, Jordanien, Brasilien, Japan, Tunesien, Ägypten, Pakistan, Libanon, Jugoslawien, Bangladesch, Österreich, Nigeria, Belgien, Philippinen, Palästina, Italien, Indien, Ghana, Schweden, Kenia. Rückfahrt im Bus gegen Mittag. Die NASYO-Leute euphorisiert, fast überdreht. Bekam Komplimente für mein Outfit: »Siegfried« oder »handsome man«. Mittagessen und Ruhezeit. Danach im Palestine im Rahmen einer »1. Session« Endlos-Statements über Imperialismus, Unterdrückung, Solidarität etc. Eine Verlautbarung ragte aus der Flut der immergleichen Verwünschungen heraus: Ein Paper des Vertreters von Mauritius, das sich mit der globalen Kulturvernichtung auseinandersetzt. Nur die Vielfalt der Kulturen garantiere ein menschenwürdiges Leben, schreibt er.

Heute starken Schnupfen wegen der Fahrten in den irakischen Autos, die meist mit offenen Fenstern fahren oder deren Türen defekt sind. Der Zustand der Fahrzeuge, die schwarze Auspuffschwaden hinter sich herziehend über Bagdads breite Boulevards rollen, ist katastrophal. Kaum eine Autoscheibe ist heil, Kotflügel und Motorhauben sind verbeult, Stoßstangen fehlen. Helfe mir mit Tabletten und Pepsi. Ein starker Grog wäre jetzt ideal. Mit dem Wagen ins Informationsministerium zu Gesundheitsminis-

596

ter Omid Medhat. Er empfängt uns im grünen Kampfanzug, neben sich die Nationalflagge des Irak, im Rücken ein Porträt des Präsidenten. Der Irak fühlt sich im Kriegszustand, die Regierung tagt im »Kommando-Rat« und fast jeden Tag meldet das Staatsfernsehen Angriffe von britischen und amerikanischen Kampfflugzeugen, die über der Flugverbotszone Raketen abfeuern.

Der Sekretär des Ministers spricht Deutsch und hat in Marburg studiert. Ich frage nach den Auswirkungen des Embargos auf das irakische Gesundheitssystem und bekomme die bekannten Antworten. »Unsere Situation seit der amerikanischen Aggression von 1991 ist sehr schlecht. Wir können die Menschen nicht mit der notwendigen Arznei versorgen. Wir haben eine fünfmal so hohe Kindersterblichkeit als vor dem Embargo. Die Gründe sind Unterernährung, Verschlechterung des Trinkwassers, Mangel an Penicillin. Wir können keinerlei Krankheitsvorsorge mehr leisten. Cholera, Hepatitis und Malaria breiten sich aus.« Das irakische Gesundheitssystem würde aber auch gefährdet durch Engpässe bei der Stromversorgung und Problemen bei der Müllbeseitigung. »Wir schaffen es ja nicht einmal mehr, den Müll unserer Krankenhäuser zu entsorgen!« Hilfsangeboten kämen allein von Frankreich, Deutschland sei bislang nicht in Erscheinung getreten. Man händigt mir Statistiken über die schlimmsten Krankheiten aus, eine Mängelliste zu Arzneien und zur Lebensmittelversorgung.

Auf die Frage, wie sich das vermehrte Auftreten von Leukämieerkrankungen bei Kindern erklären lasse und ob dies nicht in Zusammenhang mit der irakischen Atomforschung stünde, hat der Gesundheitsminister eine überraschende Erklärung bereit. »Es handelt sich vor allem um Opfer des Krieges von 1991, die unter den Auswirkungen der von den Golf-Alliierten eingesetzten, mit Uran ummantelten Projektile leiden und an Krebs erkrankt sind.« Die westlichen Anschuldigungen seien für ihn reine Lügen. »Es gibt bei der nationalen Atomenergiekommission keinerlei Aktivitäten dieser Art. Die Regionen, in denen solche Strahlungen gemessen wurden, liegen weit ab von den irakischen Forschungszentren. 1998 hatten wir eine Konferenz in Bagdad, auf der die Wirkungen der verstrahlten US-Waffen diskutiert wurden. Die irakischen Einrichtungen, an denen angeblich atomare Waffen entwickelt worden sind, sind gleich zu Beginn der US-Aggression 1991 zerstört worden.« Als ich, zurück im Hotel, die Nachrichten einschaltete, wurde unser Gespräch im TV gesendet. Unmittelbar davor zeigte der Sender, wie Saddam Hussein Soldaten mit Orden auszeichnete.

Vom Informationsministerium fuhren wir ins Bagdader »College of Language«. Unsere Dolmetscherin Leila studiert dort Englisch. Im akademischen Milieu der Universität von Bagdad sind die Töne verhaltener, doch auch hier bemüht man sich, das Bild des Unterdrückungsstaates Irak zurechtzurücken. Professor Muklif Al-Dulaimi, Dekan der Sprachschule, stellt die Rolle des Irak in den historischen Zusammenhang und verweist auf die Weltläufigkeit der Menschen: »Trotz der schwierigen Lage der irakischen Bevölkerung ist die Gastfreundschaft gegenüber den Fremden ungebrochen, wie Sie sehen.« Das sei eine uralte irakische Sitte. »Wir empfangen Besucher aus Ländern, die uns bombardiert haben, immer freundlich. Wir sind zivilisiert, denn wir haben eine große Vergangenheit. Sie wissen, dass die Zivilisation vor 5000 Jahren im Irak, im Zweistromland Mesopotamiens begonnen hat.« Und nun würde man von einem Staat bombardiert, der gerade einmal 200 Jahre alt sei!

Das Gespräch mit den Studenten von Professor Al-Dulaimi ergibt ein differenzierteres Bild. Der Gegensatz »Orient gegen Okzident« oder »Tradition gegen Moderne« findet auf dem Campus kaum ein Echo. Respekt vor dem »großen Führer Saddam Hussein« verträgt sich ohne Probleme mit einer Liebeserklärung an die westliche Kultur. Als größte Leistung des Irak gilt der Wiederaufbau seit dem Golfkrieg – ein deutliches Indiz für den Erfolg der von Saddam Hussein propagierten Opferpsychologie. Als wichtigste Werte werden Arbeit, Erfolg und Frieden genannt. Die Islam-Studentin Zainab vom »College of Religion« hält die Religion für den größten Wert. Frieden bedeutet für die 23-Jäh-

598

rige, die einmal als Religionslehrerin arbeiten möchte, »Bei-Gott-Sein«. Leider sei der Glaube für die irakische Jugend nicht mehr wichtig: »Besonders die Jungs legen keinen Wert darauf. Sie sind zu modern, haben keine Manieren.«

Kaum einer der Befragten will den Irak grundsätzlich verändern. Englisch-Studentin Ban möchte allenfalls »das Erreichte weiterentwickeln, damit wir uns gegen den Westen behaupten können«. Saddam Hussein ist für sie »ein großer Führer, weil er gegen den Zionismus kämpft«. Über Israel sind sich alle einig: »Ich hasse sie«, sagt die 23-jährige Ban ohne Umschweife. »Die Juden sind unsere Feinde. Und sie hassen auch uns. Es wird nie Frieden zwischen den Juden und den Arabern geben. Niemals! Außer die Juden ändern ihre Seele und geben ihre Ideen auf.« Kunst-Student Wassam, 21, pflichtet ihr bei: »Ich verabscheue sie. Die Juden rauben das Land anderer Völker. Ich sehe keine Chance auf Frieden zwischen Israel und den Arabern.« Ganz anders sein Urteil über Deutschland: »Die Deutschen sind sehr zivilisierte, gebildete und kultivierte Leute. Hitler war ein tapferer Führer. Wie unser Präsident Saddam Hussein.«

*Bagdad, 7. Dezember 1999*
Austausch mit einem Assistenzprofessor vom »College of Language«. Er schilderte die Situation im Irak viel kritischer. So sei die Kriminalität unter Jugendlichen dramatisch angestiegen, es gebe eine regelrechte Bandenkriminalität. Das sei das Ergebnis zerstörter Familienverbände. Die Arbeitslosigkeit sei sehr hoch, deshalb herrsche ein reiner Egoismus des Überlebens. Niemand traue dem anderen, man betrüge sich, wo man kann. Auch die Polizei sei korrupt, so könne das Verbrechertum sich frei entfalten.

Seit Nachmittag fühle ich mich sehr schlecht, die Erkältung brachte Husten und Fieber; habe mich die Nacht trotz aller Tabletten unruhig im Bett gewälzt, starke innere Hitze. Ich kühlte Stirn, Nacken und Füße mit feuchten Umschlägen. Gegen vier Uhr morgens starteten die Busfahrer vor dem gegenüberliegenden Hotel ihre Motoren und ließen sie zwei Stunden lang laufen, was viel Krach und noch mehr Abgase verursachte. Wer wie ich die Balkontür wegen der aufgestauten Hitze geöffnet hielt, hatte das Gefühl, in einer Garage zu übernachten. Am Morgen Geschenke von Inas für Laura und Clarissa. Und für mich einige Broschüren zu Saddam Hussein. Diese junge Irakerin hat ein wunderbares Profil, man spürt die mesopotamische Herkunft, die Welt des Gilgamesch-Epos. Enkidu hätte seine Freude an ihr gehabt.

Der heutige Tag steht ganz im Zeichen von Außenminister Tariq Aziz, wie Inas ein chaldäischer Christ. Der bei seinen Auftritten vor den Vereinten Nationen gewöhnlich überlegt und sachlich wirkende grauhaarige Politiker lässt vor diesem Plenum seine diplomatische Maske fallen. Das Hotel »Palestine« betritt er mit einer vielköpfigen Leibgarde. Um ihn herum ein Gewusel von Delegierten und Kameraleuten, die ihre Lampen schwenken. In den aktuellen Verhandlungen des Sicherheitsrates hätten sich die USA erneut als »größter Lügner« erwiesen, sagt Aziz gleich zu Anfang seiner Rede. Obwohl alle irakischen Waffensysteme längst vernichtet worden seien, würden immer neue Forderungen erhoben, die der Irak nicht erfüllen könne. Niemals wieder dürfe eine Waffenkontrollkommission das Land betreten, die von CIA-Agenten unterwandert sei! Die von den Briten eingebrachte Resolution sei Lug und Trug, dazu ausgedacht, den Irak weiter zu demütigen und seiner Souveränität zu berauben, eine »leere Matroschka-Puppe«. »Die Herrschaft des US-Kapitals«, ruft der kleine, korpulente Mann, der das Hotel im Kampfanzug und mit schwarzem Barett betreten hat, »hat ein Ausmaß erreicht, das die gesamte Welt bedroht. Diese gierige Bestie frisst uns alle auf!« Allein Saddam Hussein wage es, sie zu bändigen.

Der Saal tobt. Leider hat der energische Mann keine Zeit für ein Interview; er lächelt routiniert, als er an mir vorbei im Blitzlichtgewitter zum Entrée geschoben wird. Ich solle meine Fragen in seinem Pressebüro einreichen. Das aber hat Dorothea Schendel längst getan.

Saddam Hussein gibt sich staatsmännischer. Aber er zeigt sich natürlich nicht leibhaftig vor der internationalen Versammlung.

600

In seinem vom NASYO-Präsidenten verlesenen Grußwort ruft der Diktator in der ihm eigenen blumigen Sprache die »Jugend der Welt« auf, für eine »Zukunft ohne Schwäche, Ausbeutung und Ungerechtigkeit« zu kämpfen und eine Welt zu schaffen, in der »Liebe, Würde, Gerechtigkeit und Gleichheit« verwirklicht seien. Die NASYO-Delegierten erheben sich von ihren Sitzen und klatschen frenetisch.

Kein unvoreingenommener Beobachter wird diese Werte mit dem heutigen Irak in Verbindung bringen. Einem Land, das sich seit einem Vierteljahrhundert im Würgegriff der Al-Takritis, dem Familien-Clan Saddam Husseins, befindet und das Milliarden von Petrodollars in Atom- und Chemiewaffenentwicklungen gesteckt hat. Längst hat sich in den westlichen Medien eine gewisse Gleichgültigkeit gegenüber diesem brisanten Thema ausgebreitet. Die Debatte über die Legitimität des Embargos beginnt die Angst vor den Massenvernichtungswaffen des Irak zu überlagern. Immer mehr Journalisten stellen überhaupt in Frage, ob es jemals irakische Waffenentwicklungsprogramme gegeben hat.

Dabei hatte der Irak 1995 aufgrund der Enthüllungen des Überläufers und Saddam-Schwiegersohnes Hussein Kamel Hasan sein gesamtes Biowaffenprogramm aufdecken müssen. Tariq Aziz musste zugeben, dass der Irak tatsächlich, wie längst vermutet, biologische Waffen hergestellt hatte: 166 Bomben und 25 Raketensprengköpfe, die mit biologischen Kampfstoffen gefüllt waren. Zu den tödlichen Erregern gehörten Milzbrand, Botulinustoxin und Ricin sowie kampfunfähig machende Viren. Unmittelbar nach dem Golfkrieg 1991 hatte der Irak bereits zugegeben, 280 Tonnen Senfgas und 75 Tonnen des Nervengases Sarin hergestellt zu haben.

Wer durch das vom Embargo schwer gezeichnete, nach innen und außen abgeschottete Land reist, wird kaum jemanden finden, der die Isolierung des Irak auf die militärischen Abenteuer Saddam Husseins, die Besetzung Kuwaits oder die geheimen Waffenprogramme zurückführen würde. Die Wahrheit hat keinen Raum im Irak, dessen Opposition – ob Sunniten, Schiiten oder Kurden – durch Geheimdienste zerschlagen oder zur Flucht ins Exil gezwungen wurde. Selbst *Amnesty International* kann keine nur annähernd konkreten Zahlen von politischen Häftlingen nennen, zu gefährlich ist es, Informationen über Repressionen oder Widerstandsgruppen ins Ausland zu übermitteln. Mit Hilfe eines maßlosen Personenkults und der Selbststilisierung zum arabischen Bannerträger im Kampf gegen den Erzfeind Israel macht sich Saddam Hussein im Bewusstsein des Durschnittsirakers unangreifbar. Wer seinen Führungsanspruch in Frage stellt, untergräbt die Integrität des Landes. So lassen sich nicht einmal Vertreter der katholischen Kirche von der Solidarität mit dem irakischen Regime und seiner Politik abbringen.

*Bagdad, 8. Dezember 1999*

Lange Fiebernacht mit heftigem Kopfschmerz. Aus der Erkältung ist eine Grippe geworden. Total verklebte Bronchien; dagegen hilft kein Aspirin. Dorothea Schendel gab mir Antibiotika. Nach dem Frühstück – etwas Kaffee und frisch gepresster Orangensaft – zurück ins Bett. Kopfweh, Hitzewallungen. Dann gegen Mittag auf und mit Inas und Herrn Lüdemann zum Kloster Sankt Jakob, wo wir »Father Hubbi« trafen, einen bekannten Priester, der viel Einfluss haben soll. Er ließ aber lieber seinen »Assistenten« Pater Salem reden. Es war ein genau kalkuliertes Statement. »Das irakische Volk leidet schrecklich unter dem Embargo. Wir wollen, dass die ganze Welt diese Leiden kennt! Warum lässt Amerika unserem Volk nicht die Chance, ein normales Leben zu führen? Jeder westliche Besucher, der hierher kommt, ändert seine Meinung über den Irak, wenn er sieht, wie wir hier leben müssen!« Es gebe keinen Zwiespalt zwischen dem irakischen Volk und der irakischen Regierung. Er wünsche sich, die katholische Kirche in Deutschland würde für die Rettung des irakischen Volkes beten.

»Father Hubbi« und Pater Salem fühlten sich, sagen sie, zuerst als Iraker, dann als Christen. Eigentlich gehört es sich andersherum. Das Kapitel »Deutsche Christen« ist ein dunkler Fleck auf der Weste der deutschen Glaubensgeschichte. Hier im Irak empfinde ich solch eine Haltung als Zugeständnis gegenüber den Zwängen einer Diktatur. Die »Deutschen Christen« dagegen waren echte Bewunderer Hitlers und verehrten den »arischen Christus«. Christen leben im säkularen Irak zwar freier als in anderen arabischen Ländern, aber sie müssen sich täglich arrangieren. Pater Salem beharrte auf der »Toleranz« der irakischen Regierung; schließlich sei auch Außenminister Tariq Aziz ein chaldäischer Christ. Man könne als Christ durchaus gegen das Embargo sein, sagte ich, aber ausgerechnet Saddam Hussein als »tolerant« zu bezeichnen, das sei doch abwegig. Lüdemann runzelte die Stirn, traute sich aber nicht zu widersprechen.

Die Iraker seien den USA wegen der ständigen Bombardierungen naturgemäß nicht freundlich gesonnen, erwiderte der Pater. Man behaupte in Washington, der Irak würde bakteriologische und atomare Waffen entwickeln. Aber besäßen die Amerikaner nicht auch solche Waffen? Dass die irakische Armee Chemiewaffen gegen die Kurden im Irak und die Iraner im Süden eingesetzt hatte, davon wollte der fromme Mann nichts wissen. Warum, fragte er, würden Italien, Frankreich, Griechenland und Deutschland den Irak im Kampf gegen das Embargo nicht unterstützen? »Natürlich stehen diese Länder unter dem Druck der USA und können nicht so handeln, wie sie gerne möchten«, meinte der 38-jährige Priester. Das Ziel des amerikanischen Krieges gegen den Irak sei es, »die Seele des irakischen Volkes zu zerstören«.

Wir fuhren weiter zur Kirche St. Jacobus, wo eine Messe zur Ehre der Muttergottes stattfand. Inas lächelte dem Pater beim Abschied wissend zu. Die Christen kennen sich hier alle, teilen Freud und Leid. Und das Wissen, wie man in einer feindseligen Umgebung überlebt. Wir lauschten dem silbernen Gesang eines Mädchenchores. Herr Lüdemann meinte, die Kirche sei voller positiver Energie.

*Amman, 10. Dezember 1999*

Gestern Rückfahrt von Bagdad nach Amman. Unser Fahrer brachte ein hustendes Lazarett an die jordanische Grenze. Dort mussten wir auf ein anderes Fahrzeug umsteigen, weil der Fahrer wegen unerlaubten Einführens von Waren festgehalten wurde. Das letzte Stück bis Amman war etwas beengt, weil wir den Wagen mit zwei Türken teilen mussten. Was die Herren wohl für Geschäfte im Irak machen? Erstmals erlebte ich Regen in der Wüste. Ob sich das Steinmeer dadurch belebt? Die Hammelherden links und rechts der Autobahn wurden von Lastwagen aus mit Futter versorgt. Abends in der Club Lounge einen Abschiedscocktail mit Dorothea Schendel, die nun auf einen Artikel in ihrem Sinne hofft. Sie entschuldigte sich wiederholt für das Nichtzustandekommen der Interviews. Anruf von Astrid; die Kinder lärmten im Hintergrund. Vorfreude auf das Wiedersehen. Die Familie ist der Hafen, in den man immer, nach Sieg oder Niederlage, mit geblähten Segeln einläuft.

*Eichwalde, 30. Dezember 1999*

Von der Weihnachtsfeier in Bonn zurück. Das erste Mal seit zehn Jahren haben wir die Feiertage im Haus von Astrids Eltern in Bonn verbracht. Mit Laura eine Gedicht-Rezitation vorbereitet: Wilhelm Buschs *Der Stern* über die Ankunft der Heiligen Drei Könige. Clarissa trat als Lichtengelchen mit Stirnband und Stern auf. Laura beim Vortrag etwas befangen, zweimal musste Astrid soufflieren, dann fand sie hinein. Reichlich Geschenke; die Mädchen freuten sich über ein Lego-Märchenschloss, Astrid über eine Videokamera. Ich hatte mir in einem Berliner Antiquitätengeschäft einen Tisch-Globus von 1938 gekauft. Ulrich sandte aus Schweden ein Video mit der »Schacht-Saga«. Es zeigt eine holländische Dokumentation über das erste Treffen mit Ulrichs russischem Vater – vor laufender Kamera. »Bitte melde Dich!« lässt grüßen.

Die Bonner Runde bestand aus Ellen und Fritz, Detlef und Anne und aus uns »Berlinern« mitsamt Timo und Lina. Die Gespräche locker und unverfänglich. Ein Abend ohne Missklang. Das ist schon viel bei einer Familienfeier. Telefonat mit Wolfschlugen. Ich hatte Papa zu Weihnachten die ersten beiden Kapitel des Jünger-Manuskripts sowie die Korrespondenz Schmitt-Jünger geschenkt. In der Region Stuttgart/Esslingen habe ein »Jahrhundertsturm« getobt, berichtete er, der Häuserdächer abdeckte und massenhaft Bäume entwurzelte. Am Montag Rückfahrt nach Berlin. Laura kränkelt. Sie hat ihre Grippe noch immer nicht ganz überwunden.

*Eichwalde, 31. Dezember 1999*

Draußen knallen bereits die Böller; wir bereiten uns auf den Silvesterabend mit den Reuths vor. Die Straße eingehüllt in Nebelschwaden, die Raketen rasen ins Nichts. Symbol für unser Nichtwissen, was das neue Jahrtausend bringt. In Neuseeland und Hongkong haben die Menschen den Jahreswechsel bereits geschafft. Dafür trat Jelzin in Moskau zurück und übergab den Atomkoffer an Putin. Der verkündete als Gegenleistung einen Erlass; er sichert Jelzin Immunität auf Lebenszeit zu. In Tschetschenien verröchelt ein Bergvolk in tapferem Abwehrkampf und hat für diesen schmutzigen Deal zu bezahlen.

*Eichwalde, 1. Januar 2000*

Auf gegen 13 Uhr nach einer langen Nacht, draußen Nieselregen. Wir hatten eine harmonische Neujahrsfeier bei Ralf und Sabine. Überraschend stieß noch Ralfs Vetter Thomas dazu, Pilot bei Air Berlin. Ralf führte uns an seinem PC ein Internet-Spiel mit dem Flight Simulator vor. Die animierten Luftkämpfe einer F-16 mit einer MIG fanden im Wohnzimmer direkt neben dem Weihnachtsbaum statt. Englische Kommandos vom Bordcomputer, der selbständig das Zielradar einschaltete. Sabine fragte Thomas, ob Start und Flugbewegungen realistisch seien? Ralf, der auf die Tasten hackte: »Mehr als realistisch.« Ich: »Surrealistisch.« Thomas, der Zivilpilot, schwieg. Astrid: »Schieß ihn ab!« Ralf gereizt: Er habe keine Raketen und das Fahrgestell sei ausgefahren! Er könne die MIG aber auch rammen. Im Hintergrund Kindergeschrei. Dann meldete Ralf, dass er das Fahrgestell eingefahren und eine Rakete abgefeuert habe. »Destroyed« sagte der Bordcomputer. Astrid: »Das ist ja jugendgefährdend!«

Dann alle in die Küche, um das Fondue vorzubereiten. Laura, Felix, Moritz und Clarissa machen den Ententanz. Felix rüttelt an der Eisschranktür und brüllt nach Schokoladeneis. Laura schneidet Grimassen, Clarissa hält sich die Nase zu. Astrid beschwert sich über ihren »quietschenden BH« und zeigt auf das 2000-Emblem auf ihrem Dekolleté. Clarissa mault unterm Küchentisch, ich solle jetzt sie, nicht immer nur Astrid filmen. Felix dreht durch und wird von mir ins Kinderzimmer gesperrt. Später wird er zu Laura sagen, er würde mich irgendwann »vom Hochhausdach stürzen«.

Dann setzen wir uns um den großen runden weißen Tisch unter die große runde weiße Lampe und trinken Chateau Margaux Grand Cru Classé Jahrgang 1996. Die Männer mit Anzug und Krawatte, die beiden Damen in langen, dunklen Röcken. Astrid beklagt sich, die Handicam mache sie nervös. Ich hätte sie besser vor zehn Jahren filmen sollen. Da sei sie noch frischer gewesen. Aber sie sieht zum Verlieben schön aus und verbreitet eine gewisse Anmut. Das Gespräch dreht sich um Wein, Kohl, Springer und das Millenium. In der Stunde vor Mitternacht Bleigießen: Astrid gießt eine Art Embryo, aber Ralf hält das Metallknäuel für einen kleinen Josef Goebbels. Er selbst schleudert die Ladung seines Bleilöffels so schwungvoll ins Wasser, dass sie in lauter Nuggets zerspritzt. Laura wirft eine Muschel, Sabine eine zerzauste Sonnenblume. »Verwelkende Schönheit«, zischt jemand. Ich gieße ein »viriles Männchen mit langem dünnen Penis«, wie ich bemerke, um hämischen Kommentaren zuvorzukommen.

Im Fernsehen Szenen vom Brandenburger Tor, wo die Pop-Gruppe *Modern Talking* ihren Auftritt vor Hunderttausenden hat. Menetekel für die kommende Gesichtslosigkeit. Eine große TV-Uhr zeigt das verrinnende Jahrtausend. Ralf füllt die Kelche mit Champagner, wir stoßen auf eine Zukunft an, die mehr Ängste als Hoffnungen weckt. Die Kinder tanzen auf der Treppe zum Garten. Ralf bedauernd: »Das ist nicht mehr unser Jahrhundert der Ideologien.« Der Himmel grün und rot von den Raketen, die um Mitternacht aufsteigen. Ihr Heulen und das Glockenläuten vemischen sich zum Lärmgewitter. Ist es Abschied oder Aufbruch? Astrid lächelt in die Kamera: »Ich spüre tiefes Glück. Zufriedenheit.«

HEIMO SCHWILK ist bekannt geworden als Biograf von Ernst Jünger, mit dem ihn eine freundschaftliche Beziehung verband. Seine bei Klett-Cotta erschienene Bildbiografie gilt bis heute als der beste Einstieg in Leben und Werk Jüngers. Mit der 2007 zuerst im Piper Verlag (Neuedition Klett-Cotta, 2014) publizierten Biografie *Ernst Jünger. Ein Jahrhundertleben* setzte er Maßstäbe für alle künftigen Biografen. Die italienische Übersetzung wurde 2014 als »beste Biografie« mit dem Literaturpreis Premio Giovanni Comisso ausgezeichnet. Auch seine große Biografien über Hermann Hesse und Rainer Maria Rilke wurden im In- und Ausland hochgelobt; sie sind auch ins Chinesische übersetzt. Zuletzt veröffentlichte er im Blessing Verlag den Band *Luther. Der Zorn Gottes.* Heimo Schwilk wurde 1952 in Stuttgart geboren, besuchte die bekannten Klosterschulen Maulbronn und Blaubeuren und studierte in Tübingen Germanistik, Philosophie und Geschichte. 2006 wurde er am Institut für Philologie, Allgemeine und Vergleichende Literaturwissenschaft der Technischen Universität Berlin zum Doktor der Philosophie promoviert. Von 1986 bis 1991 war Schwilk Literaturchef des *Rheinischen Merkur/Christ und Welt* in Bonn, von 1991 bis 2015 Leitender Redakteur der *Welt am Sonntag.* Er veröffentlichte zahlreiche Bücher über Politik und Literatur, darunter, zusammen mit Ulrich Schacht, den vieldiskutierten Sammelband *Die selbstbewusste Nation* und den Essayband *Für eine Berliner Republik.* 1991 wurde Heimo Schwilk mit dem Theodor-Wolff-Preis für herausragenden Journalismus ausgezeichnet. 2015 erhielt er den Gerhard-Löwenthal-Ehrenpreis für sein Lebenswerk.

AUS DEM LANDTVERLAG

Margret Boveri, Ernst Jünger
BRIEFWECHSEL AUS DEN JAHREN 1946 BIS 1973

Einmal haben sie sich nur getroffen, 27 Jahre lang
verkehrten sie schriftlich miteinander: die Journalistin Margret
Boveri (1900–1975) und der Schriftsteller Ernst Jünger (1895–1998).
Boveri schätzte die Lektüre Jüngerscher Werke, als habe für sie
»ein neues Leben begonnen«. Jünger traf in Boveris Büchern so viele
Bekannte, daß er »bald nach rechts, bald nach links zu grüßen« hatte.
Dass Conrad Wilhelm Röntgen in Jüngers Geburtsjahr 1895
die nach ihm benannten Strahlen entdeckt hatte und zeitweilig
Boveris Vormund gewesen war, war ein verbindendes Moment nach
Jüngers Geschmack. Sie diskutierten den Siegeszug
der Naturwissenschaften, die Gefahren moderner Öffentlichkeit,
probate Haltungen im Zeitalter totaler Politik und immer
wieder Verrat und Widerstand im Dritten Reich:
Orientierungsversuche in einem Biedermeier
namens Bundesrepublik.

Der Band enthält neben dem Briefwechsel Boveris
Rezensionen Jüngerscher Werke sowie korrespondierende Briefe von
Armin Mohler, Paul Scheffer u. a.:
»Ein ebenso beispielhaftes wie beispielloses Zeugnis des deutschen
Konservativismus der Nachkriegsära«.
(Die Herausgeber)

320 Seiten, gebunden
ISBN 978-3-938844-09-0

www.manuscriptum.de

AUS DEM LANDTVERLAG

Thor von Waldstein
DER ZAUBER DES EIGENEN
Volk und Nation in der deutschen
Geistesgeschichte

Es gibt ein Unbehagen am Eigenen in
Deutschland. Wurde das Volk früher begriffen als
eine Seinsform, in die man hineingeboren wurde, so wähnte
sich das ichverpanzerte Individuum lange Zeit frei von
solchen gemeinschaftsgeprägten Lebensbildern; nationale
Identität war – so schien es gerade in den Jahrzehnten nach
der Wiedervereinigung – einer nebulösen Weltbürgerlichkeit
gewichen. Unterdessen begreifen mehr und mehr
Bürger, daß in den unruhigen Jahren, die vor uns liegen,
politische Gestaltungskraft nur von dem ausgehen kann,
der sich seiner Wurzeln besinnt. Vor dem Hintergrund dieses
Paradigmenwechsels unternimmt der Verfasser den Versuch, die
Deutschen zu einer Affäre mit sich selbst zu verführen.
Dazu werden die Entwicklungslinien von Volk und
Nation in der deutschen Geistesgeschichte der letzten
250 Jahre nachgezeichnet. Dieses weite historisch-
philosophische Panorama eröffnet Einblicke
in das Verständnis der Gegenwart, die sich –
im Gegensatz zu den Scheindebatten
einer inszenierten Öffentlichkeit –
als bestechend aktuell erweisen könnten.

356 Seiten, gebunden
ISBN 978-3-948075-62-0

www.manuscriptum.de

AUS DER WERKREIHE TUMULT

Michael Esders
SPRACHREGIME
Die Macht der politischen
Wahrheitssysteme

Michael Esders inspiziert das Schlachtfeld der Begriffe
und Metaphern, das sich auf alle Lebensbereiche ausgeweitet hat.
Der Literaturwissenschaftler dechiffriert die »Wahrheitssysteme«
(Michael Kretschmer) der deutschen Politik, die sich über alle
diskursiven Gepflogenheiten hinwegsetzen. Er entziffert die
Narrative der Willkommenskultur und des menschengemachten
Klimawandels, in denen Haltungen über den Common Sense,
Mythen über Theorien triumphieren.
Das mächtigste Sprachregime der Gegenwart hat die
postmoderne Linke etabliert, die das in der Deutung von Texten
erprobte Verfahren der Dekonstruktion auf die Politik überträgt.
In der »Matrix der Differenz« stehen alle Formen der Identität
und des kollektiven Selbst nicht nur unter Generalverdacht,
sondern werden undenkbar. Nur wer das semantische
Betriebssystem des Sprachregimes entschlüsselt, kann seine
Macht brechen. Dazu möchte dieses Buch beitragen.

148 Seiten, Klappenbroschur
ISBN 978-3-948075-14-9

www.manuscriptum.de

AUS DER EDITION SONDERWEGE

Roger Scruton
BEKENNTNISSE EINES HÄRETIKERS
Zwölf konservative Streifzüge


Während der Zeitgeist einmal mehr nach Utopia entwischt,
betrachtet Roger Scruton die sitzengelassene Gegenwart:
in zwölf Essays denkt er nach übers Regieren, Bauen und Tanzen,
über das Sprechen vom Unsagbaren, über Trauern und Sterben,
darüber, wie so getan wird, als ob, wie Leute sich hinterm Bildschirm
verstecken, wie Tiere geliebt und Etiketten geklebt werden, über das
Bewahren der Natur und die Verteidigung des Westens.

Bei seinen Streifzügen ist der Blick zurück erlaubt,
nicht als Flucht in die andere Richtung, sondern um an
das alte Maß einer handlungsfähigen Gemeinschaft verantwortlicher
Individuen zu erinnern. Statt im globalen Überall-und-Nirgends
agiert diese Gemeinschaft in einem überschaubaren, kohärenten
Territorium, dem sie sich existentiell verbunden fühlt. Vergangenheit,
Gegenwart und Zukunft bilden einen organischen Zusammenhang,
Vorfahren, Zeitgenossen und kommende Generationen stehen in
Kontakt miteinander. Scruton untersucht, wie dieser lebenswichtige
Zusammenhalt eines Gemeinwesens gefördert oder behindert,
geschützt oder zerstört wird. Und lebenswichtig bleibt
ihr Zusammenhalt auch in Hinsicht auf die Freiheitlichkeit
einer Gesellschaft: »Denn er stellt ganz einfach die andere
Seite der Freiheit dar, das, was da sein muss, damit Freiheit
überhaupt möglich wird«.

240 Seiten, Klappenbroschur
ISBN 978-3-944872-96-4

www.manuscriptum.de

AUS DEM VERLAG MANUSCRIPTUM

H. L. Mencken
KULTURKRITISCHE SCHRIFTEN 1918–1926

H. L. Mencken (1880–1956) ist, wie Helmut Winter i
n seinem Nachwort betont, wie Karl Kraus und Kurt Tucholsky
ein sprachmächtiger Schreiber mit unbändiger Lust an der
provokanten Formulierung.

Im ersten Band der Manuscriptum-Ausgabe
macht er sich gleich dreier Ruchlosigkeiten schuldig:
des Anti-Feminismus (»Die Verteidigung der Frau«, 1918), des
Anti-Amerikanismus (»Das amerikanische Credo«, 1920) und der
Demokratiefeindlichkeit (»Demokratenspiegel«, 1926), wobei
diese drei Objekte seines Spottes für ihn nur drei Aspekte
ein und derselben Abirrung sind.
»Mencken war davon überzeugt, daß sich die Wahrheit
unaufhörlich wandelt und verändert ,wie die Oberfläche eines
Diamanten'. Mit sich identisch ist nur das Dumme und Dumpfe, das
sich zäh in Form hält«, schrieb Ulrich Horstmann in der Süddeutschen
Zeitung. »Wo demnach Irrtümer als ,die einzige fixe Größe in einer
Welt des Chaos' erscheinen, da müssen argumentative Fest-Stellungen
immer wieder unterlaufen, gedreht und gewendet werden, um ihre
Brillanz und ihren Esprit zu erhalten.« Also: Eine Stimme unter lauter
Stimmchen, häufig blutdrucksteigernd, manchmal adstringierend,
oft die Nerven reizend, meist aber mit der Entladungs- und
Entlastungswirkung eines Sommergewitters.

464 Seiten, gebunden
ISBN 978-3-933497-47-5

www.manuscriptum.de

Landt
© Manuscriptum Verlagsbuchhandlung
Neuruppin 2022

ISBN 978-3-948075-34-7
www.manuscriptum.de